KB041618

石光現교수정년기념헌정논문집

國際去來法과 國際私法의
現狀과 課題

석광현 교수 정년기념 헌정논문집 간행위원회

박영사

Current Issues and Future Tasks of International Commercial Law and Private International Law

Liber Discipulorum Kwang Hyun SUK

2022
Parkyoung Publishing & Company
SEOUL, KOREA

石光現 教授 近影

하 서

　　내가 미국유학에서 돌아와서 온갖 방해와 난관을 극복하고 인생의 항로를 모교에서의 학문의 길로 정했을 때 당시의 학문 풍토가 너무나도 척박하고 우리의 살림살이가 참으로 가난하고 힘들었음을 몸소 체험했다. 따라서 나는 학계의 선배들 중 훌륭한 업적을 내신 분도 존경하고 따랐지만 그것보다도 혹독한 일제시대, 비참한 한국 동란의 참화 그리고 이 시대를 관통하는 지독한 가난을 참고 극복하면서 학문의 대(代)가 끊이지 않도록 이어주신 뭇 선배들이 세대적 임무를 완수하신 공로를 마음속 깊이 간직하고 있었다. 즉 어느 특정한 한두 분을 기억하기보다 어려움을 무릅쓰고 학문의 맥을 이어주신 그 선배 세대(世代)들에게 대한 포괄적인 존경과 감사의 마음을 가지고 있었다. 그러면서도 일본법학에의 과도한 의존을 극복하고자 몸부림쳤던 세월이 회상된다.

　　그러나 점차 학문적 질서와 기초가 바로 잡히면서부터는 분야별로 개개의 학자나 교수들의 업적과 활동이 찬연하게 빛을 발하기 시작하였다. 그러한 시대의 변화를 관찰하는 속에서 항상 나를 놀라게 했던 학문후속세대의 한 분이 석광현 교수이다.

　　석광현 교수의 정년기념 헌정논문집에 하서(賀書)를 쓴다는 것은 굉장한 도전이고 영광된 일이라고 생각한다. 왜냐하면 석광현 선생은 그 인품이나, 걸어온 발자취나, 실무와 학문의 세계를 아우르는 능력, 오지랖 넓은 학문적 연구 범주가 다른 누구와도 비교하기 어려울 만큼 크고 무궁하기 때문이다. 사실 석광현 교수는 우리나라 최대의 로펌에서 10여 성상동안 국제적 법률실무를 하면서 이를 획기적으로 개선하고 기초를 다지면서 그 중요한 본보기가 된 분이다. 대학으로 옮겨온 후에도 석광현 교수는 2022년 2월 말로 정년퇴임하기까지 실무와 학문 활동을 합하여 40년간의 찬란한 법률가의 경력이 누구보다 눈에 띄는 인재이다. 그의 장구한 법조경력 중에서 학계에 몸담으면서 연구에 앞장선 분야를 보면 나와 관계를 맺었던 국제거래법은 물론 국제사법, 국제민사소송법, 국제상사중재법과 국제도산법 등 우리나라의 척박한 학문풍토에서 누구도 감히 도전하지 못하던 어려운 현실에 뛰어들어서 이 난삽한 각 분야를 국제 실무로 통합하여 체계적 연구를 하는 모범을 보인 유일한 학자이다. 실로 그 당시 관심도 없고 정보나 자원도 없어서 아무도 엄두를 못낸 일을 열린 마음을 가지고 꾸준히 노력하여 기념비적인 성취를 가져온 탁월한 능력자이다. 즉 우리나라 굴지의 로펌에서 국제거래사건을 다루는 변호사로서 남의 모범이 되는 전문성 높은 법률실무가였고, 학계로 진출하여서는 실로 전형적인 공법분야만을 제외하면 거의 모든 사법분야에서 국내외를 막론하고 그 이론 연구, 판례 분석, 외국 법제의 비판적 소개, 국제규범의 번역, 국내와 국제 학회에의 연결과 공헌 등의 면에서 타의 추종을 불허하는 학자였다. 김앤장에서 주로 국제금융거래를 전문으로 실무에 종사할 때에는 그의 탁월함을 외부 학계에서는 알기 어려웠다. 그러나 그가 한양대로 이적하기 몇 년 전에 연달아 국제거래법학회에서 발표한 국내기업의 해외사채 발행의 실무와 법적 문제점이나 파생금융상품거래에 관한 논문들은 종래의 편협한 칸막이식 접근방법을 타파하고 약관규제, 담보, 도산 등의 법제를 모두 망라한 신선한 자극제였기에 내가 무척 탄복했었다. 특히 학계에 합류한 후에 출간한 국제사법과 국제소송 여섯 권은 각종 국제계약법과 국제불법행위법, 국제민사소송법, 국제도산법, 섭외사법, 국제전자거래법, 국제상사중재법, 국제금융거래법, 국제지적재산권법 등을 망라하여 체계있게 천착해온 우리나라 초유의 값진 학문적 종합적 시도였다.

　　석광현 교수는 한국 법학 내지 한국 법조계의 국제화를 위하여 늘 쓴소리를 하고 꾸준히 노력해온 첨병이었다. 사실 내가 이러한 국제화의 노력에 관심을 표하면서도 우리 법의 수출을 통한 한국법의 세계화에 노력하였다고 한다면, 석광현 교수는 반대방향으로 국제적으로 통용되는 일반규범을 한국법으로 수용하는 면에서는 한국 유일의 개척자 내지 선구자라고 할 수 있다. 이러한 맥락에서 그는 국제물품매매계약에 관한 협약이 2005년 발효되어 우리나라 사법체계의 국제화에 결정적 계기가 되었음을 강조하면서 이 분야에 관한 연구에 정진하고 후학을 길러내고자 무한 애를 썼다. 즉 그는 외국법의 수입과 수용을 통한 한국법의 국제화에 기여한 유일한 교수이다. 그러나 이러한 변화에 무관심한 법조계와 법학계의 분위기 속에서 석광현 교수는 무척 외로움을 느꼈을 것 같다. 아마도 마음을 활짝 연 그의 학문적 태도와 엄청난 업적이 제대로 인정되기까지에는 다소 시간이 걸리리라.

　석광현 교수는 나와는 사제간의 인연이 맺어진 제자 중의 한 분이지만 내가 중심이 되어 1990년 창립한 국제거래법학회의 제10대 회장을 2013년부터 2년간 역임하였다. 그가 2006년 한국민사소송법학회 하계 정기학술대회에서 "채무자회생 및 파산에 관한 법률에 따른 국제도산법"이라는 주제로 한 발표는 나를 퍽 학문적으로 고무하고 흥분시켰던 기억이 있다. 우선 거의 모두들 민사소송법을 어렵게 생각하여 회피하는 경향이 현저한 분위기에서 훨씬 더 어려운 국제민사절차법과 국제도산법에 관심을 가지고 연구하는 학자가 있다는 사실이 나를 기쁘고 든든하게 만들었다. 나는 사실 우리나라가 IMF 금융위기로 고통스러운 시간을 보내고 있던 1990년대 말 기업정리 관련법제를 정비하라는 국제적 압력에 대응하기 위하여 나를 중심으로 회사정리법, 파산법 및 화의법 등의 분야에 관한 입법적 정비임무를 담당하면서 고생했던 경험이 있기 때문이었다. 이후로 나는 우리나라가 국제적으로 경제적으로 성장해갈수록 이 분야의 중요성을 강조하였고 서울법대에서 부족하나마 대학원 강의도 처음 시작했던 일이 있다. 이러한 나의 외침은 그런대로 석광현 교수에게 학문적 울림이 있었던지 석광현 교수가 이 같은 탁월하고도 장문의 연구발표를 한 것이 지금도 뇌리에 강하게 각인되어 있다. 이 논문은 국제도산법에 관한 우리나라의 기념비적 연구업적이라고 생각한다.

　뜻한 바 있어 좀더 체계적인 학문연구를 위하여 한양대를 거쳐 모교로 이적하여 후학을 양성하던 중 이제 맞이한 정년은 언젠가 한 번은 제도적으로 닥칠 순간이지만 탁월한 학자가 현역의 자리를 후학에게 넘긴다고 하니 다소 가슴이 텅 빈 생각이 드는 것은 나만의 상념일까.

　2007년 서울대에 국제거래법, 국제사법 담당 교수로 부임한 석광현 교수는 일본에서 서양법 계수과정에서 법례(法例)라고 칭하였다가 국제사법이라고 겨우 과목명을 바꾼 이 분야가 국제거래의 기본법으로서 법의 저촉과 절차법을 아우르는 분야임을 강조하면서 흔들림 없이 후학을 양성해왔는데 이제 정년이라고 하니 이 중요한 분야의 학문적 후속세대가 이어지지 못할까 걱정스럽기 짝이 없다. 그러나 그의 높은 학문적 경륜과 업적, 국제적 경험 그리고 불같은 정열은 모든 초국경적 상거래를 연구하는 후학들에게 나침반이 되고 자양분이 될 것이 틀림없다.

　　정년은 인생의 새로운 출발이지만 석광현 교수의 변함없는 건강과 왕성한 활동 그리고 빛나는 연구업적을 보면 이를 토대로 앞으로도 법학계와 법조실무계는 물론 국가경쟁력 강화에 많은 기여를 하실 것을 믿어 의심치 않는다.

2022. 2. 23.

송 상 현

(서울법대 명예교수)

하 서

세월이 유수와 같이 흘러 석광현 교수의 정년을 기념하는 헌정논문집 발간에 축하의 글을 쓰게 된 것은 깊은 감회와 함께 감동입니다.

100세 인생시대에 교수 정년은 그동안 쌓은 업적을 일단 정리하고 다시 새로운 인생을 출발하는 터닝포인트라 할 것인데, 석광현 교수의 그동안의 국제거래법과 국제사법에 기여한 빛나는 학문적 업적을 기리며 제자들이 정성어린 논문들을 써서 정년기념 헌정논문집을 봉정하게 된 것은 실로 영광되고 자랑스러운 일이라 하겠습니다.

석광현 교수가 그동안 학문에 기여한 공로는 한 마디로 우리나라 국제거래법·국제사법의 기틀을 잡고 튼튼한 반석을 닦았다 하여도 지나치지 않을 것입니다.

석 교수가 법조계에 입문한 1980년대는 우리나라의 국제무역·통상, 건설, 투자 등을 비롯한 국제적인 교류가 폭증하던 시대로서 실무적인 국제적 법률문제가 빈발하고 있었으며 석 교수는 대학원 석사과정, 그리고 해군법무관을 마치고 김앤장의 변호사로서 당시 모두가 부러워하는 시대의 총아인 국제변호사로서 첨단분야인 국제금융을 담당하며 바쁜 해외 활동을 하면서 한편으로는 끊임없는 학문적 열망으로 많은 연구와 집필에 진력하였습니다.

1989년 독일 프라이부르크대학에서 Leifold 교수의 지도로 석사학위를 받았고 특히 Geimer 교수의 국제민사소송법 교과서를 읽고 학문적 열정을 키운 것으로 생각됩니다. 그 시대에 촉망받던 국제변호사를 그만두고 학자의 길을 택하는 것은 큰 용기가 필요했을 것이며 많은 사람들에게 충격을 주었습니다. 그때는 후에 그가 수백 편의 논문, 저서 등을 쓰고 학자로서 이렇게 대성하리라고는 미처 생각을 하지 못했습니다.

무엇보다도 1993년의 한국국제사법학회의 창립은 석 교수의 학자로서의 생활에 큰 활동 기반이 되었다고 생각됩니다. 석광현 교수와 저와의 인연은 제가 사법연수원에서 국제사법과 국제소송을 강의하던 1980년 즈음 처음 만났을 것으로 생각되지만 국제사법을 함께 공부하는 동학의 길을 걷게 된 것은 국제사법학회 창립에 함께 참여한 1993년에 시작되었다 할 것입니다.

　추상적이고 이론적인 학설법으로 형식적이고 기계적인 준거법 선택 원칙으로서의 전통 국제사법에서 모든 국제적 법률 문제를 해결하는 기본법으로서의 국제사법으로 개정하는 데 뜻을 같이하였고, 2000년 법무부 섭외사법 개정 특별분과 위원회 위원으로서 국제재판관할규정을 신설하기 위하여 여러 위원들을 저와 둘이서 함께 설득하여 제2조 국제재판관할규정의 신설을 이루어낸 것은 잊지 못할 보람이고 추억입니다. 이는 우리나라 국제사법 규정의 성격을 실용적인 국제시대의 기본법으로 새로이 발전시킨 것이며 2021년 새로 개정·신설된 정치한 35개의 국제재판관할규정의 토대를 마련한 것이었습니다.

　공교롭게도 석 교수의 박사학위논문이 국제재판관할에 관한 연구인 것과 제가 섭외이혼의 재판관할권에 관하여 석사논문을 쓴 후 평생 재판관할에 관하여 애착을 가지고 있던 점도 함께 동학으로서 친밀감을 더했다 할 것입니다.

　학회가 창립되고 정기적인 월례연구회와 국제학술대회 그리고 한일교류의 덕택으로 일본 국제사법학자들과 공동연구와 함께 긴밀한 교류가 이루어졌고 외국여행이 어려운 시절 생전 처음 오사카, 교토 그리고 안도 다다오가 설계한 아와지 꿈의 무대에서 한 공동연구회에 함께 갔던 일도 귀한 추억이 됩니다.

　그동안 국제사법학에 기여한 석광현 교수의 빛나는 업적은 국제사법 개정 작업 그리고 주옥 같은 논문과 저서, 특히 여섯 권에 달하는 국제사법과 국제소송과 국제사법 해설, 국제민사소송법, 국제상사중재법연구를 다시 읽으며 그의 치밀하고 명석한 논리 그리고 온유한 인품의 학자로서의 대성을 감탄하며 다시 한 번 축하드립니다.

　석광현 교수의 학문에 대한 열정과 성실한 노력에 다시 한 번 찬사를 드리면서 앞으로의 시간도 더욱 활발하게 보람 있고 장한 일 하실 것을 확신하며 가족들도 모두 건강하시고 축복 받으시기를 빕니다.

2022. 2. 28.
석광현 교수 정년기념일에
최 공 웅
(한국국제사법학회 명예회장)

하 서

　존경하는 석광현 교수님의 정년을 기념하는 헌정논문집 발간을 진심으로 축하드립니다. 현재도 변함없이 보여주시는 학문적 정열과 건강을 생각하면 적어도 교수님께만큼은 정년이라는 문언적 표현이 주는 의미에 동의하기는 어렵습니다만, 이러한 기회에 그동안 남기신 큰 연구 성과와 빛나는 업적, 발자취를 되돌아보는 것도 필요하지 않을까 하는 점에서 제자들 중심으로 마련하는 이 논문집 출간이 갖는 의미는 크다고 하겠습니다. 그에 덧붙여 제가 축하의 말씀을 드리게 된 것은 큰 영광이며, 교수님과의 귀한 인연을 되돌아보면서 의미 있는 시간을 가질 수 있었습니다.

　1999년 한국에서는 처음으로 국제거래법과 국제사법 두 과목의 전임교원으로 한양대학교에서 교수생활을 시작하신 이래 2022년 2월 서울대학교 법학전문대학원에서 정년을 맞기까지 23년간 학자로서 연구를 계속 해오셨습니다. 이른바 국내 굴지의 로펌에서 국제금융 분야를 이끌어 나가며 능력을 인정받고 기대를 모았던 파트너 변호사 자리에서 교수로서의 변신은 그때나 지금이나 쉽지 않은 선택일 것입니다. 따지고 보면 로펌에서 지원해주는 외국 유학도 미국으로 가는 것이 보편적이었을 때 ― 지금은 더 그러한 경향이 강해진 것으로 보이지만 ― 독일 유학을 선택하고, 국제금융의 중심지인 영국 런던 소재 로펌에서 실무 경험을 거치신 경력에 비추어 보더라도 남다른 선택에 대한 안목이 있었던 것이 틀림없습니다. 당시 상황을 두고 후에 들은 이야기이지만 '돈을 주고 시간을 산 것'이라고 말씀하신 것을 기억합니다. 그런데 학교에 계실 때도 종종 점심을 연구실에서 샌드위치로 가볍게 해결하시고, 하던 연구를 계속 이어나가신 것을 보면 그렇게 돈을 주고 귀하게 사신 시간을 제대로, 여유 있게(?) 사용하신 것인지 의문이 들기는 합니다.

　학교로 옮기신 후 본격적인 학문의 길에 매진하면서 ― 교수님께서는 학자라는 표현은 너무 거창한 것 같아 대신 연구자라는 표현을 더 좋아한다고 겸손해 하시지만 ― 좌고우면하지 않고 오로지 학문의 길과 후학 양성에 전념하시면서, 실무를 하면서도 학문의 길을 꿈꾸었던 후학들에게 진정한 학자로서의 면모를 여실 없이 보여 주셨습니다.

　석 교수님께서 남긴 큰 업적 중의 하나가 오늘날 일본과 중국을 포함한 동아시아의 국제사법 분야에서 한국이 독자적인 국제사법 체계를 갖추고 그에 관한 논의를 선도해 나가는 데 중요한 역할을 하신 일일 것입니다. 많은 분들이 잘 아시는 것처럼 2001년 우리나라는 드디어 일본 법례(法例)의 그늘을 벗어나 스위스 국제사법을 모델로 국제사법 전면개정을 통하여 선진 입법례를 적극적으로 받아들이게 되었습니다. 국제적인 법적 환경에서 국제무역을 선도하는 국가의 하나로서 품격을 높이는 방법 중의 하나가 분쟁해결 시스템을 포함한 훌륭한 법제를 갖추어야 하고 실제로도 그 법의 해석과 운용을 함에 있어서도 예측가능성을 가져야 하는데, 이를 위해서는 국제적 정합성이 필요합니다. 섭외사법에서 국제사법으로 법률의 명칭 변경과 함께 당시 국제적인 논의를 모두 종합하는 한편, 우리나라 현실에도 맞게 준거법 분야에서의 전면적인 개정과 국제재판관할의 기본원칙을 도입하였습니다. 이는 그러한 여정에서 큰 의미를 가진 첫걸음이 되었습니다. 더 나아가 당시 기본원칙만을 두는 데 그친 국제재판관할 분야에서도 한국국제사법학회를 중심으로 수년간의 연구와 검토를 거쳐 국제재판관할 부분에 대한 국제사법 개정안을 이끌어내었습니다. 최근 그 개정안이 국회를 통과하여 시행을 앞두고 있습니다. 2022년 교수님의 정년을 앞두고 가장 큰 선물 중의 하나가 아니었나 생각합니다. 일본과 중국은 새로운 국제사법 체계를 재정립하는 과정에서 위와 같은 우리나라의 국제사법 개정 내용과 논의과정 등을 많이 참조한 것도 사실입니다. 제가 석 교수님과 함께 일본과 중국 양국의 국제사법학회가 수년간 교류하면서 개최한 공동학술대회에 매번 참여할 기회를 가지면서 석 교수님을 중심으로 한 여러 분들의 활약으로 국제사법 분야를 동아시아에서 선도할 수 있는 기반을 세우고 아울러 일본과 중국의 학자들로부터도 많은 존경을 받는 것을 확인할 수 있었습니다.

　국제사법이라는 학문 자체가 우리나라나 외국의 실질법에 대한 유기적이고 체계적인 이해를 바탕으로 해야 하므로 민법 총칙 규정이나 물권, 친족상속법뿐만 아니라 지식재산권법, 도산법, 소비자계약법, 근로계약법은 물론 해상법 등 여러 법 분야에 이르기까지 넓은 지식과 깊은 이해를 갖추어야 합니다. 이러한 이유로 교수님께서는 여러 중요한 법령 개정작업에도 참여하신 것으로 알고 있습니다. 뿐만 아니라 국제적 사법(私法) 통일을 목적으로 하는 세계 3대 기구인 헤이그 국제사법회의(HCCH), UN의 국제거래법위원회(UNCITRAL) 및 사법통일을 위한 국제협회(UNIDROIT) 등 회의에 한국인으로서는 거의 유일하게 모두 적극적으로 참여하시면서 국제적인 흐름과 경향을 파악하고 외국의 석학들과 교류를 통하여 한국의 법률과 논의 수준을 세계에 널리 알리고 그 이해도를 높이는 데 공헌하셨습니다. 대법원 판결과 하급심 동향을 파악하여 치밀한 분석과 비판적인 지적을 통하여 고언을 아끼지 않으심으로써 실무계의 국제사법에 대한 인식도 바로 세우고자 하셨습니다.

이렇게 교수님께서 보여주신 여러 활약, 남겨주신 빛나는 업적과 훌륭한 연구 성과 등을 묘사하는 것은 한정된 지면으로는 턱없이 부족하기만 합니다.

이제 교수님께서 전임교원으로서 학교라는 장소를 떠나시기는 하지만 언제 어디에 계시든 학문과 후학에 대한 한없는 사랑과 관심으로 계속 지켜보시리라고 생각합니다. 후학들이 느끼는 교수님의 빈자리와 후학들이 이어서 계속 해나가야 할 책임은 참으로 무겁고 큽니다.

다시 한 번 정년을 맞으신 교수님과 가족 분들께 정말 수고 많으셨고, 참으로 감사하다는 말씀을 드리며, 앞으로 새롭게 펼쳐질 인생 제2막에 대한 기대와 건승, 그리고 진정으로 행복하시기를 기원하는 마음으로 저의 이야기를 마치고자 합니다.

2022년 3월
대법관 노태악

간 행 사

　　법률실무가에서 출발하신 후 학계로 오셔서 법학교수로서 오랜 기간 후진을 양성하시면서 실무적으로 중요한 학문적 성과를 쌓아 오신 석광현 교수님께서 서울대학교 법학전문대학원에서 2022년 2월 정년퇴임을 맞이하시게 되었습니다.

　　이에 즈음하여 뜻을 같이하는 석광현 교수님의 제자들이 모여서, 교수님의 학문적 업적을 기념하기 위한 논문집을 헌정하기로 하고, 2020. 7. 3. 석광현 교수님 정년기념 헌정논문집 간행위원회를 결성하였습니다. 그리고, 위 간행위원회에서는 헌정논문집에 대한 집필진의 선정 및 원고의 작성 등 추진계획에 대한 수차례의 회의를 하였고, 석광현 교수님의 학문적 성과를 이어받기 위하여 노력하는 제자들 중 논문집에 대한 기고를 원하는 분들의 지원을 받아 논문 요지 등에 대한 발표 등을 거쳐 최종적으로 16편의 옥고를 받아 이번에 석광현 교수님의 정년을 기념하는 논문집을 발간하게 되었습니다.

　　석광현 교수님께서 지난 오랜 기간 동안 척박한 연구환경하에서도 실무가와 교수로 재직하시면서 전공분야이신 국제거래법과 국제사법, 그리고 국제민사소송법 등 국제법무 분야에서 실무와 학계에서 동시적 발전을 이루기 위하여 노력하여 오시고, 연구분야에서 쌓으신 많은 업적을 기리기 위하여, 석광현 교수님의 정년을 기념하는 본 헌정논문집의 제목은 "국제거래법과 국제사법의 현상과 과제"로 하였습니다. 본 헌정논문집은 편의상 석광현 교수님의 주된 연구분야로서 제자들이 또한 관심을 가지고 연구한 분야로서, 제1장 국제거래법, 제2장 국제사법, 제3장 국제민사절차법의 세 가지 파트로 나누어 석 교수님의 지도하에 각 분야를 전공한 전공자들이 바쁘신 시간을 쪼개어 해당 전문분야에서 모두 총 16편의 논문을 작성하여 주셨고, 석광현 교수님의 정년기념 헌정논문집으로 이번에 선보이게 되었습니다.

　　석광현 교수님께서 재직기간 실무와 학계에서 많은 영향을 미치신 국제거래법과 국제사법의 분야는 국제적 계약 및 거래가 일반화된 현재의 실무상 매우 중요한 법률적 쟁점임에도 불구하고 학계의 연구가 뒷받침되지 않거나 많은 사람들이 관심을 두지 않아 실무적으로 낙후된 점이 없지 않아 있었는데, 석 교수님의 연구로 인하여 많은 발전을 이루었음은 그 누구도 부정할 수 없으리라 사료됩니다. 비록 석광현 교수님께서 학교를 떠나시더라도 지속적인 연구활동을 하시면서 후학들과 제자들, 그리고 많은 실무가들에게 선한 영향을 미치실 것으로 생각하고 있습니다.

본 헌정논문집에 실린, 석광현 교수님의 제자들이 기고한 논문들은 해당 집필자들께서 바쁘신 실무와 연구의 과정 중에서도 시간을 내서서 기고하여 주신 것으로서 해당 논문들 자체가 석광현 교수님에 대한 사랑과 존경을 담은 것이고, 해당 논문들 또한 이후의 후학과 실무가들의 지속적 연구에 대한 많은 기여를 할 것이라고 믿어 의심치 않습니다. 어려운 상황하에서도 좋은 논문을 제출하여 주시고 석광현 교수님의 정년을 함께하여 주신 집필자 모든 분들께 이 자리를 빌려 진심으로 감사드립니다.

이 책이 발간되기까지에 많은 분들의 헌신적인 도움이 있었습니다. 특히 간행위원회의 실무를 맡아서 가장 중요한 역할을 하신 한양대학교 법학전문대학원의 이종혁 교수님과 나머지 간행위원회의 위원님들께 특히 감사를 드리고, 어려운 가운데 이 책의 출판을 맡아주신 박영사에도 감사드립니다.

다시 한 번 석광현 교수님의 정년을 함께하게 되어 개인적으로 영광이라는 말씀을 드리고, 석광현 교수님께서 더욱 건강한 모습으로 국제적 연구 분야에서 더욱 왕성한 활동을 보여주실 것을 부탁드리면서 모두의 감사의 마음을 전달합니다. 감사합니다.

2022년 2월
석광현 교수님 정년기념 헌정논문집 간행위원회를 대표하여
채 동 헌
(법률사무소 BLP 대표변호사)

석광현 교수 연보·논저 목록

Ⅰ. 연 보

[출생]

본적	서울 중구 신당동 422의1
생년월일	1956. 9. 6.

부: 석주암(石主岩) 모: 민경식(閔敬植)

처: 김혜원(金蕙媛) 자: 연주(娟周), 재호(宰昊)

전자우편: khsuk@snu.ac.kr

[학력]

1975. 2.	경기고등학교 졸업
1979. 2.	서울대학교 법과대학 졸업(법학사)
1981. 2.	서울대학교 대학원 법학과 석사과정 수료
1981. 8.	대법원 사법연수원 수료
1991. 2.	독일 프라이부르그 알베르트-루드비히 법과대학 LL.M. 과정 졸업(LL.M.)
2000. 2.	서울대학교 대학원 박사과정 졸업(법학박사)

[수상]

2004. 5. 15.	한양대학교 사회과학부문 최우수교수상
2004. 5. 24.	한양대학교 Best Teacher
2011. 3. 3.	제4회 심당국제거래학술상
2014. 12. 31.	법부부장관 표창
2015. 1. 29.	제19회 한국법학원 법학계 법학논문상
2018. 12. 3.	서울대학교 학술연구교육상(연구부문)

[경력]

(1) 법조

1981. 8. - 1984. 8.	해군 법무관
1984. 9. - 1999. 2.	김·장법률사무소 변호사
1991. 1. - 1991. 5.	영국 Linklaters & Paines 법률사무소 연수

(2) 학교

1998. 3. - 1999. 2.	중앙대학교 국제대학원 겸임교원
1998. 9. - 1999. 2.	서울대학교 법과대학 시간강사(섭외사법)
1999. 3. - 2007. 9.	한양대학교 법과대학 부교수/교수(국제거래법/국제사법 담당)
1999. 9. - 2000. 2.	서울대학교 법과대학 시간강사(국제거래법연구)
2007. 10. - 2009. 2.	서울대학교 법과대학 기금교수
2009. 3. - 2022. 2.	서울대학교 법과대학·법학전문대학원 교수 (국제거래법/국제사법 담당)
2016. 11. - 2018. 10.	서울대학교 평의원회 평의원

(3) 학회[1]

2013. 3. - 2015. 3.	국제거래법학회 회장
2018. 3. - 2022. 3.	국제사법학회 회장

(4) 정부 위원회 등[2]

2000. 6. - 2000. 11.	법무부 섭외사법개정특별분과위원회 위원
2008. 3. - 2009. 2.	법무부 동산 및 채권의 담보에 관한 특례법 제정 특별분과위원회 위원
2009. 11. - 2010. 10.	법무부 이산가족신분재산특례법제정특별분과위원회 위원
2011. 1. - 2013. 1.	법제처 법령해석심의위원회 위원
2014. 2. - 2015. 10.	법무부 중재법 개정 특별분과위원회 위원
2014. 6. - 2015. 12.	법무부 국제사법개정위원회 위원 (임기 만료 후 1년 동안 자문위원)

---

1) 한국상사법학회, 한국해법학회, 한국중재학회, 한국가족법학회, 한국민사소송법학회, 민사판례연구회, 한국소비자법학회, 한국무역상무학회 등에서도 회원으로 활동.
2) 한국예탁결제원(KSD) 국제예탁결제제도 자문위원, ICC Korea 국제금융위원회 위원, 법원행정처 국제민사사법공조추진위원회 및 국제규범연구위원회 위원으로도 활동.

(5) 국제회의 참가(정부대표단 고문)

1997. 6.부터 2009. 2.까지 19차례 국제회의 참가

- 1997. 6.　　　　　　　　헤이그국제사법회의
- 1998. 3. / 1998. 11.　　헤이그국제사법회의
- 1999. 6.　　　　　　　　헤이그국제사법회의
- 2000. 12.　　　　　　　헤이그국제사법회의(바젤)
- 2001. 1.　　　　　　　　헤이그국제사법회의(제네바)
- 2001. 6.　　　　　　　　UNCITRAL 회의(국제채권양도협약)(비엔나)
- 2002. 1.　　　　　　　　헤이그국제사법회의(증권협약)
- 2002. 5. / 2003. 3.　　UNCITRAL 회의(담보거래)(뉴욕)
- 2003. 5.　　　　　　　　부양의무에 관한 헤이그국제사법회의 참가
- 2003. 9.　　　　　　　　UNCITRAL 회의(담보거래)(비엔나)
- 2003. 12.　　　　　　　헤이그국제사법회의
- 2005. 5.　　　　　　　　UNIDROIT 회의(증권협약)(로마)
- 2005. 9. / 2006. 12.　　UNCITRAL 회의(담보거래)(비엔나)
- 2007. 2.　　　　　　　　UNCITRAL 회의(담보거래)(뉴욕)
- 2008. 9.　　　　　　　　헤이그국제사법회의 Asia Pacific Regional Conference
- 2009. 2.　　　　　　　　헤이그국제사법회의

II. 논저 목록

1. 단행본

가. 국내

(1) 단독

國際裁判管轄에 관한 研究 ― 民事 및 商事事件에서의 國際裁判管轄의 基礎理論과 一般管轄을 중심으로 ― (서울대출판부, 2001)

2001년 개정 국제사법 해설 제1판(지산, 2001), 제2판(지산, 2003)

증거조사에 관한 국제민사사법공조 연구(법무부, 2007)

2001年改正 韓國の國際私法 ― 國際家族法を中心に ― (解說 第二版)(神奈川大學法學研究所, 2009)

국제물품매매계약의 법리: UN통일매매법(CISG) 해설(박영사, 2010)

국제민사소송법: 국제사법(절차편)(박영사, 2012)

국제사법 해설(박영사, 2013)

국제사법과 국제소송 제1권(박영사, 2001)-제6권(박영사, 2019), 정년기념(박영사, 2022)

국제상사중재법연구 제1권(박영사, 2007)-제2권(박영사, 2019)

2022년 개정 국제사법에 따른 국제재판관할법(박영사, 2022 예정)

(2) 공저

國際訴訟, 경희대학교 국제법무대학원(편), 國際法務學槪論(2000), 723-768면

헤이그국제아동입양협약에 관한 연구[공저](법무부, 2010)(이병화 교수와 공저)

박덕영(편), EU법 강의(박영사, 2012), 제17장 EU 국제사법, 547-591면

손경한 외, 국제사법 개정 방안 연구(법무부, 2014), 331-365면

남효순 외, 일제 강점기 강제 징용 사건판결의 종합적연구(박영사, 2014), 39-146면

정순섭·노혁준(편저), 신탁법의 쟁점 제2권(소화, 2015), 353-403면

윤진수 집필대표, 주해친족법 제2권(박영사, 2015), 국제친족법 부분, 1555-1791면

도시환 외, 한일협정 50년사의 재조명 Ⅴ(역사공간, 2016), 167-215면

정홍식 외, 국제건설에너지법: 이론과 실무(박영사, 2017), 5-52면

나. 외국

(1) 공저

South Korea Section, in Dennis Campbell (ed.), International Secured Transactions, Binder 2 (Oceana Publications, Inc., Dobbs Ferry, NY, 2004)(2010년과 2018년 개정판은 전우정 박사 공저)

Republic of Korea Section, in Transfer of Ownership in International Trace, 2nd Edition (Wolters Kluwer, 2011)(윤병철 변호사 공저), pp. 277-292

木棚照一 編著, 知的財産の國際私法原則研究 — 東アジアからの日韓共同提案 — (早稻田大学比較法研究所叢書 40, 2012). 일어 번역은 289-299면

"第一部 韓国", 增田 晉(編), 環太平洋諸國(日·韓·中·米·豪)における外國判決の承認·執行の現狀(商事法務, 2014), 27-74면(이후동 譯)

South Korea Section, in Jürgen Basedow et al., Encyclopedia of Private International Law (Edward Elgar, 2017), Vol. 3, pp. 2243-2252 / Vol. 4, pp. 3810-3821

South Korea Section, in Adeline Chong (ed.), Recognition and Enforcement of Foreign Judgment in Asia (ABLI, 2017), pp. 179-201

Law Applicable to Infringement of Foreign Copyright under the Berne Convention and

　　　the Korean Act on Private International Law, in LIU Kung－Chung (ed.),
　　　Annotated Leading Copyright Cases in Major Asian Jurisdictions (City University
　　　of Hong Kong Press, 2019), pp. 481－493

Korea Section, in Daniel Girsberger et al. (eds.), Choice of Law in International
　　　Commercial Contracts (Oxford Private International Law)(2021), pp. 662－677

(2) 편저

국제채권양도협약연구(법무부, 2002)

석광현·정순섭(공편), 국제금융법의 현상과 과제 제1권(소화, 2009)

UNCITRAL 담보권 입법지침 연구(법무부, 2010)

다. 역서

UCP 600 공식번역 및 해설서(제6차 개정 신용장통일규칙)(대한상공회의소, 전국은행연합
　　　회, 2007)(UCP 600 공식번역 부분 공역)

오원석·최준선·석광현·허해관(공역), UNIDROIT 국제상사계약법원칙 2016(법문사, 2018)

라. 감수

국제건설에너지법(이론과 실무) 제1권(국제건설에너지법연구회, 2017)/제2권(국제건설에너
　　　지법연구회, 2019)

헤이그 국제상사계약 준거법원칙 해설 번역(사법연수원, 2017)

인코텀즈 2020 번역(대한상공회의소, 2019)

2. 논문

가. 국내

國際私法과 國際訴訟 제1권 수록 논문

제1장 國際契約法

[1] 國際契約의 準據法에 관한 몇 가지 논점 ― 涉外私法의 解釋論을 중심으로: 改正된 國際
　　　私法의 소개를 포함하여 ―

[2] 外換許可를 받지 아니한 國際保證과 관련한 國際私法上의 問題點 ― 서울고등법원
　　　1994. 3. 4. 선고 92나61623 판결에 대한 평석을 겸하여 ―

제2장 國際契約의 準據法에 관한 國際條約

[3] 契約上 債務의 準據法에 관한 유럽共同體 協約(로마協約)

제3장 國際信用狀去來

[4] 信用狀 開設銀行인 외국은행을 상대로 한 소송과 國際裁判管轄 — 대법원 2000. 6. 9.
선고 98다35037 판결과 관련하여 —

[5] 貨換信用狀去來에 따른 法律關係의 準據法

제4장 國際不法行爲法

[6] 涉外不法行爲의 準據法決定에 관한 小考 — 共通의 屬人法에 관한 대법원판결을 계기로
본 涉外私法의 적용범위와 관련하여 —

[7] 國際的인 製造物責任과 관련한 國際私法上의 問題點

제5장 外國裁判의 承認 및 執行

[8] 民事 및 商事事件에서의 外國裁判의 承認 및 執行

[9] 外國判決 承認要件으로서의 送達 — 대법원 1992. 7. 14. 선고 92다2585 판결에 대한 평
석을 겸하여 —

[10] 損害賠償을 명한 미국 미네소타주법원 判決의 承認 및 執行에 관한 문제점 특히 相互
保證과 公序의 문제를 중심으로 — 서울지방법원동부지원 1995. 2. 10. 선고 93가합
19069 판결에 대한 평석 —

[11] 外國判決의 承認 및 執行에 관한 立法論 — 民事訴訟法 改正案(제217조)과 民事執行法
草案(제25조, 제26조)에 대한 管見 —

제6장 國際倒産法

[12] 國際倒産法의 몇 가지 問題點

제7장 外國 國際私法

[13] 스위스 國際私法(IPRG)

제8장 國際金融去來法

[14] 國內企業의 海外借入의 實務와 法的인 問題點 — 國際契約法的 論點을 중심으로 —

[15] 國內企業의 海外社債 發行의 實務와 法的인 問題點 — 유로債(Eurobond) 발행시 우리
法의 適用範圍에 관한 問題를 中心으로 —

부록

[16] 契約上 債務의 準據法에 관한 유럽共同體 協約(로마協約)(영문)

[17-1] 국제연합 국제거래법위원회의 國際倒産에 관한 모델법(영문)

[17-2] 국제연합 국제거래법위원회의 國際倒産에 관한 모델법(試譯)

國際私法과 國際訴訟 제2권 수록 논문

제1장 國際契約法 —

[1] 涉外私法의 改正에 관한 立法論 — 國際契約法 분야: 改正 國際私法의 소개를 포함하여—

[2] 海上積荷保險契約에 있어 英國法 準據約款과 관련한 國際私法上의 문제점

[3] 船荷證券의 準據法에 관한 몇 가지 문제점 ─ 國際海上物件運送契約法의 序論的 考察 ─

제2장 國際電子去來法

[4] 國際的인 電子去來와 분쟁해결 ─ 國際裁判管轄을 중심으로 ─

[5] 國際的인 電子去來와 분쟁해결 ─ 準據法을 중심으로 ─

제3장 國際會社法

[6] 國際會社法의 몇 가지 문제점 ─ 國際去來 實務上의 主要論點을 중심으로: 改正國際私法
    의 소개를 포함하여 ─

제4장 裁判權

[7] 外國國家에 대한 民事裁判權의 行使와 主權免除 ─ 制限的 主權免除論을 취한 대법원
    1998. 12. 17. 선고 97다39216 전원합의체 판결에 대한 평석 ─

제5장 國際裁判管轄

[8] 改正 國際私法에 따른 國際裁判管轄의 法理

제6장 國際民事司法共助

[9] 헤이그送達協約에의 가입과 관련한 몇 가지 문제점

제7장 國際裁判管轄과 外國判決의 承認 및 執行에 관한 國際條約

[10] 民事 및 商事事件의 裁判管轄과 裁判의 執行에 관한 유럽공동체協約(브뤼셀협약)

[11] 헤이그국제사법회의 「民事 및 商事事件의 國際裁判管轄과 外國裁判에 관한 협약」 예
     비초안

제8장 國際商事仲裁法

[12] 改正仲裁法의 몇 가지 문제점 ─ 國際商事仲裁를 중심으로 ─

제9장 國際金融去來法

[13] 派生金融商品去來에 있어서의 一括淸算의 문제점과 倒産法의 改正

[14] 移動裝備에 대한 國際的 擔保權에 관한 UNIDROIT 協約案

제10장 國際知的財産權法

[15] 國際的인 知的財産權 紛爭 해결의 문제점 ─ 國際私法的 論點에 관한 試論 ─

부록

[16] 民事 및 商事事件의 裁判管轄과 裁判의 執行에 관한 유럽공동체協約(브뤼셀협약)(영문)

[17] 民事 및 商事事件의 國際裁判管轄과 外國裁判에 관한 협약 예비초안(영문)

[18] 국제연합 국제거래법위원회의 國際商事仲裁에 관한 모델법(영문)

國際私法과 國際訴訟 제3권 수록 논문

제1장 國際去來와 國際私法

[1] 國際去來를 취급하는 법률가들을 위한 改正 國際私法의 소개

제2장 國際貿易去來

[2] 수입화물의 소유권이전에 관한 연구

[3] 國際貿易去來에서 발행되는 환어음에 관한 몇 가지 문제점

제3장 國際物品賣買協約(CISG)

[4] 국제연합 國際物品賣買協約(CISG)에의 가입과 관련한 몇 가지 문제점

제4장 國際去來와 약관

[5] 國際去來와 약관규제에관한법률의 적용

제5장 국제보험·해상법

[6] 해상적하보험증권상의 영국법 준거약관에 따라 영국법이 규율하는 사항의 범위 ─ 대법
　　원 1998. 7. 14. 선고 96다39707 판결

[7] 船荷證券에 의한 國際裁判管轄合意의 문제점 ─ 대법원 1997. 9. 9. 선고 96다20093 판결

제6장 國際倒産法

[8] 國際倒産法에 관한 연구 ─ 立法論을 중심으로 ─

　　補論 ─ 2002년 統合倒産法試案 중 國際倒産法에 대한 의견

제7장 유럽연합의 國際私法

[9] 유럽연합의 國際倒産法制

[10] 民事 및 商事事件의 裁判管轄과 裁判의 執行에 관한 유럽연합규정(브뤼셀규정) ─ 브뤼
　　셀협약과의 차이를 중심으로 ─

제8장 헤이그국제사법회의 협약

[11] 헤이그국제사법회의의 民事 및 商事事件의 國際裁判管轄과 外國裁判에 관한 협약
　　2001년 초안

[12] 헤이그국제사법회의의 외국공문서의 인증요건 폐지에 관한 협약

제9장 국제금융거래법

[13] 국제적인 신디케이티드 론 거래와 어느 대주은행의 파산

[14] 우리 기업의 海外證券 발행과 관련한 법적인 미비점과 개선방안

[15] UNCITRAL의 國際債權讓渡協約 ─ 협약의 소개와 民法 및 資産流動化에 관한 法律에
　　의 시사점 ─

부록

[16] UNCITRAL의 국제도산에 관한 모델법

[17] 유럽연합倒産規定

[18] 民事 및 商事事件의 裁判管轄과 裁判의 執行에 관한 유럽연합규정(브뤼셀규정)

[19] 民事 및 商事事件의 國際裁判管轄과 外國裁判에 관한 헤이그국제사법회의 협약 2001
　　년 초안

[20] 외국공문서의 인증요건폐지에 관한 헤이그국제사법회의 협약

[21] UNCITRAL의 國際債權讓渡協約

國際私法과 國際訴訟 제4권 수록 논문

제1장 國際契約法

[1] 국제거래에서의 代理商의 보호 — 商法 제92조의2의 적용범위와 관련하여

[2] 國際的 債權讓渡의 準據法

제2장 國際民事訴訟法

[3] 國際裁判管轄의 기초이론 — 도메인이름에 관한 대법원 2005. 1. 27. 선고 2002다59788
    판결의 의의

[4] 國際訴訟의 外國人當事者에 관한 몇 가지 문제점

[5] 國際的 訴訟競合

[6] 한중일간의 民事司法共助條約의 체결을 제안하며

[7] 詐欺에 의한 外國判決承認의 公序違反與否와 相互保證

제3장 헤이그국제사법회의 협약

[8] 國際的인 證券擔保去來의 準據法 — 헤이그국제사법회의의 유가증권협약을 중심으로 —
    補論 — 헤이그유가증권협약의 주요내용과 國際證券去來에 미치는 영향

제4장 國際倒産法

[9] 미국 파산법원의 재판의 효력과 破産法의 屬地主義 — 대법원 2003. 4. 25. 선고 2000다
    64359 판결에 대한 평석
    補論 — 채무자회생 및 파산에 관한 법률(이른바 統合倒産法)에 따른 國際倒産法의 개관

제5장 國際商事仲裁法

[10] 뉴욕협약상 중재합의에 관한 몇 가지 문제점 — 대법원 2004. 12. 10. 선고 2004다
    20180 판결이 제기한 쟁점들을 중심으로 —

제6장 國際海商法

[11] 용선계약상 중재조항의 선하증권에의 편입 — 대법원 2003. 1. 10. 선고 2000다70064
    판결에 대한 평석 —

제7장 國際金融去來法

[12] 國際金融去來와 國際私法

[13] 國際金融에서의 信託과 國際私法

제8장 國際知的財産權法

[14] 한국에 있어서 知的財産權紛爭의 國際裁判管轄
    補論 — 知的財産權에 관한 國際裁判管轄 — MPI 草案과 ALI 草案의 비교

제9장 대법원판례 정리

[15] 2004년 국제사법 분야 대법원판례: 정리 및 해설

부록

[16] Convention on the Law Applicable to Certain Rights in Respect of Securities Held with an Intermediary

[17] Convention on the Law Applicable to Trusts and on their Recognition

國際私法과 國際訴訟 제5권 수록 논문

제1장 국제계약법

[1] 한국인 간에 일본에서 체결된 근로계약의 준거법: 국제계약의 개념, 가정적 당사자자치와 준거법의 사후적 변경을 중심으로

[2] 국제물품매매협약(CISG)과 國際私法

제2장 국제지적재산권법

[3] 외국저작권 침해의 준거법

　　補論 ─ 국제지적재산권법에 관한 小考 ─ 최근 일부 하급심판결들에 대한 유감을 표시하며

제3장 독점규제법·경제법의 국제적 적용범위

[4] 독점규제 및 공정거래에 관한 법률의 域外適用

[5] 경제법의 국제적 적용범위: 국제거래에서 소비자보호와 "독점규제 및 공정거래에 관한 법률"의 역외적용을 중심으로

　　補論 ─ 약관규제법은 국제적 강행규정인가

제4장 해사국제사법

[6] 海事國際私法의 몇 가지 문제점 ─ 준거법을 중심으로

　　補論 ─ 외국법제로의 과도한 도피와 國際私法的 思考의 빈곤

[7] 선박우선특권과 피담보채권(선원임금채권)의 준거법

제5장 국제민사소송법

[8] 개정 루가노협약에 따른 계약사건의 국제재판관할

　　補論 ─ 계약사건의 국제재판관할에서 의무이행지와 실질적 관련

[9] 인터넷거래의 국제재판관할과 지향된 활동

[10] 외국판결의 승인 및 집행: 2001년 이후의 판결을 중심으로

　　補論 ─ 승인대상인 외국판결의 개념에 관한 대법원재판의 상충

제6장 국제도산법

[11] "채무자 회생 및 파산에 관한 법률"(이른바 통합도산법)에 따른 국제도산법

補論 ─ 외국도산절차에 따른 면책 효력의 승인

[12] 도산국제사법의 제문제: 우리 법의 해석론의 방향

제7장 국제상사중재법

[13] 국제상사중재에서 중재합의와 訴訟留止命令(anti－suit injunction)

[14] 외국중재판정의 승인·집행제도의 개선방안

제8장 외국법의 적용: 중국법이 준거법인 경우

[15] 한국법원에서 제기된 중국법의 쟁점: 계약법, 불법행위법, 혼인법과 외국판결의 승인·
　　　집행을 중심으로

國際私法과 國際訴訟 제6권 수록 논문

제1장 국제사법 총론상의 논점

[1] 영국법이 준거법인 채권 간의 소송상 상계에 관한 국제사법의 제문제: 성질결정, 숨은
　　　반정, 적응, 상계의 준거법 및 압류채권자와 상계를 주장하는 제3채무자의 우열의 준거법

[2] 편의치적에서 선박우선특권의 준거법 결정과 예외조항의 적용

제2장 국제계약 및 국제소비자계약의 준거법

[3] 영국법이 준거법인 한국 회사들 간의 선박보험계약과 약관규제법의 적용 여부

[4] 국제사법상 소비자계약의 범위에 관한 판례의 소개와 검토: 제27조의 목적론적 축소와
　　　관련하여

[5] 해외직접구매에서 소비자의 보호: 국제사법, 중재법과 약관규제법을 중심으로

제3장 부당이득의 준거법

[6] 가집행선고의 실효로 인한 가지급물 반환의무의 준거법: 성질결정, 법정지법 원칙, 국제
　　　사법의 법원(法源)에 관한 논점을 포함하여

제4장 계약외채무의 준거법에 관한 유럽연합규정(로마Ⅱ)

[7] 계약외채무의 준거법에 관한 유럽연합 규정(로마Ⅱ)

제5장 국제자본시장법

[8] 동시상장 기타 자본시장 국제화에 따른 국제사법 문제의 서론적 고찰
　　　補論 ─ 상장회사에 관한 상법의 특례규정과 國際私法的 思考의 빈곤: 외국회사를 중심
　　　으로

제6장 국제민사소송법

[9] 한국의 국제재판관할규칙의 입법에 관하여
　　　補論 ─ 2018년 국제사법 개정안에 따른 국제재판관할규칙

[10] 국제사법학회의 창립 20주년 회고와 전망: 국제재판관할과 외국판결의 승인 및 집행에
　　　관한 입법과 판례

제7장 강제징용배상과 국제사법

[11] 강제징용사건에 관한 일본판결의 승인 가부[3]

[12] 강제징용사건의 준거법

제8장 남북한 법률관계

[13] 남북한 주민 간 법률관계의 올바른 규율: 광의의 준국제사법규칙과 실질법의 특례를
    중심으로[4]

제9장 동아시아 국제사법 및 국제민사소송법의 통일

[14] 국제민·상사분쟁해결에 관한 동아시아법의 현황과 미래

[15] 한중 사법공조의 실천현황과 개선방안

부록

[16] Regulation (EC) No 864/2007 of the European Parliament and of the Council of 11
    July 2007 on the law applicable to non-contractual obligations (Rome II)

[17] 대한민국과 중화인민공화국간의 민사 및 상사사법공조조약(국문본)

國際私法과 國際訴訟 정년기념호 수록 논문

제1장 한국 국제사법의 역사와 헤이그국제사법회의

[1] 한국 국제사법 70년 변화와 전망

[2] 한국의 헤이그국제사법회의 가입 20주년을 기념하여: 회고, 현상과 전망

[3] 이호정 선생님의 국제사법학

제2장 UNCITRAL의 작업과 비교법

[4] UNCITRAL이 한국법에 미친 영향과 우리의 과제

제3장 헌법과 국제사법

[5] 국제사법에 대한 헌법의 영향

제4장 국제회사법

[6] 한국에서 주된 사업을 하는 외국회사의 법인격과 당사자능력: 유동화전업 외국법인에
    관한 대법원 판결과 관련하여

[7] 국제적 기업인수계약의 준거법을 다룬 하급심 판결에 대한 평석: 주주총회의 특별결의
    를 요구하는 상법 규정은 국제적 강행규정인가

---

3) 위 논문은 "Recognition in Korea of Japanese Judgments regarding Forced Labor Cases"라는 제
   목으로 전문번역가에 의하여 번역되어 Korean Yearbook of International Law, Volume 2 (2014),
   pp. 129-174에 수록되었다.

4) 위 논문은 "Regulating Legal Relationships between South and North Koreans: Focus on Private
   Inter-regional Law Rules and Special Substantive Law Rules"라는 제목으로 전문번역가에 의하
   여 번역되어 JUNG, Geung Sik 외 편, Distinguished Papers on Korean Law, Vol. 1 (Minsokwon
   Publishing Company, 2017), pp. 229-335에 수록되었다.

제5장 국제계약법

[8] 국제라이선스계약의 준거법 결정에서 당사자자치의 원칙과 그 한계: FRAND 선언을 통한 라이선스계약의 성립 여부를 포함하여

[9] 국제금융거래에서 제3국의 외국환거래법과 국제적 강행규정의 적용: IMF 협정 제Ⅷ조 2(b)를 포함하여

제6장 국제민사소송

[10] 호주 법원 판결에 기한 집행판결 청구의 소에서 변호계인 원고의 당사자능력

[11] 손해배상을 명한 외국재판의 승인과 집행: 2014년 민사소송법 개정과 그에 따른 판례의 변화를 중심으로

제7장 외국 국제사법

[12] 독일 개정 국제사법에 관한 고찰 再論
    독일 민법시행법(EGBGB)[試譯]

[13] 스위스의 국제사법 再論
    스위스 국제사법(國際私法)에 관한 연방법률[試譯]

제8장 유럽연합의 국제사법

[14] 국제사법에서 준거법의 지정에 갈음하는 승인: 유럽연합에서의 논의와 우리 법에의 시사점

제9장 국제사회보장법

[15] 외국인에 대한 한국 사회보장법의 적용: 외인법에서 저촉법인 국제사회보장법으로

國際商事仲裁法硏究 제1권 수록 논문

제1장 國際商事仲裁法의 기초이론

제2장 개정중재법의 주요 내용과 문제점 — 國際商事仲裁를 중심으로

제3장 國際商事仲裁에서 仲裁合意

제4장 國際商事仲裁에서 분쟁의 실체의 準據法 — 우리 중재법의 해석론을 중심으로 —

제5장 國際商事仲裁에서 중재판정의 취소 — 우리 중재법의 해석론을 중심으로 —

제6장 뉴욕협약에 따른 外國仲裁判定의 承認 및 執行

제7장 뉴욕협약상 중재합의의 몇 가지 문제점 — 대법원 2004. 12. 10. 선고 2004다20180 판결이 제기한 제출서류 및 중재합의의 방식요건을 중심으로 —

제8장 外國仲裁判定에 기초한 執行判決과 청구이의사유의 주장 — 대법원 2003. 4. 11. 선고 2001다20134 판결에 대한 평석 —

제9장 仲裁節次에서 法院의 역할

제10장 용선계약상 중재조항의 선하증권에의 편입 — 대법원 2003. 1. 10. 선고 2000다70064 판결에 대한 평석 —

부록

[11] 한국 仲裁法

[12] 국제상사중재에 관한 UNCITRAL 모델법

[13] 외국중재판정의 승인 및 집행에 관한 국제연합협약(뉴욕협약)

[14] 제네바의정서와 제네바협약

國際商事仲裁法硏究 제2권 수록 논문

제1장 구 중재법 하의 개정방향

[1] 중재법의 개정방향: 국제상사중재의 측면을 중심으로

[2] 중재법에 따른 외국중재판정의 승인·집행제도의 개선방안

제2장 2016년 중재법에 따른 변화

[3] 2016년 중재법의 주요 개정내용과 문제점

[4] 2016년 중재법에 따른 중재판정부의 임시적 처분: 민사집행법에 따른 보전처분과의 정
    합성에 대한 문제 제기를 포함하여

[5] 2016년 중재법에 따른 국내중재판정의 효력, 취소와 승인·집행에 관한 법리의 변화

제3장 국제중재에서 소비자의 보호

[6] 해외직접구매에서 소비자의 보호: 국제중재의 맥락에서

제4장 중재법의 해석론상의 제논점

[7] 중재합의와 소송유지명령(anti-suit injunction)

[8] 사기에 의하여 획득한 외국중재판정의 승인과 공서위반 여부

제5장 ICC 중재규칙과 한국 중재법의 상호작용

[9] 한국에서 행해지는 ICC 중재에서 ICC 중재규칙과 한국 중재법의 상호작용

제6장 국제상사중재, 국제통상분쟁해결절차와 국제투자중재

[10] 국제분쟁해결의 맥락에서 본 국제상사중재: 통상분쟁해결절차 및 투자중재와의 대비를
    중심으로

부록

[11] 대한상사중재원의 2007년 국제중재규칙의 주요내용과 그에 대한 평가

[12] 한국 중재법: 2016년 중재법 / 1999년 중재법 / 1966년 중재법

[13] 국제상사중재에 관한 모델중재법

[14] 외국중재판정의 승인 및 집행에 관한 국제연합협약(뉴욕협약)

國際私法과 國際訴訟 제1권-제6권·정년기념호와 國際商事仲裁法硏究 제1권-제2권에 수록
되지 않은 논문

• "國際航空機리스에 관한 법적인 문제점", 인권과 정의 제195호(1992. 11.), 55-67면(조영
  균 변호사와 공저)
• "貨換信用狀去來의 法律關係와 準據法", 무역상무연구 제IX권(1996. 2.), 153-186면
• "貨換信用狀去來와 관련한 國際私法上의 몇 가지 문제점", 대한변호사협회지(인권과 정
  의) 제218호(1994. 10.), 111-126면
• "國際商事仲裁에 있어서 實體에 적용할 準據法의 결정", 東泉 金仁燮 辯護士 華甲紀念 論
  文集(1996), 522-535면
• "民事 및 商事事件의 國際裁判管轄과 外國裁判의 承認 및 執行에 관한 헤이그協約—
  1997년 6월 개최된 特別委員會 회의 참가보고를 겸하여—", 국제사법연구 제2호(1997),
  115-152면
• "國際裁判管轄의 몇 가지 문제점 —종래의 論議에 대한 批判的 考察—", 대한변호사협
  회지(인권과 정의) 제262호(1998. 6.), 32-44면
• "民事 및 商事事件의 國際裁判管轄과 外國裁判의 承認 및 執行에 관한 헤이그協約—
  1998년 3월 개최된 特別委員會 제2차 회의 참가보고서—", 저스티스 통권 제50호(1998.
  12.), 141-160면
• "間接的 國際裁判管轄(또는 承認管轄)", 국제사법연구 제4호(1999), 509-535면
• "스왑去來의 法的 問題點", 民事判例研究[XXⅢ](2001), 647면-701면
• "信用狀去來上의 銀行의 法的地位 —貨換信用狀去來의 法律關係—", 南孝淳·金載亨(共
  編), 金融去來法講義 Ⅱ(2001), 135-177면
• "改正 國際私法의 總論的 問題", 法曹 통권 제536호(2001. 5.), 5-39면
• "國際勤勞契約과 勤勞者保護 —改正 國際私法을 중심으로—", 노동법학 제13호(2001.
  12.), 1-37면
• "國際去來에서의 消費者保護 —改正 國際私法을 중심으로—", 心堂宋相現先生 華甲紀念
  論文集: 이십일세기 한국상사법학의 과제와 전망(2002), 701-734면
• "國際的 保證의 諸問題", 무역상무연구 제17권(2002), 7-31면
• "國際的인 證券擔保去來의 準據法 —PRIMA와 관련하여—", 증권법연구 제3권 제1호
  (2002), 97-137면, 조문은 339-365면
• "국제물품매매협약 가입과 한국법에의 수용", 상사법연구 제21권 제2호(2002), 41-134면
• "인터넷과 國際裁判管轄", 인터넷법연구 제2호(2003), 429-467면
• "연지급신용장의 만기전 매입 또는 지급", 判例研究 제17집(하)(서울지방변호사회, 2004),
  86-112면

- "신용장의 비서류적 조건의 유효성", 무역상무연구 제22권(2004), 137－171면
- "항공기에 대한 국제적 담보거래 — 케이프타운협약과 항공기의정서를 중심으로 —", 국제거래법연구 제12집(2004), 163－200면
- "2005 헤이그법원선택합의협약", 국제사법연구 제11호(2005), 192－ 227면
- "국제항공기금융에 관한 법적 문제점", BFL 제18호(2006), 62－75면(조영균 변호사와 공저)
- "국제물품매매계약에 관한 국제연합협약(CISG)상의 본질적 계약위반", 한양대 법학논총 제23집 제2호(2006), 437－479면
- "UNIDROIT 문화재환수협약 가입절차와 유의점", 국제사법연구 제15호(2009), 324－378면
- "1993년 헤이그국제입양협약(국제입양에 관한 아동보호 및 협력에 관한 헤이그협약)", 국제사법연구 제15호(2009), 421－492면
- "국제자본시장법의 서론적 고찰 — 역외적용 및 역외투자자문업자등의 특례를 중심으로", 증권법연구 제11권 제2호(2010. 8.), 27－82면(정순섭 교수와 공저)
- "중간시안을 중심으로 본 국제재판관할에 관한 일본의 입법 현황과 한국의 입법 방향", 한양대학교 국제소송법무 제1호(2010), 29－65면
- "國際勤勞契約의 準據法에 관한 韓國과 中國國際私法의 異同", 전북대학교 법학연구 제31집(2010. 12.), 301－326면
- "국제물품매매협약(CISG)을 적용한 우리 판결의 소개와 검토", 국제거래법연구 제20집 제1호(2011. 7.), 87－135면
- "클라우드 컴퓨팅의 규제 및 관할권과 준거법", Law & Technology 제7권 제5호(2011. 9.), 3－48면
- "국제지적재산권분쟁과 國際私法: ALI 원칙(2007)과 CLIP 원칙(2011)을 중심으로", 민사판례연구 제34집(2012), 1065－1130면
- "국제아동탈취의 민사적 측면에 관한 헤이그협약", 서울대학교 법학 제54권 제2호(2013. 6.), 79－134면
- "이혼 기타 혼인 관계 사건의 국제재판관할에 관한 입법론", 국제사법연구 제19권 제2호(2013. 12.), 101－145면
- "FIDIC 조건을 사용하는 국제건설계약의 준거법 결정과 그 실익", 사법 제29호(2014. 9.), 4－67면
- "국제친권·후견법의 동향과 국내입법과제", 서울대학교 법학 제55권 제4호(2014. 12.), 473－521면
- "일제강점기 강제징용된 노동자들의 손해배상 및 임금 청구를 기각한 일본 법원 확정판결의 승인 여부", 판례실무연구 [XI](상)(사법발전재단, 2014. 11.), 513－557면

- "헤이그 국제상사계약 준거법원칙", 서헌제 교수 정년기념논문집(2015. 2.), 279－320면
- "국제적 불법거래로부터 문화재를 보호하기 위한 우리 국제사법(國際私法)과 문화재보호법의 역할과 개선방안", 서울대학교 법학 제56권 제3호(2015. 9.), 117－182면
- "국제가사사건을 다루는 법률가들께 드리는 고언(苦言)", 가족법연구 제30권 1호(2016. 3.), 95－142면
- "FIDIC 표준계약조건과 국내 민간건설공사 표준도급계약 일반조건의 비교", 국제거래법연구 제25집 제1호(2016. 7.), 31－89면
- "한국 국제거래법학의 과제", 성균관법학 제28권 제3호(2016. 9.), 53－103면
- "한국 국제사법학의 과제", 국제사법연구 제22권 제2호(2016. 12.), 381－425면
- "헤이그입양협약 비준을 위한 2016년 "국제입양에 관한 법률안"에 대한 검토", 가족법 연구 제31권 제1호(2017. 3.), 105－153면
- "서울법대 국제사법·국제거래법 연구 70년", 별책 서울대학교 法學 제58권 제1호(2017. 3.), 391－426면 / 서울대학교 법과대학 72년 1946－2017 (2018), 520－543면에도 수록
- "대마도에서 훔쳐 온 고려 불상의 서산 부석사 반환을 명한 제1심판결의 평석: 국제문화재법의 제문제", 국제사법연구 제23권 제1호(2017. 6.), 3－58면
- "2018년 국제사법 전부개정법률안에 따른 국제재판관할규칙: 총칙을 중심으로", 국제거래와 법 제21호(2018. 4.), 41－126면
- "매매협약(CISG)이 적용되는 국제물품매매계약상 손해배상의 몇 가지 논점: 통화와 증명도로 본 통일 실질법의 사정범위(射程範圍)와 흠결의 보충", 국제거래법연구 제27집 제1호(2018. 7.), 1－42면
- "2018년 국제사법 전부개정법률안에 따른 국제재판관할규칙: 각칙을 중심으로", 국제거래와 법 제23호(2018. 10.), 41－146면
- "2018년 국제사법 전부개정법률안에 따른 해사사건의 국제재판관할규칙", 한국해법학회지 제40권 제2호(2018. 11.), 7－91면
- "헤이그입양협약 비준을 위한 2018년 "국제입양에 관한 법률안"에 대한 검토", 가족법연구 제33권 제1호(2019. 3.), 233－298면
- "헤이그입양협약 비준을 위한 2018년 "국제입양에 관한 법률안"에 대한 검토", 가족법연구 제33권 1호(2019. 3.), 233－288면
- "우리 법원의 IP 허브 추진과 헤이그 관할합의협약 가입의 쟁점", 국제사법연구, 제25권 제1호(2019. 6.), 223－273면
- "우리 대법원 판결에 비추어 본 헤이그 관할합의협약의 몇 가지 논점", 국제사법연구 제25권 제1호(2019. 6.), 481－525면
- "외국선박에 대한 선박우선특권의 제척기간과 행사방법의 성질결정과 준거법", 국제사법

연구 제25권 제2호(2019. 12.), 361－400면

- "외국도산절차의 승인에 관한 모델법과 EU규정의 비교: 한진해운 사건을 계기로", 국제거래법연구 제28집 제2호(2019. 12.), 29－67면
- "국제사법 제2조 제2항을 올바로 적용한 2019년 대법원 판결에 대한 평석: 일반관할과 재산소재지의 특별관할을 중심으로", 국제거래와 법 제29호(2020. 4.), 131－168면
- "캘리포니아주 법원이 확인한 미국 중재판정의 승인·집행에서 그 대상, 중재합의의 성립과 임의대리의 준거법", 사법발전재단, 2020년 가을호(제53호)(2020. 9.), 307－352면
- "2019년 헤이그 재판협약의 주요 내용과 간접관할규정", 국제사법연구 제26권 제2호(2020. 12.), 3－83면
- "문화재의 국제적 불법거래 방지를 위한 한국의 노력과 역할: 문화재·문화유산의 개념 논의를 포함하여", 국제사법연구 제26권 제2호(2020. 12.), 221－291면
- "선체용선의 대상인 선박보험계약에서 대리와 부당이득의 준거법", 경희법학 제56권 제1호(2021. 3.), 145－189면
- "도산 관련 재판의 승인 및 집행에 관한 2018년 UNCITRAL 모델법의 소개와 우리의 입법방향", 국제거래와 법 제33호(2021. 4.), 1－52면
- "외국인 부부의 이혼사건에서 이혼·재산분할의 국제재판관할과 준거법", 안암법학 제62호(2021. 5.), 643－699면
- "미국 연방파산법에 따른 회생계획인가결정의 한국에서의 승인", 양창수 교수 고희기념논문집 간행위원회, 自律과 正義의 民法學: 梁彰洙 교수 古稀기념논문집(2021), 555－585면

나. 외국

- "The New Conflict of Laws Act of the Republic of Korea", Yearbook of Private International Law, Volume 5 (2003), pp. 99－141 and English translation of the Act, pp. 315－336
- "Max－Planck－Institute Proposal on International Jurisdiction in Intellectual Property Matters: Some Observations from the Korean Law Perspectives", 早稻田大學21世紀 COE 《企業法制と法創造》総合研究所, 《企業法制と法創造》 제1권 제4호(통권 제4호) (2005. 3.), pp. 343－349
- "Some Observations on the Chinese Private International Law Act: Korean Law Perspective", Zeitschrift für Chinesisches Recht (2011), pp. 105－115
- "Comparative Analyses of the Chinese Private International Law Act and the Private International Law Act of Chinese Taipei: Korean Law Perspective", 中國 國際法評論 제4권(2013. 6.), pp. 46－76

- "Recognition and Enforcement of Foreign Judgments in the Republic of Korea", Yearbook of Private International Law, Vol. 15 (2013/2014), pp. 421−437
- "Korea's Accession to the Hague Child Abduction Convention", Family Law Quarterly, Volume 48, No. 2, Summer 2014, pp. 267−282
- "Harmonization of Private International Law Rules in Northeast Asia", 日本 國際法外交 雜誌, 제114권 제1호(2015. 6.), pp. 1−26
- "Recognition and Enforcement of Judgments between China, Japan, South Korea in the New Era: South Korean Law Perspective", Frontiers of Law in China, Vol. 13 No. 2 (2018. 6.), pp. 171−201
- "Introduction of Detailed Rules of International Adjudicatory Jurisdiction in Korea: Proposed Amendments of the Private International Law Act", 日本 国際私法年報 第19 号(2018. 6.), pp. 2−25
- "Private International Law Issues on Cross−border Surrogacy Agreement under Korean Law", Nomos No. 43 (2018. 12.), Kansai University, pp. 83−106
- "Comparison between the UNCITRAL Model Law and the EU Regulation in the Context of the Recognition of Foreign Insolvency Proceedings: with an Emphasis on the Recent Hanjin Shipping Case", Alexander Bruns et al., Legal Theory and Interpretation in a Dynamic Society (Germany, Nomos, 2021), pp. 169−199

3. 기타 저술

가. 「國際私法과 國際訴訟」 제1권-제6권에 수록되지 않은 짧은 글

- "중재법 개정안에 대한 관견", 법률신문 제2822호(1999. 9. 20.)
- "국제재판관할합의의 유효요건으로서의 합리적인 관련성", 법률신문 제3129호(2002. 12. 9.)
- "통합도산법시안 중 국제도산에 관한 검토의견", 법률신문 제3148호(2003. 2. 20.)
- "연지급신용장의 만기전 매입 또는 지급", 법률신문 제3230호(2003. 12. 29.)
- "UN국제물품매매협약(CISG)에의 가입을 환영하며", 법률신문 제3245호(2004. 2. 23.)
- "2003 분야별 중요판례 분석(국제거래법 분야)", 법률신문 제3281호(2004. 7. 8.)
- "상법(해상편) 개정안과 國際私法的 思考의 빈곤", 법률신문 제3415호(2005. 12. 1.)
- "대한상사중재원의 2007년 「국제중재규칙」에 관하여", 법률신문 제3547호(2007. 4. 19.)
- "국제사법상의 선결문제", 법률신문 제3665호(2008. 7. 14.)
- "외국회사의 법인격 부인(否認)", 법률신문 제3680호(2008. 9. 8.)
- "국제물품매매협약(CISG)을 다룬 최초의 우리 판결", 법률신문 제3754호(2009. 6. 15.)

- "국제물품매매협약(CISG)을 다룬 최초 우리 판결의 항소심판결", 법률신문 제3781호(2009. 9. 28.)
- "日·韓·中間の民事司法共助條約の締結を提案する", Asian Focus, Kanagawa University, Institute for Asian Studies, Vol. 1 特別寄稿(2009. 10.)
- "헤이그증거협약 가입을 환영하며", 법률신문 제3806호(2010. 1. 4.)
- "국제항공운송사고로 인한 손해배상과 국제사법적 사고의 빈곤", 법률신문, 제3816호 (2010. 2. 8.)
- "사기에 의하여 획득한 외국중재판정의 승인과 공서위반", 법률신문 제3880호(2010. 10. 14.)
- "중국의 國際私法 제정을 환영하며", 법률신문 제3891호(2010. 11. 25.)
- "서태지·이지아 사건과 국제가족법", 법률신문 제3937호(2011. 5. 23.)
- "국제소송에서 입증의 정도의 성질결정과 준거법", 법률신문 제3954호(2011. 7. 25.)
- "외국 소재 동산 소유권이전의 준거법과 대법원판결들의 오류", 법률신문 제3960호(2011. 8. 18.)
- "2012년 개정 입양특례법과 국제사법적 사고의 빈곤", 법률신문 제4037호(2012. 6. 7.)
- "국제분쟁해결의 기본법인 국제사법(國際私法) 개정안의 소개", 국회도서관, 포커스 입법 논단, Vol. 467(2019. 3.), 20−23면
- "쿠팡은 한국 회사인가 ─ 쿠팡의 뉴욕 증시 상장을 계기로 본 국제회사법 ─", 법률신문 제4870호(2021. 2. 25.)
- "구름빵 사건과 저작권의 국제적 보호", 법률신문 제4885호(2021. 4. 26.)
- "전자상거래법의 역외적용과 국제사법(國際私法)상 소비자의 보호", 법률신문 제4904호 (2021. 7. 5.)
- "국제거래법학회 창립 30주년의 회고(回顧): 국제거래법학에 관한 단상(斷想)", 국제거래 법연구 제30집 제2호(2021. 12.)

나. 용역보고서

- 국제연합 국제상거래법위원회의 국제거래에서의 채권양도에 관한 협약의 검토, 법무부 용역보고서(2002)
- 국제연합 국제상거래법위원회의 국제거래에서의 채권양도에 관한 협약과 관련한 국내법 적 검토, 법무부 용역보고서(2002)
- 헤이그국제사법회의 「민사 및 상사사건의 국제재판관할권과 외국재판에 관한 협약(안)」 의 검토, 법무부 용역보고서(2003)
- 헤이그국제사법회의의 외국 공문서의 인증요건 폐지에 관한 협약, 외교부 용역보고서 (2003)

- 김문환 외, 외국 판결의 승인 집행에 관한 국제규범과 우리의 대응방안, 법원행정처, 2008 년 연구용역(한국국제사법학회, 공동연구원)
- 이규호 외, 민사사법공조 관련 국제규범의 국내 이행 방안 연구, 법원행정처, 2011년 연구 용역(한국국제사법학회, 공동연구원)
- 손경한 외, 국제적 집단피해에 대한 사례별 구제방안 연구 ─ 최종보고서 ─ (법무부, 2014) (한국국제사법학회·(사)기술과 법 연구소)
- 석광현·이규호 「1995년 UNIDROIT 협약」 가입 영향 검토 및 국내법 개정안 연구, 국외 소재문화재단 정책연구 ─ 2005 ─ 002 (2015)(중앙대학교 산학협력단)
- 석광현 외, 헤이그국제아동입양협약 가입 추진방안 연구, 2012년 보건복지부 연구용역 보 고서(2012)
- 석광현·이병화, 헤이그국제아동탈취협약상 법률지원시스템 구축에 관한 연구용역 최종보 고서(2016. 10. 31.)
- 석광현, 채무자회생 및 파산에 관한 법률 제5편(국제도산법)의 개선에 관한 연구, 2019년 도 법무부 연구용역 과제보고서(한국국제사법학회, 2019)
- 한민·석광현, 2018·2019 도산 관련 UNCITRAL 모델법 입법 방안 연구(이화여자대학교 산학협력단, 2020)

4. 학술대회·학회 발표

가. 국내

- "해외차입(현지금융 포함)의 실무와 법적인 문제점", 상사법학회(1998. 7. 1.)
- "국제계약법", 한국국제사법학회(1998. 11. 28.)
- "파생금융상품거래에 있어서의 일괄청산의 문제점과 도산법의 개정", 국제거래법학회 (1998. 11. 21.)
- "Recognition and Enforcement of Foreign Judgments and Arbitral Awards in Korea", The 16th Biennial LAWASIA Conference (1999. 9. 9.)
- "스왑거래의 법적 문제점", 민사판례연구회(2000. 8. 11.)
- "涉外私法 改正法律案의 검토 ─ 總則과 法人 ─ ", 한국국제사법학회(2000. 11. 25.)
- "국제근로계약과 근로자 보호 ─ 개정 국제사법을 중심으로 ─ ", 노동법학회(2001. 6. 22.)
- "유럽연합(EU)의 倒産節次에 관한 규정", 한국국제사법학회(2001. 7. 27.)
- "해상적하보험증권상의 영국법 준거약관에 따라 영국법이 규율하는 사항의 범위", 서울지 방변호사회 판례연구회(2001. 10. 17.)
- "國際的 保證의 諸問題", 무역상무학회(2001. 12. 14.)

- "국제적인 신디케이티드 론 거래와 어느 대주은행의 파산-대법원 2001. 12. 24. 선고 2001다30469 판결", 민사판례연구회(2002. 6. 17.)
- "국제물품매매협약 가입과 한국법에의 수용", 상사법학회(2002. 7. 4.)
- "우리 기업의 海外證券 발행과 관련한 법적인 미비점과 개선방안", 증권법학회(2002. 9. 12.)
- "인터넷과 國際裁判管轄", 한국인터넷법학회(2002. 9. 28.)
- "韓國에서의 中國法院 裁判의 承認 및 執行", 中國政法大學(2003. 2. 21.)
- "항공기에 대한 국제적 담보거래 ─ 케이프타운협약과 항공기의정서를 중심으로 ─", 국제 거래법학회(2003. 3. 27.)
- "國際去來와 약관의규제에관한법률의 적용", 한국국제사법학회(2003. 5. 30.)
- "한국에 있어서 신용장거래와 사기의 원칙", 한양대 법과대학·中國 政法大學 국제학술대 회(2004. 2. 6.)
- "사기에 의한 외국판결 승인의 공서위반 여부와 상호보증 ─ 대법원 2004. 10. 28. 선고 2002다74213 판결 ─ ", 민사판례연구회(2005. 6. 20.)
- "국제적 채권양도의 준거법", 국제거래법학회(2005. 10. 27.)
- "國際的 訴訟競合 ─ 서울지방법원 2002. 12. 13. 선고 2000가합 90940 판결 ─ ", 서울지 방변호사회 판례연구회(2005. 11. 16.)
- "2005 헤이그법원선택합의협약", 한국국제사법학회(2005. 11. 25.)
- "채무자회생 및 파산에 관한 법률(이른바 統合倒産法)에 따른 國際倒産法의 개관", 민사 소송법학회(2006. 9. 30.)
- "대한상사중재원의 2007년 국제중재규칙의 주요내용과 그에 대한 평가", 한양대학교 법 학연구소 국제소송법연구센터 제3차 국제학술행사(2007. 11. 16.)
- "한국인 간에 일본에서 체결된 근로계약의 준거법", 민사판례연구(2008. 1. 21.)
- "1993년 헤이그입양협약", 한국국제사법학회·한국가족법학회(2009. 12. 19.)
- "UNIDROIT 문화재환수협약 가입절차와 유의점", 한국국제사법학회 국제문화재법연구회 (2009. 9. 5.)
- "海事國際私法의 몇 가지 문제점 ─ 準據法을 중심으로", 한국국제사법학회·한국해법학 회(2009. 8. 28.)
- "중간시안을 중심으로 본 국제재판관할에 관한 일본의 입법 현황과 한국의 입법 방향", 한양대학교 BK21 국제소송법제 및 국제중재법제 연구사업팀(2010. 2. 25.)
- "한국 중재법제상의 문제점과 발전 방안: 국제상사중재를 중심으로", 한국중재학회(2010. 10. 18.)

- "외국중재판정의 승인 · 집행제도의 개선방안", 한국국제사법학회 · 대한상사중재원(2010. 10. 29.)
- "국제근로계약의 준거법에 관한 한국과 중국 국제사법의 異同", 한국경영자총협회 · 전북대학교 법학전문대학원(2010. 12. 3.)
- "국제지적재산권분쟁과 국제사법 − ALI 원칙(2007)과 EMPG 최종안을 중심으로", 민사판례연구회(2011. 8. 27.)
- "한국에서 행해지는 ICC 중재에서 ICC 중재규칙과 한국 중재법의 상호작용", 한양대교 법학연구소 국제소송법연구센터(2011. 9. 16.)
- "헤이그 국제(아동)입양협약 가입과 개정 입양특례법", 보건복지부(2011. 11. 18.)
- "한국의 國際裁判管轄規則의 입법에 관하여", 한국국제거래법학회 · 일본국제경제법학회 (2012. 9. 1.)
- "外國會社의 영업소 등에 대한 管轄과 영업활동에 근거한 管轄", 한국국제사법학회 · 한양대학교 BK21 국제소송법제 및 국제중재법제 연구사업팀(2012. 9. 8.)
- "헤이그국제(아동)입양협약 가입에 관한 제문제", 유엔아동권리협약 한국 NPO연대(2012. 9. 12.)
- "강제징용배상에 관한 일본판결의 승인 가부", 대한변호사협회 · 한국국제사법학회 · ILA, Korea Branch (2012. 11. 14.)
- "국제후견친족법의 동향과 국내입법과제 친권과 미성년후견", 新アジア家族法三國會議 (2012. 11. 24.)
- "이혼 기타 혼인관계 사건의 국제재판관할에 관한 입법론", 한국국제사법학회(2013. 5. 30.)
- "국제건설계약과 國際私法: FIDIC 조건을 사용하는 경우 준거법의 결정과 그 실익을 중심으로", 국제거래법학회 국제건설법연구회(2014. 3. 11.)
- "동시상장 등 자본시장의 국제화에 따른 國際私法 문제의 서론적 고찰", 한국국제사법학회(2014. 5. 29.)
- "국제재판관할과 외국판결의 승인 및 집행 − 입법과 판례", 한국국제사법학회(2014. 6. 18.)
- "국제적 집단피해소송의 재판관할, 원고적격 및 외국판결의 승인 · 집행", 한국국제사법학회 · ILA 한국본부(2014. 10. 7.)
- "FIDIC 조건과 국내 민간건설공사 표준도급계약 일반조건의 비교", 국제건설법연구회 (2016. 3. 14.)
- "서울법대 국제사법 국제거래법 연구 70년", 서울대학교 법과대학/법학전문대학원(2016. 10. 13.)

- "국제민상사분쟁해결에 관한 동아시아법의 현황과 미래 ― 조화와 통일의 관점에서 ―", 한국법학원(2016. 10. 20.)
- "한국 국제거래법학의 과제", 성균관대학교 법학전문대학원(2016. 8. 30.)
- "Proposed Amendments of the Private International Law Act of Korea", Ministry of Justice of Korea, Judicial Research & Training Institute of Korea, Hague Conference on Private International Law (2017. 7. 4.)
- "손해배상을 명한 외국재판의 승인과 집행: 2014년 민사소송법 개정과 그에 따른 판례의 변화를 중심으로", 한국국제사법학회(2017. 8. 24.)
- "한국의 헤이그국제사법회의 협약 시행의 현황과 장래의 과제 ― 중국의 헤이그협약 시행 현황과 발전방향", 중국국제사법학회·한국국제사법학회(2017. 10. 28.)
- "국제라이선스계약의 준거법", 서울대학교 법학연구소(2017. 12. 21.)
- "UNCITRAL이 한국법에 미친 영향과 우리의 과제", 한국비교사법학회·법무부(2018. 8. 24.)
- "2018년 국제사법 전부개정법률안에 따른 해사사건의 국제재판관할규칙", 한국해법학회 (2018. 4. 20.)
- "2018년 국제사법 개정안에 따른 국제재판관할규칙", 법무부 공청회(2018. 2. 27.)
- "매매협약(CISG)이 적용되는 국제물품매매계약상 손해배상의 몇 가지 논점: 통화와 증명 도로 본 통일 실질법의 사정범위와 흠결의 보충", 민사판례연구회(2018. 6. 18.)
- "국제사법에 대한 헌법의 영향", 한국법학원 주관 / 대법원·헌법재판소·법무부 등 공동 주최(2018. 10. 19)
- "국제사법(私法)에서 '준거법 지정에 갈음하는 승인': EU의 논의를 중심으로", 서울대학교 학술연구교육상(연구부문) 수상 기념 강연, 서울대학교 법학전문대학원(2018. 11. 29.)
- "Cross―Border Insolvency Law Issues under the UNCITRAL Model Law Regime: Korea's Recent Experiences", 7th Freiburg―SNU Law Faculties Seminar (2019. 9. 25.)
- "외국도산절차의 승인에 관한 모델법과 EU규정의 비교: 한진해운 사건을 계기로", 채무자 회생법학회·서울지방변호사회(2019. 11. 15.)
- "우리 법원의 IP 허브 추진과 헤이그 관할합의협약 가입의 쟁점", 한국국제사법학회와 사 법정책연구원(2019. 4. 26.)
- "문화재의 국제적 불법거래 방지를 위한 한국의 노력과 역할", 한국국제사법학회 외 (2020. 10. 22.)
- "헤이그재판협약의 주요내용과 간접관할규정", 한국국제사법학회·사법정책연구원(2020. 7. 2.)

나. 외국

- "한국의 국제물품매매계약에 관한 국제연합협약(CISG) 가입에 관하여", 일본 국제거래법 포럼(동경. 2006. 7. 15.)

- "Some Observations on the Chinese Private International Law Act: Korean Law Perspective", 中國社會科學院(CASS) 國際法研究所(2010. 11. 20.)

- "Comparative Analyses of the Chinese Private international Law Act and the Taiwanese Private International Law Act: Korean Law Perspective", Chinese Society of Private International Law·International Law Faculty of CUPL (2011. 10. 23.)

- "Harmonization or Unification of Private International Law Rules in Northeast Asia", International Law Association (2011. 5. 31.)

- "Comparative Analysis of the Choice−of−Law Rules for Contract in Northeast Asia", Doshisha University (Kyoto) Japan (2013. 10. 10.)

- "Harmonization of Private International Law Rules in Northeast Asia", 日本國際法學會 (2013. 10. 12.)

- "韓中司法共助(協助)의 實踐現況과 改善方案", 延邊大學校(2014. 10. 11)

- "Korean Perspectives on the (International) Collection of Child Support Recovery of Child Support and Family Maintenance in Asia−Pacific and Worldwide", Hague Conference on Private International Law (2015. 11. 9.)

- "Introduction of Detailed Rules of International Adjudicatory Jurisdiction in Korea: Proposed Amendments of the Private International Law Act", 日本國際私法學會(2016. 6. 5.)

- "On Several Issues of the Hague Choice of Court Convention, Global Forum on Private International Law", Ministry of Foreign Affairs of the People's Republic of China·Wuhan University of Institute of International Law (2017. 9. 23.)

- "Recognition and Enforcement of Judgments between China. Japan and South Korea in the New Era", 中國人民大學(2017. 12. 19.)

- "Legal Issues on Assisted Reproductive Technology under Korean Law: with a Focus on Cross−Border Surrogacy", 大阪 關西大學 法學研究所(2018. 1. 23.)

목 차

제1부
국제거래법

CISG가 독일 채권법 대개정에 미친 영향
— 일반급부장애법을 중심으로 — ················· <김성호> 3

독립적 은행보증에 있어 "연장지급선택부청구(Extend or Pay)"에 관하여
— 최근 우리 법원의 판단을 중심으로 — ············· <채동헌> 31

예견하지 못한 현장조건 再考 ····························· <김승현> 78

제2부
국제사법

합작투자계약과 주주간계약에서 특유하게 문제되는 국제사법상 쟁점에 관한 연구
— 판례와 사례를 중심으로 — ················· <유정화> 139

국제투자 실무에 있어서 외국기업에 관한 국제사법 논점
···························· <배상규 · 박지웅> 180

해외사모펀드의 국제사법적 논점 ················· <이세중> 203

국제지적재산권 분쟁의 준거법
— 비등록재산권에 대한 본원국법주의의 당부 검토 — ····· <류재현> 231

인터넷을 통한 문화재 불법거래의 국제사법적 쟁점
　— C2C, B2C 및 경매 형태의 거래를 중심으로 —
　…………………………………………………… ＜황성재 · 김윤우＞   252

스위스의 「문화재의 국제적 양도에 관한 연방법률」(LTBC)
　— 주요내용(2019년, 2020년 개정 포함)과 국제사법적 함의를 중심으로 —
　…………………………………………………………… ＜이종혁＞   288

외국법에 따른 동성혼(同性婚)을 어떻게 취급할 것인가?
　— 가족법/재산법 준별론에 대한 비평과 동성혼을 둘러싼 법적의사결정에
　대한 서론 — ………………………………………… ＜김혜원＞   339

영국 국제사법의 예양의 원칙 ………………………………… ＜김민경＞   385

제3부

국제민사절차법

헤이그국제사법회의 관할 프로젝트(Jurisdiction Project)의 주요 쟁점 및
　교섭상의 고려 사항 …………………………………… ＜이필복＞   417

중재합의 위반시 손해배상청구 가부에 대한 비교법적 고찰
　……………………………………………………… ＜한민오 · 유은경＞   461

간접강제를 명한 외국중재판정의 국내 집행 가부
　— 대법원 2018. 11. 29. 선고 2016다18753 판결에 대한 고찰 —
　……………………………………………………………… ＜이창현＞   484

스위스 국제중재법 개정 ………………………………………… ＜박이세＞   528

우리나라 국제도산 사건의 현황
　— 서울회생법원의 실무를 중심으로 — ………………… ＜김영석＞   561

제 1 부

국제거래법

CISG가 독일 채권법 대개정에 미친 영향

— 일반급부장애법을 중심으로 —

김성호*

I. 개관

주지하다시피 1900년 1월 1일부터 시행된 독일민법(Bürgerliches Gesetzbuch; BGB)은 지난 2002년 광범위하게 개정되었다.[1] 이 개정은 주로 채무법(Schuldrecht) 분야에서 일어났는데, 이를 두고 '채무법 개혁'(Schuldrechtsreform) 또는 '채무법 현대화'(Schuldrechtsmodernisierung)라고 한다. 우리나라 민법은 1960년 시행된 이후 재산법 특히 채권법 분야에서 독일민법의 영향을 많이 받아 개정되었지만, 2002년 1월 1일 개정 독일민법[2]이 발효되면서 두 법의 내용은 상당히 달라지게 되었다. 2002년 독일 채권법[3] 개정의 직접적인 계기는 유럽연합(EU) 소비재매매지침[4]이다. 동 지침에 따라 이행법률이 제정된 부분은 하자의 개념, 하자담보책임의 기간, 연쇄적 공급계약에서 사업자의 소구권(Rückgriff des Unternehmers in der Lieferkette) 등이다. 그러나 독일민법 개정을 채무법 개혁이라고까지 부르는 이유는 이를 통해 위의 사항뿐만 아니라 채무불이행법(일반급

---

* 한국형사·법무정책연구원 부연구위원/법학박사

1) 독일채권법의 개정 연혁 및 경과에 관해서는 김형배, "개정독일채권법의 현대적 의의", 민사법학 제23호(한국민사법학회, 2003), 180면 이하 참조.

2) 이하 '개정 독일민법'은 2002년 1월 1일부터 발효된 독일민법을, '구 독일민법'은 그 직전까지 적용된 독일민법을 가리키는 용어로 사용한다. 구 독일민법은 'BGB a. F.'(BGB alte Fassung)로 표시한다.

3) 우리나라 민법 제3편은 '채권'인데 비해, 독일민법 제2편(Buch 2)은 '채무관계의 법'(Recht der Schuldverhältnisse)이다. 독일에서는 채권을 가리키는 용어로 Forderung이 사용되나, '채권법'이라는 용어는 사용되지 않는다. 다만, 채무법을 의미하는 Schuldrecht를 우리 민법의 편제와 대응시켜 채권법으로 번역하여 사용할 수는 있을 것이다. 이 글에서는 양자를 호환적으로 사용한다.

4) Richtlinie 1999/44/EG des Europäischen Parlaments und des Rates vom 25. Mai 1999 zu bestimmten Aspekten des Verbrauchsgüterkaufs und der Garantien für Verbrauchsgüter (Verbrauchsgüterkaufrichtlinie).

부장애법), 소멸시효법, 매매 및 도급계약법 전반의 규정이 대폭 정비되었기 때문이다.

CISG[5]는 독일에서 1991년 1월 1일부터 적용되고 있다. 독일 채무법 개혁의 직접적인 이유는 EU 소비재매매지침의 국내 이행이었지만, 그 내용에 있어서는 적지 않은 부분에서 CISG의 규정 방식이나 내용이 고려되었다. CISG의 규정이 특히 많은 영향을 미친 부분은 일반급부장애법과 매매법 분야이며, 실제 규율 내용도 상당부분 일치하고 있다.[6] 민법개정 이유서에는 CISG의 접근 방식 또는 규율 내용을 직접 참고하였다는 점을 여러 조문의 개정이유에서 명시하고 있다.[7]

이 글의 목적은 CISG가 일반급부장애법 영역에서 독일 채권법 개정에 어떠한 영향을 미쳤는지에 관하여 독일의 입법자료, 그 중에서도 2001년 5월 9일에 공표된 "채무법 개혁에 관한 법률의 정부안(Regierungsentwurf eines Gesetzes zur Modernisierung des Schuldrechts)"(정부초안)[8]을 중심으로 살펴보는 것이다.[9] 정부초안은 이후 입법과정에서 여러차례 논의를 거치면서 내용이 수정되었으나, 일반급부장애법의 규정은 대체로 정부초안의 틀과 내용이 유지되었다. 정부초안의 개정이유(Begründung)에는 개별적인 조항과 CISG 규정 간의 비교·검토 내용이 포함되어 있다. 그러나 아직까지 국내에서 독일의 개정민법에 대한 평가 또는 설명이 아닌 입법자료 자체를 자세하게 다룬 문헌은 찾아보기 어려운 상황이다. 이를 살펴보는 것은 독일법을 이해하는 데 유용할 뿐만 아니라 향후 우리법의 개정을 논의하는 데 있어서도 도움이 될 수 있을 것으로 생각된다. 이하에서는 독일민법 중 일반급부장애법을 중심으로 구 독일민법의 문제

---

5) '국제물품매매계약에 관한 유엔협약'(United Nations Convention on Contracts for the International Sale of Goods, CISG)을 말한다.

6) 박규용, "해제의 효과에 관한 독일민법의 발전", 법학연구 제29집(한국법학회, 2008. 2.), 105면.

7) 예를 들어, BT-Drs. 14/6040, S. 86(Seine Regeln vermeiden viele Mängel, die dem Leistungs-störungsrecht des Bürgerlichen Gesetzbuchs anhaften: 그[CISG] 규정들은 독일민법의 급부장애법이 안고 있는 많은 문제점들을 해소한다); BT-Drs. 14/6040, S. 89(Die dargestellten Mängel des geltenden deutschen Kaufrechts werden durch die Regeln des UN-Kaufrechts vermieden: 현행 독일 매매법의 문제들은 CISG의 규정을 통해서 해소된다) 등.

8) BT-Drucks. 14/6040. 아래에서 '정부초안'으로 인용하는 모든 조문은 이 안에 관한 것이다.

9) 독일민법의 개정과 관련된 전체 입법과정 및 입법자료는 http://www.gesmat.bundesgerichtshof.de/gesetzesmaterialien/15_wp/schuldrechtsmodG/smg-index.htm 참조. 정부의 개정안(BT-Drs. 14/6040) 외에 중요한 입법자료로는 BT-Drs. 14/7052이 있다. 이는 정부초안에 대한 위원회의 검토보고서이다. 원문은 https://dserver.bundestag.de/btd/14/070/1407052.pdf 참조.

점, CISG의 규율 방식, 정부초안의 내용 순으로 CISG가 독일 채권법 개정에 미친 영향을 살펴보기로 한다.[10]

II. 구 독일민법의 문제점

1. 서론

2002년 개정 독일민법의 가장 큰 변화는 급부장애법(Leistungsstörungsrecht) 체계의 전면 개편이다. 독일에서는 채무불이행 대신 급부장애라는 표현이 더 자주 사용된다.[11] 급부장애법은 채무법의 가장 중요한 영역으로, 당사자 간에 맺은 계약이 매매이든 도급이든 일방 당사자가 계약을 전혀 이행하지 않거나 그 전부를 이행하지 않거나, 그것을 올바로 이행하지 않거나 올바른 시기 또는 올바른 장소에서 이행하지 않거나 그 밖에 잘못 이행한 경우 상대방이 어떠한 청구권을 갖느냐의 문제를 다룬다.[12] 구 독일민법상 급부장애법은 오늘날의 법현실에 맞지 않는 것으로 여겨졌으며, 그 체계와 내용에 대하여 많은 논란과 비판이 있었다. 아울러 독일 판례 또한 가용할 수 있는 수단으로 급부장애법의 주요 문제점들을 설득력 있는 방법으로 극복하지 못한 것으로 평가되었다. 정부의 입법이유서는 독일에서 발효된 국제규범 중 CISG의 규율모델이 독일의 급부장애법이 안고있는 문제를 유효적절하게 해결하는 데 고려될 수 있다는 점을 여러군데서 언급하고 있다. 이하에서는 구 독일민법상 급부장애법의 문제점을 그 요건과 효과 측면에서 나누어 살펴본다.

2. 급부장애의 요건

가. 급부장애법의 중심적 개념으로서의 급부불능

구 독일민법은 '급부불능'(Unmöglichkeit der Leistung)을 급부장애법의 중심 개념으로 두었다.[13] 이는 가령 특정물매매에서 매매목적물이 파괴되거나, 도

---

10) 2002년 개정·시행된 독일민법과 CISG의 급부장애법의 비교는 Vogg, Dominic-Alexander Peter: Die Leistungsstörungsrechte des BGB, der CISG, der Principles und des DCFR im Vergleich, Diss. Hamburg 2011 참조.
11) 급부장애의 개념에 관하여는 성승현, "급부장애법 발전에 관한 비교법사학적 고찰", 법학논총 제33집 제3호(전남대학교 법학연구소, 2013), 39면 이하 참조.
12) BT-Drs. 14/6040, S. 83.

급계약에서 채무자가 질병에 걸리거나 그의 영업이 관청의 조치에 의해 중단
되거나 또는 목적물이 화재로 인하여 소실되어 일의 완성이 불가능하게 된 경
우를 말하는 것이다. 그러나 급부불능은 독일민법이 시행된지 100년이 넘게
지난 오늘날의 법현실에서는 드물게 발생할 뿐만 아니라 그것도 아주 특정한
채권관계에서만 나타나는 유형이 되었다. 구 독일민법 제306조14)는 계약체결
시부터 객관적으로 불능인 급부를 목적으로 하는 계약을 무효라고 규정하였
다. 이에 따라 원시적 불능과 후발적 불능, 그리고 객관적 불능과 주관적 불능
의 구별15)이 필요하게 되었고, 여기에 전부불능과 일부불능, 확정적 불능과
일시적 불능의 구별도 필요하게 되었다. 나아가 이들 불능 사례에서 그것이
채무자의 불능인지 채권자의 불능인지 또는 양측의 불능인지 아니면 양측 모
두 책임없는 불능인지 나누어 살펴보아야 했다.

한편, 구 독일민법 제307조16)는 '소극적 이익'(negatives Interesse)이라는 표
제 하에 목적이 불능한 계약을 체결할 때에 그 불능을 알았거나 알았어야만
했던 자는 상대방이 그 계약의 유효를 믿었음으로 인하여 받은 손해를 배상하
여야 한다고 규정하였다.17) 그러나 제306조와 제307조의 내용, 즉 불능을 목

---

13) 구 독일민법상 불능개념의 문제점에 관한 독일의 논의 소개는 이병준, "독일 채권법개정과 우리
    민법개정 –일반채무불이행법상 불능으로 인한 급부의무의 소멸을 중심으로–", 민사법학 제28호
    (한국민사법학회, 2005), 279면 이하.
14) BGB a. F. § 306 [Unmögliche Leistung] Ein auf eine unmögliche Leistung gerichteter Vertrag
    ist nichtig.
    [국역] **구 독일민법 제306조(불능의 급부)** 불능인 급부를 목적으로 하는 계약은 무효이다.
15) 객관적 불능(objektive Unmöglichkeit)과 주관적 불능(subjektives Unvermögen)의 '불능'에 해당
    하는 독일어는 서로 다르다. 전자는 '가능성이 없음'의 의미인데 반해, 후자는 '능력이 없음'을 나타
    낸다. 이 논문에서는 종래의 용어 관행에 따라 두 단어를 모두 '불능'으로 번역하여 사용한다.
16) BGB a. F. § 307 [Negatives Interesse]
    (1) Wer bei der Schließung eines Vertrags, der auf eine unmögliche Leistung gerichtet ist, die
        Unmöglichkeit der Leistung kennt oder kennen muß, ist zum Ersatze des Schadens
        verpflichtet, den der andere Teil dadurch erleidet, daß er auf die Gültigkeit des Vertrags
        vertraut, jedoch nicht über den Betrag des Interesses hinaus, welches der andere Teil an
        der Gültigkeit des Vertrags hat. Die Ersatzpflicht tritt nicht ein, wenn der andere Teil die
        Unmöglichkeit kennt oder kennen muß.
    [국역] **구 독일민법 제307조(소극적 이익)**
    (1) 목적이 불능한 계약을 체결할 때에 그 불능을 알았거나 알았어야만 했던 자는 상대방이 그 계
        약의 유효를 믿었음으로 인하여 입은 손해를 배상하여야 하지만, 그 배상액은 계약이 유효함
        으로 인하여 상대방이 가질 이익액을 넘지 못한다. 배상의무는 상대방이 그 불능을 알았거나
        알 수 있었을 경우에는 발생하지 아니한다.
17) 이는 우리 민법 제535조와 같은 내용이다.

적으로 하는 계약을 무효로 하고, 상대방에 대하여 소극적 이익의 손해(신뢰이
익의 손해)만을 배상하도록 한 것에 대해서는 많은 비판이 가해졌다. 여기에 구
독일민법은 원시적·주관적 불능에 관한 규정이 없었다.

아울러 일시적 불능은 원시적·객관적 불능에 대해서만 규정되었으며(구
독일민법 제308조),[18] 후발적 불능 또는 원시적·주관적 불능에 대해서는 규정
되지 않았다. 이러한 여러 종류의 불능간의 구별은 우선 이들이 개념적으로
정의되지 않았고 정의될 수도 없는 것이어서, 그 개념 구분을 둘러싸고 지속
적인 논쟁을 야기하였다. 또한 이들 간의 상이한 법적효과에 대하여 납득할만
한 법정책적 정당화 사유도 제시되지 않았으며, 학설은 독일민법이 개정될 때
까지 만족스러운 해법을 도출하지 못하였다.

나. 불완전이행에 관한 규정의 불비

구 독일민법에는 이행불능과 이행지체 외에 급부장애(채무불이행)의 독자
적인 유형으로서 적극적 채권침해(불완전이행)에 관한 규정이 없었다. 그리고
매매와 도급에서는 구 독일민법 제459조 이하와 제633조 이하에서 담보책임
에 관한 규정을 두고 있었다. 이와 같은 상황에서 독일 판례는 구 독일민법상
의 일반조항을 원용하여 '적극적 채권침해'(positive Forderungsverletzung)라는
제3의 급부장애 유형을 인정함으로써 입법상의 흠결을 보충하였다.[19]

적극적 채권침해는 한편으로는 급부의 불능과 지체가 존재하지는 않지만,
채무자가 그의 급부를 불완전하게(schlecht), 다시말해 계약에 합치하지 않는
방식으로 이행하거나 기타의 계약상 의무를 위반하고 그를 통해 채권자에게
손해를 가한 경우에 적용되었다. 다른 한편, 계약당사자 일방의 중대한 계약위
반이 있는 경우 상대방 당사자는 이 제도를 통해 계약의 불이행을 이유로 손
해배상을 청구하고 계약을 해제할 수 있었다. 이는 가령, 채무자가 계약의 이

---

18) BGB a. F. § 308 [Vorübergehende Unmöglichkeit]
   (1) Die Unmöglichkeit der Leistung steht der Gültigkeit des Vertrags nicht entgegen, wenn die Unmöglichkeit gehoben werden kann und der Vertrag für den Fall geschlossen ist, daß die Leistung möglich wird.
  [국역] **구 독일민법 제308조(일시적 불능)**
   (1) 급부의 불능은, 그 불능이 제거될 수 있는 것이고, 그 계약이 급부가 가능하게 되는 경우를 위하여 체결된 때에는 계약의 유효성을 배제하지 아니한다.
19) 미하엘 쾨스터[김재형 역], "獨逸의 債權法改正", 서울대학교 法學 제42권 제1호, 2001. 5., 289면.

행을 진지하게 또는 확정적으로(ernsthaft oder endgültig) 거절하거나, 채무자가 다른 방법으로 계약에 위반되는 행위를 하고 이를 통해 계약에 합치하는 이행을 명백히 위태롭게 하는 경우를 말한다. 결국 적극적 채권침해의 도입으로 구 독일민법 제325조, 제326조에 따라 채권자가 계약을 해제하고 손해배상을 청구할 수 있는 요건이 확대되었다. 요컨대 적극적 채권침해는 우리법의 불완전이행과 달리 이행거절을 포함하여, 불능과 지체 외의 모든 급부장애를 포괄하는 개념이었다. 이 개념의 도입은 급부장애에 관한 구 독일민법의 규정이 실무상 중요한 영역에서 불완전하다는 점을 명확하게 보여주는 것이었다.

급부장애가 있는 경우 법적으로 규정된 청구권과 법에 명시되지 않고 판례이론에 의하여 발전된 청구권의 병존은, 만약 이러한 청구권들이 서로 분명하게 구별될 수 있고, 각각 서로 다른 법률효과를 갖는 것에 대한 분명한 법정책적 근거가 있었다면 그대로 인정될 수 있었을지도 모른다. 그러나 양자의 적용관계가 불분명한 사례들이 있었는데, 그 대표적인 것이 법률에 규정된 담보책임법상 청구권과 법률에 규정되지 않은 적극적 채권침해에 기한 청구권의 경합 사례였다. 즉, 적극적 채권침해는 판례에 의하여 발전된 이론임에 반해, 하자있는 물건의 인도 또는 하자있는 일의 인도로 인하여 발생하는 손해배상 청구권에 관하여는 구 독일민법 제463조,[20] 제635조[21]에서 명문의 규정을 두고 있었다. 그리고 그 결과 물건 또는 일에 하자가 있는 경우, 제463조 또는 제635조에 기한 청구권 외에 적극적 채권침해에 기한 청구권이 인정되는지 여부가 문제되었다. 나아가 적극적 채권침해에 기한 청구권이 인정된다면 그것과 위의 법적으로 규율되는 청구권과의 관계는 어떻게 되는지, 그리고 이들

---

20) BGB a. F. § 463 [**Schadensersatz wegen Nichterfüllung**] Fehlt der verkauften Sache zur Zeit des Kaufes eine zugesicherte Eigenschaft, so kann der Käufer statt der Wandelung oder der Minderung Schadensersatz wegen Nichterfüllung verlangen. Das gleiche gilt, wenn der Verkäufer einen Fehler arglistig verschwiegen hat.
[국역] **구 독일민법 제463조(불이행으로 인한 손해배상)** 매매목적물에 매수 당시 보장된 성상이 결여된 경우, 매수인은 해제 또는 대금감액 대신 불이행으로 인한 손해배상을 청구할 수 있다. 이는 매도인이 그러한 하자를 악의적으로 밝히지 않은 경우에도 마찬가지이다.

21) BGB a. F. § 635 [**Schadensersatz wegen Nichterfüllung**] Beruht der Mangel des Werkes auf einem Umstande, den der Unternehmer zu vertreten hat, so kann der Besteller statt der Wandelung oder der Minderung Schadensersatz wegen Nichterfüllung verlangen.
[국역] **구 독일민법 제635조(불이행으로 인한 손해배상)** 일의 하자가 수급인이 책임져야 하는 상황에 기인한 경우에는, 도급인은 해제 또는 대금감액 대신 불이행으로 인한 손해배상을 청구할 수 있다.

간의 모순을 회피하기 위하여 적극적 채권침해의 요건, 손해배상의 범위, 그것에 적용되는 소멸시효기간 등을 담보책임법과 달리 정해야 하는지 또한 문제되었다.

매도인은 구 독일민법 제463조에 따라 매매목적물이 보장된 성상(性狀, Eigenschaft)을 결하거나 또는 하자를 알면서 밝히지 않은 경우에만 손해배상책임을 졌다. 그러나 적극적 채권침해에 기한 매수인의 손해배상청구권은 물품의 하자가 매도인의 단순한 과실에 기인한 경우에도 인정되었다. 이러한 상황에서, 판례는 한편으로는 하자로 인한 채권자 측의 확대손해를 의미하는 하자결과손해(Mangelfolgeschaden)라는 개념을 발전시키고, 적극적 채권침해의 경우 매수인은 하자손해(eigentlicher Mangelschaden)가 아니라 하자결과손해(Mangel-folgeschäden)의 배상에 대해서만 책임을 지도록 하였다. 그리고, 다른 한편으로는 구 독일민법 제477조[22])의 소멸시효기간을 적극적 채권침해에 기한 청구권에도 적용하여 위와 같은 인위적인 분리로 인하여 발생할 수 있는 가치평가 모순 문제에 대응하려고 하였다.

3. 급부장애의 효과

가. 규율방식의 문제

구 독일민법상 급부장애의 효과 가운데 특히 개정이 필요한 것으로 여겨졌 것은 계약해제법 분야이다.[23]) 구 독일민법은 법정해제권과 약정해제권을 구분하여 규정하였다. 그리고 구 독일민법 제327조 제1문[24]), 제467조 제1문의

---

22) BGB a. F. § 477 [Verjährung der Gewährleistungsansprüche]
   (1) Der Anspruch auf Wandelung oder auf Minderung sowie der Anspruch auf Schadensersatz we-gen Mangels einer zugesicherten Eigenschaft verjährt, sofern nicht der Verkäufer den Mangel arglistig verschwiegen hat, bei beweglichen Sachen in sechs Monaten von der Ablieferung, bei Grundstücken in einem Jahre von der Übergabe an. Die Verjährungsfrist kann durch Vertrag verlängert werden.
   [국역] 구 독일민법 제477조(하자담보책임의 소멸시효)
   (1) 해제 또는 대금감액청구권과 보장된 성상의 결여로 인한 손해배상청구권은, 매도인이 그러한 하자를 악의적으로 숨긴 경우가 아니라면, 동산의 경우에는 인도 시로부터 6개월, 부동산의 경우에는 인도 시로부터 1년이 경과하면 시효로 소멸한다. 시효기간은 계약으로 연장할 수 있다.
23) 구 독일민법상 해제규정의 문제점에 대한 소개는 김대경, "해제요건에 관한 비교법적 고찰 -독일민법(BGB)을 중심으로-", 국제법무 제11집 제2호, 제주대학교 법과정책연구원, 2019. 11., 7면 이하 참조.

예에서 보듯이, 약정해제권에 적용되는 규정을 법정해제권에 준용하는 방식을
택하였다. 그러나 이러한 규정방식은 많은 사안의 해결에 있어서 불확실성을
야기하였다. 보다 근본적인 문제는 구 독일민법이 해제라는 구제수단에 관하
여 통일적인 규정을 두지 않고, 그 요건, 행사 및 효과에 있어서 서로 상이한
내용의 개별적인 계약해제권을 규정하고 있었다는 점이다.

먼저 구 독일민법에 따른 해제권들은 서로 그 요건이 달랐다. 제325조, 제
326조, 적극적 채권침해 등의 경우에는 급부장애 외에 귀책사유를 요구하였
다. 반면, 제323조, 매매 및 도급계약에서의 해제(Wandelung), 행위기초의 소멸
(Wegfall der Geschäftsgrundlage)로 인한 해제 등에서는 급부장애 자체만으로 해
제권이 발생하였다. 또한 급부장애의 유형에 따라 계약의 해제를 정당화하는
사유에 있어서도 차이가 존재하였다. 불능은 항상 해제를 정당화하는 중대한
급부장애로 간주되었다. 적극적 채권침해의 경우에는 계약의 지속에 대한 기
대가능성(Zumutbarkeit)이, 일부불능의 경우에는 잔여급부에 대한 채권자의 이
익의 존속 또는 소멸 여부가 해제권 인정의 기준이 되었다. 사소한 급부장애
의 경우 또한, 매매 또는 도급의 목적물에 하자가 있는 경우가 그러한 것처럼
해제권을 발생시킬 수 있었다.

해제법에 있어서도 규율의 중심이 되는 급부장애는 '불능'이었다. 원시적·
객관적 불능의 경우 계약은 구 독일민법 제306조에 따라 법률상(ipso iure) 무
효가 되었다. 견련관계에 있는 주된 의무가 귀책사유 없이 불능이 된 경우 채
무자뿐만 아니라 채권자도 반대급부의무의 채무자로서 구 독일민법 제323조
제1항[25])에 따라 계약관계에서 벗어나고, 그 결과 주된 급부의무와 관련하여

---

24) BGB a. F. § 327 [Regelung des gesetzlichen Rücktrittsrechts] Auf das in den §§ 325, 326 bes−
timmte Rücktrittsrecht finden die für das vertragsmäßige Rücktrittsrecht geltenden Vorschriften
der §§ 346 bis 356 entsprechende Anwendung.
[국역] **구 독일민법 제327조(법정해제권의 규율)** 제325조, 제326조에 규정된 해제권에 대해서는
제346조 내지 제356조의 약정해제권에 적용되는 규정이 준용된다.
25) BGB a. F. § 323 [Nicht zu vertretendes Unmöglichwerden]
(1) Wird die aus einem gegenseitigen Vertrage dem einen Teile obliegende Leistung infolge
eines Umstandes unmöglich, den weder er noch der andere Teil zu vertreten hat, so
verliert er den Anspruch auf die Gegenleistung; bei teilweiser Unmöglichkeit mindert sich
die Gegenleistung nach Maßgabe der §§ 472, 473.
[국역] **구 독일민법 제323조(귀책사유 없는 불능)**
(1) 쌍무계약으로부터 발생하는 어느 일방의 의무가 그와 상대방의 책임없는 사유로 인해 불가능
하게 된 경우, 그는 반대급부에 대한 청구권을 상실한다. 일부불능의 경우 반대급부는 제472

일종의 법률상 해제(eine Art ipso iure Auflösung)가 일어났다. 귀책사유에 의한 불능의 경우 구 독일민법 제325조 제1항[26])에 따라 해제권이 인정되었다. 또한 일부불능의 경우 그 일부이행이 채권자에게 이익이 되지 않는 경우 계약전부를 해제할 수 있도록 하였다(제325조 제1항 제2문, 제326조 제1항 제3문). 한편, 주된 의무의 지체가 있는 경우는 구 독일민법 제326조 제1항[27])이 규율하였다. 이외에 판례와 학설은 계약에의 구속이 채권자에게 기대될 수 없도록 만드는 채무자의 적극적 채권침해 사례와 이행기전 진지한 이행거절 등에서도 채권자의 해제권을 인정함으로써 구 독일민법상 해제에 관한 규정을 보충하였다.

앞서 본 일반급부장애법과 담보책임법의 경합문제는 계약해제법에서도 그대로 발생하였다. 가령, 인도된 물건이 계약에 따른 성상을 결한 경우 이것

조, 제473조의 기준에 따른다.

26) BGB a. F. § 325 [Vom Schuldner zu vertretendes Unmöglichwerden]

(1) Wird die aus einem gegenseitigen Vertrage dem einen Teile obliegende Leistung infolge eines Umstandes, den er zu vertreten hat, unmöglich, so kann der andere Teil Schadensersatz wegen Nichterfüllung verlangen oder von dem Vertrage zurücktreten. Bei teilweiser Unmöglichkeit ist er, wenn die teilweise Erfüllung des Vertrags für ihn kein Interesse hat, berechtigt, Schadensersatz wegen Nichterfüllung der ganzen Verbindlichkeit nach Maßgabe des § 280 Abs. 2 zu verlangen oder von dem ganzen Vertrage zurückzutreten.

[국역] 구 독일민법 제325조(채무자의 귀책으로 인한 불능)

(1) 쌍무계약으로부터 발생하는 어느 일방의 의무가 그의 책임있는 사유로 인해 불가능하게 된 경우, 계약상대방은 불이행에 기한 손해배상을 청구하거나 또는 계약을 해제할 수 있다. 일부불능 시 계약의 일부이행이 채권자에게 이익이 되지 않는 경우에는, 채권자는 제280조 제2항의 규정에 따라 채무 전부의 불이행에 기한 손해배상을 청구하거나 또는 계약전부를 해제할 수 있다.

27) BGB a. F. § 326 [Verzug; Fristsetzung mit Ablehnungsandrohung]

(1) Ist bei einem gegenseitigen Vertrage der eine Teil mit der ihm obliegenden Leistung im Verzuge, so kann ihm der andere Teil zur Bewirkung der Leistung eine angemessene Frist mit der Erklärung bestimmen, daß er die Annahme der Leistung nach dem Ablaufe der Frist ablehne. Nach dem Ablaufe der Frist ist er berechtigt, Schadensersatz wegen Nichterfüllung zu verlangen oder von dem Vertrage zurückzutreten, wenn nicht die Leistung rechtzeitig erfolgt ist; der Anspruch auf Erfüllung ist ausgeschlossen. Wird die Leistung bis zum Ablaufe der Frist teilweise nicht bewirkt, so findet die Vorschrift des § 325 Abs. 1 Satz 2 entsprechende Anwendung.

[국역] 구 독일민법 제326조(지체; 수령거절의 의사를 동반한 기간설정)

(1) 쌍무계약에서 어느 일방이 그의 급부를 지체한 경우, 계약상대방은 그에게 급부의 실행을 위하여 상당한 기간을 정하고 그 기간이 경과하면 급부의 수령을 거절하겠다는 통지를 할 수 있다. 그 기간이 경과하면 계약상대방은 불이행에 기한 손해배상을 청구하거나 또는 급부가 적시에 이루어지지 않은 경우 계약을 해제할 수 있다. 이행청구는 배제된다. 급부가 기간이 경과할 때까지 부분적으로 실행되지 않은 경우에는 제325조 제1항 제2문의 규정을 준용한다.

이 제326조 제1항에 따른 해제(Rücktritt) 사유인 불이행인지, 담보책임법상의
해제(Wandelung) 사유인 하자인지의 구별이 불분명하였다. 아울러 어떠한 부
동산이 공법적 개발계획에 따라 그 사용이 제한된 경우, 이를 담보책임법상의
해제를 정당화하는 물건의 하자(Sachmangel)로 볼 것인지 또는 일반급부장애법
상의 해제를 가능하게 하는 권리의 하자(Rechtsmangel)로 볼 것인지도 문제되
었다.

　급부장애로 인한 계약해제의 효과 또한 다양하게 규율되었다. 해제의 의
사표시(Rücktrittserklärung) 또는 해제계약(Wandelungsvertrag)에 따라 해제된 계
약은 약정해제권에 적용되는 구 독일민법 제346조 이하의 규정에 따라 청산되
었다.[28] 반면 제327조 제2문에 따라 해제사유에 책임이 없는 자는 부당이득반
환규정에 따른 책임만을 부담하였다.[29] 여기에 일반급부장애법상의 해제
(Rücktritt)와 담보책임상의 해제(Wandelung)의 법률효과 또한 실무에서 많은 문
제를 야기하였다. 구 독일민법 제347조[30]에 따르면, 계약해제에 있어서 목적
물의 반환불능으로 인한 손해배상의 청구는 급부를 수령한 시점부터 '소유자-
점유자 관계'(Eigentümer-Besitzer-Verhältnis)에 적용되는 규정에 의한다. 그런데
법정해제 및 담보책임법상의 해제의 경우 권리자는, 그가 이들 해제의 요건이
존재한다는 점을 알지 못하는 한, 그의 취득이 종국적이라고 생각하는 것이

---

28) BGB a. F. § 327 [Regelung des gesetzlichen Rücktrittsrechts] Auf das in den §§ 325, 326 bes-
　　timmte Rücktrittsrecht finden die für das vertragsmäßige Rücktrittsrecht geltenden Vorschriften
　　der §§ 346 bis 356 entsprechende Anwendung. Erfolgt der Rücktritt wegen eines Umstandes,
　　den der andere Teil nicht zu vertreten hat, so haftet dieser nur nach den Vorschriften über
　　die Herausgabe einer ungerechtfertigten Bereicherung.
　　[국역] **구 독일민법 제327조(법정해제권의 규율)** 제325조, 제326조에 규정된 해제권에 대해서는
　　제346조 내지 제356조의 약정해제권에 적용되는 규정이 준용된다. 해제가 상대방이 책임질 수 없
　　는 사정으로 이루어진 경우 그 상대방은 부당이득반환규정에 따른 책임만을 부담한다.
29) 그리하여 이 규정과 구 독일민법 제347조 제2문과의 관계가 문제되었다.
30) BGB a. F. § 347 [Haftung bei Rückgewähr] Der Anspruch auf Schadensersatz wegen
　　Verschlechterung, Unterganges oder einer aus einem anderen Grunde eintretenden
　　Unmöglichkeit der Herausgabe bestimmt sich im Falle des Rücktritts von dem Empfange der
　　Leistung an nach den Vorschriften, welche für das Verhältnis zwischen dem Eigentümer und
　　dem Besitzer von dem Eintritte der Rechtshängigkeit des Eigentumsanspruchs an gelten. Das
　　gleiche gilt von dem Anspruch auf Herausgabe oder Vergütung von Nutzungen und von dem
　　Anspruch auf Ersatz von Verwendungen.
　　[국역] **구 독일민법 제347조(반환시 책임)** 훼손, 멸실 또는 기타의 사유에 기한 반환불능으로 인
　　한 손해배상청구권은, 해제의 경우 급부의 수령시부터, 소송 계속(繫屬)시 소유자와 점유자 간의
　　관계에 적용되는 규정에 따라 정하여진다. 수익의 반환 또는 상환청구권 및 비용상환청구권에 대
　　하여도 또한 같다.

통상적이다. 이에 따라 일반급부장애법상의 해제권 또는 담보책임법상 해제권을 행사하는 자에 대한 제347조에 따른 책임은 일반적으로 가혹한 것으로 여겨졌다. 한편, 구 독일민법 제350조[31])에 따라 수령한 목적물이 해제권자의 의사표시 이전에 우연한 사정으로 멸실된 경우에도, 해제권자는 해제권의 행사를 통해 반환청산관계에 따른 자신의 의무를 면함과 동시에 상대방에 대해서는 자신이 급부한 목적물 및 그 과실의 반환을 청구할 수 있도록 하였다. 이와 달리 해제권자가 본인의 귀책사유로 수령한 목적물을 멸실, 훼손, 가공, 개조, 양도 및 담보설정 등을 함으로써 원상회복불능을 초래한 경우에는 구 독일민법 제351조[32]) 이하에 따라 계약해제권이 배제되었다. 이와 같이 구 독일민법 제350조의 규정에 따라 목적물 인도 시 매수인에게 이전된 우연한 멸실에 대한 위험이 해제의 경우에 매도인에게 되돌아가는 결과는 납득하기 어려운 것이었다.[33])

　　요컨대, 이상과 같이 다양한 계약해제의 요건과 각각의 해제유형에 따른 청산규정의 차이는 그 실질적 정당화 사유를 발견하기 어려운 것이었으며 단지 법제사적 관점에서만 설명될 수 있는 것이었다. 이는 구체적인 사례에서 각 제도들간의 중복 또는 경합을 회피 또는 해결할 수 있는 이론을 필요로 했다.

나. 규율원칙의 문제

　　해제권에 관한 규정은 그 내용 측면에서도 실무적 요구에 맞지 않는 것으로 여겨졌다. 우선 '계약해제와 손해배상은 서로 배제한다'는 원칙이었다. 계약의 일방당사자에게 책임 있는 사유에 의한 불능(구 독일민법 제325조)이나 이행지체(구 독일민법 제326조)로 인하여 유효하게 계약해제를 선언한 채권자는 더 이상 계약의 불이행으로 인한 손해배상을 요구할 수 없었다. 즉, 계약을 해

---

31) BGB a. F. § 350 [Zufälliger Untergang] Der Rücktritt wird nicht dadurch ausgeschlossen, daß der Gegenstand, welchen der Berechtigte empfangen hat, durch Zufall untergegangen ist.
　　[국역] **구 독일민법 제350조(우연한 사정에 의한 멸실)** 계약해제권자가 수령한 목적물이 우연한 사정에 의해 멸실되더라도 해제권은 배제되지 아니한다.
32) BGB a. F. § 351 [Verschuldeter Untergang] Der Rücktritt ist ausgeschlossen, wenn der Berechtigte eine wesentliche Verschlechterung, den Untergang oder die anderweitige Unmöglichkeit der Herausgabe des empfangenen Gegenstandes verschuldet hat.
　　[국역] **구 독일민법 제351조(책임있는 멸실)** 계약해제권자가 상대방으로부터 수령한 물건의 본질적인 훼손이나 멸실 또는 반환불능에 책임이 있는 때에는 해제권은 배제된다.
33) 박규용, 전게서(주 6), 103면.

제하면 채권관계는 소멸되고 따라서 채권자는 더 이상 손해배상을 청구할 수 없다는 논리이다. 그러나 이와 같은 해결은 실무적 요구에 맞지 않았기 때문에, 독일 판례는 계약해제와 손해배상에 관한 당사자의 의사표시를 가정을 통해 수정하는 방법으로 해석하였다. 즉, 채권자가 손해배상을 청구하면 계약관계를 해소하면서 차액계산방법(Differenzmethode)에 따른 손해의 배상을 의욕한 것으로 해석하였고, 비록 해제의 의사표시가 행해진 경우에도 그 속에 손해배상청구가 유보되어 있는지에 관하여 해석이 필요하다는 입장을 취하였다.[34)]

또 다른 문제는 구 독일민법 제325조와 제326조 및 제285조[35)]에 규정된 원칙, 즉 '채권자는 채무자가 불이행에 대하여 귀책사유가 있는 경우에만 해제할 수 있다'는 원칙이었다. 귀책사유 요건은 채권자의 손해배상청구권에서는 의미가 있을 수 있는 것이었지만, 이를 계약해제의 요건으로 하는 데 대해서는 많은 논란이 있었다. 이를 문제시하는 입장의 기본적인 관점은 다음과 같다. 우선, 계약해제권의 인정여부는 채권자가 대가를 지불한 계약상의 급부가 불이행되었음에도 불구하고, 계속해서 계약에 구속되고 여전히 자신의 급부를 제공할 것이 요구(기대)될 수 있는가의 여부에 의존해야 한다는 것이다. 그리고 그렇지 않은 경우에는 '채무자의 책임 없는 사유'로 인하여 급부의 이행이 불능으로 되었다고 하더라도 채권자는 계약을 해제할 수 있어야 한다고 본다. 실제 구 독일민법은 많은 경우 채권자에게 채무자가 불이행에 대하여 책임이 있는지 여부와 무관하게 해제권을 부여하였다. 가령, 정기행위(Fixgeschäft, 제361조)나 담보책임법상의 해제(Wandelung), 즉 제462조[36)]의 물건의 하자 또는 제636조[37)]의 일의 적시의 미완성에 근거한 해제의 경우가 그러하였다.

---

34) BGH, Urteil vom 10-02-1982-VIII ZR 27/81.
35) BGB a. F. § 285 [Kein Verzug ohne Vertretenmüssen] Der Schuldner kommt nicht in Verzug, solange die Leistung infolge eines Umstandes unterbleibt, den er nicht zu vertreten hat.
　　[국역] **구 독일민법 제285조(귀책사유가 없으면 지체도 없다)** 급부가 채무자에게 책임 없는 사유로 행하여지지 아니한 경우에는, 채무자는 지체에 빠지지 아니한다.
36) BGB a. F. § 462 [Wandelung; Minderung] Wegen eines Mangels, den der Verkäufer nach den Vorschriften der §§ 459, 460 zu vertreten hat, kann der Käufer Rückgängigmachung des Kaufes (Wandelung) oder Herabsetzung des Kaufpreises (Minderung) verlangen.
　　[국역] **구 독일민법 제462조(해제, 대금감액)** 매도인이 제459조, 제460조의 규정에 따라 책임을 져야 하는 하자에 기하여 매수인은 매매의 해제(해제) 또는 매매대금의 감액(대금감액)을 청구할 수 있다.
37) BGB a. F. § 636 [Verspätete Herstellung]
　　(1) Wird das Werk ganz oder zum Teil nicht rechtzeitig hergestellt, so finden die für die Wandelung geltenden Vorschriften des § 634 Abs. 1 bis 3 entsprechende Anwendung; ...

Ⅲ. 일반급부장애법 개정에 CISG가 미친 영향

1. CISG의 규율 방식

정부초안의 입법이유서는 CISG의 규율 방식을 통해 구 독일민법의 급부장애법이 안고 있는 많은 문제점들을 해소할 수 있다고 보고 있다.[38] 우선 CISG에는 급부의 불능에 관한 규정이 없다. 계약체결시에 객관적으로 불능인 급부를 목적으로 하는 계약은 구 독일민법 제306조의 규정과는 달리 유효하다. 급부의 불능이 원시적이든 또는 후발적이든, 객관적이든 주관적이든, 유책한 것이든 그렇지 않은 것이든지 간에 CISG에서는 계약불이행(breach of contract)의 유형들 중 하나로서 그에 대하여 적용되는 일반규정으로 포섭된다(CISG 제45조[39] 이하, 제61조 이하 참조). 또한 CISG에서는, 매도인의 계약위반행위가 본질적 계약위반(fundamental breach of contract)에 해당하거나, 인도 불이행의 경우에는 매도인이 매수인이 정한 부가기간 내에 물품을 인도하지 않은 경우에만 매수인이 계약을 해제할 수 있다는 점을 통해서 '이행우선의 원칙'이 보장된다(CISG 제47조 제1항[40], 제49조 제1항[41]). CISG는 '본질적 계약위반'이라는, 자신의 급부를 불이행하거나 또는 제대로 이행하지 않은 계약당사자의 귀책사유(과실)와 독립된, 통일적인 해제사유를 기반으로 해제법을 구축하고 있

[국역] 구 독일민법 제636조(지체된 완성)
　(1) 일의 전부 또는 일부가 적시에 완성되지 않은 경우 제634조 제1항 내지 제3항의 해제에 적용되는 규정이 준용된다. (이하 생략)

38) BT-Drs. 14/6040, S. 86.

39) **CISG 제45조**
　(1) 매도인이 계약 또는 이 협약상의 의무를 이행하지 아니하는 경우에 매수인은 다음을 할 수 있다.
　　(가) 제46조 내지 제52조에서 정한 권리의 행사
　　(나) 제74조 내지 제77조에서 정한 손해배상의 청구
　(2) 매수인이 손해배상을 청구하는 권리는 다른 구제를 구하는 권리를 행사함으로써 상실되지 아니한다.
　(3) 매수인이 계약위반에 대한 구제를 구하는 경우에, 법원 또는 중재판정부는 매도인에게 유예기간을 부여할 수 있다.

40) **CISG 제47조**
　(1) 매수인은 매도인의 의무이행을 위하여 합리적인 부가기간을 정할 수 있다.

41) **CISG 제49조**
　(1) 매수인은 다음의 경우에 계약을 해제할 수 있다.
　　(가) 계약 또는 이 협약상 매도인의 의무불이행이 본질적 계약위반으로 되는 경우
　　(나) 인도 불이행의 경우에는, 매도인이 제47조 제1항에 따라 매수인이 정한 부가기간 내에 물품을 인도하지 아니하거나 그 기간 내에 인도하지 아니하겠다고 선언한 경우

다. 매수인의 계약해제권은, 매도인이 의무 불이행에 책임을 져야 한다거나 다른 특정한 사유로 그에게 그 책임이 귀속될 것을 요건으로 하지 않는다. 이는 단지 매수인 자신이 그의 행동을 통해 매도인의 의무 불이행을 야기한 예외적인 경우에만 달라진다(CISG 제49조 제1항, 제79조 제1항, 제80조 참조). 아울러, 매수인이 손해배상을 청구할 권리는 다른 구제를 구하는 권리를 행사함으로써, 특히 계약해제를 선언함으로써 상실되지 않는다(CISG 제45조 제2항).

물론 구 독일민법의 규정, 판례, 그리고 실무를 통해서 얻어지는 결론과 CISG의 급부장애법은 대부분 동일한 결과에 이른다. 이들 간의 결정적인 차이점은, CISG의 경우 급부장애법을 구성하는 기본원칙들이 분명하고, 알기 쉬우며, 모순이 없고, 법정책적으로 명확한 규칙들 속에 규정되어 있고, 이를 통해 실무 특히 판례가 구체적으로 판단이 필요한 쟁점이나 법률사안이 어느 규정에 포섭되는지 또는 포섭되지 않는지를 인식하는 과업을 본질적으로 경감시킨다는 점이다.42) 동시에 구 독일민법에서 나타나는 제도의 복잡성과 이로 인한 불분명한 결과는 회피된다. 정부초안은 이러한 협약의 구상(개념)은 구 독일민법의 급부장애법 개정 시 참고되어야 하며, 여러 개별 조문에서 본보기로 사용될 수 있다는 점을 명시적으로 언급한다. 이하에서는 급부장애의 요건과 효과로 나누어 CISG가 미친 영향을 구체적으로 살펴본다.

2. 급부장애의 요건

가. 급부장애법의 중심개념으로서의 의무위반(Pflichtverletzung)

(1) 서론

개정 독일민법상 일반급부장애법의 중심은 '의무위반'(Pflichtverletzung)이라는 개념에 있다. 의무위반은 급부장애에 기인한 채권자의 권리의 근거가 되는 통일적인 기본요건이다. 이는 특히 채권자의 손해배상청구에 관한 정부초안(BGB-RE) 제280조43) 제1항 제1문에서 일반원칙의 형태로 규정되고, 개별적

---

42) BT-Drs. 14/6040, S. 86.
43) BGB-RE § 280 Schadensersatz wegen Pflichtverletzung
　(1) Verletzt der Schuldner eine Pflicht aus dem Schuldverhältnis, so kann der Gläubiger Ersatz des hierdurch entstehenden Schadens verlangen. Dies gilt nicht, wenn der Schuldner die Pflichtverletzung nicht zu vertreten hat.
　(2) Schadensersatz wegen Verzögerung der Leistung kann der Gläubiger nur unter der

인 급부장애법에서는 그 유형에 따라 특별(추가) 요건들을 통해서 보충된다. 의무위반이라는 표지 자체는 단지 의무의 객관적 위반만을 요구한다. 즉, 그 의무위반이 채무자에게 귀책될 수 있을 것을 요구하지 않는다. 또한, 어떠한 사유에 의하여 의무위반이 발생했는지 또는 그것이 어떠한 결과를 갖는지도 중요하지 않다. 정부초안 제283조[44]에 따른 급부 불능시 손해배상청구권 또한 제280조 제1항의 의무위반에 기한 손해배상청구권의 하위 유형으로 이해된다. 이는 제280조와 제283조의 규정 방식으로부터 도출된다. 이행지체로 인한 채권자의 지체손해(지연배상)청구권 또한 의무위반 외에 단지 하나의 추가적 요건, 즉 지체만을 규정한다(정부초안 제280조 제2항, 제286조[45]).

---

zusätzlichen Voraussetzung des § 286 verlangen.

(3) Schadensersatz statt der Leistung kann der Gläubiger nur unter den zusätzlichen Voraussetzungen des § 281, des § 282 oder des § 283 verlangen.

[국역] **정부초안 제280조(의무위반으로 인한 손해배상)**

(1) 채무자가 채권관계상의 의무를 위반하는 경우에는 채권자는 그로 인하여 발생한 손해의 배상을 청구할 수 있다. 채무자가 그의 의무위반에 대하여 책임 없는 경우에는 그러하지 아니하다.

(2) 채권자는 제286조에서 정하는 추가적 요건을 충족하는 경우에만 급부의 지연으로 인한 손해배상을 청구할 수 있다.

(3) 채권자는 제281조, 제282조 또는 제283조에서 정하는 추가적 요건을 충족하는 경우에만 급부에 갈음하는 손해배상을 청구할 수 있다.

44) **BGB-RE § 283 Schadensersatz statt der Leistung bei Ausschluss der Leistungspflicht**

Braucht der Schuldner nach § 275 Abs. 1 oder 2 nicht zu leisten, kann der Gläubiger unter den Voraussetzungen des § 280 Abs. 1 Schadensersatz statt der Leistung verlangen. § 281 Abs. 1 Satz 3 und § 281 Abs. 4 finden entsprechende Anwendung.

[국역] **정부초안 제283조(급부의무의 배제와 전보배상)**

채무자가 제275조 제1항 내지 제3항에 의하여 급부를 실행할 필요가 없는 경우에는 채권자는 제280조 제1항에서 정하는 요건 아래서 급부에 갈음하는 손해배상을 청구할 수 있다. 제281조 제1항 제3문 및 제281조 제4항은 이에 준용된다.

45) **BGB-RE § 286 Verzug des Schuldners**

(1) Leistet der Schuldner auf eine Mahnung des Gläubigers nicht, die nach dem Eintritt der Fälligkeit erfolgt, so kommt er durch die Mahnung in Verzug. Der Mahnung stehen die Erhebung der Klage auf die Leistung sowie die Zustellung eines Mahnbescheids im Mahnverfahren gleich.

(4) Der Schuldner kommt nicht in Verzug, solange die Leistung infolge eines Umstandes unterbleibt, den er nicht zu vertreten hat.

[국역] **정부초안 제286조(채무자의 지체)**

(1) 채권자가 이행기 도래 후 최고를 하였음에도 채무자가 급부하지 아니한 경우에는 채무자는 최고로 인하여 지체에 빠진다. 이행소송의 제기 또는 독촉절차에서의 지급명령의 송달은 최고와 동시(同視)된다.

(4) 급부가 채무자에게 책임 없는 사유로 행하여지지 아니한 경우에는, 채무자는 지체에 빠지지 아니한다.

초안의 급부장애법은 적극적 채권침해(positive Forderungsverletzung)로 인한 책임에 관한 원칙을 발전시키고 일반화한 것이다. 앞서 본 바와 같이, 독일 판례는 불능 또는 지체를 야기하지 않는 모든 계약의무위반을 적극적 채권침해라는 범주로 구성하였다. 결국 불능 및 지체로 인한 불이행과 적극적 채권침해 모두 의무위반이라는 개념에 포섭된다. 이와 같은 의무위반이라는 개념에의 연결은 CISG의 규율방식에 상응한다. 개정이유서는 CISG 제45조 제1항, 제61조 제1항이 계약상 의무의 "불이행"이라는 개념을 사용하고 있지만, 양자 사이에는 단지 표현상의 차이가 있을 뿐 실질적인 차이는 없는 것으로 본다.[46)]

(2) 과실책임주의의 유지

현재 계약책임(Vertragshaftung)과 관련하여 2가지 시스템(법제)이 대립한다. 영미법은 약속자의 보증책임(Garantiehaftung)을 기초로 하며 과책(Verschulden)은 계약책임의 성립에 있어서 원칙적으로 고려되지 않는다. 물론 일정한 급부장애에 대해서는 이러한 보증책임이 적용되지 않는다. 이에 반해 독일민법을 포함한 유럽대륙법은 통상 과책주의(과실책임주의)에 기초하고 있다. 예외적으로 무과실의 보증책임(verschuldensunabhängige Garantiehaftung)이 존재한다. CISG는 영미법의 보증책임을 기초로 하되, 제79조의 면책규정을 통해 이를 완화하고 있다.

귀책사유(Vertretenmüssen)는 독일 급부장애법의 중심개념이다. 채무자가 급부를 불이행하거나, 제대로 이행하지 않거나 또는 그밖에 계약상 의무를 위반한 경우, 채무자에게 상당한 부담을 과할 수 있는 채권자의 권리가 부여된다. 이 때 특히 주된 급부의무(Primärleistungspflicht)는 손해배상의무라는 2차적 급부의무(Sekundärleistungspflicht)로 전환된다. 그런데, 불이행손해의 배상의무는 주된 급부의무보다 채무자에게 훨씬 더 부담이 될 수 있다. 이는 지체손해의 배상의무 및 보호의무 위반으로 인한 손해배상의무에서도 마찬가지이다. 정부초안의 이유서는 이러한 측면에서 급부장애의 법률효과를 채무자의 유책성(Verantwortlichkeit), 즉 귀책사유에 연결시키는 것이 여전히 정당하다는 입장이다.[47)] 이에 대하여 의무위반이라는 단일 채무불이행 요건을 도입하고서도 과

---

46) BT-Drs. 14/6040, S. 92.
47) BT-Drs. 14/6040, S. 131.

실책임주의를 포기하지 못한 것 때문에 독일 채무법 현대화를 '반쪽짜리 개정'
이라고 평가하는 견해도 있다. 구 독일민법 제276조[48] 제1항 제1문은 다른 규
정의 유보하에, 채무자가 고의 및 과실에 책임을 져야 함을 규정하고 있었다.
이 규정은 과책주의(Verschuldensprinzip)를 표현한 것이다. 정부초안은 구 독일
민법 제276조가 변경없이 존속되어야 한다는 점을 명시한다. 그 결과 정부초
안 제276조[49] 제1항 제1문에서 이 원칙을 보충하는 문구를 변경하는 수준에
그쳤다.

(3) 의무위반 개념의 도입과 관련된 논의

Ulrich Huber는 1981년 펴낸 그의 의견서[50]에서, 급부장애법의 기본 요건
으로 '불이행'(Nichterfüllung) 개념을 도입할 것을 제안하였다. 그의 제안은 헤
이그 통일매매법[51]의 용례를 참고한 것인데, 통일매매법은 일부 조문에서는
'계약위반'(breach of contract)라는 용어를 사용하고(제10조, 제83조, 제86조), 일
부 조문에서는 '의무의 불이행'(failure to perform any of his obligations)이라는
용어를 사용한다(제74조, 제75조). 그리고 이는 CISG에서도 마찬가지다(가령 제
45조, 제48조, 제49조 제1항 a, 제61조, 제64조 제1항 a).

채무법 개정위원회(Schuldrechtskommission)에서는 의무위반이라는 용어의

---

48) BGB a. F.§ 276 [Haftung für eigenes Verschulden]

(1) Der Schuldner hat, sofern nicht ein anderes bestimmt ist, Vorsatz und Fahrlässigkeit zu
vertreten. Fahrlässig handelt, wer die im Verkehr erforderliche Sorgfalt außer acht läßt.

[국역] **구 독일민법 제276조(자기 과책에 대한 책임)** 채무자는, 달리 규정되지 않는 한, 고의 및
과실에 대하여 책임이 있다. 사회생활상 필요한 주의를 게을리 한 자는 과실로 행위하는 것이다.

49) BGB-RE § 276 Verantwortlichkeit für eigenes Verschulden

(1) Der Schuldner hat Vorsatz und Fahrlässigkeit zu vertreten, wenn eine strengere oder
mildere Haftung weder bestimmt noch aus dem sonstigen Inhalt des Schuldverhältnisses,
insbesondere aus der Übernahme einer Garantie oder eines Beschaffungsrisikos, oder der
Natur der Schuld zu entnehmen ist. Die Vorschriften der §§ 827, 828 finden ent-
sprechende Anwendung.

(2) Fahrlässig handelt, wer die im Verkehr erforderliche Sorgfalt außer Acht lässt.

[국역] **정부초안 276조(자기 과책에 대한 책임)**

(1) 채무자는, 보다 엄격한 또는 보다 완화된 책임에 대하여 정함이 없고, 또한 그러한 책임이 채
권관계의 다른 내용, 특히 보장이나 조달위험의 인수 또는 채무의 성질로부터 인정되지도 아
니하는 경우에는, 고의 및 과실에 대하여 책임이 있다. 제827조, 제828조의 규정은 준용된다.

(2) 사회생활상 필요한 주의를 게을리 한 자는 과실로 행위하는 것이다.

50) Ulrich Huber, Leistungsstörungen in: Gutachten und Vorschläge zur Überarbeitung des
Schuldrechts, hrsg. vom Bundesministerium der Justiz, Bd. I, 1981, S. 647 ff.

51) '국제물품매매에 관한 통일법'(Uniform Law on the International Sale of Goods; ULIS)을 말한다.

채택을 둘러싸고 찬반이 있었다. 위원회는 의무위반을 Huber의 의견서에서
사용된 불이행(Nichterfüllung)과 같은 것으로 사용하였다. 두 경우 모두 채무자
의 손해배상책임의 요건은, 채무자가 채권관계로부터 나오는 의무프로그램을
준수하지 않은 것이다. 그리고 두 경우 모두에서 그 급부가 전부 또는 일부가
없었는지, 시간적 또는 질적 측면에서 흠이 있었는지는 중요하지 않다. 아울러
의무위반과 불이행은 보호의무 및 기타의무의 위반도 포함한다. 그러나 의무
위반은 많은 법적용자들에게 순전히 객관적인 의무위반만을 의미하는 것으로
인식되기 어려웠다. 왜냐하면, 이들은 의무위반이라는 개념의 '위반' 부분을
자연스럽게 그 단어 속에서는 표현되지 않은 귀책과 연결시켰기 때문이다. 이
에 따라 일부에서는 이러한 연관을 불러일으키지 않는 Huber의 불이행 개념
으로 돌아갈 것이 제안되기도 하였다. 그러나 불이행 또한 언어적 측면에서
지체, 불완전이행, 부수의무의 위반을 포섭시키기 어려울 수 있다는 점이 지적
되었다. 왜냐하면 이들의 경우 적어도 급부의 일부는 '이행'되었기 때문이다.
의무위반이나 불이행이라는 통일적 개념을 도입하는 이유는, 이를 통해, 불능,
지체, 불완전이행의 3가지 급부장애유형을 통일적인 책임 및 해제요건으로 통
일화하기 위한 것이다. 그러나 그와 같이 하더라도 위의 3가지 급부장애의 유
형은 법적용자의 의식에서 굳건히 고정되어 있으며, 입법을 통해 배제할 수
없는 '전형'(Archetypen)으로 인식될 것이라는 지적도 있었다.

　　정부초안은 채무법 개정위원회의 접근방식을 따르고, 하나의 통일적인 책
임요건의 창설을 제안한다. 초안은 불능(Unmöglichkeit), 지체(Verzug), 불완전
이행(Schlechterfüllung)이 채무불이행의 전형적인 발현형태라는 점을 부인하지
않는다. 다만 이들 3가지 형태는 채권관계로부터 나오는 의무를 준수하지 않
았다는 점에서 공통점이 있지만, 서로 명확하게 구획되지 않고 하나의 유형에
서 다른 유형으로 변화할 수도 있다고 본다.[52] 의무위반이라는 개념의 도입이
위와 같은 부정적 의견에도 불구하고 추진된 것은, 이 개념이 급부장애의 발
현형태들의 공통분모를 표현하고 있으며, 완결되고 흠 없는 급부장애법의 구
축을 가능하게 하는 잠재력을 가지고 있다는 점이었다. 그리고 이러한 점은
헤이그 통일매매법과 CISG의 고안자도 인정한 것이다. 이들 두 협약 역시 급
부장애의 발현형태를 기초로 하지 않고, '이행된 급부가 계약 기타 채무관계상

---

52) BT-Drs. 14/6040, S. 134.

의무를 준수하지 않는 것'이라는 점을 기초로 하였다.

개정이유서에 따르면, 의무위반 개념을 선택하게 된 이유는 2가지로 정리될 수 있다.[53] 우선, 이미 언급한 바와 같이 언어적인 측면에서 '불이행'은 독일민법에서 통합적인 책임발생요건으로서의 의미가 아닌 다른 의미를 가지고 있다. 즉, 독일민법은 불이행을 급부의 전부 또는 일부의 불발생 또는 부재(Ausbleiben)를 지칭하는 데 사용한다. 이에 따라 "불이행에 기한 손해배상의무"는 이행되어야 할 급부의 代償(Surrogat)이 된다. 또한 불완전이행은 불이행이라고 하는 급부장애의 구성요건에 포섭되지 않는다.

다른 한편, 의무위반은 새로운 급부장애법 체계를 구축한다는 목적에도 부합한다. 독일민법이 제정될 때는 급부불능이 급부장애법의 중심에 있었다. 그리고 앞서 본 바와 같이 구 독일민법의 규정들은 급부불능에 맞추어서 만들어졌다. 그러나 오늘날 불능은 급부장애법의 주변사례(Randfall)가 되었고, 독일민법은 더 이상 법현실에 상응하지 않게 되었다. 요컨대 구 독일민법의 급부장애법은 가장 중요한 급부장애 유형을 전혀 규율하지 않고, 판례를 통해 형성된 적극적 계약위반(positive Vertragsverletzung) 또는 적극적 채권침해(positive Forderungsverletzung)라는 제도가 불완전이행의 영역을 포괄하여 규율하였다. 오늘날 전형적이고 특히 규율이 필요한 급부장애 유형은 지체와 불완전이행이다. 그러므로 급부장애법이 실무의 필요에 정확히 대응하기 위해서는 바로 이와 같은 법현실에 맞추어 새롭게 구성되어야 한다. 의무위반이라는 연결점은 독일민법의 급부장애법이 변화된 현실에 적응할 수 있는 보다 나은 가능성을 제공한다. 이 개념은 또한 국제적으로 널리 사용되는 '계약위반'(breach of contract)이라는 개념과도 상응한다.

나. 기간설정 통한 이행청구우선(Vorrang des Erfüllungsanspruchs)의 보장

새로운 급부장애법의 두번째 중요한 표지는, 채무자의 급부없이 이행기가 도과된 후 채권자가 이행청구 대신에 추가적인 권리를 행사하기 위해서는, 원칙적으로 채무자에게 이행을 위한 상당한 부가기간(angemessene Frist zur Erfüllung)을 설정해야 한다는 것이다(정부초안 제281조,[54] 제323조[55]). 구 독일민법 제283

---

53) BT-Drs. 14/6040, S. 134-135.
54) BGB-RE § 281 Schadensersatz statt der Leistung wegen nicht oder nicht wie geschuldet er-brachter Leistung

조, 제326조, 제542조 제1항, 제634조, 제635조의 예에서 보듯이, 구 독일민법
에서는 개별적인 급부장애요건에서 기간설정에 관하여 상이하게 규정하고 있
었다. 개정 독일민법에서는 기간설정이 일반급부장애법의 영역으로 넘어와서
일반원칙이 된 것이다.

　이행의 우선은 정부초안 제280조 제3항, 제281조에서 기간설정 요건을 규
정함으로써 보장된다. 채권자는 원칙적으로 채무자에게 지정된 이행을 위한 상
당한 기간이 성과없이 도과한 경우에만 '급부에 갈음한 손해배상'(Schadensersatz
statt der Leistung)을 요구할 수 있다. 다만, 급부의 불이행(Ausbleiben)이 불능에
기인하는 경우, 급부에 갈음한 손해배상청구권을 행사하기 위하여 기간설정을
하도록 하는 것은 아무런 의미가 없다. 정부초안 제283조는 이러한 경우 사전
기간설정 없이 손해배상을 청구할 수 있도록 한다.

다. 포괄적인 손해배상규정

　정부초안 제280조는, 채무자가 채권관계상의 의무를 위반했을 때 채권자
가 손해배상을 청구할 수 있는 일반 요건을 규정한다. 이에 따르면 모든 의무
위반은 채무자가 그 의무위반에 대하여 책임이 있는 한 손해배상청구권을 발생
시킨다. 위반된 의무의 종류에 따른 차이는 없다. 즉, 채무자가 주된의무 또는
부수의무(Haupt-oder eine Nebenpflicht), 급부의무 또는 보호의무(Leistungs-oder

---

(1) Soweit der Schuldner die fällige Leistung nicht oder nicht wie geschuldet erbringt, kann
　der Gläubiger unter den Voraussetzungen des § 280 Abs. 1 Schadensersatz statt der
　Leistung verlangen, wenn er dem Schuldner eine angemessene Frist zur Leistung oder
　Nacherfüllung bestimmt hat und die Frist erfolglos abgelaufen ist.
[국역] 정부초안 제281조(급부의 불이행 또는 계약에 좇지 아니한 이행으로 인한 전보배상)
(1) 채무자가 이행기가 도래한 급부를 실행하지 아니하거나 채무에 좇아 실행하지 아니한 경우에,
　채권자가 채무자에 대하여 급부 또는 추완(追完)을 위하여 상당한 기간을 정하였으나 그 기간
　이 성과없이 도과된 때에는, 그는 제280조 제1항에서 정하는 요건 하에서 급부에 갈음하는 손
　해배상을 청구할 수 있다.
55) BGB-RE § 323 Rücktritt wegen nicht oder nicht vertragsgemäß erbrachter Leistung
(1) Erbringt bei einem gegenseitigen Vertrag der Schuldner eine fällige Leistung nicht oder
　nicht vertragsgemäß, so kann der Gläubiger, wenn er dem Schuldner eine angemessene
　Frist zur Leistung oder Nacherfüllung bestimmt hat und die Frist erfolglos abgelaufen ist,
　vom Vertrag zurücktreten, ...
[국역] 정부초안 제323조(급부의 불이행 또는 계약에 좇지 아니한 이행으로 인한 해제)
(1) 쌍무계약에서 채무자가 이행기가 도래한 급부를 실행하지 아니하거나 계약에 좇아 실행하지
　아니한 경우에, 채권자는 채무자에 대하여 급부 또는 추완을 위하여 상당한 기간을 정하였으
　나 그 기간이 성과없이 도과된 때에는 계약을 해제할 수 있다. (이하 생략)

eine Schutzpflicht) 중에서 어느 것을 위반하였는지는 중요하지 않다. 또한 채무자가 적시에 이행하지 않았는지 잘못된 장소에서 이행하였는지 또는 채무의 내용과 완전히 다른 것을 급부하였는지, 수량, 질, 종류 등에 있어서 약정한 것보다 뒤떨어지는 급부를 하였는지도 중요하지 않다.

정부초안 제280조 제1항의 규정은 구 독일민법의 개념으로 이해한다면 적극적 채권침해의 요건과 효과를 규정한 것이다. 구 독일민법에 따르면 불이행으로 인한 손해배상청구권은 특별한 급부장애요건, 즉 불능 또는 지체가 존재하는 경우에만 인정되기 때문이다. 요컨대 정부초안에 따른 채권자의 손해배상청구권 발생의 기본 원칙은, 채무자가 그에게 계약상 부과된 의무를 이행하지 않았다면, 그의 의무위반에 대하여 책임이 없다는 점을 증명하지 못하는 한 그 의무위반의 손해결과에 대하여 책임을 져야 한다는 것이다. 정부초안 제280조 제1항은, 원시적 불능에 관한 특별규정인 제311a조 제2항을 제외하면, 계약 또는 기타의 채무관계에 기한 손해배상의 유일한 청구권 기초(Anspruchsgrundlage)가 된다. 개정이유서는 이를 통해 개정 독일민법이 하나의 책임요건을 중심으로 구축된 CISG의 급부장애법의 규율방식과 일치하게 되었다는 점을 언급한다.[56] 지체손해의 배상도 정부초안 제280조 제1항에 기초한다. 다만, 제280조 제2항에 따라 제286조에 따른 지체 요건이 추가적으로 필요하다. 이로써 정부초안은 구 독일민법의 복잡한 법률규정과 그 외에 발전된 법실무를 모두 수용하면서도 분명하고 명료한 손해배상규정을 갖게 되었다.

3. 급부장애의 효과

가. 약정해제권과 법정해제권의 행사 효과 통일

정부초안 제346조 제1항[57]은 약정해제권과 법정해제권의 행사 효과를 통

---

56) BT-Drs. 14/6040, S. 135.
57) BGB-RE § 346 Wirkungen des Rücktritts
   (1) Hat sich eine Vertragspartei vertraglich den Rücktritt vorbehalten oder steht ihr ein ge-setzliches Rücktrittsrecht zu, so sind im Falle des Rücktritts die empfangenen Leistungen zurückzugewähren und die gezogenen Nutzungen unter Einschluss der durch den bes-timmungsgemäßen Gebrauch entstandenen Abnutzung herauszugeben.
   [국역] 정부초안 346조(해제의 효과)
   (1) 계약의 일방당사자가 계약으로 해제를 유보하였거나 그에게 법정해제권이 속하는 때에는, 해제 시 수령한 급부가 반환되고, 용도에 좇은 사용에 의하여 발생한 가치하락분을 포함하여 수

일적으로 규정한다. 동 규정은 구 독일민법의 준용규정에 따른 불확실성과 불분명함을 제거한 것이다. 이에 따라 계약관계는, 약정해제나 법정해제의 경우 모두 해제권을 행사하면 수령한 급부를 반환하고 수취한 이득을 상환해야 하는 반환채권관계로 전환된다. 해제의 표시로서 1차적 급부의무가 없어지고 이행청구권이 소멸하는 해방효(Befreiungswirkung)가 발생한다. 정부초안은 이를 명시적으로 규정하고 있지 않지만, 이는 당연히 발생하는 효과라는 데 의견이 일치되어 있다.[58] 계약해제에 따른 반환청구권의 기초는 이 규정에서 발생하는 것이며, 부당이득에 관한 규정에 따라 발생하지 않는다. 채무자가 이 규정에 따른 반환의무를 위반하는 경우 채권자는 일반급부장애법(제280조 내지 제283조)의 규정에 따라 손해배상을 청구할 수 있다.

나. 일반급부장애법상의 해제와 담보책임법상의 해제의 통일

정부초안 제323조[59]는 쌍무계약에서 채무자가 기한이 도래한 급부를 제공하지 않거나 계약에 합치하지 않게 제공한 경우, 채권자가 채무자에 대하여 급부 또는 이행을 위한 상당한 기간을 정해 주고 이 기간 내에 급부나 추완이행이 이루어지지 않으면 계약을 해제할 수 있도록 하고 있다(제1항). 이는 구 독일민법에서 이행불능과 이행지체로 인한 해제(Rücktritt)와 매매와 도급에서 담보책임으로 인한 해제(Wandelung)를 구별한 것과 달리, 두 종류의 해제를 하나로 통일하여 규정한 것이다.[60] 결국 채무자가 급부를 제공하지 않거나 계약에 맞지 않게 제공하더라도 채권자는 바로 계약을 해제할 수 없고, 먼저 상당한 이행기간을 설정함으로써 채무자에게 급부 제공의 기회를 주어야 한다. 다만 채무자가 급부를 진지하게 종국적으로 거절하거나, 채무자가 급부를 계약

취한 이득이 상환되어야 한다.

58) BT-Drs. 14/6040, S. 194.

59) BGB-RE § 323 Rücktritt wegen nicht oder nicht vertragsgemäß erbrachter Leistung

(1) Erbringt bei einem gegenseitigen Vertrag der Schuldner eine fällige Leistung nicht oder nicht vertragsgemäß, so kann der Gläubiger, wenn er dem Schuldner eine angemessene Frist zur Leistung oder Nacherfüllung bestimmt hat und die Frist erfolglos abgelaufen ist, vom Vertrag zurücktreten, ...

[국역] 정부초안 323조(급부의 불이행 또는 계약에 좇지 아니한 이행으로 인한 해제)

(1) 쌍무계약에서 채무자가 이행기가 도래한 급부를 실행하지 아니하거나 계약에 좇아 실행하지 아니한 경우에, 채권자는 채무자에 대하여 급부 또는 추완을 위하여 상당한 기간을 정하였으나 그 기간이 성과없이 도과된 때에는 계약을 해제할 수 있다. (이하 생략)

60) 이은영, 채권각론 제4판, 박영사, 2004, 218면.

에서 정해진 기일 또는 기간 내에 실현하는 것이 채권자의 급부이익 존속 (Fortbestand seines Leistungsinteresses)과 결부되어 있는 경우, 양측의 이해(利害)를 형량할 때 즉시 해제를 정당화하는 특별한 사정이 있는 경우에는 기간 설정이 필요하지 않다(제2항).[61]

개정이유서는 정부초안 제323조가 CISG의 모델에 따라 귀책사유와 독립적인 해제권을 규정하였음을 명시한다.[62] 해제권의 발생요건은 우선 채무자가 쌍무계약상의 의무를 위반할 것이다. 그리고 기간설정 요건을 통해서 이행청구 우선이 보장된다. 즉, 채무자에게 구제(시정)를 위해 지정된 기간이 성과없이 도과될 것이 요구된다. 원칙적으로 위반된 의무의 의미와 의무위반의 중대성에 따른 차이는 없다. 성과없는 기간설정 후의 모든 의무위반은 채권자에게 더 이상 계약에의 구속을 요구할 수 없도록 만든다. 다만, 정부초안 제323조 제4항 제2문[63]은 의무위반이 중대하지 않은 경우 해제권의 배제를 규정한다.

다. 계약해제와 별개의 손해배상

구 독일민법과 달리, 채권자는 정부초안 제325조[64]에 따라 그가 계약을

---

61) BGB-RE § 323 Rücktritt wegen nicht oder nicht vertragsgemäß erbrachter Leistung

  (2) Die Fristsetzung ist entbehrlich, wenn

   1. der Schuldner die Leistung ernsthaft und endgültig verweigert,

   2. der Schuldner die Leistung zu einem im Vertrag bestimmten Termin oder innerhalb einer bestimmten Frist nicht bewirkt und der Gläubiger im Vertrag den Fortbestand seines Leistungsinteresses an die Rechtzeitigkeit der Leistung gebunden hat oder

   3. besondere Umstände vorliegen, die unter Abwägung der beiderseitigen Interessen den sofortigen Rücktritt rechtfertigen.

  [국역] 정부초안 제323조(급부의 불이행 또는 계약에 좇지 아니한 이행으로 인한 해제)

  (2) 다음의 경우에는 기간설정이 요구되지 아니한다.

   1. 채무자가 급부를 진지하게 종국적으로 거절한 때

   2. 채무자가 급부를 계약에서 정하여진 기일에 또는 계약에서 정하여진 기간 내에 실현하지 않고, 채권자가 계약에서 자신의 급부이익의 존속을 급부가 제때 이행되는 것에 결부한 경우

   3. 당사자 쌍방의 이해를 형량할 때 즉시의 해제를 정당화하는 특별한 사정이 있는 경우

62) BT-Drs. 14/6040, S. 93.

63) BGB-RE § 323 Rücktritt wegen nicht oder nicht vertragsgemäß erbrachter Leistung

  (4) ... . Hat der Schuldner die Leistung nicht vertragsgemäß bewirkt, so kann der Gläubiger vom Vertrag nicht zurücktreten, wenn die Pflichtverletzung unerheblich ist.

  [국역] 정부초안 323조(급부의 불이행 또는 계약에 좇지 아니한 이행으로 인한 해제)

  (4) (전략) 채무자가 계약에 좇지 아니한 급부를 실현한 경우에 그 의무위반이 경미한 때에는 채권자는 계약을 해제할 수 없다.

64) BGB-RE § 325 Schadensersatz und Rücktritt

  Das Recht, bei einem gegenseitigen Vertrag Schadensersatz zu verlangen, wird durch den

해제한 경우 반환채권관계로부터 나오는 청구권뿐만 아니라 계약의 불이행에
따른 손해배상청구권도 주장할 수 있다. 이는 CISG 제45조 제2항[65]과 일치하는
것이다.[66] 채권자는 또한 계약을 해제함과 동시에 대체거래(Deckungsgeschäft)에
들어간 추가비용 또는 일실이익(entgangener Gewinn)을 청구할 수 있다. 무익
하게 지출된 비용의 배상은 정부초안 제284조[67]에서 명시적으로 규율한다. 손
해배상의무는 채무자가 해제권을 성립시키는 의무위반에 책임이 없는 경우에
는 소멸된다.

라. 원시적 불능의 급부를 목적으로 한 계약의 효력

정부초안은 구 독일민법 제306조부터 제309조까지를 폐지하고, 제311a
조[68] 제1항에서 계약이 원시적 불능의 급부를 목적으로 하는 경우에도 유효하

Rücktritt nicht ausgeschlossen.
[국역] **정부초안 325조(손해배상과 해제)**
쌍무계약에서 손해배상을 청구할 권리는 계약의 해제에 의하여 배제되지 아니한다.
65) CISG 제45조 (2) 매수인이 손해배상을 청구하는 권리는 다른 구제를 구하는 권리를 행사함으로써
　　상실되지 아니한다.
66) BT-Drs. 14/6040, S. 93.
67) BGB-RE § 284 Ersatz vergeblicher Aufwendungen
　　Anstelle des Schadensersatzes statt der Leistung kann der Gläubiger Ersatz der Aufwendungen
　　verlangen, die er im Vertrauen auf den Erhalt der Leistung gemacht hat und billigerweise
　　machen durfte, es sei denn, deren Zweck wäre auch ohne die Pflichtverletzung des
　　Schuldners nicht erreicht worden.
　　[국역] **정부초안 제284조(무익하게 지출된 비용의 배상)** 채권자가 급부의 획득을 신뢰하여 비용
　　을 지출하고 또 그 지출이 상당한 것인 경우에는 그는 급부에 갈음하는 손해배상 대신에 그 비용
　　의 배상을 청구할 수 있다. 그러나 채무자의 의무위반이 없더라도 비용지출의 목적이 달성될 수
　　없었을 때에는 그러하지 아니하다.
68) BGB-RE § 311a Ausschluss der Leistungspflicht bei Vertragsschluss
　　(1) Der Wirksamkeit eines Vertrags steht es nicht entgegen, dass der Schuldner nach § 275
　　　　Abs. 1 oder 2 nicht zu leisten braucht und das Leistungshindernis schon bei
　　　　Vertragsschluss vorliegt.
　　(2) Der Gläubiger kann nach seiner Wahl Schadensersatz statt der Leistung oder Ersatz seiner
　　　　Aufwendungen in dem in § 284 bestimmten Umfang verlangen, es sei denn, der
　　　　Schuldner kannte das Leistungshindernis nicht und hat seine Unkenntnis auch nicht zu
　　　　vertreten. § 281 Abs. 1 Satz 3 und Abs. 4 finden entsprechende Anwendung.
　　[국역] **정부초안 제311a조(계약체결시의 급부의무의 배제)**
　　(1) 채무자가 제275조 제1항 내지 제2항에 따라 급부할 필요가 없고 또 그 급부장애가 계약체결
　　　　시 이미 존재하고 있었다는 사정은 계약의 유효에 영향을 미치지 아니한다.
　　(2) 채권자는 그의 선택에 좇아 급부에 갈음하는 손해배상 또는 제284조에서 정하여진 범위에서
　　　　그가 지출한 비용의 상환을 청구할 수 있다. 이는 채무자가 계약체결시에 급부장애를 알지 못
　　　　하였고 또 그 부지(不知)에 대하여 책임 없는 경우에는 적용되지 아니한다. 제281조 제1항 제

다고 규정한다. 이는 CISG의 입장과 동일한 것이다.[69] 그리고 다른 규정들을 통해서 원시적 불능 사례의 합리적 해결을 도모한다. 우선 불능한 급부를 목적으로 하는 계약의 채무자는 급부의무로부터 벗어나거나(제275조[70] 제1항) 또는 제275조 제2항에 따른 항변을 통해서, 그 요건을 충족한 경우 급부를 거절할 수 있다. 채권자는 정부초안 제326조 제1항[71]에 따라 반대급부의 이행의무로부터 면제되며, 제311a조 제2항의 요건에 따라 손해배상을 청구할 수 있다.

마. 이행기전 계약해제

구 독일민법의 규정상 채권자는 이행기 전에 치유할 수 없는 급부장애의 위협을 받거나 또는 채무자가 분명하고 확정적으로 급부거절(Leistungsweigerung)을 통지한 경우에도 해제의 기회가 없었다. 왜냐하면 문제된 급부의무의 유책

3문 및 동조 제4항은 이에 준용된다.

69) BT-Drs. 14/6040, S. 86.

70) BGB-RE § 275 Ausschluss der Leistungspflicht

(1) Der Anspruch auf Leistung ist ausgeschlossen, soweit und solange diese für den Schuldner oder für jedermann unmöglich ist.

(2) Der Schuldner kann die Leistung verweigern, soweit und solange diese einen Aufwand erfordert, der unter Beachtung des Inhalts des Schuldverhältnisses und der Gebote von Treu und Glauben in einem groben Missverhältnis zu dem Leistungsinteresse des Gläubigers steht. Das Gleiche gilt, wenn die Leistung in der Person des Schuldners zu erbringen ist und dem Schuldner unter Abwägung des Leistungsinteresses des Gläubigers und des Leistungshindernisses auf Seiten des Schuldners nicht zugemutet werden kann. Bei der Bestimmung der dem Schuldner zuzumutenden Anstrengungen ist auch zu berücksichtigen, ob der Schuldner das Leistungshindernis zu vertreten hat.

(3) Die Rechte des Gläubigers bestimmen sich nach den §§ 280, 283 bis 285, 311a und 326.

[국역] **정부초안 제275조(급부의무의 배제)**

(1) 급부가 채무자 또는 모든 사람에게 불능인 경우에는 그 급부에 대한 청구권은 배제된다.

(2) 급부가 채권관계의 내용과 신의성실의 요청에 비추어 채권자의 급부이익에 대하여 현저한 불균형을 이루는 비용지출을 요구하는 경우에는, 채무자는 급부를 거절할 수 있다. 채무자가 급부를 스스로 실행하여야 하는 경우에, 채권자의 급부이익과 채무자 측의 장애사유를 형량하면 채무자에게 그 급부를 기대할 수 없는 때에도 그는 급부를 거절할 수 있다. 채무자에게 기대될 수 있는 노력을 정함에 있어서는 채무자가 그 급부장애에 대하여 책임 있는지 여부도 고려되어야 한다.

(3) 채권자의 권리는 제280조, 제283조 내지 제285조, 제311a조 및 제326조에 따라 정해진다.

71) BGB-RE § 326 Gegenleistung beim Ausschluss der Leistungspflicht

(1) Braucht der Schuldner nach § 275 Abs. 1 oder 2 nicht zu leisten, entfällt der Anspruch auf die Gegenleistung.

[국역] **정부초안 제326조(급부의무가 배제되는 경우의 반대급부)**

(1) 채무자가 제275조 제1항 또는 제2항에 의하여 급부를 실행할 필요가 없는 경우에는 반대급부청구권은 소멸한다.

적 위반이 아직 발생하지 않았기 때문이다. 그러한 상황에서 이행기까지의 수인(受忍)할 수 없는 기다림을 회피하기 위하여 판례와 학설은 오래전부터 이행기전 해제를 허용하였다. 그러나 이러한 이행기전 계약위반(vorweggenommener Vertragsbruch)에 대한 구제수단의 이론적 근거에 관해서는 논란이 있었다. 특히 진지한 이행거절의 경우, 지배적인 견해는 이를 적극적 채권침해로 보았다. 정부초안은 해제의 요건이 충족되는 것이 명백한 경우에는 채권자가 이행기 전이라도 계약을 해제할 수 있음을 명시하고 있다(제323조 제3항).72) 개정이유서는 동 초안이 CISG의 규정(제72조 제1항)에 상응하는 것이라는 점을 언급한다.73)

Ⅳ. 결어

이 글에서는 독일 채권법 대개정의 계기가 된 정부초안을 중심으로 CISG가 독일민법 개정에 미친 영향에 대하여 살펴보았다. 정부초안은 규정의 체계나 내용뿐만 아니라 용어에 있어서도 CISG의 규정을 대폭 채용한 채무법 개정위원회의 접근법을 거의 그대로 따랐다. 그리고 정부초안의 개정이유서는 각각의 개정 규정에서 CISG의 규정을 어느 정도로 고려하였는지 명시하고 있다. 물론 독일 채무법 개혁 시 UNIDROIT 원칙, 유럽계약법원칙 등 다른 법원칙들도 참고가 되었으나, CISG가 가장 큰 모범(Vorbild) 중 하나였다는 사실은 개정이유서를 통해 분명히 드러난다.

독일 채권법 대개정의 핵심은, CISG의 모델과 같이 통합적인 급부장애의 책임요건을 창설하는 것(정부초안 제280조)과 하나의 통일적인 해제요건(정부초안 제323조)을 규정한 것이다. 특히 채무불이행 시 채권자가 채무자에게 채무이행을 위한 적정한 유예기간을 부여한 경우에만 계약해제를 가능하게 함으로써, '이행우선의 원칙'(Prinzip des Vorrangs der Erfüllung)을 명시하였다. 독일은

---

72) BGB-RE § 323 Rücktritt wegen nicht oder nicht vertragsgemäß erbrachter Leistung
    (3) Der Gläubiger kann bereits vor dem Eintritt der Fälligkeit der Leistung zurücktreten, wenn
        offensichtlich ist, dass die Voraussetzungen des Rücktritts eintreten werden.
    [국역] 정부초안 제323조(급부의 불이행 또는 계약에 좇지 아니한 이행으로 인한 해제)
    (3) 채권자는 해제의 요건이 충족됨이 명백한 경우에는 급부의 이행기가 도래하기 전이라도 계약
        을 해제할 수 있다.
73) BT-Drs. 14/6040, S. 186.

EU 소비재매매지침의 국내 이행을 계기로 단지 지침의 내용만을 국내법에 반영하는 소해결방안(kleine Lösung)이 아니라, 채무불이행법(일반급부장애법), 소멸시효법, 매매 및 도급계약법 전반의 규정을 대폭 정비하는 이른바 대해결방안(große Lösung)을 채택하였다.

　독일 채권법 대개정의 결과에 대해서는 여러 가지 평가가 있으나, 최소한 구 독일민법에 비하여 복잡성과 그로 인한 불명료성이 감소되었다는 점에는 큰 이견이 없다. 독일의 사회학자 니클라스 루만(Niklas Luhmann)에 따르면, 법은 하나의 자기생산적 체계(自己生産的 體系, autopoietisches System)[74]이며, 체계는 환경(Umwelt)의 복잡성이 감축(Reduktion von Komplexität)되어 창발하는 것이다. 독일 채무법 대개정은, 법이 사회적 체계로써 기능하고 적응성을 유지하기 위해서는 법현실의 복잡성을 감축하는 전략을 끊임없이 고민해 나가야 함을 보여주는 하나의 實例이다.

---

74) 법체계는 외부로부터 정보를 받아들이지만, 그 체계를 구성하는 요소들을 스스로 생산해 내며, 고유한 체계논리에 따라, 즉 자기준거적(自己準據的, selbstreferenziell)으로 작동한다.

— 참고문헌 —

1. 국내문헌

김대경, "해제요건에 관한 비교법적 고찰 -독일 민법(BGB)을 중심으로-", 국제법무 제11
        집 제2호, 제주대학교 법과정책연구원, 2019
김형배, "개정독일채권법의 현대적 의의", 민사법학 제23호, 한국민사법학회, 2003
미하엘 쾨스터[김재형 역], "獨逸의 債權法改正", 서울대학교 法學 제42권 제1호, 서울대학
        교 법학연구소, 2001
박규용, "해제의 효과에 관한 독일민법의 발전", 법학연구 제29집, 한국법학회, 2008
성승현, "급부장애법 발전에 관한 비교법사학적 고찰", 법학논총 제33집 제3호, 전남대학교
        법학연구소, 2013
이병준, "독일 채권법개정과 우리 민법개정 -일반채무불이행법상 불능으로 인한 급부의무
        의 소멸을 중심으로-", 민사법학 제28호, 한국민사법학회, 2005

2. 국외문헌

Entwurf eines Gesetzes zur Modernisierung des Schuldrechts (BT-Drs. 14/6040), 2001
Vogg, Dominic-Alexander Peter, Die Leistungsstörungsrechte des BGB, der CISG, der
        Principles und des DCFR im Vergleich, Diss. Hamburg 2011

독립적 은행보증에 있어 "연장지급선택부청구 (Extend or Pay)"에 관하여

― 최근 우리 법원의 판단을 중심으로 ―

채동헌*

I. 들어가면서

국제적 계약에 대한 이행의 보장이나 자금의 결제수단에 있어 가장 중요한 수단 중의 하나가 "독립적 은행보증(first demand bank guarantee, independent bank guarantee)"이다. 실무적으로는 "청구보증(demand guarantee)"이라고도 하는데,1) 이는 기본적으로 실제의 원인거래와 그에 대한 보증과 결제를 위한 금융거래를 독립적으로 분리하는 독특한 국제거래상의 보증제도로서, 현재 우리의 민법상으로는 이에 상응하는 제도가 없고, 관련된 법규도 없다.

국제거래에서 독립적 은행보증의 가장 기본적이고 원칙적인 목적은 무역거래, 혹은 국제건설계약 관련 거래 등 원인거래로부터 해당 계약의 당사자들 사이에 발생할 수 있는 각종 법률적 위험으로부터 금융거래를 단절하고, 해당 원인거래상의 금융거래에 대한 결제에 개입하는 금융기관의 위치를 보호하기 위한 것으로 이해된다. 이러한 독립적 은행보증에 있어 보증금의 지급청구와 관련하여, 매우 독특한 것은 일반적 청구방식 이외에 "연장지급선택부청구(Extend or Pay)"[이하 용어의 통일을 위하여 단순히 "Extend or Pay"라고 한다]라는 조건부 청구를 인정하고 있는 것이다. 그리고 이러한 청구의 방식과 그 요건, 법률적 효력에 대한 법률적 해석에는 많은 자료가 없고 법원의 해석도 거의 없어 실무상 혼선이 존재하여 왔다. 이 글에서는 최근 우리 대법원과

---

* 법률사무소 BLP 대표변호사

1) 이 글의 범위에서 독립적 은행보증과 청구보증은 동일한 개념으로 사용하고자 하고, URDG가 적용되는 범위에서는 "청구보증"으로, 그 외 일반론적인 언급에서는 "독립적 은행보증"이라는 용어를 쓰고자 한다.

서울고등법원에서 선고된 판결을 중심으로 "Extend or Pay"에 대한 법리를 검
토하고자 한다.

Ⅱ. 독립적 은행보증(independent bank guarantee) 일반론

1. 독립적 은행보증의 개념

가. 독립적 은행보증은 국제거래와 은행실무상 국제상업회의소(International
Chamber of Commerce: ICC) 은행기술실무위원회(Commission on Banking
Technique and Practice)(이하 "ICC Banking Commission"이라 한다)가 만들어 시행
중인 국제규범으로서, 『청구보증통일규칙 758』(Uniform Rules for Demand
Guarantees: URDG 758)[2])이 적용되는 범위에서 주로 "청구보증(Demand
Guarantee)"으로 불리고, 그 기본적 법리와 거래의 구조는 동일한 것이다. "독
립적 은행보증" 또는 "청구보증"은 일반적으로 지급청구서 및 기타 보증서에
명시된 서류를 보증의 유효기간 내에 보증조건에 일치하게 제시하여 지급청구
를 하면 수익자에게 일정한 금액을 지급하겠다는 보증인의 지급약속으로서,
"수익자에 대한 보증인의 조건부 금전지급약속"으로 설명되고 있다.[3])

URDG가 적용되는 청구보증과 관련하여, 일반적 의미의 "보증"은, 흔히
기초계약상 채무자의 채무이행에 대한 담보를 제공하고, 기초계약상 수익자의
손해를 전보하는 것을 목적으로 한다는 점에서 2차적이지만, "청구보증"은 보
증신청인과 수익자 사이의 기초계약으로부터 독립된 독자적인 지급약속

---

2) 독립적 은행보증에 대한 『청구보증통일규칙 758』(URDG 758)은, 국제상업회의소(ICC)가 청구보
증(demand guarantee)에 대한 대표적 적용규범으로서 기존의 URDG 458을 대체하여 2009. 12.
ICC 간행물 제758호로 만든 것으로서 2010. 7. 1.부터 시행되고 있다. ICC Banking Commission에
서 "ICC Task Force on Guarantees" 명의로 발행한 2012. 7. 1.자 "The URDG Newsletter"에 의
하면, 종전에 청구보증의 일반 규칙으로서 ICC가 제공한 URDG 458이 그리 넓게 사용되지 못한
것에 비하여, URDG 758은 청구보증의 일반규칙으로서 상당한 성공을 거두고 있는 것으로 보인
다. UN의 Commission on International Trade Law는 2011. 7. 5. 총회에서 URDG 758을 정식으
로 승인(endorse)하였으며, 2012. 3. 14. International Federation of Consulting Engineers는 자신
들의 모델 guarantee form에 URDG 758을 적용하기로 했고, World Bank도 2012. 6. 26. 그들의
Procurement Division의 모델 guarantee form에 역시 URDG 758을 적용하기로 하였으며, 그 외
심지어 OHADA(the Organization for the Harmonisation of Business Law in Africa) 등에 의하
여 채택되어 16개 국가에서는 입법화까지 되어 현재 시행중에 있다고 한다.; ICC Task Force on
Guarantees, "The URDG Newsletter 1 July 2012", ICC Banking Commission Publication, 1면
3) URDG 758 제2조.

(promise of payment)으로서, 보증인과 수익자 사이의 1차적 약속(primary under-taking)으로 구성되어 있고, 원인관계의 이행은 1차적으로 보증신청인(원채무자)이 하여야 하고, 보증신청인이 불이행을 하는 경우에 한하여 비로소 지급청구를 할 수 있게 되는 것으로 의도되어 있지만, 청구보증은 그 형식상 기초계약상의 불이행과 연결되어 있지 않고, 지급청구서가 조건에 맞게 제시된 경우에는 그 지급이 이루어진다는 점에 그 가장 큰 특징이 있다고 설명된다.[4]

2. 국제거래에서의 "은행보증"에 대한 적용규범

독립적 은행보증, 청구보증에 대한 대표적 적용규범은 ICC Banking Commission 가 1991년에 제정한 『청구보증통일규칙』(Uniform Rules for Demand Guarantees: URDG 458)이 있었는데, 앞서 언급한 바와 같이 이 규칙이 개정되어 2009. 12. ICC 간행물 제758호 URDG 758로 공표되었고, 2010. 7. 1.부터 시행되고 있다. URDG 458 혹은 그 이후의 URDG 758의 경우, 이는 그 자체가 법규적 성격을 가진 것이 아니라, 임의적 적용을 전제로 한 자치규범이고, 기본적으로 신용장통일규칙(Uniform Customs and Practice for Documentary Credits: UCP, 이하 "UCP"라 한다)이 적용되는 보증신용장의 경우에도 마찬가지이다.

원래 독립적 은행보증의 가장 원론적 기능을 하기 위하여 만들어진 제도가 바로 "보증신용장(Standby Letters of Credit)"이다. 즉, 보증신용장은 물품에 대한 국제거래상의 결제를 위하여 탄생한 (화환) 신용장의 구체적 기능을 그대로 활용하여 물품거래가 아닌 국제거래상의 보증에 활용하면서 만들어진 제도로서 원칙적으로는 대부분 신용장통일규칙(UCP), 현재는 제6차 개정 신용장통일규칙(UCP 600)이 적용된다. 그러나, 이러한 UCP는 상업신용장으로서의 화환거래를 전제로 한 것으로 화물의 특정과 운송을 전제로 하는 규정 등 보증신용장에는 그 성격상 적용될 수 없는 규정들도 다수 있어 여러 가지 문제를 안게 되었다.

미국에서는 은행이 "guarantee"(보증)를 발행하는 것이 법적으로 허용되지 않기 때문에[5], 그러한 용어 대신에 "standby credit"(보증신용장)이라는 용어가

---

4) 대한상공회의소·ICC Korea, "ICC 청구보증통일규칙(ICC Uniform Rules for Demand Guarantees 2010 Revision), 대한상공회의소(2010), 11면.
5) 1933년의 Glass-Steagall Act에 따라 미국 은행은 상업은행과 투자은행으로 구분되었고, 상업은행은 보증서 발행이 금지되었다. 이 법이 1999년 폐지되었으나 2007년의 미국 금융위기로 2010년 3

채택되었다고 설명되기도 한다. 미국의 경우, 상업은행이 보증을 발행할 수 없
었던 경위로 보증신용장이 독립적 이행보증의 일반적 형태로 사용되면서,
Institute of International Banking Law & Practice(IIBLP)에 의하여 1998년 "보
증신용장통일규칙(International Standby Practices: ISP 98)"이라는 새로운 규칙을
제정하였고, ISP 98은 URDG 758 이전에는 청구보증 및 이행보증 등 독립적
보증의 법리에 대하여 가장 상세한 규정을 두고 있는 것으로서 미국을 중심으
로 널리 사용되고 있고,6) 이러한 보증신용장의 경우에도 기본적으로 청구보증
의 법률관계에 대한 해석론이 적용될 수 있다.7)

3. 독립적 은행보증의 법률관계 개요8)

가. 직접보증(3자보증)

(1) 직접보증(direct guarantee)은 기초계약의 당사자인 채무자(매도인, 공급
자, 수주자)가 지시당사자(instructing party)로서 자신의 채무의 이행을 담보할 목
적으로 보증인(guarantor)에게 보증의 발행을 의뢰함에 따라[대부분의 경우, 보증
의뢰인(보증신청인)], 보증인이 기초계약의 상대방인 채권자(매수인 또는 발주자)
를 수익자(beneficiary)로 하여 보증을 발행하는 경우와 같이, 지시당사자의 의
뢰에 따라 보증인에 의하여 수익자에게 발행되는 형태의 보증으로서, 3 당사
자가 등장하므로 직접보증은 3자보증(three-party guarantee)이라 한다.

월 Volcker Rule에 따라 미국은행은 다시 상업은행과 투자은행으로 구분되고 있어, 상업은행은 보
증서를 발행할 수 없게 되었다. 대한상공회의소·ICC Korea, "ICC 청구보증통일규칙(ICC Uniform
Rules for Demand Guarantees 2010 Revision), 12면.

6) ISP 98은 ICC Banking Commission에 의하여도 승인되었고, ICC Publication No. 590으로 발행되
었다.

7) URDG 758에 대한 ICC 공식 Commentary에서는, 이 점과 관련하여, 보증신용장의 경우에도 기술
적으로 URDG의 적용가능 범위 안에 있지만, 보증신용장의 개설인들은 만약 그들이 진행하고자 하
는 거래의 메카니즘이 화환신용장(documentary credits)의 시스템에 보다 유사할 경우에는, 통상
신용장통일규칙(UCP) 이나 ISP 98을 해당 보증신용장에 적용하는 것이 보다 편리하고 만족스러울
것이라고 설명하고 있다.; Georges Affaki & Roy Goode, *"Guide to ICC Uniform Rules for
Demand Guarantees URDG 758"*, 193면(1.4) 참조; 1995년 UN은 『독립보증과 보증신용장에 관
한 협약』(Convention on Independent Guarantees and Stand-by Letters of Credit)을 제정하였
고, 이 협약은 2000. 1. 1. 발효되었으나, 2008년 9월 기준 체약국은 총 8개국으로서 사실상 널리
사용되고 있지는 않다.

8) 이 부분은 대한상공회의소·ICC Korea, "ICC 청구보증통일규칙(ICC Uniform Rules for Demand
Guarantees 2010 Revision), 15-23면의 설명을 요약하여 기재한다.

직접보증(3자 보증)의 개요[9]

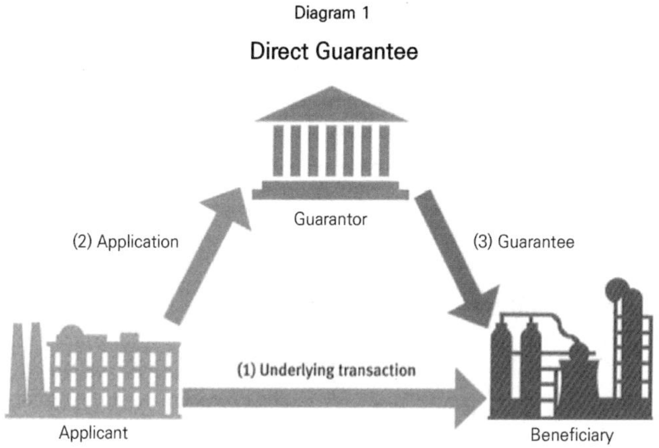

Diagram 1

Direct Guarantee

(2) 보증신청인과 수익자는 기초계약(underlying contract)의 양당사자이다. 보증은 기초계약에 의하여 발행되지만 보증상 보증신청인과 수익자는 직접적인 관계에 있지 않고, 보증신청인이 보증인에게 보증을 신청하는 것은 기초계약에 따른 그의 의무를 이행하는 것에 불과하며, 보증이 발행되었더라도 보증신청인의 기초계약상의 의무는 여전히 남으며, 보증인이 부당하게 보증상 지급을 불이행하는 경우에 수익자는 보증신청인에게 기초계약상 책임을 물을 수 있다. 반대로 보증신청인은 수익자가 기초계약상 계약불이행이 없었음에도 보증상 지급을 청구하거나 과다하게 지급청구를 하여 보증금을 수령하였다면, 기초계약상 수익자에게 그 반환을 청구할 수 있다.[10]

(3) 지시당사자와 보증인 사이에는 보증의뢰계약이 체결되며, 이는 위임계약의 성격을 갖는다.[11] 수익자에게 보증금을 지급한 보증인은 지시당사자에 대하여 상환청구권을 갖는다. 지시당사자의 상환의무는 기초계약상의 분쟁 또는 항변과는 무관하게 발생하지만 보증인이 지시당사자의 보증에 관한 지시를 이행하였음을 전제로 한다.[12] 그리고, 보증인과 수익자는 보증의 양당사자로

---

9) 이 그림은 직접보증(3자 보증)에 대한 ICC 공식설명 책자에서 인용한 것이다. Georges Affaki & Roy Goode, "Guide to ICC Uniform Rules for Demand Guarantees URDG 758", International Chamber of Commerce, ICC Publication No. 702E, 1면.

10) 대한상공회의소·ICC Korea, "ICC 청구보증통일규칙(ICC Uniform Rules for Demand Guarantees 2010 Revision), 24-26면 부분을 정리한 것이다.

11) 대법원 1994. 12. 9. 선고, 93다43873 판결.

12) 대한상공회의소·ICC Korea, "ICC 청구보증통일규칙(ICC Uniform Rules for Demand Guarantees 2010

서, 보증인은 수익자에 대하여 일방적인 지급확약을 하며, 그에 따라 수익자는 보증인에 대하여 보증상 지급청구권을 가지며, 보증인은 수익자에 대하여 일치하는 지급청구에 대한 지급의무를 부담한다. 보증의 독립성과 서류성에 따라 보증인은 보증 자체에 기한 항변을 주장할 수 있을 뿐이고, 특히 보증신청인과 수익자 사이의 기초계약을 포함한 여타 계약에 기한 항변을 주장할 수 없다.[13]

나. 간접보증(4자보증)

(1) 수익자가 자신이 거래하는 은행으로부터 보증을 받기 원하는 경우 보증은 간접보증(indirect guarantee)의 형태로 발행된다. 이 경우, 지시당사자는 자국의 은행(구상보증인)을 통하여 해외에 있는 은행(보증인)으로 하여금 수익자를 위하여 보증을 발행하도록 하는데, 간접보증은 4 당사자가 개입되는 구조를 취하여 이른바 "4자보증"이라 한다.

간접보증(4자 보증)의 개요[14]

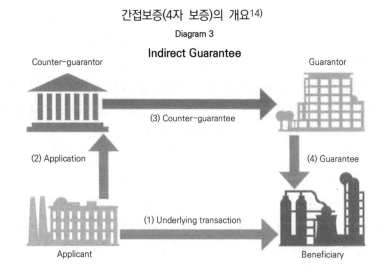

Diagram 3

Indirect Guarantee

Revision), 24-26면 부분을 정리한 것이다.

13) 대한상공회의소·ICC Korea, "ICC 청구보증통일규칙(ICC Uniform Rules for Demand Guarantees 2010 Revision), 24-26면 부분을 정리한 것이다.

14) 이 그림은 간접보증(4자 보증)에 대한 ICC 공식설명 책자에서 인용한 것이다. Georges Affaki & Roy Goode, "Guide to ICC Uniform Rules for Demand Guarantees URDG 758", 13면.

(2) 수익자가 자국의 은행이 발행한 보증을 요구하는데 지시당사자가 수익자 국가에 거래은행이 없을 경우, 지시당사자는 수익자 국가에 있는 현지은행으로 하여금 보증을 발행하도록 조처할 것을 그의 거래은행에게 지시한다. 그에 따라 지시당사자의 거래은행은 구상보증인으로서 수익자 국가의 은행에게 보증을 발행하도록 지시하면서 그 은행을 위하여 구상보증(counter-guarantee)을 발행한다. 구상보증인으로부터 그러한 지시를 받은 동 은행은 그에 따라 보증인으로서 수익자에게 보증을 발행한다.

다. 구상보증

직접보증에서는 하나의 보증이 발행되지만, 간접보증에서는 보증인이 수익자에게 발행하는 보증 외에도 구상보증인에 의하여 보증인(구상보증의 수익자)에게 구상보증도 발행되고, 구상보증은 구상보증인이 보증인을 그 수익자로 하여 발행하는 보증이며, 구상보증도 청구보증의 형태로 발행되고 그 법적 성격은 원보증과 마찬가지로 독립보증이다. 일반적으로 구상보증은 2가지 점에서 원보증과는 다른 역할을 수행하게 된다.

첫째, 원보증은 기초계약상 지시당사자(채무자)의 "불이행"이 있는 경우에 지급청구를 하는 것으로 의도되어 있는 데 반하여, 구상보증은 보증은행이 수임인으로서의 자신의 의무를 "이행"한 경우에 지급청구를 하는 것으로 의도되어 있어서 지급청구시에 제시되는 보강서류(supporting document)가 필요한 경우에도 그 내용이 다르다는 점을 지적할 수 있다. 둘째, 원보증은 보증은행(보증인)이 타인(기초계약상 채무자인 지시당사자)의 채무에 관련되어 발행되는 데 반하여, 구상보증은 구상보증인 자신의 채무, 즉, 구상보증인이 위임인으로서 수임인인 보증은행(구상보증의 수익자)에 대하여 부담하는 상환의무에 관련되어 발행되는 것이라는 점을 유의할 필요가 있다. 따라서 구상보증금의 지급은 구상보증인(위임인)의 보증은행에 대한 원보증상 상환의무를 소멸시키게 된다.[15]

---

15) 대한상공회의소·ICC Korea, "ICC 청구보증통일규칙(ICC Uniform Rules for Demand Guarantees 2010 Revision), 12면.

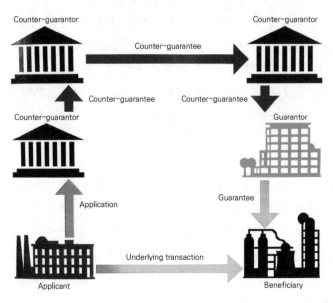

구상보증의 개요16)

A chain of counter-guarantees

4. 독립적 은행보증의 독립추상성의 원칙

신용장통일규칙(UCP 600)은 제4조에서 "신용장은 그 본질상 그 기초가 되는 매매 또는 다른 계약과는 별개의 거래이다. 신용장에 그러한 계약에 대한 언급이 있더라도 은행은 그 계약과 아무런 관련이 없고, 또한 그 계약 내용에 구속되지 않는다."고 신용장 거래에 있어 독립추상성의 원칙을 규정하고 있는데,17) 이와 같은 원인거래와 신용장 거래를 차단하는 독립추상성의 원칙은 독립적 은행보증의 경우에도 같은 법리가 적용되는데, 대법원도 대법원 2014. 8. 26. 선고 2013다53700 판결 등에서 "독립적 은행보증의 보증인으로서는 수익자의 청구가 있기만 하면 보증의뢰인이 수익자에 대한 관계에서 채무불이행책임을 부담하게 되는지 여부를 불문하고 그 보증서에 기재된 금액을 지급할 의무가 있으며, 이 점에서 독립적 은행보증에서는 수익자와 보증의뢰인 사이의

---

16) 이 그림은 간접보증(4자 보증)에서 구상보증으로 연결된 은행보증에 대한 ICC 공식설명 책자에서 인용한 것이다. Georges Affaki & Roy Goode, "Guide to ICC Uniform Rules for Demand Guarantees URDG 758", 215면

17) 대법원도 신용장 거래의 가장 기본적 원칙으로서 독립추상성의 원칙에 대하여 대법원 2003. 10. 9. 선고 2002다2249 판결 등 다수의 판결에서 언급하고 있다.

원인관계와는 단절되는 추상성 및 무인성이 있다."고 판시하고 있다.

URDG 758은 제5조 a항도 URDG가 적용되는 청구보증에 있어 독립추상성의 원칙과 관련된 규정을 두고 있다. 특이한 것은 신용장 거래에 대한 독립추상성의 원칙이 통일적으로 전 거래를 규범적으로 통제하는 것과 달리 독립적 은행보증에서 구상보증의 법률관계가 존재하는 간접보증의 경우에는 별도의 독립추상성의 원칙이 존재한다는 것이다.[18] 간접보증(4자보증)의 경우에 구상보증은 보증으로부터 독립되고,[19] 구상보증상 보증인의 지급청구가 "일치하는 지급청구"에 해당한다면,[20] 구상보증인은 보증인이 원보증상 수익자로부터 실제로 지급청구를 받았는지 여부나, 수익자에게 보증금을 지급하였는지 여부, 그 지급이 정당한 것이었는지 여부를 불문하고 보증인에게 구상보증상 지급을 하여야 한다. 또한 구상보증은 원칙적으로 구상보증인과 보증인 사이에 존재하는 별개의 계약관계인 위임관계로부터도 독립된다.[21] 이러한 의미에서 구상보증은 2중적 독립성(double autonomy)을 갖는다.[22]

5. 독립적 은행보증에서 준거법(Governing law)

신용장통일규칙과는 달리 URDG 758 제34조는 명시적으로 국제적으로 발행되는 보증과 구상보증의 준거법을 규정하고 있는데, URDG 758 제34조 a항은, "보증에서 달리 규정되지 아니한 경우에, 보증의 준거법은 보증을 발행한 보증인의 지점 또는 영업소가 소재한 장소의 법으로 한다."고 규정하고 있고, 제34조 b항은, "구상보증에서 달리 규정되지 아니한 경우에, 구상보증의 준거법은 구상보증을 발행한 구상보증인의 지점 또는 영업소가 소재한 장소의 법으로 한다."고 규정하고 있다.[23] 이는 대체로 당해 계약관계에서 특징적 이행

---

18) 구상보증의 2중적 독립성에 대하여, URDG 758은 제5조 b항 참조
19) 이는 보증이 보증신청인과 수익자 사이의 기초관계로부터 독립되는 것과 마찬가지다. 사실 "구상보증"에 있어서는 "보증"(즉, 원보증)이 그 구상보증의 기초관계에 해당하기 때문이다.
20) 보증인은 구상보증의 수익자로서 구상보증인에게 지급청구를 한다.
21) 원보증에 관하여, 구상보증인과 보증인은 위임관계에 있다. 따라서 구상보증인과 (원)보증인 사이에는 2가지 법률관계가 병존한다. 그 하나는 구상보증상 보증인-수익자 관계이고, 다른 하나는 (원)보증에 관란 위임인-수임인 관계이다.
22) 대한상공회의소·ICC Korea, "ICC 청구보증통일규칙(ICC Uniform Rules for Demand Guarantees 2010 Revision), 124면.
23) 당해 보증과 구상보증에서 준거법에 관하여 약정하지 않은 경우에, 그 보증의 준거법과 구상보증의 준거법이 상이한 국가의 법일 수 있다. 보증과 구상보증은 서로 독립된 별개의 것이기 때문이다. 이러한 결과를 원하지 않은 경우에 당사자들은 당해 보증과 구상보증에서 준거법조항을 두어

을 하는 당사자가 소재하는 국가의 법이 준거법으로 지정된다는 규칙을 채택한 것으로 이해되며, 이러한 규칙은 계약의 준거법 내지 채권의 준거법에 관하여 현재 가장 대표적인 원칙이라 할 수 있다. 만약 보증인이 복수의 국가에 영업소를 가지고 있는 때에는, 당해 보증을 발행한 지점(支店, branch)이 소재한 국가의 법이 준거법이 된다. 이 규정은 URDG 758의 계약적 성격에 따라 보증관계의 당사자간에 계약적 성격을 갖게 되며, 당해 보증이나 구상보증에서 준거법에 관하여 달리 명시하지 않은 경우에 적용된다.

Ⅲ. Extend or Pay

1. Extend or Pay의 개념

보증신용장 또는 은행보증에서 "Extend or Pay"는, 보증신용장 또는 은행보증에서 만기전에 보증상의 수익자 혹은 간접보증상 수익자 지위에 있는 은행이 보증인 지위에 있는 은행에 대하여 "해당 보증서의 보증기간을 연장하여 주든지, 아니면 본 청구를 만기에 있어 적법한 지급청구로 보고 만기에 해당 보증금을 지급하라"는 취지의 "조건부 의사표시"이고,[24] 이는 전세계 은행보증의 법률관계에서 거의 대부분을 차지하는 일반적 청구형태로서, UNCITRAL (유엔 국제상거래법위원회)의 한 조사에 따르면, 보증에 대한 지급청구 중 90% 이상이 Extend or Pay 방식의 지급청구라고 한다.[25]

2. Extend or Pay 청구의 특성

국제거래에서의 은행보증 또는 보증신용장은 대부분 장기간의 건설 및 선박 등의 프로젝트에서 이행과 관련된 법률관계를 담보하는 역할을 하는 경우

두 준거법이 동일하게 할 수 있다.; 대한상공회의소·ICC Korea, "ICC 청구보증통일규칙(ICC Uniform Rules for Demand Guarantees 2010 Revision), 214면.

24) Extend or Pay 관련 일반적 설명은, IIBLP, Timely Presentation of Document(Extend or Pay 설명부분 104면 이하); Roy Goode, New Developments in the Law of Credit Enhancement: Domestic and International – "ABSTRACT PAYMENT UNDERTAKINGS IN INTERNATIONAL TRANSACTIONS", 22 Brook. J. Int'l L. 1(Extend or Pay 설명부분 8면 이하); Eric E. Bergsten, "A NEW REGIME FOR INTERNATIONAL INDEPENDENT GUARANTEES AND STAND-BY LETTERS OF CREDIT: THE UNCITRAL DRAFT CONVENTION ON GUARANTY LETTERS", 27 Int'l Law. 859(Extend or Pay 설명부분 9면 이하) 각 참조.

25) 지정준/정용혁, "청구보증통일규칙 실무가이드", 한국금융연수원(2012), 142면.

가 많은데, 이러한 은행보증에서의 만기에서의 청구에 대하여 만약 해당 계약 상의 원인관계 자체가 완전 파탄에 이르러 더 이상 추가적인 이행이나 법률관 계를 기대할 가능성이 없는 경우가 아니라면 대부분의 계약 당사자들은 좀 더 시간이 걸리더라도 아직 이행이 완료되지 아니한 부분에 대한 이행을 요청하 고 강제하든지, 혹은 그 이행에 대한 추가적인 협상에 나서고자 하는 경우가 대부분이고, 이러한 상황은 그 당시 상황을 기준으로 보기에는 명확하게 "불 이행" 상태가 맞지만, 이러한 불이행 상태를 계약 당사자들이 건설적이고 창 의적으로 극복하기 위한 방편으로서 보증기간의 연장 또는 만기 지급을 보증 인이 선택하라고 하는 "Extend or Pay" 제도를 활용하게 되는 것이다.[26]

　　Extend or Pay가 실무상 빈번하게 발생하게 되는 이유는, ① 수익자 입장 에서 지급청구에 추가해서 만료의 연장을 요구하여 보증기간이 연장되는 경우 기대되는 이익이 단순히 지급청구를 함으로써 보상받는 것보다 크다고 판단하 는 경우가 많기 때문으로서, 이는 수익자가 기초관계에게 채무를 불이행하는 금액보다 보증에 따른 보상금액이 적은 경우가 일반적인 것에 기인하고, 일반 적으로 수익자는 보증상의 단순한 지급청구보다도 보증기간의 연장이 이루어 짐으로써 수익자가 기초관계상 자신의 주채무를 이행할 수 있도록 유도하는 것이 더 유리한 경우가 많다는 점, ② 수익자가 지급청구에 대한 최종결정을 하지 못했으나, 보증의 만료일이 임박한 경우 시간을 연장할 필요가 있고, 보 증의 만료일이 임박하여 수익자는 Extend or Pay 방식의 지급청구를 하는 경 우 늦어도 만료일 이전에 지급청구를 하여야 하며, 통상 만료일로부터 1개월 이전에 청구하는 것이 당사자간에 합리적인 시간을 가질 수 있다는 점, ③ 수 익자와 기초관계상의 거래 상대방인 보증신청인이 지급청구보다는 Extend or Pay 방식을 통한 만료일 연장을 선호하는 상황을 수익자가 존중해서 결정하는 경우라는 점으로 설명된다.[27]

　　실무적으로 Extend or Pay의 의미는 수익자가 보증인에게 일치하는 지급 청구를 하면서 지급요청 또는 일정 기간 보증을 연장할 수 있는 선택권을 주 는 선택적 지급청구를 의미하고, 수익자가 "연장(extend) 또는 지급(pay)"의 선 택적 지급 청구를 요청하면 보증인은 요청된 기간까지 만기를 연장하거나 아

---

26) Roeland F. Bertrams, Bank Guarantees in International Trade 4th Edition, Wolters Kluwer, 2013, 245면.
27) 지정준/정용혁, "청구보증통일규칙 실무가이드", 142–143면.

니면 연장 요청을 거절하고 지급을 할 수도 있으며, 특히 이행보증의 경우 상
업신용장과 달리 보증신청인이 기초관계의 의무이행을 하지 않는 경우에 대비
하여 일정 비율(대개 5~10%)에 대해서만 보증이 개설되므로 보증신청인이 기
초관계의 의무를 이행하지 않으면 수익자에게 상당한 악영향을 끼치게 되므
로 보증의 수익자는 보증대금을 직접 청구하는 것보다 일정 기간 보증 기간을
연장하면서 보증신청인이 기초관계의 계약을 이행하길 원하고, 그 이유에서
수익자는 직접적인 보증금 청구보다는 "연장(extend) 또는 지급(pay)"의 선택
적 지급청구를 하면서 보증신청인이 기초관계의 의무를 이행할 수 있도록 압
력을 행사하게 되는 것이다.[28]

　　이러한 Extend or Pay의 의사표시 자체는, 단순하게 상대방에 대하여 보
증기간의 연장이나 보증금액의 지급을 구하는 것이 아니라, 이러한 선택적 청
구의 전제로서 "보증기간의 연장"이라고 하는 의사표시 자체가 분명하고도 명
확하게 "아직 원인관계의 채무자 이행이 완료되지 않았거나 불이행 상태에 있
다"는 의사표시를 내포하고 있는 것으로서, 이는 그 자체로서 채무자의 불이
행에 대한 진술을 내포하고 있는 것이라고 보아야 하는 것이 아닌가 하는 문
제가 제기되고, 여기서 후술하는 바와 같이 적용규범에 따라 채무자의 불이행
진술이 별도로 필요한가의 문제가 생기게 된다.

3. Extend or Pay에 대한 국제규범

가. 청구보증통일규칙 758(Uniform Rules for Demand Guarantees: URDG 758)의 규정

　(1) 기존의 URDG 458은 Extend or Pay에 대하여 다음과 같은 규정을 두
고 있었다.

URDG 458
Article 26 Extend or pay
If the Beneficiary requests an extension of the validity of the Guarantee as an
alternative to a demand for payment submitted in accordance with the terms
and conditions of the Guarantee and these Rules, the Guarantor shall without

---

28) 지정준/정용혁, "청구보증통일규칙 실무가이드", 255면.

delay so inform the party who gave the guarantor his instructions. The Guarantor shall then suspend payment of the demand for such time as is reasonable to permit the Principal and the Beneficiary to reach agreement on the granting of such extension and for the Principal to arrange for such ex－tension to be issued.[수익자가 보증서의 조건과 본 규칙에 의거한 지급청구 대신 보증서 기한의 연장을 요구하면, 보증인은 지체 없이 보증인에게 지시당사자에게 이 사실을 통보한다. 그리고 보증인은 지급을 일정기간 유보하여 신청인과 수익자가 그러한 연장을 허용하기 위한 협의와 신청인이 그러한 연장을 신청할 수 있눈 필요한 시간을 허용한다.]

Unless an extension is granted within the time provided by the preceding paragraph, the Guarantor is obliged to pay the Beneficiary's conforming de－mand without requiring any further action on the Beneficiary's part. The Guarantor shall incur no liability (for interest or otherwise) should any pay－ment to the Beneficiary be delayed as a result of the above-mentioned procedure.[위 제공된 시간 내에 보증서의 연장이 허용되지 않으면, 수익자는 보증인은 수익자의 일치하는 지급청구에 대한 지급을 해야 할 의무가 있다. 위 절차에 의하여 수익자에 대한 지급이 지연되는 경우에도 보증인은 어떠한 책임(이자 등)도 부담하지 않는다.]

Even if the Principal agrees to or requests such extension, it shall not be granted unless the Guarantor and the Instructing Party or Parties also agree thereto.[신청인이 그러한 연장에 합의 또는 신청을 한다 하여도 보증인과 지시인이 이에 대하여 합의를 하지 않는 한 연장은 허용되지 않는다.]

(2) 현재의 URDG 758은 Extend or Pay에 대하여 다음과 같은 규정을 두고 있었다.

URDG 758
Article 23 Extend or pay
a. Where a complying demand includes, as an alternative, a request to extend the expiry, the guarantor may suspend payment for a period not exceeding 30 calendar days following its receipt of the demand.
b. Where, following such suspension, the guarantor makes a complying de－

mand under the counter-guarantee that includes, as an alternative, a re-
quest to extend the expiry, the counter-guarantor may suspend payment
for a period not exceeding four calendar days less than the period during
which payment of the demand under the guarantee was suspended.

c. The guarantor shall without delay inform the instructing party or, in the
case of a counter-guarantee, the counter-guarantor, of the period of sus-
pension of payment under the guarantee. The counter-guarantor shall then
inform the instructing party of such suspension and of any suspension of
payment under the counter-guarantee. Complying with this article satisfies
the information duty under article 16.

d. The demand for payment is deemed to be withdrawn if the period of ex-
tension requested in that demand or otherwise agreed by the party making
that demand is granted within the time provided under paragraph (a) or
(b) of this article. If no such period of extension is granted, the complying
demand shall be paid without the need to present any further demand.

e. The guarantor or counter-guarantor may refuse to grant any extension
even if instructed to do so and shall then pay.

f. The guarantor or counter-guarantor shall without delay inform the party
from whom it has received its instructions of its decision to extend under
paragraph (d) or to pay.

g. The guarantor and the counter-guarantor assume no liability for any pay-
ment suspended in accordance with this article.

[제23조 연장 또는 지급]

a. 일치하는 지급청구 내에서 만료의 연장을 선택적으로 요구하는 경우에, 보증인
은 그 지급청구를 수령한 다음날부터 달력상 30일을 초과하지 않는 기간 동안
지급을 정지할 수 있다.

b. 그러한 정지 이후에, 보증인이 구상보증상 일치하는 지급청구를 하고 그 지급
청구 내에서 만료의 연장을 선택적으로 요구하는 경우에, 구상보증인은 보증상
지급청구에 대한 지급이 정지된 기간에서 달력상 4일을 차감한 기간을 초과하
지 않는 기간동안 지급을 정지할 수 있다.

c. 보증인은 지시당사자에게, 또는 구상보증에서는 구상보증인에게, 보증상 지급
정지기간을 지체 없이 통지하여야 한다. 구상보증인은 그 후 지시당사자에게
그러한 정지의 사실과 구상보증상 지급정지의 사실을 통지하여야 한다. 본조를

준수하는 것은 제16조의 통지의무를 충족하는 것이 된다.

　d. 지급청구에서 요구한 기간연장이나 지급청구를 하는 당사자가 달리 동의한 기간연장이 본조 제a항이나 제b항에서 규정하는 기한 내에 허여된 경우에, 그 지급청구는 철회된 것으로 본다. 그러한 기간연장이 허여되지 아니하는 경우에는, 그 일치하는 지급청구에 대하여 지급이 이루어져야 하며 더 이상의 지급청구가 제시될 필요는 없다.

　e. 보증인이나 구상보증인은 설령 기간연장의 지시를 받았더라도 그러한 연장의 허여를 거절정할 수 있고, 그렇게 한 때에는 지급을 하여야 한다.

　f. 보증인이나 구상보증인은 제d항에 따라 연장하기로 하거나 지급하기로 한 자신의 결정을 자신에게 지시를 한 자에게 지체 없이 통지하여야 한다.

　g. 보증인과 구상보증인은 본조에 따라 정지된 지급에 대하여 어떠한 의무도 지지 아니한다.]

　(3) 현재의 URDG 758을 기준으로 Extend or Pay 규정을 상세하게 보면 다음과 같다.[29]

　(가) 보증인이 접수한 Extend or Pay 관련, 수익자가 일치하는 지급청구를 하면서 만료의 연장을 선택적으로 요구하는 경우 보증인은 그 지급청구 수령일의 다음 날부터 달력상 30일을 초과하지 않는 기간 동안 지급을 정지할 수 있다.예를 들면, 보증인이 수익자로부터 2012년 7월 1일 Extend or Pay 요청을 받았으면 보증인은 청구접수 다음 날인 7월 2일부터 7월 31일까지 지급을 정지할 수 있다. 하지만 보증인의 지급 기일은 7월 31일을 초과해서는 안 된다.

　(나) 구상보증인이 접수한 Extend or Pay 관련, 수익자로부터 Extend or Pay 요청을 받은 보증인은 구상보증인에게도 동일한 선택적 지급청구를 할 수 있다. 구상보증의 수익자로부터 선택적 지급청구를 받은 구상보증인은 보증상 지급청구에 대한 지급이 정지된 기간에서 달력상 4일을 차감한 기간을 초과하지 않는 기간 동안 지급을 정지할 수 있다. 예를 들면, 구상보증인이 구상보증의 수익자(보증인)로부터 Extend or Pay 요청을 받고 보증인이 자신이 지급을 유예할 수 있는 기일이 7월 31일이라고 구상보증인에게 알려주었으면, 구상보증인은 7월 31일에서 4일을 초과하지 않는 7월 27일까지 지급을 유예할 수 있다.

　(다) 지급정지기간 통보 의무 관련, ① 구상보증(counter-guarantee)이 발행

29) 지정준/정용혁, "청구보증통일규칙 실무가이드", 256-257면.

되지 않은 경우, 수익자로부터 Extend or Pay 요청을 받은 보증인은 지시당사
자에게 지체 없이 지급정지 기간을 통지하여야 하고, ② 구상보증(counter-
guarantee)이 발행된 경우, 수익자로부터 Extend or Pay 요청을 받은 보증인은
구상보증인에게 보증상 지급정지 기간을 지체 없이 통지하여야 하고, 구상보
증인은 그 후 지시당사자 또는 다른 구상보증인에게 보증 또는 구상보증상(구
상보증이 복수인 경우) 지급정지 사실과 구상보증상 지급 정지 기간을 알려주어
야 한다.

　(라) 지급청구의 철회 관련, 보증인이 수익자로부터 Extend or Pay 요청을
받은 후 그 요청서에 표시된 기간만큼 연장을 하면 수익자의 추가적인 지급청
구 철회 의사가 없어도 수익자의 지급청구는 철회된 것으로 간주된다. 하지만
요청서에 명시된 기간만큼 연장이 되지 않으면 보증인은 지급이 유예된 지급
정지 기간까지 지급을 해야 한다. 이 경우 수익자는 추가적인 지급청구의 제
시를 보증인에게 하지 않아도 된다.

　(마) 연장요청에 대한 보증인과 구상보증인의 거절권리 관련, 보증인 또는
구상보증인이 보증 또는 구상보증의 수익자로부터 Extend or Pay 요청을 받았
으나 그 연장요청에 동의하지 않는 경우, 그 지급청구가 일치하는 지급청구라
면 보증인 또는 구상보증인은 그 지급청구에 대해 지급해야 한다. 보증인이나
구상보증인이 반드시 수익자의 만기연장 요청에 동의할 의무는 없다. 연장 후
구상보증인 또는 지시당사자의 신용이 악화되어 수익자의 일치하는 지급청구
시 지급을 해야 하나 자신은 지시한 당사자로부터 상환을 받지 못할 가능성이
크다면 보증인 또는 구상보증인은 자신의 독자적인 결정으로 연장요청을 거절
할 수 있다.

　(바) 보증인 또는 구상보증인의 통보 의무 관련, 보증인이나 구상보증인이
Extend or Pay 요청을 받은 후 지급 또는 연장요청에 동의하여 연장을 하기로
결정하였다면 자신에게 지시한 당사자에게 자신이 결정한 내용을 지체없이 통
지하여야 한다. 보증인은 구상보증인(구상보증이 발행된 경우) 또는 지시당사자
에게, 구상보증인은 다른 구상보증인(구상보증인이 복수인 경우) 또는 지시당사
자에게 자신이 결정한 내용을 알려주어야 한다.

　(사) 보증인과 구상보증인의 면책 관련, 보증인과 구상보증인은 보조에 따
라 허용된 기간까지 정지된 지급으로 인해 발생하는 사건에 대해 어떠한 의무
도 부담하지 않는다. 보증인과 구상보증인이 이 조항에서 허용된 기간까지 지

급이 유예되어 최종 유예일에 지급을 받은 수익자가 급격한 환율변동으로 인한 손실과 같은 예상치 못한 피해를 입었다 하더라도 그 피해배상을 보증인과 구상보증인에게 청구할 수 없다.

나. 보증신용장통일규칙(International Standby Practices: ISP 98)의 규정

(1) ISP 98을 기준으로 Extend or Pay 규정은 다음과 같다.

ISP 98
Rule 3.09 Extend or pay
A beneficiary's request to extend the expiration date of the standby or, alternatively, to pay the amount available under it:

(a) is a presentation demanding payment under the standby, to be examined as such in accordance with these Rules; and

(b) implies that the beneficiary:

(i) consents to the amendment to extend the expiry date to the date requested;

(ii) requests the issuer to exercise its discretion to seek the approval of the applicant and to issue that amendment;

(iii) upon issuance of that amendment, retracts its demand for payment; and

(iv) consents to the maximum time available under these Rules for examination and notice of dishonour.

[제3.09조 연장 또는 지급
보증신용장의 만료일을 연기하든지 또는 대금을 지급할 것을 요구하는 수익자의 청구는

(a) 보증신용장상 지급을 청구하는 제시이며, 이 규칙에 따라 제시로서 심사되어야 한다. 그리고

(b) 다음을 의미한다.

(i) 수익자는 그 요구된 일자까지 만료일을 연기하는 조건변경에 동의한다.

(ii) 수익자는 발행인으로 하여금 그의 재량으로 개설의뢰인으로부터 승인을 구하고 그에 따라 보증신용장을 조건변경할 것을 개설인에게 요구한다.

(iii) 수익자는 조건변경이 있음과 동시에 자신의 지급청구를 철회한다. 그리고

(iv) 수익자는 심사 및 결제거절통지에 관하여 이 규칙상 허용되는 최대기간

에 동의한다.]

(2) 위 규정의 내용을 간단히 살펴보면 다음과 같다.

위 ISP 98 규정상 Extend or Pay는, 보증신용장에 대한 조건변경의 요청이자 보증신용장에 따른 지급제시로 이해되고, 심사기간은 ISP 98 제3.02조의 일반원칙에 따라 제시로 다루어져야 하고, 지급청구의 수령과 동시에 개시된다. 다만 위 규정은 발행인으로 하여금 유효기간의 연장에 대하여 개설의뢰인으로부터 동의를 구하기 위한 시간을 부여하기 위하여 발행인이 심사를 완료하고 결제거절통지를 하여야 하는 기간으로 ISP 98 제5.01조의 최대기간인 7일간의 은행영업일이 보장되어야 한다고 규정하고 있다. 발행인은 재량에 따라 Extend or Pay를 ISP 98상의 제시로 취급하여 심사를 할 수 있고, 보증신용장의 유효기간을 연장하는 조건변경을 구하기 위하여 개설의뢰인과 접촉할 필요가 없다.

조건변경에 의한 유효기간연장 절차 관련, 발행인이 Extend or Pay를 유효기간의 연장을 구하는 요청(즉, 조건변경요청)으로 선택한 경우, 발행인은 개설의뢰인의 동의를 구할 권리를 갖게 되며, 개설의뢰인이 동의하고 발행인도 그에 동의하는 경우 수익자의 동의는 존재하는 것으로 보게 된다. 그러한 동의에 따라 유효기간이 연장(조건변경)된 경우에, 동시에 수익자의 지급청구는 철회된 것으로 된다.

발행인의 동의 관련, 가사 개설의뢰인이 동의하더라도 발행인은 유효기간을 연장하는 조건변경에 대한 동의를 거절할 수 있고, 이 경우 조건변경통지가 있기 전에는 유효기간의 연장이 되지 않는다. 그리고, 위 규정은 해당 보증신용장의 유효기간을 연장시키지 않으므로 Extend or Pay의 다음 영업일로부터 7일간의 영업일(심사기간)이 경과하는 동안에 발행인이 유효기간의 연장을 허용하지 않은 경우, 보증신용장의 유효기간은 만료한 것으로 된다. 이러한 경우에 발행인은 당해 Extend or Pay가 일치하는 제시였다면 결제하여야 한다.

Ⅳ. 최근의 판결에 대한 검토[30]

1. 서울고등법원 2021. 1. 26. 선고 2019나2035191 판결 [원고 하나은행, 피고 무역보험공사(상고중)][31]

가. 사실관계

(1) 수출보증보험계약의 체결 및 보증신용장의 발행

1) 주식회사 신한(이하 '신한')은 2007. 9. 19. 리비아의 주택기반시설청 (Housing and Infrastructure Board, 이하 'HIB')과 사이에 리비아 트리폴리(Tripoli) 시에 5,000세대의 주택 및 기반 시설 등을 건설하는 공사계약(이하 '이 사건 제1 공사계약')을 체결하였다. 신한은 원고(변경 전 한국외환은행)에 발주처인 HIB로 부터 이 사건 제1공사계약에 따라 수령한 선수금(Advance Payment)의 환급 보증을 의뢰하였다. 원고의 보증을 위해 신한은 2008. 2. 21. 피고(변경 전 상호 한국수출보험공사)와 사이에 원고를 수익자로 하는 수출보증보험계약(이하 '이 사건 제1수출보증보험계약')을 체결하였고, 피고는 같은 날 원고에게 피보험자 원고, 보험금액 유로화 39,782,765유로, 보험기간 2008. 2. 21.부터 2011. 2. 21.까지로 한 수출보증보험증권(보증서)을 발행하였다.

이에 따라 원고는 2008. 2. 21. 수익자 '리비아 트리폴리 주택 및 공공시설 프로젝트 집행 관청(MESSRS HOUSING AND UTILITY PROJECTS EXECUTION AUTHORITY TRIPOLI-LIBYA)', 보증금액 유로화 39,782,765유로, 보증기간 2011. 1. 31.까지, 신용장통일규칙(UCP 600) 적용의 선수금환급에 관한 보증서(Stand-By Letter of Credit, 보증신용장)를 HIB의 거래은행인 사하라뱅크(Sahara Bank)에 발행하였다. 사하라뱅크는 그 무렵 수익자인 HIB에 위 보증신용장이 개설되었음을 통지(advise) 및 확인(confirmation)하였다.

2) 또한 신한은 2007. 12. 15. 리비아 행정센터개발기구(Organization for Development of Administrative Centres, 이하 'ODAC')와 사이에 리비아 자위야

---

30) 이 글에서 소개하는 2개의 판결은 본 필자가 은행측을 소송대리하였고, 그 중 서울고등법원의 판결은 현재 대법원에 상고 중인 상태라서 최대한 중립적 입장에서 쟁점만을 소개하여 보기로 한다.
31) 해당 사건에서는 권리남용의 여부가 다른 중요한 쟁점이었다. 법원은 피고의 권리남용 주장을 1심과 달리 받아들이지 않았는데, 이 부분 판시는 이 글의 쟁점과 무관하므로 일단 제외하였다.

(Zawiyah) 지역에 5,000세대의 주택 등을 건설하는 공사계약(이하 '이 사건 제2공사계약')을 체결하였다. 신한은 원고에 발주처인 ODAC로부터 이 사건 제2공사계약에 따라 수령한 선수금의 환급 보증을 의뢰하였다. 원고의 보증을 위해 신한은 2008. 2. 25. 피고와 사이에 원고를 수익자로 하는 수출보증보험계약(이하 '이 사건 제2수출보증보험계약')을 체결하였고, 피고는 2008. 2. 27. 원고에게 피보험자 원고, 보험금액 유로화 38,783,820유로, 보험기간 2008. 2. 27.부터 2011. 2. 27.까지로 한 수출보증보험증권(보증서)을 발행하였다.

이에 따라 원고는 2008. 2. 27. 수익자 '리비아 행정센터개발기구(MESSRS ORGANIZATION FOR DEVELOPMENT OF ADMINISTRATIVE CENTRES)', 보증금액 유로화 40,824,073유로, 보증기간 2011. 1. 31.까지, 신용장통일규칙(UCP 600) 적용의 선수금환급에 관한 보증서(Stand-By Letter of Credit, 보증신용장)를 ODAC의 거래은행인 사하라뱅크에 발행하였다. 사하라뱅크는 그 무렵 수익자인 ODAC에 위 보증신용장이 개설되었음을 통지(advise) 및 확인(confirmation)하였다.

3) 신한은 2008. 3. 11. 발주처인 HIB 및 ODAC(이하 합하여 '리비아 개발관청')의 보증문구 변경 요청에 따라 피고에 수출보증보험 내용변경 승인을 신청하였고, 피고는 2008. 3. 13. 이를 승인하였다. 당초 '신청인(신한)이 기본 계약에 따른 자신의 의무를 위반한 사실을 기재한 수익자(리비아 개발관청)의 서면에 의한 단순청구에 따라 사하라뱅크에 이 보증신용장의 지급이 이행됩니다'라고 되어 있던 보증신용장의 문구 중에서 '신청인이 기본 계약에 따른 자신의 의무를 위반한 사실을 기재한'이라는 부분이 삭제되는 등의 내용이다. 이에 따라 이 부분 문구는 '수익자의 서면에 의한 단순청구에 따라 사하라뱅크에 이 보증신용장의 지급이 이행됩니다(This Stand-by L/C is payable at Sahara Bank Counter's against beneficiary's first simple demand in writing)'로 수정되었다.

(2) 공사 중단 및 보증보험 기간연장

1) 신한이 이 사건 제1공사계약 및 제2공사계약에 따른 공사(이하 합하여 '이 사건 각 공사')를 진행하던 중 2011. 2.경 리비아 내전 상황이 악화되면서 각 공사현장에서 철수하였고, 이 사건 각 공사가 중단되었다.

2) 한편 이 사건 제1수출보증보험계약의 만기는 2013. 2. 21.로 이 사건 제2수출보증보험계약의 만기는 2013. 1. 27.로 각 연장되었고, 원고 발행의 각

보증신용장의 만기도 2013. 1. 31.(이 사건 제1공사계약 관련) 및 2012. 12. 31.(이 사건 제2공사계약 관련)로 각 연장되었다.

(3) 사하라뱅크의 지급청구 등

1) 사하라뱅크는 2012. 11. 20. 원고에게 이 사건 제1공사계약의 선수금 환급 보증에 관하여 스위프트(SWIFT) 전신문 통지로 보증신용장의 유효기간을 2013. 12. 31.로 연장하거나 그렇지 않으면 지급을 하라는 연장지급선택부(extend or pay) 청구를 하였다. 이에 원고는 2012. 12. 7. 피고에게 위와 같은 사하라뱅크의 청구 사실을 알리고, 만일 지급보증 기간 내에 피고가 보증한 보험증권의 연장이 이루어지지 않을 경우 이를 대지급 발생 전 사전청구로 간주하라는 내용의 통지를 보냈다.

2) 사하라뱅크는 2012. 12. 20. 원고에게 이 사건 제2공사계약의 선수금 환급 보증에 관하여 통일한 내용으로 연장지급선택부 청구를 하였다. 이에 원고는 2013. 1. 7. 피고에게 마찬가지로 위 청구 사실을 알리고 보험증권의 연장이 이루어지지 않을 경우 이를 사전청구로 간주하라는 내용의 통지를 보냈다.

나. 청구원인에 관하여

(1) 은행이 보증을 하면서 보증금 지급조건과 일치하는 청구서 및 보증서에서 명시적으로 요구하고 있는 서류가 제시되는 경우에는 그 보증이 기초하고 있는 계약이나 이행제공의 조건과 상관없이 그에 의하여 어떠한 구속도 받지 않고 즉시 수익자가 청구하는 보증금을 지급하겠다고 약정하였다면, 이는 주채무에 대한 관계에서 부종성을 지니는 통상의 보증이 아니라 주채무자인 보증의뢰인과 채권자인 수익자 사이의 원인관계와는 독립되어 원인관계에 기한 사유로는 수익자에게 대항하지 못하고 수익자의 청구가 있기만 하면 은행의 무조건적인 지급의무가 발생하게 되는 이른바 독립적 은행보증(first demand bank guarantee)이다. 이러한 독립적 은행보증의 보증인으로서는 수익자의 청구가 있기만 하면 보증의뢰인이 수익자에 대한 관계에서 채무불이행책임을 부담하게 되는지를 불문하고 보증서에 기재된 금액을 지급할 의무가 있으며, 이 점에서 독립적 은행보증에서는 수익자와 보증의뢰인 사이의 원인관계와는 단절되는 추상성 및 무인성이 있다(대법원 2014. 8. 26. 선고 2013다53700 판결 등 참조).

(2) 이러한 법리에 비추어 이 사건에 관하여 본다.

1) 이 사건 각 수출보증보험계약의 당사자인 신한은 리비아 개발관청과 사이에 이 사건 각 공사계약을 체결하고 선수금을 수령하였고, 위 선수금 환급 보증에 관하여 원고가 각 보증신용장을 사하라은행에게 발행하였으며, 피고는 이 사건 각 수출보증보험계약에 기하여 원고에게 수출보증보험증권을 발행하였다. 원고의 이 사건 각 수출보증은 주채무에 대한 관계에서 부종성을 지니는 통상의 보증이 아니라, 보증의뢰인 신한과 수익자인 리비아 개발관청 사이의 원인관계와는 독립되어 그 원인관계에 기한 사유로는 수익자에게 대항하지 못하고 수익자의 청구가 있기만 하면 은행의 무조건적인 지급의무가 발생하게 되는 이른바 독립적 은행보증에 해당한다. 그리고 위 각 보증신용장에 관해 적법한 청구가 있으면 이 사건 각 수출보증보험계약에 따른 보험사고의 발생이 인정된다. 아울러 피고는 취소불가능하고 무조건적인 구상보증(irrevocable and unconditional counter guarantee)을 한 보증인으로서 수익자인 원고의 적법한 청구가 있기만 하면 그 지급의무를 부담한다.

2) 위 사실관계 및 아래의 사정을 종합하면, 원고의 각 보증신용장에 관하여 적법한 청구가 있었음을 인정할 수 있다.

가) 독립적 은행보증은 원인거래 당사자들 사이에 발생할 수 있는 각종 법률적 위험으로부터 금융거래를 단절하여 해당 금융거래의 결제에 관여하는 금융기관을 보호한다. 제도의 특성상 단일한 관련 법규가 존재하지 않고, 신용장통일규칙(UCP 600), 보증신용장통일규칙(ISP 98), 청구보증통일규칙(URDG) 등 여러 국제규칙이 개별 당사자의 합의에 따라 적용되는데, 위 국제규칙들은 강제성 있는 규범은 아니다. 보증신용장(Standby Letters of Credit)은 기존 화환신용장의 기능을 활용하여 물품 거래가 아닌 다른 국제거래의 보증에 사용하면서 만들어진 것으로서, 적용 가능한 범위 내에서는 신용장통일규칙(UCP 600)의 규정들이 적용될 수 있다. 신용장통일규칙(UCP 600)은 신용장 거래의 독립추상성에 관한 규정(제4조, 제5조)을 두고 있는데, 그 밖에 화물의 특정과 운송 등 화환신용장 거래를 전제로 하는 규정들이 다수 있다.

나) 각 보증신용장 발행 직후인 2008. 3. 13. 피고의 승인을 거쳐 신용장 문구 중에서 '신청인(신한)이 기본 계약에 따른 자신의 의무를 위반한 사실을 기재한'이라는 이른바 불이행 진술 관련 부분이 삭제되고 '수익자의 서면에 의한 단순청구에 따라 사하라뱅크에 이 보증신용장의 지급이 이행됩니다(This

Stand-by L/C is payable at Sahara Bank Counter's against beneficiary's first simple demand in writing)'로 수정되었다. 이로써 단순청구 이외에 원인관계를 확인할 서류는 물론 '신청인(신한)의 채무불이행'에 관한 수익자의 불이행 진술도 필요하지 않는 것으로 정리되었다. 따라서 신한이 이 사건 각 공사계약 관련하여 선급금을 반환해야 할 채무불이행을 실제 저질렀는지 확인하는 것은 원고의 보증신용장 대금 지급의무의 발생과 원칙적으로 무관하다.

한편 신용장통일규칙(UCP 600) 제7조와 제15조 중에 결제 또는 매입 관련 조항이나 서류의 송부 관련 조항 등은 그 결제나 매입의 대상이 되는 선적서류 자체가 존재하지 않는 보증신용장에 대해서는 성질상 그대로 적용되기 어렵다. 위 규칙 제7조 b항의 '신용장은 취소할 수 없다'는 취소 불가능성의 원칙은 보증신용장에도 적용된다고 할 것이나, 같은 조 c항 및 제15조의 결제 또는 매입 및 서류 송부에 관한 부분을 들어 지급청구서 이외에 다른 서류의 제시가 요구된다고 할 수 없고, 보증신용장에 명시된 서면에 의한 단순청구로써 제7조의 '일치하는 제시(complying presentation)' 요건을 충족한다. 이와 다른 전제에 선 피고의 위 주장은 받아들이기 어렵다.

다) 또한 extend or pay 청구는 보증신용장 또는 은행보증에서 만기 전에 수익자가 은행에 대하여 '해당 보증서의 보증기간을 연장하여 주든지, 아니면 본 청구를 만기에 있어 적법한 청구로 보고 해당 보증금을 지급하라'는 취지의 조건부 의사표시로서, 오늘날 전 세계 독립적 은행보증에서 대다수를 차지하는 광범위하고 일반적인 거래 관행에 따른 청구의 형태이다. 대부분의 계약 당사자들은 시간이 더 걸리더라도 아직 이행이 완료되지 않은 부분에 대한 이행을 요청하거나 추가적인 협상에 나서고자 하는 경우가 많은 점을 반영한 실무이다. 보증은행은 연장지급선택부 청구를 받으면 이를 주채무자에게 알리고, 이후 기간 내에 만기연장이 합의되면 그에 따르고 그렇지 않으면 보증금의 지급의무가 발생한다. 보증신용장통일규칙(ISP 98은 제3.09조 등에서 연장지급선택부 청구에 관한 규정을 두고 있다) 등과 달리 신용장통일규칙에는 이에 관한 별도 언급이 없으나, 반대로 이를 금지하는 규정도 존재하지 않고, 당사자 사이에 이러한 방식의 청구를 불허하는 약정이 있었다고 볼 만한 자료도 없다.

라) 한편 원고의 각 보증신용장에는 '이 보증신용장은 수익자의 단순청구에 따라 연장 가능합니다(This Standby L/C is also renewable/extendable upon beneficiary's first simple demand)'라는 문구가 명시되어 있다. 대금을 청구할 수

도 있고 연장을 청구할 수도 있는 수익자가 연장지급선택부 청구의 방식으로 청구하는 것을 특히 불허할 만한 다른 근거를 신용장 문면에서도 찾기 어렵다.

마) 사하라뱅크가 이후에도 원고에게 반복하여 연장지급선택부 청구를 한 사실은 인정되나, 이미 신용장의 만기가 연장되지 않고 도과한 이상 그에 따른 효과는 발생하였다. 연장지급선택부 청구라는 그 명시적 문언에도 불구하고 거기에 청구의 효과의사를 배제하고 오로지 연장 요청의 의미만 부여하여 해석할 만한 근거도 없다. 따라서 이에 관한 피고의 위 주장도 이유 없다.

바) 이 사건 각 수출보증보험계약의 약관 제3조에서 '피고는 피보험자인 원고가 수출보증 상대방으로부터 그 보증조건에 따른 보증채무의 이행을 청구받아 보증채무를 이미 이행함으로써 입게 된 손실 또는 이행이 확실시됨으로써 입을 것이 예상되는 손실을 보상한다'고 정한 사실은 인정된다. 그러나 위에서 본 바와 같이 원고는 자신이 발행한 각 보증신용장에 관하여 적법한 이행 청구를 받았고 이로써 원고의 신용장 대금 지급의무가 확정적으로 발생하였으므로 그 '이행이 확실시됨으로써 입을 것이 예상되는 손실'이 존재한다고 보아야 한다.

3) 그러므로 원고는 사하라뱅크에 신용장 대금을 지급할 의무가 발생하였고, 신한은 원고에게 구상의무를 부담하며, 피고는 이 사건 각 수출보증보험계약에 따라 원고에게 보험금을 지급할 의무가 있다.

2. 대법원 2021. 7. 8. 선고 2017다218895 판결 [원고 하나은행, 피고 서울보증보험]

가. 사실관계

(1) 피고보조참가인(이하 '참가인')은 2007. 12.경 리비아 개발청(Housing and Infrastructure Board)과 사이에 주택과 사회기반시설 등을 건축하는 내용의 이 사건 공사계약을 체결하였다. 참가인은 원고에게 이 사건 공사계약의 이행보증을 위한 절차 대행을 요청하였고, 원고는 리비아 소재 사하라뱅크에게 원고의 지급보증하에 리비아 개발청 앞으로 보증서를 발급하도록 요청하였다.

(2) ① 그에 따라 원고는 2008. 1. 17. 참가인과 사이에, 이 사건 공사계약과 관련 하여 참가인이 사하라뱅크에 부담하는 채무를 원고가 지급보증하기로 하는 이 사건 지급보증약정을 체결하고, 그 다음날 사하라 뱅크에게 이 사건

지급보증약정에 따른 지급보증서(이하 '이 사건 지급보증서')를 발급하였다. 이 사건 지급보증서에서는 적용 규칙을 당시 시행되던 국제상업회의소의 독립적 보증에 관한 통일규칙(URDG 458, 이하 '청구보증 통일규칙')으로, 준거법을 리비아법으로 정하고 있고, '단순청구(first simple demand)에 따라 완전히 그리고 무조건적으로 지급되거나 갱신될 수 있는 취소 불능의 것임을 확인한다'는 내용을 정하고 있다. ② 또한 사하라뱅크는 그 무렵 리비아 개발청을 수익자로 하여 이 사건 공사계약의 이행보증을 위한 보증서를 발급하였는데, 그 보증서에는 지급청구의 요건으로 '수익자의 단순 청구(first simple demand)에 따라 지급될 수 있는 무조건적 이행보증'이라고 정하고 있다. ③ 한편 피고는 2008. 1. 15. 참가인과 사이에 참가인이 이 사건 지급보증약정에 따라 원고에게 부담하는 구상채무를 보증하는 이 사건 보증보험계약을 체결하였다.

(3) 사하라뱅크는 2011. 6. 29. 원고에게 '리비아 개발청으로부터 원고가 2012. 12. 31.까지로 보증기간을 연장하지 않을 경우에는 보증금액 전액의 지급을 구하는 요청이 있었다. 현재의 보증서 유효기간 동안 당행이 원고의 연장 지시를 접수하지 못하는 경우, 본 통지를 유효하고 공식적인 보증금액 전액의 지급청구 및 즉각적으로 인증된 통지에 의한 당행 계좌로의 이체 요청으로 간주하기 바란다'고 기재한 통지(이하 '이 사건 연장지급선택부 청구')를 하였다. 원고는 2012. 8.경 피고에게 이러한 통지사실을 알리면서 이 사건 보증보험계약의 기간을 연장할지 여부와 기간 연장을 하지 않을 경우 보증금액의 결제 여부에 관하여 회신을 요청하였다. 피고는 그 무렵 원고에게 보증기간의 연장이 불가하다는 통보를 하였다.

나. 이 사건 지급보증서에 기한 지급청구 요건의 준거법에 관하여

이 사건 지급보증서에서 적용 규칙으로 정하고 있는 청구보증 통일규칙에서는 독립적 은행보증 관련 지급청구의 요건을 정하면서 보증서에서 명시적으로 적용을 배제하지 않는 한 제20조 a, b항에 정한 지급청구의 요건이 적용되는 것으로 규정하고 있다(제20조 c항). 반면 이 사건 지급보증서에서 준거법으로 정하고 있는 리비아법이나 그 해석상 독립적 은행보증과 관련하여 위와 같은 청구보증 통일규칙 규정의 적용이 배제된다고 볼 자료는 없다. 따라서 이 사건 연장지급선택부 청구가 보증금의 지급청구로서 적법한 요건을 갖춘 것인지 여부는 이 사건 지급보증서와 청구보증 통일규칙에 따라 판단되어야 한다.

다. 이 사건 연장지급선택부 청구가 적법한지 여부에 관하여

(1) Extend or Pay 청구는 독립적 은행보증에서 만기 전에 수익자가 보증인에 대하여 '해당 보증서의 보증기간을 연장하거나 그렇지 않을 경우 만기 시에 그 청구를 적법한 청구로 보고 해당 보증금을 지급하라'는 취지로 한 조건부 의사표시에 해당한다(청구보증 통일규칙 제26조 참조). 연장지급선택부 청구가 만기 연장이 합의되지 않아 보증금의 지급을 구하는 적법한 지급청구로 인정되기 위해서는 그 청구가 보증의 유효기간 내에 이루어져야 하고 보증서와 청구보증 통일규칙에서 정한 지급청구의 요건을 충족하여야 한다.

그리고 청구보증 통일규칙 제20조 c항은 '보증서의 조건에서 명시적으로 배제하지 않는 한 서면에 의한 보강진술을 내용으로 하는 제20조가 적용된다'고 규정하고 있다. 이에 의하면 청구보증 통일규칙이 적용되는 독립적 은행보증에서 보증금 지급청구의 요건으로 '단순청구(simple demand)'라는 문구가 기재되어 있더라도 명시적으로 청구보증 통일규칙 제20조의 적용을 배제하거나 제한하지 않는 한 청구보증 통일규칙 제20조에 정한 지급청구의 요건 또한 충족되어야 한다.

(2) 사하라뱅크의 이 사건 연장지급선택부 청구는 보증금의 지급을 구하는 청구로서 아래와 같은 이유로 이 사건 지급보증서 및 청구보증 통일규칙에서 정한 지급청구 요건을 갖추지 못하였다.

1) 이 사건 지급보증은 독립적 은행보증이면서 사하라 뱅크가 리비아 개발청에 대하여 부담하는 보증채무를 지급보증하는 구상보증에 해당한다. 이 사건 지급보증서에서는 '단순청구'에 따라 보증금을 지급하도록 규정하고 있을 뿐 명시적으로 청구보증 통일규칙 제20조의 적용을 배제하고 있지는 않으므로, 이 사건 지급보증서에 따른 지급청구는 청구보증 통일규칙 중 구상보증의 지급청구에 관하여 규정하고 있는 제20조 b항이 정하고 있는 요건을 갖추어야 한다. 위 조항은 '구상보증상의 지급청구에는 보증인이 보증상의 조건과 청구보증 통일규칙에 일치하는 지급청구를 받았다는 사실을 기재한 서면진술이 첨부되어야 한다'고 규정하고 있다.

2) 사하라뱅크가 리비아 개발청에 발급한 보증서에서도 수익자인 리비아 개발청의 지급청구의 요건으로 '단순청구'만을 기재하고 있으나 명시적으로 청구보증 통일규칙 제20조의 적용을 배제하고 있지는 않다. 따라서 사하라뱅

크가 발급한 보증서에 따른 지급청구에 대하여는 청구보증 통일규칙 제20조 a
항이 적용되는데, 위 조항은 독립적 은행보증에서 수익자가 보증금의 지급을 청
구할 때 보증의뢰인이 보증의 원인관계에 따른 의무를 위반하였다는 내용을 지
급청구서에 포함하거나 그러한 내용의 진술서를 첨부하도록 규정하고 있다.

　　3) 결국 이 사건 지급보증서에 근거한 이 사건 연장지급선택부 청구가 보
증금의 지급을 구하는 지급청구로서 이 사건 지급보증서와 청구보증 통일규칙
이 정한 지급청구 요건을 충족하기 위해서는 청구보증 통일규칙 제20조 b항에
서 요구하는 서면진술의 요건을 갖추어야 한다. 즉, 이 사건 연장지급선택부
청구가 이 사건 지급보증에 근거한 보증금의 지급청구로 인정되기 위해서는
청구보증 통일규칙 제20조 b항에 따라 '사하라 뱅크가 리비아 개발청으로부터
청구보증 통일규칙 제20조 a항의 요건을 충족하는 지급청구를 받았다'는 내용
의 서면진술이 첨부되어야 한다. 그런데 이 사건 연장지급선택부 청구는 보증
기간을 연장하지 않을 경우 보증금을 지급하도록 요구하는 이외에 위에서 본
바와 같은 사하라 뱅크의 서면진술을 포함하고 있지 않다.

V. 몇 가지 고려점

1. 독립적 은행보증에서 적용되는 규범이나 보증 내용에 Extend or Pay 청구 관련 내용이 있어야만 Extend or Pay 청구가 가능한가?

가. 앞서 설명한 바와 같이, 국제적 금융거래에서 일반적으로 사용되는
"독립적 은행보증"은 기본적으로 실제의 원인거래와 그에 대한 결제를 위한
금융거래를 독립적으로 분리하는 독특한 국제거래상의 보증제도로서, 현재 우
리의 민법상으로는 이에 상응하는 제도가 없고, 관련된 법규도 없다. 독립추상
성의 원칙을 기본으로 하는 국제거래에서의 보증신용장 내지 은행보증 제도에
는, (1) UCP 600이 적용되는 보증신용장, (2) ISP 98이 적용되는 보증신용장,
(3) URDG가 적용되는 청구보증, (4) 위 규정들이 적용되지 않는 독립적 은행
보증이 각 존재하고 있다.

이러한 독립적 은행보증이 사용되는 기본적이고 원칙적인 목적은, 무역거
래, 혹은 국제건설계약 관련 거래 등 원인거래로부터 해당 계약의 당사자들
사이에 발생할 수 있는 각종 법률적 위험으로부터 금융거래를 단절하고, 해당
원인거래상의 금융거래에 대한 결제에 개입하는 금융기관의 위치를 보호하기

위한 것이고, 해당 보증을 위하여 기존의 신용장 제도의 기반위에서 만들어진 것이 "보증신용장(Standby Letters of Credit)"이고, 최초 보증신용장에 대한 통일적 규범이 없는 상태에서 기존의 신용장통일규칙(UCP)이 가능한 범위에서 당사자들의 의사에 의하여 적용되었고, 현재는 제6차 개정 신용장통일규칙(UCP 600)이 적용된다. 그리고, 국제거래와 은행실무상 가장 보편적으로 사용되는 독립적 은행보증의 경우에는 ICC Banking Commission가 만든 국제규범으로서, 『청구보증통일규칙 758』(URDG 758)이 적용되고 있다. 미국의 경우에는 상업은행이 독립적인 은행보증 형태의 보증을 발행할 수 없었던 관계로 보증신용장이 독립적 은행보증의 일반적 형태로 사용되면서, Institute of International Banking Law & Practice(IIBLP)에 의하여 1998년 "보증신용장통일규칙(ISP 98)"이라는 새로운 규칙을 제정하였고, ISP 98은 URDG 758 이전에는 청구보증 및 이행보증 등 독립적 보증의 법리에 대하여 가장 상세한 규정을 두고 있는 것으로서 미국을 중심으로 널리 사용되고 있다. ISP 98은 ICC Banking Commission에 의하여도 승인되었고, ICC Publication No. 590으로 발행되었다.

　　나. 서울고등법원 2021. 1. 26. 선고 2019나2035191 판결의 사안에서는, 원고가 청구원인으로서, UCP 600이 적용되는 보증신용장의 개설은행으로서, 수익자인 리비아개발관청이 확인은행인 사하라뱅크에 대하여 Extend or Pay 청구를 하고, 이를 전제로 다시 확인은행인 사하라뱅크가 원고에게 Extend or Pay 청구를 하였음을 전제로, 피고가 원고에 대하여 위 보증신용장에 대하여 구상보증(Counter Guarantee)을 발행한 것을 이유로 보증금을 청구한 사안이고, 해당 구상보증은 "UCP나 URDG가 적용되지 않는 일반 국제거래에서의 은행보증"에 해당하는 것이었다.

　　다. 해당 사안에서 피고는 은행보증에 대한 적용규범인 URDG, ISP 98 등과 같이 "Extend or Pay"에 대한 규정이 있는 경우에는 해당 방식의 청구가 허용될 수 있지만, 이 사건 보증신용장에 대한 적용규범은 UCP 600이고, 해당 UCP에는 "연장지급선택부청구(Extend or Pay)"에 대한 규정 자체가 없기 때문에 그러한 방식의 청구는 허용될 수 없다는 취지로 주장하였으나, 법원은 피고의 주장을 배척하고 해당 사안에서 Extend or Pay 청구의 가능성과 적법성을 인정하고 있다. 실제로 현재 Extend or Pay 관련 규정을 두고 있는 URDG 나 ISP 98과 같은 규정이 생겨나기 이전에도 UN의 분석에 의하면 은행보증에 있어 90% 이상의 청구가 Extend or Pay였다.[32]

보증신용장 또는 독립적 은행보증에 대한 통일적 규범으로서, URDG, ISP 98은 물론이고, UCP 600의 경우에도 이는 그 자체가 "법규적 성격"을 가진 것이 아니라, 당사자들 사이에서 그 전체 또는 일부에 대한 적용 여부를 합의에 의하여 정할 수 있는 계약의 내용을 구성하는 것, 즉 해당 규범의 "임의적 적용"을 전제로 한 자치규범이고, 해당 규범에서 정하고 있지 아니한 내용에 대하여는 원칙적으로 해당 보증신용장 또는 독립적 은행보증의 준거법이 적용되는 것이 원칙이다.

이러한 원칙에 따라, 해당 사안에서 Extend or Pay의 경우, 은행보증에 대한 적용규범이 URDG, ISP 98 등과 해당 청구방식에 대한 규정이 있는 경우에는 그 규정 내용에 대하여는 해당 규범이 우선적으로 적용되는 것이지만(물론 위와 같이 URDG, ISP 98이 당사자들의 합의에 의하여 보증계약의 일부를 구성하는 것이므로 당사자들은 그 중 일부 혹은 전부를 배제할 수도 있다), "Extend or Pay" 중 URDG, ISP 98의 규정이 규율하지 못하는 부분, 그리고 그와 같은 방식의 청구에 대한 별도의 규정이 없는 UCP 600, 나아가 아예 적용규범을 특정하지 아니한 보증신용장 또는 독립적 은행보증의 경우에는, 해당 보증의 경우에는 "Extend or Pay"에 대한 적용규범은 해당 법률관계에 대하여 적용되는 준거법, 즉, 당사자들의 합의가 있는 경우에는 해당 준거법, 그렇지 아니할 경우에는 국제사법에 의하여 가장 밀접한 관계를 가진 해당 보증의 개설은행 또는 발행은행 소재지 국가의 법률에 의하여 규율되는 것이다.

위 사안에서 원고가 개설은행인 "UCP 600이 적용되는 보증신용장"과 피고가 개설은행인 "UCP나 URDG가 적용되지 않는 일반 국제거래에서의 은행보증"은, 당사자들 사이에 별개의 준거법 합의가 존재하지 않고, 그 각 개설은행이 대한민국 소재 은행으로서, 그 각 준거법은 대한민국의 법률이 되고, 이 사건 보증신용장의 수익자인 리비아개발관청이 확인은행인 사하라뱅크에 대한 Extend or Pay 및 확인은행인 사하라뱅크가 원고에게 보낸 Extend or Pay,

---

32) UN Document on "Guarantees and Stand-by Letters of Credit", Extend or Pay 관련 설명, 361 면 참조

그리고 원고의 피고에 대한 Extend or Pay에 대한 각 준거법은 "대한민국법" 이 된다.

그리고 위 각 법률관계에 대한 준거법인 대한민국법에 의할 경우, 위 Extend or Pay와 같은 조건부 의사표시는 명백하게 유효한 것이다. [위 대법원 2021. 7. 8. 선고 2017다218895 판결에서도 Extend or Pay 청구는 독립적 은행보증 에서 만기 전에 수익자가 보증인에 대하여 '해당 보증서의 보증기간을 연장하 거나 그렇지 않을 경우 만기 시에 그 청구를 적법한 청구로 보고 해당 보증금 을 지급하라'는 취지로 한 조건부 의사표시에 해당한다고 판시하고 있다. 거의 모든 나라에서 계약법상 이러한 조건부 의사표시는 당사자 사이의 명시적인 반대약정이 없는 한, 당연히 그 효력이 인정되고 있다.]

대법원 2018. 6. 28. 선고 2016다221368 판결도, "조건은 법률행위 효력의 발생 또는 소멸을 장래 불확실한 사실의 발생 여부에 따라 좌우되게 하는 법 률행위의 부관이고, 법률행위에서 효과의사와 일체적인 내용을 이루는 의사표 시 그 자체이다. 조건을 붙이고자 하는 의사는 법률행위의 내용으로 외부에 표시되어야 하고, 조건을 붙이고자 하는 의사가 있는지는 의사표시에 관한 법 리에 따라 판단하여야 한다. 조건을 붙이고자 하는 의사의 표시는 그 방법에 관하여 일정한 방식이 요구되지 않으므로 묵시적 의사표시나 묵시적 약정으로 도 할 수 있다. 이를 인정하려면, 법률행위가 이루어진 동기와 경위, 법률행위 에 의하여 달성하려는 목적, 거래의 관행 등을 종합적으로 고려하여 법률행위 효력의 발생 또는 소멸을 장래의 불확실한 사실의 발생 여부에 따라 좌우되게 하려는 의사가 인정되어야 한다."라고 판시하고 있다.

해당 사안에서 피고는 ICC Opinion 2016 R869에서, "in case a standby letter of credit allows for an 'extend or pay' option, an issuing bank would be bound by UCP 600 and the terms of an 'extend or pay' option, irre - spective of a decision of the applicant."라는 표현이 있음을 들어서, ICC Opinion에서도 그 적용규범에 Extend or Pay에 대한 규정이 없으면, 그러한 청구 자체가 허용되지 않는다고 주장하였으나, 해당 ICC Opinion의 사안에서 조차도 UCP 600이 적용되는 보증신용장에서 별도의 Extend or Pay 관련 특수 조건이 없는 상태에서도 해당 청구의 가능성을 당연히 전제한 상태에서 해당 의견이 제시되고 있고, 피고가 언급하고 있는 일부 표현 조차도("in case a standby letter of credit allows for an 'extend or pay' option") 준거법에 따라 해당

청구방식이 허용되지 않는 경우를 염두에 둔 표현으로 보아야 할 것이지, 이것을 두고 해당 보증신용장에서 Extend or Pay 관련 상세 규범이 있는 경우에만 해당 청구방식이 허용된다는 의미에서 그런 표현을 사용한 것이라고 할 수는 없다. 결론적으로, 해당 사안에서 보증신용장에 대한 적용규범이 UCP 600이라는 이유로 Extend or Pay 자체가 허용될 수 없다는 취지의 피고 주장은 받아들여지지 않았고, 보증신용장 및 은행보증에 대한 UCP 600, URDG, ISP 98 등의 규정은 계약의 일부이고, 계약 내용에 포함되지 않은 부분은 해당 보증에 대한 준거법에 따라 규율되는 이상, 해당 사안에서 보증신용장의 준거법인 대한민국법에 따라 본건 "연장지급선택부청구(Extend or Pay)"는 당연히 허용되는 것이다.

라. 서울고등법원 2021. 1. 26. 선고 2019나2035191 판결에서도 "연장지급선택부(extend or pay) 청구는 보증신용장 또는 은행보증에서 만기 전에 수익자가 은행에 대하여 '해당 보증서의 보증기간을 연장하여 주든지, 아니면 본 청구를 만기에 있어 적법한 청구로 보고 해당 보증금을 지급하라'는 취지의 조건부 의사표시로서, 오늘날 전 세계 독립적 은행보증에서 대다수를 차지하는 광범위하고 일반적인 거래 관행에 따른 청구의 형태이다. 대부분의 계약 당사자들은 시간이 더 걸리더라도 아직 이행이 완료되지 않은 부분에 대한 이행을 요청하거나 추가적인 협상에 나서고자 하는 경우가 많은 점을 반영한 실무이다. 보증은행은 연장지급선택부 청구를 받으면 이를 주채무자에게 알리고, 이후 기간 내에 만기연장이 합의되면 그에 따르고 그렇지 않으면 보증금의 지급의무가 발생한다. 보증신용장통일규칙(ISP 98) 등과 달리 신용장통일규칙에는 이에 관한 별도 언급이 없으나, 반대로 이를 금지하는 규정도 존재하지 않고, 당사자 사이에 이러한 방식의 청구를 불허하는 약정이 있었다고 볼 만한 자료도 없다."고 판시하고 있다.

2. 보증신용장에 있어 UCP 600 중 결제 또는 매입 관련 조항이나 서류의 송부 관련 조항 등이 적용되는가?

가. 서울고등법원 2021. 1. 26. 선고 2019나2035191 판결의 사안에서는, 사하라뱅크의 원고에 대한 Extend or Pay에 있어 신용장통일규칙 제7조 및 제15조에 의하여 원 보증수익자의 사하라뱅크에 대한 "일치하는 제시"와 사하라

뱅크의 "결제"가 필요한지 여부가 문제가 되었다.

　　이 쟁점과 관련하여, 위 사건의 1심은, "이 사건 각 수출보증서는 신용장통일규칙이 적용되는데, 신용장통일규칙 제7조 c항에서는 발행은행(개설은행)은 일치하는 제시에 대하여 인수·지급 또는 매입하고 그 서류를 발행은행에 발송한 지정은행에 상환할 의무를 부담한다고 규정하고 있고, 제15조에서는 확인은행은 제시가 일치한다고 판단하고 결제(honour) 또는 매입할 경우 그 서류들을 개설은행에게 송부하고, 지정은행은 제시가 일치한다고 판단하고 결제 또는 매입할 경우 그 서류들을 확인은행 또는 개설은행에 송부한다고 규정하고 있다. 그런데 원고가 제출한 자료만으로는 수익자인 리비아 HIB나 리비아 ODAC의 사하라뱅크에 대한 일치하는 제시가 있었다는 사실이나 사하라뱅크가 수익자에게 결제한 사실, 그리고 관련 서류를 발송한 사실을 알 수 없고, 달리 이를 인정할 만한 증거가 없는바, 이 사건 각 통지가 신용장통일규칙에서 정한 요건을 충족하는 지급청구에 해당한다고 보기 어렵고, 달리 사하라은행이 원고에 대하여 유효한 지급청구를 하였다고 인정할 만한 증거가 없다."고 판단하였다.

　　그러나, 이 쟁점에 대하여, 서울고등법원 2021. 1. 26. 선고 2019나2035191 판결은, "신용장통일규칙(UCP 600) 제7조와 제15조 중에 결제 또는 매입 관련 조항이나 서류의 송부 관련 조항 등은 그 결제나 매입의 대상이 되는 선적서류 자체가 존재하지 않는 보증신용장에 대해서는 성질상 그대로 적용되기 어렵다. 위 규칙 제7조 b항의 '신용장은 취소할 수 없다'는 취소 불가능성의 원칙은 보증신용장에도 적용된다고 할 것이나, 같은 조 c항 및 제15조의 결제 또는 매입 및 서류 송부에 관한 부분을 들어 지급청구서 이외에 다른 서류의 제시가 요구된다고 할 수 없고, 보증신용장에 명시된 서면에 의한 단순청구로써 제7조의 '일치하는 제시(complying presentation)' 요건을 충족한다. 이와 다른 전제에 선 피고의 위 주장은 받아들이기 어렵다."고 판단하고 있다.

　　나. 필자는 UCP 600 제7조와 제15조의 규정 중 결제 또는 매입 관련 조항은 화환거래를 전제로 하지 않아 결제나 매입의 대상이 되는 선적서류가 없는 은행보증이나 보증신용장에는 전혀 적용이 없는 무관한 조항이라고 보고 위 서울고등법원 2021. 1. 26. 선고 2019나2035191 판결의 논리와 결론이 타당하다고 본다. 즉, UCP 600의 적용대상이 되는 화환신용장, 즉 국제거래의 물품

거래에 대한 대금지급을 전제로 하는 신용장의 종류는 4가지로서, (1) 지급신용장, (2) 매입신용장, (3) 인수신용장, (4) 연지급신용장이고, 그 외 UCP가 전제하는 신용장의 형태와 양식은 존재하지 않고, 위와 같은 4가지 형태의 화환신용장을 전제로 한 UCP 600의 규정은 보증신용장에 대하여는 아예 그 적용 자체가 없는 것이다.

위 사안의 보증신용장에 적용이 되는 것으로 규정되어 있는 "제6차 개정 신용장통일규칙(UCP 600)"은 국제간 물품의 거래를 전제로 하여 해당 물품에 대한 자금의 집행을 위하여 마련된 제도에 대한 규율이고, 이러한 이유로 UCP 600에서 가장 중요한 원칙이 되는 두가지 원칙, 즉 독립추상성의 원칙과 엄격일치의 원칙은 이러한 국제적 물품거래에 있어 집행되는 자금의 결제에 개입하는 금융기관을 기본적으로 보호하기 위한 제도이다.

특히 그 중에서도 "엄격일치의 원칙"은 독립추상성의 원칙에 따라 국제적 물품거래에 개입하는 금융기관의 입장에서 해당 거래 자체에 대한 최소한의 검증을 위하여 실제 그러한 거래가 있었다는 최소한의 서류심사 원칙을 정한 것이고, 특히 운송서류 등 관련서류에 대한 금융기관의 권리취득을 통하여 최소한의 안전장치를 마련하고자 하는 것에 목적이 있는 것이다.

다. "제6차 개정 신용장통일규칙(UCP 600)"의 공식 명칭은 "The Uniform Customs and Practice for Documentary Credits, 2007 Revision, ICC Publication no. 600"이고, 해당 영문 규정 명칭에서 분명하게 나와 있다시피 원칙적으로 이는 "Documentary Credits(화환신용장)"에 적용되는 규정이지 "Standby Credit(보증신용장)"에 적용되는 규정은 아니다. 즉, UCP 600이 "보증신용장"에 대하여 적용된다고 할 경우에는 위 독립추상성의 원칙을 제외한 신용장통일규칙의 대부분 규정은 그 적용이 없거나, 보증신용장의 특성에 맞추어 수정 해석하여야 하는 것이다.

화환신용장에서의 국제적 대금결제를 위하여 마련된 신용장통일규칙의 경우, 1983년 개정 신용장통일규칙(UCP 400)부터 그 적용범위를 보증신용장에까지 확대하였고, 이후의 UCP도 같은 입장을 취하고 있으나, 이러한 UCP 자체는 상업신용장으로서의 화환거래를 전제로 한 것으로서 화물의 특정과 운송을 전제로 하는 규정 등 보증신용장에는 그 성격상 적용될 수 없는 규정들도 다수 있어 여러 가지 문제를 안게 되었다.

이와 관련하여 UCP 600은 제1조 신용장통일규칙의 적용범위(Article 1 Application of UCP)에서 "제6차 개정 신용장통일규칙(2007년 개정, 국제상업회의소 간행물 제600호, "신용장통일규칙")은 신용장의 문면에 위 규칙이 적용된다는 것을 명시적으로 표시한 경우 모든 화환신용장{위 규칙이 적용 가능한 범위 내에서는(to the extent to which they may be applicable) 보증신용장(standby letter of credit)을 포함한다. 이하 "신용장"이라 한다}에 적용된다. 이 규칙은 신용장에서 명시적으로 수정되거나 그 적용이 배제되지 않는 한 모든 당사자를 구속한다."라고 규정하고 있다. 수차에 걸친 신용장통일규칙의 개정과정에서, 그리고 특히 UCP 600의 개정논의 과정에서 보증신용장(Standby LC)을 신용장통일규칙의 적용범위와 대상에 포함시킬 것인지 여부에 대하여, ① 원래 신용장통일규칙은 화환신용장을 전제로 한 것으로서 보증신용장의 성격과는 맞지 아니하므로 아예 신용장통일규칙의 적용범위에서 보증신용장은 제외하자는 의견과 ② 보증신용장에 대하여도 신용장통일규칙의 적용범위에 포함시켜야 한다는 전제하에서 나아가 보증신용장에 관한 규칙으로서 ICC Banking Commission이 승인한 바 있는 ISP 98의 규정 중에서 상당 부분을 제6차 개정 신용장통일규칙의 안으로 흡수하여 규정하자는 의견이 있었고, ICC Banking Commission은 여러 가지의 논의 끝에 보증신용장에 대하여 신용장통일규칙의 규정들 중 적용가능한 범위내에서 이를 적용하도록 하는 수준, 즉 종전의 UCP 500 수준에서 규정을 존치하기로 하고 UCP 600 Article 1 중에서 "(including, to the extent to which they may be applicable, any standby letter of credit)"라는 규정을 두게 되었다.[33]

이러한 논의 자체는 보증신용장의 경우, 일반적으로 ICC Banking Commission에서 endorse한 ISP 98에 의하여 규율하는 것을 전제로 한 것이고, 거의 상당 부분의 UCP 600 규정은 이 사건과 같은 보증신용장의 경우에 대하여 적용되지 않는 것이다.

라. UCP 600은 제2조 정의(Article 2 Definitions)에서, "일치하는 제시(Complying presentation)는 신용장 조건, 적용 가능한 범위 내에서의 이 규칙의 규정, 그리고 국제표준은행관행에 따른 제시를 의미한다."라고 규정하고 있는데, 이 규정

---

33) ICC, "Commentary on UCP 600", ICC Publications, 12면 참조: 필자는 UCP 600의 개정과정에서 ICC Banking Commission Working Group의 일원으로 일하였던 관계로 이런 내용에 대하여 너무나도 상세하게 알고 있다. UCP 600 ICC Banking Commission Working Group 명단 참조

에서도 해당 UCP 규정의 적용은 "적용가능한 범위에서" 적용이 됨을 분명히 표시하고 있고, 이는 보증신용장과 같이 적용이 될 수 없는 규정들의 배제를 분명하게 표시하고 있는 것이다.

대표적인 하나의 개념이 바로 UCP 600이 새로 도입한 "결제(honour)"라는 개념이다. UCP 600에서 새롭게 "결제(honour)" 개념을 도입한 것은, UCP 500 당시 연지급신용장의 만기전지급에 대하여 지정은행을 보호할 것인지 여부에 대하여 유럽의 법원에서 이를 인정하지 않았던 반면34), 미국과 아시아 등에서는 지정은행을 보호한 법리에 따라35), 그 모순을 통일적으로 해결하기 위하여 만기전지급의 경우에도 지정은행을 보호하기 위하여 새롭게 만든 개념이고, 이는 전적으로 화환신용장의 경우 발생하는 법리적 모순을 해결하기 위한 것이다.

이에 따라 UCP 600은, 제2조 정의(Article 2 Definitions)에서, "결제(honour)는 다음과 같은 내용을 의미한다. a. 신용장이 일람지급에 의하여 이용가능하다면 일람출급으로 지급하는 것(지급신용장). b. 신용장이 연지급에 의하여 이용가능하다면 연지급을 확약하고 만기에 지급하는 것(연지급신용장). c. 신용장이 인수에 의하여 이용가능하다면 수익자가 발행한 환어음을 인수하고 만기에 지급하는 것(인수신용장).36)"라고 규정을 두고 있는데, 이는 바로 화환신용장의 경우를 규정한 것이다.

위 사건에서 1심 판단의 근거가 된 것은 UCP 600 제7조와 제15조이고, 해당 각 규정이 보증신용장에 대하여도 적용된다는 것을 전제로 하고 있는데, UCP 600 제7조 개설은행의 의무(Article 7 Issuing Bank Undertaking)의 경우, "c. 개설은행은 일치하는 제시에 대하여 결제(honour) 또는 매입을 하고, 그 서류를 개설은행에 송부한 지정은행에 대하여 신용장 대금을 상환할 의무를 부담한다. 인수신용장 또는 연지급신용장의 경우 일치하는 제시에 대응하는 대금

---

34) Banco Santander SA v. Banque Paribas(2000. 2. 25. 영국 Court Of Appeal), Emirates Bank International PJSC v. Credit Lyonnais(Suisse) S.A. (2004. 6. 1. 스위스 연방대법원)

35) 우리 대법원도 대법원 2003. 1. 24. 선고 2001다68266 판결에 따라 지정은행을 보호하였고, 미국의 경우 Revised UCC Article 5(Letters Of Credit) 5-109에 의하여 보호하였다.

36) **Honour** means: a. to pay at sight if the credit is available by sight payment. b. to incur a deferred payment undertaking and pay at maturity if the credit is available by deferred payment. c. to accept a bill of exchange ("draft") drawn by the beneficiary and pay at maturity if the credit is available by acceptance.

의 상환은 지정은행이 만기 이전에 대금을 먼저 지급하였거나 또는 매입하였
는지 여부와 관계없이 만기에 이루어져야 한다. 개설은행의 지정은행에 대한
상환의무는 개설은행의 수익자에 대한 의무로부터 독립적이다.³⁷⁾”는 규정과
제15조에서 “제15조 일치하는 제시 a. 개설은행은 제시가 일치한다고 판단할
경우 결제(honour)하여야 한다. b. 확인은행은 제시가 일치한다고 판단할 경우
결제 또는 매입하고 그 서류들을 개설은행에 송부하여야 한다. c. 지정은행은
제시가 일치한다고 판단하고 결제 또는 매입할 경우 그 서류들을 확인은행 또
는 개설은행에 송부하여야 한다.”라는 규정이 그것이다.

　　그러나, 화환신용장에서 개설은행에 의한 결제의 대상이 되는 선적서류가
존재하는 화환신용장의 경우에 해당하는 것이지, 매입대상이 되는 선적서류의
존재가 전제되지 않는 보증신용장의 경우에는 해당 사항이 없는 규정이다. 위
와 같은 “결제” 내지 “매입”과 같은 각 개념 정의 자체가 “지급”을 전제로 하
는 보증신용장과는 무관한 것으로서, 화물의 존재를 전제로 하는 화환신용장
의 경우에만 성립이 가능한 개념이고, 해당 각 규정에서 말하는 “서류
(Document)”는, 지정은행에 의한 지급청구서를 의미하는 것이 아니고³⁸⁾, 실물
화물의 존재를 전제로 하는 선적서류, 즉 운송서류, 상업송장, 보험서류, 검사
증명서, 원산지증명서 등의 “서류”를 의미하는 것으로서, 이러한 상세한 내용
의 규정을 UCP 600은 해당 각 규정별로 두고 있다.

　　이러한 점은 한 가지 예를 들어, UCP 600 중 제17조 원본 서류와 사본의
규정에서도 명확하게 알 수가 있다. 즉, 해당 규정은, “a. 적어도 신용장에서
명시된 각각의 서류의 원본 한 통은 제시되어야 한다. b. 서류 자체가 원본이
아니라고 표시하고 있지 않은 한, 은행은 명백하게 원본성을 갖는 서류 발행
자의 서명, 마크, 스탬프 또는 라벨이 담긴 서류를 원본으로 취급한다. c. 서류
가 달리 표시하지 않으면, 은행은 또한 다음과 같은 서류를 원본으로 수리한

---

37) c. An issuing bank undertakes to reimburse a nominated bank that has honoured or nego-
    tiated a complying presentation and forwarded the documents to the issuing bank.
    Reimbursement for the amount of a complying presentation under a credit available by ac-
    ceptance or deferred payment is due at maturity, **whether or not the nominated bank prepaid
    or purchased before maturity**. An issuing bank's undertaking to reimburse a nominated bank
    is independent of the issuing bank's undertaking to the beneficiary.
38) 은행실무상 별도의 지급청구서라는 형식의 서류는 존재하지 않는다. 일반적으로는 선적서류를 송
    부하는 커버 레터 혹은 스위프트를 통한 지급청구의 의사표시로 처리하게 된다.

다. d. 신용장이 서류 사본의 제시를 요구하는 경우, 원본 또는 사본의 제시가 모두 허용된다. e. 신용장이 "in duplicate", "in two folds" 또는 "in two copies"와 같은 용어를 사용하여 복수의 서류의 제시를 요구하는 경우, 이 조건은 그 서류 자체에 달리 정함이 없는 한 적어도 한 통의 원본과 나머지 수량의 사본을 제시함으로써 충족된다."는 규정을 두고 있는데, 이러한 규정을 보더라도 UCP 600에서 "서류(Document)"는, 지정은행에 의한 지급청구서가 아니라, 실물 화물의 존재를 전제로 하는 선적서류, 즉 운송서류, 상업송장, 보험서류, 검사증명서, 원산지증명서 등의 문서를 의미하는 것을 분명하게 확인할 수 있다.

UCP 600에서 위 각 규정을 두고 있는 가장 중요한 이유는, (1) 지정은행이 대금을 지급하고 "매입"하는 대상이 되는 이러한 "(선적)서류" 자체가 신용장과는 무관하게 그 자체로 실물 화물에 대한 인도청구권 또는 보험금 등 금전적 청구권을 표창하는 실질적 권리의 증서에 해당하기 때문이고, 이러한 서류의 확보를 통하여 개설은행은 만약의 경우 개설의뢰인이 신용장 대금을 상환하지 않더라도 화물에 대한 권리행사를 통하여 대금의 회수를 할 수 있기 때문이며, 이러한 선적서류의 담보적 기능은 우리 대법원 판결에서도 확인이 되고 있는 내용이며, (2) 이러한 선적서류에 대한 심사를 통하여 개설은행은 신용장이 전제가 되는 실물 거래의 존재를 최소한으로 확인하여 사기거래, 즉 Fraud의 가능성을 배제하고자 하는 의도가 깔려 있는 것이다.

그런데, 위와 같은 각 규정의 전제가 되는 법리는 바로 "보증신용장"의 경우에는 해당이 없는 것은 분명한 것이다. 보증신용장의 경우에는 오로지 해당 보증신용장에서 대금의 청구를 위하여 제시하는 조건, 즉 만약 그것이 이 사건과 같은 단순 청구(first demand) 방식이라면 아무런 필요서류가 존재하지 않으므로 엄격일치의 원칙 자체가 적용되지 않는 것이고, 해당 서류가 존재한다면(대표적인 예로서 중재판정문이나 판결문), 그에 대한 존재의 입증과 엄격일치가 필요하게 되는 것이다.

마. 결론적으로, UCP 600 제7조와 제15조의 내용 중 지정은행에 의한 개설은행에 대한 "서류(Document)"의 송부 관련 규정은, 화환신용장에서 개설은행에 의한 결제의 대상, 지정은행에 의한 매입의 대상이 되는 선적서류가 존재하는 화환신용장의 경우에 해당하는 것이지, 결제 혹은 매입의 대상이 되는

선적서류의 존재가 전제되지 않는 보증신용장의 경우에는 해당 사항이 없는 규정이다.[39]

3. Extend or Pay 청구에 있어 수익자의 불이행진술(Default Statement) 이 필요한가?

가. 은행보증 제도에는 (1) UCP 600이 적용되는 보증신용장, (2) ISP 98이 적용되는 보증신용장, (3) URDG가 적용되는 청구보증, (4) 위 규정들이 적용되지 않는 독립적 은행보증이 각 존재하는데, 서울고등법원 2021. 1. 26. 선고 2019나2035191 판결의 사안의 경우, 1차적으로 보증신용장의 수익자인 리비아개발관청이 확인은행인 사하라뱅크에대하여 청구한 것과 사하라뱅크가 보증신용장의 개설은행인 원고에 대하여 청구한 것은, 원고가 개설은행으로서 발행한 "UCP 600이 적용되는 보증신용장"에 기한 것이고, 2차적으로 피고가 원고에 대하여 발행한 것은 위 보증신용장에 대하여 구상보증(Counter Guarantee)으로서, 해당 구상보증은 "UCP나 URDG가 적용되지 않는 일반 국제거래에서의 은행보증"에 해당하는 것이다(피고는 보증신용장에 대하여 구상보증에 대한 지급방법으로서, 국내법상의 수출보증보험증권을 원고에게 별도로 발급하여 주었다).

독립적 은행보증에서 가장 중요한 원칙은 보증신용장, 청구보증, 은행보증의 각 제도에서 일관된 각 주체들 사이의 법률관계에 원칙이 되는 "독립추상성의 원칙"이다. 즉, 해당 사안의 경우, 보증신용장의 수익자인 리비아개발관청과 해당 보증신용장에 대하여 확인을 한 사하라뱅크 사이의 법률관계와

---

39) 위 사안에서, 피고는, ICC Opinion R791에서, UCP 600 7조 b항을 보증신용장의 경우에도 적용하였으므로 해당 규정 전부가 마치 보증신용장에도 적용된다는 것이 ICC Banking Commission의 이라는 취지로 주장하였으나, 이는 해당 공식의견 자체에서 분명한 바와 같이 해당 내용은 "신용장은 취소할 수 없다."는 취소 불가능성에 대한 것이고, 이는 당연히 화환신용장 뿐만 아니라, 보증신용장에 대하여도 공통되는 내용으로서, 이는 위 규정이 아니라, UCP 600 제2조 정의규정에서, "신용장(Credit)은 그 명칭과 상관없이 개설은행이 일치하는 제시에 대하여 결제(honour)하겠다는 확약으로서 취소가 불가능한 모든 약정을 의미한다.(Credit means any arrangement, however named or described, that is irrevocable and thereby constitutes a definite undertaking of the issuing bank to honour a complying presentation.)"는 규정과 제3조 해석 중 "신용장은 취소 불능이라는 표시가 없더라도 취소가 불가능하다.(A credit is irrevocable even if there is no indication to that effect.)"는 규정의 내용을 확인하는 것에 불과한 것이고, "신용장 대금의 '결제(honour)' 또는 '매입(negotiation)'을 위하여는 지정은행에 의한 '서류(document)'의 개설은행에 대한 송부가 필요한 것인가의 여부"는 전혀 상관이 없는 것이다.

확인은행인 사하라뱅크와 보증신용장의 개설은행인 원고 사이의 법률관계는 전혀 상호간에 해당 법률관계에 영향을 미칠 수 없는 "독립추상성의 원칙"이 적용되고, 아울러 보증신용장의 개설은행인 원고와 해당 보증신용장에 대하여 구상보증을 발행한 피고와 사이의 법률관계도 위 각 보증신용장의 관계와는 전혀 무관하고 영향도 미칠 수 없는 독립추상성의 원칙이 적용된다. 따라서, 2개의 각 은행보증에 있어 청구의 요건은 개별적으로 판단되어야 한다.

　　나. 독립적 은행보증에 있어 일반적 청구(demand)에 있어 해당 은행보증에 "수익자의 불이행진술"을 필요로 하는 특수조건이 있거나, 해당 진술을 요구하는 URDG의 적용이 있는 경우에는 수익자의 불이행진술서가 청구에 있어 제출되어야 하는데, 문제는 이러한 일반적 청구와 달리 "연장지급선택부지급청구(Extend or Pay)"의 경우에도 이러한 진술서가 필요한지 문제가 있다.

　　그런데, 이 사건의 경우에는 원고가 사하라뱅크를 확인은행, 리비아 개발관청을 수익자로 하여 발행된 보증신용장은 "수익자의 불이행진술"을 필요로 하지 않는 단순 지급청구 방식으로 되어 있었다[해당 보증신용장 발행 과정에서 최초에는 "Beneficiary's first simple demand in writing stating that the applicants is in breach of his obligations under the underlying contract"라고 되어 있었다가, 수정과정에서 "stating that the applicants is in breach of his obligations under the underlying contract" 부분이 삭제되어 단순한 first simple demand 형태가 되었다.]. 이러한 단순지급청구(Simple demand Guarantees)는 보증은행에 대한 청구과정에서는 지급청구서 이외에 아무런 관련 서류의 제시가 필요하지 않음은 분명하다.[40]

　　즉, 위 사건의 경우, 원고가 발행한 보증신용장에는 채무자의 불이행진술서를 필요로 하는 요건 자체가 없었으므로 수익자의 청구에 따라 확인은행의 보증은행에 대한 청구는 단순한 이행청구(first demand)만 있으면, 보증은행은 해당하는 보증금액을 지급하여야만 하는 사안이었다.

　　다. 위 사건에서는 "간접보증의 법률관계에서 구상보증인(이 사건 보증신용장 개설은행)에게 보증인(보증신용장의 확인은행)이 구상보증상 수익자의 지위에

---

40) Roeland F. Bertrams, Bank Guarantees in International Trade 4th Edition, 297면: "the only condition of payment in the case of first demand guarantees which do not prescribe the submission of a statement of default is a proper request for payment".

서 제출하는 보강진술이 어떠한 요건을 갖추어야 하는 것인가"라는 쟁점을 중심으로 보면, 기초관계상 의무 불이행 진술이 포함될 이유도 없다. 이는 구상보증인에게 보증인이 수익자로서 보강진술을 서면으로 제출하는 과정에서 "원보증상의 개설의뢰인이 기초관계상의 의무를 불이행하였다는 취지의 보강진술"을 함께 제출하여야 하는가라는 점이 문제될 수 있으나, 다음과 같은 이유에서 보증인은 구상보증인에게 자신이 원보증상의 수익자로부터 받은 위 원보증상의 보강진술을 제출할 필요가 없고, 그럴 이유도 없다고 본다.

즉, 구상보증과 원보증은 2개의 각기 다른 독립적 은행보증이 별개로 성립하여 하나의 전체적 간접보증 형태를 이루는 것이고, 원보증상의 보증인과 수익자 사이의 법률관계는 구상보증의 독립추상성의 원칙에 따라 구상보증과는 엄격히 구분되고 그에 의하여 영향을 받지 않는다. 따라서, 구상보증인에게 보증인이 제출하는 서류는 해당 은행보증 또는 보증신용장에 적용이 되는 조건과 해당 구상보증상의 조건에 부합하기만 하면 구상보증인으로서는 해당 보증금을 지급하여야만 한다.

나아가, 구상보증인에게 보증인이 보강진술을 제출하면서, 위와 같이 보증인 자신이 원보증상의 보증인으로서 원보증상의 수익자로부터 개설의뢰인의 기초관계상 의무 불이행을 내용으로 하는 보강진술을 받았다는 취지를 자신의 보강진술내에서 함께 기재하여야만 하는지의 문제가 발생할 수 있으나, 구상보증과 보증 사이는 위와 같은 각기 별개의 독립적 법률관계라는 점과 구상보증인 입장에서 구상보증상의 조건 충족은 "보증인이 원보증상의 수익자로부터 청구를 받았다"는 것이므로 그러한 청구 자체에 법률적 문제가 있는지 여부는 다른 특별한 사정이 없는 한, 구상보증상의 조건과는 무관한 것이라는 점을 함께 고려한다면 보증인은 구상보증인에게 자신의 보강진술을 제출하는 과정에서 원보증상의 수익자 진술 내용은 전혀 언급하지 않아도 구상보증에서의 적법한 보강진술로서 요건이 충족된다고 보아야 할 것이다.

라. 보증인이 구상보증인에게 보강진술을 제출하는 것은 지급청구서 자체에 의하여 그 진술을 포함하든, 혹은 별개의 서면진술로 하든 그 형식 자체는 문제가 없고, 이는 현재의 URDG 758에서도 명시적으로 규정하고 있다. 만약 보증인이 구상보증인에게 "자신은 수익자로부터 적법한 청구를 받았다"고 보강진술을 제출하는 경우, 구상보증인의 입장에서 그와 같은 원보증상 수익자

의 보증인에 대한 청구가 기초관계상 채무자의 불이행 사실을 포함하는 적법한 보강진술이 제출되었는지 여부에 대한 적법성을 심사하여야 하거나, 혹은 심사가 가능한 것인지 여부가 문제될 수 있다.

그러나, 보증인 자신이 구상보증인에 대한 청구에서 자신의 구상보증상 지급청구가 적법한 요건을 갖춘 것이라는 진술을 하고 있는 경우, 구상보증인의 입장에서는 보증인에게 추가적으로 이 부분에 대한 자료의 제출을 요구하는 등 행위를 할 필요가 없을 뿐 아니라, 구상보증이 가지는 이중적 독립성의 원칙상 법률적 성격 때문에도 가능하지 않다.

나아가, 구상보증과 보증이 연계되는 간접보증의 형태는, 지정은행에게 수익자가 신용장 관련 서류를 제출하고, 지정은행이 이를 심사한 다음, 신용장 조건과 관련 규정에 부합하는 적법한 청구일 경우, 해당 신용장 서류를 개설은행에게 보내어 다시 지정은행이 개설은행으로부터 신용장 대금을 지급받는 신용장의 원론적 거래구조와 매우 유사하게 닮아 있는데, 이러한 신용장의 거래 관계에서는 대법원 2005. 5. 27. 선고 2002다3754 판결 등 다수의 판결이 판시한 바와 같이, 전체 신용장 거래에서 수익자가 제출한 서류가 적법한 요건을 갖추고 있는지 여부를 판단하는 기준 시점은 바로 수익자가 그 서류를 지정은행에 제출하는 시점이 된다.

이러한 지정은행에 대한 수익자의 서류 제출과 개설은행에 대한 지정은행의 전달과정에서 만약 지정은행이 개설은행에 보낸 서류가 중간에 어떤 사유로 인하여 제대로 도착하지 않거나 늦게 도착하는 경우, 위 지정은행에 의한 개설은행에 대한 청구는 "적법"한 것인가가 문제로 될 수 있는데, 대법원은 이점에 대하여 전적으로 지정은행의 입장을 들어 지정은행이 자신이 보낸 청구서에서 자신이 수익자로부터 받은 지급청구가 유효하다고 기재하는 한, 이를 믿고 관련 법률관계가 정리되어야 한다는 입장을 취하고 있다.[41]

ICC Banking Commission의 공식의견에서, "신용장통일규칙에서는 서류가 유효기일내에 제시되었으나, 유효기일 경과후에 서류를 발송한 경우에 대하여 규정이 없다. 유사한 조문인 통일규칙 44조 c항에 의하면 자동연장된 유효기일 내에 서류가 제시된 경우 Covering letter에 UCP 44a에 의거 연장된 유효기일 내에 서류가 제시되었음을 명시하여야 한다. 서류의 제시기일에 대한

---

41) 대법원 2005. 5. 27. 선고 2002다3754 판결

개설은행의 오해를 피하기 위하여 매입은행은 Covering letter에 '서류는 유효기일 이내에 제시되었음' 또는 '서류는 신용장 조건과 일치함'이라는 표시를 하여야 한다. 매입은행의 이러한 표시 누락은 개설은행의 부도처리의 근거가 된다."라고 하고 있는 것은 결국 같은 취지를 표시한 것이다.[42]

지정은행과 개설은행 사이에 이중의 독립성을 가지지 않은 신용장 거래에서의 해석이 이와 같으므로 구상보증과 원보증처럼 이중의 독립성을 가진 개별적 법률관계에서 구상보증상 수익자인 보증인이 자신이 수익자로부터 "적법한 청구"를 받았다고 기재하고 있으면, 이는 다른 특별한 사정에 대한 입증이 없는 한, 만약 관련 보증에 대한 적용규범이 URDG라면, "해당 URDG의 각 규정과 보증서상의 조건에 부합하는 청구를 수익자가 보증인에게 하였다"라는 취지로 이해하여야 할 것이고, 구상보증인의 입장에서 보증인에게 추가적인 자료의 제출이나 진술을 요구할 수는 없다고 본아야 할 것이다.[43]

4. URDG 458 제20조 b항이 적용되는 사안에서, 간접보증상 구상보증인에게 보증인이 구상보증상 수익자의 지위에서 제출하는 보강진술은 어떠한 요건을 갖추어야 하는 것인가?

가. 대법원 2021. 7. 8. 선고 2017다218895 판결은, 해당 사안에서의 Extend or Pay 청구의 경우, 수익자의 불이행진술서가 보강되어야 한다는 URDG 20조의 규정이 해당 사안에서 적용되지 않는다는 원고측 주장은 URDG의 문리해석상 받아들여지기 어렵다고 보았다.

해당 사안에서 사하라뱅크의 원고에 대한 청구는 보증인의 구상보증인에 대한 청구로서, 해당 사안에서는 보증서 내용에 따라 아래의 URDG 458 제20조 b항이 적용되는 사안이었고, 쟁점은, "간접보증의 법률관계에서 구상보증인에게 보증인이 구상보증상 수익자의 지위에서 제출하는 보강진술이 어떠한 요건을 갖추어야 하는 것인가"라는 점이었다.

Article 20 (b) Any demand under the Counter-Guarantee shall be supported by a written statement that the Guarantor has received a demand for payment under the Guarantee in accordance with its terms and with this

---

42) ICC Official Opinion [12 September 2000 ICC Document 470/TA.466]
43) Roeland F. Bertrams, Bank Guarantees in International Trade 4th Edition, 251면도 같은 취지로 설명하고 있다.

Article.[구상보증상의 지급청구는 보증인이 그 보증상의 조건과 본조에 일치하는 지급청구를 받았다는 사실을 기재한 서면진술에 의하여 보강되어야 한다.]

　나. 해당 사안에서 보증인 사하라뱅크가 구상보증인인 원고에게 한 지급청구 문구는 다음과 같았고, 별도의 서면보강 진술은 없었다.

　"Beneficiary of our above mentioned guarantee claimed liquidation full guarantee amount in case you failed to extend its validity until 31.12.2012. Unless your renewal instructions received by us during the current validity period, we consider this SWIFT as our valid formal claim for liquidation and for crediting its total amount to our account with Deutsche Bank Frankfurt under urgent authenticated SWIFT advice to us."(앞서 언급한 보증의 수익자는 귀 은행이 보증의 유효기간을 2012. 12. 31.까지 연장하지 않을 경우, 보증서의 총금액의 지급을 청구하였다. 기존의 보증유효기간 이내에 귀 은행의 연장지시를 받지 못하는 경우, 본 통지를 유효하고 공식적인 보증금액 전액 지급청구 및 즉각적으로 인증된 통지에 의거한 당 은행계좌로의 이체 요청으로 간주하기 바란다.)

　그리고 해당 사안에서 원고는, (1) 보증인이 한 보강진술로서의 위 진술이 위 조건에 부합하는 것인지 여부는 해당 보증인이 구상보증인에게 보낸 서면진술에 의하여만 판단을 하는 것이 위 규정의 취지에 부합하는 것이 된다는 점, (2) 구상보증이 개입하는 간접보증의 경우에는 URDG 458의 지급청구에 관한 규정인 제20조 a항은 적용의 여지가 없으므로 제20조 b항만 적용되어 보증인이 '보증상의 조건과 본조에 일치하는 지급청구를 받았다'는 사실만을 기재하면 충분한 점, (3) 보증인이 구상보증인에게 보강진술을 제출하는 것은 지급청구서 자체에 의하여 그 진술을 포함하든, 혹은 별개의 서면진술로 하든 그 형식 자체는 문제가 없고, 이는 현재의 URDG 758에서도 명시적으로 규정하고 있는 점(URDG 758 제15조 b항) 등을 근거로 위와 같은 사하라뱅크의 청구가 적법한 지급청구라고 주장하였다.

　즉, 해당 사안에서 원고는, 구상보증상 수익자인 보증인이 자신이 수익자로부터 "적법한 청구"를 받았다고 기재하고 있으면, 이는 관련 보증에 대한 적용규범이 URDG라면, "해당 URDG의 각 규정과 보증서상의 조건에 부합하는 청구를 수익자가 보증인에게 하였다"라는 취지로 이해하여야 할 것이고, 구상보증인의 입장에서 보증인에게 추가적인 자료의 제출이나 진술을 요구할 수는 없고,[44] 보증인 사하라뱅크의 구상보증인 원고에 대한 통지에서는, 원보증상의 수익자에 의한 정상적인 지급청구가 있었다는 점을 명시하고 있어서, 구상보증에 있어 사건(event)가 발생하였다는 점을 분명히 하고 있고, 나아가서 보증기간의 연장이 전제되지 아니할 경우, 자신의 청구를 "valid formal claim for liquidation(유효한 공식 지급청구)"로 간주한다는 기재가 있는 바, 자신의 청구가 적법하고 유효한 청구라는 취지 자체가 수익자가 보증인에게 요건에 맞는 지급청구가 이루어져 그 보증대금을 지급할 것이라는 점을 전제로 하고 있다는 점에서 URDG 458 적용을 전제로 할 경우, 이는 URDG 458 제20조 b항에 따른 적법한 청구라고 주장하였다.

그러나, 대법원은, 위 원고의 주장을 배척하면서, "이 사건 연장지급선택부 청구가 이 사건 지급보증에 근거한 보증금의 지급청구로 인정되기 위해서는 청구보증 통일규칙 제20조 b항에 따라 '사하라 뱅크가 리비아 개발청으로부터 청구보증 통일규칙 제20조 a항의 요건을 충족하는 지급청구를 받았다'는 내용의 서면진술이 첨부되어야 한다."라고 판단하고, 사하라뱅크의 Extend or Pay 청구는 적법한 지급청구로서의 요건을 갖추지 못하였다고 보았다.

결국 사하라뱅크가 원고에 대하여 Extend or Pay 청구를 할 당시, 자신이 원보증의 수익자로부터 URDG 제20조 a항에 따른 청구, 즉 수익자의 불이행진술서를 첨부한 적법한 청구를 받았다는 점이 명확하게 표시되어야 한다는 취지로 해석되고, 이는 URDG 458 제20조 b항의 취지에 따라 이루어진 청구가 해당 규정에 부합하는지 여부에 대하여 보다 문리적으로 엄격하게 해석한 것이다.즉, 대법원은 URDG의 규정에 따른 각 당사자의 지급청구는 해당 청구에 대하여 보증금 지급이 이루어져야 하는지 여부가 결정되는 중요한 요소이므로 그 청구 자체가 요건에 엄격하게 이루어져야 한다는 취지로 판단한 것이다.

다. 참고로, 구상보증상의 수익자의 불이행진술서가 "별개의 서면 확인서로 제출되어야 하는지 여부"와 관련하여, URDG 458은 원보증의 경우에는 명시적으로 그럴 필요가 없다는 규정을 두고 있으나, 구상보증의 경우에는 해당 규정 자체가 없고, 이에 반하여 URDG 758은 구상보증의 경우에도 그럴 필요

---

44) Roeland F. Bertrams, Bank Guarantees in International Trade 4th Edition, 251면도 같은 취지

가 없다는 취지의 명시적 규정을 두고 있다.

URDG 458
Article 20(a)

Any demand for payment under the Guarantee shall be in writing and shall (in addition to such other documents as may be specified in the Guarantee) be supported by a written statement (whether in the demand itself or in a separate document or documents accompanying the demand and referred to in it) stating: [보증서에 따른 지급청구는 서면으로 하여야 하며 (보증서에서 기재된 다른 서류에 추가하여) 다음 사항을 기술한 서면진술서(서면진술서는 청구 그 자체나 별도의 서류 또는 청구에 첨부되어서 청구에 관해 언급이 있는 다른 서류들에 표시될 수 있다)에 의하여 뒷받침되어야 한다.:] (i) that the Principal is in breach of his obligation(s) under the underlying contract(s) or in the case of a tender guarantee, the tender conditions, and [발행신청인이 원인계약이나 입찰조건(입찰보증의 경우)에 따른 의무를 이행하지 않았다.] (ii) the respect in which the Principal is in breach. [발행신청인이 의무를 이행하지 않은 내용]

Article 20(b)

Any demand under the Counter-Guarantee shall be supported by a written statement that the Guarantor has received a demand for payment under the Guarantee in accordance with its terms and with this Article. [구상보증상의 지급청구는 보증인이 그 보증상의 조건과 본조에 일치하는 지급청구를 받았다는 사실을 기재한 서면진술에 의하여 보강되어야 한다.]

URDG 758
Article 15 Requirements for demand 제15조 지급청구의 요건

a. A demand under the guarantee shall be supported by such other docu-ments as the guarantee specifies, and in any event *by a statement, by the beneficiary, indicating in what respect the applicant is in breach of its ob-ligations under the underlying relationship. This statement may be in the demand or in a separate signed document accompanying or identifying the demand. [a. 보증상 지급청구는 그 보증에 명시된 다른 서류에 의하여 보강되어야 하고, 어떠한 경우에도 보증신청인의 기초관계상 의무위반의 내용을 표시

하는 수익자의 진술에 의하여 보강되어야 한다. 이러한 진술은 그 지급청구 내
에 기재되거나 그 지급청구에 첨부되거나 그 지급청구를 특정하는 별도의 서명
된 서류에 기재될 수 있다.]

b. A demand under the counter-guarantee shall in any event be supported by
a statement, by the party to whom the counter-guarantee was issued, in-
dicating that such party has received a complying demand under the
guarantee or counter-guarantee issued by that party. This statement may
be in the demand or in a separate signed document accompanying or
identifying the demand. [b. 구상보증상 지급청구는 어떠한 경우에도 자신이
발행한 보증이나 구상보증상 일치하는 지급청구를 수령하였음을 표시하는 그
구상보증 수익자의 진술에 의하여 보강되어야 한다. 이러한 진술은 그 지급청
구 내에 기재되거나 그 지급청구에 첨부되거나 그 지급청구를 특정하는 별도의
서명된 서류에 기재될 수 있다.]

위 대법원 판단의 취지가 구상보증의 경우 원보증인이 제출하는 서면진술
서는 반드시 지급청구서와 별개의 서면으로 되어 있어야 한다는 취지라면, 이
는 위와 같은 URDG 758의 규정과 사이의 그 문리적 차이점을 염두에 두고 규
정에 엄격하게 판단한 것이라고 볼 수 있다.

Ⅵ. 결론

독립적 은행보증에 있어 Extend or Pay 청구의 비중은 매우 높은 반면, 해
당 청구에 대한 규정을 두고 있는 URDG 혹은 ISP 98의 해석에 대한 논의나,
Extend or Pay 관련 규정이 없는 경우의 은행보증에 대한 청구과정에서의 관
련 해석에 대하여 많은 논의가 없었다. 최근에 나온 우리 법원의 판단을 중심
으로 독립적 은행보증에 대한 Extend or Pay 관련 법리가 보다 정비되어 실무
상의 혼선을 방지하고 통일된 국제적 결제관행 수립에 도움이 되었으면 한다.

— 참고문헌 —

1. 국내문헌

대한상공회의소·ICC Korea, "ICC 청구보증통일규칙(ICC Uniform Rules for Demand Guarantees 2010 Revision), 대한상공회의소(2010)

지정준/정용혁, "청구보증통일규칙 실무가이드", 한국금융연수원(2012)

2. 국외문헌

Eric E. Bergsten, "A NEW REGIME FOR INTERNATIONAL INDEPENDENT GUARANTEES AND STAND-BY LETTERS OF CREDIT: THE UNCITRAL DRAFT CONVENTION ON GUARANTY LETTERS", 27 Int'l Law (1993)

Georges Affaki & Roy Goode, "Guide to ICC Uniform Rules for Demand Guarantees URDG 758", International Chamber of Commerce, ICC Publication No. 702E (2011)

ICC, "Commentary on UCP600", ICC Publications (2007)

ICC Task Force on Guarantees, "The URDG Newsletter 1 July 2012", ICC Banking Commission Publication (2012)

Roeland F. Bertrams, Bank Guarantees in International Trade 4th Edition, Wolters Kluwer (2013)

Roy Goode, New Developments in the Law of Credit Enhancement: Domestic and International – "ABSTRACT PAYMENT UNDERTAKINGS IN INTERNATIONAL TRANSACTIONS", 22 Brook. J. Int'l L. (1996)

예견하지 못한 현장조건 再考

김승현*

I. 들어가는 말

어떤 공사든 정도의 차이는 있지만, 지하토양의 조건을 포함한 현장조건[1]에 의해 크게 영향을 받는다. 댐이나, 교량 또는 도로를 건설하는 대규모 토목공사는 말할 것도 없고, 간단한 건축공사라 하더라도 지하토양의 조건에 따라 기초공사의 방법이나 정도가 달라지기 때문이다. 이처럼 지하 굴착 작업을 수반하는 공사는 지하토양의 조건에 직접적인 영향을 받을 수밖에 없다. 오늘날 지질공학(science of geotechnical engineering)의 발달로 인해 과거에 비해 상당히 정확하게 지하토양의 조건을 예측하는 것이 가능하다고는 하나, 시간과 비용의 제약 하에 놓여 있는 대부분의 건설 프로젝트에서 현실적으로 지하토양 조건을 정밀하게 예측하는 것이 아직도 어려운 경우가 많다. 이처럼 시공자가 공사에 착수한 후 맞닥뜨리는 지하토양 조건이 계약체결 전에 그가 예측했던 것과 다를 경우 공기도 지연되고 추가 공사비도 발생하게 되기 마련인데, 이러한 위험[2]은 누가 부담하는가? 만약, 이 경우 시공자에게 공기연장이 주어지

---

* 국제건설계약법연구소장/미국변호사/법학박사

1) 예견하지 못한 현장조건이라는 용어는 개조공사 중인 기존건물에서 예견하지 못한 조건이 발생한 경우까지 포함할 수 있다는 측면에서 예견하지 못한 지하토양조건이라는 용어보다 넓은 개념인 것으로 이해된다. 그러나 본 글에서는 그러한 세부적인 차이를 고려하지 않고 용어를 혼용하기로 한다. 그 외에도 실무상으로 예견하지 못한 지반조건(unforeseen ground conditions), 예견하지 못한 지하토양조건(unforeseen subsurface soil conditions), 다른 현장조건(differing site con-ditions), 예견할 수 없는 물리적 조건(unforeseeable physical conditions), 또는 예견할 수 없는 어려움(unforeseeable difficulties) 등 다양한 용어들이 사용되고 있다.

2) 건설공사계약에서 위험이란 용어는 두 가지 의미로 사용된다. 첫째는 공사 도중에 공사목적물이 양 당사자에게 책임이 없는 후발적 사건에 의해 멸실 또는 손상되었을 때 시공자에게 복구 의무가 있는지 그리고 발주자의 대가지급 의무는 어떻게 되는지를 논하는 맥락에서 사용되는데, 이를 흔히 위험부담의 문제라 부른다. 둘째는 계약 체결 후에 계약의 이행을 방해하거나 지연시키는 어떤 사건의 발생에 대한 위험을 어느 당사자가 인수했는지를 논하는 맥락에서 사용된다(G. H. Treitel, Frustration and Force Majeure, 3rd ed. (Sweet & Maxwell, 2014), para. 3-009 참조). 여기서는 후자의 의미로 사용한다.

고 추가 공사비가 지급된다면 이 위험은 발주자가 부담하는 것이고, 그렇지 않다면 시공자가 부담하는 것이다. 이러한 위험을 누가 부담하는지는 계약자유의 원칙에 의해 당사자들이 계약에서 정한 바에 따르는 것이 원칙이다.

지금까지 예견하지 못한 현장조건에 대한 논의들을 살펴보면, 주로 예견하지 못한 현장조건으로 인한 추가 공사비를 누가 부담하는지에 대해서만 초점을 맞추고 있는 것으로 보인다. 그러나 건설실무 상 시공자가 공사 착수 후에 예견하지 못한 현장조건을 만나게 되는 경우 이로 인해 공기가 지연될 수 있는데 시공자가 공기지연에 대한 책임을 져야 하는지의 문제도 중요하다. 여기서 한 가지 주목해야 할 사실은 예견하지 못한 현장조건으로 인한 공기지연에 대해 시공자가 공기연장을 받을 수 있는지와 추가 공사비를 인정받을 수 있는지는 별개의 문제라는 점이다. 예견하지 못한 현장조건으로 인한 공기지연에 대해 공기연장을 받을 수 있는지는 이러한 공기지연이 시공자의 채무불이행, 즉 이행지체에 해당하는지 측면에서 따져봐야 하며, 추가 공사비를 인정받을 수 있는지는 계약 하에서 시공자의 역무 범위에 대한 해석 문제로 귀결되기 때문이다. 따라서 예견하지 못한 현장조건 위험 부담을 논할 때 시공자가 공기지연에 대해 공기연장을 받을 수 있는지와 추가 공사비를 받을 수 있는지 이 두 가지 문제는 분리해서 생각할 필요가 있다.

한편, 대부분의 경쟁입찰절차에서 발주자가 제공하는 입찰초청서에는 통상 토양보고서(soil report)나 천공기록(boring logs)과 같은 현장에 관한 정보나 자료가 포함되어 있다. 물론 발주자가 일체의 현장관련 정보를 제공하지 않고 모든 입찰참여자가 각각 현장조사를 하게 하여 그 정확성에 대해서 책임을 지도록 할 수 있으나, 현실적으로 입찰참여자들이 계약 체결에 대한 확신도 없이 현장조사에 많은 비용과 시간을 투입하기가 어려울 뿐만 아니라, 발주자 입장에서도 입찰참여자들이 미지의 현장조건에 대비하기 위해 예비비(contingency)를 대폭 반영하여 계약금액이 올라가는 것을 막을 수 있기 때문에 발주자가 현장 정보나 자료를 제공하는 것이 보통이다.[3]

그런데 발주자가 제공하는 현장정보나 자료에 부정확하거나 잘못된 부분이 있어 시공자가 적기에 완공을 못하고 추가 공사비가 발생한 경우에 이에

---

3) Ellis Baker and Michael Turrini, "The Underlying Problem: Negotiating the Ground Conditions Issue", Society of Construction Law Paper No. 181 (March 2013), p. 5

대한 책임은 누구에게 있는가? 나아가 발주자가 그러한 현장정보나 자료를 제공할 때 자신이 제공하는 현장정보나 자료는 입찰의 편의를 위해 제공하는 것일 뿐, 그 정확성, 완전성, 충분성에 대해서 책임을 지지 않으며, 시공자가 그러한 정보나 자료를 해석하고 진실임을 확인할 책임이 있으며, 공사완공에 필요한 모든 현장정보를 시공자의 책임으로 조사하여야 한다는 취지의 책임부인 문구를 포함시키는 경우가 많은데 이 경우에는 누가 책임을 져야 하는가?

본 연구에서는 먼저, 당사자들이 계약에서 예견하지 못한 현장조건 위험을 누가 부담하는지에 대한 합의를 하지 않은 경우, 여러 영미법계와 대륙법계 준거법 하에서 어떠한 결론이 내려지는지에 대해 비교법적으로 살펴본다 (Ⅱ). 또한 발주자가 잘못된 현장정보나 자료를 제공하였으나 그 정보나 자료에 오류가 있어 공기지연과 추가 공사비가 발생한 경우에 준거법 별로 시공자에게 어떠한 구제수단이 있는지 살펴보기로 한다. 더 나아가 발주자가 현장정보나 자료를 제공하면서 그 정보나 자료의 오류에 대한 책임을 부인한 경우에 시공자는 책임을 면할 수 없는지도 살펴본다(Ⅲ). 마지막으로 FIDIC 계약조건 Red/Yellow/Silver Book 별로 예견하지 못한 현장조건 위험을 시공자와 발주자 간에 어떻게 배분하고 있는지를 살펴보고자 한다. 특히 Silver Book은 예견하지 못한 현장조건 위험 전부를 시공자에게 전가하고 있는데, 이러한 Silver Book 태도의 정책적 타당성에 대해서도 생각해 본다(Ⅳ).

Ⅱ. 예견하지 못한 현장조건 위험에 대한 각국의 법리

1. 영국법

영국법하에서는, 총액확정계약[4]에서 시공자가 어떠한 조건을 달지 않고 공사목적물을 완공하겠다고 약속한 경우, 시공자는 완공에 필요한 모든 것을 수행해야 하고 현장조건이 예상했던 것보다 훨씬 더 나쁘다는 것은 시공자의 의무불이행에 대한 변명이 될 수 없다.[5] 다시 말해 예견하지 못한 현장조건 위험은 시공자가 부담한다는 것이다.[6] 따라서 예상보다 나쁜 현장조건에 맞닥

---

4) 예견하지 못한 현장조건은 주로 총액확정계약에서 문제되지만 후술하는 Worksop Tarmacadam v Hannaby 사건에서 보듯이 실측계약(remeasurement contract)에서도 문제가 될 수 있다.

5) Baker and Turrini (주3), pp. 2-3.

6) Bottoms v York Corporation (1892), Hudson 4th ed., Vol.2 Table of Cases Reprinted (London

뜨리게 된 시공자가 공기연장과 추가 공사비를 인정받기 위해서는 계약서에
명시적인 규정을 두어야 한다.

영국 Paradine v Jane 사건7)에서 확립된 계약 절대 준수의 원칙(doctrine
of absolute contracts)은 Frustration 법리를 정립한 Taylor v Caldwell 사건8) 이
후에 폐기된 것이 아니라, 다른 사건들에서 여전히 유효한 영국판례로 인용되
고 있음을 간과해서는 안 된다.9) 따라서 시공자가 예견하지 못한 현장조건 위
험에 대해 공기연장이나 추가 공사비를 인정받으려면 계약에서 미리 그렇게
정해야 한다는 것이다. 그리고 Frustration은 후발적 사건에 의해 시공자의 의
무가 이행불능이 되는 경우에 적용되는 법리이기 때문에, 계약체결 당시에 이
미 존재하였던 사정이 뒤늦게 발견되는 경우인 예견하지 못한 현장조건에는
적용되기 어렵다. 시공자는 계약을 체결하기 전에 현장을 조사할 수 있었고,
그러한 측면에서 자신이 맞닥뜨릴 수 있는 어려움에 대해 계약으로 대비할 기
회를 가진 것으로 간주된다는 것이다.10)

영국 법원은 Bush v Whitehaven Trustees 사건에서 혹독한 Cumberland
의 겨울 동안 파이프 라인을 시공했던 시공자에게, 그 공사가 여름에 수행될
의도였다는 사실에 근거해서 Quantum Meruit11)에 기초한 보상을 명하였다.12)
그러나 이는 예외적인 판결로 후속 판결들에서 강하게 비판을 받았다.
Bottoms v Corporation of York 사건에서 배수 시스템을 공사하는 시공자가
불량한 현장조건을 만나 공사를 포기하였는데, 법원은 발주자가 시공자의 장
비를 압류하고 기성지급을 거부한 것에 대해 시공자는 아무런 구제수단을 행
사할 수 없다고 판시하였다.13)

현대에 이르러 가장 대표적인 영국 판례는 Worksop Tarmacadam v
Hannaby 사건인데, 시공자가 공사 도중에 예견하지 못했던 경암(hard rock)을

Sweet & Maxwell, 2001) 208, QBD and CA; Worksop Tarmacadam Co Ltd v Hannaby (1995) 66 Con LR 105, CA; Thiess Services Pty Ltd v Mirvac Queensland Pty Ltd [2006] QCA 050.
7) (1647) Alyen 26.
8) (1863) 3 B. & S. 826.
9) Treitel (주2), para 2-001.
10) Treitel (주2), para 2-033.
11) 이는 노무상당액의 청구를 뜻하며, 영국법상 계약적 근거가 존재하지 않는 경우 당사자가 수행한 일 또는 제공한 용역에 대한 보상을 청구하는 기초로 활용된다.
12) Bush v Whitehaven Trustees (1888) 52 J.P. 392
13) Bottoms v Coporation of York (1892) Hudson, Building Contracts, 4th ed., Vol.2, p. 208.

만난 결과 초래된 추가 공사비를 청구하였는데, 시공자의 법률대리인은 실측
(remeasurement) 조항이 문자적으로나 문맥상으로 추가 공사비 청구가 가능할
정도로 폭넓게 규정되어 있다고 주장하였다. 법원은 이러한 주장을 배척하면
서 다음과 같이 판시하였다:

> 나는 동의하지 않는다. 만약 원고가 예견하지 못한 조건을 만날 경우를 대비한 조
> 항을 만들기를 원했다면 구체적인 조항으로 그렇게 규정하는 것이 가장 손쉬운 방
> 법이었을 것이다. 그런데 그렇게 하지 않았다.[14]

영국법하에서 이와 같은 계약 절대준수의 원칙은 시공자가 예견하지 못한
현장조건을 만나지 않고 공사를 수행할 수 있을 것이라는 발주자의 묵시적 보
장(implied warranty)은 없다고 판시한 판례에 의해 강화되었다.[15]

또한 영국법원은 Thorn v The Mayor and Commonality of London 사
건[16]에서 발주자가 시공자에게 설계를 제공한 경우 그 설계가 시공가능하다는
보장(warranty)을 제공하는 것은 아니라고 판시하였다. 엄밀히 말하면 예견하
지 못한 현장조건에 관한 판례라 보기는 어렵지만, '시공가능성'(buildability)에
대한 영국법의 태도를 알 수 있는 중요한 판례이기 때문에 여기서 소개한다.

본 건은 London Blackfriars 지점에 Thames 강을 가로지르는 교량을 건설
하는 공사계약에 관한 것이다. 발주자의 엔지니어인 Cubitt이 작성한 공사 도
면에 의하면 교각은 강바닥으로 가라 앉는 철 잠함(iron caissons)을 사용하여
시공하는 것으로 되어 있었다. 철 잠함이 일단 자리를 잡으면 Thames 강의 조
수 변화에 의해 영향을 받지 않고 물이 새어 들지 않는 철 잠함 내부에서 교각
을 시공할 수 있었다. 하지만 불행히도 이러한 시공 방법은 적합하지 않았다.
철 잠함은 큰 강의 흐름을 이겨낼 수 없었기 때문에 철 잠함을 사용하지 않는
시공 방법이 도입되었다. 그 결과 조수 여건에 따른 시공 제약으로 인해 공기
가 늘어났고, 공사비도 증가되었다.

시공자는 엔지니어의 잘못으로 필요하게 된 설계 변경에 의해 초래된 추
가 비용에 대해 발주자를 상대로 소를 제기했다. 엔지니어의 설계에 의해 요

---

14) Worksop Tarmacadam (주6), p. 108.
15) Re Carr and the Shire of Wodonga [1925] VLR 238, Vic Supreme Ct; Thiess Services Pty Ltd
    v Miravac Queensland Pty Ltd (주6), para. 34 (McPheron JA).
16) (1876) 1 App Cas 120.

구된 시공 방법이 실제 상황에서 부적합한 것으로 판명난 경우, 시공자에게 금전적 또는 기타 구제를 받을 권한이 있는지에 대해서 명시적으로 규정하는 계약 조항은 없었다. 시공자는 계약에 다음과 같은 조항이 묵시되었다고 주장했다:

어떤 사람으로 하여금 특정한 장소에서 특정한 일을 하도록 계약을 한 사람은 묵시적으로 그 장소가 그 일이 수행되는데 문제가 없고 적합하다고 약속한다. 그가 일이 특정한 방법으로 수행되도록 규정한 경우, 그는 일이 그 방법으로 수행될 수 있음을 약속한다.[17]

이러한 주장에 대해 영국법원은 만약 시공자가 공사감독을 위해 발주자가 고용한 교량위원회(Bridge Committee)에 가서 시공자가 한번도 시공해본 적이 없으나 Cubitt이 적합하다고 생각하는 철 잠함 방식으로 교량이 시공될 수 있다는 것을 자신에게 약속하고 보장해줄 수 있는지 물었다면, 교량위원회는 자신도 시공자보다 Cubitt을 더 잘 알거나 믿을 수 있는 입장이 아니므로, Cubitt이나 그의 도면에 대해 보장할 수 없으며, Cubitt의 도면이 효과적으로 시공될 수 있을지에 대해 시공자가 스스로 판단해야 하고, 만약 시공자가 이를 신뢰하기 어렵다면 시공자의 엔지니어로 하여금 시험을 하게 하거나, 아니면 공사를 맡지 않을 수도 있다고 말했을 것이라고 설시했다.[18]

이러한 설시는 예견하지 못한 현장조건으로 인해 공사의 수행이 보다 어렵게 되거나 비싸게 될 계약적인 위험 부담에 대한 영국법원의 태도를 요약해준다. 다시 말해, 만약 시공자가 자신의 설계 또는 주어진 설계대로 어떤 공사를 하기로 약속한다면, 그는 그렇게 하기로 한 계약금액 및 시간 범위 내에서 그 공사를 수행해야 한다. 시공자가 예견하지 못한 현장조건을 만나는 경우 공기연장과 추가 공사비를 받을 권한이 있다고 계약으로 정할 수 있다. 그러나 계약으로 그렇게 정하지 않은 경우 시공자에게 그러한 권한을 부여하는 계약의 묵시적 조항(implied terms)은 없다는 입장이다.[19]

이는 후술하는 미국 US v Spearin 사건에서 미국 법원이 "만약 시공자가 발주자가 제공한 도면과 내역서에 따라 공사하여야 한다면, 시공자는 그 도면

17) (1876) 1 App Cas 120 at 123.
18) (1876) 1 App Cas 120 at 129.
19) Julian Bailey, "International Perspectives on Unforeseen Site Conditions", ICLR (2019), p. 9.

과 내역의 하자의 결과에 대해 책임이 없다"고 판시한 것과 대조적이다.

2. 미국법

19세기를 통해 미국법원은 계약당사자간의 위험배분(risk allocation)이 어떻게 이루어졌는지 판단하기 위해 사안의 사실관계를 들여다보는 대신 오로지 계약의 명시적 문구에만 주목했다. 법원은 명시적으로 발주자에게 배분되지 않은 계약불이행의 위험은 시공자가 부담한다[20]는 사실을 확인하기 위해, 그저 계약서에 명시적 조항이 없음을 이유로 들었을 뿐이다. Dermott v. Jones 사건[21]에서 계약준수의 원칙(pacta sunt servanda)의 엄격한 적용이 이루어졌다. 시공자는 발주자가 제공한 설계대로 건물을 짓기로 합의하였는데 건물이 서 있는 토양의 숨은 하자로 인해 건물에 균열이 갔고, 붕괴위험까지 발생하였다. 시공자는 발주자의 설계사의 책임이지 자신의 책임이 아니라고 주장하였으나, 미국 연방대법원은 다음과 같이 판시하면서 발주자의 손을 들어주었다.

> 사용과 점유에 준비된 상태로 공사를 완성해야 하는 것이 시공자의 의무이며, 그는 그 이행을 다하기 위해 필요한 무엇이든지 해야 한다. 그는 본 사안의 이행가혹(hardship)에 대해 계약서에 조항을 두어 자신을 보호할 수도 있었다. 그가 그렇게 하지 않았기 때문에, 그를 면책시키는 것은 이 법원의 권한 밖이다. 그는 건물의 문제가 된 부분을 사용과 점유에 적합하게 만들지 못했다. 만약 계약의 일방당사자가 이행이 가능한 의무를 계약에 의해 부담한 경우, 그 이행이 자연재해(the act of God), 법 또는 타방당사자에 의해 불가능하게 되지 않는 한, 그는 그 의무를 이행하여야 한다. 예견하지 못한 어려움은 아무리 크다 하더라도, 그를 면책시키지 않는다. 이러한 원리는 이성과 정의의 견고한 토대 위에 서 있는데 그것

---

20) Restatement Contracts 2nd, Introduction to Chapter 11도 이를 확인하고 있다.
   계약책임은 엄격책임(strict liability)이다. pacta sunt servanda 즉 계약은 지켜져야 한다는 것이 널리 승인된 법리이다. 그러므로 채무자는 비록 그에게 과실이 없다 하더라도 그리고 상황이 그가 예상했던 것보다 계약이행을 더 부담스럽게 하거나 덜 바람직하게 하더라도 계약위반에 대한 손해배상책임을 진다. … 그렇게 엄격한 채무를 부담하기를 원하지 않는 채무자는 계약에 다양한 조항들을 두어 더 가벼운 채무를 부담할 수 있다: 그는 단지 최선을 다할 의무를 약속할 수도 있다; 그는 자신의 의무를 자신의 산출량 또는 요구사항에 국한시킬 수도 있다; 그는 계약을 취소할 권리를 보유할 수도 있다; 그는 또 비용에 일정한 이윤을 추가하는 방식(cost plus)의 신축성 있는 가격 방식을 택할 수도 있다; 그는 불가항력(force majeure) 조항을 삽입할 수도 있다; 또는 그는 위반에 대한 손해배상을 제한할 수 있다. 채무자의 채무의 정도는 결국 제9장, 계약적 채무의 범위에 서술된 계약해석의 법칙을 적용해서 판단할 문제이다.
21) Dermott v. Jones, 69 US 762 (1865).

이 바로 계약준수의 원칙이다. 동 원칙은 계약당사자들이 자신들이 하기로 합의한 것을 하라고 요구한다. 만약 계약이행 도중에 예기치 않는 장애가 생겨, 손실이 발생하는 경우 동 원칙은 그러한 손실을 계약에서 정한 자에게 부담시킨다. 만약 당사자들이 면책에 대해 아무런 규정을 두지 않은 경우, 법원칙은 아무 것도 주지 않는다. 동 원칙은 정당하게 체결된 계약을 무효로 만드는 것을 허락하지 않으며 당사자들 스스로가 규정하지 않은 바에 대해 보충 해석하는 것을 허락하지 않는다."22)

이러한 계약준수의 원칙의 중심에는 계약이 명시적으로 발주자에게 배분하지 않은 현장조건에 대한 위험은 시공자가 계약금액에 예비비(contingency)로 반영하거나, 그러한 위험에 대해 보험을 들거나 아니면 계약에 의해 제3자에게 그 위험을 전가하였거나, 하였어야만 한다는 묵시적인 가정이 존재한다.23)

3. 독일법

독일에서는 법과 표준계약조건에 의해 시공자가 지하토양을 조사하고 문제점이 있으면 그 문제점을 발주자에게 알릴 의무를 다한 이상, 지하토양조건 위험을 발주자에게 부담시키고 있다.24) 지하토양조건을 누가 부담하는지 문제를 논하기에 앞서, 발주자도 시공자도 실제 공사 도중에 만나게 된 지하토양조건을 예측하지 못했어야 한다는 점이 강조되어야 한다. 다시 말해서 발주자도 지하토양을 조사할 의무를 다 했고, 시공자도 지하토양을 조사하고 문제점이 있으면 그 문제점을 발주자에게 알릴 의무를 다했어야 한다는 것이다. 따라서 계약 당사자 중 어느 누구에게도 과실이 없는 경우에만 예견하지 못한 토양조건에 대한 청구가 가능하다.25)

발주자에게 예견하지 못한 현장조건 위험을 부담시키는 근거로 먼저, 독일민법 제644조 제1항 3문에 의하면, "도급인이 제공한 재료의 우연적 멸실 및 우연적 훼손에 대하여 수급인은 책임이 없다"고 규정하고 있는데, 독일에서는 오랫동안 지하토양이 공사 자재로 취급되어 왔다.26) 지하토양조건을 발주자에

---

22) 69 US at 764 (1865).

23) Philip Bruner & Patrick O'Connor, *Bruner & O'Connor on Construction Law*, Vol. 4 (West Group, 2002), §14:24 at p. 948.

24) Wolfgang Rosener, "Unforeseeable Ground (Including Water) Conditions –Principle and Practice under German and Related Law", ICLR (2000), p. 105.

25) Rosener (주24), p. 103

26) 건설지반(Baugrund)을 자재(Stoff)로 본 판례로는 BGH, NJW–RR 2016, 498 Rn. 43; OLG

게 부담시키는 추가적인 근거는 "건설도급공사규정"(Vergabe-und Vertrags-
ordnung für Bauleistungen: 이하 "VOB"라 한다)[27])에서 찾을 수 있다. VOB/A 제1
장(Abschnitt 1) 제7조 제1항 3호와 6호는 발주자가 성능명세서(performance
specification)를 준비할 때, 감수해야 할 요건들을 규정하고 있다:

> 제1항 3호: 시공자에게는, 시공자가 영향을 미칠 수 없고, 공사비와 공기에 미치는
> 영향을 미리 평가할 수 없는 상황이나 사건에 대한 어떠한 비통상적인 위험도
> 부과되어서는 아니된다.
> 제1항 6호: 공사수행에 결정적인 현장조건, 예를 들어 토양이나 수문학적 조건 등
> 은 입찰자가 건축물 및 공사수행에 대한 그러한 조건의 영향을 충분히 판단할
> 수 있도록 기술되어야 한다.

　　판례는 계약당사자들이 VOB/A의 적용에 합의했는지 여부에 상관없이, 상기
조항들은 일반적으로 승인된 원칙이기 때문에 적용될 수 있다고 판시하였다.[28])

　　시공자의 조사 및 통지의무와 관련하여, 독일 판례는 입찰을 기초로 해서 청약이
이루어지는 경우에는 계약체결 전 단계에서 이미 신뢰관계가 형성된다고 하면서,
이러한 관계는 발주자뿐만 아니라 시공자에게도 미래의 계약 상대방을 위해 손해
를 방지할 의무를 부과한다고 판시하였다.[29]) 또한 독일 법원은 시공자가 입찰서
류, 특히 성능명세서의 불명료함 또는 부정확함과 같은 흠결을 인지하고서도 추가
질의를 하거나 확인을 하지 않은 경우 시공자의 보상청구를 부인한다.[30])

Karlsruhe, NJW-RR 2010, 1609; OLG Naumburg, NZBau (2005), 107 등, 학설로는 Englert,
NZBau (2000), 113; Pauly, MDR (1998), 1453; Preussner, BauR (2001), 697 등 참조.
27) VOB는 1920년 이래로 주 발주자인 정부기관과 건설업계가 협상을 통해 도출한 사적 규범이므로
　　계약당사자들이 합의한 경우에만 적용이 된다는 점에서 법규범이 아니다. 오늘날 VOB는 정부발
　　주공사뿐만 아니라 민간발주공사에서도 광범하게 사용되고 있다. VOB/A는 계약수주를, VOB/B는
　　실질적인 계약조항을, VOB/C는 건축공사에 대한 기술적 조건들을 다루고 있다; 2008년 독일연방
　　대법원은 VOB/B가 소비자를 상대로 사용된 경우, 독일 민법상 약관의 내용통제(Inhaltskontrolle)
　　의 대상이 된다는 점을 분명히 하였다(BGH, 24.07.2008-VII ZR 55/07).
28) Rosener (주24), p. 102.
29) Marbach, BauR (1994), 168 et seq., 171. 또한 BGH BauR 1987, 683; BauR 1988, 338.
30) Marbach (주29), p. 171.

4. 스위스법

가. 예견하지 못한 현장조건 관련 스위스 채무법[31] 규정

스위스 채무법에서 지하 토양조건과 관련 있는 조문은 공사 수행 도중에 발견되는 지하 토양조건의 결함에 대한 통지 의무를 규정하는 제365조 제3항과 지하 토양의 결함으로 인해 공사목적물의 파손의 결과에 대해 규정하는 제376조 제3항으로 매우 제한적인데, 스위스 법원 판례에 의해 보충되고 있다. 그리고 이러한 스위스 채무법 조항은 강행규정으로 이와 배치되는 당사자들의 합의는 효력이 없다고 한다.[32] 한편 스위스에서는 스위스 엔지니어 및 건축사 협회에서 만든 표준계약조건 중 건설도급계약의 일반조건(이하 "SIA-Norm 118")이 비록 법적인 효력은 없고 당사자들이 계약에 편입시킨 경우에 효력이 있으나, 경우에 따라 전문적인 상관습 또는 관행(professional usage or custom)으로 당사자들의 계약적인 합의를 보충하는 역할을 한다고 한다.[33]

먼저 스위스법 하에서 실제로 누가 지하 토양조건을 조사할 의무를 부담하는지에 대해서 스위스 채무법에는 명시적인 규정이 없다. 스위스 연방대법원 판례에 따르면 발주자에 의해 선정된 토양이 예정된 공사 수행에 적합한지에 대해 조사할 의무는 통상 시공자에게 있으며, 이러한 의무는 시공자가 공사를 수락하고 준비할 때 준수해야 하는 시공자의 주의의무의 일부를 구성한다고 한다.[34]

또한 스위스 채무법 제365조 제3항 하에서 시공자는 공사 수행 도중에 발견되는 토양의 결함에 대해 즉시 발주자에게 통지해야 할 의무를 부담하는데, 만약 통지를 하지 않으면 시공자는 공사수행에 적합하지 않은 토양에 공사를 한 결과 초래되는 손해에 대해 책임을 져야 한다. 실제로는 시공자가 토양의 결함을 발견하지 못해 통지를 하지 못했는데, 시공자가 그러한 결함을

---

31) 스위스 민법은 1907년 스위스 민법전(Schweizerisches Zivilgesetzbuch)과 1911년 채무법(Obliga-tionenrecht)으로 구성된다. 스위스 민법전은 총 4편으로 구성(1편: 人, 2편: 친족, 3편: 상속, 4편: 물권)된다. 채무법은 스위스 민법전의 제5편에 해당하지만 별도의 단행 법률로 제정되었고, 조문 번호도 제1조부터 독립적으로 시작한다.

32) Rudolf Meroni, "Sub-Surface Ground Conditions -Risks and Pitfalls for Project Participants, Civil Law Projects- Legal and Contractual Approach in Switzerland", ICLR (1990), pp. 199-201.

33) Meroni (주32), p. 199.

34) BGE 52 II 441. Meroni (주32), p. 201에서 재인용.

발견하지 못한데 대한 과실이 있는지 여부가 주로 문제될 것이다. 여기서 시
공자의 과실 여부는 객관적인 기준으로 판단된다. 다시 말해 시공자가 계약
을 이행함에 있어 일반적으로 통용되고 있는 기술 수준을 적용했는지 여부라
고 한다.[35]

그러나 SIA-Norm 118은 토양 조사에 관한 의무의 배분을 이와 달리 규정
하고 있는데, SIA-Norm 118 제5조 제2항에 의하면 계획된 공사를 적절히 수
행하기 위해 필요한 정도로 지하 토양조건을 판단해야 할 의무는 대개의 경우
발주자에게 있다고 한다. 그리고 이러한 토양 조사의 결과는 프로젝트 내역서
에 포함되어 추후 입찰서류를 제출할 잠재적 시공자들에게 주어져야 한다고
규정한다. 이러한 SIA 규정은 통상 발주자들이 토양 조건의 적합성을 판단할
수 있는 전문적인 기술을 지닌 엔지니어나 건축사들의 도움을 받고 있는 오늘
날의 건설 공사 관행과 부합한다고 볼 수 있다. SIA-Norm 118은 발주자가 이
와 같은 프로젝트 컨설턴트들의 도움을 받지 못하는 경우에만 시공자가 토양
을 조사해야 한다고 규정한다.

나. 예견하지 못한 현장조건으로 인한 공기지연

인접지역으로부터의 지하수 유입, 토양 방사능 오염 또는 고고학적 가치
가 있는 유물의 발견 등과 같이 공사를 완전히 금지시킬 정도는 아니지만 공
기를 지연시키는 예견하지 못한 현장조건이 발생할 수 있다.[36] 이 경우 이러
한 지연의 금전적인 결과를 누가 부담해야 할 것인지를 판단하기 위해서는 이
러한 지연의 원인이 누구에게 귀속되는지를 따져봐야 하는데, 이는 누가 채무
불이행을 했는지 보다는 지연의 원인이 누구의 위험영역(sphere of risk)에 속하
는지에 달려 있는 문제라 하겠다. 보통 지연의 원인이 토양과 관련한 경우 현
장을 선정한 것은 발주자이기 때문에 발주자의 위험영역에 있다고 보아야 할
것이다.[37] 따라서 시공자에게 공기연장에 대한 권리가 주어질 것이다.

---

35) Meroni (주32), p. 201.
36) 그 정도가 심해서 공사수행이 불가능하다면, 그리고 시공자가 이런 상황을 계약 체결 당시 전혀 예
    견할 수 없었다면 시공자는 자신의 이행의무로부터 벗어나게 된다. Meroni (주32), pp. 202-203.
37) Gauch, Der Werkvertrag, 3. Aufl. (Schulthess, 1985), N 505, S. 146.

다. 예견하지 못한 현장조건으로 인한 추가 공사비

총액확정계약인 경우 시공자가 예상했던 것보다 더 큰 비용을 지출했다 하더라도 계약금액을 증액시킬 수 없는 것이 원칙이다(스위스 채무법 제373조 제1항). 그러나 예외적으로 당사자들이 예견할 수 없었던 비정상적인 상황이 완공을 부당히 방해하는 경우, 법관은 자신의 재량으로 계약금액을 증액시키거나 계약을 해지할 수 있다(스위스 채무법 제373조 제2항). 스위스 연방대법원 판례에 의하면 예견하지 못한 지하 토양조건이 바로 완공을 부당히 방해하는 상황에 해당한다고 한다.[38]

라. 예견하지 못한 현장조건으로 인해 발생하는 하자에 대한 책임

공사목적물의 하자가 예견하지 못한 현장조건으로 인해 발생한 것이라면, 그 하자는 보통 발주자에 의해 초래된 것으로 간주된다. 현장을 제공한 것은 발주자이기 때문이다.[39] 공사목적물의 하자가 예견하지 못한 현장조건으로 인해 초래된 것이라는 입증은 시공자가 해야 한다. 그러나 예외적으로 시공자의 책임이 인정될 수도 있는데, 시공자가 토양조사 의무를 부담하여 토양의 결함을 발견했어야만 하거나, 그러한 결함을 발견했으나 발주자에게 통지를 하지 못한 경우가 그러하다.[40]

극단적인 경우로 만약 예견하지 못한 현장조건으로 인해 공사목적물이 멸실된 경우에 스위스 채무법은 특별한 규정을 두고 있는데, 시공자가 그러한 위험을 발주자에게 통지한 경우에는 그 때까지 수행된 공사에 대한 보상을 청구하고 나아가 그러한 보상에 포함되지 않은 비용까지 청구할 수 있다(스위스 채무법 제376조 제3항).[41] 따라서 시공자는 자신이 토양을 조사하지 않았거나, 그가 발견했거나 발견했어야만 하는 토양의 하자를 발주자에게 통지하지 않은 경우가 아니라면 보상을 청구할 수 있다.

---

38) Gauch (주37), N 737, S. 209 ff.
39) 스위스 채무법 제369조; Gautschi, Berner Kommentar, N 5a to Art. 369, pp. 366 et seq.; Gauch (주37), N 1411, S. 374.
40) Meroni (주32), pp. 206-207.
41) Meroni (주32), p. 208.

5. UAE 등 중동 및 북아프리카 국가법(프랑스법계)

가. 예견하지 못한 현장조건이 건물이나 구조물의 안정성과 안전에 위협을 가하는 경우

UAE 민법에는 예견하지 못한 현장조건을 규율하는 일반 조항은 없고, 예견하지 못한 현장조건은 10년 책임(decennial liability)의 맥락에서 다루어 지고 있다. 10년 책임은 프랑스법에서 유래된 것으로 UAE를 비롯한 대부분의 중동 및 북아프리카 국가법에서 인정되고 있는 하자책임이다.[42] 10년 책임을 인정하고 있는 각 나라마다 세부적인 내용에 차이가 있겠지만, 예견하지 못한 현장조건 위험을 발주자와 시공자 중에 누가 부담하는지를 정하는 측면에서는 차이가 없다고 생각되므로, 아래에서는 10년 책임을 규정하는 UAE 민법을 중심으로 살펴본다.

UAE 민법에서 10년 책임은 도급계약(Muqawala Contract)에 관한 제880조 내지 제883조에서 다루는데 제880조[43]는 다음과 같이 규정한다:

> 제880조 제1항 계약의 내용이 건축사에 의해 설계되고, 그 건축사의 감독 하에 시공자에 의해 수행되는 건물 또는 기타 고정설치물 공사인 경우, 그들은 공사한 건물이나, 설치한 물건의 전부 또는 일부 붕괴 그리고 건물의 안정성이나 안전을 위협하는 하자에 대해 계약에서 더 긴 기간을 규정하지 않는다면, 10년 동안 발주자에게 연대하여 배상할 책임을 진다. 상기 규정은 그러한 설치물이 10년 미만으로 존속할 예정이 아닌 한 적용된다.
>
> 제2항 상기 배상의무는 하자 또는 붕괴가 부지 자체의 하자로부터 발생하였거나, 발주자가 하자 있는 건물의 건설이나 설치에 동의를 한 경우에도 없어지지 아니한다.[44]

UAE 민법 제880조 제2항에서 하자 또는 붕괴가 부지 자체의 하자로부터 발생하였다 하더라도 시공자와 건축사가 책임을 지도록 규정하고 있는 것을 근거로 예견하지 못한 현장조건은 시공자가 부담하는 것으로 해석되고 있다.[45]

---

42) 10년 책임에 대해서 자세한 것은 김승현, 국제건설계약의 법리와 실무 제2판(박영사, 2019), 150면 이하 참조.

43) 카타르 민법 제711조도 거의 동일한 내용을 규정하고 있다.

44) James Whelan, UAE Civil Code and Ministry of Justice Commentary-2010 (Thomson Reuters, 2011), p. 471.

45) Bill Smith, "Design Risk, Unforeseeable Ground Conditions and Time for Completion under the UAE and Qatar Civil Codes", ICLR (2018), p. 79.

　다만, 예견하지 못한 현장조건으로 인해 건물이나 구조물이 붕괴되거나, 그 안정성이나 안전이 위협될 정도에 이르러야 시공자에게 책임을 물을 수 있어 이론상 적용 장벽이 높다고 볼 수 있으나, 두바이 대법원은 수영장의 누수는 구조물의 안정성이나 안전을 위협하는 것으로 간주된다고 판시한 바 있어[46] 실무상 적용 장벽을 낮추고 있다.[47]

　또한, UAE 연방 대법원은 제880조를 무과실책임(strict liability)을 부과하는 강행규정으로 해석하고 있는데,[48] 이는 이른바 국제적 강행규정이다. 국제적 강행규정이란 당사자들이 설령 UAE법이 아닌, 예를 들어 영국법을 계약의 준거법으로 지정하더라도, 그 적용을 배제하거나 완화시킬 수 없는 강행규정을 말한다. 따라서 UAE 국가 내에서 공사가 수행되는 한 제880조는 당사자들이 지정한 준거법에 상관없이 무조건 적용된다는 사실에 유의하여야 한다.[49]

　그러나 UAE 민법 제880조가 국제적 강행법규로서 시공자에게 현장조건의 결함으로 인한 건물 또는 구조물의 붕괴 또는 그 안정성과 안전에 위협을 가할 정도의 하자에 대한 무과실책임을 부과한다고 해서, 그로 인해 발생하는 공기지연과 추가 공사비까지 시공자가 부담해야 하는 것으로 이해하는 것은 잘못이다. 다시 말해, 당사자들이 계약에서 예견하지 못한 현장조건으로 인한 공기연장과 추가 공사비를 시공자에게 인정해주는 약정을 한 경우 이러한 발주자와 시공자 간의 약정은 여전히 유효하다.[50] 그러나 특별한 약정이 없다면 시공자가 부담하는 것으로 해석될 것이다.[51]

나. 예견하지 못한 현장조건이 건물이나 구조물의 안정성과 안전에 위협을 가하는 정도에 이르지 않은 경우

　한편, UAE 민법 제880조는 부지의 하자가 건물이나 구조물의 붕괴 위험을 초래하거나, 그 건물이나 구조물의 안정성과 안전에 위협할 가할 정도가 아닌 예견하지 못한 현장조건 위험에 대해서는 규정하지 않는다. UAE 연방대

---

46) Dubai Cassation No 6/2004, dated 20 June 2004.
47) Bill Smith (주45), pp. 79-80.
48) Federal Supreme Court Case No 722/735 of Judicial Year 21, dated 9 October 2001.
49) 국제적 강행규정에 대해 김승현 (주42), 392-395, 405면; 국제건설공사의 맥락에서 보다 자세한 사항은 석광현, "FIDIC 조건을 사용하는 국제건설계약의 준거법 결정과 그 실익", 정홍식 외, 국제건설에너지법: 이론과 실무 제1권(박영사, 2017), 41면 이하 참조.
50) Baker and Turrini (주3), p. 4.
51) Julian Bailey (주19), p. 14.

법원이 도급계약(Muqawala contract)의 시공자는 결과를 성취해야 할 의무를 부담한다고 판시한 것52)과 UAE 민법 제53조53)를 근거로 해서 예견하지 못한 현장조건에 대한 위험은 시공자가 부담해야 한다고 해석하는 견해가 있다.54)

그러나 UAE 민법상 Muqawala 계약이 반드시 결과채무인 것은 아니다. UAE 민법 제875조는 Muqawala 계약의 시공자의 의무를 규정하고 있는데, "발주자가 시공자가 공사를 위한 자재의 전부 또는 일부를 제공하는 것으로 규정한 경우에는 시공자가 계약조건 또는 현재의 관행에 따라 품질에 대한 책임을 지지만(제1항), 발주자가 공사를 위한 자재를 제공할 의무를 부담하는 경우, 시공자는 그 자재를 보존하고, 공사 수행에 있어서 적절한 기술적 수준을 준수하고, 남은 자재를 발주자에게 반환하여야 한다. 만약 시공자가 그렇게 하지 못하고 그 자재가 손상을 입거나 하자가 발생하거나 분실될 경우, 시공자는 책임을 져야 한다"고 규정한다(제2항). 따라서 Muqawala 계약의 내용에 따라 결과채무인지 수단채무인지가 달라질 수 있다는 점에 유의하여야 한다.

또한 제53조를 근거로 드는 것에 대해서는 제53조는 예견하지 못한 현장조건을 극복하는 의무를 시공자의 부수적인 의무로 보는 입장인데, 이러한 견해는 예견하지 못한 현장조건에 대한 위험을 시공자가 부담하는 것을 당연시하는 것이어서 문제가 있다고 본다.

한편 UAE 민법 제249조는 "예외적 상황(exceptional circumstances)"이라 하여 사정변경의 원칙을 규정하고 있는데, 어떠한 상황이 ① 예외적이고, ② 공적인 성격(a public nature)이며, ③ 예견할 수 없었고, ④ 극복할 수 없었으며, ⑤ 계약의무의 이행이 억압적(oppressive)이어야 하고 ⑥ 이러한 억압적 의무는 시공자에게 큰 손실을 초래하는 경우, 법관이 제반 상황과 양 당사자의 이익을 형량하여 정의에 입각하여 억압적인 의무를 합리적인 수준으로 조정할 수 있다고 규정하고 있는데, 이 조항에 근거해서 시공자가 추가공사비를 청구할 수 있을 여지도 있을 것 같다. 하지만 예견하지 못한 현장조건은 대부분의 경우 공적인 성격 요건을 충족하기 어려울 것으로 보인다.55)

---

52) UAE Federal Supreme Court Case No 336 and 470 of Judicial Year 21 dated 20 March 2001: "The obligation of the architect or the contractor is an obligation to achieve a result, namely, to build a sound and sturdy building, for the period specified in the Civil Code …".

53) Article 53 "That which is ancillary attaches [to the principal subject matter] and shall not be treated as separate."

54) Bill Smith (주45), p. 91.

6. 소결

이상과 같이 예견하지 못한 현장조건의 위험을 누가 부담하는지에 대해서 계약에서 아무런 규정을 두지 않은 경우, 영미법계와 대륙법계를 대표하는 몇몇 국가들의 예견하지 못한 현장조건 위험에 대해 적용되는 법리를 살펴보았는데, 영미법계와 대륙법계의 접근법이 현저하게 다르다는 점을 알 수 있었다.

영미법계 국가들에서는 한마디로 계약 절대준수의 원칙 하에서 총액확정 계약에서 당사자들이 예견하지 못한 현장조건 위험에 대비하는 조항을 둘 수 있었음에도 불구하고 그렇게 하지 않은 경우에 시공자는 계약에서 약속한 바를 이행하여야 하고, 공기연장이나 추가 공사비를 발주자에게 청구할 권한이 없다는 입장이다. 물론 영미법계에서는 계약 절대준수의 원칙을 완화시키는 Frustration 법리가 있기는 하나, 예견하지 못한 현장조건은 대부분의 경우 계약체결 전부터 존재한 사정이 후에 발견되었다는 점에서, 그리고 그러한 후발적 사건이 계약 당사자의 의무이행을 불가능하게 하거나 계약 당사자가 원래 의도한 것과 근본적으로 다르게 만들 것을 요구한다는 점에서 Frustration의 요건을 충족시키지 못한다.

이에 비해 독일이나 스위스 같은 대륙법계 국가에서는, 먼저 공기지연과 관련한 예견하지 못한 현장조건 위험을 발주자에게 부담시키고 있는데, 이는 계약의무자의 채무불이행 성립에 과실을 요구하는 법계에서 자연스러운 결론으로 보인다. 예견하지 못한 현장조건 위험을 누가 부담하는지의 문제는 계약의 어느 당사자도 특별히 통제할 수 없었고, 알 수도 없었던 상황에 대한 책임을 누가 부담하는지의 문제이기 때문에,[56] 시공자에게 예견하지 못한 현장조건으로 인한 공기지연에 대해 최소한 과실의 요건 중에 예견가능성이 있다고 보기는 힘들다. 문제는 회피가능성이 있었느냐 여부인데, 시공자가 이미 보유하고 있는 장비나 인력을 동원해서 대처할 수 있는 범위를 넘어서는 예견하지 못한 현장조건으로 인해 초래된 지연에 대해서는 시공자에게 과실이 있다고 보기 어려울 것이므로 그 책임을 시공자에게 부담시키기는 어렵다. 예견하지 못한 현장조건 위험에 대한 스위스의 접근법이 이러한 토대에 기초하고 있는

---

55) Bill Smith (주45), p. 93.

56) Julian Bailey, "What Lies Beneath: Site Conditions and Contract Risk", Society of Construction Law Paper No.137 (May 2007), p. 6.

것으로 보인다.

그러나 대륙법계에서 예견하지 못한 현장조건으로 인한 추가 공사비의 문제는 과실책임주의 이론으로 해결되지 않는다. 예견하지 못한 현장조건을 인해 추가 공사비가 발생한 것을 채무불이행의 한 態樣으로 볼 수는 없기 때문이다. 추가 공사비는 계약 체결 당시 당사자가 예견하지 못한 상황에 의해 초래된 것이므로, 결국 계약 범위 밖의 것이라고 보거나 사정이 변경된 것으로 볼 수 있을 것이다. 명확하지는 않지만, 스위스법은 이러한 맥락에서 법관의 재량으로 시공자에게 추가 공사비를 인정하고 있는 것으로 사료된다.

한편, 같은 대륙법계라 하더라도 중동 및 북아프리카 국가 등 프랑스법계는 10년 책임에 근거해서 건물이나 구조물의 안정성이나 안전에 위협을 가하는 부지의 하자에 대한 책임을 시공자에게 부담시키고 있는데, 이를 근거로 예견하지 못한 현장조건이 건물이나 구조물의 안정성이나 안전에 위협을 가하는 범위 내에서 그 위험은 시공자가 부담하는 것으로 이해되고 있다.

프랑스법하에서는 시공자의 의무와 관련하여 완공기일 내에 공사를 완성해야 할 의무 또한 결과채무로 이해하기 때문에,[57] 예견하지 못한 현장조건으로 인해 공기가 지연된 경우 이러한 지체에 대한 시공자의 과실은 추정된다. 시공자가 책임을 면하려면 예견하지 못한 현장조건이 프랑스 민법 제1218조의 불가항력에 해당함을 입증하여야 한다. 예견하지 못한 현장조건이 불가항력의 요건인 외부성(extériorité), 예견불가능성(imprévisibilité) 및 항거불능성(irresistibilité)을 충족시킬 수 있는지가 관건인데, 여기에 대해서 필자는 아직 프랑스법 상의 논의와 판례의 태도를 알지 못하며, 추후 연구 과제이다.

더 나아가 중동 및 북아프리카 등 프랑스법계 국가들에서는 일반적으로 시공자는 결과를 성취해야 할 의무, 소위 결과채무를 부담한다는 것을 근거로 예견하지 못한 현장조건 위험은 시공자가 부담하는 것으로 해석되고 있다.

---

57) Philippe Malinvaud, *Droit de la construction* (édition 2018/2019)(7e édition)(Dalloz, 2018), para 477.52 at p.1617. 프랑스 민법 제1231-1조는 "The debtor is condemned, when appro-priate (if necessary), to the payment of damages either because of the non-performance of the obligation, or because of the delay in the performance, if he does not justify that the performance was prevented by force majeure"라고 규정한다. 프랑스 판례 또한 구 프랑스 민법 제1147조(현행 민법 제1231-1조)의 해석상 지체의 원인이 오직 발주자에게 있는 경우에만 시공자는 지체책임으로부터 면제될 수 있다고 판시하였다(Cour de Cassation, Chambre civile 3, du 8 novembre 2005, 04-17.701(Civ. 3e, 8 nov. 2005 n° 04-17.701)).

Ⅲ. 발주자가 제공한 현장 자료의 오류

앞서 말한 것처럼 대부분의 경쟁입찰에서 발주자가 현장 자료를 제공하기 마련이다. 그렇게 하는 것이 모든 입찰자가 각기 현장 조사를 하는 것보다 비용과 시간적인 측면에서 효율적이므로 입찰 기간을 줄일 수 있고 더 많은 입찰자들의 참여를 유도할 수 있다. 뿐만 아니라 발주자 수중에 있는 현장 관련 정보는 입찰자가 현장 조사를 수행한다 하더라도 입수하기 어려운 것들일 수도 있다. 특히, 발주자의 현장에서 공사가 수행된 전력이 많을수록 그러하다. 따라서 일반적으로 발주자는 입찰자들이 무엇을 알아야 하는지를 말할 수 있는 유리한 위치에 있다.

그런데, 발주자가 소유하고 있는 현장 자료를 시공자에게 활용하도록 하였는데 그 현장 자료에 오류가 있는 것으로 밝혀진 경우에 그 결과에 대한 책임은 누구에게 있는가? 그리고 더 나아가 발주자가 현장 자료를 제공하면서 자신이 제공한 현장 자료에 대한 책임을 지지 않는다고 한 경우에 시공자의 책임은 어떻게 되는가? 여기서 시공자의 책임을 논할 때, 발주자가 제공한 현장 정보의 오류로 인한 공기지연과 추가 공사비 두 가지 측면이 있으나, 이하 추가 공사비를 누가 부담하는지 측면에서 논의하고 공기지연에 대한 논의는 소결에서 하기로 한다.

1. 영국법

가. 현장 정보의 정확성에 대한 계약적 보장

먼저 발주자가 자신이 제공한 현장 정보를 시공자가 의존할 수 있다고 진술한 경우에는 발주자가 명시적으로 또는 묵시적으로 계약적인 보장(contractual warranty)을 한 것으로 받아들여진다.[58] Bacal Construction (Midlands) Ltd v Northampton Development Corporation 사건[59]에서 설계 및 시공계약의 시공자에게 현장 토양이 특정한 모래와 점토가 혼합된 것으로 진술한 입찰 정보가 주어졌으며, 이러한 가정 하에 기초 설계를 준비하라고 지시되었다. 하지만 실

---

58) 흔히 현장 정보가 Relied-upon Information라는 명칭으로 시공자에게 주어지는 경우가 그러하다.
59) (1975) 8 BLR 88, CA

제 현장 토양은 탄산석회암이 침전된 무른 방해석을 포함했고, 결과적으로 시공자의 기초 설계는 부적합한 것으로 밝혀졌다. 시공자는 발주자가 현장 토양 조건이 기초 설계를 준비하라고 시공자에게 지시된 가정과 일치할 것이라는 묵시적인 계약적 보장을 했다고 주장했고, 항소 법원은 이러한 주장을 받아들여 계약적 보장 위반에 따른 시공자의 손해배상 청구를 인용하였다.

하지만 영국 판례는 단순히 계획도면, 물량내역서, 명세서를 입찰초청서에 포함시켰다고 해서, 발주자가 그 정확성에 대해서 보장한 것으로 보지 않는다.60) 마찬가지로 그러한 문서들이 계약에 첨부된 경우조차도 발주자가 그 정확성에 대해 보장한 것으로 보지 않는다.61) 이는 주택이나 철로, 교량과 같은 전체 공사를 하기로 약속한 시공자는 관련 공사물량, 현장 조건, 시공 방법에 대한 진술이 정확하고 현실적인지 스스로 확인 납득해야 한다. 따라서 시공자는 그러한 진술이 계약적 보장이라고 받아들여서는 안 된다고 한다.62)

나. 부실진술(misrepresentation)의 법리

먼저 부실진술의 법리와 관련하여 부실진술의 개념을 명확히 할 필요가 있다. 의사의 진단, 변호사의 자문, 건축사의 공사가액 확인, 토양엔지니어의 보고 등에 부주의로 인한 잘못이 있었고, 이로 인해 의뢰인이 손해를 입게 된다면, 의뢰인은 전문가를 상대로 그들 간에 이미 존재하는 계약관계 하에서 주의의무(duty of care) 위반에 기초한 손해배상 청구를 할 수 있다. 이와 같은 계약관계에서 이미 존재하는 주의의무를 위반하여 발생하는 부주의한 부실진술(negligent misrepresentation)63)에 대한 책임은, 계약체결 전의 진술이 후속적으로 체결된 계약에 미치는 효과와 관련하여 계약법에서 논의되는 부실진술의 법리와는 구별이 되어야 한다. 계약법에서 논의되는 부실진술의 법리는 다음

---

60) Scrivener v Pask (1866) L.R. 1 C.P. 715; Thorn v London Corp (1876) 1 App. Cas. 120, HL; Jackson v Eastbourne Local Board (1886) H.B.C. (4th ed.) Vol. 2, p. 81, HL.

61) Sharpe v San Paulo Railway (1873) L.R. 8 Ch. App. 597; Re Ford and Bemrose (1902) H.B.C. (4th ed.), Vol. 2, p. 324, CA.

62) McDonald v Workington Corp (1892) 9 T.L.R. 230 H.B.C. (4th ed.), Vol. 2, p. 228 at 231; Re Ford and Bemrose (1902) H.B.C (4th ed.), Vol. 2, p. 324, CA.

63) 부주의한 부실진술 법리는 Hedley Byrne v Heller & Partners [1964] A.C. 465. 판결과 Henderson v Merrett Syndicates Ltd. [1995] 2 A.C. 145 판결을 통해 정립되었다. 자세한 것은 Stephen Furst and Vivian Ramsey, Keating on Construction Contracts, 10th ed. (Sweet & Maxwell, 2016), para. 7-055 이하를 참조하기 바란다.

과 같은 요건을 충족하여야 한다:

　ⅰ) 계약의 일방 당사자에 의해 상대방에게(제3자에 의해 또는 제3자에게가 아니고) 진술이 이루어져야 한다;

　ⅱ) 두 당사자 간에 계약이 체결되기 전에 진술이 이루어져야 한다;

　ⅲ) 단순한 의견 진술이 아니어야 한다;

　ⅳ) 1967년 부실진술법 이전인 경우, 계약 조건 또는 당사자들 간에 별도 계약 조건의 일부로 되거나 추후 그렇게 되지 않았어야 한다. (이 경우 부실진술의 법리를 원용할 필요없이 관련 조건 위반으로 손해배상 청구가 가능하다.); 그리고

　ⅴ) 부실진술이 피진술자로 하여금 진술자와의 계약을 체결하도록 유도하거나 설득하는 효과를 가져야 한다.[64]

　부실진술이란 사실이 아닌 진술이다. 잘못된 현장 정보가 입찰자에게 제공되고 입찰자가 그 정보를 신뢰해서 건설공사계약을 체결한다면, 이는 손해배상을 가능케 하는 부실진술이 된다. 반드시 시공자가 그 진술이 아니었다면 계약을 체결하지 않았을 것이라는 의미로 진술이 전적으로 신뢰될 것을 요구하지는 않는다. 진술이 시공자의 의사결정에 결정적인 역할을 하지 않았다 하더라도 충분히 중요하였다면 그것으로 족하다. 진술자가 자신의 진술의 그릇됨을 알지 못하는 부실진술을 선의의 부실진술(innocent misrepresentation)이라고 하고 자신의 진술의 그릇됨을 알면서 하는 부실진술을 기망적 부실진술(fraudulent misrepresentation)이라고 한다.

　영국은 1967년 부실진술법을 제정했는데, 동법은 기존의 판례를 통해 형성된 common law 상의 부실진술 법리를 완전히 대체하는 것이 아니라 부분적으로 수정하는 것이므로 그런 의미에서 기존의 부실진술 법리는 동법에 의해 수정되지 않는 범위에서 여전히 효력을 지닌다.[65]

1) 1967년 이전 common law상 영국 부실진술 법리

　중요한 사실에 대한 선의의 부실진술에 의해 계약체결을 하게 된 당사자는 그러한 진술이 거짓임을 알았을 때 계약을 취소할(rescind) 수는 있지만, 그

---

64) Atkin Chambers, Hudson's Building and Engineering Contracts, 13th ed. (Sweet & Maxwell, 2015), para. 1-075.

65) Furst & Ramsey (주63), para 6-006.

러한 진술이 계약위반이 아닌 한 손해배상을 청구할 수는 없다는 것이 일반적
인 원칙이었다.66) 하지만 계약취소에 의해 당사자들을 원래의 상태로 되돌릴
수 없다면 계약취소는 허용되지 않는다. Glasgow and South Western railway
v. Boyd & Forrest 사건67)에서 시공자가 공사를 완공한 후에 발주자의 선의의
부실진술을 이유로 해서 계약을 취소하고 quantum meruit에 근거한 합리적인
금액을 청구한 사건에서, 시공자가 사실을 안 후 공사를 완공했고 원상회복
(restitution)이 불가능하게 되었다는 이유로 시공자의 청구는 받아들여지지 않
았다. 시공자가 진술이 잘못되었음을 발견한 후에 상당한 이행을 함으로써 추
인(affirmation)하거나68), 계약취소권 행사를 지체하거나, 진술이 잘못되었음을
모르는 제3자가 목적물에 대한 이해관계를 취득한 경우에69) 계약취소를 통한
원상회복은 허용이 되지 않을 수 있다.

　　Derry v Peek 사건70)은 기망적 부실진술에 대한 선도적 사건인데, (i) 알
면서, (ii) 진실에 대한 믿음이 없이 또는 (iii) 진위 여부에 대해 무모할 정도로
부주의하게 허위의 진술이 이루어진 것이 입증될 때 성립한다고 한다. 기망적
부실진술이 아닌 것은 다 선의의 부실진술이다. 아무리 진술이 부주의하게 이
루어졌다 하더라도 그러하다. 부주의 자체는 아무리 중대하다 하더라도, 법원
이 그것을 무분별함(recklessness)의 한 형태로서 기망(fraud)을 추론하는 증거로
받아들일 수는 있어도, 기망은 아니다. 무분별한 기망적 부실진술과 부주의한
선의의 부실진술의 차이는 전자에는 진술의 진실에 대한 적극적인 믿음이 없
다는 점이다. 기망을 주장하는 자는 매우 무거운 입증책임을 부담한다.71)

　　기망적 부실진술에 의해 상대방이 계약을 체결하도록 하고 손해를 입게
만든 당사자는 기망의 불법행위(torts of deceit)를 한 것이고 그러한 행위에 의
해 초래된 손해에 대해 상대방에게 책임이 있다. 기망적 부실진술에 대한 손
해배상 청구는 그것이 유도한 계약에 기한 청구가 아니라 당사자들의 관계로
부터 발생하는, 불법행위법에 의거해 주어지는 손해배상 청구이고 계약취소의
구제수단과는 전적으로 다른 것이다.72)

---

66) 선의의 부실진술이 부주의한 부실진술에 해당하는 경우에는 손해배상 청구가 가능하다.
67) A.C. 526 (H.L.) (1915).
68) Abram Steamship Co Ltd v Westville Shipping Co Ltd [1923] A.C. 773, HL.
69) Clough v London & N.W. Railway (1871) L.R. 7 Exch. 26.
70) (1889) 14 App. Cas. 337, HL.
71) Atkin Chambers (주64), para. 1-085.

허위의 진술이 기망적 부실진술이 되지 않기 위해서는 진술자의 진실에 대한 정직한 믿음이 있어야 한다. 기망이 입증되면 기망을 한 자의 동기는 중요하지 않다. 즉, 기망이 행해진 자를 속이거나 해를 입힐 의도가 없었다는 사실은 중요하지 않다. 이러한 의미에서 개인적 이익을 얻을 동기가 없었다 하더라도, 부정직함을 내포하는 기망이 될 수 있다. 하지만 진술이 단지 부주의하게(carelessly) 또는 태만하게(negligently) 행해졌다고 해서, 예를 들어 물량검측사(quantity surveyor)가 부주의하게 물량에 대해 잘못 진술한 경우처럼, 그 자체로는 기망적이라고 인정되지 않는다. 무분별함(recklessness)이 부정직함에 이를 정도이며, 진술이 사실임에 대한 단언된 믿음이 모든 합리적인 근거를 결할 정도라면 진술이 기망적이라고 인정되기에 충분하다.[73)]

토양이 진술된 것과 다르다고 판명이 난다 하더라도 아무런 보상이 이루어지지 않을 것이라고 시공자에게 경고하는 계약문구는 계약적 보장 위반(breach of warranty)에 기한 청구를 저지할 수는 있으나, 기망적인 부실진술에 기한 손해배상 청구를 막을 수는 없다.[74)] 기망적인 부실진술에 의해 시공자가 계약을 체결하게 된 경우에 그는 기망을 발견하는 즉시 계약을 취소하여[75)] 계약이 종료된 것으로 취급하거나, 계약을 추인하고 공사를 완공할 수도 있다. 어느 경우든 시공자는 불법행위에 기한 손해배상 청구를 할 수 있으며, 손해배상의 범위는 기망적인 부실진술이 없었더라면 시공자가 있었을 위치에 시공자를 두는 원칙에 의해 결정될 것이다.[76)]

2) 1967년 부실진술법 적용 이후

영국 부실진술법은 간단하지만 내용을 정확하게 이해하기가 매우 어렵다. 제1조는 선의의 부실진술에 대한 계약취소권을 확장하고 있고, 제2조는 부실진술에 대한 두 개의 제정법적인 손해배상청구권을 도입하고 있는데, 첫째 진술자가 진술한 사실이 진실이라고 믿을 만한 합리적인 근거를 가지고 있었다

---

72) Atkin Chambers (주64), para. 1-085.
73) Derry v. Peek, (1889) 14 App. Cas. 337 (H.L.).
74) Pearson v. Dublin Corporation 1907 A.C. 351 (H.L.) 에서 Lord Loreburn은 "아무도 자신의 진술에 의존해서는 안된다는 계약조항을 삽입함으로써, 자기 자신의 사기적인 진술에 대한 책임을 모면할 수 없다."고 판시했다.
75) 물론 원상회복(restitution)이 가능하거나 선의의 제3자의 이해관계가 발생하기 전이라야 한다.
76) Furst & Ramsey (주63), para. 6-012.

는 것을 입증하지 못하는 경우, 계약협상 단계에서 행해진 부실진술에 대한
손해배상책임이 있음을 규정하고 있고(제2조 제1항), 둘째는 계약취소권과 연
계되어 있다(제2조 제2항). 동법 제3조는 부실진술에 대한 책임부인 조항을 원
용하는 자가 그 조항이 공평하고 합리적이라는 것을 입증하지 못하는 한, 그
조항은 효력이 없다고 규정한다.77)

    (2) 선의의 부실진술에 대한 계약취소 제한 축소

영국 부실진술법 제1조는 common law 하에서 선의의 부실진술에 대한
계약취소를 제한하던 사유를 축소했다:

계약의 일방 당사자가 그에게 부실진술이 행해진 후 계약을 체결하였고

(a) 부실진술이 계약의 조항이 되었거나; 또는

(b) 계약이 이행된 경우;

또는 둘 다인 경우, 만일 그가 달리 기망을 주장하지 않고서도 계약을 취소할 권
한이 있다면, 그는 본 규정의 적용을 전제로, (a)항과 (b)항에서 언급된 사항들에
도 불구하고 계약을 취소할 권한이 있다.

제1조 (b)는 계약이 이행된 경우에는 선의의 부실진술을 이유로 계약취소
를 할 수 없다는 Seddon v North Eastern Salt Co Ltd 판례78)의 법리를 수정한
것이다. 그리고 제1조 (a)는 문제의 부실진술이 계약의 일부가 된 경우에는 선
의의 부실진술로 인한 계약취소가 인정되지 않는다는 Pennsylvania Shipping
Co. v. Cie. Nat. De navigacion 판례79)의 법리를 수정한 것이다. 그 밖에 다른
선의의 부실진술에 대한 계약취소의 제한 -즉, 추인, 원상회복불능, 지연, 선
의의 제3자의 이해관계 발생- 은 다 유효하다.80)

    (2) 부실진술에 대한 손해배상 청구

영국 부실진술법 제2조는 부실진술에 대한 손해배상 청구를 규정하는데
먼저 제1항은 다음과 같다:

---

77) Furst & Ramsey (주63), para. 6-020.
78) (1905) 1 Ch. 326.
79) (1936) 2 All E.R. 1167.
80) Furst & Ramsey (주63), para 6-015.

계약의 일방 당사자가 타방 당사자에 의해 부실진술이 행해진 후에 계약을 체결하였고 그 결과로 손해를 입은 경우에, 만일 부실진술이 기망적으로 행해졌더라면 부실진술을 한 당사자가 손해배상책임을 져야하는 경우라면, 부실진술이 기망적으로 행해지지 않았더라도 그 당사자는 손해배상책임을 진다. 단, 부실진술을 한 자가 계약이 체결될 때까지 진술된 사실이 진실이라고 믿었거나 믿을 만한 합리적인 이유가 있었음을 입증한 경우에는 그러하지 아니하다.

제2조 제1항은 기망적인 부실진술이 아닌 경우에도 부실진술에 대한 손해배상 청구를 가능하게 만든다. 제2조 제1항에서 "만일 부실진술이 기망적으로 행해졌더라면 부실진술을 한 당사자가 손해배상책임을 져야 하는 경우"라고 굳이 가정법적으로 어색하게 언급한 이유는, 원래 선의의 부실진술에 대해서는 손해배상 청구를 할 수 없다는 common law 법리가 변형된 것임을 보여주기 위한 것으로 보인다. 본 항의 손해배상 청구를 위해서는 common law상 기망적인 부실진술에서 요구되는 손해배상 청구를 위한 요소 중 기망을 제외한 모든 요소가 요구된다. 따라서 어떤 사실에 대한 부실진술이 있어야 하고, 그 사실에 대한 부실진술이 의도적으로 상대방으로 하여금 계약체결을 하도록 유도하였고 손해를 초래하였어야 한다.[81]

또한 진술된 사실이 진실이라고 믿을 만한 합리적인 근거가 있었는지 여부는 객관적으로 판단되어야 한다. 비록 이러한 판단이 진술자가 부주의하였는지 여부에 대한 판단과 유사하더라도, 진술자에게 사실의 정확성에 대한 조사 의무의 존재를 요구하는 것은 아니다. 통상 부주의한 부실진술에 대한 손해배상 청구에 필요한 사실관계는 존재하여야 하겠으나, 시공자가 부주의를 입증할 필요는 없고, 진술자가 제2조 제1항 후단의 항변을 입증하여야 한다.[82] 결과적으로 제2조 제1항 후단은 계약협상 과정에서 진실이라고 믿을 만한 합리적인 근거를 입증할 수 없는 사실을 진술하지 말라는 절대적인 의무를 진술자에게 부과한다.[83]

---

81) Furst & Ramsey (주63), para. 6-022.
82) Furst & Ramsey (주63), para. 6-025.
83) Resolute Maritime v Nippon Kaiji [1983] 1 W.L.R. 857 at 861.

제2조 제1항 하에서의 손해배상 청구는 계약취소권과 연계되어 있는 것이 아니기 때문에, 계약의 추인과 같은 계약취소를 제한하는 사유가 있다 하더라도 본 항 하에서의 손해배상 청구는 가능하다.[84]

제2조 제2항은 다음과 같다:

> 계약의 일방 당사자가 자신에게 기망적이지 않은 부실진술이 행해진 후 계약을 체결하였고, 그가 부실진술을 이유로 해서 계약을 취소할 권한이 있는 경우에는, 만약 계약으로부터 발생하는 법적절차에서 계약이 취소되거나 취소되었어야 한다고 주장된다면, 법원 또는 중재인은 부실진술의 성격과, 계약이 존속되는 경우 부실진술에 의해 야기되는 손실과 계약취소가 타방 당사자에게 초래하는 손실을 고려하여, 계약을 존속시키고 계약취소 대신 손해배상을 명하는 것이 형평에 맞다고 판단한다면, 그렇게 명할 수 있다.

제2조 제2항은 전적으로 선의의 부실진술의 경우 -즉, 기망적이지도 않고, 제2조 제1항 후단의 항변의 성립을 방해할 만큼 과실의 요소가 있지도 않은 부실진술의 경우에, 법원 또는 중재인이 계약취소 대신에 재량으로 손해배상 청구를 명할 수 있도록 하고 있다. 계약취소를 위한 청구가 있는 경우, 법원 또는 중재인은 그 재량을 행사함에 있어 계약취소가 진술자에게 초래할 수 있는 손실과 계약취소 대신 부과하는 손해를 비교해야 한다.[85] 여기서 주의할 것은, 계약취소가 가능한 경우에만 부실진술법 제2조 2항에서 법원의 재량으로 계약취소를 대신하는 손해배상 부과가 가능하다는 점이다. 따라서 원상회복이 불가능하다면 법원은 계약취소 대신에 손해배상을 부과할 수 없다.[86]

제2조 3항은 다음과 같다.

> 계약의 일방 당사자가 본 조 제1항 하에서 손해배상책임이 있건 없건, 본 조 제2항 하에서 손해배상책임을 질 수 있지만, 그 경우에는 제1항 하에서 손해배상을 산정할 때 제2항 하에서의 손해배상이 고려되어야 한다.

---

84) Furst & Ramsey (주63), para. 6-026.
85) William Sindall v. Cambridgeshire C.C. (1994) 1 W.L.R. 1016.
86) Salt v Stratstone Specialist Lt (t/a Stratstone Cadillac Newcastle) [2015] EWCA Civ 745, CA.

1967년 부실진술법 하에서 손해배상의 범위는 개략적으로 말해서 부실진술이 행해지지 않았더라면 있었을 위치에 시공자를 두는 금액이다.[87] 제2조 제3항은 제1항 하에서의 손해배상의 범위가 제2항 하에서 손해배상 범위보다 더 클 수 있다는 점을 고려한다. 제2조 제1항 하에서의 손해배상의 범위는 common law상 기망적인 부실진술에 대한 손해배상에 적용이 되는 것과 같은 것으로 판례는 해석하고 있다. 따라서 설령 손해가 예견 가능하지 않다 하더라도 인과관계가 존재한다면 부실진술을 신뢰함으로써 시공자가 입은 모든 손실을 회복할 수 있다.[88] 결과적으로 경우에 따라서 시공자는 계약위반에 대해 손해배상을 청구한 것보다 더 큰 손해배상을 받을 수도 있다.[89] 제2조 제2항 하에서의 선의의 부실진술에 대한 계약취소를 대신하는 손해배상의 범위는 시공자가 자신이 계약을 통해 얻는다고 생각한 가치와 실제 그가 받은 가치와의 차이이다. 따라서 그 손해배상의 범위는 만약 부실진술이 계약의 일부였다면 지급받을 수 있었던 금액을 결코 초과할 수 없다.[90]

입찰서류에 포함된 토양의 성질이나 현장 조건 등에 대한 발주자의 진술이 계약이 체결될 때 종종 계약에 편입되기도 하는데, 부실진술법은 그러한 편입에도 불구하고 적용된다. 따라서 시공자는 계약 위반으로 손해배상을 청구할 수도 있고, 부실진술법 하에서 손해배상 청구를 할 수도 있다. 앞에서 설명한 대로 경우에 따라서 시공자는 부실진술법 하에서 손해배상 청구가 더 유리할 수도 있다.[91]

(3) 부실진술에 대한 책임을 배제하는 조항의 효력

영국 부실진술법 제3조는 다음과 같다:

만일 계약의 조항이 다음을 배제하거나 제한한다면,

(a) 계약이 체결되기 전에 일방 당사자가 행한 부실진술로 인한 그의 책임, 또는

(b) 그러한 부실진술을 이유로 해서 타방 당사자에게 활용가능한 구제수단,

---

87) Gran Gelato v. Richcliff (1992) Ch. 560.
88) Royscot Trust Ltd v. Rogerson (1991) 2 Q.B. 297 (C.A.).
89) Doyle v. Olby (Ironmongers) Ltd (1969) 2 Q.B. 158 (C.A.).
90) William Sindall v. Cambridgeshire C.C. (1994) 1 W.L.R. 1016 (C.A.).
91) Furst & Ramsey (주63), para 6-022.
92) 불공정계약조건법(Unfair Contract Terms Act 1977) 제11조 제1항.

> 그 조항은 불공정계약조건법(Unfair Contract Terms Act 1977) 제11조 제1항[92]에
> 규정된 합리성 요건을 충족하지 못하는 한 효력이 없으며; 그 입증책임은 계약 조
> 항이 그러한 요건을 충족한다고 주장하는 자에게 있다.

　　부실진술법 제3조는 "계약이 체결되기 전에 일방 당사자가 행한 부실진술
로 인한 책임 또는 그러한 부실진술을 이유로 해서 타방 당사자에게 활용가능
한 구제수단을 배제하거나 제한하는 계약조항은 불공정계약조건법 제11조 제
1항에 규정된 합리성 요건을 충족하지 않는 한 효력이 없다"고 하고 있고, 불
공정계약조건법 제11조 제1항은 "계약 조항은 계약체결 당시에 당사자들의 고
려 하에 있었거나 있었어야만 하는 또는 당사자들에게 알려졌거나 알려졌어야
만 하는 상황과 관련하여 공평하고 합리적인 것이어야 한다"고 규정하고 있
다. 그리고 계약 조항이 공평하고 합리적임을 입증해야 하는 책임은 그 계약
조항을 원용하는 자가 부담한다.

　　얼핏 생각하면, 부실진술법 제3조는 부실진술의 부정확성에 대한 책임을
배제하는 조항의 효력을 효과적으로 저지할 수 있는 조항으로 보인다. 그러나
Watford Electronics Ltd v Sanderson CFL Ltd 사건[93]에서 영국 항소법원은 책
임부인 계약조항은, 완전합의 조항과 함께 고려할 때, 피진술자가 그 진술에
의존하는 것을 막는 '증거에 의한 금반언'(evidential estoppel)에 해당할 수도 있
는데, 그러한 계약조항은 실질적으로 부실진술법 제3조가 적용되는 배제 조항
이 아니라고 판시하였다. Watford 사건 계약의 완전합의 조항에는 "계약을 체
결함에 있어 당사자에 의한 어떠한 서술 또는 진술도 상대방에 의해 신뢰되지
않았다"는 소위 '불신뢰'(non-reliance) 문구가 포함되어 있었다. 증거에 의한
금반언의 의미를 좀 더 부연 설명하자면, 부실진술법 제3조가 적용되는 부실
진술이 성립하려면 시공자가 발주자의 진술을 신뢰하여 계약을 체결하였다는
점이 입증되어야 하는데, 시공자가 계약을 체결함에 있어 발주자의 진술을 신
뢰한 것이 아니라는 계약조항에 서명을 한 후, 그에 반하는 주장 즉, 발주자의
진술이 사실이라고 믿고 계약에 서명했다는 주장을 하는 것이 허용되지 않는

"... 계약 조항은 계약체결 당시에 당사자들의 고려 하에 있었거나 있었어야만 하는 또는 당사자들
에게 알려졌거나 알려졌어야만 하는 상황과 관련하여, 공평하고 합리적인 것이어야 한다."
93) [2001] EWCA Civ 317.

다는 뜻이다. 불신뢰 조항의 효력을 인정하는 영국 판례는 상당히 축적되어
있다.[94]

2. 미국법

풍부한 문헌과 판례를 통해 예견하지 못한 현장조건에 대한 미국법의 태
도를 자세하게 소개하고 있는 Philip Bruner는 시공자에게 계약준수의 원칙을
엄격하게 적용하는 Dermott v Jones 판례의 법리가 clausula rebus sic stanti-
bus 법리에 입각한 판례들을 통해 제한되어 왔음을 잘 설명하고 있다.[95] 이러
한 법리들은 다음 네 가지 정도로 요약할 수 있는데, ① 발주자가 설계를 한
경우에 토양에 대한 설계적합성을 발주자가 묵시적으로 보장을 했다는 접근
법, ② 계약준수의 원칙의 해석상 시공자에게 계약 이행을 강요할 수 있는 것
은 오로지 시공자가 이행하겠다고 합의한 공사 범위 내의 위험에 국한되어야
하며, 합의된 공사 범위 밖의 공사는 '변경된'(changed) 또는 '추가'(extra) 공사
로 인정하는 접근법, ③ 발주자가 제공한 자료에 의한 부실진술의 법리로 제
한하는 방법, ④ 예견하지 못한 현장조건을 쌍방의 착오(mutual mistake)로 구
성하여, 계약취소 또는 계약 재형성(reformation)이라는 형평법상의 구제수단을
허락하는 접근법이다.

가. 현장정보의 정확성에 대한 계약적 보장

예견하지 못한 현장조건과 관련하여 매우 중요한 의미를 지니는 미국 연
방대법원 판결은 US v Spearin 판결이다.[96] 본 사건에서 미해군은 Brooklyn에
있는 해군 야적장에 건선거(dry-dock)를 건설하기 위한 총액확정 공사계약을
시공자 Spearin과 체결하였는데, Spearin이 미해군이 제공하는 설계 및 기타
관련 정보에 따라 시공을 하는 계약이었다. 공사는 현장을 교차하는 기존의
하수관을 다시 설치하는 작업을 포함하고 있었는데, 기존의 위치를 변경해서

---

94) S Pearson & Son Ltd v Dublin Corporation [1907] AC 351, HL(E); Trade Indemnity Co Ltd v
   Workington Harbour & Dock Board [1937] AC 1, HL(E) at pages 17-19 (Lord Atkin);
   Howard Marine & Dredging Co Ltd v A Ogden & Sons (Excavations) Ltd [1978] 1 QB 574,
   CA at page 594 (Lord Denning MR).

95) Philip L. Bruner, "Force Majeure and Unforeseen Site Conditions in the New Millennium:
   Unifying Principles and "Tales of Iron Wars". ICLR (2000), p. 48 et seq.

96) 248 US 132 (1918).

다른 하수관에 연결하도록 하는 일이었다. 다른 하수관은 현장밖으로 뻗어 있었고, 댐을 포함하고 있었는데, Spearin과 미해군은 이 사실을 몰랐다. 하수관은 계약 도면에 따라 시공자에 의해 정상적으로 설치되었다. 그로부터 약 1년 후 집중 호우와 만조기에 하수관의 물이 터져서 건선거 굴착지를 잠기게 함으로써 공사목적물에 심각한 손해를 초래했다. 시공자는 미해군이 홍수에 의해 초래된 공사목적물의 손해에 대한 책임이 있음을 인정하기 전까지 공사 수행을 계속하기를 거부했다. 미해군은 계약을 해지하고 현장에 있는 시공자의 플랜트와 자재를 점유했다.

본 사안에서 쟁점은 예견하지 못한 현장조건, 즉, 연결 하수관에 댐이 존재한 것 때문에 도면 등에 의해 고려되었던 방법으로 공사가 수행될 수 없다면 이는 발주자와 시공자 중 누구의 위험에 속하는 문제인지이다. 미국 연방 대법원은 명확하게 이는 발주자의 위험에 속하는 문제라고 하면서 다음과 같이 판시하였다:

> 총액확정금액으로 수행 가능한 일을 하기로 약속한 자는 예견하지 못한 어려움을 만났다고 해서 의무를 면하거나, 추가적인 보상을 받을 권한이 생기지 않는다. 따라서 특정한 현장에 구조물을 건설하기로 약속한 자는 통상 토양 침하의 위험을 인수한다. 그러나 만약 시공자가 발주자가 제공한 도면과 내역서에 따라 공사하여야 한다면, 시공자는 그 도면과 내역의 하자의 결과에 대해 책임이 없다. 시공자는 현장을 방문하고, 도면을 검토하고, 공사에 필요한 사항들을 스스로 알아야 한다는 통상적인 계약 조항에 의해 발주자는 책임을 면할 수 없다.97)

그리하여 법원은 공사가 도면에 기술된 대로 '시공가능하다'(buildable)는 미국 정부의 묵시적 보장이 있었다고 판시하였다. 이후 100년 이상 미국 법원은 계속 Spearin 판례를 적용해왔기 때문에 보통 'Spearin 원칙(doctrine)'으로 불리고 있다.98)

---

97) 248 US 132 at 135-136 (1918).
98) Julian Bailey (주19), p. 7; Spearin 원칙과 궤를 같이 하는 판례들로 Miller & Sons Co v Homeopathic Medical & Surgical Hospital, 90 A 394 (1913); Miller v City of Broken Arrow, 660 F 2d 450 (10th Cir 1981); WH Lyman Construction Co v Village of Gurnee, 403 NE 2d 1325 (Ill App 1980) 등이 있다.

나. 계약의 공사범위 밖의 추가 공사

계약준수의 원칙은 합의된 시공자의 공사범위 내의 위험에 국한되고, 수행하라고 지시된 공사가 그 범위 밖이면 공사변경 및 추가공사로 인정된다. 통상적인 계약해석 규칙에 따라 해석되는 계약의 공사범위에 예견하지 못한 토양조건에 대처하기 위해 필요한 공사가 포함되지 않는다면, 발주자는 그러한 토양조건에 대한 위험을 부담해야 한다.[99] 경쟁입찰 절차와 설계의 안전성에 대한 고려 때문에, 발주자와 그의 설계사는 시공자가 수행해야 할 상세 설계와 내역서를 준비할 뿐만 아니라, 공사계약에 발주자에게 합의된 공사범위를 일방적으로 변경할 권한을 부여하고 시공자에게 추가 공사비를 지급받도록 하는 조항을 포함시킨다.[100]

어떤 공사가 추가 공사인지 여부는 계약의 공사범위에 대한 세밀한 분석을 요한다. 토양기초공사의 범위가 계약에서 어느 정도로 폭넓게 정해져 있는지에 따라 예견하지 못한 토양조건에 대한 위험을 누가 부담할 지가 결정된다. 예를 들어, FE March & Co v Light & Power Co 사건[101]에서 시공자는 단순히 기반암(bedrock) 위에 댐의 기초공사를 요구하는 수행 내역서(performance specification) 하에서 댐과 발전소를 건설하기로 계약하였는데 기반암의 표고(elevation)가 예상했던 것보다 2피트 더 깊은 것으로 밝혀져 시공자는 상당한 양의 추가 공사를 해야만 했다. 그러나 이러한 공사는 계약 하에서 폭넓게 규정된 공사범위 내에 속하는 것으로 해석되어 보상을 받을 수 없었다.

반면, Howard v Harvard Congregational Society 사건[102]에서 건축공사계약 상세내역서는 시공자가 모든 '토양, 흙, 암석'(soil, earth and stones)을 건물 지하실을 시공할 수 있도록 정해진 깊이까지 제거하도록 요구했는데, 굴착 도중 시공자는 '단단한 돌출 바위'(a ledge of solid rock)를 만났다. 시공자는 즉시 건축사에게 이러한 바위의 제거는 계약 범위 밖의 일이라고 통지하였고, 이어서 발주자에게 추가 공사비 지급을 청구하였다. 이에 대해 Massachusetts 대법원은 다음과 같이 판시하였다:

---

99) Burke v Langlois, 139 A 675 (Me 1928).
100) Bruner (주95), pp. 68-69.
101) 95 NW 2d 754 (Iowa 1923).
102) 112 NE 233 (Mass 1916).

시공자가 굴착해야 할 물질은 토양, 흙, 암석에 국한하고 단단한 돌출 바위는 포함하지 않는다. 구체적인 의미와 범용적인 이해를 가지는 어휘인, '토양, 흙, 암석'에 대한 세부적인 언급은 통상 돌출 바위로 언급되는 커다란 바위 덩어리를 포함하지 않는다. 만약 계약 하에서 시공자가 지표 아래에서 나타날 수 있는 어떤 특정한 종류의 물질에 대한 언급없이 그냥 지하를 굴착하도록 요구되었다면, 그 때는 달리 해석되었을 것이다.

'추가공사' 조항은 현대의 예견하지 못한 현장조건 조항보다 훨씬 더 범위가 넓어서, 특정한 현장조건으로 인해 추가공사를 위한 보상이 허락되는지를 판단함에 있어서, 사실관계 판단에 더 큰 비중이 주어진다.[103]

Beco Corp v Roberts & Sons Construction Co Inc 사건[104]에서 조경(landscaping) 시공자는 Arizona주에 있는 현장에서 공사에 착수한 후, 바짝 말라 균열이 간 지표하에서 장비가 박혀 빠져나오지 않을 정도의 진흙 상태인 토양을 만났다. 법원은 계약 당시 이 점에 대한 당사자들의 의사가 무엇이었는지 확인하기 위해 계약을 검토했는데, 국가 시험천공(test holes) 보고서에 물이 언급되어 있지 않음을 주목했다. 법원은 시공자가 계약에 포함되어 있는 국가 시험천공 보고서를 신뢰한 것은 정당하였다고 결론을 내리면서, 공사 도중 실제로 합리적으로 예견할 수 없는 조건을 만났고, 그 조건이 당사자들이 계약 체결 당시에 합리적으로 예견했던 조건과 상당히 다를 때, 시공자는 합의된 계약과 전적으로 다른 계약을 수행하고 있는 것이며, 이 경우 시공자는 자신의 추가 역무에 대한 합리적인 금액을 받을 권한이 있다고 판시하였다.

다. 발주자의 현장조건에 대한 부실진술

입찰서류 또는 발주자와의 대화를 통한 지하토양 또는 현장 조건에 대한 부실진술은 그러한 조건들에 대한 위험을 발주자에게 전가시킬 것이다. 미국법의 부실진술 법리 하에서 계약위반으로 계약을 취소하거나 또는 불법행위(torts)로 손해배상청구를 할 수 있다. 따라서 선의의 부실진술인 경우에는 손해배상 청구가 가능하지 않다. 계약위반으로 구성하든, 불법행위로 구성하든 부실진술 법리는 ① 표현 또는 행위에 의해 사실이 부실진술되었어야 하고,

---

103) Bruner (주95), p. 71.
104) 760 P 2d 1120 (Idaho 1988).

② 계약상의 청구를 위해서는 부실진술이 기망적이거나 중대해야 하고, 불법행위에 기한 청구를 위해서는 부실진술이 기망적이고 중대해야 하며, ③ 부실진술이 시공자로 하여금 계약체결을 하게 만들었거나 시공자를 기망에 빠지게 만들었어야 하며, 또는 불법행위 법리상 기망에 빠졌어야 하고, ④ 시공자가 부실진술을 신뢰한 것이 정당했어야만 하고, ⑤ 시공자는 부실진술의 결과 손해를 입었어야 할 것이 요구된다.[105]

　　20세기가 시작되면서 공공건설공사계약뿐만 아니라 사적인 건설공사계약에서도 단순시공(Design-Bid-Build) 계약이 널리 사용된 결과, 발주자가 현장을 선택하고 조사하고 상세한 설계문서를 준비하고, 설계계획과 입찰명세서대로 공사가 수행되는지 점검하는 역할을 하게 되었다. 이러한 과정에서는 시공자의 역할은 입찰에 참가하고 시공을 하는 것이다. 발주자는 지하토양조건에 대해 토양보고서나 천공기록일지(boring logs)의 형태로 명시적으로 또는 시공방법이나 재료를 지시하는 내역서를 통해 묵시적으로 적극적인(positive) 진술을 하는 것이 보통이다. 발주자가 도면이나 내역서 또는 계약조건을 만드는데 걸리는 시간이 보통 수 개월 내지 수 년임에 비해 시공자가 입찰을 준비하는 데 허락되는 시간은 보통 수 주일이다. 이 경우 현실적으로 시공자가 그저 현장을 방문하여 육안으로 조사하는 것 이상을 기대하기는 어렵다. 이러한 상황에서 입찰자들은 입찰서류에 제공된 토양정보를 신뢰할 수밖에 없다. 발주자들은 부실진술 청구를 모면하기 위해, 계약문서에서 입찰자들이 제공된 토양정보를 신뢰할 권리를 명시적으로 부인하는 문구를 삽입하기 시작했다. 이러한 배경 하에서 미국연방대법원은 1914년 19세기 계약준수의 원칙의 적용을 상당히 제한하는 토양 부실진술 법리에 대한 이정표가 되는 Hollerbach v. United States 판결[106]을 내 놓게 된 것이다.[107]

　　Kentucky주 Green강 댐 수리를 위한 연방계약 하에서 시공자는 댐의 후면에 있는 물질들을 굴착해서 제거해야 했다. 내역서는 그 물질들이 '깨어진 돌, 톱밥, 바닥으로부터 2 내지 3 피트 높이의 침전물'이라고 명시하고 있었다.

---

105) Restatement of Contracts 2nd §§ 159 to 172 참조.
106) 233 US 165 (1914). 이 Hollerbach 판결과 함께 Christie v. United States, 237 US 234 (1915) 판결과 United States v Atlantic Dredging Co, 353 US 1 (1920) 판결이 미국 부실진술의 법리를 확립한 유명한 3개의 판결이다.
107) Bruner (주95), p. 73.

한편으로 내역서는 "입찰자들이 사무실에 공개되어 있는 지도와 도면을 검토하고 공사현장을 방문하여, 지역적 조건, 기후의 불확실성, 및 기타 우연한 사정 등을 포함하여 공사 수행에 수반되는 어려움을 파악하고, 정보획득을 위해 수문관리인(lock master)과 지역 설계사(local engineer)를 방문하여 자신의 견적을 내고 합리적인 제안을 할 것이 요구된다고 하였다. 그러나 시공자는 공사 수행 과정에서 실제 제거하기가 훨씬 더 어렵고 비용이 많이 드는 예견하지 못한 물질들이 댐의 후면에 존재한다는 사실을 알게 되었는데, 이에 대해 연방대법원은 다음과 같이 판시했다.

> 시공자가 현장조사를 더 해봤더라면, 예견하지 못한 물질을 발견했을 수도 있다. 하지만, 시공자는 내역서가 물질의 종류에 대해 시공자에게 보장(warranty)을 하고, 정부가 확실히 알고 말하는 것으로 받아들였다. 이러한 내역서의 적극적인 진술은 사실로 받아들여져야 하고, 정부를 구속한다. 그러한 잘못된 진술로부터 발생하는 손실은 시공자가 아니라 정부가 부담하여야 한다. 계약의 기초가 된 정부 제공 내역서가 의심의 여지를 남기지 않는 사실에 대해서까지 시공자가 별도로 조사해야 한다고 해석하는 것은 지나치다. 만약 정부가 이 문제에 대해 시공자가 별도로 조사하기를 원했더라면, 댐 후면 물질의 종류에 대해 내역서는 별다른 언급을 하지 않았을 것이다. 이러한 물질의 종류에 대해 적극적으로 진술함으로써, 내역서는 시공자가 진위에 대한 조사를 하지 않고 믿어도 된다는 진술(representation)을 한 것이다.

한편, 많은 발주자들이 일찍부터 자신들이 제공한 토양조건에 대한 시공자들의 신뢰를 부정하기 위해 계약 또는 토양보고서에 다양한 책임부인(waiver) 조항을 삽입하기 시작했다. 발주자는 계약준수의 원칙 하에서 이러한 일반적인 책임부인 조항을 시공자에게 강요하면서 부정확한 정보 제공에도 불구하고 토양조건에 대한 위험을 계속 부담시키려는 시도를 해 왔다. 책임부인 조항은 대체로 다음과 같은 내용들을 포함하는데, ① 시공자는 현장을 조사하였고, 공사 도면과 내역서를 검토하였으며, 완공 시까지 공사에 대한 모든 책임을 진다. ② 시공자는 이의를 제기하지 않은 공사 도면과 내역서에 대해 보장(warranty)한다. ③ 발주자가 제공한 정보는 비록 발주자가 신뢰할 만한 것이라고 믿는다 하더라도 토양의 정확성에 대해 발주자는 아무런 보장(warranty)을 하지 않음을 시공자는 확인한다. ④ 토양정보는 시공이 아니라 설계목적으로 획득된 것이며, 입찰자들의 편의를 위해 제공될 뿐이다. ⑤ 토양정보는 계약 문서가 아니며 참고용이다. ⑥ 입찰에 응함으로써 시공자는 공사 수행 과정에 만나게 될 조건들에 대해 충분히 고려하고 숙지하였다고 간주된다와 같은 것들이다.[108]

　　그러나 시공자가 발주자가 제공한 정보를 신뢰하는 것 외에 시공자에게 사실상 다른 선택의 여지가 없는 상황에서, 발주자가 건설공사 목적상 필요한 정보의 신뢰성에 대한 일반적인 책임부인 조항과 함께 시공자에게 정보를 제공하는 것과 관련하여 인식되는 불공정함(unfairness) 때문에, 이러한 발주자의 시도는 별 효과를 거두지 못해왔다.[109] Haggart Construction Co. v State Highway Commission 사건[110]에서 Montana 도로청은 도로공사계약을 위한 입찰 서류에 세 개의 자갈 채취장에 관한 기술적 자료를 포함시켰는데, 시공자는 여기에서 도로 공사에 필요한 재료를 조달하기로 되어 있었다. 기술적 자료에 포함된 천공 일지와 실험분석자료에는 지정된 채취장으로부터 경제적이고 충분한 수량의 재료가 공급될 수 있는 것으로 되어 있었다. 그러나 이 입찰 서류에는 "위원회가 [재료의] 수량과 품질에 대한 시험 자료를 제공하지만, 제공된 재료의 수량과 품질에 대해 아무런 보증을 하지 않는다… 만약 시공자가 자료에서 지시된 채취장을 사용하기로 한 경우, 시공자는 공급되는 모든 재료의 수량과 품질에 대해 전적으로 책임을 져야 한다"와 같은 책임 부인 문구가 들어 있었다.

　　시공자는 공사 착수 후에 세 개의 채취장의 재료가 품질 기준을 충족시키지 못함을 알게 되었고, 지정된 채취장의 재료가 내역서에 일치하도록 하기 위해서 다른 채취장으로부터의 일치하는 재료를 혼합하는 비싼 공정을 거쳐야 했다. 시공자가 채취장 재료의 적합성에 대한 부실진술에 대한 손해배상을 구하는 소송에서 발주자는 품질에 대한 계약적 책임부인 조항을 강하게 원용했으나, Montana 대법원은 시공자의 손을 들어주며 다음과 같이 판시했다:

　　시공자가 진술을 신뢰한 것이 정당하다고 믿을 만한 충분한 이유가 있다. 특히 주정부는 그러한 시공자의 신뢰를 통해 입찰 가격을 낮출 것을 기대했다. 책임부인

---

108) Bruner & O'Connor (주23), §14:33 at pp. 997-998.
109) Bruner (주95), pp. 90-91.
110) (1967) 427 P 2d 686.

조항은 자갈 채취장에 관해 이루어진 진술 및 그러한 진술이 이루어진 목적과 양립할 수 없음이 명백하다. 공정한 게임(fair play)이라는 기본 관념과 공서의 원리에 의해 이러한 모순은 시공자의 손을 들어주는 방향으로 해결되어야 한다. 개별 시공자들에게는 도로 공사계약과 관련하여 계약 협상력이 별로 없으므로, 입찰자들이 보다 공평한 계약조건을 협상을 통해 얻을 수 있을 것이라고 가정하는 것은 현실적이지 않다. 시공자는 거의 대부분 "받아들이든지 입찰을 포기하든지"(take it or leave it) 상황에 처하기 때문이다. 자신의 과실에서 초래된 유해한 결과에 대한 면책 약정은 항상 심각한 공서의 문제를 야기한다는 점이 Ozark Dam Constructors v United States, 127 F.Supp. 187, 190에서 지적되었다.

라. 현장조건에 대한 쌍방 착오

쌍방 착오의 법리는 당사자들에게 계약취소나 계약 재형성(reformation)을 가능하게 하는 형평법상의 구제수단이다. 쌍방 착오의 법리는 ① 착오가 계약의 중요한 부분에 관한 것이고, ② 착오가 착오를 그대로 이행하게 하면 심각한 비양심적(unconscionable)인 결과를 초래하고, ③ 합리적인 주의의무를 다하였음에도 불구하고 착오가 발생하였고, ④ 착오의 상대방은 원래 상태에 돌려질 수 있어야 함을 요건으로 한다.[111]

John Burns Construction Co v Interlake Inc 사건[112]에서 발주자가 '자연토양'(virgin soil)이라고 말한 토양에 하수관을 설치하는 공사 계약이 체결되었는데, 시공자는 착공 후에 토양에서 재(cinders), 커다란 철과 석탄 덩어리, 매장된 침목(railroad tie), 폐 콘크리트 기초, 콘크리트 유사 광재(concrete-like slags)를 만났다. 발주자는 비교가능한 입찰이 가능하도록 일관되게 자연토양을 기초로 해서 굴착공사를 위한 입찰에 시공자들을 초대하였으므로, 자연토양이 아닌 물질이 현장에 존재할 위험은 발주자가 인수하였고, 발주자의 현장대표도 실제 드러난 현장조건은 계약에 의해 고려된 바 없다고 증언했다. Illinois 항소법원은 쌍방 착오 법리의 요건을 검토하였고, 토양조건이 계약의 중요한 부분이고 착오의 영향이 계약을 비양심적(unconscionable)으로 만들 정도로 적지 아니하고, 시공자는 계약체결 당시 합리적인 주의 의무를 다하였으

---

111) Restatement of Contracts, 2nd § 151-158 (1981).
112) 433 NE 2d 1126 (Ill App 1982).

며 비록 발주자가 원래의 상태(status quo)로 되돌려지는 것이 불가능하다 하더라도, 시공자의 과실이 아닌 상황을 이유로 해서 이득을 받았으므로, quantum meruit에 기초해 보상을 해야 한다고 판시하였다.

이외에도 쌍방 착오의 법리는, 예를 들어, 토양 운반에 있어 심한 저류(underrun),[113] 조성을 위한 굴착토 물량의 심한 저류(underrun),[114] 예상했던 모래 및 자갈 대신 통나무, 암석 및 파편의 굴착,[115] 정지 문제(compaction problem)를 초래한 토양의 과도한 수분,[116] 적합한 조성토 재료의 활용가능성[117] 등이 문제된 사건들에서 적용되어 왔다.

3. 호주법

Julian Bailey 변호사는 호주에서는 아직 시공가능성(buildability)을 다룬 판례가 없지만, 만약 이 문제가 법원에서 다루어진다면, 호주 법원들은 미국 Spearin 판례보다 영국 Thorn 판례를 따를 가능성이 높다고 한다. Bailey 변호사는 그에 대한 근거로 호주는 아직도 최고 상급법원이 영국 런던의 Privy Council이기 때문에 최종심에서 결국 영국 common law가 적용된다는 사실을 들고 있다.[118]

그러나 호주는 예견하지 못한 현장조건 관련하여 특히 발주자가 제공한 설계나 유사 정보를 제공한 경우를 다루는 입법을 두고 있다. 연방 의회가 제정한 2010 경쟁 및 소비자법(Competition and Consumer Act 2010)이 바로 그것이다. 2010년 이전에는 동법은 1974 무역관행법(Trade Practices Act 1974)으로 알려졌다. 이 무역관행법 제52조 제1항은 매우 간단하지만 호주 건설산업을 포함한 상사 계약에 지대한 영향을 미쳤다:

기업은 무역이나 상거래에서 오도하거나(misleading) 기만적인(deceptive) 행위를 해서는 안 된다.

동법은 B to C 거래뿐만 아니라 B to B 거래에도 적용되며 그 효과도 매

---

113) Peter Kiewit Sons Co v United States, 74 F Supp 165, 167 (Ct Cl 1947).
114) Chernus v United States, 75 F Supp 1018 (Ct Cl 1948).
115) Stanton v Morris Construction Co, 199 NW 104, 106 (Minn 1924).
116) SJ Groves & Sons & Co v State, 273 SE 2d 465 (NC App 1980).
117) Atlanta Construction Co v State, 175 NYS 453 (App Div 1918).
118) Julian Bailey (주19), p. 10.

우 강력한데, 한 사업체에 의해 호도된 다른 사업체(또는 사업가)에게 계약 조항에 의해 축소되거나 배제될 수 없는 손해배상 또는 여타 구제수단에 대한 법적 권리를 부여한다. 호주의 건설사건, 특히 발주자가 이런 저런 방법으로 시공자를 오도하는 행위를 한 예견하지 못한 현장조건 사건에서 동 법 제52조는 빈번히 원용되고 있다.

Abigroup Contractors Pty Ltd v Sydney Catchment Authority (No 3) 사건[119]은 Sydney 근처 Warragamba 댐의 배수로 공사를 위한 총액확정계약에 기초한 프로젝트와 관련한 건인데, 발주자는 시공자에게 제방을 통해 물을 배출하는 배출관의 깊이를 보여주는 도면이 없다고 했으나 실제로는 있었다. 만약 발주자가 그 도면을 찾아서 시공자에게 건넸더라면 시공자는 자신이 굴착해야 하는 깊이가 발주자가 제공한 도면과 내역서에 표시된 것보다 훨씬 더 깊었다는 것을 알 수 있었을 것이다. 따라서 발주자의 행위는 시공자를 오도하였거나 기만적이었거나 아니면 그럴 가능성이 높았으며 무역관행법 제52조를 위반한 것이다. 입찰에서 시공자는 약 24,300를 굴착할 것으로 고려했으나, 발주자가 도면을 제공했더라면 시공자가 실제 굴착해야 할 깊이를 확인할 수 있었을 텐데, 이 경우 204,518 를 굴착했어야 할 것이다. 시공자가 받을 권한이 있는 추가 공사비는 AUD 7.5 million이라고 판시되었다.

4. 독일법

앞에서 설명한 대로 독일에서는 시공자가 지하토양을 조사하고 문제점이 있으면 그 문제점을 발주자에게 알릴 의무를 다한 이상, 지하토양조건 위험을 발주자에게 부담시키고 있다. 발주자에게 예견하지 못한 현장조건 위험을 부담시키는 근거로는, 독일에서는 오랫동안 지하토양이 공사 자재로 취급되어 왔는데, 독일 민법 제644조 제1항 3문이 "도급인이 제공한 재료의 우연적 멸실 및 우연적 훼손에 대하여 수급인은 책임이 없다"고 규정하고 있는 것을 들고 있다. 또한, 추가적인 근거로 발주자가 성능명세서(performance specification)를 준비할 때, 감수해야 할 요건들을 규정하고 있는 VOB/A 제1장 제7조 제1항 3호와 6호를 들 수 있는데, 특히 6호는 "공사수행에 결정적인 현장조건, 예를 들어 토양이나 수문학적 조건 등은 입찰자가 건축물 및 공사수행에 대한

---

119) [2006] NSWCA 282; 92006) 67 NSWLR 341.

그러한 조건의 영향을 충분히 판단할 수 있도록 기술되어야 한다"고 규정하고
있다.

　　이러한 독일 민법 규정과 VOB/A를 근거로 해서 독일에서는 발주자가 제
공한 현장 정보의 오류로 인해 시공자에게 추가 공사비가 발생한 경우 시공자
는 추가 공사비를 보상받을 수 있다고 본다. 이러한 결론은 예견하지 못한 현
장조건과 관련하여 지하토양을 발주자가 공급하는 자재로 해석하고 VOB/A를
일반적인 법원칙으로 해석하는 독일 법원의 전향적인 태도에 의해 가능한 것
으로 이해되고, 대륙법계의 일반적인 태도라고 보기는 어려울 것이다.

　　한편, 독일법을 비롯한 대륙법계는 발주자가 제공한 현장 정보에 오류가
있어 시공자에게 발생한 추가 공사비 문제를 해결하는데 적용되는 영미법의
부실진술의 법리를 알지 못한다. 대륙법계에서도 착오 또는 사기에 의한 계약
취소의 법리를 적용하여 어느 정도까지는 문제를 해결할 수 있으나, 영미법에
서 선의의 부실진술에 해당하는 경우를 규율하는 법리가 없다. 이하에서 발주
자가 제공한 현장 정보의 오류에 대해 적용할 수 있는 독일법의 착오 또는 사
기에 의한 계약취소의 법리를 간략하게 살펴본다.

가. 착오에 의한 계약취소

　　독일법하에서 발주자가 제공한 현장 정보가 실제의 현장조건과 달라 시공
자에게 추가 공사비가 발생한 경우에 시공자는 어떠한 법리에 의해 구제될 수
있을지 살펴본다.

　　먼저 발주자의 잘못된 현장 정보의 제공이 독일 민법 제119조의 착오에
해당하여 시공자가 계약을 취소할 수 있는지 여부를 살펴본다. 독일 민법 제
119조 제1항은 "의사표시를 함에 있어서 내용에 관한 착오가 있었거나 그러한
내용의 의사표시 자체를 할 의사가 없었던 사람은, 그가 그 사실을 알고 또 사
정을 합리적으로 판단하였다면 의사표시를 하지 아니하였으리라고 인정되는
때에는, 의사표시를 취소할 수 있다" 규정하고, 제2항은 "사람이나 물건의 性
狀에 관한 착오도, 그 성상이 거래상 본질적이라고 여겨지는 경우에는, 의사표
시의 내용에 관한 착오로 본다"고 규정한다.

　　발주자가 제공한 잘못된 현장정보를 바탕으로 해서 계약을 체결한 시공자
는 제2항 물건의 성상에 관한 착오에 빠진 것으로 볼 수 있다. 하지만 독일 민
법 제119조 제2항은 동기의 착오를 중요시하지 않는 원칙에 대한 예외로서 상

당한 비판을 받고 있는데, 계약당사자 일방이 물건의 성상에 대해 어떠한 가정을 했는지는 상대방에게 드러나지 않으며, 문제의 동기가 계약의 조건으로 합의되지 않은 경우에도 그 당사자가 계약을 취소할 수 있다는 점 때문이다. 이러한 맥락에서 제119조 제2항은 객관적으로 본질적인 물건의 성상에 관한 착오에 한해서 계약취소를 허용하고 있다. 독일 법원은 제119조 제2항의 착오를 적용하는데 매우 신중한 편이다.[120)]

나. 사기에 의한 계약취소

한편, 발주자의 잘못된 현장정보 제공이 독일 민법 제123조 하의 사기 (Täuschung)에 해당하면 시공자는 계약을 취소할 수 있다. 여기서 사기는 착오를 유발하거나 지속시키도록 하기 위해 사실에 대해 의도적인 부실진술을 하는 것으로 정의될 수 있다.[121)] 시공자에게 적극적으로 거짓말을 하는 것뿐만 아니라 시공자에게 중요한 사실을 공개하지 않는 것도 사기에 해당할 수 있다. 그러나 부작위에 의한 사기가 성립하려면 발주자에게 그러한 정보를 공개할 의무가 있어야 하는데, 독일 법원은 계약 당사자는 각자 계약 체결 결정과 관련한 정보를 입수할 책임이 있기 때문에 원칙적으로 계약 당사자에게 일반적인 정보 공개의무를 인정하지 않지만, 신의성실의 원칙에 입각해서 이러한 원칙에 대한 중요한 예외들을 인정하고 있다.[122)] 그러한 예외로서 발주자가 시공자가 현장정보를 요청하였는데 공개하지 않았거나, 시공자에게 명백하게 중요하거나, 계약의 목적 달성을 위해 필요한 정보를 공개하지 않거나, 계약 당사자간에 신뢰관계가 존재하는데 정보를 공개하지 않은 경우를 든다.[123)]

다. 계약체결상의 과실책임

발주자의 잘못된 현장정보 제공이 독일 민법 제123조의 사기로 성립되기 위해서는 주관적 요소로서 적어도 미필적 고의(dolus eventualis)가 인정되어야 하는데, 많은 경우 이러한 주관적 요소를 충족하기가 어려울 것이다. 그렇다면

---

120) Basil S. Markesinis, Hannes Unberath & Angus Johnston, The German Law of Contract-A Comparative Treatise, 2nd ed. (Bloomsbury, 2006), pp. 297-298.
121) Markesinis, Unberath & Johnston (주120), p. 303.
122) Markesinis, Unberath & Johnston (주120), p. 305.
123) Markesinis, Unberath & Johnston (주120), pp. 307-309.

독일 민법은 기망의 고의가 없는 부실진술은 계약자유의 원칙에 맡길 뿐 아무런 규율을 하지 않는가? 독일 민법은 기망의 고의가 없는 부실진술에 해당하는 경우를 규율하기 위해 '계약체결상의 과실책임'(culpa in contrahendo) 원칙을 활용하고 있다.[124] 이 원칙은 원래 계약체결 과정에서 당사자 일방의 과실에 의한 계약 무산에 대한 책임을 묻기 위해 발달되었으나, 유효하게 성립한 계약으로부터 당사자 일방을 벗어나게 하기 위해서도 활용된다. 당사자 일방이 상대방에게 책임이 있는 잘못된 정보를 기초로 해서 계약을 체결하였다면, 그 당사자에게는 계약에 구속되는 것, 다시 말해 계약 그 자체가 손실로 간주될 수 있다. 그리하여 잘못된 정보가 제공되지 않았더라면 그 당사자가 있었을 위치로 되돌리기 위해 계약취소의 권한이 부여된다.[125][126]

경우에 따라서 독일 법원은 잘못된 정보를 제공받은 당사자가 실제로 체결한 계약과 다른 조건의 계약을 체결하였을 것이라는 가정적인 주장을 하는 것까지도 허용한다. 그리하여 실제로 합의한 계약금액과 가정적인 계약금액의 차이에 의해 측정되는 손해배상액을 인정한다.[127]

그러나 발주자의 고의가 없는 부실진술에 대해 독일법상 체약상의 과실책임을 적용하기 위해서는 부실진술이 부주의해야(negligent) 한다. 즉, 정보가 사실을 오도한다는 것을 발주자가 알 수 있었거나 알았어야 한다. 따라서 독일법상 발주자의 과실이 없는 선의의 부실진술(innocent misrepresentation)인 경우, 예외적으로 그러한 부실진술이 독일 민법 제313조의 행위기초의 교란(Störung der Geschäftsgrungdlage)[128]에 해당하지 않는 한, 계약관계로부터 벗어날 수 있는 방법은 없다.

---

124) 체약상의 과실책임은 독일 민법 제311조 제2항으로 명문화되었다.
125) BGH NJW 1985, 1769; BGH NJW 1993, 2107.
126) Markesinis, Unberath & Johnston (주120), p. 311.
127) BGH NJW 1989, 1793; BGHZ 69, 53.
128) 독일 민법 제313조
　　　제1항: 계약의 기초가 된 서정이 계약체결 후에 현저히 변경되고, 그 변경이 만일 당사자들이 이를 예견할 수 있었다면 계약을 체결하지 아니하였거나 다른 내영으로 계약을 체결하였을 것인 경우에, 개별적인 경우의 모든 사정, 특히 계약상 또는 법률상의 위험분배를 고려하면 당사자 일방에게 원래의 계약에 구속되는 것을 기대할 수 없는 때에는, 계약의 변응을 청구할 수 있다.
　　　제2항: 계약의 기초가 된 본질적인 관념이 잘못된 것으로 밝혀진 경우도 사정의 변경과 동시된다.
　　　제3항: 계약의 변응이 불가능하거나 당사자 일방에게 기대될 수 없는 경우에는, 불이익을 입은 당사자는 계약을 해제할 수 있다. 계속적 계약관계에서는 해제가 아니라 해지를 할 수 있다.

라. 부실진술 책임부인 문구의 효력

1) 약관에 의해 삽입된 책임부인 문구

먼저 독일 약관법의 특징은 약관에 대한 내용통제가 추상적으로 이루어진다는 점이다. 즉, 계약당사자 간의 협상력의 차이는 기본적으로 약관의 내용통제에서 고려되지 않는다.[129] 독일 구약관규제법[130] 제9조에 해당하는 독일 민법 제307조는 상인간의 계약에도 적용이 되는데, 동 조에 따르면 약관이 신의성실에 반해 계약의 타방 당사자를 부당하게 불리하게 한다면, 효력이 없다.[131] 그리고 동 조 제2항은 부당하게 불리하게 만드는지 여부가 확실치 않은 경우에 약관이 첫째, 회피하고자 하는 법률상 규정의 근본취지와 양립하지 않거나 둘째, 계약목적달성이 위험해질 정도로 계약으로부터 발생하는 본질적인 권리 또는 의무를 제한시키는 경우에는 부당하게 불리하다고 간주한다[132]. 다시 말하면 약관의 계약조항이 제정법의 임의규정과 현저히 다른 경우 동 조항은 효력이 없다는 것이다.[133]

지하토양조건을 시공자에게 전가하는 모든 약관은 그 문구가 어떠하든 효력이 없다는 것이 독일 판례의 일반적인 태도이다[134]. 특히 믿을 만한 토양조건에 대한 진술이 활용가능하지 않고, 시공자가 직접 토양조건을 조사해야 하는 경우, 나중에 실제 발견된 예견하지 못한 토양조건의 성질과 크기를 몰랐

---

129) Lars Leuschner, "AGB-Kontrolle im unternehmerischen Verkehr", JZ (2010) 875, 877.
130) 2002년 1월 1일자로 독일 약관규제법 중 실체법에 관한 규정은 개정된 민법(BGB) 제2편 제2장 [약관에 의한 법률행위상의 채권관계의 형성(제305조 내지 제310조)]에 편입되었고, 절차법에 관한 규정은 Gesetz über Unterlassungsklagen bei Verbraucherrechts und anderen Verstößen (Unterlassungsklagengesetz. UKlaG. 소비자권리침해 및 기타 침해시의 금지의 소에 관한 법률)에 통합되었다.
131) 독일 민법 제307조 제1항
    약관조항이 신의성실의 요청에 반하여 약관사용자의 계약상대방을 부당하게 불리하게 하는 경우에는, 이는 효력이 없다. 부당한 불리함은 그 조항이 명확하지 아니하고 이해될 수 없는 것이라는 사정에 기하여도 인정될 수 있다.
132) 독일 민법 제307조 제2항
    어느 조항이 다음 각호에 해당될 경우에는 의심스러운 때에는 부당한 불리함이 인정된다.
    1. 그 조항이 법률상 규정과 달리 정하는 것인 경우에 그 규정의 본질적인 기본사상과 합치하지 아니하는 때, 또는
    2. 계약의 성질상 인정되는 본질적인 권리 또는 의무를 제한하여 계약목적의 달성이 위태로운 때
133) Rosener (주24), pp. 108-109.
134) Englert/Grauvogl/Maurer, Handbuch des Baugrund und Tiefbaurechts (Handbook on the law of building ground and civil engineering), p. 349.

다고 주장함으로써, 시공자가 자신을 면책시킬 수 없다면 그러한 약관은 효력이 없다. 또한 특별한 보상 없이 시공자나 입찰자로 하여금 지하 토양의 성질이나 지하수의 높이를 결정하게 한다면, 이는 무효이다. 토양조사 업무나 그 결과에 책임을 시공자 또는 입찰자에게 부담시키는 계약 조항은 효력이 없다.135)

2) 개별 계약에 삽입된 책임부인 문구

원칙적으로 계약자유의 원칙하에서 시공자에게 지하토양조건을 전적으로 전가하는 것은 가능하다. 원래 보상을 요하는 특별한 위험은 시공자에게 전가되지 않으면 발주자가 부담하는 것이 원칙이므로 시공자에게 지하토양조건을 전가시키기 위해서는 가능한 한 정밀하게 업무범위를 정의해야 한다. 하지만, 계약자유의 원칙하에서 아무런 합리적인 보상 없이 일방적으로 위험을 시공자에게 전가하려는 시도가 너무나 균형을 잃은 경우에는 독일 민법 제138조136) 또는 제242조137) 하에서 효력을 상실할 수도 있다.138)

특히, 총액계약(Pauschalpreisvertrag) 방식하에서는 VOB/B 제2조 제7항 (1)에서 만약 예견하지 못한 상황이 더 이상 일반적으로 기술된 용역의 단순한 완성이나 구체화로 볼 수 없을 정도의 추가 용역을 요구한다면 추가 보상이 주어질 수 있다고 규정하고 있음에 유의하여야 한다.139)

급부의 보수가 총액으로 합의된 경우, 그 보수는 변경되지 아니한다. 그러나, 실행된 급부가 계약상 규정된 급부와 현저히 상이하여 총액에 대한 구속이 기대될 수 없는 경우(민법 제313조)에는 청구에 의하여 추가 비용 또는 절감 비용을 고려한 보상이 고려되어야 한다. 보상액의 산정은 가격조사에 기초하여야 한다.

---

135) Rosener (주24), p. 109.
136) 독일 민법 제138조 [양속위반의 법률행위; 폭리]
　　① 선량한 풍속에 반하는 법률행위는 무효이다.
　　② 특히 타인의 궁박, 무경험, 판단능력의 결여 또는 현저한 의지박약을 이용하여 어떠한 급부의 대가로 자신에게 또는 제3자에게 그 급부와 현저히 불균형한 재산적 이익을 약속하게 하거나 공여하게 하는 법률행위는 무효이다.
137) 독일 민법 제242조 [신의성실에 좇은 급부]
　　채무자는 신의성실이 거래관행을 고려하여 요구하는 대로 급부를 실행할 의무를 부담한다.
138) Rosener (주24), p. 110.
139) 독일 연방대법원의 판례에 따르면 시공자뿐만 아니라 발주자(Auftraggeber)도 동 규정에 근거하여 보수(공사비)의 수정청구를 할 수 있다(BGH, Urteil vom 11. 9. 2003-VII ZR 116/02).

5. 한국법

한국 민법 하에서 발주자가 제공한 현장 정보가 실제의 현장조건과 달라 시공자에게 추가 공사비가 발생한 경우에 어떠한 법리를 적용하여 해결할 수 있는지 살펴본다.

한국 민법에는 독일 민법과 마찬가지로 영미법계의 부실진술의 법리에 정확하게 상응하는 계약법상의 법리가 존재하지 않는다. 그러나 기망적인 부실진술은 민법 제110조의 사기에 의한 의사표시와 유사한 측면이 있다.[140] 따라서 발주자의 잘못된 현장정보의 제공이 사기에 이를 정도이면 한국 민법 제110조에 의해 시공자는 계약을 취소할 수 있다. 추가 공사비 청구를 위해서는 별도로 불법행위를 원인으로 해서 손해배상을 청구해야 할 것이다.

문제는 발주자가 선의의 부실진술을 한 경우인데, 만약 발주자의 선의 부실진술로 인해 시공자가 착오에 빠져 계약을 체결하였다면 한국 민법 제109조[착오로 인한 의사표시]에 의거해, 그 착오가 계약의 중요 부분에 대한 것이라면 시공자는 계약을 취소할 수 있다. 그런데 한국 민법상 동기의 착오는 동기가 의사표시의 내용으로 표시되지 않은 경우 착오로 인정되지 않는다. 따라서 발주자의 잘못된 현장정보 제공을 착오로 구성하기 위해서는 우선 계약의 중요 부분에 해당해야 할 뿐 아니라, 발주자가 제공한 현장정보는 시공자가 계약체결에 이르게 된 동기에 지나지 않을 것이므로, 이러한 동기가 표시되지 않는 한 발주자의 잘못된 현장정보 제공을 이유로 계약을 취소하기는 어려울 것이다.

그러나 한국 법원은 판례를 통하여 다음과 같이 '상대방에 의해 유발된 착오'의 법리를 도입하여 선의의 부실진술로 인해 계약 체결에 이르게 된 경우 계약취소를 보다 용이하게 하는 길을 열어 놓았다는 점은 매우 흥미롭다:

위 진정한 경계선에 관한 착오는 원고가 위 금원지급약정을 하게 된 동기의 착오라 할 것임은 상고 이유에서 논하는 바와 같으나, 원심이 인정한 사실에 따르면 그와 같은 동기의 착오는 피고측의 강력한 주장에 의하여 생긴 것으로서 이 사건

---

140) 정성헌, "영미계약법상 부실표시에 관한 연구 -우리법과의 비교와 우리법에의 시사점을 중심으로-",「법과 정책」제21집 제1호(2015). 물론 사기를 인정하는 범위에 차이가 있을 수 있다고 한다.

약정의 체결에 있어서 원고는 그 동기를 의사표시의 내용으로 표시하였다고 보아야 하고, 또한 원고로서는 그와 같은 착오가 없었더라면 그 의사표시를 하지 아니하였으리라고 생각될 정도로 중요한 것이고, 보통 일반인도 원고의 처지에 섰더라면 그러한 의사표시를 하지 아니하였으리라고 생각될 정도로 중요한 것이라고 볼 수 있으므로 원고의 위 금원지급 의사표시는 그 내용의 중요 부분에 착오가 있는 것이 되어 원고는 이를 취소할 수 있다 할 것이다.[141]

한국 법원은 착오가 상대방에 의해 유발된 경우 비록 형식적으로는 민법 제109조 착오의 요건, 즉, 착오가 계약의 중요 부분에 대한 것이라든지, 동기가 표시되었을 것을 요구하고 있으나 이를 비교적 쉽게 인정함으로써 보통의 착오와 달리 취급하고 있음을 알 수 있다.

6. 소결

지금까지 발주자가 제공한 현장정보에 잘못이 있어 시공자에게 추가 공사비가 발생한 경우 각 나라 별로 어떠한 태도를 취하고 있는지 살펴보았다. 같은 영미법계 국가라 하더라도 미국 및 호주는 판례 및 입법에 의해 영국에 비해 전향적으로 시공자에게 추가 공사비를 인정하고 있음을 알 수 있었다. 대륙법계 국가인 독일은 발주자가 제공하는 현장을 발주자가 공급하는 자재로 취급하고, VOB/A에서 발주자가 현장정보를 제공할 때 시공자가 공사수행에 대한 영향을 충분히 판단할 수 있도록 제공하도로 요구함으로써 이 문제를 해결하고 있다.

한편, 영미법의 부실진술의 법리를 알지 못하는 대륙법계는 발주자의 잘못된 현장 정보의 제공이 '선의의 부실진술'에 해당하는 경우에, 시공자에게 활용가능한 구제수단이 없다는 이론적인 난점이 존재한다. 여기서 한국 법원은 판례를 통하여 '상대방에 의해 유발된 착오'의 법리를 도입하여 선의의 부실진술로 인해 계약 체결에 이르게 된 경우 계약취소를 보다 용이하게 하였다는 점은 흥미롭다. 2002년 독일 민법 개정 시에 이와 같은 법원에 의한 여러 가지 법형성이 민법전에 포섭된 것처럼, 한국도 판례의 의해 형성되어 가고 있는 상대방에 의해 유발된 착오의 법리가 민법전에 수용될 것으로 기대한다.

발주자의 잘못된 현장 정보의 제공으로 인해 발생한 공기지연에 대해 시

---

141) 대법원 1997. 8. 26. 선고 97다6063 판결.

공자의 책임에 대해서는 영미법계와 대륙법계를 나누어서 생각할 필요가 있는
데, 과실책임주의를 취하고 있는 대륙법계에서는 발주자가 제공한 현장 정보
의 오류와 관련하여 시공자에게 달리 과실이 있지 않는 한, 공기지연에 대한
책임을 묻기 어려울 것으로 본다.

무과실책임주의를 취하고 있는 영미법계에서는 발주자의 잘못된 현장 정
보 제공행위가 발주자의 방해행위로 간주되고 계약에서 그에 상응하는 공기연
장이 주어지지 않는다면, 이른 바 '방해원칙'이 적용되므로 시공자가 공기지연
책임을 면할 수 있는 여지가 있다.

Ⅳ. 계약에 의한 예견하지 못한 현장조건 위험 배분

1. 계약에 의한 위험 배분 원리와 국제적 관행

계약 당사자들이 프로젝트의 위험을 어떻게 배분하는지에 대해서 그 위험
을 가장 잘 통제하거나 관리할 수 있는 당사자에게 배분하는 것이 이상적이라
고 일반적으로 여겨지고 있다.[142] 그러나 이러한 위험배분 원칙은 계약상 예
견하지 못한 현장조건 위험배분을 어떻게 할 것인지에 대한 문제를 푸는 데
별로 도움이 되지 못한다. 가령, 시공자에게 공사 착수 전 현장조사 의무가 있
다고 해서 시공자가 예견하지 못한 현장조건을 부담해야 한다는 주장은 논리
적이지 않다. 만약 시공자가 현장조사를 게을리해서 발견했어야 했던 현장조
건을 발견하지 못한 경우에는, 당연히 시공자가 책임을 져야 하겠지만, 시공자
가 현장조사를 적절하게 수행한 경우에도 발견할 수 없었던 현장조건에 대해
서 시공자가 책임질 이유는 없다.[143]

앞에서도 말한 바와 같이 예견하지 못한 현장조건 위험을 누가 부담하는
지는 어느 당사자도 특별히 통제할 수 없었거나 알 수 없었던 상황에 대한 책
임을 누가 부담하는지의 문제이기 때문이다. 시공자도 발주자보다 현장조건에
대해 더 잘 알 수 있는 입장이 아니라면, 예견하지 못한 현장조건을 누가 부담
해야 하는지는 하나의 확실한 답이 있다고 보기 어려운 문제다.[144]

---

142) Robert Smith, "Risk Identification and Allocation: Saving Money by Improving Contracts and
     Contracting Practices" ICLR (1995), p. 40 *et seq*.
143) A. H. Gaede, "The Silver Book: An Unfortunate Shift from FIDIC's Tradition of Being
     Evenhanded and of Focusing on the Best Interest of the Project" ICLR (2000), p. 486.

예견하지 못한 현장조건 위험을 계약적으로 시공자에게 부담시키는 것은 만약 그러한 현장조건이 현실화된다면 그에 대처할 수 있는 예비비를 시공자가 계약금액에 반영한다는 것을 전제로 한다. 하지만 그러한 위험을 객관적인 금액으로 산정할 구체적인 방법이 없을 뿐만 아니라, 특히 경쟁입찰 절차에서 입찰참여한 시공자가 예견하지 못한 현장조건에 대비하기 위한 예비비를 높이 책정할수록 수주 확률이 떨어진다는 점에서 그러한 전제는 현실성이 부족하다.[145] 설령 입찰참여한 시공자가 예비비를 반영하였다 하더라도, 예견하지 못한 현장조건이 현실화되지 않으면 발주자는 일어나지도 않은 위험에 대해 지급한 결과가 될 것이고, 만약 예견하지 못한 현장조건이 현실화되고 그 금전적 영향이 시공자가 책정한 예비비를 초과한다면, 시공자는 어딘가에서 클레임을 제기하여 그러한 결손을 보충하려 들 것이고, 그게 여의치 않으면 심지어 사업을 접을 수도 있다. 예견하지 못한 현장조건 위험을 시공자에게 부담시킴으로써 발주자는 계약금액의 확실성을 얻을 수 있다고 일응 생각할 수 있지만, 시공자의 클레임 제기 또는 시공자의 도산 등으로 인해 전체적으로 프로젝트 비용이 증가하는 결과를 초래할 수도 있다.[146]

2000년 세계 20개국의 정부 및 공공부문의 계약에서 예견하지 못한 현장조건 위험을 어떻게 배분하는지에 대한 사례 조사 결과에 따르면, 홍콩과 말레이시아를 제외한 거의 대부분의 국가들의 정부 및 공공부문의 계약에서 정도의 차이는 있지만 발주자가 예견하지 못한 현장조건의 위험을 부담하는 계약 조항을 두고 있음이 확인되었다.[147] 특히, 원칙적으로 예견하지 못한 현장조건 위험을 시공자가 부담하는 법리를 채택하고 있는 영국, 미국, 호주, 캐나다 등의 영미법계 국가들도 정부 및 공공부문의 계약에서 이 위험을 발주자가 부담하는 것으로 규정하고 있다는 점은 매우 흥미롭다. 이러한 태도는 프로젝트의 성격, 입찰기간과 입찰금액, 프로젝트의 최상의 이익 등을 감안하여 누가 가장 그 위험을 잘 평가하고 부담할 수 있는지를 공평의 견지에서 판단한 결

---

144) Julian Bailey (주19) , p. 6.
145) A. H. Gaede (주143), p. 487.
146) Peter Fenn, "Review of International Practice on the Allocation of Risk of Ground Conditions", ICLR (2000), p. 441.
147) Peter Fenn (주146), p. 440 *et seq*; 20개국은 호주, 캐나다, 중국, 아이레, 프랑스, 독일, 홍콩, 인도, 인도네시아, 이태리, 일본, 말레이시아, 뉴질랜드, 포르투갈, 루마니아, 스리랑카, 스웨덴, 영국, 미국, 그리고 국가는 아니지만 국제건설 표준계약조건인 FIDIC이다.

과로 보인다.[148]

이하에서는 국제건설 표준계약조건으로 가장 널리 알려진 FIDIC 계약조건의 예견하지 못한 현장조건 조항들을 중심으로 계약에 의해 예견하지 못한 현장조건 위험을 어떻게 배분하는지 구체적으로 살펴보기로 한다. Red/Yellow Book은 발주자에게 거의 모든 예견하지 못한 현장조건 위험을 부담시키고 있음에 비해, Silver Book은 전적으로 시공자에게 부담시키고 있어 대조적이다.

2. Red/Yellow Book에서의 예견하지 못한 현장조건

Red/Yellow Book에서 예견하지 못한 현장조건과 직접 관련 있는 조항은 제4.10조[현장 자료]와 제4.12조[예견할 수 없는 물리적 조건]이다.[149]

먼저, 제4.10[현장 자료]에서 발주자는 자신이 갖고 있는 현장 조건 관련 자료들을 시공자가 활용할 수 있도록 하여야 하고, 시공자는 그러한 자료들을 해석할 책임이 있다고 규정한다. 영국법 하에서는 원래 발주자가 시공자에게 현장 자료를 제공할 일반적인 의무가 없다고 한다.[150] 그러나 미국에서는 적어도 정부계약과 관련하여서는 정부기관이 계약 하에서 수행되어야 할 공사 관련 정보를 보유하고 있다면, 그러한 정보를 시공자에게 완전히 공개하고 제공할 의무를 부과하고 있다.[151] 필자의 견해로는 대륙법의 신의성실의 원칙 하에서 공사계약상 발주자에게 현장정보 제공 의무가 인정될 수 있다고 본다.

이렇게 발주자가 현장 정보를 제공하게 되면, 각 입찰자가 저마다 현장 조사를 중복해서 하는 것을 피할 수 있어 결과적으로 입찰 기간을 단축시킬 수 있고, 또 현장 조사 비용을 최소화할 수 있는 장점이 있다. 뿐만 아니라 현실적으로 발주자가 현장 정보를 제공하지 않으면 경우에 따라 입찰자가 현장 조사를 한다 하더라도 필요한 현장 정보를 얻기가 어려울 때도 있는데, 발주자가 입찰자들이 현장 조건 관련하여 알아야 할 사항을 알려주는 것이 효율적일 때가 많다.[152] 제4.10조는 기준일 전에 발주자가 갖고 있는 현장 자료를 시

---

148) A.H. Gaede (주143), p. 485.
149) Red Book과 Yellow Book의 예견하지 못한 현장조건 조문들은 거의 동일하다. Yellow Book 제4.11조 (b)항 마지막에서 '시공자 설계와 관련한 추가 자료'를 언급하고 있는 점에서만 Red Book 제4.11조와 다르다. FIDIC 계약조건 예견하지 못한 현장조건 조문은 본 글에 첨부되어 있는 부록을 참조하기 바란다.
150) Dillingham Constructions Pty Ltd v Downs [1972] 2 NSWLR 49, Supreme Ct NSW.
151) D Federico Co v Bedford Redevelopment Authority 723 F 2d at p. 125. (1st Circuit, 1983)
152) Julian Bailey (주19), p. 11.

공자에게 제공하도록 하고 기준일 후에 새로 취득한 현장 자료도 마찬가지로 시공자에게 제공하도록 하고 있다. 이 점은 후술하는 Silver Book 제4.10조도 마찬가지이다.

　제4.10조 둘째 단락은 시공자에게 현장 조사 의무를 부과하고 있는데, 시간과 비용을 고려하여 가능한 범위 내에서, 입찰 또는 공사에 영향을 미칠 수 있는 위험들과 우발적 사건들 및 기타 상황들에 대한 모든 필요한 정보를 획득한 것으로 간주한다고 규정하고, 현장 조사를 통하여 확인해야 할 사항들을 열거함으로써, 시공자가 현장 조사를 어느 정도로 해야 하는지에 대한 기준을 제시하고 있다. 여기서 시공자가 "시간과 비용을 고려하여 가능한 범위 내에서" 현장 조사의무를 다하였는지 지의 판단이 중요하다. 실제로 이 문제는 경험 많은 시공자라면 어떠한 현장 조사를 수행했을 지, 그러한 조사로부터 어떠한 정보를 얻었을 것인지, 그러한 정보를 어떻게 해석했을 지를 제3자의 객관적 시각에서 판단해야 하는데, 결국 소송이나 중재절차에서 전문가 증인의 진술을 듣고 재판부나 중재판정부가 최종적으로 판단할 사항이다.[153]

　제4.12조[예견할 수 없는 물리적 조건]은 시공자가 제4.10조의 현장 자료 및 현장 조사에 의해서도 예견할 수 없었던 물리적 조건을 만난 경우에 시공자에게 공기 연장과 추가 공사비 청구 권한을 부여하는 조항이다. 제4.12조는 '물리적 조건'을 "시공자가 공사 시공 중 현장에서 만나게 되는 자연적인 물리적 조건들과 인공적인 물리적 조건들 그리고 기타 물리적 지장물 및 오염물질들을 의미하며 지하 및 수문조건들을 포함하나 기후조건은 제외된다"고 정의한다.

　제4.12조에 의해 시공자는 예견할 수 없는 물리적 조건을 만난 경우 가능한 한 빠른 시간 내에 엔지니어에게 통지를 해야 하는데, 그 통지에는 그러한 물리적 조건들과 왜 예견할 수 없었는지에 대한 이유를 기술하도록 하고 있다. 그리고 이 통지는 제20.1조[시공자의 클레임]의 적용을 전제로 하므로, 예견할 수 없는 물리적 조건을 알았거나 알았어야만 한 때로부터 28일 이내에 이루어져야 하고, 만약 이 기간 내에 통지하지 못하면 시공자는 클레임 권리를 상실하게 됨에 유의하여야 한다.[154] 이러한 통지를 받은 엔지니어는 과연

153) Julian Bailey (주19), p. 9.
154) FIDIC 계약조건 제20.1조의 클레임 통지의 기간도과 권리상실 효과에 대해서 자세한 논의는 김승현 (주42), 417면 이하 참조.

그러한 물리적 조건이 예견할 수 없었던 것인지 여부 및 만약 그렇다면 그 범위에 대해서 공기 연장과 추가 공사비 문제에 대해 협의하거나 결정을 내리도록 하고 있다.

3. Silver Book에서의 예견하지 못한 현장조건

Silver Book에서 예견하지 못한 현장조건과 관련한 조항은 제4.10조[현장자료] 및 제4.12조[예견할 수 없는 어려움]이다. Red/Yellow Book 제4.10조에 비해 Silver Book 제4.10조는 매우 간단한 편이다. Silver Book 제4.10조 첫째 단락은 Red/Yellow Book 제4.10조와 마찬가지로 발주자는 자신이 갖고 있는 현장 관련 정보를 시공자에게 활용하도록 해야 한다고 규정한다. 하지만, 둘째 단락은 시공자는 그러한 자료를 확인하고 해석할 책임이 있으며, 나아가 제5.1조[일반적 설계의무]에 규정된 경우를 제외하고 발주자는 그러한 자료의 정확성, 충분성, 완전성에 대해 책임을 지지 아니한다고 규정하고 있다.

Silver Book 제4.10조는 시공자의 현장조사 의무에 대해 아무런 언급을 하지 않는데, 이는 시공자가 현장조사 의무를 다했다고 주장하면서 예견하지 못한 현장조건 위험 부담을 면할 수 있는 여지를 없애기 위함이다. 또한 발주자가 제공한 현장 관련 정보에 대한 해석 책임뿐만 아니라 확인 책임까지 시공자에게 부과하고 있고, 발주자는 그러한 자료의 정확성, 충분성, 완전성에 대한 책임을 지지 아니한다고 규정함으로써, 예견하지 못한 현장조건 위험을 시공자에게 전부 전가하고 있다고 해도 과언이 아니다.

Silver Book 제4.12조[예견할 수 없는 어려움]는 시공자는 공사에 영향을 미칠 수 있는 위험들과, 우발적 사건들 및 기타 상황들에 대한 모든 필요한 정보를 획득한 것으로 간주되고, 계약에 서명함으로써 공사를 성공적으로 완공하는데 따르는 모든 어려움과 비용에 대한 전적인 책임을 인수하였으며, 계약금액은 예견할 수 없는 어려움이나 비용으로 인해 조정되지 않는다고 규정함으로써 예견하지 못한 현장조건으로 인해 시공자에게 공기연장이나 추가 공사비가 인정되지 않음을 분명히 하고 있다.

또한 Silver Book 제5.1조[일반적 설계의무]는 "시공자가 발주자 또는 기타로부터 자료나 정보를 받았다고 해서, 시공자는 설계 및 시공에 대한 책임을 벗어날 수 없다"고 규정하여, Silver Book의 이러한 입장을 더욱 강화하고 있다.

한편, Silver Book 제5.1조 마지막 단락에 의해 Silver Book의 예견하지 못한 현장조건 위험부담은 다시 조정될 수 있다고 하는 견해가 있다.[155] 먼저 Silver Book 제5.1조는 다음과 같다:

> 그러나 발주자는 발주자 (또는 발주자를 대리하는 자)에 의해 제공된 발주자 요구조건서 중 아래의 부분들과 아래의 자료 및 정보의 정확성에 대하여 책임을 진다:
> ⅰ) 계약에 변경불가 또는 발주자의 책임으로 언급된 부분, 자료 및 정보,
> ⅱ) 공사목적물 또는 그 일부의 의도된 목적에 대한 정의,
> ⅲ) 완성된 공사목적물의 시험 및 성능에 대한 기준, 및
> ⅳ) 계약에 달리 언급된 경우를 제외하고, 시공자에 의해 검증될 수 없는 부분, 자료 및 정보.

이 견해는 위에 열거한 네 가지 중에 어떤 호가 구체적으로 Silver Book의 예견하지 못한 현장조건 위험부담을 다시 조정하는지 논하지 않아 정확한 의미를 파악하기 어렵지만, 필자의 견해로는 시공자에게 큰 위안이 되지는 못할 것 같다. 먼저 (a)호 '계약에 변경불가 또는 발주자의 책임으로 언급된 부분, 자료 및 정보'는 발주자가 제공한 현장정보가 소위 Relied on Information에 해당하여 발주자가 그 정확성에 대해 묵시적 또는 명시적으로 보장한 경우이므로 시공자는 그 범위 내에서 예견하지 못한 현장조건 위험부담을 면할 수 있을 것이다. (b)호와 (c)호는 예견하지 못한 현장조건 위험과 별로 관련이 없어 보인다. 마지막 (d)호 '시공자에 의해 검증될 수 없는 부분, 자료 및 정보'는 예견하지 못한 현장조건을 시공자가 검증할 수 있었다고 보기는 어려울 것이라는 점에서 나름 중요한 의미를 지니는 것처럼 보이지만 '계약에 달리 언급된 경우를 제외하고'라는 문구에 의해 제4.10조와 제4.12조가 우선하게 되므로 Silver Book하에서 시공자의 예견하지 못한 현장조건 위험부담을 조정한다고 보기 어렵다. 결국, 제5.1조 마지막 단락에 의해 시공자는 계약 체결 전에 발주자가 제공한 현장정보를 Relied on Information으로 규정하는 등 계약에서 발주자의 책임으로 명확히 해 두어야 시공자의 예견하지 못한 현장조건 위험부담이 재조정된다는 의미로 이해해야 할 것이다.

---

155) Baker & Turrini (주3), p. 12.

4. 예견하지 못한 현장조건 위험 관련 Silver Book의 정책적 타당성

Silver Book은 예견하지 못한 현장조건 위험을 전적으로 시공자에게 부담시키고 있다는 점에서 Red/Yellow Book과 현저하게 다르다. Silver Book은 1999년 공표 직후 매우 격렬한 찬반 논쟁의 대상이 되었다. Silver Book을 비판하는 주된 이유 중의 하나가 전적으로 시공자에게 예견하지 못한 현장조건 위험을 전가한다는 점이었다. 이러한 비판에 대해 Silver Book을 기초한 FIDIC 계약위원회는 국제적으로 건설시장에서 BOT 유형의 프로젝트가 점증하는 추세에 따라, 최종 계약금액과 완공일의 확실성이 매우 중요한 새로운 유형의 공사계약이 요구되는 것에 부응하여, Silver Book은 의도적으로 시공자에게 더 많은 위험을 전가하고 있으며, 시공자는 이러한 위험 부담에 대한 대가로 더 많은 이윤을 반영하는 것을 전제로 한다는 것을 서문에서 밝히고 있으므로, 이러한 비판은 정당하지 않다고 항변한다.

또한 Silver Book 서문에서 "제4.12조 예견할 수 없는 어려움이나 제5.1조 설계의무와 관련하여 입찰자가 설계, 위험평가 및 예측을 하거나 발주자 요구조건서에 대해 검토하고 세밀히 조사할 만한 시간이 부족하거나 정보가 부족한 경우", 또는 "시공과 관련하여 입찰자가 검사할 수 없는 상당한 양의 지하 또는 기타 작업이 수반되는 경우"에 Silver Book은 적합하지 않음을 밝히고 있다는 점도 항변의 근거로 들고 있다.

공기와 공사비의 확실성을 요구하는 프로젝트 파이낸스의 특성상, 공사계약에서 가능한 많은 위험을 시공자에게 전가할 수밖에 없다는 점은 이해하기 어렵지 않다. 그러나 Silver Book이 예견하지 못한 현장조건 위험을 전적으로 시공자에게 전가하는 태도는 다음과 같은 이유로 동의하기 어렵다.

첫째, 예견하지 못한 현장조건 위험은 말 그대로 시공자가 계약체결 당시에 예견할 수 없었던 위험이 현실화된 경우다. 예견하지 못한 현장조건 위험은 아직 보험 가입도 되지 않기 때문에, 예견할 수 없는 현장조건 위험에 대해 시공자가 사전에 대비하는 방법은 계약금액에 예비비를 책정하는 방법 밖에 없다. 그런데 어느 정도의 금액을 책정해야 '예견할 수 없는 위험'에 대비하기에 적정하다고 말할 수 있는가? 그 발생 가능성과 규모를 합리적으로 계산할 수 없는 위험을 금액으로 산정하여 계약금액에 반영하라는 것은 시공자에게 운에 맡기라는 말과 별로 다르지 않은 것 같다.

둘째, Silver Book 서문에서 시공자가 예견하지 못한 현장조건 위험을 부담하는 대가로 충분한 이윤을 반영하여야 하고, 예견할 수 없는 어려움이나 설계의무와 관련하여 입찰자가 설계, 위험평가 및 예측을 하거나 발주자 요구조건서에 대해 검토하고 세밀히 조사할 만한 시간이 부족하거나 정보가 부족한 경우, 또는 시공과 관련하여 입찰자가 검사할 수 없는 상당한 양의 지하 또는 기타 작업이 수반되는 경우에 Silver Book은 적합하지 않다고 밝히고 있으나, 통상의 경쟁입찰절차에서 Silver Book 서문은 입찰자들에게 제시되지 않는다. FIDIC 계약위원회는 Silver Book 서문에서 Silver Book 사용상 주의 사항에 대해서 경고를 했기 때문에, Silver Book의 오용에 대한 책임은 사용자들에게 있다고 말하고 있는 것처럼 보인다.

셋째, 물론 시공자들이 평소 Silver Book을 비롯한 FIDIC 계약조건들을 숙지해서 각각의 위험배분 특징을 사전에 충분히 파악하고 있어야 하겠지만, 현실의 세계는 그렇게 이상적이지 않다. 뿐만 아니라 통상의 경쟁입찰절차에서는 발주자 요구조건서와 설계에 대해서 입찰자가 충분히 검토, 위험평가 및 예측을 할 시간이 주어지지 않는다. 그리고 경쟁입찰 절차에서 합리적인 금액을 산정할 방법이 없는 예견할 수 없는 위험에 대비하기 위해 계약금액에 예비비를 반영하라고 하는 것은 너무나 비현실적인 이야기일 수밖에 없다.

이러한 연유로 필자는 Silver Book은 경쟁입찰절차에 적합한 계약조건은 아니라고 본다. 그러나 필자는 그동안 Silver Book이 대규모 토목공사를 수반하는 댐, 교량 또는 도로 프로젝트에서 특수조건에 의해 더욱 시공자에게 가혹하게 수정된 채로 경쟁입찰절차를 통해 사용되는 경우를 자주 봐왔다. 물론 프로젝트 파이낸스를 수반하는 BOT 유형의 프로젝트에서는 Silver Book이 아니라 하더라도 이처럼 시공자에게 많은 위험이 전가되는 공사계약조건이 입찰에 사용될 가능성이 높다. 하지만 이 경우 공사계약조건은 표준계약조건이 아니기 때문에 입찰자들이 원점에서 계약 검토 및 협상을 시도할 것이다. 따라서 일방적으로 시공자에게 예견하지 못한 현장조건 위험을 전가하는 시도는 입찰자들의 강한 저항에 부딪칠 것이다. 그러나 FIDIC 표준계약조건의 하나인 Silver Book이 제시되는 경우 입찰자들은 예견하지 못한 현장조건 관련하여 일반조건의 내용을 변경하자는 제안을 하는 것에 상당한 부담을 느낄 것이다. 대개의 경우 이러한 상황에서 시공자들에게 주어지는 선택은 경쟁입찰절차에 참여하든지 아니면 입찰을 포기하든지 둘 중 하나다.

V. 결론

예견하지 못한 현장조건 위험을 누가 부담하는지의 문제는 누가 그로 인한 공기지연 및 추가 공사비에 대해 책임을 져야 하는지의 문제이다. 그러나 예견하지 못한 현장조건에 대해 논의하는 문헌 대부분은 주로 추가 공사비를 누가 부담하는지 관점에서 논의하고 있는 것처럼 보인다. FIDIC 계약조건의 예견하지 못한 현장조건 조항이 시공자에게 공기연장과 추가 공사비 청구권한 둘 다를 인정하는 것에서 볼 수 있듯이, 실무상 시공자에게는 공기연장 인정 여부도 대단히 중요하기 때문에 본 연구에서는 이 점도 다루었다.

지금까지 살펴본 바에 의하면 예견하지 못한 현장조건 위험을 시공자와 발주자 중에 누구에게 부담시킬 것인지에 대해서 영미법계와 대륙법계는 현저한 입장 차이를 보이고 있다. 영미법계에서는 시공자가 계약상 의무이행에 대해 무과실책임을 지기 때문에, 후발적으로 일어난 사건이 Frustration에 해당하지 않는 한 시공자는 자신의 의무불이행에 대한 책임을 져야 한다. 이러한 맥락에서 예견하지 못한 현장조건은 통상 시공자의 의무이행을 불가능하게 하는 상황이 아닐 뿐만 아니라, 시공자는 계약체결 전에 현장을 조사할 수 있었고 따라서 계약적으로 예견하지 못할 어려움에 대비하는 규정을 둘 수 있는 입장 이었는데 그러한 규정을 두지 않은 경우 시공자는 예견하지 못한 현장조건에 대해 책임을 져야 한다는 입장이다. 따라서 계약상 별도의 규정이 없으면, 영미법계 준거법 하에서 시공자는 예견하지 못한 현장조건 위험이 현실화한 경우 공기연장이나 추가 공사비를 청구할 권한이 없는 것이 보통이다.

반면 대륙법계에서 시공자는 계약상 의무이행에 대해 과실책임을 진다. 예견할 수 없는 현장조건 위험은 문자 그대로 시공자가 계약체결 전에 합리적인 노력을 다해도 예견할 수 없었던 현장조건이기 때문에 예견하지 못한 현장조건 위험이 현실화되어 공기가 지연된 것에 대해 시공자에게 과실이 있다고 보기 어렵다. 따라서 예견하지 못한 현장조건의 발생으로 인한 공기지연에 대해 시공자에게 지체 책임을 물을 수는 없다고 본다.

한편, 대륙법계에서 예견하지 못한 현장조건으로 인해 시공자에게 추가 공사비가 발생한 경우 이를 누가 부담해야 하는지는 과실책임 법리로 해결되지 않는다. 추가 공사비가 발생한 것 자체는 채무불이행이 아니기 때문이다. 추가 공사비는 계약 체결 당시 당사자가 예견하지 못한 상황에 의해 초래된 것이므로, 결국 계약 범위 밖의 것이라고 보거나 사정이 변경된 것으로 볼 수 있을 것이다.

　　경쟁입찰 절차에서 발주자가 현장조사를 하고 그 자료를 입찰참여자들에게 제공하고 이를 토대로 계약금액을 산정 제안하도록 하는 것이 실무상 관행이다. 그런데 이렇게 발주자가 제공한 현장정보에 오류가 있어 결과적으로 공기지연이나 추가 공사비가 발생한 경우 시공자의 책임은 어떻게 되는지가 매우 빈번하게 문제된다. 이 문제에 대한 접근법도 영미법계와 대륙법계가 상당히 다르다. 영미법계는 주로 부실진술의 법리로 규율하는데 비해, 부실진술의 법리를 모르는 대륙법계는 사기, 착오, 계약체결상의 과실 등 여러 법리에 의해 규율하는데, 영미의 '선의의 부실진술'에 해당하는 법리가 존재하지 않기 때문에 입법에 의한 보완이 요구된다. 이 점에서 선의의 부실진술의 경우 법관의 재량으로 계약취소 대신 시공자에게 손해배상의 길을 열어놓고 있는 영국 부실진술법 또는 호주의 무역관행법을 참고할 필요가 있다.

　　더 나아가 발주자가 자신이 사전에 조사한 현장자료를 입찰자들에게 제공하면서 동시에 그 자료의 오류에 대해 자신의 책임을 부인한 경우, 발주자에게 아무런 책임을 물을 수 없는지도 자주 문제가 된다. 이 점에 대해서도 준거법 별로 접근법의 차이를 보이는데 같은 영미법계라 하더라도 계약자유를 중시하는 영국법 하에서는 원칙적으로 발주자에게 책임을 묻기 어려운 반면, 미국 판례는 발주자의 책임 부인 시도를 불공정한 것으로 허용하지 않는다. 한편, 대륙법계에서는 이러한 발주자의 책임부인 시도가 매우 불공정하거나 신의성실의 원칙에 반하는 것으로 인정되지 않는 한 계약자유의 원칙상 그 효력을 부정하기 힘들 것으로 보인다. 다만, 독일법 하에서 발주자의 예견하지 못한 현장조건에 대한 책임전가 시도가 FIDIC 계약조건과 같은 약관에 의해 이루어진다면 독일 민법상의 약관규제 법리에 의해 그 효력을 부정당할 수는 있다.

　　마지막으로 계약 당사자들이 예견하지 못한 현장조건 관련하여 계약에서 그 위험배분을 정한 사례로 FIDIC 계약조건들의 구체적인 조항을 살펴보았다. Red Book과 Yellow Book에서는 시공자가 현장조사 의무를 합리적으로 수행한 이상 예견하지 못한 현장조건 위험은 원칙적으로 발주자가 부담하도록 하고 있는 반면, Silver Book에서는 예견하지 못한 현장조건 위험 일체를 시공자가 부담하도록 하고 있다. FIDIC 계약위원회는 Silver Book 서문에서 Silver Book은 프로젝트 파이낸스를 수반하는 BOT 유형의 프로젝트에 사용되는 것을 염두에 두고 만들었고, Yellow Book에 비해 시공자가 더 많은 위험을 부담하는 대가로 더 많은 이윤을 반영하는 것을 전제로 하며, 시공자가 검사할 수 없는 상당한 양의 지하 또는 기타 작업이 수반되는 경우에 Silver Book은 적합하지 않다고 밝히고 있으나, 현실적으로 이러한 조건들이 지켜지지 않은 채 Silver Book은 남용되고 있다고 해도 과언이 아니다.

만약 상당한 양의 지하 공사 작업을 수반하는 대규모 토목 프로젝트의 경쟁입찰절차에서 Silver Book이 사용되는 경우, 입찰참여하기로 한 시공자는 Silver Book의 예견하지 못한 현장조건 조항을 계약특수조건에 의해 Yellow Book에 준하도록 수정 협상을 하여야 할 것이다.156) 하지만 끝내 발주자가 시공자의 이러한 수정 제안을 수용하지 않는다면, 시공자에게는 Silver Book의 가혹한 예견하지 못한 현장조건 조항을 받아들이든지 아니면 입찰을 포기하든지 선택의 문제가 남겠지만, 이러한 경우 Silver Book의 사용은 적합하지 않다고 권고한 Silver Book 서문의 조언에 따라 시공자가 과감하게 입찰을 포기하는 결단을 내리는 것도 필요하다고 본다.

[追 記]

필자는 2006년 2월 국제거래법연구에 같은 제목의 논문을 발표한 적이 있는데, 2006년 당시 필자의 역량에 비추어 너무 어려운 주제여서 심한 마음 고생 끝에 여러 가지 미흡한 상태로 논문을 마무리할 수밖에 없었음에도, 당시 논문 지도를 해주셨던 석광현 교수님의 따뜻한 격려 말씀에 용기를 얻었던 기억이 남아있다. 그 후 16년이 지난 시점에 그때의 미흡했던 기억을 해소하고자 이 주제에 다시 도전하여 존경하는 은사 석광현 교수님의 정년기념논문집에 싣게 되었으니 필자로서는 감회가 남다를 수밖에 없다. 이 주제는 필자로 하여금 본격적으로 국제건설계약 법리에 대한 비교법적 연구에 관심을 갖게 한 주제이며, 영미법계와 대륙법계의 접근법이 가장 현저한 차이를 보이는 분야라는 점에서 더욱 의미가 깊다.

---

156) 앞서 살펴본 바와 같이 특히 계약의 준거법이 영국법이라면 수정의 필요성은 더욱 크다.

―부 록―

Red/Yellow Book

1. 현장 자료의 사용

시공자는 제2.5조[현장 자료 및 기준 항목]에서 언급된 모든 자료의 해석에 대해 책임져야 한다.

현실적으로 실행 가능했던 범위 내에서(비용과 시간을 고려해 볼 때), 시공자는, 입찰 또는 공사에 영향을 미칠 수 있는 위험, 우발적 사건 및 기타 상황에 대한 필요한 모든 정보를 확보한 것으로 간주된다. 시공자는, 마찬가지로, 현장, 현장 출입로, 그 주변, 위에서 언급한 자료 및 기타 이용 가능한 정보들을 검사하고 조사한 것으로 간주되며, 다음의 사항들을 포함하여 공사의 수행과 관련된 모든 사안들에 대해 입찰 제출 전에 만족하였던 것으로 간주된다:

a. 지표 밑의 상태 등 현장의 형상 및 특성;

b. 수문 및 기후 조건, 그리고 현장의 기후 조건의 영향;

c. 공사의 수행에 필요한 작업 및 물품의 범위와 특성;

d. 공사 국가의 법령, 절차 및 노동관행; 그리고

e. 접근, 숙소, 편의시설, 인원, 전력, 교통, 용수 및 기타 서비스에 필요한 시공자의 요구조건들.

2. 예견할 수 없는 물리적 조건

본 조에서, "물리적 조건들"이라 함은 시공자가 공사 시공 중에 현장에서 부닥치는 자연적인 물리적 조건, 물리적 장애물(자연적 또는 인공적), 오염물질을 의미하며, 지하 및 수문 조건들을 포함하나 현장에서의 기후 조건 및 그 영향은 포함하지 않는다.

시공자가, 예견할 수 없는 것으로 판단하는 물리적 조건들과 부닥치고, 그것이 공정에 부정적인 영향을 주고/주거나 공사의 수행 비용을 증가시키는 경우, 아래 절차가 적용된다.

Silver Book

1. 현장 자료의 사용

시공자는 제2.5조[현장 자료 및 기준 항목] 하에서 발주자가 제공한 모든 자료의 검증 및 해석에 대해 책임져야 한다.

2. 예견할 수 없는 어려움

특수조건에서 달리 기재된 경우를 제외하고:

a. 시공자는 공사에 영향을 미칠 수 있는 위험, 우연한 사정 및 기타 사정에 관한 모든 필요한 정보를 획득한 것으로 간주되며;

b. 계약 합의서에 서명함으로써, 시공자는 공사를 성공적으로 완수하는데 소요되는 비용과 모든 어려움에 대해 예측했어야 하는 전적인 책임을 수락하고;

c. 계약금액은 어떤 예상치 못한 어려움이나 비용 때문에 조정되지 아니한다.

― 참고문헌 ―

1. 국내문헌
가. 단행본
김승현, 국제건설계약의 법리와 실무 제2판(박영사, 2019)

나. 논문
석광현, "FIDIC 조건을 사용하는 국제건설계약의 준거법 결정과 그 실익", 정홍식 외, 국제
　　　건설에너지법: 이론과 실무 제1권(박영사, 2017)
정성헌, "영미계약법상 부실표시에 관한 연구 –우리법과의 비교와 우리법에의 시사점을 중
　　　심으로–", 「법과 정책」 제21집 제1호(2015)

2. 외국문헌
가. 단행본
Atkin Chambers, *Hudson's Building and Engineering Contracts*, 13th ed. (Sweet &
　　　Maxwell, 2015)
Bruner, Philip & Patrick O'Connor, *Bruner & O'Connor on Construction Law*, Vol. 4
　　　(West Group, 2002)
Englert/Grauvogl/Maurer, Handbuch des Baugrund und Tiefbaurechts (Handbook on
　　　the law of building ground and civil engineering)
Furst, Stephen and Ramsey, Vivian, *Keating on Construction Contracts*, 10th ed. (Sweet
　　　& Maxwell, 2016)
Gauch, *Der Werkvertrag*, 3. Aufl. (Schulthess, 1985)
Malinvaud, Philippe, *Droit de la construction* (édition 2018/2019)(7e édition)(Dalloz,
　　　2018)
Markesinis, Basil S., Unberath, Hannes and Johnston, Angus, *The German Law of
　　　Contract–A Comparative Treatise*, 2nd ed. (Bloomsbury, 2006)
Treitel, G. H., *Frustration and Force Majeure*, 3rd ed. (Sweet & Maxwell, 2014),
Whelan, James, *UAE Civil Code and Ministry of Justice Commentary*–2010 (Thomson
　　　Reuters, 2011)

나. 논문

Baker, Ellis and Turrini, Michael, "The Underlying Problem: Negotiating the Ground Conditions Issue", Society of Construction Law Paper No. 181 (March 2013)

Bailey, Julian, "What Lies Beneath: Site Conditions and Contract Risk", Society of Construction Law Paper No. 137 (May 2007)

Bailey, Julian, "International Perspectives on Unforeseen Site Conditions", ICLR (2019)

Bruner, Philip L., "Force Majeure and Unforeseen Site Conditions in the New Millennium: Unifying Principles and "Tales of Iron Wars", ICLR (2000)

Englert, Klaus, ""Land unter!" bei der Herstellung großer Baugruben. Bau-, beweis- und versicherungsrechtliche Probleme", NZBau (2000)

Fenn, Peter, "Review of International Practice on the Allocation of Risk of Ground Conditions", ICLR (2000)

Gaede, A. H., "The Silver Book: An Unfortunate Shift from FIDIC's Tradition of Being Evenhanded and of Focusing on the Best Interest of the Project" ICLR (2000)

Leuschner, Lars, "AGB-Kontrolle im unternehmerischen Verkehr", JZ (2010)

Meroni, Rudolf, "Sub-Surface Ground Conditions -Risks and Pitfalls for Project Participants, Civil Law Projects- Legal and Contractual Approach in Switzerland", ICLR (1990)

Pauly, Holger, "Das Baugrundrisiko im zivilen Baurecht", MDR (1998)

Preussner, Mathias, "Das Risiko bauplanungsrechtlicher Änderungen nach der Einreichung des Bauantrages", BauR (2001)

Rosener, Wolfgang, "Unforeseeable Ground (Including Water) Conditions - Principle and Practice under German and Related Law", ICLR (2000)

Smith, Bill, "Design Risk, Unforeseeable Ground Conditions and Time for Completion under the UAE and Qatar Civil Codes", ICLR (2018)

Smith, Robert, "Risk Identification and Allocation: Saving Money by Improving Contracts and Contracting Practices", ICLR (1995)

제2부

국제사법

합작투자계약과 주주간계약에서 특유하게 문제되는 국제사법상 쟁점에 관한 연구

— 판례와 사례를 중심으로 —

유정화*

Ⅰ. 들어가며

서로 다른 국가의 회사들이 합작투자계약을 체결하여 합작회사를 설립하는 경우, 이는 외국적 요소, 즉 외국과 관련된 요소가 있는 법률관계에 해당하므로(현행 및 신 국제사법 제1조) 필연적으로 국제사법의 제문제에 직면하게 된다. 합작투자계약은 일종의 주주간계약[1]이기 때문에 계약내용이 합작회사가 설립된 국가의 회사법에 위배되는 경우에는 계약의 효력이 문제될 수 있으므로, 성공적인 합작투자를 위하여는 합작투자계약의 준거법과 합작회사의 준거법을 명확하게 파악하여 지정하는 것이 필수적이다. 또한 투자자들 사이에 분쟁이 발생하거나 또는 합작회사와 투자자들 사이에 분쟁이 발생하는 경우, 그 해결수단으로 소송을 하는 경우에는 어느 국가의 법원에 소를 제기하여야 하는지, 즉 국제재판관할이 문제될 것이고, 중재를 하는 경우에는 중재조항의 해

---

* 김·장 법률사무소 변호사

1) 주주간계약(shareholders' agreement, "SHA")은 주주들이 회사의 지배구조, 의결권 행사, 주식의 처분, 회사의 운영 등에 관하여 약정하는 계약을 일컫는다. 이러한 주주간계약은 복수의 기업들이 합작투자회사를 설립하는 경우에 주로 활용되는바, 합작투자계약(Joint Venture Agreement, "JVA")의 당사자들이 주주간계약을 체결함으로써 합작회사를 주주간계약에 의하여 설립하고 운영하게 된다. 예컨대 정재오, "조인트벤처에 관한 연구", 서울대학교 법학박사 학위논문(2016. 2.), 79-81쪽 참조. "조인트벤처의 중요한 특징은 당사자들 사이의 계약적 합의이다. 회사형 조인트벤처 합의에는 프로젝트회사의 설립과 조직에 관한 합의가 포함되어 있다. 프로젝트회사로서의 폐쇄회사가 설립되는 경우 조인트벤처 계약의 당사자들과 폐쇄회사의 주주들 사이에 인적 구성이 통상 일치한다. 회사의 주주들 간에 체결된 계약을 주주간계약이라 한다. 따라서 이 경우에 조인트벤처 계약은 주주간계약이 된다."

석과 중재합의 등에 관한 고려가 필요할 것이다.

이 글은 다양한 유형의 국제계약의 실질법과 국제사법적 논점 검토의 일환으로서, 이하 합작투자계약에서 문제되는 특유의 국제재판관할(Ⅱ항), 준거법(Ⅲ항) 및 분쟁해결의 맥락에서 국제중재(Ⅳ항)에 관한 논의를 검토하되, 각각 관할합의, 준거법합의, 중재합의라는 '계약'의 측면을 집중적으로 살핀다.

Ⅱ. 국제재판관할의 문제 – 합의에 의한 관할을 중심으로[2]

1. 일반론과 합작투자계약에서 국제재판관할합의 규정의 예시

국제재판관할은 국제민사사건에서 제기되는 법적 쟁송에 대하여 어느 국가의 법원이 재판할 권한을 가지는가, 또는 재판임무를 어느 국가에 배당할 것인가의 문제이다. 우리나라는 현행 국제사법 제2조(신 국제사법 제2조)[3]가 국제재판관할에 관한 일반원칙을 규정하고 있다. 국제재판관할 결정에 관하여 **대법원 2005. 1. 27. 선고 2002다59788 판결**은 "국제재판관할을 결정함에 있어서는 당사자 간의 공평, 재판의 적정, 신속 및 경제를 기한다는 기본이념에 따라야 할 것이고, 구체적으로는 소송당사자들의 공평, 편의 그리고 예측가능성과 같은 **개인적인 이익**뿐만 아니라 재판의 적정, 신속, 효율 및 판결의 실효성 등과 같은 **법원 내지 국가의 이익**도 함께 고려하여야 할 것이며, 이러한 다양

---

2) 이하 본 Ⅱ.장은 석광현, 국제 민사소송법, 박영사(2012), 116-124쪽의 내용을 참고하였다.

3) **현행 국제사법 제2조(국제재판관할)**

① 법원은 당사자 또는 분쟁이 된 사안이 대한민국과 실질적 관련이 있는 경우에 국제재판관할권을 가진다. 이 경우 법원은 실질적 관련의 유무를 판단함에 있어 국제재판관할 배분의 이념에 부합하는 합리적인 원칙에 따라야 한다.

② 법원은 국내법의 관할 규정을 참작하여 국제재판관할권의 유무를 판단하되, 제1항의 규정의 취지에 비추어 국제재판관할의 특수성을 충분히 고려하여야 한다.

참고로 2022. 1. 4. 법률 제18670호로 공포되어 2022. 7. 5. 시행될 예정인 신 국제사법(이하 "**신 국제사법**"이라 한다)은 "제1장 총칙"에 "제1절 목적"을 규정하고, 이에 이어 "제2절 국제재판관할"을 마련한 후, 제2절의 가장 첫 조문인 제2조에서 다음과 같이 규정하고 있다.

신 국제사법 제2조(일반원칙)

① 대한민국 법원(이하 "법원"이라 한다)은 당사자 또는 분쟁이 된 사안이 대한민국과 실질적 관련이 있는 경우에 국제재판관할권을 가진다. 이 경우 법원은 실질적 관련의 유무를 판단할 때에 당사자 간의 공평, 재판의 적정, 신속 및 경제를 꾀한다는 국제재판관할 배분의 이념에 부합하는 합리적인 원칙에 따라야 한다.

② 이 법이나 그 밖의 대한민국 법령 또는 조약에 국제재판관할에 관한 규정이 없는 경우 법원은 국내법의 관할 규정을 참작하여 국제재판관할권의 유무를 판단하되, 제1항의 취지에 비추어 국제재판관할의 특수성을 충분히 고려하여야 한다.

한 이익 중 어떠한 이익을 보호할 필요가 있을지 여부는 개별 사건에서 법정지와 당사자와의 실질적 관련성 및 법정지와 분쟁이 된 사안과의 실질적 관련성을 객관적인 기준으로 삼아 합리적으로 판단하여야 할 것이다"라고 판시한 이후 이 같은 '추상적 법률론'을 따르고 있다. 이하에서는 우리나라에 설립된 합작회사의 합작투자계약 당사자들 사이에 분쟁이 발생하는 경우 또는 당사자와 합작회사 사이에 발생한 분쟁에서, 우리 국제사법에 따를 때 어떤 경우에 우리 법원에 국제재판관할이 인정될 수 있는지 검토한다.

일반적으로 합작투자계약은 분쟁해결조항을 포함하고 있고, 그 중에는 관할합의에 관한 조항을 마련하고 있는 경우가 있는데, 이러한 합의에 의한 관할이 인정되는지, 관할합의의 효력은 무엇인지 등이 문제된다. 민사소송법 제29조는 당사자들이 관할에 관한 합의를 할 수 있음을 명시하고 있는데, 국제재판관할에 관한 합의도 물론 허용된다. 국제재판관할의 합의는 계약의 일부로 이루어지거나 별도로 이루어질 수 있는데, 일반적으로 합작투자계약은 관할합의에 관한 규정을 포함하고 있다.

합작투자계약에서 국제재판관할합의 규정의 예시

(예시 1) 제12조 관할 이 계약은 대한민국법을 그 준거법으로 하며 이에 따라 해석되고, 협의에 의하여 이 계약과 관련된 분쟁을 해결할 수 없는 경우에는 그 분쟁은 서울중앙지방법원을 관할법원으로 하여 해결한다.

(예시 2) 제21조(전속관할) 본 계약과 관련하여 분쟁이나 이견이 발생하는 경우 계약 당사자간에 상호 원만히 해결할 수 없을 시에는 서울중앙지방법원을 그 전속관할로 한다.

(예시 3)[4] Article 24.2 Any dispute, controversy or claim arising out of or relating to this joint venture agreement, including its conclusion, interpretation, performance, breach, termination or invalidity, shall be finally settled by the courts of the U.S. District Court for the Southern District of New York which will have exclusive jurisdiction.

---

4) International Trade Centre, "ITC MODEL CONTRACT FOR AN INTERNATIONAL CORPORATE JOINT VENTURE", Extract from "Model Contracts for Small Firms", International Trade Centre, Geneva (2010), p. 34 각색.

국제재판관할합의에는 전속적 국제재판관할합의와 부가적 국제재판관할
합의가 있고, '설정적 관할합의'와 '배제적 관할합의', 그리고 이 둘을 결합한
유형의 관할합의도 있다. 국제재판관할합의의 기본적인 효력은 설정적 합의의
결과 외국법원은 당초 가지고 있지 않았던 국제재판관할을 취득하고, 배제적
합의의 결과 우리나라 법원은 원래 가지고 있던 국제재판관할을 상실하는 것
이다. 설정적 합의로 인하여 합의된 법원이 전속적 관할을 가지는지, 아니면
부가적 관할을 가지는지의 여부는 원칙적으로 당사자들의 의사에 따를 사항이
므로 제반사정을 고려하여 판단해야 할 것이다.

국내사건의 토지관할 합의에 관한 통설 및 판례의 입장(법정관할 중 어느
하나를 특정하는 합의는 전속적 합의로, 법정관할이 없는 법원을 특정하는 합의는 부
가적 합의로 봄)을 국제재판관할합의에까지 적용할 것은 아니다.[5] 이는 일본의
판례나 학설을 따른 것으로 보이나, 그 자체로서 합리적 근거가 있는지는 매
우 의문이다. 나아가 국내사건에서의 토지관할과 달리, 국제재판관할의 경우
어느 국가의 법에 따른 법정관할인지가 분명하지 않고, 당사자들은 법적 불확
실성을 제거하기 위하여 관할합의를 할 수도 있는데 그 경우는 다시 전속적
합의인지 부가적 합의인지가 불확실하게 된다는 점에서도 문제가 있다. 결국
당사자들의 묵시적 의사를 최우선으로 탐구하여야 할 것인데, 묵시적 의사도
알 수 없는 경우에는 일률적으로 판단할 것이 아니라 **거래의 상황에 따라** 구
분할 필요가 있다.[6]

결국 전속적 합의인지 부가적 합의인지 여부는 **거래의 유형별로 달리 볼**
여지가 있는데, 합작투자계약(주주간계약)은 주주들이 회사의 지배구조, 의결권
행사, 주식의 처분, 회사의 운영 등에 관한 약정을 내용으로 하며, 합작회사의

---

5) 대법원 1963. 5. 15. 선고 63다111 판결("갑 제1호증의 계약서 제28조의 규정에 의하면 본건 계약
   에 관한 소송은 "갑"인 원고의 주소지를 관할하는 법원을 재판적으로 한다고 기재되어 있는바 위
   의 규정은 법정관할 외에 또 관할법원을 증가하는 부가적 합의라고 해석될 뿐 아니라 가사 전속적
   합의관할에 관한 것이라 하여도 일건 기록상 피고들은 제1심에서 관할위반의 항변을 한 바 없이
   응소하였음이 명백하므로 논지는 이유 없다"); 대법원 2008. 3. 13. 선고 2006다68209 판결("당사
   자들이 법정 관할법원에 속하는 여러 관할법원 중 어느 하나를 관할법원으로 하기로 약정한 경우,
   그와 같은 약정은 그 약정이 이루어진 국가 내에서 재판이 이루어질 경우를 예상하여 그 국가 내
   에서의 전속적 관할법원을 정하는 취지의 합의라고 해석될 수 있지만") 등 참조.
6) 석광현(註 2), 박영사(2012), 117–118쪽 참조. "거래의 상황에 따라 구분할 필요란, 예컨대 해운선사
   의 입장에서는 관할을 집중할 필요가 있으나 금융기관의 입장에서는 채무자의 재산이 있는 곳이라
   면 관할을 인정할 필요가 있으므로 부가적 관할합의를 희망할 것이라는 점이다."

설립과 조직에 관한 합의가 주된 내용을 이루게 된다. 따라서 합작투자계약(주주간계약)의 경우에는 회사에 관한 법률관계를 명확히 하여 법적 안정성과 예측가능성을 확보하여야 할 필요가 상대적으로 크므로, 관할을 집중할 필요가 있다는 점에서 전속적 관할합의로 추정하는 것이 바람직하다는 생각이 든다. 그러나 아래 소개하는 하급심판결례들은 합작투자계약에 포함된 국제재판관할합의 전부 또는 일부를 부가적 관할합의로 보고 있는바, 이는 실제 개별적·구체적 사안의 사실관계에 따라 본 쟁점을 유연하게 살펴야 한다는 점을 시사한다.

일반적으로 관할합의의 유효요건, 방식과 효력은 법정지법에 의하여 판단할 사항이라고 본다. 관할합의의 성립과 실질적 유효성은 법정지의 소송법이 별도의 규정을 두지 않는 한, 통상의 국제계약과 마찬가지로 법정지의 국제사법이 지정하는 준거법에 의한다. 관할합의가 주된 계약의 일부를 이루는 경우, 주된 계약의 준거법이 관할합의의 성립과 실질적 유효성의 준거법이 된다. 여기의 주된 계약의 준거법은 명시적 또는 묵시적으로 지정된 주관적 준거법7)을 말하며, 그것이 당사자의 이익에 부합할 것이다.

한국 법원의 관할을 배제하고 외국법원을 관할법원으로 하는 전속적인 국제재판관할합의가 유효하기 위해서는 ① **당해 사건이 한국 법원의 전속관할에 속하지 아니하고,** ② **지정된 외국법원이 그 외국법상 당해 사건에 대하여 관할권을 가져야** 하는 외에, ③ 당해 사건이 그 외국법원에 대하여 **합리적인 관련성**을 가질 것이 요구된다고 한다. 나아가 ④ 전속적인 관할합의가 **현저하게 불합리하고 불공정**한 경우에는 그 관할합의는 **공서양속**에 반하는 법률행위로서 무효라는 것이 우리 법원의 태도(대법원 1997. 9. 9. 선고 96다20093 판결)이다. 이후 대법원은 2010년, 위 ④의 요건에 관하여 "그와 같은 전속적인 관할합의가 현저하게 불합리하고 불공정하여 공서양속에 반하는 법률행위에 해당하지 않는 한 그 관할 합의는 유효하다"라고 표현하여, 관할합의를 존중하는 취지로 판시하였다(대법원 2010. 8. 26. 선고 2010다28185 판결).

그런데 합리적인 관련성 유무를 판단한 후에 비로소 국제재판관할합의의 유무효를 결정하는 것은 법적 불안정성을 야기하게 되어 당사자들이 미리 국

---

7) 석광현(註 2), 박영사(2012), 117-119쪽 참조. "[객관적 준거법은 당사자의 의사에 부합한다고 볼 수 없으므로,] 이러한 주된 계약의 준거법에는 객관적 준거법은 배제된다고 보아야 할 것이다. 따라서 주된 계약의 준거법에 관한 명시적 또는 묵시적 합의가 없는 때에는 당사자가 선택한 법정지 소속국법을 관할합의의 준거법으로 보아야 할 것이다."

제재판관할합의를 해 둔 본래의 취지에 반하게 된다는 점을 고려하면, 위 ③
의 요건은 아예 요구하지 않되 다만 현저하게 불합리하고 불공정한 경우 ④의
요건으로 해결하는 것이 바람직하다. 국제적으로도 전속적인가의 여부를 불문
하고 관할합의 시 법정지와 당해 사건 간에 합리적인 관련을 요구하지 않는
견해가 유력하다는 점도 이를 뒷받침한다.[8]

2. 합작투자계약에서의 국제재판관할합의에 관한 하급심판결례 검토

이하에서는 합작투자계약에서의 국제재판관할합의가 문제되었던 우리 하
급심법원 판결들을 통하여, 기업간 국제거래의 경우 그것이 현저하게 불합리
하고 불공정한 것이 아닌 한 법원은 관련성을 요구하지 말고 관할합의를 존중
할 필요가 있다[9]는 점을 살펴보고, 최근 법원이 이와 같은 입장에서 외국법원
이 전속관할을 갖는다는 국제재판관할합의의 효력을 인정하는 추세에 있다는
점을 검토한다.

가. 국제재판관할합의의 성격과 유효 여부: 서울고등법원 2014. 9. 5. 선고 2014나16489 판결

서울고등법원 2014. 9. 5. 선고 2014나16489 판결[10]은 합작투자계약(주주
간계약)이 문제된 사안에서 국제재판관할합의의 성격과 유효 여부에 관하여 판
단한 대표적인 사례이다. 위 판결에서 서울고등법원은 ① 주주간계약에서의
국제재판관할합의 규정에 따른 관할합의의 성격이 전속적 관할합의에 해당한
다고 판시한 후, ② 당해 관할합의는 앞서 살펴본 대법원판결의 관할합의 유
효 요건들을 구비하였으므로 유효하다고 판단하였다.

위 서울고등법원 판결 사안의 주요 사실관계는 다음과 같다.
- 원고들은 2005. 4. 12. 제주 E개발사업을 위하여 D주식회사를 설립하였
  다. 원고들과 D주식회사는 2009. 9. 3. 중국 법인인 피고와 사이에, 피
  고가 차관 형태로 D주식회사에 중국화 20억 위안을 투자하고, D주식회
  사의 발행주식 중 70%를 액면가로 인수하기로 하는 내용의 1차 합작투
  자계약을 체결하고, 2010. 1. 28. 2차 합작투자계약을 체결하였다.

---

8) 석광현(註 2), 박영사(2012), 120쪽 참조.
9) 석광현, "전속적 국제재판관할합의의 유효요건", 법률신문 판례평석(2004. 5. 27.), Ⅷ. 맺음말 참조.
10) 본 판결은 대법원에서 2015. 1. 15. 심리불속행기각으로 확정되었다(대법원 2014다68624).

2차 합작투자계약의 주요 규정

제11조(기타)

본 계약은 계약 당사자의 서명, 날인에 의해 효력이 발생한다. 본 합작계약의 성립을 증명하기 위하여 본 계약은 중국어, 한국어 2가지 언어로 각 2부 작성하고, 양사가 체결일로부터 각각 1부씩 보관한다. 중국어 계약서와 한국어 계약서의 내용이 일치하지 않을 경우에 중국어 계약서의 내용을 기준으로 한다.

제12조(분쟁의 해결)

12.1 본 합작투자계약서는 중국의 법령을 적용한다. 쌍방의 합작회사 설립 이후의 경영활동은 대한민국의 법령에 따른다.

12.2 각 계약당사자가 우호합작의 목적으로 본 계약에 약정하지 않은 사항이 생긴 분쟁을 협상하여 해결한다. 합의하지 못할 경우에 피고측 소재지 인민법원이 관할한다.

- 원고들은 2010. 12. 5. 피고와 사이에, 피고가 D주식회사의 채무 중 80%를 상환하는 대신 D주식회사의 발행주식 중 80%를 액면가로 인수하기로 하는 내용의 주주간계약을 새로이 체결하였다.

주주간계약의 주요 규정

제20조(분쟁해결) ② 본 계약에 따른 당사자 간의 분쟁이 소송으로 다투어지는 경우에는 피고(소송을 제기당하는 자를 의미한다) 소재지 관할법원으로 한다.

- 2차 합작투자계약에 따라 D주식회사는 2011. 1. 1. 유상증자를 실시하여 자본금 3억 원, 발행주식 총수 보통주식 60,000주(액면금 5,000원)로 변경되었고, 피고는 위 유상증자로 인하여 새로이 발행된 주식 중 48,000주('이 사건 주식')를 액면가로 인수하여 지분율 80%의 대주주가 되었다. 피고의 회장 F는 D주식회사의 대표이사, 피고의 대표자 G는 감사로 각 선임되었다. 피고는 D주식회사에 2010. 7. 6. 미화 500만 달러, 2010. 11. 8. 미화 4,500만 달러 합계 미화 5,000만 달러만을 송금하였다.
- 원고들은 2012. 6. 22. 피고에게 주주간계약 제21조에 따라 투자의무의 이행을 요구하고, 요구를 받은 이후 30일 이내에 이행하지 않을 시 별

도의 해지 통보 없이 자동으로 계약이 해지됨을 통보하였다.

위 서울고등법원 판결 사안에서 피고는 '원고들과 피고 사이에 주주간계약과 관련된 분쟁에 관하여 피고 소재지 국가의 법원만이 재판관할을 갖기로 하는 전속적 국제재판관할합의(주주간계약 제20조)가 있었으므로 원고들의 각소11)는 관할합의를 위반하여 부적법하다고 항변하였다. 서울고등법원은 피고의 이러한 본안 전 항변을 받아들여 원고들의 항소를 기각(즉 원고들의 각 소가 부적법하므로 모두 각하하여야 한다고 판단한 제1심판결이 정당하다고 판단)하였는데, 이에 관하여 2단계로 판단하였다.

먼저 **관할합의의 성격**에 관하여, 서울고등법원은 전속적 관할합의와 부가적 관할합의의 구별기준에 관하여 "당사자의 의사해석의 문제이지만 관할합의로 정해진 법원이 당해 소송에서 인정될 수 있는 여러 개의 관할법원 중 하나를 특정한 경우에는 전속적 관할합의로, 그 외의 새로운 법원을 정한 경우에는 부가적 관할합의로 봄이 상당하다"고 판시한 후, 이 사건에서 문제된 국제재판관할합의가 전속적 관할합의라고 해석하였다. 서울고등법원이 특히 주목한 사정들은 'ⓐ 주주간계약에 따른 당사자 간의 분쟁이 소송으로 다투어지는 경우 대한민국과 중국의 민사소송법에 의하면 대한민국 법원과 중국 법원 모두에 관할권이 있는 점, ⓑ 그렇기 때문에 주주간계약에 따른 법적 분쟁이 발생할 경우 관할과 관련하여 여러 가지 문제가 발생될 수 있고, 원고들과 피고는 주주간계약을 체결하면서 위와 같은 문제를 해결하고자 사전에 소를 제기 당하는 자의 소재지 관할법원을 관할법원으로 하기로 합의하였다고 보여지는 점, ⓒ 문제된 관할합의를 부가적 관할합의로 본다면 이마 대한민국과 중국 모두에 관할권이 인정되는데도 불구하고 굳이 의미가 없는 이 사건 관할합의

---

11) 본 판결 사안에서 원고들은 '주주간계약은 피고의 투자의무 불이행을 이유로 한 원고들의 해지의 사표시에 따라 해지되고, 그에 따라 피고 앞으로 주주명부에 등재된 D주식회사 발행주식 48,000주('이 사건 주식')는 당연히 원고들에게 원고들의 지분율에 비례하여 귀속된다고 할 것인바, **주위적으로** 피고는 원고들에게 이 사건 주식 중 각 24,000주를 인도할 의무가 있고, **제1예비적으로** 만약 이 사건 주식에 대한 주권이 미발행 상태라면 주주간계약 해지에 따른 주주권의 귀속으로 원고들이 이 사건 주식 중 각 24,000주의 주주임의 확인을 구함과 아울러 피고는 위 각 24,000주에 관하여 D주식회사에 양도통지를 할 의무가 있으며, **제2예비적으로** 설령 이 사건 주식에 대한 주권이 원고들에게 당연히 귀속되지 않는다고 하더라도, 피고는 원고들에게 이 사건 주식을 양도할 의무가 있으므로, 원고들에게 이 사건 주식 중 각 24,000주에 관한 양도의사표시를 하고 D주식회사에 그 양도통지를 할 의무가 있다'는 청구원인을 주장하였다.

를 할 이유를 찾기 어려운 점'이었다.

이러한 서울고등법원의 판단은 국제재판관할합의에 있어서 국내사건의 토지관할에 관한 합의의 판단기준을 그대로 적용하였다는 문제가 있으나, 국제재판관할합의 규정(주주간계약 제20조)의 취지와 동기에 비추어 그러한 합의에 이른 당사자들의 의사가 무엇인지 탐구하고 이를 합리적으로 해석한 데 따른 것으로 보인다.

다음으로 **관할합의의 유효 여부**에 관하여, 서울고등법원은 앞서 살펴본 대법원 2010. 8. 26. 선고 2010다28185 판결(앞서 1.항에서 살펴본 ①②③④ 요건들)에 비추어 이 사건에서 문제된 관할합의가 유효하다고 판단하였다. 서울고등법원이 특히 주목한 사정들은, 앞서 관할합의의 성격에 관하여 살펴보았던 ㉠ 사정에 더하여 'ⓑ 피고는 중국법에 근거하여 설립되어 중국에 소재한 법인으로 대표자 역시 중국에 거주하는 중국인이고, 피고가 외국에 돈을 투자하기 위해서는 중국 당국의 승인을 받아야 하는 점, 원고들과 피고는 2차 합작투자계약서와 주주간계약서 등을 중국어본과 한국어본으로 각각 작성하였고, 주주간계약서의 전제가 되는 2차 합작투자계약서에 의하면, 중국어본과 한국어본의 내용이 일치하지 않을 경우 중국어본 계약서의 내용을 기준으로 하고(제11조) 2차 합작투자계약서에 대하여는 중국법령이 적용(제12조 제1항)되는 것으로 약정하였는데, 이 사건 소는 피고가 주주간계약에 따른 투자의무를 이행하지 않았음을 전제로 하는 것으로서 주주간계약에 따라 피고가 이행하여야 할 의무는 2차 합작투자계약과 관련이 있고, 2차 합작투자계약에 대한 적용법령은 위에서 본 바와 같이 중국법인 점 등을 종합하여 보면, 이 사건 소는 대한민국 법원뿐만 아니라 피고 소재지인 중국 법원과도 합리적인 관련성이 있다고 보아야 하는 점(앞서 1.항에서 살펴보았던 ③ **요건: 당해 사건과 외국법원 사이의 합리적 관련성**), ⓒ 문제된 관할합의에 따르더라도 피고가 원고들에 대하여 소를 제기할 경우 피고는 대한민국 법원에 소를 제기하여야 하는바 위 관할합의가 원고들에게만 일방적으로 불리한 것은 아닌 점에 비추어볼 때 위 관할합의가 현저하게 불합리하고 불공정하여 공서양속에 반한다고 보기도 어려운 점(앞서 1.항에서 살펴보았던 ④ **요건: 공서양속에 반하는 법률행위에 해당하지 않을 것**)'이었다.

국제재판관할이 국가(즉 법원 전체)를 단위로 하는 개념이지 개별 법원의 문제가 아니라는 점을 고려하면,[12] 서울고등법원은 용어를 선택할 때 이 사건

소가 '중국 법원'이 아니라 '중국'과 합리적 관련성이 있다고 판시하였어야 한다는 아쉬움이 있다. 다만 위와 같은 판결이유를 살펴보면 서울고등법원은 실질적으로는 적절하게 '중국'과의 관련성을 검토한 것으로 보인다. 위 서울고등법원 판결의 결론은 당사자들의 사적자치를 존중함으로써 당사자들이 국제재판관할합의를 통하여 달성하려는 예측가능성과 법적안정성을 구현하였다는 점에서 바람직하다고 볼 수 있다.

나. 국제재판관할합의의 개별적 · 구체적 내용: 서울중앙지방법원 2015. 2. 6. 선고 2013가합58922 판결

서울중앙지방법원 2015. 2. 6. 선고 2013가합58922 판결[13]은 합작투자계약(주주간계약)이 문제된 사안에서 국제재판관할합의의 개별적 · 구체적 내용을 고찰하여 관할합의에 내재된 당사자들의 의사를 충실하게 탐구하였다고 보이는 대표적인 사례이다. 법원은 당사자들의 의사 해석 결과, 위 판결 사안에서 문제된 관할합의 규정이 '당사자 간의 소송물이 동일한 경우에만' 다른 관할법원에 소를 제기할 수 없는 것으로 정한 것이라고 보아, 원고의 피고에 대한 이 사건 소(우리나라 소송)의 소송물과 피고의 원고에 대한 이 사건 관련 일본 소송에서의 소송물은 동일성이 인정되지 아니하여 우리나라 법원에도 그 재판관할권이 인정된다고 판단하였다.

위 서울중앙지방법원 판결 사안의 주요 사실관계는 다음과 같다.

- 원고는 합성수지 및 석유화학계 기초 유기화합물의 제조 등을 목적으로 하여 대한민국법에 따라 설립된 회사이고, 피고는 카테킨 리페놀류 등을 주성분으로 하는 건강식품의 제조 등을 목적으로 하여 일본국법에 따라 설립된 회사이다.

---

12) 석광현(註 9), V. 당해 사건과 관련성이 있어야 하는 것은 지정된 법원인가 아니면 그것이 속한 국가인가 참조.

13) 본 판결은 항소심에서 원고들이 소를 취하하여 결과적으로 본 판결의 효력이 소멸되었으나, 학술 목적으로 연구할 의의가 있다고 여겨져 이 글에 소개하였다. 특히 본 판결문 2-5쪽에 수록된 합작투자계약의 제규정들과 5-9쪽에 수록된 기술이전계약 및 독점공급계약의 제규정들은 ① 합작투자계약에서 파생되는 당사자들의 권리의무관계를 일목요연하게 파악하는 데 큰 도움이 되고, 나아가 ② 합작투자계약이 일반적으로 기술이전과 제조판매에 관한 독점생산을 수반한다는 점을 잘 보여주고 있으므로, 일독하여 참고할 만하다. 나아가 본 판결 사안에서의 국제재판관할합의는 전형적인 사례와는 달리 당사자들이 원하는 바에 따라 합의 내용을 구체화한 경우이므로, 국제계약법 영역에서 사적 자치의 중요성을 보여줄 수 있는 좋은 사례라고 보인다.

- 원고와 피고는 합작회사를 설립하여, 원고는 자본을 투자하고 피고는 피고가 보유하는 기술을 투자하기로 하여 2012. 6. 8. 합작투자계약을 체결하고, 위 계약에 따라 2012. 7. 6. 동부○○○○○○ 주식회사라는 합작회사를 설립하였다.

합작투자계약의 주요 규정

합작회사 설립 및 운영을 위하여 원고와 피고는 다음과 같이 합의한다.

제27조(기타)

(3) 계약의 준거법: 본 계약의 이행과 해석은 대한민국 법률에 의한다.

(4) 분쟁해결

2. 본 계약으로부터 또는 본 계약과 관련하여 발생하는 다툼 또는 분쟁의 제1심 관할법원은 원고 또는 피고의 본점 소재지를 관할하는 법원으로 하되, 일방 당사자가 어느 법원에 소를 제기한 경우 다른 당사자는 동일한 소송을 다른 관할법원에 제기할 수 없는 것으로 한다.

- 합작회사는 2012. 7. 6. 피고와 사이에 합작투자계약 10조에 따라 기술이전계약을 체결하였다.

기술이전계약의 주요 규정

양도인 피고 v. 양수인 합작회사

양수인은 양도인이 제조·판매하는 품목 중에 합작투자계약서에 명시된 대상품목에 한하여 양도인과 공급계약을 체결하고 대상품목을 공급하기 위하여 양도인이 대상품목과 관련하여 보유하는 생산기술을 이전받고자 하며, 양도인은 이를 양수인에게 이전하고자 한다.

제11조(준거법 및 관할)

본 계약 및 본 계약에 따른 권리와 의무는 대한민국 법률에 의하여 해석되고 규율되며, 본 계약과 관련하여 발생하는 분쟁에 대한 제1심 관할법원은 각 당사자의 본점 소재지를 관할하는 법원으로 하되, 일방 당사자가 어느 법원에 소를 제기한 경우 다른 당사자는 동일한 소송을 다른 관할법원에 제기할 수 없는 것으로 한다.

- 그 후 합작회사는 2012. 7. 30. 피고와 사이에 합작투자계약 12조에 따라 독점공급계약을 체결하였다.

독점공급계약의 주요 규정

위탁자 피고 v. 수탁자 합작회사

위탁자는 자신이 제조·판매하는 품목 중에 합작투자계약서에 명시된 대상품목과 관련하여, 수탁자가 대상품목을 독점적으로 생산하여 위탁자에게 공급하도록 관련 업무를 수탁자에게 위탁하고, 수탁자는 위탁자의 상표가 부착된 대상품목을 제조하여 위탁자에게 공급하고자 한다.

제18조(준거법 및 관할)

본 계약 및 본 계약에 따른 권리와 의무는 대한민국 법률에 의하여 해석되고 규율되며, 본 계약과 관련하여 발생하는 분쟁에 대한 제1심 관할법원은 각 당사자의 본점 소재지를 관할하는 법원으로 하되, 일방 당사자가 어느 법원에 소를 제기한 경우 다른 당사자는 동일한 소송을 다른 관할법원에 제기할 수 없는 것으로 한다.

- 피고는 합작투자계약과 기술이전계약에 따라 합작회사에 기술이전대상 품목인 14개 기술에 대한 각 제조표준서를 제공하였고, 피고 직원들은 합작회사의 생산 공장을 방문하여 기술이전을 실시하였다. 2013년 6월 말경을 기준으로 기술이전계약에 따라 피고로부터 합작회사로 기술이전이 완료되어 합작회사가 제품을 생산하여 피고에게 공급한 품목은 5개 기술이고, 나머지 9개 기술은 기술이전과정에서 문제가 발생하거나 제조표준서 제공 이후의 기술이전과정이 진행되지 않았다.
- 한편 피고는 2013. 6. 28. 일본 교토지방재판소에 원고와 합작회사를 상대로 이들의 각 채무불이행을 이유로 합작투자계약, 기술이전계약과 독점공급계약의 해제를 주장하였다("관련 일본 소송"). 피고는 관련 일본 소송에서 위 각 계약의 부존재확인과 각 계약에 따른 채무의 부존재확인을 구하였다.

위 서울중앙지방법원 판결 사안에서 피고는 '합작투자계약서 제27조 (4)항 2호는 국제재판관할합의를 정한 규정인데, 이에 따르면 일방 당사자가 어느 법원에 소를 제기한 경우 다른 당사자는 동일한 소송을 다른 관할법원에 제기할 수 없다. 그런데 피고는 이 사건 소가 한국 법원에 제기되기 이전인 2013. 6. 28. 관련 일본 소송의 소를 제기하였고, 그 청구취지로는 합작투자계약이 해제되었음을 전제로 피고의 원고에 대한 합작투자계약상 채무부존재확인을 구하고 있는바, 관련 일본 소송과 이 사건 소송은 '동일한 소송'이므로 이 사건 소제기가 부적법하다는 본안 전 항변을 하였다. 이러한 피고의 항변은 이 사건 국제재판관할합의 규정에 마련된 **'동일한 소송'**을 넓게 보아, '(동일한 소송물이 아니라) **동일한 쟁점**'을 의미한다'는 전제에 서 있었다. 그런데 서울중앙지방법원은 다음과 같은 이유에서 피고의 항변을 배척하여 한국 법원의 국제재판관할권을 인정한 후 본안 판단으로 나아갔다.

서울중앙지방법원은 당사자들이 합작투자계약의 국제재판관할합의 조항에 관하여 초안을 작성하였다가 수정·재수정을 거쳐 최종적으로 계약을 체결하게 된 경위에 특히 주목하여, 당사자들의 합리적인 의사를 탐구하였다. 원고와 피고는 합작투자계약의 내용에 관하여 많은 협의를 거친 후 앞서 사실관계상 합작투자계약의 주요 규정에서 살펴본 제27조 (4)항 2호와 같은 내용의 국제재판관할합의 규정을 최종적으로 확정하게 되었는데, 그 변천사는 아래와 같았다.

순서	일시	당사자들의 협의 내용
①	2012. 4. 5.경	본 계약으로부터 또는 본 계약과 관련하여 발생하는 다툼 또는 분쟁의 제1심 관할법원은 **원고의 본점 소재지**를 관할하는 법원으로 한다.
②	2012. 4. 25.경	본 계약으로부터 또는 본 계약과 관련하여 발생하는 다툼 또는 분쟁의 제1심 관할법원은 **원고 또는 피고의 본점 소재지**를 관할하는 법원으로 한다.
③	2012. 5. 9.경	본 계약으로부터 또는 본 계약과 관련하여 발생하는 다툼 또는 분쟁의 제1심 관할법원은 **당사자들 가운데 먼저 소를 제기한 당사자의 본점 소재지**를 관할하는 법원으로 한다.
④	2012. 6. 8.경 (최종)	본 계약으로부터 또는 본 계약과 관련하여 발생하는 다툼 또는 분쟁의 제1심 관할법원은 **원고 또는 피고의 본점 소재지**를 관할하는 법원으로 하되, 일방 당사자가 어느 법원에 소를 제기한 경우 다른 당사자는 **동일한 소송을 다른 관할법원에 제기할 수 없는 것으로 한다.**

    법원은 이에 비추어, 이 사건 국재재판관할합의 규정의 전단은 한국 법원
과 일본국 법원에 국제재판관할권을 부여하는 합의이고, 규정의 후단은 동일한
소송이 제기되었을 경우 전속적 국제재판관할권을 발생시키는 합의로서, 즉
'일방 당사자가 어느 한 법원에 소를 제기한 경우 오로지 동일한 소송의 경우
에만 다른 당사자가 다른 법원에 소를 제기할 수 없도록' 전속적 국제재판관할
합의를 한 것이라고 판단하였다. 이어 법원은 이 사건 국제재판관할합의 규정
에 마련된 '**동일한 소송**'의 의미를 '**동일한 소송물**'이라고 **엄격하게 해석하여
야** 하고 **부당하게 확대해석될 가능성을 제한하여야** 한다는 입장을 취하였다.

    즉 법원은 '① 원고와 피고는 이 사건 국제재판관할합의 조항[의 전단]을
통하여 소송의 형태를 불문하고 한국과 일본에 모두 국제재판관할권을 인정하
기로 하는 합의를 하였으므로 이 사건 국제재판관합의 조항의 후단인 전속적
국제재판관할합의는 엄격하게 해석함이 타당하다는 점, ② 이 사건 합작투자
계약의 준거법이 우리나라법일 뿐만 아니라 소송의 절차에 관하여는 법정지법
이 적용되는 것이 원칙이므로, 소송물의 개념 등을 판단할 때 대한민국법이
그 준거법이 된다고 할 것이어서 이에 따르더라도 '동일한 소송'이란 '**동일한
소송물**'을 의미하는 것으로 해석된다는 점, ③ 동일한 쟁점이라는 개념이 모호
하고, 하나의 계약에서 발생하는 법률적 분쟁은 그 계약내용을 전제로 하고
있기 때문에 결국 계약에서 발생하는 모든 분쟁이 동일한 쟁점으로 해석될 여
지도 있어 부당하게 확대해석될 가능성이 크다는 점'을 들어, '**동일한 소송**'이
란 '**동일한 소송물**'을 **의미**하는 것으로 해석된다고 판단하였다. 결과적으로 법
원은 ㉠ **관련 일본 소송**(피고→원고)의 소송물은 합작투자계약의 해제를 전제
로 한 채무부존재확인의 소인 한편, ㉡ **한국 법원에 제기된 이 사건 소송**(원고
→피고)**의 소송물**은 피고의 채무불이행을 원인으로 한 위약벌 청구여서 서로
소송물이 다른바, 이 사건 소는 국제재판관할합의 조항의 전단에 따라 한국
법원(원고의 본점 소재지)에 제기할 수 있어 적법하다고 본 것이다.
    당사자들이 중립적인 법을 준거법으로 선택할 수 있는 것처럼, 순수한 국
내거래가 아니라면 중립적인 법정지(neutral forum)를 합의할 정당한 이익을 가
진다. 또한 (관할합의와 중재합의는 많은 점에서 유사한데) 당사자들이 모든 법원
의 관할권을 배제하고 중립지를 중재지로 하는 중재합의는 유효라고 보면서
특정 국가의 법원에 관할권을 부여하는 관할합의는 무효라고 볼 이유는 없

다.[14] 이러한 사정들을 고려하면, 위 판결은 계약 체결 경위 등을 토대로 당사자들의 의사를 합리적으로 추단하여 사적 자치에 기초한 국제재판관할합의의 효력을 존중하였다는 점을 긍정적으로 새길 수 있다. 당사자들이 구체화한 국제재판관할합의의 내용은 그 내용이 현저하게 불합리하고 불공정하다는 등의 사정이 없는 한(앞서 1.항에서 살펴보았던 ④의 요건), 그에 구속되겠다는 당사자들의 의사를 최우선으로 삼을 필요가 있다. 특히 위 판결은 국제재판관할 규정을 그 내용에 따라 나누어 보아, 일부분은 부가적 합의로 보는 한편 다른 부분은 전속적 합의로 보았다는 의의도 갖는다.

Ⅲ. 준거법의 문제 – 명시적·묵시적으로 지정된 주관적 준거법을 중심으로

1. 국제합작투자계약에 관하여 당사자자치에 의한 준거법 선택-합작투자 계약의 준거법과 합작회사의 준거법

국제계약을 체결함에 있어 당사자들은 준거법을 선택함으로써 법적 안정성과 예측가능성을 추구하게 된다. 당사자들이 그러한 선택을 하지 않은 경우에는 국제사법 규칙에 의하여 일반적으로 그 계약과 가장 밀접한 관련이 있는 국가의 법이 준거법이 된다. **국제계약의 당사자들은 계약의 준거법을 명시적 또는 묵시적으로 선택할 수 있는데,** 현행 국제사법 제25조 제1항[15])에 따르면 묵시적 선택은 계약내용 그 밖에 모든 사정으로부터 합리적으로 인정할 수 있는 경우에 한하여 인정된다.[16]

---

14) 석광현(註 9), Ⅵ. 대상판결에 대한 그 밖의 비판 참조.
15) **현행 국제사법 제25조(당사자 자치)**
　① 계약은 당사자가 명시적 또는 묵시적으로 선택한 법에 의한다. 다만, 묵시적인 선택은 계약내용 그 밖에 모든 사정으로부터 합리적으로 인정할 수 있는 경우에 한한다.
　신 국제사법 제45조(당사자 자치)
　① 계약은 당사자가 명시적 또는 묵시적으로 선택한 법에 따른다. 다만, 묵시적인 선택은 계약내용이나 그 밖의 모든 사정으로부터 합리적으로 인정할 수 있는 경우로 한정한다.
16) 국제사법상 이른바 '가정적 당사자자치(hypothetischer Parteiwille)'가 허용되는지도 문제된다. 당사자의 명시적 또는 묵시적 지정이 현실적 당사자 의사인 데 반하여, 당사자들이 실제로 의욕하지는 않았지만 만일 어떤 것을 원하였다면 원하였을 것이라고 생각되는 바를 '가정적 당사자의사'라고 부른다. 그러나 가정적 당사자의사에 기한 준거법의 결정은 국제사법하에서는 허용되지 않는다. 국제사법상 묵시적 지정도 위와 같이 제한되고, 국제계약의 객관적 준거법은 그 계약과 가장 밀접한 관련이 있는 국가의 법이기 때문이다. 관련하여 석광현, 국제사법과 국제소송 제5권, 박영

당사자들은 합작투자계약(주주간계약)을 체결함으로써 합작회사를 그러한 계약에 의하여 설립하고 운영하게 된다. 국제거래로 이루어지는 합작투자계약의 경우, 합작투자의 당사자들 사이에 적용되는 법(합작투자계약의 준거법)에 관한 문제와 합작회사에 적용되는 법(합작회사의 준거법)에 관한 문제를 별도로 고찰할 필요가 있다.

먼저 '**합작투자계약의 준거법**'을 논의하기 위하여 **합작투자계약의 법적 성격**을 살펴보면, 우리나라 대법원은 합작투자계약을 **조합계약**이라고 보고 있다. 대법원은 "이 사건의 경우에 도산해지조항이 문제된 **합작투자계약**은 둘 이상의 당사자가 모여 상호출자하여 회사를 설립·운영하는 것을 목적으로 하는 계약으로서 **본질적으로 조합계약**에 해당하고, 계약당사자들로서는 상호 출자하여 회사를 설립함으로써 조합 구성에 관한 채무의 이행을 마쳤으며 그에 따라 계약에서 정한 바에 의하여 설립된 회사에 관한 의결권의 행사 또는 이 사회의 구성 등을 위하여 서로 협조하여야 하는 의무 등이 남게 되었는바"라고 판시하고 있다(대법원 2007. 9. 6. 선고 2005다38263 판결). 결국 우리나라에서 회사형 조인트벤처는 **재산이 없는 내적 조합**에 해당한다고 볼 수 있는데, 이러한 합작투자계약은 합작회사(프로젝트회사) 설립 후에도 존속하고, 당사자는 합작회사(프로젝트회사) 주주의 지위를 보유하며 사업 수행에서 실질적인 주체의 지위에 있게 된다.17)

이와 같이 **민법상 조합에 해당하는 합작투자계약에도 현행 국제사법 제16조(신 국제사법 제30조)18)가 적용되는지** 문제된다. 참고할 만한 판례로, 우리나라 대법원은 甲 영농조합법인이 별장식 휴양타운의 개발사업을 추진하면서 乙 외국법인과 휴양타운의 분양과 회원모집을 위한 판매·홍보업무 대행계약을 체결하였는데 乙 법인이 甲 법인의 조합원인 丙 등을 상대로 계약에 따른 약정금의 지급을 구한 사안에서, 甲 법인의 설립 준거법인 대한민국의 법에 따

사(2012), 3쪽 이하 참조.

17) 정재오(註 1), 201쪽, 271쪽 참조.

18) **현행 국제사법 제16조(법인 및 단체)** 법인 또는 단체는 그 설립의 준거법에 의한다. 다만, 외국에서 설립된 법인 또는 단체가 대한민국에 주된 사무소가 있거나 대한민국에서 주된 사업을 하는 경우에는 대한민국 법에 의한다.

   신 국제사법 제30조(법인 및 단체) 법인 또는 단체는 그 설립의 준거법에 따른다. 다만, 외국에서 설립된 법인 또는 단체가 대한민국에 주된 사무소가 있거나 대한민국에서 주된 사업을 하는 경우에는 대한민국 법에 따른다.

라 丙 등은 연대하여 乙 법인에 약정금을 지급할 의무가 있다고 판단하였다 (대법원 2018. 8. 1. 선고 2017다246739 판결 참조). 위 판결에서 문제된 영농조합 법인은 그 근거가 되는 구 농어업경영체 육성 및 지원에 관한 법률이 실체를 민법상 조합으로 보면서, 협업적 농업경영을 통한 농업생산성의 향상 등을 도 모하기 위해 일정한 요건을 갖춘 조합체에 특별히 법인격을 부여하고 있고(위 법률 제16조 제3항), 영농조합법인에 대하여는 구 농어업경영체법 등 관련 법령 에 특별한 규정이 없으면 법인격을 전제로 한 것을 제외하고는 민법의 조합에 관한 규정이 준용된다(위 법률 제16조 제7항). 위 판결을 통하여 대법원은 '법인 에 관한 문제 전반'이 법인의 속인법의 적용범위에 포함된다고 선언하면서, 그 러한 예로는 법인의 설립과 소멸, 조직과 내부관계, 기관과 구성원의 권리와 의무, 행위능력 등을 들었다.[19] 그런데 이 사안은 "특별히 법인격을 부여"받은 영농조합법인의 경우여서 현행 국제사법 제16조(신 국제사법 제30조)가 적용된 것으로 보이는바, 일반적인 민법상 조합 정도에 이르는 경우와는 다르다고 보 인다.

　　우리 민법상 계약으로 취급되는 조합에 대하여 현행 국제사법 제16조(신 국제사법 제30조)가 적용될 수 있는지에 관하여는 다양한 설이 제시된다. ① 일 부 견해는 조합이 우리 민법상 계약이므로 조합원들 간의 내부적인 관계는 국 제사법 제25조(신 국제사법 제45조) 이하의 조문에 의해야 할 것이나, 조합이 조 합원들 간의 개별적 권리·의무에 그치지 않고 조합계약에 따라 그 자신의 조 직을 가지는 경우에는 조합에 대해서도 현행 국제사법 제16조(신 국제사법 제30 조)가 적용된다고 본다. ② 한편 조합의 내부관계는 계약에 의하고 외부관계는 현행 국제사법 제16조(신 국제사법 제30조)에 의한다는 견해도 있다. 다만 현행 국제사법 제16조(신 국제사법 제30조)에 의하여 설립준거법을 적용하든 현행 국 제사법 제25, 26조(신 국제사법 제45, 46조)에 의하여 계약의 준거법을 적용하든 양자 모두 '당사자자치'의 원칙에 기초해 있다는 점에서 어떠한 저촉규범을 적 용하는가의 구별은 실익이 크지 않을 것으로 생각한다.[20] 단체로서의 성격을 가진 어떠한 법적 실체가 법인격 없는 사단 또는 재단에 이르는지는 그 실질 에 의하여 판단하여야 하는데,[21] 만약 **우리 민법상 조합 정도(개개의 조합원의**

---

19) 이필복, "법인과 단체의 실체적, 절차적 준거법", 국제사법연구 제25권 제2호(2019. 12.), 106쪽 참조.
20) 석광현, 국제사법 해설, 박영사(2013), 210쪽 참조.
21) 예컨대 **대법원 1992. 7. 10. 선고, 92다2431 판결**은 "민법상의 조합과 법인격은 없으나 사단성이

인격의 집합)에 이르는 약한 단체성을 가진 때에는 그러한 실체를 계약관계로 파악하여 현행 국제사법 제25, 26조(신 국제사법 제45, 46조)에 따라 해결하는 것이 타당할 것이다.[22] 이에 따르면 결국 합작투자계약이 민법상 조합의 성격을 지닌 이상, 이는 계약관계에 해당하므로 현행 국제사법 제16조(신 국제사법 제30조)보다는 제25, 26조(신 국제사법 제45, 46조)의 적용을 받는다고 생각한다. 실무상 국제거래로 이루어지는 합작투자계약이 다음과 같은 준거법 규정을 두고 있는 것도 현행 국제사법 제25조(신 국제사법 제45조)를 자연스레 전제하고 있는 결과라고 볼 여지가 있다.

합작투자계약에서 준거법 규정의 예시

(예시 1) 제12조 (해석) ① 준거법: 이 계약의 유효성, 성립 및 이행의 문제는 한국의 법률에 의하여 해석된다.

(예시 2) 제13조 【준거법 및 언어】 본 계약은 한국법에 의거하여 규율되고 해석된다. 본 계약은 영어로 작성되며 다른 번역본에 우선한다.

(예시 3) Article 20. Governing Law. This Joint Venture Agreement shall be governed by and construed in accordance with the laws of Delaware without giving effect to the conflict of laws rules thereof.[23]

인정되는 비법인사단을 구별함에 있어서는 일반적으로 **그 단체성의 강약을 기준으로** 판단하여야 하는바, 조합은 2인 이상이 상호간에 금전 기타 재산 또는 노무를 출자하여 공동사업을 경영할 것을 약정하는 계약관계에 의하여 성립하므로(민법 제703조) 어느 정도 단체성에서 오는 제약을 받게 되는 것이지만 구성원의 개인성이 강하게 드러나는 인적 결합체인 데 비하여 비법인사단은 구성원의 개인성과는 별개로 권리의무의 주체가 될 수 있는 독자적 존재로서의 단체적 조직을 가지는 특성이 있다 하겠는데 민법상 조합의 명칭을 가지고 있는 단체라 하더라도 고유의 목적을 가지고 사단적 성격을 가지는 규약을 만들어 이에 근거하여 의사결정기관 및 집행기관인 대표자를 두는 등의 조직을 갖추고 있고, 기관의 의결이나 업무집행방법이 다수결의 원칙에 의하여 행해지며, 구성원의 가입, 탈퇴 등으로 인한 변경에 관계없이 단체 그 자체가 존속되고, 그 조직에 의하여 대표의 방법, 총회나 이사회 등의 운영, 자본의 구성, 재산의 관리 기타 단체로서의 주요사항이 확정되어 있는 경우에는 비법인사단으로서의 실체를 가진다고 할 것이다"라고 판시하였다.

22) 이필복(註 19), 국제사법연구 제25권 제2호(2019. 12.), 97쪽 참조.

23) 이는 반정(反定, renvoi)을 피하고 델라웨어주의 실질법인 계약법 등이 준거법이 됨을 명시하기 위한 것이다. 현행 국제사법 제9조 제2항 제1호(신 국제사법 제22조 제2항 제1호)는 준거법을 합의하는 경우 반정이 허용되지 않는다고 규정하고 있으므로, 이러한 문언은 불필요하나 실무상 통례적으로 계약서에 명기하곤 한다. 참고로 현행 국제사법 제9조는 "준거법 지정 시의 반정(反定)"이라는 표제를 사용하였으나, 신 국제사법 제22조는 "외국법에 따른 대한민국 법의 적용"이라는 표

한편 '**합작회사의 준거법**'은 현행 국제사법 제16조(신 국제사법 제30조)에 따라 (본거지법이 아니라) 그 **설립준거법**에 의하게 될 것이다. 설립준거법설은 속인법을 확인하기 쉽고 속인법이 변동되지 않으므로 법적 안정성을 확보할 수 있으며, 설립자와 발기인의 당사자 의사를 존중할 수 있다는 이점 등을 고려한 것이다.[24] 한편 국제거래의 맥락에서 합작투자계약의 당사자들이 처음부터 이러한 합작투자계약에 따른 특정한 사업을 수행할 목적으로 공동의 자회사를 설립하는 경우(즉 회사형 조인트벤처의 경우)[25] 다국적 기업집단을 구성하게 될 수 있다. 이때 모회사(합작투자계약의 당사자)와 자회사(합작회사) 중 어느 한 회사의 속인법을 적용할 것인지 문제되는 상황에서, 오늘날의 유력한 입장은 '**주주 및 채권자의 보호**'를 핵심적 고려사항으로 삼는다.[26] 예컨대 자회사의 모회사에 대한 영업의 전부 또는 중요한 일부의 양도가 문제되는 경우(우리 상법 제374조 제1항 제1호는 이를 주주총회의 특별결의요건으로 하고 있다) 등에는 자회사의 속인법이 적용된다. 반대로 자회사에 의한 모회사의 주식 취득과 같이 모회사의 자본충실이 문제되는 경우에는 모회사의 속인법이 적용된다.[27] 이러한 접근방식은 그러한 회사를 둘러싼 법률관계와 '가장 밀접한 관련이 있는 법'을 준거법으로 적용한다는 관점에서도 타당하다고 생각한다.

지금까지 살펴본 **합작투자의 당사자들 사이에 적용되는 법**(합작투자계약의 준거법)**과 합작회사에 적용되는 법**(합작회사의 준거법)**이 일치하지 않음으로써 당사자들이 계약 당시 예측하지 못했던 문제가 발생**하는 경우가 있다. 또는 A국법을 염두에 두고 계약서 작성을 마쳤는데 협상 마지막에 준거법 조항만 B국법으로 바꾸는 경우도 발생할 수 있다. 이 경우 **계약에서 정한 개념과 준거법이 일치하지 않음**으로 인하여 예측할 수 없었던 문제가 법적 해석에 관하여 발생하기도 한다. 이처럼 합작투자계약의 당사자들이 계약에서 정한 개념의 해석에 관하여 준거법상 논란이 있었던 경우에 관한 사례를 살펴본다.

실무상 준거법에 관한 고려가 부족한 계약조항으로 말미암아 분쟁이 복잡

제를 사용하고 있다.

24) 석광현(註 20), 박영사(2013), 203쪽 참조.

25) 정재오(註 1), 25쪽 참조. "합작투자계약의 경우, 국제적으로는 계약형 조인트벤처(contractual joint venture)와 회사형 조인트벤처(corporate joint venture)로 구분하는 방식이 널리 통용되고 있다."

26) 김태진, "외국 회사의 법적 제문제: 회사의 국제적인 조직변경 -외국 회사가 관련된 경우를 중심으로-", BFL 제42권(2010), 22쪽 이하 참조.

27) 석광현(註 20), 박영사(2013), 216쪽 참조.

하게 전개되었던 중재사건의 사실관계는 다음과 같다.[28]

- 외국기업인 A회사와 국내기업인 B회사가 국내에서 합작하기로 하였다. 협상과정에서 두 회사는 새로운 합작회사를 설립하지 않고, B회사의 주주들이 자신들의 보유 지분 일부를 A회사에 매도하여 B회사를 합작회사로 운영하기로 약정하였다. 나아가 A회사와 B회사는 기술지원계약을 체결하여 A회사의 노하우 및 기술을 B회사에 제공하기로 하였는데, 계약기간 중 A회사가 B회사의 신제품 개발에 관한 노하우 제공 요청에 수 차례 불응하였다.

- 약정한 계약기간이 만료되기 2개월 전, B회사가 A회사의 중대한 계약 위반(Material Breach)을 원인으로 기술지원계약을 해지한다고 통보하였다. A회사는 B회사가 한 해지의 효력이 없다고 주장하면서 중재를 신청하였다. 위 합작투자계약의 준거법은 독일 민법이었다.

위 사안에서 주로 다투어진 쟁점은 'A회사의 계약위반이 중대한 계약 위반(Material Breach)을 구성하는지'였다. 준거법인 독일 민법에 따르면 계속적 계약은 심각한 사유(Serious Cause)가 있으면 해지할 수 있는 한편, (계속적 계약이 아닌) 일반적인 계약은 중대한 계약 위반(Material Breach)이 있으면 해제할 수 있었다. 나아가 독일 민법은 중대한 계약 위반(Material Breach)의 의미를 따로 정하고 있지 않으나, 계속적 계약의 해지사유가 되는 심각한 사유(Serious Cause)에 관하여는 '당사자가 계약위반에도 불구하고 약정한 계약만료일까지 계약을 유지하는 것을 합리적으로 기대할 수 없는 경우'를 의미한다고 규정하고 있다.

B회사는 기술지원계약의 해제사유로 "Material Breach"라는 문구가 사용되었다는 점을 들어, 이 사건에서 중대한 계약 위반이 있는지 판단하는 기준으로는 독일 민법상 해지사유인 "Serious Cause"가 아니라 해제사유인 "Material Breach"를 판단하는 기준이 적용되어야 한다고 주장하였다. 이에 중재판정부는 기술지원계약이 계속적 계약이라는 점은 분명하므로, 단순히 영문으로 "Material Breach"라는 용어가 사용되었다고 하여 당사자들이 준거법인 독일

---

28) 이 부분에서 다루고 있는 예시는 정교화, "합작해소의 다양한 유형과 국제중재를 통한 분쟁해결", 국제거래법연구 제21권 제1호(2012), 14-15쪽의 내용을 참고하였다.

민법상 계속적 계약의 해지에 관한 규정을 배제하려는 의사였다고 해석할 수
는 없다고 판단하였다. 결국 'A회사의 계약위반이 중대한 계약 위반(Material
Breach)을 구성하는지'는 독일 민법상 심각한 사유(Serious Cause)에 해당하는지
에 따라 결정하여야 하는데, 약정한 계약기간이 만료되기까지 2개월밖에 남지
않은 시점에서 B회사가 '남은 기간 동안 계약을 유지하는 것을 기대할 수 없
었다'고 보기는 어려우므로, B회사가 한 해지는 효력이 없다고 보았다.

　위 사례는 준거법에 관하여 충분히 고려하지 않은 채 계약조항(예컨대 약
정해지권)을 마련한다면 기존에 예측하지 못했던 추가 분쟁이 발생하거나 분쟁
이 더 복잡하게 전개될 여지가 있다는 점을 시사한다. 따라서 합작투자계약을
체결할 때 사전에 가급적 충분한 시간을 들여 준거법에 관한 리스크를 분석하
고 준거법으로 지정하려는 법의 실질법인 계약법에 관하여 철저한 검토를 한
다면 불필요한 분쟁의 발생을 방지할 수 있을 것으로 생각한다. 실무상으로는
합작회사의 설립지법을 준거법으로 정하는 것이 일반적이지만, 양 당사자들의
협상력에 따라 합작회사의 설립지법과 합작당사자들의 합작투자계약상 법률
관계에 적용되는 법이 다를 수 있으므로, 그러한 차이로 인하여 발생할 수 있
는 문제들을 미리 예측하여 대응전략을 고려해두는 것이 분쟁 예방에 도움이
될 것이다.[29]

　또한 외국기업인 A회사와 국내기업인 B회사가 국내에서 합작하기로 하면
서 국내에 새로운 합작회사를 설립하는 경우, 합작투자계약의 준거법과 합작
회사의 준거법을 합작투자계약상 모두 한국법으로 지정하곤 할 것이다.[30] 그
런데 이러한 합작투자계약상 준거법을 한국법으로 지정하면서도, 합작투자계
약의 언어가 대부분 영어이다 보니 계약해지 사유 내지 요건으로 "Material

---

29) 정교화(註 28), 15쪽 참조. 같은 취지로 김병태, "국제합작투자계약을 통한 외국인 직접투자의 법
　률적 문제 -국제투자의 촉진과 지역경제의 활성화 측면에서-", 국제거래법연구 제18권 제2호
　(2009), 188쪽 각주 16 참조. "합작투자계약에서는 합의에 의하여 자유로이 준거법을 정할 수 있
　으며 외국투자자 또는 국내투자자가 속한 국가의 법이나 제3국의 법을 준거법으로 정할 수 있다.
　그러나 외국인 합작투자와 같이 우리나라에서 사업을 수행할 목적으로 우리나라에 합작회사를 설
　립하는 경우에는 통상적으로 합작회사가 설립되는 현지국인 우리나라의 법을 준거법으로 하는 것
　이 일반적이고 원만한 법적 해결을 위해서도 바람직스럽다."
30) 이때 실무상으로는 합작투자계약상 준거법 조항(Governing Law)에서 예컨대 "This Agreement shall
　be governed by and construed in accordance with the laws of Korea without giving effect to the
　conflict of laws rules thereof."라고만 규정함으로써, 합작투자계약의 준거법과 합작회사의 준거법을
　준별하지 않은 채 한국법을 준거법으로 지정하는 경우가 대부분일 것이다.

Breach"라는 용어를 종종 사용하곤 한다. 그런데 "Material Breach"란 영미법 상(특히 M&A 관련 계약) 발달한 법개념으로서 우리나라에서는 생소한 외국법 개념이므로, 준거법이 한국법으로 규정된 상황에서는 이를 어떻게 해석하여야 할 지 논란이 되고 견해가 대립하곤 한다.

"Material Breach"를 문언 그대로 해석할 때 "중대한 위반"이 되므로 우리 나라 법리에 비추어 이를 주된 채무의 위반에 국한시켜야 한다는 견해가 있을 수 있다. 그러나 합작투자계약은 본질상 합작회사가 일정 기간(대체로 수십 년 간) 존속하면서 운영될 것을 전제로 하므로 장기에 걸쳐 계속될 것을 예정하고 있는 계약이다. 이러한 경우에는 비록 제반 사정들에 비추어 부수적 채무라고 여겨지는 채무(예컨대 합작회사를 통해 구현하려는 프로젝트 업무를 원활히 수행하 는 데 요구되는 합작투자계약 당사자들의 협력의무)라고 할지라도 일방 당사자의 해당 채무 위반이 합작회사의 존속과 운영을 위한 합작투자계약의 목적과 취 지를 저해할 정도에 이르는 것이라면[31] "중대한 위반", 즉 "Material Breach" 에 해당한다고 풀이하는 것이 합리적이라고 생각한다.

2. 국내적 강행규정과 국제적 강행규정에 의한 국제합작투자계약의 규율

강행규정은 당사자가 합의에 의하여 적용을 배제할 수 없는 규정을 일컫 는다. 강행규정이 소속한 국가의 법체계하에서 즉 당사자의 준거법 선택이 있 는 경우에는 그 법이 소속한 국가의 법체계하에서, 당사자의 준거법 선택이

---

31) 참고로 우리나라 판례는 문언상으로는 "주된 채무"와 "부수적 채무"라는 표현을 사용하고 있으나 (대법원 2001. 11. 13. 선고 2001다20394 판결, 대법원 2005. 11. 25. 선고 2005다53705 판결 등), 구체적으로 계약 해제 여부를 판단함에 있어서는 주된 채무인지 부수적 채무인지에 엄격히 구애 받지는 않고, 오히려 당사자가 계약 목적을 달성할 수 있는지 여부라는 기준을 적용한다. 관련하 여 김성민, "계약상 중대한 위반 조항의 해석", 저스티스 통권 제157호(2016. 12.), Ⅳ. 3.항 참조. "정작 판례에서 말하는 주된 채무와 부수적 채무의 구분은 그 불이행을 이유로 손해배상 또는 계 약해제를 구하는 단계에서 계약 목적을 달성하는데 필수적인지 여부에 따라 결과적으로 구분되는 것이라는 점에서 의미가 다르다. 특히, 판례는 주된 채무라 하더라도 사소한 채무불이행일 경우 계약해제를 인정하지 아니하고, 부수적 채무라 하더라도 예외적으로 계약 목적을 달성할 수 없거 나 특별한 약정이 있는 경우에는 계약을 해제할 수 있다고 하는데, 이는 주된 채무와 부수적 채무 의 구분이 계약 해제의 가부를 결정하는데 있어 결정적인 것이 아니고, 목적을 달성하지 못하여 계약을 체결하지 않았을지 여부라는 기준이 실질적인 기능을 한다는 것을 알 수 있다. 따라서 주 된 채무와 부수적 채무를 구분하는 것은 계약 해제 여부를 결정함에 있어 유용한 방법이 아니고, 중대한 위반을 판단함에 있어 주된 채무와 부수적 채무를 구분하는 접근방법은 바람직하지 않다 (특히 국제중재나 외국법원에서와 같이 국내법을 알지 못하는 판단기관은 주된 채무와 부수적 채 무라는 용어로부터 잘못된 판단기준을 도출할 염려가 있다)."

없었다면 준거법이 될 법이 소속한 국가의 법체계하에서 이를 판단하여야 하며, 이는 광의의 강행규정으로서 **국내적 강행규정**(domestic mandatory rules)이라고 볼 수 있다. 한편 당사자가 합의에 의하여 그 적용을 배제할 수 없을 뿐만 아니라 그 소속 국가의 법체계하에서 판단할 때 국제사법 규칙에 관계없이 적용되는(즉 준거법에 관계없이 적용되는) 협의의 강행규정이 있는데, 이는 **국제적 강행규정**(international mandatory rules)라고 볼 수 있다.[32]

국제적 강행규정을 넓게 이해하여 국가적, 경제정책적인 공적 이익에 관한 규정은 물론이고 당사자 간의 이익의 조정, 약자의 보호를 목적으로 하는 사법이 포함된다고 보는 견해도 있으나, 강행규정이 공적 즉 국가적, 경제정책적 이익에 주로 관련되는 경우에는 국제적 강행규정으로 보고, 국제계약의 당사자 간의 이익조정에 주로 관련되는 경우에는 국내적 강행규정으로 보는 것이 타당하다고 생각한다.[33] **광의의 강행규정(국내적 강행규정)**은 당사자가 준거법을 선택하는 경우 당사자의 준거법 선택에 관계없이 적용되는 데 비하여, **협의의 강행규정(국제적 강행규정)**은 당사자가 준거법을 선택한 경우인지 여부를 불문하고 당사자가 준거법을 선택하지 아니한 경우에 관한 규칙을 포함하여 준거법에 관한 모든 국제사법 규칙에 관계없이 적용되는 강한 효력이 부여되므로, **협의의 강행규정(국제적 강행규정)은 광의의 강행규정(국내적 강행규정)에 비하여 보다 제한적으로 해석할 필요**가 있기 때문이다.[34] 다만 어떠한 규정이 준거법에 관계없이 적용됨을 명시하고 있거나 간접적으로 속지적 적용범위를 규정하고 있는 경우에는 국제적 강행규정이라고 해석할 수 있다.

앞서 1.항에서 살펴보았듯이 합작투자계약의 당사자들이 특정한 사업을 수행할 목적으로 공동의 회사를 설립하는 경우(즉 회사형 조인트벤처의 경우)에는 회사법적 법률관계를 함께 고려하게 된다. 합작투자계약(주주간계약)은 주주들이 회사의 지배구조, 의결권 행사, 주식의 처분, 회사의 운영 등에 관한 약정을 내용으로 하며, 합작회사의 설립과 조직에 관한 합의가 주된 내용을 이루게 된다. 이에 예컨대 합작투자계약의 산물로 설립된 합작회사의 운영상

---

32) 김인호, "국제계약에서 강행규정에 의한 당사자자치의 제한", 선진상사법률연구 통권 제60호 (2012. 10.), 114-115쪽 참조.
33) 석광현, "국제거래에서의 대리상의 보호", 법조 제55권 제1호(2006), 42-43쪽 참조.
34) 김인호(註 32), 115쪽 참조. 본 논문의 저자는 국제적 강행규정을 넓게 이해하여야 한다는 견해를 취하면서도, 본문에 인용한 것과 같이 국제적 강행규정을 제한적으로 해석하여야 할 필요가 있다는 점을 기술하고 있다.

우리나라 상법상 합작회사 주주총회의 특별결의가 요구되는 사항(예컨대 합작
회사 지분이라는 주요 자산의 처분)에 관하여 이를 거치지 않은 경우, 이와 같이
주주총회의 특별결의를 요구하는 상법 규정이 국제적 강행규정에 해당하는지
문제될 수 있다.[35]

　실무상 합작투자계약(주주간계약)의 준거법을 명시적으로 지정하지 않는
경우는 상정하기 어려우므로, 다음과 같은 가정적 사안을 생각해 볼 수 있다.
즉 한국의 A회사와 독일의 B회사가 입자가속기 사업을 영위하기 위하여 한국
에 주식회사 형태의 합작회사 C를 설립하였는데(A회사는 합작회사 C의 51% 지분
보유, B회사는 49% 지분 보유), A회사와 B회사는 합작투자계약(주주간계약)의 준
거법을 독일법으로 지정하였다. 합작회사 C의 정관에는 '입자가속기 사업의
일정 부문을 매각'하는 경우에는 그 주주총회 특별결의를 거쳐야 한다고 기재
되어 있었다. 한편 한국 상법 제374조 제1항, 제434조에 따르면 위와 같은 매
각행위는 합작회사 C의 중요 영업 또는 주요 자산을 처분하는 것에 해당하여
그 주주총회 특별결의가 필요하다. 그런데 합작회사 C는 독일 소재 개인사업
자 D에게 위 입자가속기 사업 부문 매각계약을 체결하면서 그 준거법을 독일
법으로 지정하였고, 주주총회 특별결의를 거치지 않은 채 위 매각행위를 하였
다. 이때 ① 합작회사 C의 주주총회 특별결의를 요구하는 한국 상법 규정이
적용될 것인지, ② 적용된다면 주주총회의 특별결의를 거치지 않고 이루어진
합작회사 C의 사업 부문 매각의 유효성의 준거법은 어느 법인지, ③ 위 한국
상법 규정이 국제적 강행규정인지 등이 문제된다.[36]

　　먼저 ① 위 사안에서의 합작투자계약 준거법이 독일법이더라도 한국 상법
제374조 제1항 제1호는 적용된다고 본다. 앞서 가.항에서 합작투자계약의 준
거법과 합작회사의 준거법을 별도로 고찰하였는데, 문제된 **주주총회 특별결의
절차 이행 여부는 회사가 중요한 의사결정을 하기 위하여 어떠한 회사법적 행**

---

35) 합작투자계약에서도 서울고등법원 2017. 1. 17. 선고 2016나2015158 판결 사안과 유사한 문제상황
이 발생할 수 있을 듯하여, 이에 착안하여 본문의 논의를 전개하였다. 위 판결 사안은 한국 회사인
원고가 보유하는 베트남 자회사에 관한 지분을 한국인인 피고에게 양도하는 지분양도계약을 체결
하고 베트남 법상 필요한 투자허가를 받은 뒤 지분양도가 무효라고 주장하면서 서울중앙지방법원
에 그 반환을 요구한 사건이다.

36) 석광현, "국제적 기업인수계약의 준거법을 다룬 하급심판결에 대한 평석 -주주총회의 특별결의를
요구하는 상법 규정은 국제적 강행규정인가-", 경희법학 제53권 제2호(2018), 137쪽 이하 IV. 회
사의 속인법과 속인법이 규율하는 사항에서 아이디어를 얻어 이를 합작투자계약(주주간계약)에서
문제될 만한 사례에 접목시켜 보았다.

위(corporate action)를 해야 하는지, 당해 거래를 위하여 필요한 회사법상의 내부조치(corporate action)를 취하였는지의 문제이며 이는 회사의 속인법(*lex soci-etatis*)에 따를 사항이므로 현행 국제사법 제16조(신 국제사법 제30조)에 따라 합작회사 C의 설립준거법인 한국법에 의할 것이기 때문이다. 회사법적 쟁점의 준거법을 당사자자치의 원칙에 맡기지 않는 이유는 준거법의 결정을 당사자의 처분에 맡기는 것이 부적절하기 때문이다. 근본적으로는 그 준거법은 거래 당사자만이 아니라 회사라는 단체는 물론 회사채권자 기타 제3자의 이해관계에 영향을 미치고, 법적 확실성과 명확성을 위하여 획일적으로 처리해야 하는 단체법적(내지 조직법적) 쟁점을 규율하기 때문이다. 만일 회사법적 쟁점에 관하여도 당사자자치를 허용한다면, 한국 회사와 국제계약을 체결하는 당사자가 한국법에서와 같은 제한이 없는 국가의 법을 준거법으로 선택함으로써 상법 규정의 적용을 잠탈할 수 있게 되어 한국 회사법 질서의 근간을 해하는 결과를 초래하게 되기 때문이다.[37]

다음으로 ② 주주총회의 특별결의를 거치지 않고 이루어진 합작회사 C의 사업 부문 매각의 유효성의 준거법 또한 한국 상법이라고 생각한다. 현행 국제사법 제29조 제1항(신 국제사법 제49조 제1항)에 규정된 '계약의 유효성'에 관계되는 사항이더라도 당사자의 권리능력과 행위능력 및 대리권의 존재와 같은 사항은 각각 현행 국제사법 제11조, 제13조와 제18조(신 국제사법 제26조, 제28조와 제32조)에 의해 별도로 연결되며 계약의 준거법에 의해 규율되는 사항은 아니다. 그런데 이처럼 양도계약의 당사자인 합작회사 C가 의사결정을 위하여 필요한 회사절차를 거치지 않은 경우에도 한국 상법의 해석론에 따르면 주주총회의 특별결의에 의한 승인이 없는 영업양수도는 상대방의 선의 여부에 관계없이 무효인바(대법원 2003. 3. 28. 선고 2001다14085 판결), 이러한 효과를 고려하면 위와 같이 주주총회 특별결의를 거치지 않은 행위의 효력 문제는 행위능력 흠결의 경우와 마찬가지로 계약의 준거법(이 사안에서는 독일법)이 아니라 회사법(이 사안에서는 한국 상법)이 규율할 사항이라고 보는 것이 합리적이다.[38]

그런데 그 이유를 ③ 위 한국 상법 규정이 국제적 강행규정이라는 데서 찾을 수는 없다고 생각한다. 이러한 결론에 이른 출발점으로서 한국의 국제적

---

37) 석광현(註 36), 138쪽, 140쪽 참조.
38) 석광현(註 36), 143쪽 참조. 이는 마치 행위능력이 없는 자의 법률행위의 유무효를 당해 법률행위의 준거법이 아니라 행위능력의 준거법에 따르도록 하는 것과 마찬가지다.

강행규정 중 대표적인 것들을 살펴보면, 현행 국제사법 제7조(신 국제사법 제20조)는 외국법이 준거법으로 지정되더라도 예컨대 대외무역법, 외국환거래법(과 그에 대한 특별법인 외국인투자촉진법), 독점규제 및 공정거래에 관한 법률과 문화재보호법 등 그의 입법 목적에 비추어 준거법에 관계없이 적용되어야 하는 법정지인 한국의 국제적 강행규정은 여전히 적용된다는 점을 명시한다. 특히 합작투자계약을 통하여 외국 투자자가 자회사로서 합작회사를 설립하는 경우 가장 전형적인 외국인직접투자(foreign direct investment)에 해당하게 되므로, 이에 관하여는 가장 직접적으로 고려할 수 있는 국제적 강행규정이 외국인투자촉진법일 것이다. 외국인투자촉진법에 따른 3개의 국제투자계약 유형으로서, 외자를 도입하는 방법으로 (1) 합작투자계약, (2) 차관계약(간접금융 조달 방법으로서, 타인자본도입), (3) 기술도입계약을 들 수 있다. 배당금 송금을 법적으로 보장하면서 배당금, 차관의 이자, 로열티에 면세혜택을 부여하거나, 노동법상 혜택을 부여함으로써 외국으로부터의 자본과 기술 도입을 촉진하는 것을 내용으로 하고 있었다. 독점규제 및 공정거래에 관한 법률은 국제계약의 체결 제한(제8장)이라는 별도의 규정을 마련하여, 국내기업이 부당한 불리한 대우를 받는 것을 막고 그 위반행위에 대하여 시정조치를 명하거나 과징금 등을 부과하는 취지였으나 2016년 폐지되었다.[39)]

---

39) 석광현, "국제라이선스계약의 준거법 결정에서 당사자자치의 원칙과 그 한계 -FRAND 선언을 통한 라이선스계약의 성립 여부를 포함하여", 국제사법연구 제24권 제1호(2018), 52쪽 이하 참조. **외국인투자촉진법**은 기술도입계약에 관하여 별도의 장(제6장)을 두고 제25조 제1항에서 한국 국민 또는 한국 법인이 외국인과 대통령령으로 정하는 기술도입계약을 체결하였을 때 또는 신고한 기술도입계약 내용을 변경하였을 때에는 지식경제부장관에게 신고하도록 규정하였다. 나아가 선진 기술의 도입을 촉진하고자 제26조는 기술도입계약에 대하여는 조세특례제한법에 따라 법인세 또는 소득세 등의 조세를 감면할 수 있다고 규정하였는데 이는 경제개발의 초기단계에서는 필요한 조치였다. 그러나 신고의무와 조세감면 조항은 모두 삭제되었다. 또한 **구 독점규제법** 제8장(국제계약의 체결제한) 제32조 제1항은 "사업자 또는 사업자단체는 부당한 공동행위, 불공정거래행위 및 재판매가격유지행위에 해당하는 사항을 내용으로 하는 것으로서 대통령령이 정하는 국제적 협정이나 계약을 체결하여서는 아니된다"고 규정하고, 제33조(국제계약의 심사요청), 제34조(시정조치), 제34조의2(과징금)이 있었다. 또한 국내사업자의 보호를 위하여 국제계약의 사전심사제도를 두었다. 제8장은 문제된 국제계약의 준거법에 관계없이 동 법이 정한 요건이 구비되면 적용되었으므로 국제적 강행규정이었다. 그러나 위 제도가 2016. 3. 29. 개정에 의하여 삭제됨으로써 국제계약의 당사자인 국내사업자를 보호하는 하나의 보호장치가 제거되었다. 이와 같이 준거법에 관계없이 적용되는 한국의 국제적 강행규정이 완화되는 결과 당사자, 특히 한국 기업은 스스로 자신의 권리와 이익을 보호하지 않으면 아니 된다. 따라서 법적 규제의 완화에 수반하여 또는 그에 선행하여 한국 기업이 자신의 권리와 이익을 보호하기 위하여 필요한 협상력을 확보하고 국제라이선스계약의 내용을 적절히 판단할 수 있는 능력을 제고해야 한다. 이를 위하여 한국 기업들은 한국

회사법상의 어떤 규정이 국제적 강행규정이 되기 위해서는 그 규정이 규율하는 대상의 준거법이 외국법임에도 불구하고 적용되어야 한다는 데 합리적인 이유가 있어야 하는데, 그 경우 준거법에도 불구하고 한국 회사법을 적용하고자 하는 입법자의 의지(또는 의사)를 엿볼 수 있는 지표를 도출할 수 있어야 한다. 그런데 위 사안에 적용되는 한국 상법상 주주총회 특별결의 규정에는 그런 지표가 없다. 그런 지표라고 생각할 수 있는 것은 한국 회사일 것(정확히는 한국법에 따라 설립된 회사일 것)인데 그 경우 준거법 자체가 한국법이 되므로 그 경우 한국 상법 규정은 준거법(즉 회사의 속인법)으로서 적용되는 것이지 준거법에도 불구하고 적용되는 것이 아니다(다만 회사의 속인법에 관하여는 당사자자치가 허용되지 않으므로 문제된 구 상법 규정은 국제적 강행규정보다 더욱 강력한 보호를 받는 셈이다. 그렇더라도 이를 국제적 강행규정이라고 설명할 것은 아닌 것이다). 결국 한국 상법 제374조 제1항 제1호는 국제적 강행규정이기 때문에 이 사안에 적용되는 것이 아니라, '임자가속기 사업 부문 매각을 위하여 합작회사 C가 주주총회의 특별결의를 거쳐야 한다는 것'은 계약법의 쟁점이 아닌 회사법의 쟁점이며 합작회사 C는 한국에서 설립된 회사이므로 그의 속인법인 한국회사법에 따를 사항이기 때문인 것이다.[40]

이와 같이 합작투자계약(주주간계약)에 의하여 합작회사를 설립하여 운영하는 경우, 국제사법상 어떤 쟁점이 계약법의 문제로서 현행 국제사법 제25조(신 국제사법 제45조) 이하의 준거법에 따를 사항인지 아니면 회사법의 문제로서 현행 국제사법 제16조(신 국제사법 제30조)에 따를 사항인지 성질결정(characterization)부터 하여야 하는 상황이 생길 수 있고, 이에 따라 해당 쟁점을 규율하는 준거법을 확정한 후 그 실질법에 따라 법률관계를 파악하는 접근이 반드시 필요하다고 생각한다. 이렇게 정치한 접근을 취하지 않은 채, 막연하게 '주주에 관한 법률관계라고 보이니 합작투자계약의 준거법에 의해야 한다'든가 '단체법적 이해관계에 얽힌 강행규정은 국제적 강행규정에 해당한다'는 선입견을 갖는 것은 위험하다.

변호사의 도움을 받을 필요가 있다."
40) 석광현(註 36), 143-145쪽 참조.

Ⅳ. 국제중재에 의한 분쟁해결의 문제 – 중재합의를 중심으로

1. 합작투자계약과 관련 계약들의 중재조항 통일 필요성

중재법 제3조 제2호에 따르면, 중재합의란 계약상의 분쟁인지 여부에 관계없이 일정한 법률관계에 관하여 당사자 간에 이미 발생하였거나 앞으로 발생할 수 있는 분쟁의 전부 또는 일부를 중재에 의하여 해결하도록 하는 당사자 간의 합의를 말한다.

합작투자계약에서 중재합의 규정의 예시

(예시 1) 제12조 (해석) ③ 중재: 이 계약으로부터 또는 이 계약과 관련하여 발생하는 모든 분쟁은 서울에서 대한상사중재원의 중재규칙에 따라 중재에 의해 최종 해결한다.

(예시 2)[41] Article 24.2 Any dispute, controversy or claim arising out of or relating to this contract, including its conclusion, interpretation, performance, breach, termination or invalidity, shall be finally settled under the 2012 ICC Rules of Arbitration by three arbitrators appointed by the ICC Court. The place of arbitration shall be London. The language of the arbitration shall be English.

국제합작투자계약의 경우, 특히 합작회사를 설립하는 경우에는 합작계약 이외에 합작에 대한 양해각서(Memorandum of Understanding, MOU), 회사 지분 매도·매수 계약, 주주간계약(Shareholders' Agreement), Licensing 계약 등 다양한 계약이 함께 체결되는 것이 보통이다. 이 경우 각 계약마다 분쟁해결조항(Dispute Resolution Clause)을 두게 된다. 관련 계약들이 동시에 체결되는 경우도 있지만, 순차적으로 체결되거나 계약마다 자문을 하는 법률대리인이 다른 경우도 있어서 각 계약의 분쟁해결 조항이 상이한 경우가 종종 발생한다. 한편, 합작해소를 둘러싸고 분쟁이 발생할 경우 당해 분쟁은 단순히 합작계약만의 종료로 해결되는 것이 아니라, 합작계약과 관련하여 체결된 각종 계약도 함께 해소되거나 계약위반의 문제가 발생하는 경우가 대부분이다. 이때 각 계약

---

41) International Trade Centre (註 4), p. 34 각색.

의 분쟁해결 조항이 상이할 경우 통일적인 분쟁 해결이 어렵거나 다수의 관할
(jurisdiction) 하에서 공격 또는 방어를 해야 하는 문제가 발생할 수 있다.[42]

　　실무상 중재조항의 통일성에 관한 고려가 부족한 중재합의 규정으로 말미
암아 분쟁이 복잡하게 전개되었던 중재사건의 사실관계는 다음과 같다.[43]

- 한국의 A회사와 브라질의 B회사가 브라질에 합작회사를 설립하였다.
  이 회사 설립 과정에서 당사자들 사이에 먼저 양해각서(MOU)가 체결되
  었고 다음으로 합작투자계약이 체결되었는데, 이 계약에는 주주간계약
  과 정관이 첨부되어 있었다. 또한 당사자들 사이의 거래는 중간수입상
  인 C회사를 통하여 이루어졌고, C회사와 A회사 사이에 대금결제를 위
  한 어음계약이 체결되었다.
- MOU에는 홍콩 또는 런던을 중재지로 하는 중재조항이 있었고, 합작투
  자계약에는 뉴욕을 중재지로 하는 중재조항이 있었으며, 주주간계약에
  는 브라질 법원을 관할로 하는 국제재판관할합의가 있었고, 합작회사의
  정관에는 분쟁해결조항이 없었다. 어음계약에는 한국을 중재지로 하는
  중재조항이 있었다.
- A회사는 뉴욕에서 B회사와 C회사를 상대로, B회사의 MOU 및 합작투
  자계약 위반과 어음채무의 불이행 등을 이유로, 합작투자계약을 해지하
  고 손해를 배상하라는 취지의 국제중재를 신청하였다. 이에 대하여 B회
  사는 A회사가 문제삼은 합작투자계약상 조항들이 주주간계약에 더욱
  자세하게 규정되어 있으므로 주주간계약에 따라 브라질 법원에서 다툴
  수 있을 뿐 중재를 신청할 수는 없다고 주장하였다.

　　이에 중재판정부는 ① **MOU 위반을 이유로 한 신청**에 관하여, MOU가 합
작투자계약 체결을 위한 일종의 가약정의 성질을 가지므로, 합작투자계약이
체결됨으로써 MOU는 효력을 상실하였다고 판단하였다. 또한 설령 MOU가 효
력을 유지하고 있다고 하더라도, MOU상 중재조항의 중재지는 뉴욕이 아니므로
중재판정부에 관할이 없다고 해석하였다. 이에 이 신청은 각하하였다. ② **합작**

투자계약 위반을 이유로 한 신청에 관하여, 중재판정부는 합작투자계약이 그에 부수하는 다른 계약에 대하여 '기본계약 내지 포괄계약(Umbrella Agreement)'의 성질을 가지고, 합작투자계약상 중재조항이 매우 광범위하게 규정되어 있으므로, 합작투자계약 위반이 동시에 주주간계약 위반이 되더라도 중재판정부에 관할이 있다고 판단하였다. ③ **어음상 채무이행을 구하는 신청**에 관하여는, 어음계약의 당사자는 C회사이지 B회사가 아니므로 B회사에 대하여는 (뉴욕에서) 중재를 신청할 수 있다고 판단하여, 중재신청 중 (뉴욕에서 이루어진) C회사에 대한 중재신청만을 각하하였다. 결과적으로 관련 계약들 중 중요한 것들인 합작투자계약과 주주간계약에 관한 중재판정부의 관할 주장이 받아들여졌으며 본안에서 A회사가 승소하였다.

위 사안에서 중재판정부의 관할(jurisdiction)에 관한 A회사의 주장이 받아들여지지 않았다면, 중재신청은 대부분 각하되어 브라질 법원에서 다투어질 위험이 있었다. 나아가 상대방이 브라질 법원의 국제재판관할을 여전히 주장하면서 국제중재와 동시에 브라질 법원에서 같은 사안에 대하여 소를 제기할 위험도 있었다(이 경우에는 국제소송과 국제중재의 경합 문제가 발생하였을 것이다). 이처럼 일련의 관련된 계약에서 상이한 분쟁해결조항을 둘 경우, 당사자들은 여러 관할(jurisdiction)에서 같은 사안에 대한 병행소송 및 중재(parallel litigation and arbitration)에 끌려들어갈 가능성이 높다.[44]

이와 같은 위험을 최소화하려면, 합작투자계약 뿐만 아니라 모든 관련 약정에 '국제중재에 분쟁을 회부하는 조항'을 두되, 중재기관과 중재인, 중재지 및 준거법 등을 일치시켜 통일된 중재조항을 마련할 필요가 있다. 통일적인 중재조항을 두는 것이 현실적으로 어렵다고 하더라도, 주된 계약에서 분쟁이 발생할 경우 그러한 분쟁해결절차가 우선하여 적용될 수 있도록 미리 합의하는 것이 바람직할 것이다. 반대로, 일부 계약에 따른 분쟁은 법원이나 다른 중재판정부를 통하여 판단받기를 희망할 경우에도, 위 사례에서처럼 합작투자계약이 '기본계약(Umbrella Agreement)'으로 판단되어 합작투자계약상의 중재조항에 규정된 절차에 따라 분쟁이 포괄적으로 심리될 가능성도 있음을 주의하여야 한다.[45] 다만, 회사법적 쟁점이 분쟁의 대상이 되어 중재보다는 회사 소재

---

44) 정교화(註 28), 14쪽 참조.
45) 필자의 경험에 비추어 보면, 실무상 합작투자계약이 체결되면서 이에 부속·병행하여 기술이전계약과 독점공급계약이 체결되는 경우가 대부분인데, 이때 합작투자계약과 다른 계약들 간의 준거법

법원에서의 심리가 병행되어야 할 경우도 있는바, 이 경우 각 분쟁해결을 위한 전략을 수립함에 있어 중재와 법원에 의한 소송을 어떻게 조율하고 유리하게 전개시킬지 전략적인 접근과 종합적인 검토가 필요하다.[46]

예컨대 외국기업인 A회사와 국내기업인 B회사가 국내에서 합작하기로 하면서 국내에 새로운 합작회사를 설립하는 경우, 해당 회사가 한국에서 설립을 위한 절차를 적법하게 밟았는지 여부, 주주총회 또는 이사회 결의가 적법·유효하게 성립하였는지 여부 등은 회사법적 쟁점에 해당한다. 이러한 회사법적 쟁점에 대한 결정을 당사자의 처분에 맡기는 것은 부적절하다는 점, 한국 상법 규정의 적용을 잠탈할 수 있게 하여 한국 회사법 질서의 근간을 해하는 결과를 초래하는 것은 부적절하다는 점[47]을 고려하면, 애당초 A회사와 B회사가 합작투자계약의 분쟁해결조항을 마련할 때 이러한 회사법적 쟁점에 관하여는 한국 법원을 전속적 관할법원으로 지정하여 소송에 의하여 해결하도록 규정하는 것이 바람직할 수 있다.

2. 중재합의의 방식

중재합의의 방식에 관하여, 대법원은 "중재계약은 중재조항이 명기되어 있는 계약 자체뿐만 아니라, 그 계약의 성립과 이행 및 효력의 존부에 직접 관련되거나 밀접하게 관련된 분쟁에까지 그 효력이 미친다고 할 것이고(대법원 1992. 4. 14. 선고 91다17146, 17153 판결 참조), 또한 중재계약은 당해 계약서 자

및 분쟁해결방법이 달리 지정·합의되어 있는 경우가 많다. 이로 인하여 당사자들은 같은 쟁점을 다투고 있음에도 불구하고 서로 다른 분쟁해결기관에서 서로 다른 준거법에 의거한 판단을 받게 되는 결과, 상이한 판결·판정이 도출되어 그 모순·저촉으로 인한 불이익 및 법률비용이 천문학적으로 증가하는 어려움을 겪게 될 수 있다. 앞서 Ⅲ. 1.항에서 살펴보았듯이, 계약상 준거법을 한국법으로 지정하였는데 영미법상 발달한 법개념으로서 우리나라에서는 생소한 외국법 개념을 사용하거나(예컨대 Material Breach나 Best Efforts Clause), 계약상 준거법을 영미법(예컨대 뉴욕주법)으로 지정하였는데 우리나라에서 발달한 법개념으로서 영미법상으로는 생소한 우리나라법 개념을 사용하는 경우(예컨대 부동산의 전세권) 이러한 어려움이 특히 문제될 수 있다. 다만 이 경우에도, 기술이전계약이나 독점공급계약 등은 결국 합작투자계약의 원활한 이행을 위하여 체결되는 것이니, 다투어지는 쟁점이 단순히 기술이전계약이나 독점공급계약 등 부속된 계약에 국한된 것(예컨대 특정한 기술이전의무·물품공급의무의 이행지체 등)이 아니라 합작투자계약의 존립 등 근본적인 목적과 취지의 달성·저해 여부에까지 관련된 것이라면, 해당 쟁점은 기본계약(Umbrella Agreement)을 이루는 합작투자계약상의 중재조항에 규정된 절차에 따라 포괄적으로 심리하는 것이 합리적일 수 있다.

46) 정교화(註 28), 14쪽 참조.
47) 석광현(註 36), 138쪽 참조.

체에 중재조항이 명기되어 있는 경우에 한하지 않고 다른 문서를 인용하는 경우에도 당사자가 이를 계약의 내용으로 삼은 이상 허용된다 할 것이다(대법원 1997. 2. 25. 선고 96다24385 판결 참조)"는 입장을 취하였다(대법원 2001. 4. 10. 선고 99다13577, 13584 판결).

위 대법원판결(99다13577, 13584) 사안에서, 원고는 중재합의의 효력이 미치지 않음을 이유로 중재판정에 의한 집행·중재판정의 취소를 구하였다. 원·피고 등은 1989. 6. 29. 유원지 개발사업의 시행을 위하여 **합작투자계약을 체결**하였는데, 그 계약서에는 "위 계약과 관련하여 발생되는 분쟁은 중재에 의하여 최종적으로 해결되는 것으로 한다"고 기재되어 있었다. 원·피고가 1990. 1. 31. 위 합작투자계약의 이행과 관련하여 다시 체결한 합의약정서에는 "합의서에 명시되지 아니한 사항은 합작투자계약에 따른다"는 내용이 기재되어 있으며, 한편 중재판정의 대상이 된 분쟁은 피고가 1990. 1. 31.자 합의약정상의 의무를 이행하지 아니하여 합작투자계약 및 합의약정이 해제되었음을 이유로 한 기지급 금원의 반환에 관한 분쟁이었다. 대법원은 중재판정의 대상이 된 위 분쟁이 **'위 중재조항이 명기된 합작투자계약의 이행과 직접 관련되거나 밀접하게 관련된 분쟁'**이라는 취지에서, 문제된 중재판정절차는 원·피고 사이의 중재계약에 의한 것이므로 구 중재법 제13조 제1항 제1호 소정의 중재판정 취소사유(중재인의 선정 또는 중재절차가 이 법이나 중재계약에 의하지 아니한 때)에 해당하지 않는다고 판단하였다.

3. 선택적 중재조항의 해석

한편 중재합의에서 중재가 유일한 분쟁해결방법이 아니라 다른 방법과 선택적인 방법으로 지정되는 경우가 있는데, 이를 '선택적 중재조항'이라고 한다. 중재법 제36조 제2항 제1호 가목에 규정되어 있듯이 중재합의의 무효는 중재판정취소 사유에 해당하기 때문에, 선택적 중재조항에 해당하는 중재합의 규정이 무효인지 여부는 중재판정의 취소 여부를 좌우하게 된다.

선택적 중재조항의 예시

1. 계약의 수행 중 계약당사자 간에 발생하는 분쟁은 협의에 의하여 해결한다.

2. 분쟁이 발생한 날로부터 30일 이내에 제1항의 협의가 이루어지지 아니할 때에는 다음 각 호에서 정하는 바에 의하여 해결한다.
　1) 관계 법률의 규정에 의하여 설치된 조정위원회의 조정 또는 중재법에 의한 중재기관의 중재에 의한다.
　2) 제1호의 조정에 불복하는 경우에는 발주기관의 소재지를 관할하는 법원의 판결에 의한다.

대법원은 '**국적이 같은 구매자와 공급자 간의 분쟁은 구매자 국가의 법에 따라 판결 또는 중재에 의하여 해결되어야 한다**(the dispute shall be referred to adjudication/arbitration in accordance with the laws of the Purchaser's country)'는 내용의 선택적 중재조항이 문제된 사안에서, "물품공급계약의 일방 당사자가 상대방에 대하여 판결이 아닌 중재절차를 선택하여 그 절차에 따라 분쟁해결을 요구하고 이에 대하여 상대방이 별다른 이의 없이 중재절차에 임하였을 때 비로소 중재계약으로서 효력이 있다고 할 것이므로, 일방 당사자의 중재신청에 대하여 상대방이 중재신청에 대한 답변서에서 중재합의의 부존재를 적극적으로 주장하면서 중재에 의한 해결에 반대한 경우에는 중재계약으로서의 효력이 있다고 볼 수 없다"고 판시한 바 있다(대법원 2003. 8. 22. 선고 2003다318 판결). 또한 대법원은 위와 같은 전제에서 "중재신청인의 선택적 중재조항에 기한 중재신청에 대하여 피신청인이 위 규정이 요구하는 바에 따라 본안에 관한 답변서를 제출할 때까지 중재합의가 부존재한다는 이의를 제기하지 않은 이상 중재절차의 나머지 단계에서는 그러한 이의를 제기할 수 없게 되고 반면 위 선택적 중재조항은 중재합의로서의 확정적인 효력이 있게 된다"고 판시하였다 (대법원 2005. 5. 27. 선고 2005다12452 판결).

이에 따라, 이른바 '선택적 중재조항'으로 볼 여지가 있는 중재조항을 계약서에 둔 경우 관련 분쟁이 소송 절차로 진행되면 상대방이 위 조항에 담긴 중재합의의 유효성을 다투는 것이 보통이다. 우리나라의 어느 지방자치단체와 중국 투자자 사이에 중재합의 조항을 둘러싸고 당사자의 해석을 어떻게 볼 것인가가 쟁점이 된 사안이 있었다(대법원 2014. 4. 30. 선고 2013다71845 판결). 위 대법원판결의 주요 사실관계는 다음과 같다.
- 전남 무안군은 무안군 일대에 '한중국제산업단지 개발사업'을 추진하기

로 하고, 2005. 12. 6. 중국 법인인 피고 등과 '한중국제산업단지 개발사업 기본계약('2005. 12. 6.자 기본계약')'을 체결하고 위 사업의 시행법인인 한중미래도시개발 주식회사('이 사건 회사')를 설립하였다. 그 후 무안군, 이 사건 회사, 피고 등은 2007. 8. 2. 벽산△△ 주식회사 및 부국□□ 주식회사를 당사자로 추가하여 위 '2005. 12. 6.자 기본계약'을 수정한 동일한 명칭의 계약('2007. 8. 2.자 기본계약')을, 2008. 1. 18. 농업협동조합중앙회를 추가하여 재차 동일한 명칭의 기본계약('이 사건 기본계약')을, 2008. 12. 29. 원고를 비롯한 추가 투자자들과 사이에 위 기본계약에 대한 주주 간 보충협약('이 사건 주주 간 보충협약')을 각 체결하고, 이 사건 회사의 법정자본금 1,500억 원 중 51%는 중국 법인인 피고가, 나머지 49%는 대한민국의 투자자들이 각 출자하기로 합의하였다.

• 이 사건 기본계약과 이 사건 회사의 정관상 분쟁해결조항은 다음과 같다.

이 사건 기본계약의 주요 규정

제13조 제1호 "계약과 관련하여 혹은 본 계약의 위반에 대하여 여하한 분쟁 혹은 청구가 발생 시 각 당사자는 우호협상을 통하여 문제를 원활하게 해결하고자 노력한다. 당사자가 30일 이내에 조정과 타협을 통하여 분쟁, 청구 혹은 계약 위반 등 문제를 해결하지 못할 경우, 손해를 입은 측은 아래 명시된 중재를 통하여 해결할 수 있다."

제13조 제2호 "본 계약으로 발생하거나 본 계약에 대해 발생한 분쟁이나 청구 또는 위반에 대하여 당사자가 합의한 제3국에서 최종적으로 중재를 진행한다. 단, 합의되지 않을 경우 싱가폴국제중재센터에서 중재한다."

이 사건 회사 정관의 주요 규정

제86조 "각 측이 분쟁이 발생 시 한국의 법에 따라 협상을 통해 해결해야 한다. 해결하지 못할 경우 국제관례와 국제상회 중재규칙에 근거하여 각 측이 합의한 제3국에서 중재를 진행한다. 단, 합의가 되지 않을 경우 싱가폴국제중재센터(Singapore International Arbitration Center)에서 중재한다."

• 이 사건 회사는 사업운영에 필요한 자금조달의 실패로 2009. 11. 15. 주주총회에서 해산을 의결하였다가, 2009. 12. 15. 다시 계속운영 및 균등감자를 결의하였다.

- 이에 원고는, 피고가 이 사건 회사의 계속운영 및 감자에 찬성함으로써 이 사건 주주 간 보충협약에서 정한 청산의무에 위반하였다고 주장하면 서 그로 인한 손해배상을 구하는 이 사건 소를 제기하였다.

피고는 이 사건 소가 원·피고 사이의 전속적 중재합의에 위반하여 부적 법하다고 항변하였다. 대법원은 피고의 이러한 본안 전 항변을 받아들였다. 원 심인 서울고등법원과 대법원 모두 구체적 사실관계를 따져서 당사자의 진정한 의사가 무엇인가를 탐구하였는데, 서로 다른 결론에 이르렀다.

원심법원은 관련 계약이 몇 차례 변경되면서 "중재한다"에서 "중재할 수 있다"로 최종적으로 문언이 사용된 경위 등에 착안하여 이를 **선택적 중재합의 조항**으로 보았다. 특히 원심법원이 주목한 사정들은, '① 이 사건 기본계약 제 13조 제1호의 "해결할 수 있다"는 문구는 그 문언 자체의 의미에서 볼 때 중 재를 통하지 아니한 분쟁해결도 가능하다는 것을 전제로 하는 점, ② 위 규정 은 '2005. 12. 6.자 기본계약'에서 "중재로 해결한다"고 규정하고 있던 것을 '2007. 8. 2.자 기본계약'에서 수정한 것인데, 위와 같은 문구의 수정은 위 조 항의 의미를 변경하려는 의도에서 이루어졌다고 봄이 경험칙에 부합한다는 점, ③ 이 사건 기본계약 제13조 제2호 이하는 중재지, 중재절차 등에 관하여 규정하면서 당사자는 중재판정에 구속된다고 규정하고 있으나, 이는 당사자가 같은 조 제1호에 의하여 분쟁해결수단으로 중재를 선택한 경우에 적용되는 규 정으로 봄이 규정체계나 그 문언의 내용에 비추어 타당하다는 점, ④ 이 사건 정관 제86조가 중재를 분쟁해결의 유일한 수단으로 인정하는 취지의 규정을 두고 있기는 하나, 주식회사의 정관은 일정 정족수를 충족하면 변경이 가능하 고, 변경에 반대한 당사자도 그 적용을 면할 수 없으므로 정관에 중재조항을 포함시켜 주주 전원을 구속하는 것은 그 성질에 비추어 허용될 수 없다'는 점 등이었다. 따라서 원심 법원은 이 사건 기본계약상의 중재합의는 선택적 중재 합의라고 보아야 하는데, 원고는 중재절차를 택함이 없이 이 사건 소를 제기 하여 분쟁을 중재절차로 해결할 의사가 없음을 분명히 하였으므로, 피고는 이 사건 중재합의를 들어 이 사건 소가 부적법하다는 주장을 할 수 없다고 판단 하였다.

그러나 **대법원**은 계약의 다른 부분에서 규정된 내용과 이 사건 회사 정관 의 규정 등을 전속적 중재합의의 적극적인 근거로 보는 한편, 외국 당사자 사

이의 합작투자계약이라는 점에 중점을 두어 **당초 당사자의 진정한 의사는 분**
쟁이 발생하였을 경우 제3국 중재기관에서 해결하려는 의사에 있었다고 보아
야 한다고 판시하였다. 즉 대법원은 "이 사건 기본계약 제13조 제1호 및 제2호
의 규정 내용, 이 사건 기본계약에 중재조항을 두게 된 경위, 위 기본계약의
수정내용, 그리고 이 사건 정관상 중재조항의 내용 등을 종합하면, 원·피고
사이에는 이 사건 기본계약과 관련한 분쟁을 중재를 통하여 해결하고자 하는
전속적 중재합의가 있었다고 봄이 타당하다"고 판단하였는데, 대법원은 특히
다음과 같은 사정들에 주목하였다. 대법원이 중재조항을 해석함에 있어 합작
투자계약의 특유한 성격을 고려한 것으로 보이는 대목이다.

　① 이 사건 기본계약 제13조 제1호에 따르면, 계약상의 분쟁이 발생한 경
우 조정이나 타협 등을 통한 비공식적인 협상을 개시하며, 그로부터 30일이
경과한 후에도 분쟁이 해결되지 않는 경우 각 당사자는 중재라는 공식적인 방
법을 통하여 계약 관련 분쟁을 해결할 수 있다. 위 조항 전체의 취지에 비추어
보면, **이 사건 기본계약 제13조 제1호에서 규정한 "중재를 통하여 해결할 수**
있다"는 것은 협상개시 후 30일이 경과하면 당사자가 협상 이외에 중재라는
공식적인 해결절차를 통하여도 분쟁해결을 시도할 수 있다는 취지, 즉 협상으
로 분쟁이 해결되지 않는 경우에는 결국 중재라는 방법으로도 분쟁해결이 가
능하다는 취지로 보일 뿐, 당사자가 재판과 중재라는 분쟁해결방법 가운데 중
재를 선택할 수 있다는 취지, **즉 재판 이외에 중재를 통하여도 분쟁을 해결할**
수 있다는 취지로는 보이지 아니한다. 오히려 위 계약 문언은 중재와 판결을
병렬적으로 규정하지 않고 있을 뿐만 아니라, 이 사건 기본계약 제13조 제2호
는 계약에 관한 분쟁을 당사자가 합의한 제3국에서, 당사자 사이에 합의가 되
지 않을 경우 싱가폴국제중재센터에서 최종적으로 중재를 진행한다고 규정하
고 있고, 이 사건 정관 제86조 역시 같은 취지로 규정하고 있어서 당사자 사이
의 분쟁을 중재에 의하여 종국적으로 해결하려는 의사가 명백하다. 반면, 중재
와 함께 소송 등 다른 분쟁해결수단을 통한 해결도 가능할 수 있다는 내용은
이 사건 기본계약 및 정관 등 그 어떤 처분문서에서도 찾아볼 수 없다. 따라서
이 사건 기본계약에서는 중재 이외의 다른 분쟁해결방법을 배제하고 있다고
해석하는 것이 보다 합리적이다.

　② 이 사건 회사는 중국 법인(피고)과 대한민국 법인들의 51% 대 49%의
비율에 의한 공동출자로 설립되었는데, 종래 2005. 12. 6.자 기본계약에서 중

재를 유일한 분쟁해결수단으로 정한 것은 **본래 양국 법인들 사이의 분쟁을 제3국에서의 중재를 통하여 해결함으로써 어느 한 국가의 법원에서 재판으로 해결하는 경우에 상대방이 입을 수 있는 위험 내지 불이익을 피하기 위한 의도**로 마련된 것으로 보인다.

③ '2005. 12. 6.자 기본계약' 제14조 제1호에 "중재로 해결한다"고 규정되어 있던 것을 '2007. 8. 2.자 기본계약' 제13조 제1호에서 "중재로 해결할 수 있다"고 문구를 수정한 것은 사실이나, ⓐ **이 사건 회사의 주주들인 중국과 한국의 법인들의 입장에서는 상대방 국가에서 재판받는 경우에 받을 수 있는 위험 내지 불이익을 감수하면서까지 본래 '2005. 12. 6.자 기본계약'에서 정하고** 있던 '제3국에서의 중재'에 관한 전속적 중재합의를 포기하거나, 그 내용을 변경할 만한 **특별한 사정이나 합리적인 이유를 찾아볼 수 없는** 점, ⓑ '2007. 8. 2.자 기본계약'은 제13조 제1호 이외에도 대부분의 조항에 걸쳐 종래 '2005. 12. 6.자 기본계약'의 문구를 수정하였는데, 그 중에는 내용에 별다른 변화가 없이 자구만을 수정한 경우도 적지 아니하였던 점, ⓒ 대한민국 주주들 사이의 분쟁에 관하여는 2007. 6. 29. 및 2008. 12. 29. 관할법원을 서울중앙지방법원으로 하는 전속관할합의 규정을 두었음에도, **2007. 8. 2.자 기본계약은 여전히 원고와 피고 사이의 분쟁에 관하여는 관할법원에 관한 규정을 두지 아니한** 점 등에 비추어 보면, '2007. 8. 2.자 기본계약' 제13조 제1호의 문구가 위와 같이 수정되었다는 사정만으로 **당사자들이 전속적 중재합의를 선택적 중재합의로 변경하였다고 단정하기는 어렵다.**

④ **사단법인의 정관**은 이를 작성한 사원뿐만 아니라 그 후에 가입한 사원이나 사단법인의 기관 등도 구속한다 할 것인데(대법원 2000. 11. 24. 99다12437 판결 참조), 이 사건 회사의 정관은 2008. 12. 4. 제정된 이래 2012. 4. 16.까지 수차례에 걸쳐 개정되었음에도 불구하고 **제3국에서의 중재를 유일한 분쟁해결수단으로 규정하고 있는 이 사건 정관 제86조 내지 제88조의 내용은 전혀 변경되지 아니하였다.** 위 정관규정의 직접적인 효력에 의하여 이 사건 회사의 주주들 사이에 서면에 의한 전속적 중재합의가 있는 것으로 인정할 수는 없다 하더라도, 앞서 본 정관의 구속력에 비추어 그러한 정관내용은 이 사건 기본계약상 중재조항에 담긴 당사자의 의사를 해석함에 있어 참작될 수는 있다 할 것이다.

참고로 이 사건에서는 정관이 기본계약에서의 중재합의 내용을 그대로 되

풀이하는 정도에 그쳐서, 그 자체로 중재합의를 창설하는 효과가 있다고 보기
는 어려웠으므로 정관의 법적 성격과 연관된 문제가 대두되지는 않았던 것으
로 보인다. 그러나 정관을 자치법규라고 보는 우리나라 대법원의 입장[48])에 비
추어 보면, 정관에 의한 중재합의가 가능하다거나 유효하다고 보기는 어렵다
고 생각한다. 거래 당사자만이 아니라 회사라는 단체는 물론 회사채권자 기타
제3자의 이해관계에 영향을 미치고, 법적 확실성과 명확성을 위하여 획일적으
로 처리해야 하는 단체법적(내지 조직법적) 쟁점을 규율한다는 점에서, 합작투
자계약에 따라 설립된 합작회사를 둘러싼 법률관계를 그 회사의 정관상 중재
합의에 의하여 중재로 해결하게 하는 것은 바람직하지 않은 점이 있다. 다만
이 사건과 마찬가지로 기본계약상 중재합의를 마련해 둔 경우에는 위와 같은
점에도 불구하고 관련 분쟁을 중재에 의하여 해결하겠다는 당사자들의 의사가
분명하게 표시된 것이어서, 이러한 경우에는 중재합의를 존중하여야 한다고
보인다. 참고로 정관의 법적 성격에 관하여 주로 계약설을 취하고 있는 미국
회사법학계에서도 중재합의조항이 포함되는 정관이나 부속정관을 계약으로
볼 수 없다는 견해가 있다.[49])

　　이처럼 국제거래로 이루어진 합작투자계약에 있어, 대법원은 선택적 중재
조항을 제한적으로 해석하고 중재합의에 대한 당사자의 의사를 폭넓게 받아들
이고 있다. 본 판결에서 대법원은 '특정 법률관계로 발생한 모든 분쟁을 중재
로 해결하려는 것'이 당사자의 합리적인 의사라고 보아야 한다고 하여 중재합
의에 관한 당사자의 의사를 넓게 해석하였는바, 이는 중재합의도 계약인 이상
사적 자치에 대한 존중을 토대로 당사자의 진정한 의사를 탐구할 필요가 있다
는 점을 시사한다.

---

48) 대법원 2000. 11. 24. 선고 99다12437 판결은 "**사단법인의 정관은** 이를 작성한 사원뿐만 아니라
　　그 후에 가입한 사원이나 사단법인의 기관 등도 구속하는 점에 비추어 보면 **그 법적 성질은 계약**
　　이 아니라 자치법규로 보는 것이 타당하므로, 이는 어디까지나 **객관적인 기준에 따라 그 규범적인**
　　의미 내용을 확정하는 법규해석의 방법으로 해석되어야 하는 것이지, 작성자의 주관이나 해석 당
　　시의 사원의 다수결에 의한 방법으로 자의적으로 해석될 수는 없다 할 것이어서, 어느 시점의 사
　　단법인의 사원들이 정관의 규범적인 의미 내용과 다른 해석을 사원총회의 결의라는 방법으로 표
　　명하였다 하더라도 그 결의에 의한 해석은 그 사단법인의 구성원인 사원들이나 법원을 구속하는
　　효력이 없다."고 판시하고 있다.
49) Asaf Raz, Mandatory Arbitration and the Boundaries of Corporate Law, University of
　　Pennsylvania Law School (2020) 참조.

V. 결론

국제거래로 체결되는 합작투자계약(주주간계약)은 조직법·단체법적인 성질을 갖는 국제회사법과 개인법·거래법적인 성질인 사적 계약(국제계약법)의 중간 지대에 있다고 볼 수 있다. 주주평등의 원칙, 다수결의 원칙, 기관 간 권한 분배 및 대표권이라는 요소와 사적 자치, 거래의 안정이라는 요소가 충돌하는 국면도 있다. 그러나 한편으로 합작투자계약(주주간계약)은 단체법인 회사법이 법률관계를 획일적·통일적으로 확정하는 데서 비롯된 단점을 보충하는 역할을 하고, 이는 곧 투자촉진 및 자금조달의 효율성이라는 효과와 연결되기도 한다.[50] 이러한 특성은 (특히 회사형 조인트벤처의 경우) 합작투자계약에서 문제되는 분쟁들의 돌파구를 찾을 때 한편으로는 계약법적 측면을 고려하여, 다른 한편으로는 회사법적 측면을 고려하여 각 쟁점의 성질을 결정하고 (characterization) 그에 대한 준거법이 어느 법으로 결정될 것인지 신중하게 예측할 필요가 있다는 것을 의미한다. 또한 성공적인 협상이 이루어지지 않는 한 대부분의 분쟁은 소송 또는 중재라는 쟁송에 의하게 되므로, 당사자들의 의사를 잘 반영하고 있는 문언을 사용하여 국제재판관할합의 또는 중재합의 규정을 가능한 한 명확하게 마련해두는 것이 분쟁의 예방과 해결에 효과적일 것이다.

---

50) 이동건·류명현·이수균, "주주간계약의 실무상 쟁점 −작성 시 주의사항을 중심으로−", BFL 제67호(2014. 9.), 100−101쪽 참조.

─ 참고문헌 ─

1. 국내문헌

가. 단행본

석광현, 국제 민사소송법, 박영사(2012)

_____, 국제사법과 국제소송 제5권, 박영사(2012)

_____, 국제사법 해설, 박영사(2013)

나. 논문

김병태, "국제합작투자계약을 통한 외국인 직접투자의 법률적 문제 -국제투자의 촉진과 지
　　　역경제의 활성화 측면에서-", 국제거래법연구 제18권 제2호(2009)

김성민, "계약상 중대한 위반 조항의 해석", 저스티스 통권 제157호(2016. 12.)

김인호, "국제계약에서 강행규정에 의한 당사자자치의 제한", 선진상사법률연구 통권 제60
　　　호(2012. 10.)

김태진, "외국 회사의 법적 제문제: 회사의 국제적인 조직변경 -외국 회사가 관련된 경우를
　　　중심으로-", BFL 제42권(2010)

석광현, "국제거래에서의 대리상의 보호", 법조 제55권 제1호(2006)

_____, "국제라이선스계약의 준거법 결정에서 당사자자치의 원칙과 그 한계 -FRAND 선
　　　언을 통한 라이선스계약의 성립 여부를 포함하여-", 국제사법연구 제24권 제1호
　　　(2018)

_____, "국제적 기업인수계약의 준거법을 다룬 하급심판결에 대한 평석 -주주총회의 특별
　　　결의를 요구하는 상법 규정은 국제적 강행규정인가-", 경희법학 제53권 제2호
　　　(2018)

_____, "전속적 국제재판관할합의의 유효요건", 법률신문 판례평석(2004. 5. 27.)

이동건·류명현·이수균, "주주간계약의 실무상 쟁점 -작성 시 주의사항을 중심으로-",
　　　BFL 제67호(2014. 9.)

이필복, "법인과 단체의 실체적, 절차적 준거법", 국제사법연구 제25권 제2호(2019. 12.)

정교화, "합작해소의 다양한 유형과 국제중재를 통한 분쟁해결", 국제거래법연구 제21권 제
　　　1호(2012)

정재오, "조인트벤처에 관한 연구", 서울대학교 법학박사 학위논문(2016. 2.)

2. 외국문헌

Asaf Raz, Mandatory Arbitration and the Boundaries of Corporate Law, University of Pennsylvania Law School (2020)

International Trade Centre, "ITC MODEL CONTRACT FOR AN INTERNATIONAL CORPORATE JOINT VENTURE", Extract from "Model Contracts for Small Firms", International Trade Centre, Geneva (2010)

국제투자 실무에 있어서 외국기업에 관한 국제사법 논점

배상규*, 박지웅**

I. 서론

국제사법은 외국적 요소가 있는 법률관계에 관하여 국제재판관할에 관한 원칙과 준거법을 정하는 것을 목적으로 한다.[1] 전자인 국제재판관할은 주로 법률관계에 관한 갈등을 전제로 법원이 개입하는 경우 의미를 가지므로 어느 한 국가의 국제사법, 즉 준거법 결정규칙은 이러한 분쟁 국면에서는 해당 국가의 법원에서 고정된 의미를 가진다고 볼 수 있을 것이다. 후자의, 준거법 결정규칙 역시 법원을 통하여 판단되므로 이 점에서는 마찬가지로 한 국가의 국제사법은 한 국가에 귀속된다고 볼 수도 있을 것이지만, 준거법은 분쟁이 없더라도 법률관계에 일반적으로 적용되므로 이러한 점에서 준거법의 효력은 국가 간의 주권적 경계와도 밀접한 관련이 있다고 볼 수 있을 것이다.

그런데, 실무에 있어 외국기업의 (국내)영업활동에 관련하여 해당 외국기업의 준거법(외국회사/법인의 준거법)이 쟁점으로 논의되는 경우는 많지 않은 것으로 보인다.[2] 외국기업이 상품이나 용역을 역외(외국)로부터 국내에 제공하

---

* 법무법인(유한) 태평양 변호사
** 피에이치앤코 공동법률사무소 변호사

1) 우리 국제사법은 준거법 결정에 관한 협의의 국제사법과 국제재판관할을 함께 정하는바, 독일에서 준거법 결정규칙만을 국제사법의 규율대상으로 삼는 경우와는 다르며, 국제사법의 범위를 국제재판관할과 외국재판의 승인 및 집행을 포함하는 광의로 이해하는 프랑스, 스위스의 태도와 유사하다. 한편, 국제사법에서 외국적 요소가 있어야 비로소 국제사법이 적용되는지 여부에 관하여 의견이 나뉘어져 있지만 일반적으로 국제사법 이론상 연결점으로 인정되는 요소(주소, 거소, 상거소, 행위지, 이행지, 법인의 본거지 등)에서 외국 관련이 있는 경우 일단 외국적 요소가 있는 사안으로 볼 수 있을 것이다. 석광현 선생님의 국제사법 해설(박영사, 2013), 5-6면 및 51-52면 참조.

2) 본문에서 '기업'은 한 국가의 법률에 따라 구성/조직된 모든 실체를 의미하는 일반적 의미로 사용하고자 하며, 기업이 영업을 위해 이용하는 영리 조직을 '회사'로 사용하고자 한다. 기업의 정의는 한미자유무역협정 제1.4조의 정의의 내용을 참고하였다. 반면 외국회사의 '회사'는 상법상 '상행위

는 경우에는, 해당 상품이나 용역 거래에 관련한 계약이 수반되고, 해당 계약에 관한 준거법이 논의되는 경우는 있지만, 이 경우에도 해당 계약을 체결하는 각 주체인 외국기업 자체의 준거법에 대한 논의는 이론상의 문제로 치부되고 실무상 문제되는 사례는 드문 것으로 생각된다. 외국기업의 영업활동을 규율하는 외인법으로서 대표적인 상법의 외국회사 관련 규정에 관해서 축적된 판결례가 없다는 점을 고려하면,3) 국내와 외국 간 기업의 경계가 갈수록 희미해지는 상황에서 외국기업에 적용되는 법규범 간의 충돌(저촉) 국면이 없는 이유라든지, 그 배경에 관해서 의문이 있었다.

본문은 위와 같은 의문점을 가지고 국제투자의 관점에서 외국기업의 국내 영업활동과 외국기업 및 외국기업의 준거법에 관한 국내법규를 시험적으로나마 탐색해 보고자 한다. 특히 본문은 상법상 국제거래의 국면에 적용되는 상행위(대리상, 중개업, 위탁매매업 등)와 상법상 외국회사에 관한 제3편 제6장이 외국기업의 해외직접투자 비중 확대와 함께 어떻게 적용될 수 있는지 살펴보고자 한다. 관련하여, 상법상 등기법제는, 국내 영업을 전제로 국내법상 회사의 내부사항의 경계를 정하는 중요한 지침이 될 수 있다고 생각된다. 상업등기법은 상거래의 안전을 위해 각 회사에 관해 일정한 내부사항을 등기대상에 기재하도록 한다. 외국회사에 관한 별도 정의가 없어, 결국 국제사법상 법인과 단체의 준거법(동법 제16조, 2022. 7. 5.부터 시행되는 개정 국제사법 제30조)을 적용한다고 하더라도, 이러한 법인이나 단체의 내부사항이 무엇인지의 경계는 해석론에 맡겨져 있는 상황에서, 입법자의 의사를 발견할 수 있는 법원의 하나로서 등기법제가 유의미할 수 있다고 생각된다.

위 논의의 연장선상에서, 본문은 외국기업의 준거법에 관한 준국제사법적 쟁점으로서 준거법 결정규칙 간의 충돌 국면을 살펴보고자 한다. 외국기업의 국제거래는 준거법 결정규칙의 충돌을 발생시킬 수 있을 것인데, 외국 법인이나 단체의 준거법 결정규칙에 관한 본거지법설과 설립준거법설의 충돌은 본질적으로 국제투자를 받는 국가인지 하는 국가인지와 연결되어 있다는 점을 주

나 그 밖의 영리를 목적으로 하여 설립된 법인'을 참고하되, 법인격이 없는 경우를 포함하는 용어로 사용하고자 하였다. 법인성이 없는 외국회사에 대해서도 상법상 외국회사에 관한 규정이 적용된다는 의견에 관련해서는, 김연미, "상법상 외국 회사의 지위", BFL 42호(서울대학교 금융법센터, 2010), 11면을 참고.

3) 김연미, 전게논문(주2), 7면에서는 대법원 종합법률정보 서비스 검색을 바탕으로 상법 외국회사편이 문제된 사안이 검색되지 않는다고 확인하고 있으며, 현재 시점에서도 동일한 것으로 이해된다.

목할 필요가 있다고 생각된다. 해외직접투자에 있어 양자간 또는 다자간 투자협정이 내국민대우를 정하고, 투자자 국가 분쟁(ISD)이 있는 현 상황에서, 국제투자와 회사의 본거지 이전이 자유로운 유럽연합의 준국제사법적 논의를 중심으로 살펴보기로 한다.

끝으로 본문은 이와 같은 유럽연합의 논의를 바탕 삼아 외국기업의 법인격과 권리능력에 관한 우리 국제사법 및 상법상 논의를 살펴보고자 한다.

Ⅱ. 국제투자 확장과 국제사법 및 국내법규의 적용

1. 외국기업의 국내 영업활동의 분류

상인의 영업활동의 지역적 확장은 다양한 형식으로 이루어질 수 있으며, 크게 분류하면 특정 상인에 종속한 자인 상업사용인을 통한 영업, 또는 제3자인 상인을 통한 영업으로 구분할 수 있는 것으로 보인다. 우리 상법에 따르면 전자인 상업사용인에 지배인, 부분적 포괄대리권이 있는 사용인, 그리고 물건판매점포의 사용인이 포함되며, 이러한 상업사용인은 별도의 독립적 상인이 아닌 해당 상인에 종속한 자로서 정의된 것으로 이해된다. 한편, 상인은 여러 장소에 별개의 영업소를 둘 수도 있는바 이러한 영업소를 바탕으로는 영업소를 총괄하는 본점과 각기 독립된 영업단위를 갖추고 영업을 수행하는 지점을 구분하고 있기도 하다.[4]

한편, 위의 제3자인 상인을 통한 영업에 관해서는 기본적으로 상인 간의 자유로운 계약에 따라 상거래가 이루어질 수 있도록 정하지만, 다만 영업활동의 지역적 확장에서 주로 문제되는 법률관계에 관해서는 대리상, 중개인, 위탁매매인, 운송주선인 등을 별도로 전형적인 상행위로 규정하는 것으로 이해된다.

상법에 따라 국내에서 이루어지는 상사에 관해서는 상법, 상관습법, 민법의 규정이 적용되는바(동법 제1조), 위와 같은 상법의 체계로 외국기업의 국내 영업활동을 분류해 볼 수도 있을 것이다. 이 경우 상법이 예상하는 외국기업의 전형적인 영업행위는 동법 제3편 제6장에서 정하고 있는 외국회사의 영업소나 상업사용인을 통한 경우가 될 수 있을 것으로 생각된다. 그렇지 않은 경

---

4) 이철송, 상법총칙 상행위(제13판)(박영사, 2015), 106면, 112-114면; 135-136면; 154-159면; 235-237면; 455-461면; 478-482면; 488-494면 등 참조. 이하 단락도 관련 내용을 참고하여 작성되었음을 밝힌다.

우, 즉 외국회사가 외국회사로서 국내에 등기하지 않는 경우 상법이 예상하는 영업행위는 국내의 상인, 즉 제3자를 통한 영업행위를 전제하고 있는 것으로 이해되는데, 이 때 대리상, 중개인, 위탁매매인, 운송주선인을 포함한 국내 상인을 통한 영업이 가능할 것으로 생각된다.[5]

위 분류에 관련하여 실무적으로 의미 있는 논의는 판매점 내지 특약점 계약(distribution agreement, 이하 "판매점 계약")을 통해 외국기업이 국내에서 영업 활동을 하는 경우이다. 기본적으로 판매점 내지 특약점 계약은 국내의 상인이 독립적 지위에서 외국기업의 물품 등을 매수한 다음 이를 국내에서 자신의 이름으로 판매하는바, 상법에서 예상하는 전형적인 국제거래(동법 제3편 제6장)의 어느 분류에 속하고 있지는 않다. 따라서 비전형 상행위로서 자유로운 상인간 거래로 이해할 수 있고, 그 거래의 해석과 이행, 그리고 법률관계의 보호는 일차적으로 계약과 그 준거법에 따를 것으로 생각된다. 다만, 두 국가 이상의 상인이 거래함에 따라 어느 한 국가의 상거래에 관한 법규, 특히 '대리상의 보상청구권'과 같이 종속적 지위에 있는 상인을 보호하는 법규가 해당 상거래에 적용되어야 하는지 여부가 문제될 수 있다. 관련하여 유럽연합의 Ingmar 사건에서는 대리상에 관한 유럽연합 지침이 국제적 강행법규로서 대리상 보호에 관한 정함이 없는 미국 캘리포니아 주법을 준거법으로 정한 상거래 계약에 불구하고 적용될 수 있다고 보고, 대리상의 보상청구권을 인정한 바 있다.[6] 한편 국내에서도 입법론으로 대리상의 보호를 국제적 강행법규로 정할지 여부, 그리고 이를 판매점 계약에 확장하여 적용할 수 있을지 여부에 대한 논의가 이루어진 바 있다.[7] ICC 중재판정에서는 준거법을 국내법으로 하는 국제간 판매점 계약에 대해 상법상 대리상에 대한 보상청구권 규정(제92조의2)이 유추 적용된다고 본 사례가 있는 것으로 이해된다.[8]

그런데, 위와 같은 상인간 국제 거래가 아닌 외국회사 자체의 국내 영업(영업소 설치나 이후 상업사용인을 통한 영업)에 관해서는 문제되는 사례나 판례는 거의 없는 것으로 보인다.[9] 실제로 공개된 판결 검색에 있어서 상법상 외

---

5) 국제거래에 있어 대리상의 보호에 관련해서는, 석광현, "국제거래에서의 대리상의 보호 –상법 제92조의2의 적용범위와 관련하여–", 법조 55권 1호(법조협회, 2006)을 참조.
6) 석광현, 전게논문(주5), 48-51면 참조.
7) 석광현, 전게논문(주5), 52면; 이철송, 전게서(주4), 475-456면 참조.
8) 정홍식, "국제중재에서 판매점의 보상청구권", 국제거래법연구 22집 1호(국제거래법학회, 2013) 321-324면 참조.

국회사에 관한 제3편 제6장이 문제되는 사례는 찾아지지 않고, 나아가 실무적
으로도 외국기업의 국내 영업소 설치에 관한 문제는 거의 찾아보기 힘든 것으
로 이해된다.

관련하여, 상법 제3편 제6장에 관해서는 외국기업의 국내 진출에 관한 분
류로 <지점을 설치하는 방법, 자회사를 설치하는 방법, 기업보조자를 이용하
는 방법>을 제시하면서 상법 제3편 제6장은 첫 번째 '지점을 설치하는 방법'
에 해당된다는 설명이 있고,10) 상법 주석서 역시 <국내 현지법인인 자회사
설립, 국내에 있는 대리상, 중개인, 위탁매매인 등의 기업보조자를 이용, 외국
회사가 국내에 지점 기타 영업소를 두거나 대표자를 두고 직접 영업활동을 하
는 방식>이 있다고 설명하며 마지막의 경우에 상법 제3편 제6장이 적용된다
고 설명한다.11)

외국기업의 국내 영업활동에 있어 두 가지 방법, 즉 상법상 외국회사의
국내 영업을 위한 영업소/대표자의 설치나 그렇지 않고 국내 상인을 통해 간
접적으로 영업하는 방법은 국제사법적 관점에서 보자면 전자는 외인법의 문제
로(상법 제3편 제6장), 후자는 주로 관련 국제거래법에 적용되는 준거법의 문제
로 다루어질 수 있는 데 반해, '자회사를 설치하는 방법' 즉 외국기업의 국내
현지법인 설치에 관련해서는 논의가 많지 않은 것으로 생각된다. 본문은 다음
단락에서 해외직접투자(FDI)의 맥락에서 외국회사의 자회사 설치의 확대 경향
을 간략히 살펴보고자 한다.

한편, 본 단락을 정리하면서 상법의 외국회사 관련 규정이 위 분류에서
'지점을 설치하는 방법'에만 적용된다고 보더라도, 과연 실무적으로 문제 없이
집행되고 있는지 여부에 대한 의문이 있다. 실제 외국회사가 국내 자회사를
설치하고 해당 자회사(예: 애플코리아)가 국내에서 영업활동을 하더라도, 그 실
질은 외국회사의 중개대리상이나 중개인이 되는 경우(예: 애플 본사가 직접 국내
에서 거래)가 있을 수 있다. 이 경우 외국회사의 국내 영업이 있더라도, 국내
자회사가 있다는 이유로 해당 외국회사에 대해 상법의 적용은 배제될 수 있는
것인지 의문이 제기될 수 있다고 본다. 무엇보다 최근의 실무에서 외국회사의

---

9) 김연미, 전게논문(주2), 7면.
10) 한국조세연구포럼(연구책임자 황남석), 외국회사 관련 규정 정비방안 연구: 세법적 측면의 검토를
    포함하여(법무부 연구용역 최종보고서, 2018. 12. 10.), 1면.
11) 권순일 편집대표, 주석상법(제5판)(한국사법행정학회, 2014), 제6장 외국회사(천경훈 집필부분) 참조.

국내 영업 시 국내 등기 여부에 대해서는 쟁점으로 검토되는 경우가 거의 없어 보인다는 점에서, 상법 제3편 제6장이 단순히 '외국회사가 직접 우리나라에 영업소나 대표자를 두는 경우'에만 적용된다고 정리하는 것은 입법자의 의사와 상법의 체계에서 벗어나는 것이 아닌가 하는 우려가 생기는 것 같다. 다음 단락의 해외직접투자의 맥락에서 국내법이 실질적인 규범으로 작동하고 있지 못하다면 이러한 점에서 기존 상법의 확장적 해석이 유효한 수단이 될 수는 없을지 검토할 여지도 있다고 생각된다.

2. 해외직접투자(FDI)의 확대와 외국기업의 국내 영업활동

외국인투자촉진법과 외국환거래법을 통해 외국기업의 상당수 국내 영업활동은 해외직접투자 방식의 자회사 설치로 이루어지는 것으로 이해된다.[12] 판매점 계약 등 외국기업과 국내기업 간 상거래의 경우, 외국의 직접투자가 제한되는 금융업 부문과 같이 외국기업의 영업은 역외에 한정되며 간접적으로 국내에서 이루어진다고 생각할 수 있다. 예를 들어 외국 금융투자업자가 외국 금융상품을 국내에서 판매하기 위해서 국내 금융당국의 인허가를 받은 국내 금융투자업자(투자매매업자, 투자중개업자 등)를 통하여 판매행위를 할 수 있는 것과 유사하게 외국 회사가 국내 대리상이나 중개상 등 상업사용인을 통해 국내에서 간접적으로 영업한다고 볼 수 있는 것이다. 이 점에서 외국기업과 국내기업 간 상거래는 전통적인 방식의 외국 기업의 영업활동으로 이해할 수 있을 것이다. 그 다음으로 외국기업의 지점 설치가, 더 나아가 외국 기업의 적극적이고 자유로운 영업활동으로 외국기업의 해외직접투자를 통한 자회사 설립이 이루어진다고 이해할 수 있다.

해외직접투자(Foreign Direct Investment)는 국제통상과 경제학, 그리고 국제투자 업계에서 정의되고 사용되는 용어로 이해되며, OECD에서는 한 경제영역(economy)의 거주자인 투자자가 다른 경제영역의 거주자인 기업(enterprise)

---

12) 2000년부터 현재까지의 외국인직접투자 통계를 살펴보면, 투자금액의 규모는 점증한 것으로 이해되나 극적으로 금액이 증가하지는 않은 것으로 생각된다. 예컨대 2020년 4분기는 미화 약 7.9 million의 외국인 직접투자가 이루어졌으나 2000년 4분기에는 미화 약 5.3 million, 2021년 4분기에는 미화 약 5.1 million 등의 외국인직접투자가 확인된다. 다만, 국내 설립되는 외국인직접투자 대상회사의 확대가 반드시 투자금액과 일치하지 않으므로, 금액의 확대가 외국인직접투자 기업의 영업 확대와 반드시 일치하지는 않을 것으로 이해된다. 국가통계포털(https://kosis.kr) 참조. 구체적인 수치는 <u>별첨 표</u>를 참조(최종접속: 2022. 1. 20).

에 대하여 상당한 정도의 영향력을 위해 지속적인 이해관계를 설정하는 것을 의미한다고 정의하고 있다.[13] 관련하여, 법률상 해외직접투자의 정의에 피투자기업의 경영권(control) 획득이 필요한 요소인지 여부에 관련하여 논의의 여지가 있으나, 국내법상으로도 위 OECD의 정의와 동일하게 외국인투자를 "외국인이 이 법에 의하여 대한민국법인(設立중인 法人을 포함한다) 또는 대한민국국민이 영위하는 기업의 경영활동에 참여하는 등 당해 법인 또는 기업과 지속적인 경제관계를 수립할 목적으로 대통령령이 정하는 바에 따라 당해 법인이나 기업의 주식 또는 지분을 소유하는 것"으로 정의하고 있다(외국인투자촉진법 제2조 제1항 제4호).

한편, 외국인투자촉진법에서 달리 정하지 않는 한 외국환 및 대외거래에 관련해서는 외국환거래법이 적용되지만(외국인투자촉진법 제30조 제1항), 외국인투자신고에 관한 실질적 규정은 외국인투자촉진법에서 대부분 정하고 있는 것으로 이해된다. 다만, 외국환거래법은 국내 투자자(거주자)의 해외직접투자에 관한 규정을 두고 있는바, 이에 따르면 해외직접투자의 기준은 "외국법령에 따라 설립된 법인이 발행한 증권을 취득하거나 그 법인에 대한 금전의 대여 등을 통하여 그 법인과 지속적인 경제관계를 맺기 위하여 하는 거래 또는 행위로서 대통령령으로 정하는 것" 또는 "외국에서 영업소를 설치, 확장, 운영하거나 해외사업 활동을 하기 위하여 자금을 지급하는 행위로서 대통령령으로 정하는 것"을 정하고 있다(동법 제3조 제1항 제18호). 한편, 위의 지속적인 경제관계 설정의 판단지표로서는 (i) 외국법인의 경영에 참여하기 위하여 지분 10% 이상의 취득, (ii) 10% 미만의 지분 취득인 경우에도 (가) 임원 파견, (나) 계약기간이 1년 이상인 원자재나 제품의 매매계약의 체결, (다) 기술 제공, 도입 또는 공동연구개발 계약의 체결, (라) 해외건설 및 산업설비공사를 수주하는 계약 체결 등을 들고 있다(동법 시행령 제8조 제1항).[14]

---

13) OECD Library, "Foreign Direct Investment" 부분(https://www.oecd-ilibrary.org/finance -and-investment/fdi-stocks/indicator/english_80eca1f9-en?parentId=http%3A%2F%2 Finstance.metastore.ingenta.com%2Fcontent%2Fthematicgrouping%2F9a523b18-en) 참조(최종접속: 2022. 1. 20.).

14) 외국환거래법이나 외국인투자촉진법에서 지분 10% 이상 기준은 OECD 및 IMF에서 정하는 '지속적인 경제관계'의 지표와 동일한 것으로 이해된다. OECD의 Foreign Direct Investment Statistics Explanatory Notes(https://www.oecd.org/daf/inv/FDI-statistics-explanatory- notes.pdf)(최종접속: 2021. 10. 11.) 및 Robert E. Lipsey, "Foreign Direct Investment and the Operations of Multinational Firms: Concepts, History, and Data", National Bureau of Economic Research

　　위와 같이 외국인투자촉진법과 외국환거래법을 살펴보면, 해외직접투자를 통한 외국기업의 국내 영업에 있어, 외국적 요소는 배제하기 어려운 것으로 생각된다. 즉 외국기업이 해외직접투자를 통해 본국(설립지국이든 본거지국이든)이 아닌 국가에 영업을 확대한다는 점을 고려하면, 외국기업의 국내 자회사와 단순한 국내 회사 간에는 회사 내부적 사안에서 외국적 요소라는 본질적 차이가 있다는 생각이다. 이에 관해서, 외국인의 지분 소유가 활발한 국내 회사(예컨대 삼성전자)와 해외직접투자를 통한 외국기업의 자회사(예컨대 라이나생명) 간에 차이가 없다고 보는 경우가 있고, 실제 상법학적으로는 차이가 없다고 보는 것으로 이해된다.15) 전자와 후자의 사례는 외국인에 의한 타국 법인의 지분/증권 소유라는 점에서는 동일한 것이 사실이다. 그러나, 국제사법과 국제거래법의 관점에서 볼 때 전자인 국내 기업의 지분을 외국인이 소유하는 경우는 해당 기업의 국제적 영업을 전제로 하지 않는 데 반해, 후자인 외국기업의 국내 자회사는 외국기업이 그 영업을 국내로 확장한다는 점에서 외국적 요소의 차이가 있다고 생각된다. 해외직접투자를 논의하는 맥락에서, 이는 '해외직접투자'와 '간접투자(portfolio investment)'의 구분이라고 볼 수 있다.16)

　　외국인직접투자 관련 법규나 투자협정의 체결 경위를 보면, 외국기업의 국내 자회사 설립은 1990년대 말 외환위기를 통해 외국인투자촉진법이 제정되면서 자유롭게 허용되었지만, 처음부터 이와 같은 외국기업의 국내 자회사 설립이 자유롭게 허용되었던 것은 아닌 것으로 이해된다.17) 즉 1960년대 한국정부는 차관과 기술 도입이나 교역 확대 등 외자도입을 위한 목적에서 투자협정을 체결한 것으로 이해된다.18) 일본의 경우에도 1964년까지 해외직접투자 유입이 제한됨으로써 국내 산업 보호가 이루어졌고, 이에 따라 외국기업들은 일본 시장에 진출하기 위해서 기술을 라이센싱하는 방법을 선택할 수밖에 없었

　　(December 2001), 3면 참조.

15) 천경훈, 전게서(주11)의 주석상법 설명 중 외국회사 총설에서는 외국인투자촉진법에 따라 국내에서 설립되는 외국기업의 자회사에 대해서 당연히 상법의 적용이 있다고 지적하며, 상법상 외국회사 편은 해당 자회사와는 관련이 없다고 설명하는 것으로 이해된다.

16) Robert E. Lipsey, 전게논문(주14), 4면에서는 국제적인 증권 취득을 통한 투자를 portfolio investment로 해외직접투자(direct investment)에 대비된 개념으로 소개한다. KOTRA, 해외투자진출 종합가이드 (KOTRA, 2018), 4면에서도 '해외간접투자'를 '해외직접투자'와 대비된 개념으로 사용하며 투자대상 기업의 경영에 관여하지 않는 주식 또는 채권투자 행위로 정의하고 있다.

17) 김관호, "한국의 투자협정 50년: 평가와 과제", 국제통상연구 22권 2호(한국국제통상학회, 2017), 36면 참조.

18) 김관호, 전게논문(주17), 31면.

던 것으로 보인다.[19] 법률신문 1989년 기고에 따르면, 1960년 및 1970년대 외자도입법의 취지는 외국투자를 통해 국내에서 특정 산업(비료, 시멘트, 석유정제 등)에 대한 기술이나 투자를 도입하는 것을 목적으로 했다는 언급이 있다. 한편 외자도입으로 인한 외채상환의 부담이 과중해지자, 대안으로 외자가 아닌 외국인직접투자로 초점을 변경하여 1983. 12. 31. 외자도입법을 개정(1984. 7. 1. 발효)하였다고 기재하고 있다.[20]

외자도입법의 개정과 외국인투자촉진법의 제정 이전에는, 외국기업의 국내 영업활동은 위 1.에서 논의한 대분류 중 국내 상인인 기업보조자를 이용하거나 외국회사로서 국내에서 등기를 경료한 뒤 이루어졌을 것으로 생각해 볼 수 있다. 또는 국가 차원의 기술도입이나 자본유치(차관도입 등)을 위해 외자투자가 이루어졌지만, 국가의 개입 없이 자유로운 외국인직접투자는 허용되지 않았을 것으로 이해된다. 1990년대 후반부터 외국인직접투자의 비중이 절대적으로 증가하면서, 상법상 외국회사의 규정의 실용도가 낮아지고 동시에 국내 기업보조자를 통한 영업활동도 중요도가 감소하고 있는 것으로 생각된다.

위의 내용을 볼 때, 외국인투자촉진법은 외인법으로서 외국기업이나 그 국내 자회사를 규율하나 상법이 전제하고 있는 국내 거래의 보호에 있어서는 공백을 발생시킨 것으로 생각된다. 경제적 실질에 있어서는, 상법상 외국회사 편에 따른 외국기업의 국내 영업소 확장과 외국인직접투자에 의한 외국기업의 국내 자회사 설립 사이에 차이는 없는 것으로 보이고, 그렇다면 입법론적으로는 외국인직접투자를 통한 외국기업의 국내 영업 확장 시 해당 외국기업(즉 국내 자회사의 모회사)에 대한 상법상 규정도 고려해 볼 수 있을 것으로 생각된다.

3. 상법상 외국회사의 개념과 등기법제

한편, 상법상 외국회사 편 규정을 이해할 때, '외국회사'는 별도로 정의되어 있지 않으므로 이에 대해서는 국제사법상 외국회사에 관한 정함이 준용될 수 있을 것으로 생각된다.[21] 다만, 국제사법상 외국회사를 설립준거법설에 따

---

19) 박영렬 외, "한중일 해외직접투자의 역사적 전개와 특성 분석", 국제지역연구 13권 3호(국제지역학회, 2009), 651면.
20) 주광일, "한국경제발전에 있어서의 외자도입법의 역할", 법률신문 1888호(1989. 11. 9.) 참조.
21) 석광현, 국제사법과 국제소송 제2권(박영사, 2001), 195면 참조. 외국인토지법(현 부동산 거래신고 등에 관한 법률로 타법폐기)과 같이 외인법상 외국법인의 개념에 대한 별도 정의가 있지 않은 상법상 외국회사편의 경우 외인법 문제이기는 하나 일응 국제사법의 국제회사법상 외국회사의 정의

라 이해하는 경우에도, 어떤 사안을 해당 외국회사의 설립준거법이 정하는 것
인지 여부에 관해서는 국제사법 해석에 따라 의견이 나누어질 수 있다.[22]

　관련하여, 국제사법에서 회사의 속인법의 적용 범위를 파악함에 있어서,
상법상 외국회사에 관련하여 상법 및 상업등기법에서 정하는 외국회사의 등기
사항을 통해 우리 입법자가 고려하는 회사의 준거법이 정하는 내부사항의 범
위를 유추해 볼 수도 있다고 생각된다. 이러한 등기사항에는 '대표자나 그 주
소 또는 영업소 설치 시 그 주소, 회사설립의 준거법'이 있고, 나아가 대한민
국에서 동종 또는 가장 유사한 회사의 지점과 동일한 등기를 요구하고 있는
데, 구체적으로는 다음과 같은 등기사항이 포함된다.[23]

분류	등기사항
기본 등기사항	① 상호, ② 목적, ③ 설립준거법, ④ 대한민국에서의 대표자
회사 종류별 등기사항	
주식회사	① 목적, ② 상호, ③ 발행할 주식 총수, ④ 1주의 금액, ⑤ 본점 소재지, ⑥ 회사가 공고하는 방법, ⑦ 존립기간/해산사유가 있는 경우 그 기간 또는 사유, ⑧ 회사를 대표할 이사의 성명, 주민등록번호 및 주소, ⑨ 수인의 대표이사가 공동으로 회사를 대표하는 경우 그 규정
유한회사	① 목적, ② 상호, ③ 본점 소재지, ④ 이사의 성명, 주민등록번호 및 주소, ⑤ 회사를 대표할 이사를 정한 때에는 그 성명, ⑥ 수인의 대표이사가 공동으로 회사를 대표할 것을 정한 때에는 그 규정, ⑦ 존립기간 기타의 해산사유를 정한 때에는 그 기간과 사유

가 사용될 수 있다고 본다. 천경훈, 전게서(주11)도 동일한 내용으로 설립준거법설, 본거지법설 등을 소개하고 있다. 또한 이는 상법학계의 통설이기도 하다. 이필복, "법인과 단체의 실체적, 절차적 준거법", 국제사법연구 25권 2호(한국국제사법학회, 2019), 92-93면도 참조.

22) 석광현, 전게서(주1), 210면에 따르면 국제사법 입법 시 속인법의 적용범위를 명시하지는 않고 이를 학설과 판례에 따라 해결할 수 있다고 보았으며, 한편 회사의 속인법의 적용범위를 회사의 내부사항(internal affairs)인 조직법상의 문제에만 국한된다는 의견이 있지만 회사의 채권자에 대해 회사재산이 책임재산이 되는지 여부나 사원이 회사의 채권자에 대해 책임이 있는지 등에 대해서도 회사의 속인법이 적용됨에는 의문의 여지가 없으므로, '회사의 설립, 권리능력의 유무와 범위, 행위 능력, 조직과 내부관계, 사원의 권리와 의무 및 사원권의 양도, 합병 등 회사의 설립부터 소멸까지 법인 또는 단체의 모든 사항'을 회사의 속인법이 규율한다고 본다.

23) 상업등기법 제91조(대법원규칙에의 위임), 상업등기규칙 제163조 내지 제166조(제5장 제9절, 외국회사의 등기); 법원행정처, 상업등기실무(II)(법원행정처, 2011), 698-720면 참조.

합명회사 또는 합자회사	(합명회사 및 합자회사는 본점과 지점의 등기사항이 동일하므로, 본점 등기사항이 적용됨) ① 목적, ② 상호, ③ 사원의 성명, 주민등록번호 및 주소, ④ 본점 소재지, ⑤ 사원의 출자의 목적, ⑥ 존립기간 기타의 해산사유를 정한 때에는 그 기간과 사유, ⑦ 회사를 대표할 사원을 정한 때에는 그 성명, ⑧수인의 사원이 공동으로 회사를 대표할 것을 정한 때에는 그 규정

　　등기사항은 상법 등 법령에 의하여 등기하도록 정하여진 사항으로서, 법률로 지정된 사항만이 등기 가능하며 그 외에 임의로 등기는 불가능하다고 정하고 있다. 다만 부가적 등기사항으로서 등기가 의무화되어 있지 않은 사항들(예: 전환사채의 등기, 주식매수선택권에 관한 등기 등)의 경우 등기신청인의 신청에 따라 등기 여부가 나누어질 수 있으나, 대부분의 등기 사항은 등기가 의무화 되어 있는 것으로 이해된다.[24] 한편 등기의 효력(소극적 공시력, 적극적 공시력 등)이나 부실등기의 효력에 관한 논의, 그리고 외국회사의 등기사항에 관한 등기선례를 볼 때, 등기사항의 취지는 해당 등기의 대상인 회사와 거래하는 자를 보호하기 위한 것으로 이해할 수 있다.[25]

　　따라서, 등기사항 자체는 회사의 모든 내부사항을 열거하는 것은 아니지만, 해당 회사의 내부사항으로서 제3자가 거래 시에 파악하고 있어야 하는 내용을 공시하는 기능을 한다고 볼 수 있을 것이다. 즉, 회사는 내부 및 외부로 구분된 인적결합으로 운영되는바, 회사 내부의 비공개된 인적 결합을 외부인이 알 수 있도록 최소한의 정보 제공을 의무화하는 것으로 이해된다. 이러한 점에서 우리 입법자가 외부에 공개되어야 한다고 판단한 회사의 내부사항 및 관련 사항들이 상업등기법상 회사의 등기사항으로 기재된 것으로 생각해 볼 수 있다.

　　이러한 맥락에서 위 외국회사의 등기사항을 살펴보면, 회사의 본질적 내부사항을 몇 가지로 분류해 볼 수 있다. (i) 첫 번째는 목적이나 상호, 본점 소

---

24) 법원행정처, 상업등기실무(I)(법원행정처, 2011), 13-18면; 이철송, 전게서(주4), 238-240면 참조.
25) 법원행정처, 전게서(주23)(상업등기실무(II)), 699면에서는 법인격이 인정되지 않는 외국회사의 등기도 가능하다는 등기선례를 인용하며, 상법이 외국회사로 하여금 대한민국에서의 대표자를 정하도록 하고 영업소 설치 등을 강제하는 것은 외국 영리단체와 거래하는 자를 보호하기 위한 것인바, 그 법인격의 유무에 관계 없이 상법의 외국회사에 관한 규정이 적용된다고 설명한다.

재지와 같은 회사를 파악하기 위한 기본 정보들, (ii) 두 번째는 대표자나 공동 대표 등 대표권의 제한에 관련한 정보들, (iii) 세 번째는 대표자는 아니지만 이사나 사원 등 회사의 경영을 담당하는 자의 인적사항을, (iv) 네 번째는 해산이나 존립기간의 정함이 있는 경우 해당 내용, (v) 마지막으로 외국 회사에 특이한 내용으로서 회사의 설립준거법이 있다.

위와 같은 등기사항들의 경우 대부분이 회사의 준거법에 당연히 포함될 내부사항이라고 볼 수 있을 것이지만, 예컨대 대표권의 제한이나, 경영을 담당하는 이사나 사원의 정함, 별도의 해산사유나 존립기간의 제한의 경우 회사의 내부사항으로서 회사의 준거법에 따라 판단될 수 있는 연결점이라는 사실을, 우리 법체계를 통해 확인할 수 있다는 의의를 찾을 수 있다고 생각된다.

Ⅲ. 유럽연합에서의 외국기업의 영업에 관한 국제사법적 논의

외국기업의 영업에 관한 실무상 쟁점을 살펴볼 수 있는 자료로서, 미국이나 유럽연합에서의 준국제사법 사례들을 참고할 수 있다. 준국제사법 사례들은 어떤 회사가 한 법역(jurisdiction)에서 설립되었지만 다른 법역에서도 자유롭게 영업활동을 할 수 있어야 한다는 법률을 전제로 하여, 설립된 법역과 영업이 이루어지는(또는 영업의 효과가 미치는) 법역 간의 해당 외국 기업에 관한 준거법 결정 규칙의 충돌이 어떻게 해결될 수 있는지에 관한 답변을 제공해 준다.

우리나라의 경우에도 다양한 국가들과 양자간, 다자간 투자협정을 맺고 있고, 이에 따라 외국회사를 내국회사와 동등하게 보호함으로써 국내에서의 자유로운 영업활동을 보장해 주어야 한다고 정하는 내용이 있는바, 일응 이러한 투자협정 하에서 미국이나 유럽연합의 준국제사법상 논의들을 참고할 수 있다고 생각된다. 우선 여기서는 유럽연합에서의 사례를 중심으로 살펴보도록 한다.

유럽연합에서는 EU 기능에 관한 조약(Treaty on the Functioning of the European Union) 제49조 및 제54조(종전 유럽공동체조약, 제43조 및 제48조)[26]에

---

26) 제49조의 내용은 다음과 같다.

Within the framework of the provisions set out below, restrictions on the freedom of estab‐ lishment of nationals of a Member State in the territory of another Member State shall be

따라 회원국 국민의 타 회원국에서의 설립의 자유를 보장하는 규정을 바탕으
로, 외국기업의 영업활동에 관한 유럽사법재판소(European Court of Justice)의
판례들이 축적되어 왔다.27)

관련하여, 해당 유럽사법재판소의 판단의 결과 회사의 준거법에 관한 "본
점소재지법주의는 그 적용범위가 본질적으로 축소되고 있다"28)거나 독일법원
도 유럽연합 회원국들에서 설립된 법인에 대해 '설립준거법주의를 적용해 왔
다'는 언급29)이 있다. 하지만, 유럽사법재판소의 판결 내용의 의의는 본거지법
주의를 축소하는 데 있었다기보다는, 외국 기업의 영업에 있어 주체가 되는
해당 외국 법인이 설립된 법체계를 최대한 존중하는 데 그 주된 취지가 있었
다고 생각된다.

즉, 유럽사법재판소는 유럽연합에서 회사 설립에 관한 단일한 규정을 두
고 있지 않으므로 어떤 회사에 관한 준거법 결정 규칙은 회원국 별로 달리 정
할 자유가 있다고 보았다.30) 구체적으로 회원국은 (i) 법인격 부여(설립)를 위

---

prohibited. Such prohibition shall also apply to restrictions on the setting-up of agencies, branches or subsidiaries by nationals of any Member State established in the territory of any Member State.

Freedom of establishment shall include the right to take up and pursue activities as self-employed persons and to set up and manage undertakings, in particular companies or firms within the meaning of the second paragraph of Article 54, under the conditions laid down for its own nationals by the law of the country where such establishment is effected, subject to the provisions of the Chapter relating to capital.

제54조의 내용은 다음과 같다.

Companies or firms formed in accordance with the law of a Member State and having their registered office, central administration or principal place of business within the Union shall, for the purposes of this Chapter, be treated in the same way as natural persons who are nationals of Member States.

'Companies or firms' means companies or firms constituted under civil or commercial law, including cooperative societies, and other legal persons governed by public or private law, save for those which are non-profit-making.

27) 본문의 유럽사법재판소 판결들에 관한 분석은 김태진, "국제적인 합병 체재를 위한 고찰: SEVIC Systems AG사건 이후 유럽연합 사법재판소(ECJ) 판결 분석", 법학논총 31권 2호(한양대학교 법학연구소, 2014) 및 김태진, "회사의 국제적인 조직변경 -외국 회사가 관련된 경우를 중심으로-", BFL 42호(서울대학교 금융법센터, 2010), 김태진, "국제 합병 논의를 위한 비교법적 검토 -SEVIC Systems AG 사건을 중심으로-", 선진상사법률 54권(법무부, 2011)을 참고하였다. 다만 본문의 분석은 유럽사법재판소의 판결문 원문을 바탕으로 새롭게 정리된 것임을 밝힌다.
28) 한국조세연구포럼(연구책임자 황남석), 전게서(주10), 95-96면 참조.
29) 박성은, "국내에 사무소를 가진 외국회사의 권리능력 및 당사자능력 인정 기준", 최신독일판례연구(로앤비, 2010) 참조.
30) Case C-210/06 Cartesio [2008] ECR I-9641 ("**Cartesio**"), paragraph 5.

한 요건과 (ii) 법인격 유지를 위한 요건에 관한 연결점(connecting factor)을 정할 재량을 가지고 있다.[31] 위 EU 기능에 관한 조약에 따르면, 이러한 회원국의 재량권 부여를 존중하지 않는다면 (즉 위 연결점의 정함이 다른 회원국의 연결점의 정함과 충돌하는 경우 이를 부정할 수 있게 한다면) 회사 설립의 자유가 부정된다는 논리를 펴고 있다.

'회사는 EU 공동체의 법인격 부여에 관한 통일 규범이 없는 한 국가의 내국법에 의해 설립되는 대상(creature)'이다.[32] 따라서, 유럽연합 내에서 한 회원국 국민의 다른 회원국들에서의 설립의 자유를 보장하기 위해서는, 해당 회원국 국민이 적법하게 회사의 설립을 위해 준거한 법규정 내에서 영업활동이 이루어지는 이상, 다른 회원국이 해당 준거(연결)을 부인할 수 없다는 결론에 이르고 있다. 이 점에서 이미 국내에서도 정리된 바 있지만, 이러한 유럽사법재판소 판결들에서 준거법이 된 법체계에서 부과하는 제한들은 긍정되는 반면(Daily Mail, Cartesio 사건), 회사의 설립을 위해 준거한 법규정을 준수하고 있음에도 불구하고 영업이 이루어진다는 이유로 해당 회사에 다른 회원국의 준거법을 적용하려는 시도는 부인(Centros, Überseering, Inspire Art 사건)하는 것으로 흐름이 나누어 진다는 것이다.[33]

위의 판결들의 결론을 본다면, 특히 실무적으로는 (영국 등의) 설립준거법이 우세를 점했다고 평가할 수 있을 것이다. 다만, 유럽사법재판소의 판결들은 EU기능에 관한 조약을 통해서 외국기업이 유럽연합 내에서 영업함에 있어 그 통로가 되는 외국 법인에 관해 회원국 내 설립의 자유를 원칙으로 전제한 데서 비롯했다는 점에 주목할 수 있다. (우리나라와 같이) 입법자가 외국기업이 자국 내에서 영업함에 있어 이용하는 외국법인의 설립의 자유를 고려하여 판단한 입법이 없는 경우, 외국 법인의 준거법 규칙(연결점 설정 규칙)을 원칙적/일반적으로 존중해야 한다는 결론에 이르지는 않는다. 우리나라와 같이 투자

---

31) Cartesio, paragraph 5; Case C-378/10 VALE Építési kft [2012] ECLI:EU:C:2012:440 ("Vale"), paragraph 28, 29.

32) Case C-81/87, The Queen v H. M. Treasury and Commissioners of Inland Revenue, ex parte Daily Mail and General Trust plc. [1988] ECR I-5483. ("**Daily Mail**"), paragraph 19; Vale, paragraph 27.

33) Case C-212/97 Centros [1999] ECR I-1459 ("**Centros**"); Case C-208/00 Überseering BV v Nordic Construction Company Baumanagement GmbH (NCC) [2002] ECR I-9919 ("**Überseering**"); Case C-167/01 Kramer van Koophandel en Fabrieken voor Amsterdam v. Inspire Art Ltd., [2003] ECR I-10115 ("**Inspire Art**"); 김태진, 전게논문(주27), 388면 참조.

협정상의 내국민(법인) 동등 대우 원칙만을 바탕으로 외국 법인의 설립의 자유를 도출하는 것도 현재 시점에서는 무리가 있을 것으로 생각된다.[34] 다만 향후 투자협정상 내국법인 동등 대우 원칙을 정하는 경우, 이러한 유럽사법재판소의 판결례 등을 토대로 외국 법인의 설립 자유를 인정할지 여부를 국익의 관점에서 고려할 수도 있을 것으로 생각된다.

관련하여, 유럽사법재판소 판결에서 두 가지 부연할 부분은 (i) 첫 번째로 법인/회사 설립에 대한 연결점 설정과 그 외의 회사의 준거법이 정하는 사항에 대한 연결점들의 범위 설정은 다른 문제로 볼 수 있다는 점과, (ii) 두 번째로 유럽사법재판소 판결들에서는 독일과 같은 본거지법설을 따르는 준거법으로 타 회원국의 법인 설립에 관한 준거법 결정 규칙을 부인할 수 없다는 전제 하에서, 예비적 주장으로 그럼에도 불구하고 다른 회원국의 법규범을 국제적 강행법규로 적용할 수 있는지 여부가 문제된다는 점이다. 위의 첫 번째 논점은 외국회사의 법인격이나 권리능력을 인정하는지 여부에 관한 문제와, 해당 외국회사의 준거법이 결정할 수 있는 외국회사의 다양한 문제들(예컨대 이사회 구성, 주식발행, 주식 이전, 해산 등)이 서로 다른 문제로 다뤄져야 한다는 취지이며, 두 번째 논점에서는 공익적 목적에서 국제적 강행법규로 외국기업의 영업 활동에 대한 제약이 논의되는 경우는 해당 외국기업이 이용하는 외국 법인의 법인격이나 준거법을 부인하지 않는 전제 하에서 유의미할 수 있다는 점을 사례로서 보여준다는 점에서 의의를 찾을 수 있다고 생각된다.

Ⅳ. 외국기업의 법인격과 권리능력에 관한 우리 국제사법 및 상법에 따른 논의 검토

외국기업의 속인법에 관하여, 우리 국제사법 제16조는 본문에 원칙적으로 법인 또는 단체는 그 설립의 준거법에 따르도록 하고, 단서에 예외적으로 한국에 주된 사무소가 있거나 한국에서 주된 사업을 하는 경우에는 한국법을 따르도록 한다.[35] 즉, 설립준거법설을 원칙으로 두고 예외적으로 본거지법설을

---

34) 우리 헌법 제6조 제2항의 외국인에 대한 지위 보장의 상호주의에 따라 원칙적으로 외국인과 내국인의 평등 대우는 인정되는 것으로 이해된다. 이필복, 전게논문(주21), 92면 참조.

35) 2021년 12월 9일 국회 본회의에서 통과된 「국제사법 전부개정법률안」에서는 제30조가 법인 및 단체의 속인법을 규율하며, 그 내용은 현행 국제사법과 동일하다.

따르도록 하여 절충적인 태도를 취한 것이다. 설립준거법설은 외국기업의 속인법을 확정하는 데 있어 용이하므로 본거지법설에 비하여 법적 안정성 확보에 이점이 있고, 본거지법설을 엄격히 적용할 경우 설립준거법과 본거지법이 상이한 외국기업은 그 법인격이 부정될 위험에 놓이게 되므로, 이러한 점들을 고려하여 설립준거법설이 원칙으로 채택되었다.[36] 다만, 내국거래의 안정성을 기하고 한국의 규제를 피하려는 의도로 외국법에 따라 회사를 설립한 후 한국에서 주된 사업을 하는 것을 방지하기 위하여 한국에 본거지를 둔 의사(擬似)외국회사들에 대하여는 예외적으로 본거지법을 적용하도록 하였다.[37]

　　이와 관련하여, 의사외국회사의 법인격과 권리능력에 관하여 국제사법 제16조 단서를 적용할 시 어떻게 판단되어야 하는지가 문제될 수 있다. 이는 법인의 속인법이 규율하는 사항의 범위와 관련이 있는데, 우리 국제사법은 법인의 속인법이 규율하는 사항이 무엇인지 정하고 있지 않으나, 우리 대법원은 국제사법 제16조의 "적용범위는 법인의 설립과 소멸, 조직과 내부관계, 기관과 구성원의 권리와 의무, 행위능력 등 법인에 관한 문제 전반을 포함한다고 보아야 한다"고 판시한 바 있다.[38] 이처럼 법인의 설립과 권리능력 또한 법인의 속인법에 속하는 사항이므로, 의사외국회사가 국내에서 한 영업활동이 문제가 되는 경우 국제사법 제16조 단서를 적용하여 의사외국회사의 법인격과 권리능력을 우선적으로 판단하여야 하는 것이고, 이때 어떠한 판단이 이루어져야 하는지가 문제되는 것이다. 국제사법 제16조 단서의 본거지법설을 엄격하게 적용한다면 의사외국회사의 법인격과 권리능력이 부정될 가능성이 있다.[39] 이와 달리, 위에서 살펴본 유럽사법재판소의 Überseering 판결과 같이 이미 형성된 '법상태를 승인'하여 설립국법에 따라 형성된 유사외국회사의 법인격과 권리능력을 인정하거나, 또는 독일 연방대법원의 2002. 7. 1. 판결에서 채택하였던 수정된 본거지법설과 같이 본거지법설의 결과를 완화하여 의사외국회사의 권리능력을 인정하는 것도 가능할 것이다.[40]

---

36) 석광현, "한국에서 주된 사업을 하는 외국회사의 법인격과 당사자능력: 유동화전업 외국법인에관한 대법원 판결과 관련하여", 선진상사법률연구 90호(법무부, 2020), 41-42면.
37) 석광현, 전게논문(주36), 42면.
38) 대법원 2018. 8. 1. 선고 2017다246739 판결. 판례에 대한 상세한 설명은 이필복, 전게논문(주21), 103면 이하 참조.
39) 최흥섭, 한국 국제사법(1)-법적용법을 중심으로(한국학술정보, 2019), 239면 참조.
40) 석광현, 전게논문(주36), 39-40면 참조.

한편, 상법의 외국 회사 관련 규정 중에도 의사외국회사에 관하여 규율하고 있는 규정이 있는데, 상법 제617조는 '외국에서 설립된 회사라도 대한민국에 그 본점을 설치하거나 대한민국에서 영업할 것을 주된 목적으로 하는 때에는 한국에서 설립된 회사와 같은 규정에 따라야 한다'고 하여 국제사법 제16조 단서와 유사한 내용을 담고 있다. 상법 제617조와 관련하여서도 그 해석상 의사외국회사의 법인격이 부정되는 것인지, 즉 상법 제617조의 적용범위에 관한 논란이 있다. 이에 대해서는 상법 제617조에서 말하는 "같은 규정"이란 원칙적으로 회사의 설립부터 청산 종결까지의 모든 규정을 포함한다고 보아 외국회사가 한국에서 법인격이 인정되기 위해서는 한국에서 설립절차를 밟아야 한다고 보는 견해와,[41] 회사의 설립이 포함된다고 볼 경우 의사외국회사는 법인격을 가질 수 없게 되므로 오히려 거래의 안전을 해하게 되고 거래상대방에게 예측불가한 손해가 발생할 수 있으므로 회사의 설립이 아닌 그 외의 영역에서만 한국 상법을 적용하여야 한다는 견해가 있다.[42]

일견 국제사법 제16조 단서와 상법 제617조는 동일한 취지와 내용을 가진 것처럼 보이는바, 둘의 관계가 문제될 수 있다. 두 규정 사이의 유사성은 국제사법 제16조 단서가 한국에 본점을 두거나 한국에서 주된 사업을 하는 의사외국회사에 대하여 일면적 저촉규정의 형식을 취함으로써 더 강조되는 것으로 보인다. 두 규정의 관계에 관하여 국제사법 제16조 단서가 논리적으로 상법 제617조에 우선하여 적용되므로 상법 제617조는 실질적으로 사문화된다는 견해[43]와 국제사법 제16조는 상법상 외국회사 관련규정의 적용범위를 정하는 역할을 한다는 견해[44]가 있다. 양자의 근본적인 차이는 국제사법 제16조 단서는 저촉규범이고 상법 617조는 실질규범이라는 것이고, 따라서 두 규정은 병존 가능하며, 중요한 것은 두 규정의 해석이 서로 상충되어서는 안 된다는 점이다.[45] 그런데 위에서 살펴보았듯이 두 규정의 각 적용범위에 관하여는 아직까지 확립된 해석론이 없어 어떤 견해를 취하는지에 따라 서로 상충되는 결과

---

41) 김연미, 전게논문(주2), 14면 참조.
42) 권순일 편집대표, 주석상법(제5판)(한국사법행정학회, 2014), 회사 VII, 74면 이하(천경훈 집필부분).
43) 황남석, "유사외국회사에 관한 고찰", 법학논총 39권 2호(전남대학교 법학연구소, 2019), 180면 참조.
44) 천경훈, "상법상 외국회사 규정의 몇 가지 문제점: 2011년 개정의 분석과 비판을 겸하여", 상사법연구, 32권 4호(한국상사법학회, 2014), 243면 참조.
45) 석광현, 전게논문(주36), 54면 참조.

가 발생할 가능성이 있다.

　우리 법원의 경우 의사외국회사의 행위가 문제되는 사안에서 국제사법 제16조나 상법 제617조에 대한 별다른 검토 없이 해당 회사의 법인격이 있다는 전제 하에 논의를 펼치고 있는데, 이때 법인격을 인정하는 근거가 무엇인지는 알기 어렵다.[46] 해석론의 관점에서, 유럽사법재판소의 태도와 같이 이미 형성된 '법상태를 승인'하여 설립국법에 따라 형성된 유사외국회사의 법인격과 권리능력을 인정하는 것으로 볼 수도 있겠으나, '법상태의 승인'은 EU 기능에 관한 조약과 같이 상위 규범에서 회사설립의 자유를 보호하고 있기 때문에 가능한 것이며, 이와 같은 상위 규범이 없는 우리나라의 경우에는 원칙적으로 적용될 수 없다.[47] 또한 독일 연방대법원의 2002. 7. 1. 판결에서 채택하였던 수정된 본거지법설에 따른 결과라고 보는 것도 가능할 것이나, 법인격과 권리능력의 분리가 가능하여 법인격이 없는 합명회사 또는 민법상의 조합에 대해서도 권리능력을 인정할 수 있는 독일법과 달리 우리 상법은 이러한 분리를 인정하지 않기 때문에 독일의 수정된 본거지법설을 그대로 따르기에는 어려움이 있다.[48]

V. 결어

　양자간 또는 다자간 투자협정에 기반하여 해외직접투자가 계속하여 활발하게 이루어지고 있고, 그에 따라 다양한 형태의 외국기업의 국내 영업활동이 이루어지고 있다. 살펴본 바와 같이 외국기업이 국내에서 영업활동을 하기 위해서 취할 수 있는 방법이 다양하며 관련 법제도 상당히 갖춰져 있는 것으로 보인다. 그러나, 이처럼 외국기업의 국내 영업활동이 용이하고 이미 활발히 이루어지고 있음에도 불구하고 아직까지 외국기업의 속인법과 외국기업에 대한 관련 상법 규정 적용 여부 등 기본적인 법적 문제에 대하여 확립된 해석론은 없는 것으로 이해된다. 유럽연합의 경우 EU 기능에 관한 조약에서 보장하는

---

46) 대표적으로 대법원 2015. 10. 29. 선고 2013다74868 판결. 이와 같은 우리 법원의 실무에 대하여, 법원으로서는 우선 외국기업이 한국에서 주된 사업을 하는지 판단하고, 나아가 국제사법 제16조 단서와 상법 제617조를 적용한 각 효과와 두 규정 사이의 관계에 관한 검토를 했어야 한다는 비판이 있다. 석광현, 전계논문(주36) 52-53면 참조.
47) 석광현, 전계논문(주36), 52면 참조.
48) 석광현, 전계논문(주36), 40면 참조.

회사설립의 자유를 촉매제 삼아 기 형성된 외국기업의 법인격을 인정해 주는
방향으로 판례가 발전해 온 것으로 파악된다. 우리나라의 경우에는 EU 기능에
관한 조약과 같은 상위규범은 없으나, 해외직접투자는 기업 활동에 대한 폭넓
은 보호를 제공하는 양자간 또는 다자간 투자협정을 기반으로 하여 이루어지
고 있는바 향후 유럽연합과 유사한 논의의 가능성이 있을 것이라 기대한다.
2022년 7월 시행 예정인 개정 국제사법하에서 외국기업과 관련된 국제사법적
쟁점에 대한 논의 역시 보다 활성화될 수 있기를 희망한다.

— 참고문헌 —

1. 국내문헌

가. 단행본

권순일 편집대표, 주석상법(제5판)(한국사법행정학회, 2014)

법원행정처, 상업등기실무(I)(법원행정처, 2011)

법원행정처, 상업등기실무(II)(법원행정처, 2011)

석광현, 국제사법 해설(박영사, 2013)

_____, 국제사법과 국제소송 제2권(박영사, 2001)

이철송, 상법총칙 상행위(제13판)(박영사, 2015)

최흥섭, 한국 국제사법(1)–법적용법을 중심으로(한국학술정보, 2019)

한국조세연구포럼(연구책임자 황남석), 외국회사 관련 규정 정비방안 연구: 세법적 측면의
　　검토를 포함하여(법무부 연구용역 최종보고서, 2018. 12. 10.)

KOTRA, 해외투자진출종합가이드(KOTRA, 2018)

나. 논문

김관호, "한국의 투자협정 50년: 평가와 과제", 국제통상연구 22권 2호(한국국제통상학회,
　　2017)

김연미, "상법상 외국 회사의 지위", BFL 42호(서울대학교 금융법센터, 2010)

김태진, "국제적인 합병 체재를 위한 고찰: SEVIC Systems AG사건 이후 유럽연합 사법재판
　　소(ECJ) 판결 분석", 법학논총 31권 2호(한양대학교 법학연구소, 2014)

_____, "회사의 국제적인 조직변경 –외국 회사가 관련된 경우를 중심으로–", BFL 42호
　　(서울대학교 금융법센터, 2010)

_____, "국제 합병 논의를 위한 비교법적 검토 –SEVIC Systems AG 사건을 중심으로–",
　　선진상사법률 54호(법무부, 2011)

박성은, "국내에 사무소를 가진 외국회사의 권리능력 및 당사자능력 인정 기준", 최신독일
　　판례연구(로앤비, 2010)

박영열 외, "한중일 해외직접투자의 역사적 전개와 특성 분석", 국제지역연구 13권 3호(국
　　제지역학회, 2009)

석광현, "국제거래에서의 대리상의 보호 –상법 제92조의2의 적용범위와 관련하여–", 법조
　　55권 1호(법조협회, 2006)

_____, "한국에서 주된 사업을 하는 외국회사의 법인격과 당사자능력: 유동화전업 외국법
        인에관한 대법원 판결과 관련하여", 선진상사법률연구 90호(법무부, 2020)

이필복, "법인과 단체의 실체적, 절차적 준거법", 국제사법연구 25권 2호(한국국제사법학회,
        2019)

정홍식, "국제중재에서 판매점의 보상청구권", 국제거래법연구 22집 1호(국제거래법학회,
        2013)

주광일, "한국경제발전에 있어서의 외자도입법의 역할", 법률신문 1888호(1989. 11. 9.)

천경훈, "상법상 외국회사 규정의 몇 가지 문제점: 2011년 개정의 분석과 비판을 겸하여",
        상사법연구, 32권 4호(한국상사법학회, 2014)

황남석, "유사외국회사에 관한 고찰", 법학논총 39권 2호(전남대학교 법학연구소, 2019)

다. 기타

대법원 2018. 8. 1. 선고 2017다246739 판결

대법원 2015. 10. 29. 선고 2013다74868 판결

국가통계포털(https://kosis.kr)(최종접속: 2022. 1. 20)

2. 외국문헌

가. 논문

Robert E. Lipsey, "Foreign Direct Investment and the Operations of Multinational Firms:
        Concepts, History, and Data", National Bureau of Economic Research (December
        2001)

나. 기타

Case C-210/06 Cartesio [2008] ECR I-9641 ("**Cartesio**")

Case C-378/10 VALE Építési kft [2012] ECLI:EU:C:2012:440 ("**Vale**")

Case C-81/87, The Queen v H. M. Treasury and Commissioners of Inland Revenue, ex
        parte Daily Mail and General Trust plc. [1988] ECR I-5483

Case C-212/97 Centros [1999] ECR I-1459 ("**Centros**")

Case C-208/00 Überseering BV v Nordic Construction Company Baumanagement
        GmbH (NCC) [2002] ECR I-9919 ("**Überseering**")

Case C-167/01 Kramer van Koophandel en Fabrieken voor Amsterdam v. Inspire Art
        Ltd., [2003] ECR I-10115 ("**Inspire Art**")

OECD Library, "Foreign Direct Investment" 부분(https://www.oecd−ilibrary.org/finance
    −and−investment/fdi−stocks/indicator/eng lish_80eca1f9−en?parentId=
    http%3A%2F%2Finstance.metastore.ingenta.com%2Fcontent%2Fthematicgrouping
    %2F9a523b18−en)(최종접속: 2022. 1. 20.)

OECD의 Foreign Direct Investment Statistics Explanatory Notes(https://www.oecd.org/
    daf/inv/FDI−statistics−explanatory−notes.pdf)(최종접속: 2021. 10. 11.)

별첨. 외국인직접투자 금액변동(2000년~2021년 2분기)

연도	2000	2001	2002	2003	2004	2005	2006	2007	2008	2009	2010
합계액	15,265,316	11,288,165	9,095,331	6,470,588	12,796,288	11,566,064	11,248,441	10,515,624	11,711,873	11,484,139	13,072,835
제조업	6,856,525	2,874,061	2,329,211	1,692,444	6,156,301	3,022,206	4,222,985	2,690,332	2,987,953	3,723,664	6,673,041
서비스업	7,890,989	7,259,062	5,120,987	4,112,882	6,170,243	8,292,029	6,647,172	7,609,620	8,378,301	7,555,443	6,000,028

연도	2011	2012	2013	2014	2015	2016	2017	2018	2019	2020	2021 (2분기)
합계액	13,673,089	16,285,904	14,545,344	19,000,085	20,910,281	21,296,015	22,948,141	26,900,709	23,328,299	20,744,224	13,011,197
제조업	5,596,252	5,992,017	4,644,511	7,574,853	4,556,114	5,014,874	7,236,796	10,048,707	8,219,275	5,968,338	1,897,903
서비스업	7,217,038	9,599,588	9,847,289	11,222,670	14,731,139	15,512,313	15,369,074	15,582,724	14,758,368	14,353,724	10,369,312

해외사모펀드의 국제사법적 논점

이세중*

I. 서론

사모투자펀드(Private Equity Fund)라는 용어는 아직 일반인들에게는 익숙하지 않은 단어일 수 있지만, 사모투자펀드가 갖는 영향력은 우리 일상에 깊숙이 자리 잡고 있으며 산업과 문화에 상당한 영향력을 행사하고 있다고 해도 과언이 아니다. 대한민국 국민들이 애용하는 유명 커피브랜드 프랜차이즈, 케이블방송, 보안서비스 업체가 모두 사모펀드의 소유일 정도로 우리 산업의 중추를 이루는 주요 기업의 상당수가 사모펀드의 소유를 통해 경영되고 있다. 또한 세계 3대 연기금 중 하나인 국민연금의 사모펀드 투자비중이 2020년 한 해에만 90조원에 육박할 정도로 규모가 크며 이 중 대부분이 해외사모펀드를 통한 해외투자인 점에 비추어 보면 사모펀드가 자본시장에서 차지하는 비중이 작지 않음을 알 수 있다.

그런데 이러한 사모펀드의 중요성에 비해 국내에서의 연구는 그동안 활발하지 않았으며, 연구의 주요 대상도 국내법을 전제로 한 국내사모펀드에 한정되어 왔다. 전술한 바와 같이 국민연금과 같은 주요 기관투자자뿐만 아니라 국내의 다양한 사경제주체들의 해외사모펀드 투자는 급증하고 있음에도 불구하고 이를 뒷받침하는 법조계의 실무적 연구나 학계의 이론적 연구가 활발히 이루어지고 있지 않다. 본고는 이러한 배경 아래 해외사모펀드에 대한 학문적 연구의 작은 실마리를 제공하고자 하는 의도에서 시작되었다.

본고의 구성은 다음과 같다. 먼저 해외사모펀드의 개념과 구조에 대해 실무적 관점에서 살펴보고 이러한 실무적 관점에서 문제되는 개별 쟁점에 대해 국제사법적 관점 혹은 비교법적 관점에서 검토하였다. 해외사모펀드의 개념과

---

* 국민연금 기금운용본부 기금법무팀장/변호사

구조에 대해서는 사모투자펀드가 자본시장에서 갖는 의의, 해외사모펀드의 개
념과 종류를 살펴보았고, 다음으로 해외사모펀드의 주요 구조를 살펴보았다.
해외사모펀드의 주요 구조에서는 펀드의 주요 참여자, 펀드의 금융구조, 펀드
의 지배구조와 이해상충 등의 쟁점이 있다. 이 중에서 특히 해외사모펀드의 주
요 참여자의 법적·경제적 지위에 대해 살펴보되, 특히 무한책임조합원(General
Partner, 이하 'GP'라 약칭함)과 유한책임조합원(Limited Partner, 이하 'LP'라 약칭
함)의 법적 지위와 권한에 대해 살펴보았다. 펀드의 운용자인 GP가 투자대상
의 선정과 펀드의 운용 등에 대한 권한과 책임을 부담하고, LP는 투자자의 지
위에서 펀드운용에 직접적인 관여는 하지 못하도록 되어 있는 법리와 관련하
여 각 참여주체들의 권한과 책임의 범위를 비교 분석하여 이에 따른 법적 쟁
점을 검토하였다.

다음으로는 해외사모펀드와 관련된 국제사법적 논점에 대해 검토하였다.
이는 해외사모펀드의 참여 비중이 높아지는 국내투자자의 보호 관점에서 해외
사모펀드에 대한민국의 관련 법이 적용될 수 있는가 하는 점이다. 먼저 해외
사모펀드는 여러 단계의 SPC 설립을 통해 투자구조를 짜는 특성이 있는바, 이
러한 SPC 중 한국 투자자가 단독으로 참여하는 SPC가 있는데 이러한 SPC의
설립준거법은 외국법이지만 그 주된 사업이 한국에서 행하여지는 경우 국제사
법 제16조에 따라 한국법이 적용될 수 있는지를 검토한다.

마지막으로 자본시장과 금융투자업에 관한 법률(이하 "자본시장법")의 역외
적용의 문제가 있다. 자본시장법 제2조에 따라 자본시장법상 집합투자업자에
대한 규제 조항이 국내 기관투자자가 LP로 참여하는 해외사모펀드에 적용되는
지 여부를 검토한다. 동 조항의 문리적 해석에만 따른다면 사실상 국내 투자
자가 참여하는 대부분의 해외사모펀드에 자본시장법이 적용될 수 있게 되는데
현재 해외사모펀드 운용실무에서는 이러한 고려가 전혀 이루어지지 않고 있으
며 펀드의 다양한 준거법과 자본시장법 간의 충돌, 저촉이나 모순의 문제에
대해 심도 깊은 논의가 전무한 실정이다. 따라서 이러한 법조문과 실무 현실
의 극단적인 괴리를 어떻게 조화롭게 해석할 수 있는지 검토하였다.

Ⅱ. 해외사모펀드의 의의와 구조

1. 사모투자 펀드가 자본시장에서 갖는 의의

본고에서 다루고자 하는 사모투자펀드(PEF: Private Equity Fund)라는 용어는 아직 일반인들에게는 익숙하지 않은 단어일 것이다. 그러나 사모투자펀드는 우리 일상에 깊숙이 자리 잡고 있으며 산업과 문화를 지배하고 있다. 직장인들은 흔히 점심식사를 한 후 'OOO 커피'에서 동료나 친구들과 커피를 마시고 퇴근하는 길에 'OOOO' 마트에 들러 저녁 장을 볼 것이다. 저녁에는 집에서 'OOOO'라는 케이블 방송을 통해 영화나 드라마를 본다. 밤이 되어 잠자리에 들게 되면 'OOOOO'가 제공해주는 보안서비스를 통해 도둑 걱정 없이 편안히 잠자리에 들 수 있게 된다.

익숙한 광고 문구 같은 이 이야기 속에는 우리 일상생활에 영향을 주는 익숙한 명칭의 기업들이 등장한다. 그런데 놀랍게도 이러한 회사들은 현재 창업주나 전통적인 회사 경영진만의 소유가 아니며 사모투자펀드의 투자를 통해 운영되고 있다. 이러한 사모투자펀드는 자본투자를 한 LP[1]와 펀드를 운용하는 GP[2]로 구성되어 있으며 각각의 이해관계를 위해 뭉친 한시적 자본조직이다. 사모투자펀드는 경영으로 인한 직·간접적 이익[3]이나 기업자체의 영속적 발전이 궁극적 목적은 아니며 오로지 높은 수익률[4]을 목적으로 하는 연기금이나 국부펀드 등 기관투자자(Institutional Investor)나 재무적 투자자(Financial Investor)의 자금을 모집하여 일정 투자기간 동안 목표 투자수익율을 달성하는 것을 목

---

1) Limited Partner는 사모펀드에 자본을 투자하는 주요 투자자로서 사모펀드에 참여하는 참여주체이며 투자의 대가로서 사모펀드의 수익권을 갖는다. Limited Partner는 주식회사의 주주처럼 경영에 참여하지 않는 대신 회사의 책임과 절연되어 투자금을 초과하는 책임을 지지 않는 유한책임을 진다. Stephanie R. Breslow and Phyllis A. Schwartz, 「Private Equity Funds Formation and Operation」, Practising Law Institute (2014), 2-98.

2) General Partner는 private equity fund의 관리와 운영을 책임지는 펀드의 운영주체로서 펀드의 관리와 운영권은 오로지 General Partner에게 부여된다는 점에서 소극적이고 수동적인 투자자에 불과한 Limited Partner와 구별되며 이러한 General Partner의 권리와 의무는 펀드의 Limited Partnership Agreement를 통해 정해진다. Breslow et al.(주 1), 2-88.

3) 기업에서 주주에게 배당하는 배당이익을 제외하고 기업경영에서 발생하는 다양한 유·무형의 이익이나 권리들, 즉 경영진으로서 받는 보수, 회사와의 거래를 통해 얻는 거래이익, 회사의 경영권 등 주주이외에 경영진이나 회사와 관련있는 이해관계자가 갖게 되는 유·무형의 권리나 이익 등을 말한다.

4) 보통 해외사모투자에서 이러한 수익률의 측정기준으로 삼는 것이 내부수익률(IRR: Internal Rate of Return)이다.

적으로 한다. 이러한 측면에서 사모투자펀드는 자본주의 사회에서 단기간에
신속성 있는 자본의 집중과 해산을 통해 투자수익의 극대화를 추구하여 전체
산업경제에서 비효율적 부분을 효율화하는 기법을 활용하거나 저평가된 부분
의 투자를 통한 수익추구를 도모한다는 측면에서 개별 회사단위의 발전과 효
율을 추구하는 전통적 회사자본주의와는 결을 달리한다. 사모투자펀드는 현대
산업사회에서 전통적인 기업금융의 역할을 일부 대체하면서 자본시장의 새로
운 금융투자수단으로 기능하고 있으며 산업과 금융의 새로운 혈맥 역할을 하
고 있다.

　　또한 양적인 측면에서도 사모투자펀드의 규모와 자본시장에서 차지하는
비중은 날로 커지고 있다. 금융감독원의 공식집계자료5)에 따르면 2020년 말 기
준 경영참여형 사모집합투자기구(PEF)는 총 855개로 사모펀드 제도개편이 있
었던 2015년(316개) 대비 2.7배 성장하였다. 투자자가 PEF에 출자를 약정한 금
액(약정액)은 97.1조원으로 2015년(58.5조원) 대비 1.7배 증가하였고 투자자가
PEF에 출자를 이행한 금액(이행액)은 70.6조원으로 2015년(38.4조원) 대비 1.8
배 증가하였다.

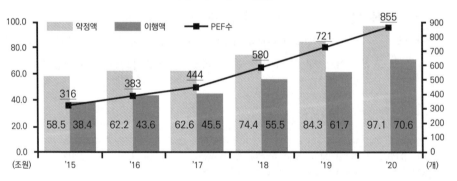

국내 PEF 주요 현황6)

　　이러한 통계를 바탕으로 현재 국내 PEF 시장은 GP, PEF의 수, PEF 약정
액 규모 측면에서 직전 최고수준을 지속 경신하면서 성장하고 있다. 특히 PEF
설립 및 운용규제를 대폭 완화한 2015년 자본시장법의 대폭 개정을 통해 PEF

---

5)「2020년 PEF(Private Equity Fund) 동향 및 시사점」, 금융감독원 보도자료(2021. 7. 21.) 참조.
6) 금융감독원 보도자료(주 5) 발췌 인용.

제도개편 이후에 성장세가 더욱 가속화되고 있다.

　　한편 국민연금은 급격히 증가[7]하는 자산규모를 토대로 사모펀드 투자비중이 2020년 한해에만 90조 원[8]에 육박할 정도로 규모가 크며 이 중 2/3가 해외사모펀드를 통한 해외투자인 점에 비추어 보면 사모펀드가 자본시장에서 차지하는 비중이 작지 않음을 알 수 있다.

2. 해외사모펀드의 개념

　　해외사모펀드의 개념에 대해서는 이를 일반적으로 정의하는 개념이 확립되어 있다기보다는 PEF가 발전되어 온 시간만큼 그 개념도 다양하게 발전되어 왔다. 일반적으로는 유동성이 떨어지거나 즉시 판매되기 어려운 주식이나 지분, 기타 자산에 대해 투자하기 위해 설립된 기구를 사모펀드라고 정의한다.[9] 흔히 Sponsor라고 불리는 Investment Manager가 특정 산업 섹터나 지역에 다양한 투자를 하기 위해 LP를 모집하여 자본을 모으고 사모펀드라는 투자기구를 통해 투자를 하게 된다.

　　한편 사모펀드의 '사모'라는 특성에 주목하여 그 개념을 정의하는 경우도 있다. "프라이빗 에쿼티 펀드(Private Equity Fund)"는 직역하면 사모 지분투자펀드이다. 간단히 풀어서 쓰면 투자자를 공모가 아닌 사모로 모집하여 지분증권에 투자하는 펀드이다.[10] 최근 개정 전 자본시장법 제9조 제19항 제2호의 개념정의에 따르면 '사모집합투자기구'란 집합투자증권을 사모로만 발행하는 집합투자기구로서 대통령령으로 정하는 투자자의 총수가 대통령령으로 정하는 수 이하인 것이라고 정의하며, 경영권 참여, 사업구조 또는 지배구조의 개선 등을 위하여 지분증권 등에 투자·운용하는 투자합자회사인 사모집합투자기구를 경영참여형 사모집합투자기구로 정의하고, 경영참여형 사모집합투자기구를 제외한 사모집합투자기구를 전문투자형 사모집합투자기구로 정의한다.[11]

---

7) 국민연금은 1988년 시행 이후 33년간 급속히 성장하고 있으며 제도 시행 11년 만에 전국민연금 확대, 33년 만에 수급자 500만명 증대 등 급속하게 성장하여 운용규모 세계 3대 연기금으로 성장하였으며 2024년에는 운용규모가 1,000조원을 넘어설 것으로 전망되고 있다.
8) 2020년 12월 31일 기준 국민연금 기금운용 자산현황중 대체투자 자산현황을 살펴보면, 사모펀드를 통한 대체투자 자산총액이 88조 4190억원이며 이중 해외사모펀드를 통한 해외대체투자자산은 63조 9,442억원이다. 「국민연금기금운용 실적보고서」(보건복지부, 국민연금공단, 2021. 2.) 참조.
9) Breslow et al.(주 1), 2-88.
10) 이원희, 대체투자의 꽃 사모투자펀드: 대체투자 파헤치기(중)(북랩, 2016), 10면.
11) 사모집합투자기구의 자산운용을 통합하여 일원화하면서 펀드 투자자에 따라 규제의 틀을 구분하

사모투자펀드 투자자의 수를 기준으로 살펴보면, 미국의 투자회사법(Investment Company Act of 1940)은 수익적 소유자가 100인 이하인 경우를 등록이 필요없는 사모로 정의하며 미국의 증권거래소법(Securities Exchange Act of 1934)은 미국에서 펀드를 설립하는 경우에는 500인 미만인 경우에 동법에 따른 등록이 필요없는 사모펀드로 정의한다. 우리나라 자본시장법은 49인 이하[12])를 사모로 정의한다.

3. 사모펀드의 구조

사모펀드는 소위 말하는 'Blind Pools' 방식[13])에 따라 소극적 투자자들이 상당기간 자본을 투자하기로 약정하고 펀드의 Sponsor에게 펀드 투자의 대상 선별, 취득, 관리, 처분을 일임하는 구조를 띤다. 펀드의 Sponsor의 경제적 이윤은 관리보수(Management Fee)와 펀드투자의 수익에 참여하여 얻게 되는 성과보수(Carry)로 구성된다. 투자자는 펀드의 투자팀이 선별하여 투자하게 된 다양한 투자 포트폴리오를 통해 얻게 되는 투자수익을 통해 높은 내부수익율(Internal Rate of Return)을 획득하는 것을 목적으로 투자에 참여하게 된다. 이러한 투자의 핵심역할을 하는 투자기구인 사모펀드 자체는 사업을 직접 수행하지 않는 일종의 순수한 자본의 집합체 역할을 하며 흔히 SPC, SPV라는 표현을 통해 알 수 있듯이 일반적인 회사나 영업을 하는 법인과 달리 실체가 없는 것으로 간주되는 경우가 많다. 투자자는 이러한 사모펀드의 지분을 보유하고 이러한 지분을 통해 투자의 이익을 획득하게 된다.

는 내용의 자본시장법 개정안이 2021. 2. 25. 국회 정무위원회에서 의결되었고, 2021. 3. 16. 국회 법제사법위원회 체계자구심사를 거쳐 2021. 3. 24. 국회 본회의에서 최종 의결되었다. 개정법과 시행령은 2021. 10. 21부터 시행되었다. 개정법에 따르면 경영참여형과 전문투자형으로 구분된 현행 사모펀드 체계를 원칙적으로 통합하여 자산운용에 관한 차이를 없애면서, 다만 투자자 유형에 따라 기관전용 사모펀드와 일반 사모펀드로 재편하였다.

12) 개정 전 자본시장법은 사모펀드의 투자자 수를 동법 시행령에 따라 49인 이하로 규정하고 있으나, 위 개정법은 이를 100명 이하로 완화하여 법률로 규정하였다. 다만, 투자자 수를 계산하는 구체적인 방법은 대통령령으로 위임되어 있고, 위 개정법에 따르더라도 투자자 보호 필요성이 큰 일반투자자의 수는 여전히 49인 이하로 제한된다.

13) 펀드가 투자하는 투자대상 자산에 대한 선별과 투자결정이 GP에게 전적으로 위임되어 있고 투자자가 이에 대해 관여하지 않는다는 의미에서 사모펀드의 대표적인 특성중의 하나가 'Blind Pooling'이다. 한편 'Project Fund'의 경우에는 특정 투자대상에 투자하기 위해 투자자를 모아 펀드를 결성하고 이를 통해 투자하는 방법을 채택하고 있어 전통적인 의미에서의 'Blind Pool'을 전제로 하는 펀드를 '블라인드 펀드'라고 지칭하여 '프로젝트 펀드'와 구별하기도 한다.

다음으로 중요한 개념은 바로 GP이다. GP는 대한민국 상법 제86조의2 이하에서 규율하는 합자조합의 업무집행조합원과 유사한 개념으로 사모펀드를 구성하고 관리하며 펀드를 대표하여 제반 법률행위를 하게 된다.

GP는 펀드의 운용 및 관리에 대하여 전적이고 배타적인 완전한 결정 권한과 재량권을 가진다. 따라서 GP는 펀드의 관리를 위하여 Management Company를 선임하고 관리계약을 체결하여 업무의 일부를 위임할 수도 있으나, 그렇다 하더라도 GP가 펀드의 관리와 운용에 대한 최종적인 책임을 진다. 펀드의 투자활동 및 운영과 관련하여 GP에게 부여된 권한 중 중요한 것을 열거하면 (i) 특정 투자시 필요한 경우 대체투자기구를 통하여 투자할 권한 (ii) 펀드로 하여금 대출 또는 보증채무를 부담하게 할 권한 (iii) 펀드의 자산 및 투자자들의 미사용 출자약정액을 담보로 질권을 설정할 권한, (iv) 투자자에게 출자요청 (capital call)할 권한을 대주인 금융기관에게 부여할 권한, (v) 조합의 단기 대기자금을 운용할 권한, (vi) 투자자로부터 출자금을 받을 권한, (vii) 조합규약 (Limited Partnership Agreement)상의 의무를 이행하지 못한 소위 'defaulting' 투자자에게 필요한 제재조치나 조합의 정상적인 운영을 위하여 가능한 모든 구제수단을 취할 권한 등이다.

그밖에 펀드의 주요 관련 개념중 부수적으로 알아야 될 주체는 Management Company 또는 Investment Adviser이다. 주로 Sponsor의 계열 회사가 동원되며 투자전문가를 고용하여 잠재적 투자대상이나 기회를 선별하고 일상적인 펀드 관리와 펀드 운영을 자문하게 된다. 실무적으로는 사모펀드를 결성하고 운영하는 주도적 역할을 하는 GP를 설립한 Sponsor가 펀드 운영과 관련하여 발생할 수 있는 책임을 GP와 절연하기 위해 GP를 실체가 없는 SPC로 만들어 사용하는 경우가 많으며 사모펀드의 실질적인 관리와 운영을 위해 Management Company를 설립하여 이 Management Company가 GP에게 펀드운영을 위한 용역과 자문을 제공하는 형식을 통해 실질적으로 펀드를 운영하게 한다. 이러한 경우 유한책임조합에서 무한책임을 지는 것으로 법리상 전제가 되는 GP가 사실상 유한책임을 지는 결과를 초래하게 된다.

마지막으로 사모펀드 법적 형태에 대해 살펴보면, 사모펀드는 보통 유한책임조합(Limited Partnership)이나 유한책임회사(Limited Liability Company)의 형태로 설립된다. 이러한 형태를 취하는 이유는 미국 연방소득세법상 소위 "Pass-Through"의 속성으로 인해 펀드 자체는 회사소득세의 과세대상에서 제외되고 대신에 사모펀드에서 발생한 수입이나 소득, 손실, 공제항목 등은 조합원들에게 전가(Passed through)되어 투자자 단계에서 한 번만 과세되는 장점이 있기 때문이다. 또한 이러한 유한책임조합(Limited Partnership)이나 유한책임회사(Limited Liability Company) 구조의 장점은 사업상 매우 유연한 구조라는 점이다. 유한책임조합(Limited Partnership)이나 유한책임회사(Limited Liability Company)를 규율하는 미국 주법은 동 조합이나 회사의 기본적인 부분만을 등록하면 설립을 자유롭게 허용하고 있으며 설립 주체들이 재량의 여지를 가지고 다양한 경제적 혹은 지배구조적 필요에 따른 조건들을 정관에 포함시킬 수 있다. 마지막으로 유한책임조합(Limited Partnership)의 최대장점은 참여하는 투자자들이 유한책임을 진다는 점이다. 일반적인 회사의 구성원이나 무한책임조합의 조합원과는 달리 LP는 조합에 대한 출자의무와 같은 최소한의 의무만을 부담하며 조합의 운영과 관련한 각종 책임으로부터 자유로우며 투자한 출자금의 한도액 내에서만 책임을 지게 된다. 이러한 유한책임성은 경영에는 관여하지 않고 단지 투자에 따른 이득만을 추구하는 소극적 투자자의 성격을 지는 기관투자자들에게 상당한 매력으로 작용하여 유한책임조합(Limited Partnership)이 해외사모펀드의 주된 법적 형태로 자리잡게 되었다. 이러한 펀드의 기본 구조를 그림으로 도식화해보면 아래와 같다.

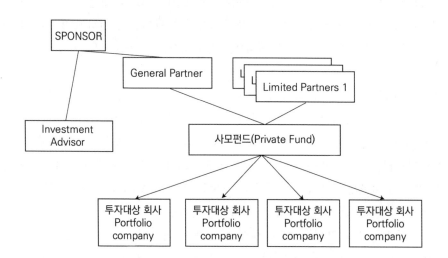

4. 해외사모펀드의 유형

PEF의 투자 전략에 따라 펀드를 구분하는 경우에는 다음과 같은 유형의 펀드[14]가 있다. 기업의 경영권을 인수하는 바이아웃(Buy-out) 전략에 기초한 「바이아웃 펀드」, 초기 모험 기업에 지분을 투자하는 「벤처 캐피탈(Venture Capital) 펀드」, 성장단계의 기업에 지분을 투자하는 그로쓰 캐피탈(Growth Capital) 전략에 기초하는 「그로쓰 캐피탈(Growth Capital) 펀드」, PEF 지분이나 PEF가 이미 투자한 기업의 지분을 인수하는 「세컨더리(Secondary) 펀드」, 부실화되거나 그 가능성이 있는 기업의 지분이나 자산을 매입하는 부실자산투자(Distressed) 전략에 기초한 「디스트레쓰 펀드」 등이 있다.

한편 투자하는 자본의 규모에 따라 「스몰캡 펀드(Small Capital Fund)」, 「미들캡 펀드(Middle Capital Fund)」, 「라지캡 펀드(Large Capital Fund)」로 나누거나, 투자대상의 구체화 여부를 기준으로 하여 「블라인드 펀드(Blind Fund)」, 「프로젝트 펀드(Project Fund)」 등으로 나누기도 하며, 투자섹터를 기준으로 하여 「인프라 펀드」, 「부동산 펀드」, 「사모펀드」 등으로 나누기도 한다.

기존에 자본시장법상 국내 PEF의 경우에는 「경영참여형 집합투자기구」와 「전문투자형 집합투자기구」로 나누어 PEF를 규율하기도 하였으나 최근 법개정[15]을 통해서 경영참여형과 전문투자형으로 구분된 현행 사모펀드 체계를 원칙적으로 통합하여 자산운용에 관한 차이를 없애면서, 다만 투자자 유형에 따라 「기관전용 사모펀드」와 「일반 사모펀드」로 재편하였다.

5. 해외사모펀드 결성을 위한 계약서들

해외사모펀드의 구조를 법적으로 담아내는 주요 법률문서들로는 LPA(Limited Partnership Agreement), Subscription Agreement, Side Letter 등이 있다. 해외사모펀드의 기본적인 법적 구조를 이해하기 위해서는 이러한 법률문서들에 대한 기본적인 이해가 필요하다.

LPA(Limited Partnership Agreement)란 투자를 실행하고 운용하기 위한 Partnership의 구성원인 GP와 당해 조합의 투자자인 LP 사이의 권리와 의무의

---

14) 이원희, 전게서(주 10), 11면.
15) 사모집합투자기구의 자산운용을 통합하여 일원화하면서 펀드 투자자에 따라 규제의 틀을 구분하는 내용의 자본시장법이 2021. 10. 21. 시행되었다.

내용을 구체적으로 정하는 문서이며 국내의 사모펀드 합자회사의 정관이나 투자조합규약이 LPA와 유사한 기능을 하고 있다. GP와 LP 간의 권리·의무 등 모든 법률관계는 당해 조합을 규율하는 현지법(예컨대 미국의 경우 해당 주의 Partnership Act)과 개별 계약서의 성격을 지닌 LPA에 규정되어 있다. 국내 기관투자자가 해외 부동산, 해외 기업지분, 해외 인프라 등에 투자하는 경우, 투자자와 운용사 간의 관리보수 등 제반 투자조건의 협상 내용은 최종적으로 LPA에 반영되어 이에 따라 투자가 실행되고 투자 실행 후 GP와 LP 사이의 수익 분배, 수수료 지급 등 펀드의 제반 운영행위가 실행된다.

이러한 LPA 체결과 동시에 Subscription Agreement를 체결한다. LPA가 GP와 투자자인 LP 사이의 당해 계약상의 권리·의무를 명문화한 가장 중요하고 기본적인 문서라 한다면, Subscription Agreement는 구체적인 투자 약정액, 당해 조합의 소재지를 관할하는 현지의 법령 등에 대한 LP의 준수의무, LP 자신에 대한 진술 및 보장 내용16)을 담고 있다. 따라서 Subscription Agreement는 투자금액과 투자자에 대한 기본정보를 담고 있는 문서라 할 수 있다. Subscription Agreement와 관련하여 체결하는 문서로서 Investment Questionnaire가 있는데, Subscription Agreement와 내용이 비슷하나 당해 투자를 집행함에 필요한 보다 세부적인 내용(예컨대, 담당자 연락처, 송금 은행 정보 등)을 담고 있다. 또한 현지 세법상 당해 투자자의 지위에 대한 진술내용을 담은 Tax Status Form도 작성하여 제출하여야 한다.

펀드의 결성을 위해 체결해야 될 계약서로서 전술한 LPA, Subscription Agreement와 더불어 체결해야 될 계약서로는 개별 LP와 펀드를 대표하는 GP 간에 체결하는 Side Letter가 있다. 펀드구성에 있어 GP는 재량의 범위 내에서 각 개별 LP와의 거래조건을 조금씩 다르게 협상하여 계약조건화 할 수 있으며 이렇게 협상된 결과를 GP와 개별 LP 간에 Side Letter17)를 작성하여 명문화하게 된다.

---

16) LP의 법적 성격, 현지 세법상 내·외국인, 외국국가로서의 지위 등에 대한 진술을 하는 내용으로 구성되어 있다. 해당 펀드를 규율하는 국가의 금융규제를 적용하기 위해서 필요한 투자자의 법적 성격과 지위에 대한 내용을 파악하여 해당 금융규제기관은 필요한 규제를 실행하게 된다. 대한민국의 기관투자자가 LP로 참여하게 되는 해외펀드의 경우에 GP는 대한민국 기관투자자에게 북한에 대한 투자내역에 대한 신고를 요구하는 경우도 있으며 이러한 신고는 Subscription Agreement를 통해 이루어진다.

17) 이러한 Side letter를 통해 GP는 특정 LP에게 유리한 혜택을 줄 수 있으며, 특정 LP의 투자조건에 맞추어 펀드투자를 할 것을 약정하기도 한다. 예를 들어 GP는 투자자 모집기간 중 조기에 투자자로 참여한 LP에 대해서는 관리보수나 성과보수를 인하해주는 등 혜택을 줄 수 있고 이러한 혜택

Ⅲ. 해외사모펀드와 관련된 국제사법적 논점

1. 국제사법 제16조(개정 국제사법 제30조)와 관련된 국제회사법적 논점

　회사의 속인법 결정과 관련된 국제사법 제16조[18])에서는 설립준거법주의를 원칙으로 채택하여 법인 또는 단체는 그 설립의 준거법에 따르도록 하되, 다만 외국에서 설립된 법인이나 단체가 대한민국에 주된 사무소가 있거나 대한민국에서 주된 사업을 하는 경우에는 대한민국 법에 의하도록 하고 있다. 국제사법 제16조가 설립준거법설을 원칙으로 채택한 이유는 그렇게 함으로써 속인법이 고정되고 그 확인이 용이한 탓에 법적 안정성을 확보할 수 있으며, 발기인들 또는 설립자들의 의사를 존중하는 점에서 당사자 이익에 충실하게 봉사하는 데 반하여, 본거지법설에 따르면 본거지의 개념이 애매하여 그 결정이 쉽지 않고 본거지 이전시 준거법이 변경되는 문제가 있기 때문이다.[19]) 국내기업들이 금융 또는 조세상의 편의로 외국의 조세피난처에 특수목적회사를 설립하는 경우에 이하에서 서술할 제16조 단서에 해당하지 않는 한 제16조 본문의 설립준거법주의에 따라 해당 특수목적회사는 해당 준거법에 따라 적법하게 설립되어 활동할 수 있는 회사가 된다.

　한편 제16조 단서의 경우 한국에서 주된 사무소를 두거나 주된 사업을 하는 경우, 즉 한국에 본거지를 둔 의사(疑似) 외국회사 등에 대해 한국법에 의하도록 하는 본거지법설을 취하였다. 이는 설립준거법설을 따를 경우 발생할 수 있는 내국거래의 불안정을 예방하고, 규제가 느슨한 외국법에 따라 회사를 설립하고 한국에서 주된 사업을 하는 편법을 근본적으로 막는 일반예방적 위하 목적을 달성하려는 것이라고 한다.[20]) 제16조 단서의 결과 만일 국내기업들이 외국의 조세피난처에 외국법에 따라 특수목적회사를 설립하고 그 회사가

　을 Side Letter에 명시하게 된다. 또한 이슬람 권역의 LP가 투자하는 펀드의 경우에 투자대상 자산 중 이슬람 문화나 율법에 반하는 투자를 제한하는 조건을 두기도 한다. 한편 이렇게 특정 LP에게 부여한 유리한 투자조건을 다른 LP에게도 부여하기로 하는 약정을 MFN(Most Favored Nation)이라 한다.

18) 법무부가 2020년 8월 제출한 「국제사법」 전부개정법률안이 2021년 12월 9일 국회 본회의에서 통과되어 2022년 7월 5일 시행예정이다. 본고에서 인용한 국제사법 제16조 규정은 내용의 변경없이 개정 국제사법 제30조로 자리를 옮기게 되었다.

19) 석광현, "한국에서 주된 사업을 하는 외국회사의 법인격과 당사자능력", 선진상사법률 제90호 (2020. 4.), 41면.

20) 석광현, 전게논문(주 19), 42면.

한국에서 주된 영업을 한다면 법인격이 인정될 수 없고 우리 법상으로는 민법
상의 조합이나 설립 중의 회사로 취급되거나, 만일 사단의 실체를 구비한다면
권리능력 없는 사단으로 취급될 것이다.[21]

해외사모펀드의 경우 주로 절세나 규제 회피 차원에서 다양한 펀드들이 다
양한 조세피난처[22]를 설립준거법으로 하여 설립되고 있는데 이러한 해외사모펀
드의 법적 형태는 주로 Limited Partnership이다. 해외의 Limited Partnership을
기본적으로 국내의 조합에 해당하는 것으로 하여 살펴볼 때 조합의 준거법에
관하여는 학계에서 여러 견해들이 있다. 먼저 조합에 대해서는 국제사법 제16
조가 적용된다는 견해가 있다.[23] 제2설은 국제사법 제25조, 제26조에 의하자
고 하는 견해가 있다. 조합을 기본적으로 계약으로 보고 계약의 준거법은 당
사자가 명시적 혹은 묵시적으로 정한 법에 따라야 한다는 견해이다.[24] 제3설
은 조합의 내부관계는 국제사법 제25조, 제26조에 의하고 외부관계는 제16조
에 의하자는 것이다.[25] 제4설은 본거지법설을 전제로 조합이 개별적 권리 · 의
무의 형성에서 나아가 조합계약에 따른 독자적인 조직을 가지는 경우에는 법
인의 속인법에 의하자는 견해이다.[26] 생각건대 조합은 기본적으로 당사자 간
의 계약의 속성을 가지고 있지만 다양한 경제적 활동의 맥락 속에서 법인과
유사한 단체적 속성을 띠고서 당사자의 개별 주체성에서 확장된 독자적 주체
로서 활동하는 경향도 있다. 특히 해외사모펀드에서 주로 논의되는 Limited
Partnership은 당사자 간의 계약적 속성뿐만 아니라 법인격과 유사한 독자적
경제주체로서의 속성도 무시할 수 없으므로 계약의 속성이 강한 당사자 간의
권리의무 관계에는 국제사법 제25조, 제26조에 의하고 제3자와의 대외적 관계

---

21) 석광현, "동시상장 기타 자본시장 국제화에 따른 국제사법 문제의 서론적 고찰", 국제사법과 국제
   소송 제6권(박영사, 2019), 340면.
22) 펀드의 설립준거법과 관련하여, 미국 내에 설립되는 LP나 LLC의 경우 Delaware 주법에 따라 펀드
   를 설립하는 경우가 많다. Delaware 주법은 친숙하고 안전한 회사관련 준거법으로 인식되고 있으
   며 분쟁발생시 전문화된 법원과 전문가 집단을 통해 신속하고 정확한 분쟁해결을 받을 수 있다는
   점에서 미국 내 가장 정교하고 안정된 회사관련 준거법으로 통용된다. 반면 미국 외의 준거법으로
   펀드를 설립할 경우에는 조세나 규제이슈를 피하기 위해 Cayman Islands, Channel Islands,
   Luxembourg 등을 준거법으로 선택하는 경우가 많다.
23) 신창선/윤남순, 신국제사법 제2판(피데스, 2016), 232면; 신창섭, 국제사법 제4판(세창출판사,
   2018), 206면; 안춘수, 국제사법(법문사, 2017), 209면.
24) 이필복, "법인과 단체의 실체적, 절차적 준거법", 국제사법연구 제25권 제2호(2019), 97면.
25) 석광현, 국제사법 해설(박영사, 2013), 210면.
26) 이호정, 국제사법 중판(경문사, 1985), 252면.

에서는 제16조에 따라 준거법을 정하는 것이 타당하다고 생각된다. 국제사법 제16조에서는 법인이나 단체에 적용되는 준거법의 기준을 규율하고 있으며 "단체"라는 개념의 범위에 조합 내지 조합과 유사한 형태의 것도 포함될 수 있을 것이다.

더 나아가 Limited Partnership의 법인격성에 대해서는 다양한 논의가 있지만 영업활동을 하는 기업의 형태는 국가마다 다양하게 인정되는데, 외국에서 독립한 기업형태로 인정되지만 우리 상법으로는 회사에 유사한 것으로 인정하기 어려운 것들도 있으며, 이러한 기업 형태들이 국내에서 영업을 하는 경우에는 국내법에 따라 규율할 필요성이 있다고 보는 견해[27]처럼 외국법에 따른 회사나 조합과 국내법에 따른 회사나 조합이 완벽하게 정합되는 경우보다는 개별 단체의 경제적 활동의 맥락과 성격에 따라 국내법 적용에 있어 개별적 타당성을 추구해야 할 필요가 크다고 보인다. 미국 모범회사법(Model Business Corporation Act) 1.40 Act Definitions (10B), (24A)에서는 외국법인에 해당하는 Foreign Entity를 규율하기 위한 Entity의 범위에 우리 상법상 인정되는 회사 형태와는 다른 다양한 형태의 단체도 상당수 포함하며 Limited Partnership도 그 범위에 포함된다. 또한 미국 Anti-racketeering statue에 의하면 enterprise란 individual, partnership, corporation, association or any other legal entity, and any union or group of individuals associated in fact although not a legal entity를 포함한다고 되어 있는 등 기업이나 단체의 범위에 Limited Partnership을 포함하는 넓은 기준을 적용하고 있다.

한편 외국환거래법은 법인에 대한 정의 또는 역외에서 설립된 Limited Partnership 등의 역외펀드가 외국법인에 해당하는지 여부에 대한 명확한 규정을 두고 있지는 않으며, 다만 외국환거래규정에서는 역외금융회사를 "직접 또는 자회사 등을 통하여 증권, 채권 및 파생상품에 투자하여 수익을 얻는 것을 주된 목적으로 외국법에 따라 설립된 회사(설립 중 회사 및 계약형태를 포함)로서 설립준거법령지역에 실질적인 경영활동을 위한 영업소를 설치하지 않은 회사를 말한다"고 규정[28]하고 있는데, 여기에서 '계약형태'의 범위에 법인격이 없는 Limited Partnership이 포함되는 것으로 판단된다. 또한 대법원은 역외

---

27) 김연미, "상법상 외국회사의 지위", BFL 제42호(2010. 7.), 11면.
28) 외국환거래규정 제1-2조 제15호.

Limited Partnership 등의 펀드가 "고유한 투자목적을 가지고 자금을 운용하면서 구성원들과는 별개의 재산을 보유하고 고유의 사업활동을 하는 영리목적의 단체로서 구성원의 개성이 강하게 드러나는 인적 결합체라기보다는 구성원들과는 별개로 권리의무의 주체가 될 수 있는 독자적 존재로서의 성격"을 가지고 있음을 전제로 이를 법인세법상 외국법인에 해당한다고 판시[29]한 바 있다. 해외사모펀드에 투자하는 연기금의 투자 실무의 관점에서도 해외사모펀드의 지분율 10% 이상에 투자하는 기관투자자들은 외국환거래법상 이를 외국법인에 대한 해외직접투자로 간주하여 한국은행에 해외직접투자 신고를 하는 것이 현재의 실무이므로 이러한 점을 고려할 때 국제사법 제16조의 법인 또는 단체에는 Limited Partnership도 포함될 수 있다고 본다.

한편 조세피난처를 설립준거법으로 하는 해외사모펀드들은 대부분 대한민국에 주된 사무소를 두지 않거나 대한민국에서 주된 사업을 하지 않는 경우가 대부분이어서 위 제16조 단서가 적용되지 않고 같은 조 본문에 따라 설립준거법이 규율되므로 국내법과의 충돌이나 적용범위의 혼선문제는 자주 발생하지 않는다. 그런데 일부 해외사모펀드의 경우에는 외국에서 설립된 펀드임에도 불구하고 대한민국에서 주된 사업을 하는 것으로 판단될 수 있는 성격의 것이 있으므로, 이러한 펀드에 대해 국제사법 제16조 단서에 따라 대한민국의 법이 적용될 수 있는지 살펴볼 필요가 있다.

---

29) 대법원 2012. 1. 27. 선고 2010두5950 판결. 이 판결은 외국의 법인격 없는 사단·재단 기타 단체가 구 소득세법 제119조 제8호 내지 제10호의 국내원천소득을 얻어 구성원들에게 분배하는 영리단체인 경우, 해당 소득에 대하여 과세하는 방법 및 해당 단체가 외국법인인지 판단하는 기준을 제시한 판결이다. 미국 델라웨어주 법률에 따라 유한 파트너쉽(limited partnership)으로 설립된 甲 등을 그 일원으로 하는 '론스타펀드iii'가 乙 벨기에 법인 및 丙 주식회사를 통해 국내 부동산에 투자하여 양도소득이 발생하자, 과세관청이 甲 등을 양도소득의 실질적 귀속자로 보아 구 소득세법 제119조 제9호 등에 따른 양도소득세 부과처분을 한 사안에서, 甲은 구성원들과 독립된 별개의 권리·의무 주체이므로 법인세법상 외국법인으로 보아 법인세를 과세해야 하고, 가사 외국법인으로 볼 수 없더라도 구성원들에게 이익을 분배하는 영리단체이므로 甲 자체를 하나의 비거주자나 거주자로 보아 소득세를 과세할 수는 없다는 이유로, 위 처분이 위법하다고 본 원심판단을 수긍하였다. 본 판결에서 甲은 미국 델라웨어주 법률에 의하여 유한 파트너십(limited partnership)으로 설립되었으며, 일상업무를 집행하며 무한책임을 지는 무한책임사원(general partner)과 투자한도 내에서만 책임을 지는 유한책임사원(limited partner)으로 구성되어 있는 사실을 인정한 후 이러한 유한 파트너십(limited partnership)인 원고 甲은 고유한 투자목적을 가지고 자금을 운용하면서 구성원들과는 별개의 재산을 보유하고 고유의 사업활동을 하는 영리 목적의 단체로서, 구성원의 개성이 강하게 드러나는 인적 결합체라기보다는 구성원들과는 별개로 권리·의무의 주체가 될 수 있는 독자적 존재로서의 성격을 가지고 있으므로 우리 법인세법상 외국법인으로 보아 이 사건 양도소득에 대하여 법인세를 과세하여야 하여야 한다고 판시하였다.

　　아래 구조도에 거시된 해외사모펀드는 실제 투자사례를 토대로 한 것으로
서 대한민국의 연기금이나 국부펀드가 해외 조세피난처를 설립준거법으로 하
여 설립된 펀드(투자펀드)에 투자(①투자)하고 이 투자펀드가 한국의 회사지분
을 취득하기 위한 목적으로 설립된 펀드(지분보유펀드)에 다시 투자(②투자)한
후 이 지분보유펀드가 투자대상 회사인 한국의 회사 지분을 취득(③투자)한 경
우이다.

国際사법 제16조 단서 해당 해외사모펀드 구조

　　위 구조도에서 투자펀드는 조세피난처를 설립준거법으로 하는 Limited
Partnership의 성격을 가지며 지분보유펀드를 통해 순수 국내기업의 지분을 취
득하기 위한 목적으로 설립되었으며 이러한 목적 이외에 다른 해외투자사업을
영위하지 않는다. 또한 위 지분보유펀드도 조세피난처를 설립준거법으로 하는
Limited Partnership의 성격을 띠고 있으며 펀드 보유자금을 전부 순수 한국기
업인 투자대상 기업에 대한 지분취득에만 사용하고 있고 다른 투자나 사업활

동을 영위하지는 않는다. 따라서 이 두 펀드가 국제사법 제16조 단서에서 규정하는 "대한민국에서 주된 사업을 영위하는"에 포섭될 수 있는지가 문제된다.

대한민국에서 주된 사업을 한다는 것의 의미에 관해서 준거가 될 만한 법조문이나 해석을 살펴보면, 먼저 구 상법 제617조를 살펴보아야 한다. 2000년 섭외사법의 개정과정에서 제16조 단서를 추가한 것은 당시 본거지법설을 주장하는 유력한 학설이 있었고 또한 구 상법 제617조가 있었기 때문이다.[30] 동 조항은 외국에서 설립된 회사라 하더라도 대한민국에 본점을 설치하거나 대한민국에서 영업할 것을 주된 목적으로 하는 때에는 대한민국에서 설립된 회사와 동일한 규정에 의하여야 한다고 규정한다. 따라서 위 상법 조항의 "대한민국에서 영업할 것을"에 대한 학계의 논의 등을 통해 국제사법 제16조 단서의 "대한민국에서 사업을 영위하는 것"에 대한 해석에 참조할 만한 기준을 찾을 수 있을 것이다.

상법에서 외국회사가 '대한민국 내에서 영업을 하고자 하는 때'의 의미를 명확히 규정하고 있지는 않지만, 동법 제614조의 '대한민국 내 영업'과 제616조의 '계속하여 거래'의 의미를 고려하여 계속성, 반복성을 가지는 기본적 상행위 또는 준상행위에 해당하는 거래는 확실히 이에 해당할 수 있다고 보는 견해가 있다.[31]

한편 위 상법이 적용되는 의사외국법인의 경우에 상법에 따른 설립절차를 따르지 않은 경우 그 법인격 자체를 부인할지에 대해서는 견해가 대립된다. 과거 일본에서는 다수설[32]은 회사의 설립부터 청산종결까지 모든 규정을 포함하는 것으로 보았고 같은 취지의 하급심 판결[33]도 있었다. 그에 의하면 그러한 외국회사는 일본에서 설립절차를 밟지 않는 한 법인격이 인정되지 않아 법인으로서 활동할 수는 없다. 그러나 설립에 관한 규정을 제외하고, 즉 법인격을 인정하면서 일본회사와 동일한 규정을 적용하면 족하다는 유력한 소수설도 있었다[34]. 한국에서도 원칙적으로 일본 다수설을 따르는 견해[35]도 있으나, 유

30) 석광현, 전게논문(주 19), 43면.
31) 김연미, 전게논문(주 27), 14면.
32) 과거 일본 학설은 정동윤 집필대표, 주석상법(회사VII), 제5판(2014), 73면(천경훈 집필부분) 참조.
33) 東京地方裁判所 1954. 6. 4. 판결. 判夕40号, 73면.
34) 권남혁, "外國會社의 國內法上의 地位", 會社法上의 諸問題[下] 재판자료 제38집(1987), 519면.
35) 김연미, 전게논문(주 27), 14면, 각주 42; 한국상사법학회 편, 주식회사법대계Ⅲ, 제3판, 2019, 986면(김연미 집필부분)은 원칙적으로 다수설을 따르면서 국내회사법의 적용을 피하기 위하여 외국법에 따른 설립절차를 고의적으로 탈법한 경우에만 제617조를 적용하고, 단순한 한국 자산의 취득

력설은 다수설에 따르면 의사(擬似)외국회사는 법인격을 가질 수 없게 되어 거래의 효력이 부정되는 결과 오히려 거래의 안전을 지나치게 해하게 되고 거래상대방에게 예측할 수 없는 손해를 가할 수 있으므로 일단 설립되어 거래관계를 맺은 의사(擬似) 외국회사에 대하여는 설립에 관한 규정은 적용되지 않는 것으로 해석하여 법인격을 인정하면서 그 이외의 영역에서 한국 상법을 관철하는 것이 타당하다고 한다36). 그러나 이에 대해서는 상법의 해석상 그런 견해를 취하더라도 국제사법 제16조 단서의 해석론으로는 원칙적으로 그렇게 보기 어려우며 이는 회사의 속인법이 규율하는 사항에는 회사의 설립과 법인격의 유무가 포함되기 때문이라고 한다37). 상법 혹은 대한민국법을 적용하는 문제는 단순히 법의 적용 여부만을 판단할 것은 아니고 적용되는 대한민국법의 범위가 어떻게 되는가가 문제일 것이다. 회사설립자체의 문제도 적용되는 대한민국법, 즉 상법의 범위에 포함되는 것이므로 논리적으로는 법인격을 부인하여 설립자체를 부정하는 견해가 논리적으로 타당할 것이다. 그러나 설립자체에 관한 법만은 이에서 제외하고 다른 상법의 규정을 적용함으로써 법적 안정성과 구체적 타당성을 도모하는 견해가 타당하다고 생각한다. 외국에서 설립된 해외투자기구 내지 특수목적기구의 실질적 내용을 보고 그 기구의 주된 영업내용에 국내적 관련성이 상당할 경우에는 국내법의 적용을 인정할 필요성이 있기 때문이다. 국제사법 제16조의 취지가 국내법상의 규제를 피하기 위한 편법을 막고 설립준거법설을 무한정 적용할 경우에 발생할 수 있는 국내법과의 혼란이나 충돌 등을 막는 것에 있다는 점에 비추어 볼 때 더욱 그러하다. 또한 본거지법설을 적용하기 위한 기준의 해석에 있어 명확하지 않은 점이 있을 수 있어서 일반적이고 포괄적인 의사외국회사 규정을 두는 것보다 일정한 외국 회사에 대해 적용되는 자국의 실질법을 명시하는 outreach statute의 형식이 필요하다는 주장38)에 공감한다.

  구체적 사안의 논의로 돌아와서, 상법 제617조의 해석상 회사의 영업의 중심지가 되는 본거지를 결정하는 데에는 다양한 요소에 대한 고려가 필요하

과 보유, 담보권의 취득과 실행, 독립적 국내 보조상을 통한 국내영업 등은 제617조의 적용대상이 아니라고 보거나 아니면 소수설을 취하는 것이 적절하다고 한다.
36) 정동윤/천경훈(주 32), 74면 이하; 김연미, 전게논문(주 27), 10면 이하는 외국회사에 대한 상법 개별 규정의 적용에 따른 문제점을 검토한다.
37) 석광현, 전게논문(주 19), 46면.
38) 김연미, 전게논문(주 27), 17면.

고 그 예로서 구조화 금융의 사례인 자산유동화 사례가 논의된다. 자산유동화를 위하여 외국에 설립된 특수목적회사, 즉 유동화전업 외국법인이 한국 내 보유하는 자산을 기초로 해외에서 유동화증권을 발행하는 경우 자산 보유만으로 SPC가 한국에서 주된 사업을 하는 것은 아니라고 보지만 유동화전업 외국법인의 구체적인 사업의 태양에 따라서는 한국에서 주된 사업을 하는 것으로 인정될 수 있으며 실제로 유동화전업 외국법인의 업무는 자산의 취득, 보유, 관리와 처분인데 유동화전업 외국법인은 외국에서 다른 사업을 할 수 없으므로 한국에서 주된 사업을 하는 경우가 많을 것이라고 본다.[39] 이 견해는 또한 미국회사가 제조물품을 한국에 있는 회사에만 공급하더라도 미국 회사가 한국에서 주된 사업을 하는 것은 아니며 항공기리스나 BBCHP 등 금융을 위하여 외국에 SPC를 설립하고 한국에 항공기를 임대하거나 BBCHP 선박을 용선자에게 임대하는 것만으로는 SPC가 한국에서 주된 사업을 하는 것은 아니라고 설명한다. 이러한 논의를 배경으로 앞의 구조도 사례를 보면, 두 펀드의 설립목적과 주된 사업은 투자활동으로서 한국회사의 지분을 취득하는 것을 그 주된 내용으로 한다는 점에서 그 주된 사업이 대한민국과 관련성이 있다고 할 것이나 한국에 사무소를 두고 있지 않다는 점에서 한국에서 사업활동을 한다고 보기 어려울 수 있다. 그러나 "대한민국에서" 주된 사업을 한다는 점을 판단하기 위해서는 이 펀드들이 모두 특수목적회사의 성격을 띠고 있는 점을 주목할 필요가 있다. 위 투자펀드에 대한 한국은행 역외금융회사 투자신고서[40]에 따르면 이 투자펀드의 한국은행 역외금융회사 투자신고서에 기재된 업종은 'Investment'로 기재되어 있고, 소재국은 조세피난처로 기재되어 있으며 종업원수는 0명으로 기재되어 있고, 법인의 성격도 실제 영업법인이 아닌 특수목적회사(SPC)라고 기재되어 있다. 이 펀드의 사업의 구체적 내용은 대한민국에서 사업을 영위하는 특정 대한민국 회사에 대한 투자를 목적으로 하는 또 다른 특수목적회사인 위 지분투자펀드에 대한 지분투자라고 기재되어 있으며 이 투자펀드의 자본금도 투자자인 대한민국 연기금이 전부 투자하였다. 이러한 제반 사실을 놓고 볼 때 위 투자펀드 및 지분투자펀드에 대해서는 투자자와 주된 사업인 투자행위에 있어 국내적 요소가 주를 이루고 있다는 점에서 국제

39) 석광현, 전게논문(주 19), 45면.
40) 위 투자펀드는 외국환거래법상 역외금융회사에 해당하고 외국환거래법상 거주자가 역외금융회사에 대한 투자비율이 10%를 초과하는 경우에는 투자자가 한국은행에 사전신고를 하게 되어 있다

사법 제16조 단서에 따라 대한민국의 법이 적용되어야 할 것이다. 한편 앞의
구조도에서 거시한 실제 사례의 경우 설립준거법이 미국이 아니지만 만약 델
라웨어주법처럼 미국 주법일 경우에는 한미조약이 이를 해결해준다. 즉 1957
년 11월 7일 발효된 '대한민국과 미합중국간의 우호·통상 및 항해조약' 제22
조 제3항은 '일방체약국의 영역내에서 관계법령에 기하여 성립한 회사는 당해
체약국의 회사로 인정되고 또한 타방체약국의 영역내에서 그의 법률상의 지위
가 인정된다'고 규정하기 때문이다. 따라서 국제사법과 상법의 특별법인 위 조
문에 근거하여 위 펀드들은 한국에서 델라웨어주법이 적용되어 델라웨어주법
의 규율을 받는다.[41]

2. 해외사모펀드에 대한 자본시장법 제2조 역외적용규정의 적용

자본시장법 제2조는 국외에서 이루어진 행위로서 그 효과가 국내에 미치
는 경우에도 자본시장법이 적용된다고 규정하고 있다. 국내법의 장소적 적용
범위에 관해서는 속지주의나 속인주의의 원칙이 적용되는데 본 조항은 자본시
장의 국제화와 개방화의 성격을 반영하여 일정한 요건을 갖춘 경우 국내법의
역외적용을 규정한 것이라고 해석한다. 이러한 자본시장법의 역외적용 규정의
유래에 대해 이는 미국 증권법상 역외적용에 관한 효과주의를 도입한 것으로
서, 미국 증권법상 사기금지규정인 SEA Rule 10(b)의 적용과 관련한 효과기준
에 의하면 사기행위가 미국영토 밖에서 이루어졌다 하더라도 그 행위가 미국
증권시장 또는 미국의 투자자에게 예견가능한 실질적인 피해(foreseeable and
substantial harm)를 입히는 경우에는 미국법이 적용된다고 한다.[42]

그런데 자본시장법 제2조의 역외적용의 근거와 논리에 대한 해석을 함에
있어, 위 규정은 국제사법이 적용될 수 없는 국제공법(혹은 국제공법에 유사한)
성격을 지닌 자본시장법의 속성상 국제사법과는 다른 법리에 기초한 역외적용
규정이라고 해석하거나[43], 국제사법과는 별개의 규정으로서 국제사법에 기한
해석을 고려하지 않는 의견이 많았다. 이러한 해석에 대해서는 반대의 목소리
가 있는데 외국적 요소가 있는 자본시장법 위반행위로 인한 민사책임은 준거

---

41) 석광현, "쿠팡은 한국 회사인가?", 법률신문(2021. 2. 25.자).
42) 임재연, 자본시장법(2018년판)(박영사, 2018), 15면.
43) 한국증권법학회, 자본시장법 주석서(I) 개정판(박영사, 2015), 8면(강영기, 김홍기, 류혁선, 박선종
　　집필부분).

법 결정이 전제되어야 하는 국제사법의 문제임에도 불구하고 종래 미국에서 증권관련법 위반에 따른 민사책임을 증권관련법의 역외적용 문제로 취급해온 영향으로 인해 이를 국제사법의 문제로 인식하지 못한 점을 지적한다.[44] 또한 자본시장법 제2조 역외적용규정이 국제적인 자본시장 불법행위로 인한 민사책임의 맥락에서는 행정규제나 형사책임의 맥락에서와 달리 독자적인 기능을 수행하지 못하여 국제사법에 대한 특칙으로서 특별저촉규범의 기능을 수행하지도 못한다고 해석하며 우리 자본시장법 위반으로 인한 민사책임의 준거법은 자본시장법 제2조가 아니라 국제사법의 해석을 통해 결정되어야 한다고 주장하기도 한다.[45]

한편 자본시장법 제2조를 적용하기 위해서는 그 요건으로서 "국외에서 이루어진 행위로서 그 효과가 국내에 미치는 경우"에 해당해야 한다. "효과"의 의미에 대해서는 국내자본시장의 신뢰성, 안정성, 공정성에 영향을 미치는 경우와 국내 투자자 보호에 영향을 미치는 경우를 의미한다고 한다.[46] 자본시장법 제1조에서 규정한 자본시장법의 목적이 자본시장에서의 금융혁신과 공정경쟁을 촉진하고 투자자를 보호하며 금융투자업을 건전하게 육성함으로써 자본시장의 공정성과 신뢰성 및 효율성을 높여 국민경제의 발전에 이바지하는 것이라는 점에서, 자본시장법의 역외적용을 하기 위한 요건으로서 국외에서 행한 행위의 효과가 국내에 미치는 경우는 자본시장의 공정성과 신뢰성 등을 침해하거나 투자자 보호에 영향을 미치는 경우라고 해석하는 것에 무리가 없어 보인다. 다만 자본시장법의 역외적용규정이 갖는 법적 효과에 비해 동 규정이 적용되기 위한 요건이 추상적이고 다의적이라는 측면에서 해석과 적용에 많은 혼란과 논의가 뒤따를 수밖에 없고, 이러한 이유로 위 자본시장법의 역외적용규정의 적용요건이 더 구체화되고 상세화될 입법상의 개선필요성이 있다고 본다. 특히 자본시장법의 역외적용규정이 적용된다면 많은 혼란과 해석이 필요한 해외사모펀드의 경우에 실무적으로는 자본시장법의 역외적용규정에 대한 고려가 전혀 이루어지지 않고 있으며,[47] 학문적으로도 이를 분석한

---

44) 석광현, 전게논문(주 21), 365-366면.
45) 이종혁, "자본시장법상 역외적용의 준거법 결정기준으로서의 기능에 대한 검토", 국제거래와 법 제30호(2020. 7.), 180면 이하.
46) 김건식/정순섭, 새로 쓴 자본시장법 제3판(두성사, 2013), 833면.
47) 대한민국에서 가장 큰 규모와 가장 많은 건수의 해외사모펀드에 투자하는 기관투자자인 국민연금에서 일하는 필자가 수년간 계약검토과정에서 살펴본 바로는, 국민연금이 LP로 참여하는 해외사

저술을 찾기 어렵다.

　자본시장법상 역외적용규정이 적용되어 사모펀드 관련 규정이 해외사모펀드에 적용될 경우 발생할 수 있는 제반 문제에 대해 검토하기 위해서는 사모펀드를 규율하는 자본시장법의 규정들을 살펴보아야 하는데 20201. 10. 21. 시행된 개정 자본시장법에 따라 개편[48]된 사모펀드 규제 체계하에서 자본시장

モ펀드의 경우에 한국의 자본시장법이 적용될 가능성이 큼에도 불구하고 LPA나 Side Letter 협상 과정에서 자본시장법의 역외적용가능성에 대한 고려와 반영이 전혀 이루어지고 있지 않은 실정이다. 현재까지는 국민연금이나 다른 국내 기관투자자가 참여하는 해외사모펀드에 대해 금융감독당국의 행정규제나 검사, 집행 등이 거의 이루어지지 않고 있어서 이러한 문제가 현실화되지 않고 있으며, 위 해외사모펀드에 투자하는 기관투자자의 특성상 과거 Track Record가 검증된 안전한 펀드에 주로 투자하기 때문에 투자자 보호의 필요성도 낮은 점이 그 원인으로 작용한다고 보이지만 향후 해외사모펀드의 Risk가 현실화되어 투자자 보호나 국내 자본시장에 미치는 영향이 노정될 경우 자본시장법의 역외적용규정의 의미가 비로소 커질 것으로 본다.

48) 기존 자본시장법에서는 사모펀드가 운용목적에 따라 전문투자형 사모펀드와 경영참여형 사모펀드로 구분되었던 반면에 개정 자본시장법에서는 투자자를 중심으로 펀드를 분류하여 일반투자자나 전문투자자, 기관투자자가 모두 투자할 수 있는 일반사모펀드는 일반투자자보호를 강화하였고, 전문투자자 일부와 기관투자자가 투자할 수 있는 기관전용 사모펀드의 경우에는 운용자율성을 강화하였다. 투자자보호측면에서는 일반투자자에 대한 투자자보호장치는 강화하였고 운용의 자율성 측면에서는 운용규제가 일원화되고 완화되어 전반적인 운용효율성을 제고하고자 한 것이다. 기존에는 전문투자형 사모펀드는 금융투자업자인 전문사모운용사가 운용주체가 되고 경영참여형 사모펀드는 비금융투자업자인 업무집행사원이 운용주체였던 반면에 개정법은 일반사모펀드의 경우에 금융투자업자인 일반사모운용사가 운용주체가 되며 기관전용 사모펀드의 경우에는 기존과 마찬가지로 비금융투자업자인 업무집행사원이 운용주체가 된다. 투자자의 범위와 관련하여서는 기존에는 전문투자자 혹은 3억원 이상의 최소투자금액이상을 투자하는 일반투자자가 전문투자형 사모펀드와 경영참여형 사모펀드 모두에 투자할 수 있었던 반면에 개편후에는 일반사모펀드의 투자자는 현행을 유지하고 기관전용 사모펀드의 경우에만 기관투자자 및 이에 준하는 자(금융기관, 특수법인, 연기금, 공제회, 일정요건을 갖춘 주권상장법인 등)만이 투자할 수 있도록 하였다. 투자자 보호장치와 관련하여서는 기존에는 공모펀드에 비해 사모펀드는 완화된 투자자 보호장치를 적용하였다. 예를 들어 기존에는 표준화된 설명서의 작성·교부 의무가 없었고 자산운용보고서의 교부의무가 없었다. 그런데 개정법에서는 일반사모펀드에 투자하는 일반투자자를 대상으로 하여 투자자보호를 강화하는 법개정을 하였다. 운용사에게는 비시장성자산을 50% 이상 투자하는 개방형 펀드를 금지하였고 집합투자규약의 기재사항을 구체화하였으며 핵심상품설명서의 작성 제공의무, 자산운용보고서의 작성 및 교부의무를 규정하였으며 사모펀드의 외부감사를 의무화하였고, 환매연기시 집합투자자총회를 개최토록 하였다. 판매사에 대해서는 핵심상품설명서의 사전검증 및 교부의무와 운용사의 운용행위를 사후에 점검해야 할 의무를 부과하였고 수탁사에 대해서는 운용행위를 관리하고 감시할 의무와 집합투자재산 대사의무를 부과하였다. 운용목적과 관련하여서는 기존에는 경영참여형 사모펀드의 경우에 한정되어 있던 경영참여목적이 제도개편후 일반사모펀드나 기관전용 사모펀드 모두 가능하도록 하였다. 레버리지 한도와 관련하여 전문투자형 사모펀드와 경영참여형 사모펀드의 차입비율제한을 차등화하였던 것을 규제일원화를 통해 일반투자 사모펀드와 기관전용 사모펀드 모두 펀드 순자산 대비 400% 한도로 일원화하였다. 펀드의 대출투자도 양 펀드 모두 가능하도록 하였고, 전문투자형 사모펀드는 10% 초과 보유주식에 대한 의결권제한이 있었으나 개정안에서는 이러한 제한을 양 펀드 모두 폐지하였다. 한편 종래 경영참여형 사모펀드는 의결권있는 주식의 10%이상을 취득하고 이를 6개월 이상 보유해야 할 의무가 있었으나 개정안에

법의 역외적용이 주로 문제되는 것은 기관전용 사모펀드일 것이다. 해외 GP들이 해외에서 모집하는 해외펀드에서 해외 GP들이 주로 참여를 요청하는 대상 LP들은 주로 국민연금이나 한국투자공사, 사학연금, 공무원연금과 같은 기관투자자들이거나 금융회사에 한정되는 것이 현재 실무이다. 개편된 자본시장법[49]도 기관전용 사모펀드의 투자자 범위에 해당하는 유한책임사원의 범위를 전문투자자로서 대통령령으로 정하는 자와 그밖에 전문성 또는 위험감수능력 등을 갖춘 자로서 대통령령으로 정하는 투자자로 한정하고 있고 이에 해당하는 기관투자자로서는 국가, 한국은행, 금융회사, 특수법인(예보, 캠코)이 있고 이에 준하는 자로서 법률에 따라 설립된 기금이나 공제회, 기관전용 사모펀드 등이 이에 해당한다. 즉 기관전용 사모펀드의 운용규제가 크게 완화되는 만큼 기관전용 사모펀드의 투자자 범위는 개인이 아닌 자로서 전문성과 위험관리능력을 갖춘 기관투자자와 이에 준하는 자로 제한하는 것이다. 따라서 이번 사모펀드 관련 자본시장법 개편안의 취지가 일반투자펀드의 경우에는 일반투자자의 권리를 보호하고 기관전용 사모펀드의 경우에는 운용의 자율성과 전문성을 고양시키자는 취지이므로 개편된 자본시장법이 역외적용규정을 통해 해외 사모펀드에 적용되는 범위가 일반투자펀드에 비해 다소 제한적일 수 있기는 하지만 기관전용 사모펀드에 적용되는 각종 규제들이 해외사모펀드의 경우에는 반영되어 있지 않기 때문에 자본시장법상 역외적용규정을 통해 기관전용 사모펀드에 적용되는 규제들이 해외사모펀드에 적용될 경우 상당한 준거법의 충돌과 혼란을 야기하고 법적 안정성을 저해하는 요소로 작용할 수 있다.

　예를 들어 개정된 자본시장법에서 기관전용 사모펀드에 적용되는 규제로서 펀드설립시 적용되는 사후보고 규정은 해외사모펀드에 적용되기에는 상당히 곤란한 규정이다. 현재 국내 기관투자자들이 참여하는 해외사모펀드의 경우에는 외국환거래법상 국내기관투자자의 투자신고만이 존재하지 펀드의 GP가 펀드의 내용과 성격에 대한 사후보고가 전혀 이루어지고 있지 않다. 또한 펀드자산을 레버리지로 이용하는 차입의 경우에는 자본시장법이 400% 이내에서 제한을 하고 있지만 해외사모펀드들은 이러한 제한을 전혀 고려하지 않고 있다. 물론 일부 해외사모펀드의 경우에는 더 제한된 펀드 레버리지 제한을

　서는 이를 폐지하였다.

49)　자본시장법 제249조의11 제6항.

하고 있는 경우도 있으나 이러한 레버리지 제한은 GP와 LP 간에 자율적인 합의에 기초해서 이루어지고 있는 해외사모펀드의 관행상 국내 자본시장법이 펀드 레버리지에 적용될 경우에는 상당한 혼란이 예상된다. 또한 기관전용펀드에 부과되는 반기별 펀드보고서 제출 같은 행정규제의 경우에도 해외사모펀드에는 당연히 적용되지 않고 있으며 이러한 행정규제에 대해 아무런 고려도 하지 않고 있다. 그러나 예를 들어 국민연금이 거의 100%에 가까운 지분으로 투자하는 해외사모펀드의 경우도 존재하고 있고 이러한 경우에는 그 효과가 국내에 미치는 경우라고 볼 수도 있어 이러한 행정규제가 해외사모펀드에 적용될 수 있는지 문제된다. 또한 기관전용사모펀드에 대한 업무집행사원의 검사권한제도의 경우에도 해외사모펀드의 GP들은 이러한 검사권한에 대한 고려나 대비를 전혀 하고 있지 않으며 이러한 규정의 적용이 현실화 될 경우 상당한 혼란이 예상된다.

　또한 해외에서 외국의 준거법을 근거로 하여 결성되는 해외사모펀드의 경우에 예외적으로 국내의 일반투자자들이나 개인투자자들을 상대로 자금을 모집하거나 펀드에 참여시키게 되는 경우에 개편된 자본시장법상 일반투자 사모펀드에 적용되는 규정이 역외적용규정을 통해 적용될 경우 강한 투자자보호규정의 취지상 상당한 논란이 예상된다. 특히 개정된 자본시장법의 주요 개정내용이 일반투자자를 대상으로 하는 일반 사모펀드에 대한 투자자보호장치의 추가이므로 이러한 규정들이 해외사모펀드에 적용될 경우 상당한 혼란이 예상된다. 특히 운용사에게 적용되는 집합투자규약 기재사항을 구체화한 조항의 경우에는 해외사모펀드의 LPA나 Side Letter, Subscription Document의 내용과는 불일치하는 부분이 상당히 많아 이러한 집합투자규약 기재사항을 해외사모펀드에 적용할 수 있을지 의문이다. 기타 개정 자본시장법에서 규정하는 핵심상품설명서의 작성 제공의무나 자산운용보고서 작성교부의무는 해외사모펀드에 적용하기 어렵고 적용할 경우 상당한 혼란이 예상된다. 다만 개정 자본시장법상 사모펀드 외부감사 의무화 조항[50]은 이미 해외사모펀드에서는 대부분의 경우에 시행하는 제도이므로 큰 혼란은 없을 것으로 보인다. 또한 환매 연

---

50) 사모펀드의 외부감사와 관련하여서는 해외사모펀드의 경우에 GP의 공정한 투자운용과 펀드상황을 살펴보기 위해 LP의 이익을 위한 외부감사규정이 있는 경우가 많고 GP의 펀드 운용에 관해서는 IC(Investment Committee)를 통해 투자자에게 보고하고 설명하는 제도가 잘 정비되어 있어서 개정 자본시장법과 큰 틀에서는 차이가 없다.

기시 집합투자자총회개최 규정의 경우에도 해외사모펀드에서는 유사한 제도
를 이미 시행[51]하는 경우가 많기 때문에 동 규정의 적용이 큰 문제는 없을 것
으로 보인다. 한편 펀드판매사에게 적용되는 자본시장법상 핵심상품설명서 검
증교부의무나 운용사의 운용행위 사후점검의 조항에 대해서는 해외사모펀드
의 경우 개정 자본시장법상 판매사에 해당하는 역할을 하는 주체가 없어 동
규정의 적용이 문제되지는 않을 것으로 보이지만, 개정 자본시장법상 수탁사
에게 적용되는 운용행위 관리감시의무 등은 해외사모펀드의 실무에서 다소 이
례적인 조항이며 실무상 행해지지 않는 관행이므로 동 규정을 해외사모펀드에
적용할 경우에는 상당한 혼란이 예상된다.

     이러한 혼란과 충돌을 방지하기 위해서는 위 역외적용규정의 적용을 제한
해야 할 필요가 있다. 물론 자본시장법 역외적용규정의 취지와 목적이 무엇인
가에 따라 단순히 투자자를 보호하고자 하는 목적만 충족이 된다면 본 역외적
용규정이 적용되어야 한다는 견해도 있을 수 있지만, 단순히 소수의 투자자
보호를 위해 제한없이 확대적용될 경우 발생할 수 있는 준거법의 혼란과 국가
사법권의 충돌로 인한 법질서의 안정성 저해 등의 문제가 있을 수 있으므로
자본시장법상 역외적용규정의 목적이 단순히 투자자보호에 한정할 것은 아니
고 국내 자본시장의 안정성과 건전성 보호 등 좀 더 엄격한 목적이 있어야 할
것으로 보이며 이러한 역외적용규정 적용요건이 추상적인 효과기준만 규정할
것이 아니라 더 상세한 적용 목적과 적용요건을 입법화하여 위 자본시장법상
역외적용규정이 불러 올 수 있는 문제점과 법적 혼란을 방지할 필요가 있다.
특히 자본시장법 제2조와 유사한 독점규제법 제2조의2 해석과 관련하여 "국내
시장에 직접적이고 상당하며 합리적으로 예측 가능한 효과를 미치는 경우"로
해석한 대법원 판결[52]들은 입법적 개선이 당장 어려운 현실에서 자본시장법

---

51) 특히 해외사모펀드의 경우에 환매를 연기하는 사유는 펀드의 청산을 연기하는 사유로서 투자자로
    구성된 IC(Investment Committee)의 의결을 거치도록 하는 경우가 많아서 개정 자본시장법의 규
    정과 해외사모펀드의 실무가 동떨어지지는 않는다.

52) 대법원 2014. 5. 16. 선고 2012두13269 판결; 대법원 2014. 5. 16. 선고 2012두 13655 판결; 대법
    원 2014. 5. 16. 선고 2012두13689 판결; 대법원 2014. 12. 24. 선고 2012두6216 판결 등에서 공정
    거래법 제2조의2가 국외행위에 관하여 공정거래법을 적용하기 위한 요건으로 '국내시장에 영향을
    미치는 경우'라고만 규정하고 있으나, 국가 간의 교역이 활발하게 이루어지는 현대 사회에서는 국
    외에서의 행위라도 그 행위가 이루어진 국가와 직·간접적인 교역이 있는 이상 국내시장에 어떠한
    형태로든 어느 정도의 영향을 미치게 되고, 국외에서의 행위로 인하여 국내시장에 영향이 미친다
    고 하여 그러한 모든 국외행위에 대하여 국내의 공정거래법을 적용할 수 있다고 해석할 경우 국외

역외적용규정이 불러 올 수 있는 문제점과 법적 혼란을 방지하는 하나의 준거가 될 수 있을 것이다.

Ⅳ. 결어

　　지금까지 해외사모펀드의 개념과 구조에 대해 실무적 관점에서 살펴보고 이러한 실무적 관점에서 문제되는 개별 이슈에 대해 국제사법적 관점 혹은 비교법적 관점에서 검토하였다. 사모펀드는 소위 말하는 'Blind Pools' 방식에 따라 소극적 투자자들이 상당기간 자본을 투자하기로 약정하고 펀드의 Sponsor에게 펀드 투자의 대상 선별, 취득, 관리, 처분을 일임하는 구조를 띤다. 투자자는 펀드의 투자팀이 선별하여 투자하게 된 다양한 투자 포트폴리오를 통해 얻게 되는 투자수익을 통해 높은 내부수익율(IRR)을 획득하는 것을 목적으로 투자에 참여하게 된다. 이러한 투자의 핵심역할을 하는 투자기구인 사모펀드 자체는 사업을 직접 수행하지 않는 일종의 순수한 자본의 집합체 역할을 하며 흔히 SPC, SPV라는 표현을 통해 알 수 있듯이 일반적인 회사나 영업을 하는 법인과 달리 실체가 없는 것으로 간주되는 경우가 많다. 투자자는 이러한 사모펀드의 지분을 보유하고 이러한 지분을 통해 투자의 이익을 획득하게 된다.

　　한편 이러한 해외사모펀드와 관련하여 자본시장법 등 국내사모펀드를 규율하는 국내법의 규정들이 해외사모펀드에 적용될 수 있는지 여부는 상당히 중요한 실무적 의미를 갖게 된다. 특히 국내 기관투자자가 다수 지분을 가지고 투자하는 해외사모펀드의 경우에는 자본시장법 제2조의 역외적용규정과 국제사법 제16조의 규정 등을 통해 한국법이 적용될 수 있는 여지가 많다. 그런데 막상 한국 자본시장법이 해외사모펀드에 적용이 될 경우에 대해 해외사

행위에 대한 공정거래법의 적용범위를 지나치게 확장시켜 부당한 결과를 초래할 수 있는 점 등을 고려하면, 공정거래법 제2조의2에서 말하는 '국내시장에 영향을 미치는 경우'는 문제된 국외행위로 인하여 국내시장에 직접적이고 상당하며 합리적으로 예측 가능한 영향을 미치는 경우로 제한 해석해야 하고, 그 해당 여부는 문제된 행위의 내용·의도, 행위의 대상인 재화 또는 용역의 특성, 거래 구조 및 그로 인하여 국내시장에 미치는 영향의 내용과 정도 등을 종합적으로 고려하여 구체적·개별적으로 판단하여야 할 것이다. 다만 국외에서 사업자들이 공동으로 한 경쟁을 제한하는 합의의 대상에 국내시장이 포함되어 있다면, 특별한 사정이 없는 한 그 합의가 국내시장에 영향을 미친다고 할 것이어서 이러한 국외행위에 대하여는 공정거래법 제19조 제1항 등을 적용할 수 있다고 판시하였다.

모펀드의 실무에서는 펀드 결성과정이나 계약체결과정에서 이러한 고려가 전혀 되어 있지 않고 있으며 펀드의 다양한 준거법과 자본시장법 간의 충돌이나 저촉, 모순의 문제에 대해 심도깊은 논의가 전무한 실정이다. 향후 학계와 실무계에서 국내 자본시장법의 규정 중 어느 조항들이 어느 범위까지 해외사모펀드에 적용될 수 있는지에 대한 활발한 논의와 연구가 필요하며 입법론적으로도 현재 자본시장법 제2조 역외적용규정은 적용시 발생할 수 있는 효과의 파장에 비해 그 적용요건이 매우 불명확하고 모호하므로 이에 대한 입법론적 개정 논의도 필요하다.

― 참고문헌 ―

1. 국내문헌

가. 주석서, 단행본

김건식/정순섭, 새로 쓴 자본시장법 제3판(두성사, 2013)

석광현, 국제사법 해설(박영사, 2013)

신창선/윤남순, 신국제사법 제2판(피데스, 2016)

신창섭, 국제사법 제4판(세창출판사, 2018)

안춘수, 국제사법(법문사, 2017)

이원희, 대체투자의 꽃 사모투자펀드: 대체투자 파헤치기(중)(북랩, 2016)

이호정, 국제사법 중판(경문사, 1985),

임재연, 자본시장법(2018년판)(박영사, 2018),

정동윤 집필대표, 주석상법(회사VII), 제5판(2014),

한국상사법학회 편, 주식회사법대계Ⅲ, 제3판(2019)

한국증권법학회, 자본시장법 주석서(I) 개정판(박영사, 2015)

나. 논문

권남혁, "外國會社의 國內法上의 地位", 會社法上의 諸問題[下] 재판자료 제38집(1987)

김연미, "상법상 외국회사의 지위", BFL 제42호(2010. 7.)

석광현, "동시상장 기타 자본시장 국제화에 따른 국제사법 문제의 서론적 고찰", 국제사법
　　　과 국제소송 제6권(박영사, 2019)

_____, "한국에서 주된 사업을 하는 외국회사의 법인격과 당사자능력", 선진상사법률 제90
　　　호(2020. 4.)

_____, "쿠팡은 한국 회사인가?", 법률신문(2021. 2. 25.자)

이종혁, "자본시장법상 역외적용의 준거법 결정기준으로서의 기능에 대한 검토", 국제거래
　　　와 법 제30호(2020. 7.)

이필복, "법인과 단체의 실체적, 절차적 준거법", 국제사법연구 제25권 제2호(2019)

다. 기타

「2020년 PEF(Private Equity Fund) 동향 및 시사점」, 금융감독원 보도자료(2021. 7. 21.)

「국민연금기금운용 실적보고서」(보건복지부/국민연금공단 작성, 2021. 2.)

2. 외국문헌

Stephanie R. Breslow and Phyllis A. Schwartz, 「Private Equity Funds Formation and Operation」, Practising Law Institute (2014)

국제지적재산권 분쟁의 준거법

— 비등록재산권에 대한 본원국법주의의 당부 검토 —

류재현*

Ⅰ. 서론

지적재산권[1]의 준거법에 관하여, 우리 구 섭외사법은 명문의 규정을 두고 있지 아니하였으나, 일찍이 그 해석론으로서 지적재산권 자체의 준거법, 즉 지적재산권의 성립, 내용, 효과, 소멸 및 그 침해에 대한 보호의 준거법에 관하여 보호국법주의(*lex loci protectionis*의 원칙)가 적용되어야 한다는 견해가 유력하게 제시되었다.[2] 여기에서 보호국(Schutzland, protecting country)이라 함은 곧 "그의 영토에 대하여 지적재산권의 보호가 청구되고 있는 국가"를 의미하는 바,[3] 현행 국제사법은 "지식재산권의 보호는 그 침해지법에 의한다."라는 규정을 도입함으로써,[4] 위와 같은 국제지적재산권법의 시론을 계승하고, 지적재산권에 관한 조약과 다수의 입법, 학설에 의해 널리 인정되는 보호국법주의를 명시적으로 규정하기에 이르렀다.[5] 이와 같이 입법적으로 명문화된 보호국법주의 원칙의 적용 범위는 일견 지적재산권의 침해에 한정되는 듯 보일 수도 있으나, 그에 한정되지 아니하고, (지적재산권의 등록 여부를 불문하여) 지적재산권 전반에 걸쳐 일원적으로 적용된다는 것이 일반적인 이해였다.[6][7]

---

* 대구지방검찰청 안동지청 검사
1) 국제사법 등 현행 법문은 '지식재산권'이나, 그 대신 사용되던 '지적재산권'이라는 용어를 사용하는 이유에 관하여는, 박준석, "무체재산권·지적소유권·지적재산권·지식재산권 −한국 지재법 총칭(總稱) 변화의 연혁적·실증적 비판−", 서울대학교 법학 제53권 제4호(서울대학교 법학연구소, 2012. 12.), 109면 이하 참조.
2) 이호정/정상조, "섭외지적재산권법 시론 −지적재산권의 준거법−", 서울대학교 법학 제39권 제1호 (서울대학교 법학연구소, 1998. 5.), 116면 이하 참조.
3) 석광현, 국제사법 해설(박영사, 2013), 278면 참조.
4) 2001. 개정 국제사법 제24조. 이는 2022. 시행 예정인 개정 국제사법에서도 조문번호가 제40조로 바뀌고 그 말미의 "의한다"가 "따른다"로 바뀌는 외에 동일하다. 이하 '국제사법 제24조'라고 한다.
5) 석광현(註 3), 278면 참조.

한편, 대표적인 비등록 지적재산권인 저작권에 관하여, '문학적·예술적
저작물의 보호를 위한 베른협약(Berne Convention for the Protection of Literary
and Artistic Works, 이하 '베른협약'이라 함)'이 저작권의 저촉규범을 포함하고 있
는지, 그렇다면 그 연결원칙과 적용 범위는 무엇인지, 이는 국제사법 제24조보
다 우선적으로 적용되는지 등에 관하여, (1) 베른협약에서 보호국법주의가 도
출되며, 국제사법 제24조에 우선하여 적용된다는 취지의 견해,[8] (2) 국제사법
제24조를 우선 적용하여야 한다는 취지의 견해[9] 등이 제시되며 일련의 논의
가 있어왔다. 다만 베른협약에서 보호국법주의가 도출되지 않는다거나, 그 적
용 범위가 저작권 전반이 아닌 저작권의 침해에 한정된다 하더라도, 결국 국
제사법 제24조에서 보호국법주의가 도출되어 동일한 결론에 이르게 되므로,
결론에 있어 특별히 문제될 것이 없는 것으로 여겨졌다.[10]

이상이 대한민국에 현재 적용되고 있는 실정법임을 전제로, 현재 학계의
논의는 향후 입법론으로서 변화하는 현실에 따라 보호국법주의 원칙을 어떻게
(일부) 수정, 보완할 것인지 논의하는 방향으로 진행되고 있다.[11] 그런데 최근
서울고등법원에서 저작권의 (최초) 귀속 등에 보호국법이 아닌 본원국법(*lex
originalis*)[12]을 적용하여야 한다는 취지의 판결들(이하 '문제 판결'이라 함)[13]이

---

6) 석광현(註 3), 277면 이하 참조.

7) 관련하여, 일부 하급심에서 지적재산권 침해의 준거법을 결정함에 있어 손해배상에 대하여 불법행
   위의 준거법을 이원적으로 적용하는 등 일부 혼란이 있었으나 결국 시정된 일이 있었다. 그 상세
   한 과정에 관하여는, 석광현, "외국저작권 침해의 준거법", 국제사법과 국제소송 제5권(박영사,
   2010), 99면 이하 참조.

8) 석광현(註 7), 107면 이하 참조.

9) 이주연, "국제 저작권침해소송에서 베른협약 제5조 제2항 적용의 문제점", 국제사법연구 제24권
   제1호(한국국제사법학회, 2018. 6.), 67면 이하 참조.

10) 석광현(註 7), 128면 참조.

11) 우리 한국국제사법학회는 이를 위해 금년 5월 중 국제지적재산권법에 관한 연구회를 개최하기도
    하였다. 석광현, "간행사", 국제사법연구 제27권 제1호(한국국제사법학회, 2021. 6.) 참조; 위 연구
    회에서 발표된 연구로는 예컨대 손경한, "지식재산의 준거법에 관한 입법 방안", 국제사법연구 제
    27월 제1호(한국국제사법학회, 2021. 6.), 3면 이하(지적재산의 최초귀속 및 권리의 성립의 준거법
    으로 최밀접관련국법을 적용할 것을 제안하며, 원칙적으로 창작지 내지 창작자의 소재지법을 최밀
    접관련국법으로 추정하되, 등록 지적재산권의 경우 등록국법을 최밀접관련국법으로 추정하자는
    취지) 등 참조.

12) 문제 판결에서는 '본국법'이라고 하였는데, 이 글에서는 종래에 사용되던 번역어에 따랐다. 석광현
    (註 3), 283면 참조.

13) 서울고등법원 2020. 6. 25. 선고 2019나2013948 판결(2021. 12. 29. 현재 대법원 2020다250561호
    로 재판계속 중) 및 서울고등법원 2021. 1. 28. 선고 2019나2049565 판결(2021. 12. 29. 현재 대법
    원 2021다215978호로 재판계속 중).

선고되는 일이 있었다. 문제 판결의 요지 및 종래 다른 판결들과의 차이점에 관하여는 이미 학계에 보고된 바 있으므로,[14] 그에 대하여는 여기에서 더 상론하지 아니하고, 이하에서는 우선 문제 판결의 결론이 실정법의 틀 내에서 수용할 수 있는 것인지 비판적으로 고찰해보고(Ⅱ.), 이를 계기로 장차 입법론으로서 비등록 지적재산권에 대하여 본원국법주의를 적용하는 것의 당부를 검토해보고자 한다(Ⅲ.).

Ⅱ. 문제 판결에 대한 비판적 고찰

1. 논점의 정리

우선 이 글에서 검토가 필요한 범위 내에서 문제 판결의 사실관계를 간략히 소개하면 다음과 같다:[15]

- 해당 사건의 '원고'와 '피고의 모회사'는 모두 한국 법인으로, 이 두 회사는 해당 사건에서 문제된 계쟁 저작물의 공동 저작권자[16]였다.
- 이후 '피고의 모회사'는 물적분할을 하게 되었는데, 그 과정에서 신설회사(한국 법인)인 '피고'에게 계쟁 저작물에 대한 그 공동 저작권자로서의 권리를 이전하였다.
- 이어 '피고'는 제3국인 중국에서, 계쟁 저작물의 다른 공동 저작권자인 '원고'의 동의 없이 그 단독으로 제3의 중국 법인 등에게 계쟁 저작물에 대하여 이용허락을 하였다.
- '원고'는 '피고'를 상대로, '피고'가 계쟁 저작물의 저작권자가 아님을 전제로 저작권침해금지(청구취지: 피고는 제3자에게 계쟁 저작물을 이용하도록 허락하여서는 아니된다[17]) 등을 청구하였다.

이에 대해 문제 판결의 재판부는 아래와 같이 판단하였다:

---

14) 이주연, "국제 지식재산사건에서 준거법을 판단한 우리 법원 판결의 동향과 분석", 국제사법연구 제27권 제1호(한국국제사법학회, 2021. 6.), 69면 이하 참조.
15) 가장 먼저 선고되었고, 관련 설시가 가장 상세한 서울고등법원 2020. 6. 25. 선고 2019나2013948 판결을 기초로 정리하였다.
16) 엄밀히 논하자면 이 역시 국가에 따라 달라질 수 있겠으나, 일단 적어도 한국에서는 공동 저작권자였음에 달리 다툼이 없었던 것으로 보인다.
17) 원고는 청구취지에서 이러한 침해금지의 장소를 특정하지 아니하였다.

① 피고가 계쟁 저작물의 저작권자인지 여부는 저작권의 귀속에 대한 준거법의 문제로 성질결정함

② 저작권의 권리자, 권리의 성립 및 소멸, 양도의 사안에 관하여는 저작물이 최초로 발행된 곳이나 저작자의 거주지 내지 소재지와 같은 저작물의 본(원)국법에 따라 판단하여야 함(→ 해당 사건의 경우 한국법임)

③ 가사 본(원)국법이 아닌 보호국법이 준거법이라고 보더라도, 원고가 금지를 구하는 '이용허락행위'는 결국 국내에서 이루어지는 것이므로, 그 침해지 또한 국내로 판단함(→ 따라서 마찬가지로 준거법은 한국법임)

그러므로 이하에서는 이러한 성질결정이 적절한지 여부(이하 2.), 본원국법주의를 적용한 것이 적절한지 여부(이하 3.), 침해지에 대한 가정적 판단이 타당한지 여부(이하 4.)를 순서대로 살펴본다.

2. 성질결정은 적절한가

문제 판결의 사안에서 피고가 계쟁 저작물의 저작권자인지 여부는 일견 보기에는 '저작권의 권리자, 권리의 성립 및 소멸, 양도의 사안'에 그대로 해당하는 것 같기도 하다. 그러나 보다 정치하게 검토하자면, 그 앞에 거쳐야 할 단계가 있다. 사안에서 피고는 그 모회사가 물적분할되는 과정에서 계쟁 저작물에 대한 공동 권리를 포괄승계하였는데, 이러한 포괄승계의 효력 범위에 대한 문제는 일차적으로 국제사법 제16조[18]에 따라 법인의 설립준거법에 의할 사안이다.[19]

사안에서 피고의 설립준거법은 우리 법이고, 우리 상법은 회사 분할의 경우 포괄승계가 원칙이나 그 성질상 이전이 허용되지 않는 것은 승계의 대상에서 제외된다고 보기 때문에,[20] 계쟁 저작물이 (혹은 그 공동저작권자로서의 권리가) '그 성질상 이전이 허용되지 않는 것'에 해당하는지 여부를 따져보게 되는 것이다. 보다 일반적으로 법인 재산의 물권변동에 있어 다양한 장애사유 내지 강행규정들이 존재할 때, 이를 위 예외 소정 '그 성질상 이전이 허용되지 않는 것'에 해당하는지 여부를 판단하는 것은 결국 우리 상법에 대한 해석이라고

---

18) 이는 2022. 시행 예정인 개정 국제사법에서도 조문번호가 제30조로 바뀌고 그 말미의 "의한다"가 "따른다"로 바뀌는 외에 동일하다.
19) 석광현(註 3), 210면 이하 참조.
20) 대법원 2015. 2. 12. 선고 2012두14729 판결 등 참조.

할 것이다. (가능성이 높은 예는 아니지만 극단적으로) 만약 설립준거법이 포괄승계 자체를 인정하지 아니한다거나, 혹은 승계 제외의 예외를 인정하지 않는 경우를 상정해보면, 애초에 포괄승계의 예외에 해당하는지 여부를 판단할 필요 자체가 없고, 나아가 개별 재산의 준거법을 따져 볼 필요도 없다는 것을 쉽게 알 수 있다.

　　다만, 그 판단의 전제로서, 물권변동의 장애사유 내지 강행규정 등이 존재하는지 여부, 즉, 전제 사실은 개별 재산의 준거법에 의할 사안이므로, 비로소 각 재산의 권리 변동을 규율하는 준거법을 결정할 필요가 발생하게 되는 것이다. 이 때, 저작권은 전세계적으로 통용되는 단일 권리가 아니고, 복수 국가의 법에 따른 복수의 저작권이 존재하는 것이며,[21] 이들 각각이 '그 성질상 이전이 허용되지 않는 것'에 해당하는지 여부를 판단하자면, 그 각각의 준거법을 판단하여야 한다.

　　문제 판결은 우리 저작권법 외에 특별한 이유 설시 없이 우리 상법도 적용하겠다고 한바, 이는 결론에 있어서는 옳으나, 이상과 같이 우리 상법이 설립준거법으로서 적용되는 이유 및 이를 매개로 비로써 저작권의 준거법 결정이 문제되는 과정에 대하여 설명하지 않은 것은 아쉬운 부분이다.

3. 본원국법주의를 적용한 것은 적절한가

　　문제 판결은 베른협약이 영화저작물의 저작자 결정을 보호국법에 따르도록 규정하는 외에 달리 저작물 일반에 대하여 규정하지 않음을 유일한 이유로, 곧바로 저작권의 귀속에 본(원)국법을 적용하여야 한다고 보았다. 그리고 만약 본(원)국법에 따르지 않을 경우 보호국에 따라 저작권자가 달라지는 문제가 발생할 수 있다고 하였다.

　　우선 베른협약이 저작권의 저촉규범을 포함하고 있는지, 그렇다면 그 연결원칙과 적용 범위는 무엇인지는 지난한 난제이고, 일부 베른협약이 저작권의 귀속에 대하여는 본원국법원칙을 규정하고 있다고 보는 견해 또한 존재하는 것은 사실이다.[22] 그러나 문제 판결은 '베른협약에 따라' 저작권의 귀속에

---

21) 석광현, "구름빵 사건과 저작권의 국제적 보호", 법률신문, 2021. 4. 26. 참조.
22) 종래의 유력한 견해도, 베른조약은 보호국법주의를 규정한다고 보되, 만약 견해를 달리하여 베른조약의 해석상 본원국법에 따라야 한다면, 당해 조약이 적용되는 범위 내에서는 국제사법 제24조에도 불구하고 당해 조약에 따라야 할 것이라고 설명한다. 석광현(註 3), 283면 참조. 이 쟁점에

본원국법을 적용해야 한다고 판단한 것이 아니고, '베른협약에 적용할 규정이 없으니' 본원국법을 적용하겠다고 한 것이다. 이와 같이 판단하기 위하여는 논란의 여지가 상당한 베른협약의 해석 외에도, ① 일반규정인 국제사법 제24조의 적용은 어째서 배제되는지, ② 본원국법주의 자체는 어디에서 도출되는 것인지에 대한 설명이 각각 필요하다고 할 것이다.

국제사법 제24조가 등록 여부를 불문하고 지적재산권의 귀속 문제를 포함하여 지적재산권 전반에 걸쳐 일원적으로 적용된다는 것은 종래의 유력한 견해로서, 그간 다수의 하급심 판결에서 확인되어 온 바이고, 특히 개중에는 형사 사건으로 대법원에서도 심리·판단된 사건도 다수이다.[23] 그럼에도 이들과 다른 판단을 하려면, 종래의 판결들이 잘못된 이유는 무엇이고, 그와 달리 새로운 판단은 어째서 타당한지 상세한 이유가 제시되었어야 할 것인데, 문제 판결에는 이에 대하여 아무런 설시를 찾을 수 없다.

기재되어 있지 않은 이유를 분석하자니 황망한 일이지만, 굳이 따져 보자면, 국제사법 제24조의 문언이 '침해'에 한정되어 있다거나, 입법 당시 법무부에서 발간한 자료[24]에서 침해 외 지적재산권 전반에 대한 문제는 여전히 학설과 판례에 맡겨 두었다고 설명하고 있다거나 하는 등의 사정을 종합하여 국제사법 제24조가 지적재산권의 귀속 문제에 직접 적용되지 않는다고 이론구성을 하는 것 자체는 불가능한 일은 아닐 것이다.[25] 다만 이와 같이 이론구성을 하더라도, 종래의 '학설과 판례' 모두 국제사법 제24조의 해석론 내지 이른바 속지주의 등을 근거로 지적재산권의 귀속을 포함한 지적재산권 전반에 대하여 보호국법주의를 적용해 온 사정이 현저하다.[26]

대해 보다 상세히 논의하고 국내외 논의를 소개하는 국내 문헌으로는, 우선 앞서 소개한 석광현(註 7), 107면 이하 및 이주연(註 8), 67면 이하 등 참조. 해외 문헌으로는 Drexl, Josef, "Article 3:201: Initial Ownership", in European Max Planck Group on Conflict of Laws in Intellectual Property (ed.), *Conflict of Laws in Intellectual Property: The CLIP Principles and Commentary* (Oxford: Oxford University Press, 2013), 3:201.N06 이하; Fawcett, James J./Torremans, Paul, *Intellectual Property and Private International Law* (Oxford: Oxford University Press, 2011), 13.80 이하; Goldstein, *Paul, International Intellectual Property Law*, 2nd Ed. (NY: Thomson/Foundation Press, 2008), p. 50 이하 등도 모두 일치하여 국제적으로 상당한 논쟁이 있다고 설명한다.

23) 각 판결에 대한 보다 상세한 소개로는, 이주연(註 14), 69면 이하 참조.
24) 법무부, 국제사법 해설(2001), 87면 이하 참조.
25) 이주연(註 8), 69면 이하 참조.
26) 이러한 사정은 특히 등록 지적재산권의 경우에 그러한데, 국제사법 제24조가 그 규정 형식상 등록 여부를 구분하지 않고 있으므로, 비등록 지적재산권에 대하여도 동일하게 적용된다고 봄이 상당하다.

나아가, 우리 실정법상 본원국법주의를 도출할 근거가 없다. 국제사법이나 저작권법 중 어느 법을 보더라도, 본원국법주의의 근거로 삼을 아무런 조문이 없기 때문이다. 때문에 전통적으로 본원국법주의를 주장하는 견해는 베른협약에서 그 실정법적 근거를 찾았던 것이나, 문제 판결이 본원국법주의의 근거를 베른협약에 두고 있지 않음은 앞서 본 바와 같다.27) 결국 문제 판결은 아무런 실정법상의 근거를 제시함 없이, 단지 본원국법에 따르지 않으면 보호국에 따라 저작권자가 달라지는 문제가 발생할 수 있다는 이유만으로 본원국법주의에 따라야 한다고 판단하였는데, 이러한 정책적인 필요성의 당부는 차치하더라도,28) 그러한 사정만으로 위와 같이 실정법에 근거를 두지 않은 법창조 수준의 해석론이 과연 정당화될 수 있는 것인지 의문이다.

결국 문제 판결이 저작권의 귀속에 대하여 본원국법주의를 적용한 것은 종래에 확립된 실무와 유력한 견해를 특별한 이유 없이 배척하고, 충분한 실정법적 근거 없이 독자적인 해석론을 펼친 것으로서, 현시점에서 수용하기 어려운 결론이라고 본다.

4. 침해지에 대한 가정적 판단은 적절한가

문제 판결에서 가장 타당하다고 보기 어려운 지점은 해당 사안에서 가정적으로 침해지법을 적용하더라도 피고가 외국에서의 이용허락을 하는 곳은 국내이므로, 곧 침해지가 국내라고 본 부분이다. 해당 사안에서 이용허락을 받은 자는 중국 법인이고, 그에 따른 이용행위 또한 중국에서 이루어질 것으로 당연히 예상되는 점에서 문제 판결의 위 판단에는 즉각 의문이 제기될 수 있다. 위와 같은 문제 판결의 태도를 이론적으로 평가해보자면, 이는 대체로 수인이 관여하는 지적재산권 침해에 있어서, 그 각자의 물리적인 행동지만을 침해지로 보겠다는 것과 사실상 동일한 것으로 보인다.

앞서 언급한 바와 같이 문제 판결의 원고는 이용허락의 금지를 청구하면서 그 침해금지의 장소를 특정하지 않은 것으로 보인다. 이렇게 되면 이론적으로는 전세계 모든 장소에서의 침해금지를 구하는 것으로 볼 여지가 있고, 이를 심리하여야 할 재판부의 입장에서는 전세계 모든 저작권법에 따라 전세

---

27) 종래의 판례 또한 본원국법주의를 적용해야 한다는 주장을 배척한 형사 판결들만이 확인될 뿐이다.
28) 상세한 검토는 이하 Ⅲ.에서 살펴본다.

계 모든 저작권이 누구에게 귀속되고 침해금지청구가 인정될 수 있는지 각각 따져봐야 하는 어려움이 발생할 소지가 있기는 하다. 앞서 본 바와 같이 문제 판결의 방식으로 저작권 귀속의 준거법을 본원국법으로 통일하여 보았더라도, 원고의 청구가 전세계 각지에 대한 것이라면, 결국 전세계 각지의 저작권법을 따져보아야 하는 어려움은 그대로 남는다. 다시 한 번 굳이 선해하자면, 문제 판결은 이런 어려움을 피하기 위해 우선 원고의 청구를 우리 국내에 한정된 것으로 판단한 후, 위와 같은 침해지 판단으로 나아간 것으로 보인다.

종래 지적재산권 침해의 장소결정에 관하여는 ① 행동지와 결과발생지가 원칙적으로 일치하나, 예외를 인정한다면 결과발생지가 침해지라는 견해, 29)30)31) ② 행동지와 결과발생지를 모두 고려하여야 한다는 견해32) 등이 제기되어 왔으나, 달리 행동지만을 침해지로 보는 견해는 찾아보기 어렵다.33) 어느 관점에 따르더라도 이용허락을 받은 자에 의한 이용허락이 이루어질 것이 예정된 외국이 결과발생지로서 침해지가 된다는 결론을 피할 수 없다.34)

우리 대법원도 종래에 이른바 X-GIRL 사건에서 "일본 보따리상들의 일본에서의 일본 상표권 침해행위에 피고가 교사 또는 방조하였음을 이유로 하는 이 부분 손해배상청구의 당부는 침해지법인 일본 상표법 제37조 등의 해석에 따라야 할 것"이라고 판시하여,35) 수인이 관여하는 지적재산권 침해에 있어 종국적인 결과발생지가 침해지임을 확인한 바 있다.36)

결국 문제 판결이 피고의 이용허락이 국내에서 이루어진다는 사정만을 들어 곧바로 그 침해지를 국내라고 판단한 것은 종래의 견해나 판례에 비추어 잘못되었다고 본다. 사안을 바꾸어, 우리 국내에서 저작권자를 사칭하는 자가

---

29) 석광현(註 3), 281면 이하.
30) 석광현(註 7), 130면 이하.
31) 석광현, "한국에 있어서 지적재산권분쟁의 국제재판관할", 국제사법과 국제소송 제4권(박영사, 2007), 609면 이하.
32) 이성호, "사이버 지적지산권 분쟁에 관한 국제재판관할과 준거법", 저스티스 통권 제72호(한국법학원, 2003. 4.), 195면.
33) 독일에서는 수인이 관여한 경우 행동지를 각자 결정해야 할 것이라는 견해도 있다고는 한다. 석광현(註 31), 610면 이하 및 특히 각주 59 참조.
34) 문제 판결의 사안에서라면 일단 중국이 우선 문제될 것이다.
35) 대법원 2004. 7. 22. 선고 2003다62910 판결.
36) 이주연, "국제저작권침해의 형사사건에서 법의 적용문제", 계간 저작권 2018 가을호, 제31권 제3호(통권 제123호)(한국저작권위원회, 2018), 149면 이하는 민사적 침해지와 형사적 범죄지가 일치해야 한다고 하면서, 형사적 범죄지에 있어 대법원의 종래 입장은 보편기준설이라고 설명한다. 이에 따르더라도 결과발생지가 침해지에서 배제될 이유가 없다.

해당 저작권을 보호하지 않는 외국에서의 저작권 이용행위를 우리 국내에서
교사, 방조한 사안을 상정해보자. 이 경우 종국적으로 침해 여부가 문제되어야
하는 것은 (해당국 내에서는 보호되지 않는) 외국의 저작권이고, 이는 통상 법적
으로 문제될 것 없는 허용되는 행위인데, 문제 판결과 같은 방식으로 보아 침
해지는 우리 국내로 장소결정한 후, 준거법도 우리 저작권법이니 우리 저작권
침해를 인정하게 된다는 결론은 통상 수용하기 어려울 것이다.[37][38] 이상의 논
의를 종합하여 보자면, 문제 판결 사안에서 침해지는 피고의 이용허락에 따라
실제 이용이 이루어질 장소라고 보거나, 최소한 그러한 장소가 포함되었어야
한다.

　물론 실무적으로 이런 사건마다 전세계의 모든 저작권을 따져보는 어려움
을 그대로 겪어야 한다고 할 수는 없겠으나, 이에 대한 정석적인 해결책은 일
차적으로 원고에게 청구취지를 장소적으로 특정하거나, 혹은 (종래 주장을 유지
할 경우) 전세계 각지에 대한 침해 내지 침해 우려를 모두 소명할 것을 요구하
고, 이에 합리적인 이유 없이 응하지 않을 경우, 단지 상대방을 괴롭히거나 사
법 인력을 소모시키기 위한 청구로 보아 (침해 내지 침해 우려가 소명되지 않는
등 유의미한 법적 판단이 필요하지 않은 부분은) 각하하였어야 할 것이라고 본
다.[39][40]

5. 소결

　이상과 같이 문제 판결을 그대로 수용하기 어려운 다양한 문제점들을 살
펴보았다. 문제 판결이 포괄승계의 준거법에 대해 언급함 없이 그대로 우리
상법을 적용한 것은 아쉬운 점이다. 나아가 실정법적 근거 없이 종래의 확립

---

37) 물론, 이 경우에도 국내에서 유의미한 우리 저작권의 침해가 구성되는 경우라면 사안을 달리 볼
　여지가 있을 것이기는 하다. 석광현, "2004년 국제사법 분야 대법원판례: 정리 및 해설", 국제사법
　과 국제소송 제4권(박영사, 2007), 668면 이하 참조.
38) 강영수, "국제 지적재산권침해소송에 있어서 국제사법적 문제에 관한 연구 ‒속지주의 원칙의 한계
　및 그 수정을 중심으로‒", 서울대학교 대학원 박사학위논문(2005), 48면 이하 또한 참조.
39) 소송 절차는 법정지법(*lex fori*)에 따르므로[석광현(註 3), 24면 이하 참조], 우리 민사소송법상 소
　권 남용 등의 법리는 외국법이 준거법인지 여부와 무관하게 우리 법원에서의 재판에 언제나 적용
　될 수 있다.
40) 국제재판관할의 관점에서 양적인 통제를 가하는 방법도 생각해볼 여지가 있으나, 문제 판결의 사
　안에서는 피고가 국내 법인이고, 항소심에 이르러 응소관할도 성립한 상황으로 보이므로, 상세히
　검토할 실익은 크지 않은 듯 보인다.

된 바와 달리 저작권의 귀속에 본원국법을 적용한 것은 수용하기 어렵다. 그
리고 저작권의 귀속을 넘어 저작권 침해 판단에 있어 침해지를 국내로 한정한
결론은 명백히 잘못되었다. 전반적으로 문제 판결은 처음부터 우리 법만을 적
용하겠다는 결론을 먼저 정했던 것이 아닌가 싶다.

Ⅲ. 입법론적 고찰

현재의 상황에서 비등록 지적재산권의 귀속 등에 대하여 본원국법주의를
적용하는 것의 당부를 떠나, 앞서 설명한 바와 같이 장차 우리 국제사법의 입
법론으로서 이를 도입하는 것이 바람직하다는 논의가 존재하므로,[41] 이하에서
는 이와 같은 입법론의 당부에 대하여 살펴본다.

1. 개괄적인 비교법적 검토

가. 각국의 입장 대립

이에 대하여 비교법적으로 스위스, 오스트리아 등은 성문법적으로 보호국
법주의를 적용하고, 독일은 다수설과 확립된 판례에 의해 보호국법주의를 적
용하는 반면, 그리스, 포르투갈 등은 성문법적으로 본원국법주의를 적용하고,
미국 판례법도 본원국법주의를 취하고 있는 등 국제적으로 각국의 입장 대립
이 첨예하다.[42][43] 한편, 일본,[44] 중국[45] 등 우리 주변국들은 대체로 보호국법

---

41) 대표적으로, 손경한(註 11), 3면 이하 참조.
42) 비교법적 고찰이 개략적으로 잘 정리된 사례로는 우선 Drexl, Josef(註 22), 3:201.N03 이하 참조.
43) 보다 상세하게 각국의 입장이 정리된 사례로는 Kono, Toshiyuki (ed.), Intellectual Property and
   Private International Law: Comparative Perspectives (Oxford/Portland: Hart Publishing, 2012)에
   수록된 세계비교법학회(International Academy of Comparative Law)에서 개최한 제18차 비교법
   국제학술대회(the 18th International Congress of Comparative Law)에서 보고된 각국의 보고서
   참조.
44) 일본의 법의 적용에 관한 통칙법에는 지적재산에 관한 명문 규정이 존재하지 아니하나, 일본의 판
   례는 지적재산권 자체의 준거법과 지적재산권 침해로 인한 채권적 청구권의 준거법을 각기 달리
   결정하는 이원적 연결방식을 취하며, 전자는 보호국법에 따르고, 저작권의 경우 그 근거로 베른협
   약을 제시한다. 木棚照一, 国際知的財産法(東京: 日本評論社, 2009), 383면 이하 참조.
45) 중국의 경우, 섭외민사관계법률적용법 제48조의 초안은 지적재산의 준거법에 보호국법 외에 본원
   국법을 포함하였으나, 결국 제정안에서는 보호국법으로 일원화하였다는 설명으로는, Tu,
   Guangtian, "China's New Conflicts Code: General Issues and Selected Topics", *The American
   Journal of Comparative Law* Vol. 59 (2011), 587 참조.

주의를 적용하고 있다.

나. 국제 제안들의 입장 대립

이러한 첨예한 대립은 현재의 실정법에서 뿐만 아니라, (장차 각국의 입법
이 나아가야 할 방향을 제시하는) 다수의 학자들이 참여한 국제적인 제안들의 경
우에도 마찬가지로 존재한다.

유럽 막스플랑크 그룹(European Max-Planck Group on Conflict of Laws in
Intellectual Property)이 2011년에 발표한 지적재산의 국제사법 원칙(Principles for
Conflict of Laws in Intellectual Property, 이하 "CLIP 원칙"이라 함)[46] 및 한일 양국
의 국제사법학자들이 2011년 발표한 지적재산권에 관한 국제사법원칙[47]은 보
호국법주의의 적용을 제안한다.

반면, 미국법률협회(The American Law Institute)가 2007년에 발표한 지적재
산: 초국가적 분쟁에서의 관할권, 준거법 및 재판을 규율하는 원칙(Intellectual
Property: Principles Governing Jurisdiction, Choice of Law and Judgements in
Transnational Disputes)[48] 및 최근 발표된 지식재산과 국제사법에 관한 ILA 가
이드라인(Guidelines on Intellectual Property and Private International Law, 이하 "교
토 가이드라인"이라 함)[49] 등은 본원국법주의의 적용을 제안한다.

---

46) Drexl, Josef(註 22), 3:201.C01 이하 참조. 이를 소개하는 국내 문헌으로, 석광현, "국제지적재산권
　　분쟁과 국제사법: ALI 원칙(2007)과 CLIP 원칙(2011)을 중심으로", 민사판례연구 제34집(박영사,
　　2012), 1068면 이하; 류재현, "CLIP 원칙의 소개 및 우리 법과의 비교 −준거법에 대한 규정을 중
　　심으로", 국제사법연구 제24권 제1호(한국국제사법학회, 2018. 6.), 125면 이하 등 참조.
47) 편집부, "지적재산권에 관한 국제사법원칙(한일공동제안)", 국제사법연구 제17호(한국국제사법학
　　회, 2011. 12.), 533면 이하 참조. 그에 앞서 우리 학회는 2010. 단독으로 국제지식재산소송원칙을
　　승인한바 있고[이에 대한 해설로는 손경한, "국제지적재산소송원칙 해설", 국제사법연구 제16호
　　(2010. 12.), 416면 이하 참조], 일본의 학자들은 일본법의 투명화 프로젝트에 따른 단독안을 발표
　　한 바 있다[이에 대한 해설로는 河野俊行(編), 知的財産権と涉外民事訴訟(東京: 弘文堂, 2010), 2
　　면 이하(개관), 209-371면(상세) 참조].
48) American Law Institute, *Intellectual Property: Principles Governing Jurisdiction, Choice of Law
　　and Judgements in Transnational Disputes* (Chestnut: ALI Publishers, 2008) 참조. 이를 소개하
　　는 국내 문헌으로, 석광현(註 46), 1068면 이하 참조.
49) 이규호/이종혁 역, "지식재산과 국제사법에 관한 ILA 가이드라인", 국제사법연구 제27권 제1호(한
　　국국제사법학회, 2021. 6.), 679면 이하; 이를 해설하는 외국 문헌으로는, Ancel, Marie-Elodie/
　　Binctin, Nicolas/Drexl, Josef/Van Eechoud, Mireille/Ginsburg, Jane C/Kono, Toshiyuki/Lee,
　　Gyooho/Matulionyte, Rita/ Treppoze, Edouard/Vicente, Dário Moura, "International Law
　　Associations' Guidelines on Intellectual Property and Private International Law ("Kyoto
　　Guidelines"): Applicable Law", *Journal of Intellectual Property, Information Technology and
　　E-Commerce Law* 12 (2021), 44 참조.

다. 요약

이상을 거칠게 요약해보면, 전반적으로 대립이 여전한 가운데, 일응 비등록 지적재산권의 귀속 등에 대하여 본원국법주의를 적용하자는 제안이 과거에 비하여 점차 세를 얻고 있다는 경향이 존재한다고 볼 여지도 있다.[50]

그러나 우리 법이 종래에 취하던 입장을 변경하자면, 그러한 변화를 선택하는 데에 실질적 이점이 있어야 할 것이다. 본원국법주의의 이점은 통상적으로 당사자들의 예측가능성을 높이고, 국제적 판결의 일치를 촉진하며, 권리자의 보호에 도움이 될 수 있다는 식으로 설명된다. 이하에서는 이러한 논거들의 타당성을 각각 검토해본다.

2. 당사자들의 예측가능성이 높아지는가

본원국법주의가 제시하는 핵심적인 이상은, 곧, 세계 어디에서도 동일한 법에 따라 저작권의 귀속 등을 판단할 수 있다는 것이다. 이러한 이상은 일견 아름답게 보이지만, 이를 달성하기 위하여서는 실무적으로 본원국 자체가 예측가능하게 결정될 필요가 있다. 그러나 수개국에서 동시에 공표된 경우, 상이한 국적을 가지는 수인이 최초 공표에 관여한 경우, 인터넷에서 공표된 경우 등과 같이 본원국을 일률적으로 결정하기 어려운 사례들이 존재하여, 결국 본원국의 결정이 용이하지 않다는 점은 익히 지적되어 온 바와 같다.[51]

이와 관련하여, 가장 최근에 발표된 교토 가이드라인은 제20조 제2항 (a)에서 본원국법이 "창작자가 그 창작시에 상거소를 두고 있는 국가로 추정된다. 보호의 대상이 둘 이상의 사람에 의하여 창작된 경우에는 그들은 그들의 상거소지국들 중 하나의 법을 최초 귀속의 준거법으로 선택할 수 있다."라고 규정하였다.[52] 이는 보다 불확실성이 큰 공표지 내지 창작지를 가급적 배제하고, 비교적 단일하게 결정하기 용이한 창작자의 상거소지에 우선권을 주어 본원국의 결정에 대한 예측가능성을 높이려고 시도한 것으로 보인다. 그러나 이

---

50) 특히, 우리 학자들이 참여하고 우리 학회에서 채택한 제안들의 경우에는 특별한 사정이 없는 한 가급적 존중될 필요가 있을 것이다.

51) 석광현(註 7), 116면; CLIP 원칙의 경우 본원국법을 결정하는데 있어 일정한 불확실성이 존재하는 데 비해, 보호국법은 보다 용이하게 특정될 수 있는 사정 등을 이유로 보호국법을 채택하였다고 한다. 류재현(註 46), 134면; Drexl, Josef(註 22), 3:201.N02 등 참조.

52) 이규호/이종혁 역(註 49), 694면 이하 참조.

는 여전히 수인이 최초 공표에 관여한 경우의 문제를 예측가능하게 해결하지
못한다. 가장 단적인 예로, 교토 가이드라인을 해설하는 2021년 Journal of
Intellectual Property, Information Technology and E-Commerce Law에 발표
된 여러 공저자들의 논문들을 보자. 각 저자들의 상거소는 프랑스, 독일, 네덜
란드, 미국, 일본, 한국, 포르투갈 등 다양하고, 비등록 지적재산권인 저작권의
특성 상 위 공저자들이 내부적으로 어떤 선택 내지 합의를 하였든 이는 공시
되지 아니하므로 제3자로서는 알 방법이 없다. 이와 같은 상황에서 교토 가이
드라인에 따르자면 해당 가이드라인을 해설하는 논문조차 본원국의 예측이 불
확실하다.

　　앞서 문제 판결도 본원국법주의를 적용할 근거로 이용허락을 받는 당사자
들의 예측가능성을 들었다. 그렇다면 문제 판결의 사안에서 피고 측으로부터
이용허락을 받은 외국(중국) 기업의 입장에서는 본원국법주의를 적용하면 과
연 예측가능성이 높아지는가? 보호국법주의에 따르면 해당 외국 기업은 보호
국인 자국의 지적재산권 전문자의 자문에 따라 모든 쟁점에 대하여 자국의 지
적재산권법만을 검토하면 충분하다. 그에 비하여 본원국법주의에 따르면 어떻
게 되는가? 해당 외국 기업으로서는 ① 우선 국제지적재산권법 전문가를 찾아
가 해당 저작물의 본원국이 어디인지에 관하여 자문을 받아야 하고, ② 다시
그 (불확실한) 본원국의 지적재산권법 전문가를 찾아가 자문을 받아야 하고, ③
여전히 자국의 지적재산권법이 국제적 강행법규로서 적용되는 것은 아닌지,
보호국법이 적용되는 나머지 쟁점들은 어떻게 되는지 등에 관하여 자국 전문
가의 자문도 받아야 한다. 이러한 양자 중 어느 쪽이 더 용이하고, 예측가능성
이 높은지는 경험칙상 명백하다. 이를 국제사법적 이익분석[53]에 따라 설명하
자면, 본원국법주의에 의할 경우 적용될 가능성이 있는 다양한 국가의 실질법
을 모두 확인해야 하여 거래비용이 증가하여 거래이익이 훼손될 위험이 있는
것이다.[54]

　　결국, 본원국법주의는 본원국 자체를 결정함에 있어 불확실성 등으로 인
하여 그 이상과 달리 보호국법주의에 비해 오히려 당사자들의 예측가능성을
저해할 소지가 다분하고, 상거소지를 우선하는 등 일부 시도에도 불구하고 여

---

53) 이호정, 국제사법(경문사, 1988), 16면 이하 참조.
54) 석광현(註 7), 116면 이하도 본원국법주의에 따를 경우 거래의 보호(Verkehrsschutz)를 위해 바람
　　직하지 않다는 점을 지적한다.

전히 이러한 문제가 전부 해결되었다고 보기는 어렵다.

3. 국제적 판결의 일치가 촉진되는가

국제사법적 이익분석[55]에 따르자면, 국제적 판결의 일치는 질서이익의 측면에서 중요한 목표이다. 그렇다면 우리나라가 본원국법주의를 채택하면 과연 국제적 판결의 일치는 촉진될 것인가? 현시점에서 본원국법주의가 보호국법주의에 비하여 예측가능성이 부족하다는 점은 앞서 본 바와 같으며, 이는 곧 그 자체로 재판을 받을 때마다 결론이 달라질 수 있다는 위험을 의미한다. 그렇다면 지금보다 더 정치한 규칙이 발전하여, 본원국법 결정의 불확실성이 완전히 제거될 수 있다고 가정한다면, 국제적 판결의 일치가 보다 촉진될 수 있을 것인가?

앞서 개괄적으로 비교법적인 검토를 하면서 살펴본 바와 같이, 각국의 실정법상 본원국법주의와 보호국법주의 간의 대립은 여전히 첨예하고, 보호국법주의를 채택하고 있는 국가 또한 무시할 수 없는 다수이다. 즉, 본원국법주의를 채택하고 있는 나라들 사이에서 재판 결과가 일치되고, 우리가 여기에 합류하더라도, 이는 곧 보호국법주의를 취하는 나라들과는 재판 결과가 불일치하게 됨을 의미한다. 특히 우리나라의 입장에서 주요 교역상대국 중에서는 미국 정도를 제외하면, 본원국법주의를 채택하고 있는 국가를 찾아보기 어렵다. 이러한 상황에서 우리나라만이 본원국법주의로 입장을 변경할 경우, 종래에 비하여 오히려 국제적 판결의 불일치가 증가할 위험을 배제하기 어렵다.

결국, 현시점에서 우리나라가 본원국법주의를 채택하더라도 국제적 판결의 일치가 촉진될 것이라고 쉽게 단정하기 어렵다.

4. 권리자의 보호에 도움이 되는가

일견 본원국법주의에 따라 권리자가 세계 어디에서든 단일한 법을 근거로 자신이 권리자임을 주장할 수 있다면, 권리자의 보호에 도움이 될 것으로 보이기도 한다. 그러나 본원국법주의에 의할 경우 세계 각국의 사법기관은 저작자가 외국인인 모든 사건에서 외국법을 검토해야 하는 부담에 직면하게 된다.[56] 현실에서 지적재산권의 침해가 이루어질 경우, 권리자의 입장에서 적정

---

55) 이호정(註 53), 16면 이하 참조.

한 보호를 받기 위하여 무엇보다도 사법절차가 신속하게 진행되는 것이 중요할 것인데, 이러한 부담은 사법절차의 신속성을 저해하고,[57] 나아가 권리자의 보호에 악영향을 미칠 우려가 있다.

한편, 2020년 기준, 우리나라에서 1심 법원에 새로 접수된 민사 손해배상(저작권침해) 사건은 총 25건인데 비하여, 형사 저작권법위반죄 사건은 총 313건에 이르러 10배 이상 차이가 난다.[58] 결국 국내에서의 저작권 침해에 관하여 저작권자의 보호를 논함에 있어 형사 절차를 언급하지 않을 수 없다.[59] 그런데 국제사법에 따라 결정되는 준거법은 민사 사건뿐만 아니라 형사 사건에도 마찬가지로 적용되므로,[60] 국제사법의 입법론 역시 형사 절차와 그에 따른 권리자의 보호에 미치는 영향 또한 고려하여야 한다.

최근 개정 형사소송법은 경찰에 1차적 수사권을 부여하였고, 저작권법위반죄는 검사의 예외적인 직접수사 범위에도 해당하지 아니하여,[61] 결국 이에 대한 1차적 수사는 경찰의 책무가 되었다. 이와 같은 현재의 상황에서 본원국법주의를 도입할 경우, (법률전문가조차 꺼려하는) 낯선 외국법을 검토하여야 하는 의무는 1차적으로 온전히 비법률전문가인 경찰이 부담하게 되고, 이는 실무상 여러 어려움을 초래할 것으로 예상된다. 사정이 이와 같다면, 종래와 같이 우리 법만을 판단하면 되는 보호국법주의에 비하여, 본원국법주의에 따를 경우 형사 절차가 보다 신속·정확해지고, 권리자의 보호가 증진될 것이라고 쉽게 단정하기 어렵다.

---

56) 석광현(註 7), 116면 이하 및 특히 해당 문헌에 인용된 서울고등법원 2008. 7. 8. 선고 2007나80093 판결 등 참조.
57) 앞서 문제 판결이 어려운 과정을 거쳐 결국 모든 준거법을 한국법으로 결정한 것도, 사법기관이 얼마나 이런 부담을 회피하고 싶어하는지를 방증한다.
58) 법원행정처, 사법연감(2021), 794면(민사) 및 988면(형사) 각 참조.
59) 종래에도 지적재산권 침해와 관련된 민사사건보다 형사사건의 수가 훨씬 다수였다는 보고로는, 좌승관, "특허법상 형사처벌에 관한 소고", 지식재산21(2011. 4.), 4-5면 및 특히 각주 2 참조.
60) 류재현, "형사 사건에서의 국제사법 -우리 판례에 대한 검토를 중심으로-", 국제사법연구 제25권 제2호(한국국제사법학회, 2019. 12.), 67면 이하; 특히 저작권법위반죄와 관련하여는, 이주연, "국제저작권침해의 형사사건에서 법의 적용문제", 계간 저작권 2018 가을호, 제31권 제3호(통권 제123호)(한국저작권위원회, 2018), 123면 이하 등 참조.
61) 대통령령 제31090호 검사의 수사개시 범죄 범위에 관한 규정 및 법무부령 제986호 검사의 수사개시 범위에 관한 규정 시행규칙 등 참조.

5. 소결

이상을 통하여 현시점에서 본원국법주의가 제시하는 이상과 달리 기대하는 효과를 실제로 달성하기에는 여러 가지 어려움이 있다는 점을 확인하였다. 나아가 상술하지는 아니하였으나, 본원국법주의가 베른협약에 반할 소지가 있다는 지적이 존재한다는 사정 또한 고려할 필요가 있다.[62][63] 이상과 같은 여러 가지 문제점들이 해결되지 않는 한, 입법론적으로 본원국법주의를 채택하는 것에는 신중한 검토가 필요하고 본다.

한편, 반대로 이상에서 지적된 문제들이 해결된다면, 비등록 지적재산권의 귀속 등 문제에 관하여 본원국법주의를 채택하는 것을 전향적으로 검토해볼 수 있을 것이다. 이를 위해서는 우선 적어도 아래와 같은 조건이 먼저 성취되어;

① 당사자들이 언제나 본원국을 예측가능하게 결정할 수 있는 정치한 규칙이 정립될 것,[64]

② 우리나라 외에도 우리나라와 밀접한 관련이 있는 다른 주요국들이 통일적으로 본원국법주의를 도입할 것,[65]

③ 본원국법의 내용을 각국의 언어로 번역하여 용이하게 파악할 수 있는 국제적인 지적재산권법 데이터베이스 등이 마련될 것[66]

---

62) 본원국법주의에 따를 경우 베른협약 상 내국민대우 원칙 위반 소지가 있다는 지적으로는, 석광현 (註 7), 117면; Basedow, Jürgen, "Foundations of Private International Law in Intellectual Property", in Basedow, Jürgen/Kono, Toshiyuki/Metzger, Axel (eds.), *Intellectual Property in the Global Arena: Jurisdiction, Applicable Law, and the Recognition of Judgments in Europe, Japan and the US* (Tübingen: Mohr Siebeck, 2010), pp. 1–14 등 참조.

63) 내국민대우 원칙 외에도, 베른협약은 적어도 영화저작물의 저작자에 관하여는 보호국법주의를 명시적으로 규정하고 있는데(베른협약 제14조의2 제2항 a호), 이와 달리 입법할 경우 양자의 우열이나 조약 위반 여부 등에 대하여도 신중한 검토가 필요하다고 본다.

64) 이는 당사자들의 예측가능성을 보장하기 위하여 필요하다. 앞서 언급한 바와 같이 상거소지로 기준을 일원화하는 시도는 예측가능성의 측면에서 평가할 수 있으나, 여전히 공동저작자의 문제 등이 남아 있으므로, 이를 어떻게 해결할 것인지 연구가 필요할 것이다.

65) 이는 국제적 판결을 일치를 보장하기 위하여 필요하다. 다만 이를 국제 제안과 같은 연성법을 통해 달성할 수 있을 것인지에 대하여 저자는 현재로서는 다소 회의적이다. 아마도 베른협약과 같이 전세계적으로 통일된 조약을 체결하는 등의 해결책이 필요할 것이다.

66) 이는 우리 사법절차에서 외국법을 확인하는 부담을 줄이기 위하여 필요하다. 국제지적재산권기구 (WIPO)에서 일부 다국 언어로 주요국의 법률 문헌 등을 제공하는 노력을 기울이고 있으나, 현재로서는 충분하다고 보기 어렵다. 관련하여, 국제물품매매계약에 관한 유엔협약(CISG)의 경우 각국 법원에서 선고된 CISG 관련 판례 등을 수집하여 공유하는 데이터베이스가 제공되고 있는 점을 참고해볼 수도 있을 것이다.

본원국법주의가 제시하는 이상이 온전히 실현될 수 있는 환경이 마련되어야 할 것으로 본다.

Ⅳ. 결론

우리 국제지적재산권법이 그 시론에서 출발하여, 처음으로 독립된 조문을 규정하는 걸음마를 떼고, 이제 20년 이상의 세월이 흐른 만큼, 종래의 성과를 바탕으로 보다 정치한 규칙을 가다듬는 작업이 필요한 시점이 되었다고 본다. 나아가, 최근 넷플릭스 오리지널 드라마 '오징어 게임'의 전세계적인 흥행이 보여준 바와 같이, 이제는 우리 저작물이 국제적으로 널리 인정받는 현실이 도래하였고, 그에 따라 국제지적재산권법의 역할도 증대될 것으로 기대된다.

문제 판결이 준거법의 쟁점을 회피하지 아니하고 이에 대하여 나름대로 정면으로 판단한 것 자체는 높이 평가할만한 시도이다. 다만 이상에서 비판적으로 고찰한 바와 같이, 종래의 유력한 견해나 다른 판결들의 경향과 다른 결론에 도달함에 있어 충분하고 적절한 이유를 제시하였다고 보기 어려운 점 등 다소 아쉬운 부분들도 존재한다.

나아가 장래에 문제 판결이 제시한 방향으로, 즉, 비등록 지적재산권의 (최초) 귀속 등 문제에 관하여 본원국법주의를 도입할 것인지 여부에 관하여, 이를 주장하는 견해도 학계에서 제안되고 있으므로, 그 타당성에 대하여 검토한바, 현재로서는 그 기대하는 효과가 달성되기 어려우므로 신중한 검토가 필요하다는 점 및 일응의 선결조건들도 살펴보았다.

우리가 확실하다고 믿고 있었던 것들에 대해, 어느 날 돌아보면 사실은 확실하지 않았던 것이라며 의문이 제기되는 경우가 종종 있는 것 같다. 이를 계속 튼튼하게 다지고, 고쳐야 할 부분이 있는지 확인하고, 만약 고쳐야 한다면 어떻게 고쳐 나갈 것인지 고민하는 것은 결국 이를 물려받을 후학들의 몫일 것이다. 우리 국제지적재산권법이 종래의 유산을 발전적으로 계승하여 지속적으로 발전해나갈 수 있기를 기원한다.

[追 記]

이 글은 저자가 2018. 7. 21. 서울대학교 법과대학 석광현 교수님 지도반 학술모임에서 "국제지적재산권 분쟁의 준거법 –총론적 쟁점과 보호국법주의 를 중심으로–"라는 제목으로 발표한 원고 중 일부를 수정·보완한 것이다.

─ 참고문헌 ─

1. 국내문헌

가. 단행본

법무부, 국제사법 해설(2001)

법원행정처, 사법연감(2021)

석광현, "2004년 국제사법 분야 대법원판례: 정리 및 해설", 국제사법과 국제소송 제4권(박영사, 2007)

＿＿＿, 국제사법 해설(박영사, 2013)

＿＿＿, "외국저작권 침해의 준거법", 국제사법과 국제소송 제5권(박영사, 2010)

＿＿＿, "한국에 있어서 지적재산권분쟁의 국제재판관할", 국제사법과 국제소송 제4권(박영사, 2007)

이호정, 국제사법(경문사, 1988)

나. 논문

강영수, "국제 지적재산권침해소송에 있어서 국제사법적 문제에 관한 연구 ─속지주의 원칙의 한계 및 그 수정을 중심으로─", 서울대학교 대학원 박사학위논문(2005)

류재현, "CLIP 원칙의 소개 및 우리 법과의 비교 ─ 준거법에 대한 규정을 중심으로", 국제사법연구 제24권 제1호(한국국제사법학회, 2018. 6.)

＿＿＿, "형사 사건에서의 국제사법 ─우리 판례에 대한 검토를 중심으로─", 국제사법연구 제25권 제2호(한국국제사법학회, 2019. 12.)

박준석, "무체재산권·지적소유권·지적재산권·지식재산권 ─한국 지재법 총칭(總稱) 변화의 연혁적·실증적 비판─", 서울대학교 법학 제53권 제4호(서울대학교 법학연구소, 2012. 12.)

석광현, "간행사", 국제사법연구 제27권 제1호(한국국제사법학회, 2021. 6.)

＿＿＿, "구름빵 사건과 저작권의 국제적 보호", 법률신문, 2021. 4. 26.

＿＿＿, "국제지적재산권분쟁과 국제사법: ALI 원칙(2007)과 CLIP 원칙(2011)을 중심으로", 민사판례연구 제34집(박영사, 2012)

손경한, "국제지적재산소송원칙 해설", 국제사법연구 제16호(2010. 12.)

＿＿＿, "지식재산의 준거법에 관한 입법 방안", 국제사법연구 제27원 제1호(한국국제사법학회, 2021. 6.)

이규호/이종혁 역, "지식재산과 국제사법에 관한 ILA 가이드라인", 국제사법연구 제27권 제
　　　1호(한국국제사법학회, 2021. 6.)

이성호, "사이버 지적지산권 분쟁에 관한 국제재판관할과 준거법", 저스티스 통권 제72호
　　　(한국법학원, 2003. 4.)

이주연, "국제 저작권침해소송에서 베른협약 제5조 제2항 적용의 문제점", 국제사법연구 제
　　　24권 제1호(한국국제사법학회, 2018. 6.)

_____, "국제저작권침해의 형사사건에서 법의 적용문제", 계간 저작권 2018 가을호, 제31
　　　권 제3호(통권 제123호)(한국저작권위원회, 2018)

_____, "국제 지식재산사건에서 준거법을 판단한 우리 법원 판결의 동향과 분석", 국제사
　　　법연구 제27권 제1호(한국국제사법학회, 2021. 6.)

이호정/정상조, "섭외지적재산권법 시론 −지적재산권의 준거법−", 서울대학교 법학 제39권
　　　제1호(서울대학교 법학연구소, 1998. 5.)

좌승관, "특허법상 형사처벌에 관한 소고", 지식재산21(2011. 4.)

편집부, "지적재산권에 관한 국제사법원칙(한일공동제안)", 국제사법연구 제17호(한국국제
　　　사법학회, 2011. 12.)

2. 해외문헌
가. 단행본

American Law Institute, *Intellectual Property: Principles Governing Jurisdiction, Choice
　　　of Law and Judgements in Transnational Disputes* (Chestnut: ALI Publishers,
　　　2008)

Basedow, Jürgen, "Foundations of Private International Law in Intellectual Property", in
　　　Basedow, Jürgen/Kono, Toshiyuki/Metzger, Axel (eds.), *Intellectual Property in
　　　the Global Arena: Jurisdiction, Applicable Law, and the Recognition of
　　　Judgments in Europe, Japan and the US* (Tübingen: Mohr Siebeck, 2010)

Drexl, Josef, "Article 3:201: Initial Ownership", in European Max Planck Group on
　　　Conflict of Laws in Intellectual Property (ed.), *Conflict of Laws in Intellectual
　　　Property: The CLIP Principles and Commentary* (Oxford: Oxford University
　　　Press, 2013)

Fawcett, James J./Torremans, Paul, *Intellectual Property and Private International Law*
　　　(Oxford: Oxford University Press, 2011)

Goldstein, Paul, *International Intellectual Property Law, 2nd Ed.* (NY: Thomson/Foundation
　　　Press, 2008)

Kono, Toshiyuki (ed.), *Intellectual Property and Private International Law: Comparative Perspectives* (Oxford/Portland: Hart Publishing, 2012)

木棚照一, 国際知的財産法(東京: 日本評論社, 2009)

河野俊行(編), 知的財産権と渉外民事訴訟(東京: 弘文堂, 2010)

나. 논문

Ancel, Marie-Elodie/Binctin, Nicolas/Drexl, Josef/Van Eechoud, Mireille/Ginsburg, Jane C/Kono, Toshiyuki/Lee, Gyooho/Matulionyte, Rita/ Treppoze, Edouard/Vicente, Dário Moura, "International Law Associations' Guidelines on Intellectual Property and Private International Law ("Kyoto Guidelines"): Applicable Law", *Journal of Intellectual Property, Information Technology and E-Commerce Law* 12 (2021)

Tu, Guangtian, "China's New Conflicts Code: General Issues and Selected Topics", *The American Journal of Comparative Law* Vol. 59 (2011)

인터넷을 통한 문화재 불법거래의 국제사법적 쟁점

― C2C, B2C 및 경매 형태의 거래를 중심으로 ―

황성재*, 김윤우**

Ⅰ. 머리말 ― 논의의 필요성

국제사회 단위에서의 문화재 불법거래의 심각성은 오랫동안 인식되어 왔으나, 새로운 형태의 거래인 온라인 플랫폼을 매개로 한 전자상거래의 등장은 기존에 논의되어 왔던 국제적 문화재 불법거래에 대한 경각심을 한층 고취시키고 있다. 이는 거래의 용이성과 신속성을 특질로 하여 거래규모의 폭발적인 증가를 일으킨 전자상거래의 전통적인 특성을 기반으로 한다. 한편, 문화재 불법거래 방지를 위한 인식제고에 발맞추어 국제사회의 각종 노력 또한 지속되었다. 이에 UNESCO를 비롯한 국제기구뿐 아니라 다양한 NGO 및 민간부문의 기구들 또한 위와 같은 노력에 동참하고 있다.

이 글에서 필자들은 인터넷을 통한 문화재 불법거래의 문제를 주로 국제사법적 관점에서 논하고자 한다. 온라인을 배경으로 한 문화재 불법거래는(전통적인 의미에서의 거래를 포함한) 다양한 형태의 문화재 불법거래와 상당 부분 공통점을 지니고 있음은 물론이다. 그리고 조금 더 나아가 최근 문화재 불법거래의 새로운 양상으로 대두되고 있는 온라인 중개플랫폼을 통한 거래를 비롯, 인터넷을 배경으로 한 문화재 불법거래에 따른 각 당사자간의 법률관계와 이에 따른 국제사법상의 쟁점을 검토하고자 한다.

인터넷의 보편화와 함께 문화재의 불법적인 거래 또한 상당 규모로 발전하게 됨에 따라 국제사회는 오랫동안 노력을 경주했던 문화재 보호에 새로운 어려움을 겪고 있으나, 인터넷을 통한 온라인상의 거래의 경우 그 출처가 모

* 법무법인 와이케이 변호사
** 법무법인(유한) 태평양 변호사

두에 개방되어 있어 조사나 모니터링이 쉽게 가능하다. 따라서 기본적으로 온라인 거래를 24시간 모니터링 할 수 있도록 전담인력을 배치하고, 관련법 집행에 있어 국내외적으로 협력해 나가며, 문화재의 온라인 거래가 문화재 약탈 등 불법적 행위에 이용되고 있다는 인식을 확대시킨다면 인터넷을 통한 문화재 불법거래의 방지를 위한 노력의 전망이 어두운 것만은 아니다. 다만, 인터넷을 수단이자 배경으로 하는 새로운 형태의 불법거래에 대한 국제사법적 쟁점에 대한 검토 또한 함께 이루어져야 할 필요가 있다.[1]

Ⅱ. 인터넷을 통한 문화재 불법거래의 국제사법적 쟁점

1. 문화재의 정의 및 논의대상의 범위

가. 문화재의 일반적인 정의

일반적인 의미에서의 "문화재"에 대한 정의는 문화를 인간의 정신활동의 산물로만 보는지, 아니면 인간정신의 소산의 일부로 폭넓게 이해하느냐에 따라 문화의 개념을 달리 보듯 그에 따라 문화재와 그 대상이 달라진다고 한다. 넓게 보면, 문화재란 국민에게 있어서 정신적 가치 내지 역사적 가치가 큰 사물 또는 사상과 그의 토대가 되는 자연으로서 보호조치를 취하지 않으면 멸실과 손괴될 가능성이 짙은 국민적 재산으로 정의된다.[2]

나. 문화재의 규범적 개념

다만, 이 글에서 논의의 주된 대상이 되는 문화재는 그보다는 협의의 개념으로서, 우선 국내 및 국제법적 문화재의 규범적·법적 개념의 맥락에서 정의되거나 논의되는 문화재를 염두에 둔 것이다. 이하 이를 간략히 살펴본다.

---

1) 최근 COVID-19의 전세계적 확산으로 인하여 온라인에서의 비대면 거래량이 폭증하였고, 인터넷을 통하여 암암리에 이루어지던 문화재의 국제적 불법거래의 거래량 또한 폭발적으로 증가하여 이에 대한 국제사회의 우려가 커지고 있다. UNESCO는 2020. 6. 26. COVID-19가 온라인에서의 문화재의 불법거래방지를 위한 국제사회의 노력에 미치는 부정적인 영향의 구체적인 현황과 이에 대한 일련의 긴급조치를 논의하기 위한 회의를 개최하였다. 자세한 내용은 UNESCO, "Illegal ex-cavations and online trade of cultural property looted in the midst of COVID-19(2020. 6. 27.)" 참조, Available at: https://en.unesco.org/news/illegal-excavations-and-on-line-trade-cultural-property-looted-midst-covid-19 (2021. 12. 29. 최종방문).

2) 박동석, 문화재법 총론편(2014), 14-15면.

우리 문화재보호법에 따른 "문화재"란 인위적이거나 자연적으로 형성된 국가 적·민족적 또는 세계적 유산으로서 역사적·예술적·학술적 또는 경관적 가치 가 큰 것으로, 유형문화재와 무형문화재, 기념물 그리고 민속문화재로 분류된 다(문화재보호법 제2조 제1항). 이와 같은 우리 문화재법상의 정의는 일반적 정 의 및 유형을 규정하고, 그러한 유형에 포함될 것을 요구하여 범주방법과 열 거방법이 결합된 형태인 것으로 보인다.[3]

우리나라가 지난 1983년에 가입한 1970년 '문화재의 불법적인 반출입 및 소유권 양도의 금지와 방지수단에 관한 협약(The Convention on the Means of Prohibiting and Preventing the Illicit Import, Export and Ttransfer of Ownership of Cultural Property)'(이하 '1970년 유네스코협약'이라 한다)에서의 문화재(cultural property)란, "종교적 또는 세속적 근거에 따라 고고학적, 선사학적, 역사학적, 문학적, 예술적 또는 과학적으로 중요하며 각 국가가 특별히 지정한 재산으로 다음의 유형[4]에 포함되는 재산"을 의미한다(위 협약 제1조).

또한 우리나라는 아직 가입하지 않았으나, 중국을 비롯한 47개국이 체약국 인 UNIDROIT의 1995년 '도난 또는 불법반출된 문화재에 관한 협약(Convention on Stolen or Illegally Exported Cultural Objects)'(이하 '유니드로와협약'이라 한다)은 문화재(cultural object)를 "종교적 또는 세속적 근거에 따라 고고학적, 선사학적, 역사학적, 문학적, 예술적 또는 과학적 중요성을 가지고 있는 것으로서 협약의 부속서에 열거된 범주[5]에 속하는 것"이라고 정의한다(위 협약 제2조).

한편 물건은 여러 기준에 따라 분류되는데 그 중 하나가 융통물과 불융통 물의 구분으로 융통물만이 사법상 거래의 대상이 된다. 불융통물에 해당하는 문화재는 사법상 양도 및 시효의 대상이 될 수 없고, 공법상으로는 국유, 국제 거래법상으로는 수출 등의 금지대상이 된다.[6] 우리 문화재보호법상 문화재는

---

3) 석광현, "국제적 불법거래로부터 문화재를 보호하기 위한 우리 국제사법(國際私法)과 문화재보호 법의 역할 및 개선방안", 서울대학교 法學 제56권 제3호(2015. 9.), 127면, 문화재의 정의와 분류 방법은 대체로 열거방법(enumeration method), 범주방법(또는 개괄적 지정방법)(categorization method)과 유형별 등록방법(또는 특별지정방법)(classification method)으로 분류(후략).

4) "진귀한 수집품", "100년 이상의 골동품", "예술적 가치가 있는 물건" 등(동 협약 제1조 a 내지 k호 참조).

5) "역사적, 생물학적 유물", "고고학적 유물", "미술적 유물", "서적 등 저작물", "고가구 및 악기" 등, 손 경한, "문화재환수협약의 개요와 한국의 대응방안", 국제사법연구 제15호(2009.12.), 205-206면.

6) **문화재보호법 제39조(수출 등의 금지)** ① 국보, 보물, 천연기념물 또는 국가민속문화재는 국외로 수출하거나 반출할 수 없다. 다만, 문화재의 국외 전시 등 국제적 문화교류를 목적으로 반출하되, 그 반출한 날부터 2년 이내에 다시 반입할 것을 조건으로 문화재청장의 허가를 받으면 그러하지

무형문화재와 민속문화재를 포함하므로 반드시 물건인 것은 아니라는 점에 주의하여야 하고, 이 글에서 다루고자 하는 문화재는 인터넷을 통한 국제적 불법거래의 대상이 되는 문화재로서 그 성질상 동산에 한정된다.[7]

2. 인터넷을 통한 문화재 불법거래에 대한 구체적인 검토

가. 논의의 배경

UNESCO, INTERPOL 그리고 ICOM은 2006년, '인터넷을 통하여 거래가 이루어지는 문화재에 관한 기본 조치(Basic Actions concerning Cultural Objects being offered for Sale over the Internet)'를 공동으로 발표하면서, 인터넷을 통하여 이루어지는 문화재의 불법거래에 대한 국제적 차원에서의 공동대응 단계에서 초래되는 어려움을 아래와 같이 요약한다.[8]

(a) 판매용으로 제공되는 품목의 양 자체와 다양성

(b) 인터넷상의 문화재 판매를 위한 다양한 장소 또는 플랫폼

(c) 물체의 적절한 식별을 방해하는 누락된 정보

(d) 판매 중 입찰 기간이 짧아서 이용할 수 있는 제한된 반응 시간

(e) 인터넷을 통한 문화재 거래의 플랫폼 역할을 하는 기업, 법인 또는 개인의 법적 지위

(f) 이러한 판매에 관한 관할과 관련된 복잡한 문제[9]

아니하다.

제60조(일반동산문화재 수출 등의 금지) ① 이 법에 따라 지정 또는 등록되지 아니한 문화재 중 동산에 속하는 문화재(이하 "일반동산문화재"라 한다)에 관하여는 제39조제1항과 제3항을 준용한다.

7) 이와 관련하여 어느 국가, 특히 문화재의 기원국이 특정 문화재를 불융통물로 지정하더라도 그런 지위가 외국에서 승인되지는 않는다. 석광현(註 3), 128면.

8) INTERPOL, UNESCO and ICOM, n.d., Basic Actions concerning Cultural Objects being offered for Sale over the Internet. Available at: http://www.unesco.org/new/fileadmin/MULTIMEDIA/ HQ/CLT/pdf/basic-actions-cultural-objects-for-sale_en.pdf (2021. 12. 29. 최종방문), 위 기본조치에 관한 성명은, 인터넷 판매 플랫폼이 잠재적인 구매자들에게 거래의 적법성을 확인하도록 경고하고 기원국의 국가 당국은 의심스러운 거래 대상에 대한 문의를 할 것을 권고하는 고지를 게시하도록 권장하고 있다. 또한 법 집행당국과 기관들 사이에 이루어지는 정보교환의 중요성을 강조한다.

9) 위 기본조치(Basic Actions)에서 언급하는 "관할(jurisdiction)"은 재판관할(jurisdiction to adjudicate)만을 의미하는 것은 아닌 것으로 보이고, 인터넷 통한 문화재 판매와 관련하여서는 입법관할권((jurisdiction to prescribe)과 집행관할권(jurisdiction to enforce) 그리고 사법관할권(jurisdiction to adjudicate)이 공히 문제가 된다. 국가관할권(state jurisdiction)과 관련한 자세한 논의는, 석광현, "클라우드 컴퓨팅의 규제 및 관할권과 준거법", LAW & TECHNOLOGY, 제7권 제5호(2011. 9.),

(g) 판매의 객체가 인터넷 플랫폼과 다른 국가에 위치하는 경우가 다수

위와 같은 어려움에 대응함에 있어, 위 단체들은 온라인 거래를 24시간 모니터링할 수 있도록 전담 인력을 배치하고, 관련법 집행에 있어 국내외적으로 협력해 나가며, 문화재 온라인 거래가 문화재 약탈 등에 활용되고 있다는 인식을 확대시키면 문화재의 온라인 불법거래 방지를 위한 그 노력의 전망이 어둡지만은 않다는 견해를 덧붙인다. 다만, 이하에서는 위 공동대응의 어려움에서 논의된 다양한 주체의 법적 지위(위 e항), 판매에 관한 관할과 관련된 복잡한 문제(위 f항), 판매의 객체가 인터넷 플랫폼과 다른 국가에 위치하는 경우가 다수(위 g항)인 점에 착안하여 인터넷을 통한 문화재 불법거래에서의 국제사법적 쟁점을 검토하고, 그러한 측면에서 불법거래의 방지를 위한 함의를 도출하는 것을 목표로 논의를 진행한다.

이 글의 논의대상이 되는 문화재 불법거래에서의 주요 국제사법적 쟁점으로서는 기존 논의와 마찬가지의 측면에서 소유자로부터 문화재를 절취한 절도범이 이를 외국에 수출하거나 또는 문화재의 소유자가 문화재보호법을 위반하여 외국에 수출하는 경우 소유자 또는 한국이 문화재를 환수할 수 있는지 등이 주로 문제된다. 위 쟁점들에 대하여 최근 빈발하고 있는 인터넷을 통한 문화재의 불법적인 거래형태 중 C2C(Customer to Customer, 이하 'C2C')와 B2C(Business to Customer, 이하 'B2C'), 그리고 인터넷 경매로 사안을 나누어 논의를 진행한다.[10] C2C 형태의 경우 온라인중개플랫폼을 매개로 한 사인간의 물품매매계약의 형태를, B2C는 전통적인 전자상거래(해외직접구매)의 형태를 의미하고 인터넷 경매는 그 특유한 법률관계에 대한 검토 필요성에 비추어 C2C와 B2C를 불문한다.

일반적으로 전자적 거래의 유형은 Business-to-business (B2B), Business-to-consumer (B2C), Consumer-to-consumer (C2C) 등의 세 가지 유형으로 분류된다.[11] 위 세 유형 중, 문화재의 전자적 거래는 주로 B2C, C2C의 형태로

13-14면 참조.

10) 전자 상거래 모델 중 문화재의 온라인 거래에 주로 적용되는 것은 B2B와 C2C라고 한다. N. Brodie, The internet market in antiquities, in: France Desmarais (ed.)(2015), 11면.

11) UNCTAD는 전자 상거래(e-commerce)의 모델을 세 B2B, B2C, C2C로 분류한다. UNCTAD, Information Economy Report 2015, 3. Available at: https://unctad.org/en/PublicationsLibrary/ier2015_en.pdf (2021. 12. 29. 최종방문).

이루어지게 된다. B2C 형태의 거래의 경우, 대중에게 직접 판매하는 기업(인터넷 딜러)이 판매자가 된다. 한편 C2C 형태의 전자적 거래에서는 고객들이 서로 자유롭게 교류한다. 그러한 거래를 중개하는 플랫폼 사업자들은 일반적으로 판매에 대해 정액 요금이나 수수료를 부과한다. 그러한 과정에서 플랫폼 사업자는 주로 중개인으로 간주된다. 거래에 제공되는 물건에 대한 플랫폼의 책임은 관련 국가의 법률과 그들이 거래대상으로 제공되는 물건을 소유 또는 보유하고 있는지에 따라 달라진다.[12] 미국의 Craigslist와 eBay가 그러한 형태의 전형적인 예시이다.[13]

비교적 최근 페이스북 등 SNS 플랫폼을 기반으로 한 국제적 문화재 불법거래의 증가 현상이 지적된 바 있고, 앞으로도 국제적 단위에서의 소비자와 소비자를 직접 연결(중개)해주는 오픈마켓 등 온라인 쇼핑몰을 통하여 문화재 불법거래의 빈도가 높아질 우려가 있다는 점에서 C2C 형태의 거래에 대한 검토가 이루어질 필요가 있다.[14]

한편, UNESCO의 조사에 따르면, 조사에 참여한 국가의 91%가 수출금지 또는 제한조치를 시행하고 있다. 그러나 전자적 거래의 특징인 신속성으로 인해 수출제한을 포함한 국가의 법률(판매 시점에 물건이 있는 곳)에도 불구하고 당국이 충분한 조사를 하기 전에 거래대상이 판매되는 결과가 초래되는 경우가 빈번하다.[15] C2C 웹사이트는 대개의 경우 신속히 판매를 완료하기 위한 시

---

12) 우리나라의 경우 전자상거래법상 '통신판매중개업자의 책임'에 관한 조항이 존재한다(법 제20조 이하).

13) eBay의 경우, B2B, B2C 거래 형태 모두를 제공한다. 위 경우는 C2C 형태의 거래에 대한 eBay 내 판매중개서비스를 의미한다.

14) 최근 페이스북(내 판매그룹)을 통한 국제적 문화재의 불법거래와 관련한 자세한 현황은 AMR AL-AZM, KATIE A. PAUL, FACEBOOK'S BLACK MARKET IN ANTIQUITIES, ATHAR PROJECT(2019. 6.) 참조. 현재 페이스북은 판매/구매 그룹 및 Marketplace라는 이름의 서비스를 통하여, 이용자들로 하여금 C2C 거래를 위한 중개 플랫폼을 제공하고 있다.

15) UNESCO, Evaluation of UNESCO's Standard-setting Work of the Culture Sector. Part II -1970 Convention on the Means of Prohibiting and Preventing the Illicit Import, Export and Transfer of Ownership of Cultural Property(2014), 29. Available at: http://unesdoc.unesco.org/images/0022/002269/226931E.pdf (2021. 12. 29. 최종방문)
추가적으로, 인터넷을 통한 문화재의 불법거래와 관련한 이슈 중 '다크웹·딥웹'과 관련하여, UNESCO의 최근 조사는 테러집단이 포함된 문화재의 불법 거래를 위하여 다크웹이 사용되는 것을 밝혀낸 바 있다. 사이버상에서 발생하는 범죄의 정교한 성격으로 인해 이를 막고자 하는 국가들은 더욱 강력한 조치를 고안해내고 있다고 한다. 국가기관들이 딥웹과 다크웹의 골동품 불법거래를 감시하고 이에 대하여 개입하는 것은 이러한 불법행위가 그러한 '추적할 수 없는 지역'으로 이동하는 것을 방지하는 데 도움이 될 것이다. 또한 위와 같은 조치에는 장기적인 시각이 필요하

간제한을 설정한다. 예를 들어, eBay에서는 판매자는 대금이 결제되면 7일 이내에 물건을 보내도록 요청받는다. 그러한 기간으로는 수출제한을 하기에 충분하지 않은 문제가 발생한다고 한다.[16]

최근에는 한국 소비자들이 eBay, 아마존, 알리바바(알리익스프레스) 등의 플랫폼을 통해 해외 사업자로부터 직접 물품을 구매하는 해외직접구매가 폭발적으로 증가하였다. 다만, B2C의 형태로 체결되는 이른바 "해외직구계약"은 이를 외국법이 규율하는 경우가 많고, 해당 해외직구로부터 발생하는 분쟁을 외국에서 소송에 의하여 또는 중재에 의하여 해결하기로 정하는 경우가 빈번하다. 그와 관련하여 전자상거래와 관련된 국제재판관할과 준거법에 관하여,[17] 그리고 해외직접구매에서 발생하는 소비자보호의 문제, 특히 한국의 국제사법 하에서 국제재판관할과 준거법의 맥락에서 소비자 보호에 대한 쟁점에 대한 논의는 이미 이루어진 바 있다.[18]

또한, 앞서 살펴본 바와 같이 오늘날 문화재는 다양한 경로로 도난당하고 있고, 음성적인 불법거래 및 공공연한 경매시장의 경매 물품으로도 거래되고 있다고 한다.[19] 실제로 소더비(Sotheby's)[20]나 크리스티(Christie's)[21]를 비롯한

다는 점에 주목해야 한다. 이런 점에서 문화재 보호와 관련해 이미 논의된 모든 조치를 취하는 것은 그 접근방식의 한 부분일 뿐이다. 또한, 문화재의 불법거래를 수반하거나 이익을 얻을 수 있는 새로운 형태의 범죄나 범죄 분야가 등장할 때마다 체계적으로 문화재를 고려하는 것도 중요하다. 돈세탁과 세금사기, 문화재 불법거래와의 연관성은 오래전부터 인정되어 왔다. 이를 위해 당국이 정한 돈세탁, 테러 자금 조달 및 세금 사기 관련 조치는 반드시 문화재 밀매에 관여하고 예측할 수 있는 역량을 갖추어야 한다. 문화재는 목표물을 죽이거나 폭격하는 무기 그 자체는 아닐지 모르지만, 잘못된 손에 넘어가는 것을 허용한다면 그러한 행동을 지속할 수 있는 잠재력이 있는 것으로 평가받는다. 다만, 해당 쟁점은 통상적인 인터넷 활동을 통하여 이루어지는 문화재의 불법거래를 논하고자 하는 이 글의 논의 범위에서 상당히 벗어나 있어 추후 논의하기로 한다.

16) UNESCO, Toolkit to fight the illicit trafficking of cultural property(2018), 80–81.

17) 석광현, 국제사법과 국제소송 제2권(2001), 111면 이하 참조. 안제우, "국제전자상거래에서의 재판관할과 준거법 -미국, 유럽연합, 한국간의 비교 검토를 중심으로-", 무역학회지 제28권 제4호(2003. 9.), 549면 이하도 있다.

18) 석광현, 국제사법과 국제소송 제6권(2019), 167–220면, 또는 석광현, "해외직접구매에서 발생하는 분쟁과 소비자의 보호: 국제사법, 중재법과 약관규제법을 중심으로", 서울대학교 法學 제57권 제3호(2016. 9.), 73–133면(이하에서는 위 단행본을 기준으로 한다).

19) 이동기, "문화재환수협약의 성립경위와 현황 -유네스코 협약과의 관계를 포함하여-", 법학논총 제22권 제1호(2009. 8.), 112–113면.

20) 1744년 소더비(Sotheby's)에서 최초로 진행된 경매는 서적에 대한 경매였다고 한다. 김성혜, "유통자로서 미술품 경매의 발전 -소더비(Sotheby's) 경매사(競賣史)를 중심으로-", 서울대학교 미술경영학박사학위논문(2019), 36면.

21) 크리스티(Christie's)는 세계에서 가장 오래된 예술품경매회사이고, 처음부터 회화와 가구에 특화하였다고 한다. Gutgläubiger Erwerb und Ersitzung von Kunstgegenständen(Studien zum aus-

여러 문화재 경매시장은 상당한 비율의 문화재가 유통되는 병목(bottleneck)이고, 사실상 도난, 불법반출 또는 약탈된 물건이 가장 효율적으로 거래되는 곳이다. 특히, 경매회사가 스스로 매매 등에 관한 서류의 위·조작 여부를 판단하기에는 한계가 있다는 사실을 고려할 때, 경매를 통해 거래되는 문화재의 90%가 불법적으로 발굴되거나 수출된 것이라는 연구결과가 그리 놀라운 결과는 아니다.[22]

인터넷 경매의 경우 경매 참가자들은 경매가 이루어지는 웹사이트를 통하여 입찰이 어떻게 이루어지고 최고가가 어디에서 형성되고 있는지를 파악할 수 있다. 또한, 다소나마 시간적 제약은 존재하나 '최고가에 의한 경매'가 이루어진다. 따라서 인터넷 경매의 경우도 현실경매의 성격은 그대로 가지고 있고 경매의 특수한 계약체결유형으로서의 최소한의 특징인 '계약체결의 경쟁성'과 '경쟁의 공개성'은 확보되어 있다고 보아야 한다.[23][24] 최근의 인터넷 경매는 현실경매보다 잠재적인 고객층이 두터울 뿐만 아니라 장소와 상관없이 누구나 경매사이트로의 접근이 가능하고, 경매장소에 가야 하는 시간과 비용이 절약되는 등의 고유한 특성으로 새로운 경매형태로서 큰 인기를 끌고 있다.[25]

인터넷을 통한 문화재 불법거래 사안에 대하여 논의가 이루어져야 할 국제사법적 논점으로는 ① 국제적 불법거래로 인한 문화재 반환청구 등의 소에 대한 국제재판관할 ② 문화재의 국제적 거래계약에 관한 국제규범: 국제물품매매계약에 관한 UN협약(CISG) 적용여부 ③ 문화재의 소유권과 국제물권법의 문제 ④ 문화재보호법 등 관련된 국제적 강행규정의 취급 등으로 요약된다. 이하에서는 위 요약된 쟁점들을 중심으로 주된 논의를 진행하고, 한국인이 매

---

ländischen und internationalen Privatrecht 362)(Mohr Siebeck, 2016), p.7 각주 50 참조.

22) Kimberly L. Alderman, "The Ethical Trade In Cultural Property: Ethics And Law In The Antiquity Auction Industry", ILSA Journal of International&Comparative Law 14(3)(2008), pp.560-561.

23) 오병철, "인터넷상의 특수한 매매계약 -인터넷 경매, 공동구매를 중심으로-", 민사법학 제21호, 178면.

24) 독일의 판례도 경매참여자가 경매진행상황과 경매종결을 알 수 있으면 인터넷 경매의 원격성에도 불구하고 경매로서의 성격을 인정할 수 있다는 입장이라고 한다. 이기수 외, 인터넷 경매에서의 계약체결과 소비자보호, 아산재단 연구보고서 제96집(2003. 10.), 31면 참조.

25) 최근 COVID-19의 영향으로 소더비를 비롯한 전통적인 현실경매업체들도 점차 비대면 온라인 방식의 경매 진행을 적극적으로 추진하고 있는 것으로 보인다. 동아일보(2020. 7. 2.), "AR로 작품 보고… 소더비 첫 온라인 경매", https://www.donga.com/news/Society/article/all/20200702/101781684/1 (2021. 12. 29. 최종방문).

수인 또는 소비자가 되거나, 한국 내에 문화재가 소재하는 경우 등과 같이 주로 당사자가 한국 법원에 소를 제기하거나 한국법이 준거법이 되는 경우에 대한 개별적인 검토를 이어나가도록 한다.

나. 인터넷을 통한 문화재 불법거래의 법률관계

1) C2C 형태(온라인중개플랫폼26)을 통한 사인간 매매)

C2C 형태의 거래에서는 개인과 개인간(Customer-to-Customer)의 매매계약의 형태로 문화재의 불법거래가 이루어지며, 당연하게도 인터넷을 통한 온라인이 주된 배경이 된다. 그렇기에 해당 거래에서는 거래의 주체가 되는 쌍방 당사자와 중개인인 온라인 플랫폼 사업자가 등장한다. 간단히 거래형태를 설명하자면, 문화재를 절취한 매도인이 중개인의 온라인 플랫폼을 통하여 해당 문화재를 거래대상으로 공개하고, 이를 거래하고자 하는 매수인이 이에 대한 매매계약을 체결하는 경우를 상정할 수 있다.

국내에서는 일반적으로 인터넷 쇼핑의 유형을 인터넷쇼핑몰, 소셜커머스, 해외구매대행, 해외배송대행, 가격비교사이트 등으로 분류한다. "인터넷쇼핑몰"이란 인터넷을 통해 상품을 판매할 수 있도록 설정된 가상의 영업장을 말하는데, "사이버몰"이라고도 한다.27) 통신판매중개는 그러한 사이버몰의 이용을 허락하거나 자신의 명의로 통신판매를 위한 광고수단을 제공하거나 그 광고수단에 자신의 이름을 표시하여 통신판매에 관한 정보의 제공이나 청약의 접수 등 통신판매의 일부를 수행하는 것을 의미한다. 이에 대하여 국내에서는 전자상거래 등에서의 소비자보호에 관한 법률(이하 '전자상거래법'이라 한다) 제2조 제4호에서 이를 구체적으로 정의하고 있다.28) 한편, 전자상거래법 제20조 이하에서는 통신판매중개자의 의무와 책임 또한 규정하고 있다.29) 적지 않은

---

26) 주로 우리 전자상거래법상 "통신판매중개업자"에 해당한다.

27) 법제처, 생활법령정보 -"인터넷 쇼핑의 유형", https://easylaw.go.kr/CSP/CnpClsMain.laf? popMenu =ov&csmSeq=835&ccfNo=1&cciNo=1&cnpClsNo=2 (2021. 12. 29. 최종방문).

28) 제2조(정의) 이 법에서 사용하는 용어의 뜻은 다음과 같다.
    4. "통신판매중개"란 사이버몰(컴퓨터 등과 정보통신설비를 이용하여 재화등을 거래할 수 있도록 설정된 가상의 영업장을 말한다. 이하 같다)의 이용을 허락하거나 그 밖에 총리령으로 정하는 방법으로 거래 당사자 간의 통신판매를 알선하는 행위를 말한다.

29) 제20조의2(통신판매중개자 및 통신판매중개의뢰자의 책임)
    ① 통신판매중개자는 제20조제1항의 고지를 하지 아니한 경우 통신판매중개의뢰자의 고의 또는

오픈마켓 업체는 중개업을 넘어 직접 물건을 판매하기도 하지만, 현행 전자상거래법상 '통신판매중개업자'로 분류돼 자신이 계약 당사자가 아님을 고지하기만 하면 소비자 피해 등에 대하여 책임이 없다는 지적이 있고, 이에 대하여 개정이 필요하다는 지적이 이어지고 있다.[30)]

───────────────

과실로 소비자에게 발생한 재산상 손해에 대하여 통신판매중개의뢰자와 연대하여 배상할 책임을 진다.

② 통신판매중개자는 제20조제2항에 따라 소비자에게 정보 또는 정보를 열람할 수 있는 방법을 제공하지 아니하거나 제공한 정보가 사실과 달라 소비자에게 발생한 재산상 손해에 대하여 통신판매중개의뢰자와 연대하여 배상할 책임을 진다. 다만, 소비자에게 피해가 가지 아니하도록 상당한 주의를 기울인 경우에는 그러하지 아니하다.

③ 제20조제1항에 따른 고지에도 불구하고 통신판매업자인 통신판매중개자는 제12조부터 제15조까지, 제17조 및 제18조에 따른 통신판매업자의 책임을 면하지 못한다. 다만, 통신판매업자의 의뢰를 받아 통신판매를 중개하는 경우 통신판매중개의뢰자가 책임을 지는 것으로 약정하여 소비자에게 고지한 부분에 대하여는 통신판매중개의뢰자가 책임을 진다.

④ 통신판매중개의뢰자(사업자의 경우에 한정한다)는 통신판매중개자의 고의 또는 과실로 소비자에게 발생한 재산상 손해에 대하여 통신판매중개자의 행위라는 이유로 면책되지 아니한다. 다만, 소비자에게 피해가 가지 아니하도록 상당한 주의를 기울인 경우에는 그러하지 아니하다.

30) 조선비즈(2020. 10. 11.), "공정위, 전자상거래법 개정 추진…온라인 플랫폼, 소비자 책임 강화", https://biz.chosun.com/site/data/html_dir/2020/10/11/2020101100259.html?utm_source=naver&utm_medium=original&utm_campaign=biz (2021. 12. 29. 최종방문). 쿠팡의 통신판매중개 서비스인 '마켓플레이스' 서비스 관련 약관 일부를 보더라도 통신판매중개업자로서 거래계약상 책임은 모두 회원이 부담하게 됨을 (면책)고지하고 있음을 확인할 수 있다.

제2절 마켓플레이스 서비스

제26조 (회원의 서비스 이용)

① 마켓플레이스 서비스와 관련하여 회사는 통신판매중개자로서 회원과 판매자 간의 자유로운 상품 등의 거래를 위한 시스템을 운영 및 관리, 제공할 뿐이므로, 회원은 상품 등을 구매하기 전에 반드시 판매자가 사이버몰 내에 작성한 상품 등의 상세 내용과 거래의 조건을 정확하게 확인해야 합니다. 구매하려는 상품 등의 내용과 거래의 조건을 확인하지 않고 구매하여 발생한 모든 손해는 회원 본인이 부담합니다.

② 회원은 이 약관 및 회사가 서비스 화면에서 공지하는 내용을 준수하여야 하고, 이 약관 및 공지 내용을 위반하거나 이행하지 않아 발생하는 모든 손해에 대하여 책임을 집니다.

③ 회원은 판매자와 상품 등 매매 절차에서 분쟁이 발생하면 분쟁의 해결을 위하여 성실히 임해야 하며, 분쟁해결의 불성실로 판매자와 회사에 손해가 발생하면 그에 대한 모든 책임을 부담합니다.

④ 회원은 매매대금의 결제와 관련하여 회원이 입력한 정보 및 그 정보와 관련하여 발생하는 제반 문제에 대한 모든 책임을 부담합니다.

⑤ 회사는 회원의 매매대금 결제 시 해당 결제수단에 대하여 정당한 사용권한이 있는지 확인할 수 있고, 이에 대한 확인이 완료될 때까지 해당 거래의 진행을 중지할 수 있습니다.

⑥ 회사는 회원에게 서비스가 안전하게 제공될 수 있도록 각종 설비와 자료를 관리하고, 서비스가 제공 목적에 맞게 이용되고 있는지 여부를 확인합니다. 만약 회원이 이용 목적을 위반한 것으로 확인되면 회사는 그에 대한 소명을 회원에게 요청할 수 있고, 주문 취소 등 필요한 조치를 할 수 있습니다.

⑦ 회원은 회사가 회원의 서비스 이용 편의를 위하여 판매자 등으로부터 제공 받은 상품 등 관련

전자상거래법상 통신판매중개업자와 같이, 온라인 중개 플랫폼을 매개로 이루어지는 위 거래형태의 경우, 위 플랫폼 사업자가 대리상(commercial agent)으로서 일정한 상인을 위하여 상업사용인이 아니면서 상시 그 영업부류에 속하는 거래의 대리 또는 중개를 영업으로 하는 자에 해당하지는 않는지 문제된다. 중개인에게 중개의무가 있는 경우는 이를 위임으로 보는 경우가 대부분이고, 다만, 중개의 법적 성질을 단순히 위임이라고 보는 것이 타당한가에 대해서는 여러 논의가 있다.[31] 중개는 단순히 중개를 하였다는 것만으로 보수청구권이 발생하지 않기 때문에 위임과 다르고, 중개인의 중개행위로 인한 사업자와의 본계약의 체결이라는 요건이 갖추어져야만 보수청구권이 발생하므로, 민법상 노무제공계약인 위임, 도급과 일부 일치한다고 볼 수 있지만 합치하지는 않으므로 본계약의 체결을 정지조건으로 하는 특수한 위임계약으로 파악한다는 것이다. 다만, 그 법적 성질과 관련하여 중개인은 타인 간의 상행위의 중개를 영업으로 하는 자이므로 독립한 상인이라고 할 수 있고 중개를 하는 면에서는 중개대리상과 일부 공통점이 있지만, 중개인은 특정 상인을 위해 상시 중개하는 것은 아니므로 중개대리상과는 구별된다.

위 C2C 형태의 거래에서는 매도인과 매수인 사이에서는 전통적인 매매계약에서의 국제사법적 쟁점이 문제된다. 문화재의 매도인은 매수인에게 채무불이행에 따른 손해배상책임을 물을 수 있고, 매수인은 매도인에 대하여 물품인도청구 등을 구할 가능성이 있다. 한편, 중개인으로서 온라인 플랫폼과 중개의뢰자인 매도인 사이에서는 중개계약과 같은 형태의 계약이 체결된다.[32] 다만, 중개인은 거래의 당사자에는 해당하지 않는데, 중개인은 당사자 간 매매계약

정보 기타 콘텐츠를 사이버몰을 통하여 제공하는 경우에도 상품 등의 구매 여부는 전적인 회원 본인의 판단과 책임으로 결정하여야 합니다. 이 경우 회사는 어떠한 경우에도 회원의 구매 결정에 대하여 책임을 부담하지 아니 합니다.(후략)

31) 고형석, "통신판매중개에 관한 연구", 인터넷법률 제20호(2003. 11.), 129면.

32) 중개계약에 대하여는 중개인이 사업자를 위하여 사무를 처리할 의무를 부담하게 되므로 위임 내지 도급계약에 해당한다고 하는 것이 지금까지 주된 견해였다. 상법상 중개는 당사자의 계약체결까지 조력할 의무를 중개인이 부담하기 때문에 체결 후 당사자 간의 법률문제는 책임을 지지 않고, 원칙적으로 당사자간의 계약체결을 위한 알선행위만 할 수 있으며 당사자를 위하여 지급 기타 이행을 받지 못한다고 규정하고 있다(상법 제94조 본문). 또한 개정민법시안에서 중개계약을 전형계약의 하나로 규정하면서 구체적 내용에서는 위임에 관한 규정을 준용하고 있는 점을 볼 때, 중개인은 선량한 관리자의 주의를 가지고 중개사무를 하여야 하며, 이를 위반하여 사업자에게 손해를 끼친 경우에 손해배상책임을 부담하게 된다(민법 제681조). 보다 구체적인 내용은, 공정거래위원회, 통신판매중개행위 실태 및 소비자보호방안연구(2005. 12.) 13면 참조.

을 체결할 수 있도록 조력하는 자이지 체결된 계약상의 채무를 이행하는 자가 아니기 때문이다. 즉, 채무의 이행과 불이행의 문제는 해당 매매계약의 당사자에 국한된 문제이다. 따라서 매수인과 중개인 사이에서의 중개인의 플랫폼 이용계약을 제외하고는 매매계약 자체와 관련된 별도의 계약관계가 성립하지는 아니한다.

결국 C2C 형태로 이루어지는 문화재의 매매계약에서 매도인과 중개인 플랫폼 사이에서는 중개계약이 체결되고, 판매자와 매수인 사이에서 매매계약이 체결된다고 볼 수 있다. 중개인과 매수인 사이에서는 플랫폼에 대한 이용계약이 체결되나, 중개인의 경우 판매자와 매수인 사이에 이루어지는 매매계약과 관련하여서는 원칙적으로 별도의 법률관계가 형성되지는 아니한다.

2) B2C 형태(해외직접배송형태의 해외직접구매계약)

인터넷을 통한 문화재의 국제적 불법거래와 관련해서는 B2B 형태의 전자적 거래 중 "해외직접구매", 구체적으로 "해외직접배송"의 경우가 주로 문제가 되는데, 이 경우 한국의 매수인과 해외의 매도인 간에 매매계약이 체결된다.

즉, 해외판매자와 한국 소비자 간에 해외직구계약이 체결되는 경우로서 이 경우 체결되는 계약이 소비자계약이라면 당사자가 분쟁해결수단으로서 재판관할합의를 한 경우, 한국에서 소가 제기된다면 한국 소비자는 국제재판관할과 준거법의 맥락에서 국제사법 제27조(국제사법 전부개정안 법률 제18670호(이하 '신국제사법'이라 한다) 제42조 및 제47조)에 따른 보호를 받게 된다.

반면, 당사자 간에 발생하는 분쟁해결의 수단으로 중재합의를 한 경우라면, 중재지가 한국이라면 한국 소비자의 보호는 중재법과 약관규제법에 따라야 한다. 중재법을 보면 한국이 중재지인 경우에도 국제사법의 유추적용이 이루어지기는 어렵고, 외국을 중재지로 하는 경우라면 중재법에 따른 보호수단이 없게 된다. 약관규제법에 따르면 고객에게 부당하게 불리한 중재조항만이 무효이고, 해외직구계약에 포함된 중재조항이 과연 그에 해당하는지도 논란이 있고, 약관규제법 자체의 적용여부에 대한 판단도 어려워 불확실하다.[33]

추가적으로, 해외직접구매에서는 "소비자"의 개념에 대한 자세한 검토가 필요하고, 현재 소비자의 개념은 법률마다 상이하게 정의되어 있어 소비자보

---

33) 석광현(註 18), 215면.

호 관련 법, 약관규제법, 국제사법을 구분하여 살펴보아야 한다.34) 다만 국제
사법상 보호되는 소비자는 '수동적 소비자(passive consumer)'를 의미한다. 사견
으로는 소비자 보호를 위한 특칙인 우리 국제사법 제27조(신국제사법 제42조)는
"직업 또는 영업활동 외의 목적"을 전제로 적용되므로 인터넷을 통한 불법적
인 문화재의 거래관계에 있어 다수의 경우는 소비자계약에 대한 위 특칙이 적
용되기는 어려운 것으로 보이나, 반드시 그러한 상황만이 존재하는 것은 아니
라고 할 것이므로 아래의 준거법에 관한 검토에서 그 적용에 따른 결과도 함
께 검토한다.35)

3) 인터넷 경매

(1) 일반(현실) 경매에서의 법률관계

일반적인 경매의 종류로는 강제경매와 임의경매를 언급하고, 채권자가 채
무자에 대해 가지는 확정판결 등 집행권원에 기초하여 채무자 소유의 일반재
산을 강매집행의 일환으로 매각하는 것을 강제경매, 담보권에 기해 경매가 이
루어지는 것을 임의경매로 강학상 분류한다.36)

경매의 법적 성질에 관하여는 민법 제578조가 경매에 있어서도 일반매매
와 같은 담보책임을 규정하고 있다는 점에서 사법상 매매로 보아야 한다는
'사법상 매매설'과, 집행기관이 독자적 권능에 기하여 목적물을 환가하므로 공
법상 처분이라는 '공법상 처분설' 및 매각대금의 지급으로 소유권이 매수인에
게 이전하는 측면과 국가기관의 환가절차라는 양 측면을 들어 실체적으로는
사법상 매매이나 절차적으로는 공법상 처분이라는 '절충설'이 있다.37) 통설은
사법상 매매설이다.38) 문화재 경매의 경우 국가기관이 개입하는 환가절차로서
의 경매가 아니라, 기본적으로 동산인 문화재에 대한 매매계약으로서 그 성질
은 매매계약으로 보는 것이 타당하다.

---

34) 해외직접구매에서 문제되는 소비자의 개념 및 그 검토에 관하여는, 석광현(註 18), 174-185면 참
    조, 국제사법상 소비자계약의 범위에 관한 판례의 소개와 검토에 관하여는 석광현, 국제사법과 국
    제소송 제6권(2019), 124-166면 또는 석광현, "국제사법상 소비자계약의 범위에 관한 판례의 소
    개와 검토", 국제사법연구 제22권 제1호(2016. 6.), 37-89면 참조.
35) 석광현, 국제사법 해설(2013), 326면.
36) 김준호, 민법강의 제20판(2014), 820면.
37) 민일영(편집대표), 주석 민사집행법(한국사법행정학회, 2018), 792-793면.
38) 김준호(註 36), 821면.

우선 양도인과 경매회사 사이의 법률관계의 경우, 그 관계는 위탁매매, 중개계약 또는 단순한 위임으로 성질결정이 이루어질 수 있다. 대부분의 예술품 경매와 같이 경매회사가 자신의 이름과 타인(양도인)의 계산으로 경매에 참여하는 경우 우리 상법 제101조의 위탁매매업이 문제된다. 이때 양도인은 위탁자의 지위에 있고 경매회사는 위탁매매인의 지위에 있게 되는데 경매회사는 자기 이름으로 제3자와 문화재에 관한 매매계약을 체결하고, 그 대가로 취득한 대금을 위탁자에게 이전하는 의무를 부담한다(상법 제102조).

한편, 경매회사가 양도인의 이름과 양도인의 계산으로 경매에 참여한다면 경매회사는 양도인의 대리인으로서 경매를 수행한다고 볼 수 있다. 통상 경매회사는 양도인에 대하여 경매가 이루어지도록 노력할 의무를 부담하고 경매를 통하여 계약이 체결되지 않더라도 보수를 지급받을 수 있기 때문에 그 내부관계는 도급계약이 아닌 위임계약이 체결된 것으로 보는 것이 타당하다. 위임을 통하여 처리를 위탁받은 사무의 내용은 경매를 통해 양도인이 문화재에 관한 매매계약을 체결하는 것으로 볼 수 있다.[39]

낙찰자와 관련한 계약관계는 기본적으로 가격을 올리는 형태의 매매계약이라고 성질결정할 수 있다. 낙찰자는 언제나 매수인으로서 매매계약을 체결한다. 다만, 낙찰자와 계약을 맺는 상대방이 누구인가에 대해서는 양도인과 경매회사의 계약관계에 따라 달라진다.

경매회사가 양도인의 대리인으로서 거래에 참여하는 경우 경매회사는 본인, 즉 양도인의 이름으로 행위하고, 대상 물건이 낙찰된다면 매매계약은 양도인과 낙찰자 사이에 직접 체결된다. 다른 한편, 경매회사가 위탁매매인으로서 자신의 이름으로 양도인 또는 위탁자의 계산으로 경매절차에 행위하는 경우에는 경매회사와 낙찰자 사이에 매매계약이 성립한다. 이때 경매회사는 매매계약의 당사자가 되어 그 효과를 직접 받은 뒤, 내부적으로는 위탁자(양도인)와의 위임계약에 따라 이를 인도할 의무 등을 부담하는 간접대리인에 해당한다고 한다.

문화재 등을 취급하는 경매회사는 자신들의 경매약관을 통하여 문화재 경매의 법률관계의 성격을 지정하기도 한다. 서울옥션 홍콩 경매약관 제3조에서

---

39) 독일 민법은 무상인 위임계약만을 인정하므로 독일의 다수설은 사무처리를 목적으로 하는 중개고용계약 또는 민사중개계약으로 해석하고 있다고 한다. 이와 관련하여 이기수 외(註 24), 52면 이하 참조.

는 서울 옥션이 매도인인 경매물품의 경우를 제외하고는 위탁자가 위탁한 경매물품을 경매할 때 서울옥션은 위탁자의 대리인으로서 행위한다고 하고, 경매물품의 매매계약은 매도인(위탁자)과 낙찰자 간에 성립한다고 규정한다. 크리스티(Christie's)의 경우에도 경매회사가 직접 경매물품을 소유하는 경우가 아니라면 매도인의 대리인(agent)으로서 물품을 판매한다고 규정한다. 이때 매매계약은 마찬가지로 매도인과 매수인(낙찰자) 사이에서 체결된다고 명시한다. 결국 실무에서는 매수신청서상 '대리인', 매매계약서 상 '업무위탁계약(위임계약)'으로서 각 법률관계를 혼용하여 사용하는 것으로 보인다. 따라서 각 경우를 나누어 법률관계의 성질결정을 요한다.

(2) 인터넷 경매에서의 법률관계

위 일반(현실) 경매와 구분되는 인터넷 경매의 가장 큰 특징은 경매인이 경매의 진행자로서의 역할을 수행하지 않는 것이다. 물론 경매업체는 경매진행을 중지할 수 있는 권한을 유보함으로써 경매절차에 대한 통제가능성을 남겨두고 있다.[40] 그러나 판매자들은 경매목적물을 설명하고 바로 경매개시를 독자적으로 할 수 있고 구매자들은 웹사이트에 바로 입찰을 할 수 있다. 따라서 인터넷 경매의 경우 경매업체가 실제로 경매인으로서의 역할을 적극적으로 수행하지 않고 판매인과 매수인 사이에 직접 계약이 체결된다.[41] 다수의 인터넷 경매업체들은 해당 업체가 계약체결행위를 하지 않기 때문에 자신이 판매인 또는 매수인의 대리인이 아님을 명시적으로 밝히고 있다.[42]

즉, 인터넷 경매업체는 단순히 경매가 진행되는 장소를 제공할 뿐이고, 이

---

40) 일례로, 옥션(AUCTION) 이용약관 제16조(대리 및 보증의 부인) 중 다.항을 참조.

　　가. 회사는 통신판매중개자로서 회원 상호간의 거래를 위한 온라인 거래장소(marketplace)를 제공할 뿐이므로 물품을 판매하거나 구매하고자 하는 회원을 대리하지 않습니다. 또한, 회사의 어떠한 행위도 판매자 또는 구매자를 대리하는 행위로 간주되지 않습니다.

　　나. 회사는 경매서비스를 통하여 이루어지는 회원간의 판매 및 구매와 관련하여 판매의사 또는 구매의사의 존부 및 진정성, 등록물품의 품질, 완전성, 안전성, 적법성 및 타인의 권리에 대한 비침해성, 회원이 입력하는 정보 및 그 정보를 통하여 링크된 URL에 게재된 자료의 진실성 등 일체에 대하여 보증하지 아니하며, 이와 관련한 일체의 위험과 책임은 해당 회원이 부담해야 합니다.

　　다. 회사는 회원이 게재하는 물품설명 등의 제반 정보를 통제하거나 제한하지 않습니다. 다만, 회사는 회원이 게재한 정보의 내용이 타인의 명예, 권리를 침해하거나 법규정을 위반한다고 판단하는 경우에는 이를 삭제할 수 있고, 경매취소, 경매중지, 기타 필요한 조치를 취할 수 있습니다.

41) 이기수 외(註 24), 31면.

42) 위 註 40, 옥션(AUCTION) 이용약관 제16조(대리 및 보증의 부인) 가.항 참조.

와 관련하여 진행상의 기본적 규정을 제공하고 이행의 적절성과 법규의 위반여부를 통제하는 기능만을 제한적으로 수행한다. 이를 실제로 이행하는 매수인과 판매인의 관점에서도 인터넷 경매업체는 어떠한 의사표시를 하는 것은 아니고, 직접적인 의사표시는 매수인과 판매자 사이에서만 이루어지며 업체는 단지 기술적 환경이 구현된 장소를 제공해주고 있는 것으로 인식된다. 또한 인터넷 경매업체는 경매의 대상이 되는 물건을 관리하는 등의 역할을 수행함이 없이, 그 존재와 정보의 적절성, 타당성 등에 관한 여부의 확인도 이용자들에게 제공하지 아니한다. 요컨대, 결국 인터넷 경매는 하나의 시장을 형성해 주는 기능만을 담당하고 있다.[43]

한편, 판매인과 인터넷 경매업체 간의 법률관계는 "경매이용"계약과 "경매등록" 계약에 따라 결정된다. 경매이용계약의 법적 성질은 경매 관련 사무의 처리를 내용으로 하는 위임계약에 해당하고, 구체적으로 경매인은 경매업체가 정상적으로 운영될 수 있도록 조직과 설비 등을 마련할 의무를 부담한다. 한편, 경매등록계약의 경우, 중개를 목적으로 하는 위임계약으로서, 인터넷 경매에서는 유료부가서비스수수료, 등록수수료 등은 경매의 성사여부와 상관없이 입찰을 하면 징수하면 되기 때문에 일의 완성을 목적으로 하는 도급계약은 성립하지 않는다. 그러나 경매가 이루어지고 낙찰수수료만 지급해야 하는 경우에는 도급계약이 문제될 수 있으나, 일반적으로 판매인과 경매업체 사이에는 중개를 목적으로 하는 위임계약이 체결된다.[44]

인터넷 경매 또한 현실경매의 경우와 마찬가지로 경매가 경매인 자신의 이름으로 이루어지는지 아니면 타인의 이름으로 이루어지는지에 따라 구분해서 검토하여야 하고, 결국 이는 인터넷 경매약관 등을 기초로 그 해당여부를 판단하여야 한다. 인터넷 경매업체의 약관은 통상적으로 온라인 경매인이 단지 시장의 기능만을 담당할 뿐 경매물을 목적으로 하는 매매계약은 판매인과 매수인 사이에 성립한다고 규정한다. 그러한 경우 인터넷 경매업체는 대리권이 아예 없거나 수령사자 또는 수령대리인으로 기능할 뿐이다.[45] 결국 인터넷 경매에서는 기본적으로 타인의 이름과 타인의 계산으로 경매가 일어나는 것으로 보고, 경매인과 매수인 사이에서는 매매계약이 성립하지 않는다. 다만, 경

---

43) 오정숙, "인터넷 컨텐츠 편: 인터넷 경매", 정보통신산업동향(2001. 8.), 225면.
44) 오병철(註 23), 187면.
45) 이기수 외(註 24), 64면.

매업체가 직접 매도인이 되는 경우도 존재할 수 있고, 그러한 경우에는 매도인의 지위에서 매수인과 직접 매매계약이 체결되는 것으로 볼 수 있다.

경매인과 매수인 사이에는 매수인의 경매신청을 인터넷 경매절차에서의 주선을 목적으로 하는 위임계약이 성립한다. 이는 기본적으로 매수인이 경매에 참가하기 위해서 회원가입을 할 때 부과되는 경매이용약관을 통하여 규율된다. 이 경우 보수에 해당하는 수수료를 매수인이 지급하지 않기 때문에 무상위임계약에 해당한다고 한다.46) 또한 인터넷 경매에서는 매도인과 매수인 사이에서 직접 매매계약이 체결되기도 하므로, 그러한 경우 계약의 주된 내용은 최고가의 입찰과 경매목적물에 대한 매도인의 소개 내지는 설명으로 결정된다. 이 경우 매도인이 경매목적물의 설명에 관하여, 또는 경매업체가 약관을 통하여 민법과 다른 내용을 정하였다 하더라도 그러한 내용은 해당 매매계약에 적용이 이루어지게 된다.

다. 국제재판관할

1) 국제재판관할의 일반원칙

외국적 요소가 있는 사건의 원고가 어느 국가에서 소를 제기하여 재판을 받기 위하여는 그 법정지국이 국제재판관할을 가지고 있어야 한다. 이러한 국제재판관할의 유무는 절차의 문제로서 법정지법에 따른다. 최근 대법원판결은 사안별로 실질적 관련성을 기준으로 국제재판관할의 유무를 판단하는 경향을 보이고 있다.47) 이에 따르면 피고의 주소가 한국에 있으면 원칙적으로 한국의 일반관할이 인정되고, 다른 관할근거가 있으면 한국의 특별관할이 인정되는데 그 근거는 법률단계별로 검토하여야 한다.48)

---

46) 상게서, 65면.
47) 석광현, "국제재판관할과 외국판결의 승인 및 집행 –입법과 판례", 국제사법연구, 제20권 제1호 (2014. 6.), 65면 이하 참조, 최근 재산소재지의 특별관할과 국제사법 제2조 제2항의 적용에 관한 판례(대법원 2019. 6. 13. 선고 2016다33752)의 소개 및 평가에 대하여는, 석광현, "국제사법 제2조 제2항을 올바로 적용한 2019년 대법원 판결의 평석: 일반관할과 재산소재지의 특별관할을 중심으로", 國際去來와 法 제29호, 동아대학교 법학연구소(2020. 4.) 참조.
48) 석광현(註 3), 129면.

2) 일반관할과 특별관할, 합의관할

사건의 종류나 내용과 무관하게 피고에 대한 일체의 소송에 관하여 재판관할을 가지는 경우 '일반관할'을 가진다고 하고, 계약이나 불법행위 등처럼 특정한 종류나 내용에 기한 소송에 한정하여 재판관할을 가지는 경우 '특별관할'을 가진다고 한다. 일반관할의 경우 피고와 법정지 간의 결합이 매우 강력하여 피고에 대한 모든 소송에 대해 피고의 법정지에 재판관할을 인정한다고 한다. 특별관할을 인정하기 위해서는 문제되는 법률관계가 계약책임 혹은 불법행위책임에 관한 것인지 등을 확정한 후 그에 맞는 관할을 인정한다.[49]

일반적인 계약의 경우 국제재판관할에 관한 합의도 허용된다. 국제재판관할의 합의는 계약의 일부로 이루어지거나 별도로 이루어질 수 있고, 일정한 법률관계로 생긴 소이면 족하고 반드시 계약에 관한 문제에 국한되는 것은 아니다.[50]

3) 인터넷을 통한 국제적 문화재 불법거래와 관련된 국제재판관할

물리적인 국경이 존재하지 아니하고, 동시에 세계 여러 나라를 거쳐 접속이 가능하다는 점 등 인터넷을 통하여 형성되는 가상공간에서의 국제거래의 특수성을 강조하여 현실공간의 전통적인 국제재판관할규칙은 가상공간에는 적절하지 않기 때문에 가상공간에서의 국제재판관할규칙은 전혀 새로운 패러다임을 요구한다는 견해도 있으나,[51] 이 글의 주된 논의대상이 되는 거래의 배경인 인터넷 기반의 가상공간의 특수성에 기인하여 발생하는 특유한 국제재판관할 인정의 문제는 없는 것으로 보인다.[52] 이에 아래와 같이 계약 내·외의

---

49) 석광현(註 35), 72면.
50) 상게서, 82-32면.
51) 인터넷의 특성 및 그로 인한 국제재판관할 쟁점에 관한 보다 구체적인 설명으로는, Svantesson, Dan Jerker B, Private International Law and the Internet(2007), 29 이하 참조. 이에 대하여 현재의 주류는 전통적인 국제재판관할규칙이 가상공간에서의 국제거래 또는 불법행위가 제기하는 국제재판관할의 과제를 해결할 능력을 가지고 있음을 확신하면서, 가상공간의 특성을 고려하여 전통적인 규칙의 부분적인 수정 내지는 탄력적인 운영을 통하여 문제를 해결하고자 한다. 당분간은 이러한 입장이 유지될 것이므로 우리의 과제는 가상공간의 특성을 고려하기 위하여 전통적인 규칙을 어떻게 수정할 것인가에 있다고 한다. 이에 관하여는 석광현(註 35), 93면 이하 참조.
52) 인터넷과 관련된 국제재판관할의 국제법적·비교법적 논의의 구체적인 내용은 이규호, "인터넷 규제와 관할", 단국대학교 법학논총 33권 제2호(2019. 12.), 71면 이하 참조.

측면에서 예견 가능한 분쟁상황을 가정하여 살펴보도록 한다.

인터넷을 통한 국제적 문화재 불법거래와 관련된 법률문제의 경우, 일차적으로 다음과 같이 매매계약 당사자들 사이의 계약관련 분쟁을 생각해볼 수 있다. 예를 들어, 외국인인 매도인과 한국 경매업자 사이에는 경매계약 등과 관련하여 해당 계약상의 의무를 다하지 않아 발생하는 계약책임 문제 또는 기망·위조 등의 방법으로 양도된 문화재의 출처 등을 속여서 발생할 수 있는 불법행위책임 문제의 발생 소지가 있다. 매수인에 대한 관계에서는 미국인인 매수인의 한국인인 매도인에 대한 구매대금의 미완납, 매도인의 문화재 물품인도 등의 계약책임 문제가 발생할 수 있다.

각 분쟁상황에서 우선 일반관할로서 피고의 주소지(법인인 경우 그 주된 사무소 또는 영업소)가 우리나라인 경우라면 한국의 일반관할이 인정된다. 특별관할의 경우 계약책임에 관한 분쟁은 의무이행지의, 불법행위책임의 경우 불법행위지의 특별관할이 각 인정될 수 있고, 대급지급청구에 따른 매수인의 금전지급의무의 이행지로서 각 특별관할이 인정될 수 있다.

계약 외적 측면에서 발생 가능한 분쟁상황으로는 도난되거나 불법 반출된 문화재에 대하여, 계약의 당사자가 아닌 문화재의 진정한 소유자가 다른 국적의 매수인 등에게 그 반환청구를 하는 경우가 있을 수 있다. 그러한 경우 피고 주소지의 일반관할, 재산소재지 관할 및 의무이행지의 특별관할이 문제된다. 일반관할의 경우 피고의 주소지가 한국이면 한국법원에 국제재판관할이 인정되고, 반환청구 대상인 문화재가 한국에 소재할 경우 피고의 주소가 한국에 없는 경우에도 재산소재지의 관할에 따라 한국 법원에 재판관할이 인정될 수 있다. 또한 문화재 반환의무의 이행지가 한국이라면 의무이행지의 특별관할로서 한국에 재판관할이 인정된다.[53]

한편, B2C 형태로 이루어지는 통상적인 해외직접구매계약이 소비자계약에 해당하는 경우라면 해외 판매자가 외국에서 소를 제기할 수 있도록 관할을 부여하는 약관조항이 존재한다고 하더라도 그 효력이 없고, 결국 국제사법 제27조 제4항과 제5항(신국제사법제42조 제1항과 제2항)이 적용된다고 할 것이다.

---

53) 석광현(註 3), 129–130면.

라. 매매계약 및 소비자분쟁에 관한 준거법 문제

1) C2C 형태

인터넷을 통하여 이루어지는 C2C 형태의 국제매매계약은 특정물의 매매로서, 그러한 국제매매의 거래법 내지 계약법적 문제는 매매계약의 준거법에 의한다. 만약 매매계약 양 당사자의 소재국이 모두 체약국이라면 CISG가 적용된다. 그러한 CISG는 계약의 유효성, 대상의 소유권에 관한 문제에 관하여 정하고 있지는 아니하다. 따라서 매매계약의 유효성은 매매계약의 '보충적 준거법'에 의하고,[54] 물권의 소유권은 물권의 준거법에 따른다. 또한 C2C 형태의 인터넷을 통한 문화재의 국제적 불법거래에서 발생하는 구체적인 실질법상의 쟁점으로는 물건의 하자담보책임과 권리에 대한 담보책임(warranty)이 있다.[55] CISG는 제35조 이하에서 이에 관한 규정을 두고 있으므로, CISG가 적용되는 거래라면 이에 의하여 규율될 것이다. 또한 국제적 강행규정에 관하여는 아래 (사.항)에서 조금 더 살펴볼 것이나, 각국의 문화재보호법은 준거법에 관계없이 적용되는 국제적 강행규정의 성질을 가지므로 그 계약의 사법적 효력에 있어, 매매 목적물이 도난문화재 또는 불법반출문화재에 해당하는 매매계약은 그것이 기원국의 문화재보호법의 금지에 반하는 경우 무효가 될 수 있다. 기원국이 법정지이거나 매매계약의 준거법 소속국인 경우에도 매매계약은 무효일 가능성이 크다.

해당 매매계약이 어느 국가의 문화재보호법에 위반되는 경우, 위반된 문화재보호법이 법정지의 법인지, 국제매매계약의 준거법 소속국의 법인지 아니면 제3국의 법인지에 따라 그 사법적 효력이 좌우될 수 있고, 더불어 이와 관련한 국제적 강행규정 취급의 문제도 발생한다. 사견으로는, C2C 형태의 거래는 인터넷 또는 온라인이 그 거래의 배경 내지는 수단이 되는 것일 뿐이므로, 결국 사인 간의 국제물품매매계약의 체결이라는 외형에 있어서는 전통적인 문화재의 국제적 불법거래와 국제사법상 쟁점에 있어 큰 차이는 없는 것으로 보

---

54) 보충적 준거법은 매매계약의 유효성 등 매매협약이 규율하지 않는 사항을 보충적으로 규율하는 준거법을 말한다. 이는 법정지 국제사법에 의하여(소송의 경우) 또는 당해 중재에 적용되는 분쟁의 실체의 준거법 결정방법에 의하여(중재의 경우) 결정된다. 석광현, "국제물품매매협약(CISG)와 國際私法", 서울대학교 法學, 제50권 제3호(2009. 9.) 237면, 또는 석광현, 국제사법과 국제소송 제5권(2012), 49~50면 참조.
55) 이재경, "미술품의 국제거래상 준거법의 선택", 국제사법연구 제14호(2008), 253면 이하 참조.

인다. 다만, 국내 전자상거래법상 면책고지만으로 통신판매중개업자 등 온라
인 플랫폼의 거래자체에 관한 법률관계 및 이에 따른 사법상 책임은 없는 것
으로 보더라도, 분명 이를 이용한 사인 간의 문화재의 불법거래를 사전에 차
단하기 위한 노력의 일환으로 중개인의 책임 강화 등 그 행정적 규제는 근거
법령의 보완 등을 통하여 다소 강화되어야 할 필요가 있다.

2) B2C 형태

CISG의 경우 제2조 a호 본문을 통하여 개인용 · 가족용 또는 가정용으로 구
입된 물품의 매매에 대하여 매매협약의 적용을 배제한다. 이에 통상적인 해외
직접구매 등 B2C 형태의 전자상거래에 대하여는 위 협약의 적용이 이루어지지
않을 가능성이 높다. 다만, 협약의 적용을 원하는 매도인은 개인용 등의 목적
을 알지 못하였고 알지 못한 데 대하여 과실이 없음을 입증하여야 하고, 매매
협약의 적용배제를 원하는 매수인은 개인용 등의 목적을 입증하여야 한다.56)

그러나 불법적 반출이 이루어지는 문화재를 대상으로 한 B2C 거래의 경
우, CISG가 배제되지 아니할 가능성이 높은 것으로 보인다. 이는 개인용 · 가족
용 또는 가정용으로 이루어지는 통상의 B2C 거래와 달리 국제적 불법거래로
서 이루어지는 문화재에 대한 B2C 거래는 위 용도 외의 목적임이 양 당사자
사이에서 분명하게 드러날 가능성이 크기 때문이다. 그렇다면 위 1)항에서의
논의와 마찬가지로 매매계약의 유효성은 매매계약의 '보충적 준거법'에 의하
여 무효가 되고, 물권의 소유권은 물권의 준거법에 따르며 C2C 형태의 거래에
서와 동일한 실질법상의 쟁점을 공유한다.

그러나 만약 국제사법 제27조(신국제사법 제42조)의 적용이 이루어지는 거
래이고, 계약 당사자 사이에 준거법을 선택하고 같은 조에서 규정하는 '소비
자' 그리고 '소비자계약'에 해당되는 경우에는 국제사법 제27조 제1항(신국제사
법 제47조 제1항)의 규정에 따라 당사자가 준거법을 선택하더라도 소비자의 상
거소가 있는 국가의 강행규정에 의해 소비자에게 부여되는 보호가 가능하다.
한편, 당사자가 준거법을 선택하지 아니한 경우에도 소비자가 직업 또는 영업
활동 외의 목적으로 체결하는 계약은 국제사법 제26조(신국제사법 제46조)의 규
정에도 불구하고 소비자의 국내법상의 소비자보호규정이 적용될 수 있다.

---

56) 석광현, 국제물품매매계약의 법리: UN통일매매법(CISG) 해설(2010), 39~40면.

국내의 현황과 한국 소비자에 대한 보호 측면의 논의를 추가로 이어가자면, 전자상거래법 등 현행 소비자보호에 관한 국내 법령은 주로 국내의 사업자를 대상으로 소비자보호에 필요한 사전적, 사후적 행정규제를 내용으로 하고 있다. 따라서 해외의 사업자가 운용하는 쇼핑몰의 상품 또는 광고행위 등이 소비자보호 법령에 위반하여 소비자에게 피해를 주는 경우 이에 대한 제재를 고려할 수 있다. 그럼에도 불구하고, 각국의 소비자보호 정책의 상이성에 따른 법제도의 차이를 감안하면 해외 사업자에게 과도한 부담이 될 수 있으며, 통상과 관련된 문제를 야기할 수 있다는 점에서 법집행의 현실적 측면을 고려하여야 한다고 한다.57)

결국, 해외판매자와 한국 소비자 간에 해외직구계약이 체결되는 경우로서, 이 경우 체결되는 계약이 소비자계약이라면 당사자가 분쟁해결수단으로서 재판관할합의를 한 경우(또는 통상 이루어지는 약관 상의 분쟁해결수단에 관한 별도의 합의가 없는 경우에도), 한국에서 소가 제기된다면 한국 소비자는 국제재판관할과 준거법의 맥락에서 국제사법 제27조(신국제사법 제42조 및 제47조)에 따른 보호를 받게 된다.

반면, 당사자 간에 발생하는 분쟁해결의 수단으로 중재합의를 한 경우라면, 중재지가 한국이라면 한국 소비자의 보호는 중재법과 약관규제법에 따라야한다. 중재법을 보면 한국이 중재지인 경우에도 국제사법의 유추적용이 이루어지기는 어렵고, 외국을 중재지로 하는 경우라면 중재법에 따른 보호수단이 없게 된다. 약관규제법에 따르면 고객에게 부당하게 불리한 중재조항만이 무효이나, 해외직구계약에 포함된 중재조항이 과연 그에 해당하는지도 논란이 있고, 약관규제법의 적용여부에 대한 판단도 쉽지 않아 불확실성이 존재한다.58)

3) 현실 및 인터넷 경매

(1) 매매협약의 문화재 경매에의 적용 여부

CISG는 매매의 성질을 고려하여 일정한 유형의 매매를 매매협약의 적용범위로부터 제외한다.59) 경매에 의한 매매의 경우 명시적으로 매매협약의 적용범위에서 배제된다.60) 일반적으로 경매에 의한 매매는 해당 분야의 특별한

57) 한국법제연구원, 전자상거래 시장의 국제화에 따른 분쟁해결방안 연구(2014. 12.), 88면.
58) 석광현(註 18), 214면.
59) 석광현(註 56), 49-54면.

법규칙이 존재하므로 그에 대한 고려 및 존중의 취지로 매매협약의 적용범위에서 제외한 것이라고 한다.[61] 기본적으로 경매란 경쟁체결의 하나로서 각 경쟁자가 다른 경쟁자가 표시한 내용을 알 수 있고, 일단 일정한 내용을 표시한 자도 다른 경쟁자가 표시한 내용을 보고 다시 더 유리한 내용을 표시할 기회를 가지는 경우를 가리키므로, 인터넷 경매도 더 유리한 기회를 표시할 기회가 인정되는 한 협약의 적용대상에서 제외된다.[62] 이는 경매를 통하여 물건이 외국의 입찰자에게 낙찰된 경우 그 외국의 법에 따르도록 하는 것이 바람직하고, 또한 낙찰되기 전에는 매수인이 누구인지를 알 수 없기에 매매협약의 적용여부를 미리 알 수 없다는 난점을 고려한 것이다.[63]

우리 국제사법에 비추어 문화재 경매의 계약관계에 적용되는 법을 판단한다면, 우선 당사자자치의 원칙에 따라 당사자들이 명시적 또는 묵시적으로 선택한 법이 준거법이 될 것이다.[64] 당사자들이 준거법을 지정하지 않는 경우 가장 밀접한 관련을 가진 국가의 법이 준거법으로 인정될 것이다. 이때 국제사법은 법관의 판단을 용이하게 하기 위해 '특징적 이행'을 기초로 하는 깨어질 수 있는 추정규정을 두는데, 양도계약에 있어 양도인의 이행 등과 같이 계약의 특징적 이행을 해야 하는 경우 당사자가 계약체결 시 상거소(자연인의 경우), 주된 사무소(법인·단체의 경우) 또는 영업소(직업상·영업상 계약의 경우)를 가지는 국가를 당해 계약과 가장 밀접한 관련을 가지는 국가로 추정한다.[65]

문화재 경매에 있어서 낙찰자에게 경매회사 또는 양도인이 물품을 인도할

---

60) CISG 제2조 b호.

61) Text of draft Convention on Contracts for the International Sale of Goods approved by the United Nations Commission on International Trade Law together with a commentary prepared by the Secretariat. New York: UN(UN DOC. A/CONF. 97/5) (14 Mar. 1979.), 16., Available at: http://www.cisg-online.ch/index.cfm?pageID=644#Article%202 (2021. 12. 29. 최종방문).

62) 최성호, "예술품의 국제거래와 국제물품매매계약에 관한 UN협약", 법학논고 제68집, 경북대학교 법학연구원(2020. 1.), 348면. 다만, 인터넷 경매의 경우 특정 지역에 국한되지 않고 모든 국가에서 잠재적으로 행해질 수 있고 그 결과로 전세계에서 응찰자를 유인할 수 있다는 점에서 매매협약에서 지역성을 고려하여 적용범위에서 제외하는 경매와는 구분되어야 하고, 따라서 매매협약이 적용될 수 있다는 견해도 존재한다. Ulrich G. Schroeter, Die Anwendbarkeit des UN-Kaufrechts auf grenzüberschreitende Versteigerungen und Internet-Auktionen (The Applicability of the UN Sales Law (CISG) to Cross-Border Auctions and Internet Auctions), Zeitschrift für Europäisches Privatrecht (2004), 31. 참조.

63) 석광현(註 56), 43면.

64) 국제사법 제25조 제1항(신국제사법 제45조 제1항).

65) 국제사법 제26조 제1항, 제2항(신국제사법 제46조 제1항, 제2항). 석광현(註 35), 309면.

의무를 부담하는 경우 해당 양도계약의 준거법은 경매회사의 주된 사무소가 있는 국가의 법 또는 양도인의 상거소지법이 될 것이다. 양도인과 경매회사 사이에서 경매회사가 위임계약에 따라 양도인에게 물품 경매 및 판매의무를 지는 경우 해당 위임계약의 준거법은 용역을 이행하여야 하는 경우 경매회사의 주된 사무소가 있는 국가의 법이 될 것이다. 결국 우리 국제사법에 따르는 경우라면, 위 일반 경매뿐 아니라 인터넷 경매에 따른 계약관계에서도 당사자 자치 원칙에 따라 경매계약의 당사자들이 명시적 또는 묵시적으로 선택한 법이 준거법이 될 것이고, 그러한 준거법의 지정이 없는 경우 가장 밀접한 관련을 가진 국가의 법이 준거법으로 인정될 것이다.[66]

(2) 로마I에 의한 규율

"계약채무의 준거법에 관한 2008년 6월 17일 유럽의회 및 유럽이사회의 (EC) No 593/2008 규정"(이하 '로마I'이라 한다)(Rome I. Regulation of the

---

[66] 인터넷 경매서비스(또는 온라인 경매)를 제공 중인 전통적인 주요 경매업체의 경우, 일반적으로 약관 내 준거법 조항을 두어 준거법을 지정하고 있다.

그 예시로 아래는 크리스티(Christie's)의 약관 중 준거법에 관한 내용 일부이다. 크리스티는 AAA 중재합의와 함께 명시적으로 CISG의 적용을 배제하는 한편, 뉴욕주법의 실질법을 준거법으로 정하고 있다. 구체적인 내용은 https://www.christies.com/buying-services/buying-guide/conditions-of-sale에서 확인 가능 (2021. 12. 29. 최종방문), 소더비의 경우는 CISG의 적용배제에 관한 내용이 없는 것을 제외하면 크리스티의 경우와 동일하다.

10. Law and Disputes

These Conditions of Sale and any claims arising in connection with these Conditions of Sale or any other rights you may have relating to the purchase of a lot shall be governed by and enforced pursuant to the laws of the State of New York, without regard to conflicts of law. The parties exclude the application of the United Nations Convention on Contracts for the International Sale of Goods. Any dispute, controversy or claim arising out of, relating to, or in connection with these Conditions of Sale, or the breach, termination, interpretation or validity thereof ("Dispute"), shall be submitted for mediation administered by the American Arbitration Association's International Centre for Dispute Resolution, or its successor ("ICDR"), in accordance with its Mediation Rules.

한편, 서울옥션 또한 아래와 같이 인터넷 경매서비스에 관한 재판관할합의 및 준거법 지정을 내용으로 하고 있다. https://www.seoulauction.com/terms/page?view=auctionTerms (2021. 12. 29. 최종방문)

<온라인 경매약관 (ONLINE SALE)>

20. 관할권과 준거법

본 경매약관은 대한민국법을 준거법으로 한다. 경매약관 및 경매도록 등에 관하여 발생하는 모든 분쟁에 관한 소송은 대한민국 서울중앙지방법원에 전속적 관할이 있다. 모든 당사자는 재판의 송달절차 또는 다른 법원에서의 절차와 관련된 기타 서류에 대하여 팩스, 인편, 우편, 또는 대한민국법에 의해 허용되는 송달방법으로 서울옥션에 통지된 당사자의 최후주소지 또는 기타 통상적인 주소로의 송달에 대하여 취소불가능한 동의를 한다.

European Parliament and of the Council on the law applicable to contractual obli-
gations)은 경매에 관하여 그 준거법에 관한 법선택이 없는 경우에 특별한 준거
법 결정원칙을 두고 있다. 로마I 제4조 제1항 g호에 따르면, 경매에 의한 물품
의 매매계약은 경매가 이루어진 장소가 결정될 수 있는 경우, 경매가 이루어
진 국가의 법에 따른다고 한다.[67]

경매를 통한 매매의 경우 다양한 계약양상을 보이기 때문에 매수인의 상
대방은 경매회사가 될 수도 있고 위탁자가 될 수도 있다. 계약이 매수인과 경
매장에 출현하지 않는 위탁자 사이에 이루어지는 경우, 위탁자에 관한 불확실
성으로 인하여 불만족스러운 결과가 발생할 수 있다. 즉, 일반적인 물품매매계
약의 준거법은 매도인이 상거소를 가지는 국가의 법인데(로마I 제4조 제1항 a
호), 매수인이 매도인의 상거소지를 일반적으로 알지 못하기 때문에 그 준거법
을 예상하기 어렵다. 이렇게 예측할 수 없는 법의 적용을 피하기 위하여 로마I
은 그 대신 경매가 이루어진 국가의 법을 규정한 것이다.

또한, 경매에서도 매도인의 물품인도를 특징적 이행으로 보면 다수의 매
도인이 경매를 통하여 하나의 장소에서 매매계약을 체결하였음에도 매도인의
상거소지가 달라짐에 따라 준거법도 달라지는 이상한 결과가 발생하기 때문에
당사자의 상거소 대신 행위지를 중심으로 준거법을 결정하고 있는 것이다.[68]

따라서 경매가 이루어진 국가의 법을 적용하는 제4조 제1항 g호의 규정이
일반적인 물품매매계약에 관한 동조 a호보다 우선하여 적용된다. 하지만 이
두 규정보다 더 우선하여 적용되는 것은 소비자계약에 관한 제6조이다.

마. 문화재의 소유권과 국제물권법 일반

문화재의 매수인이 절도범과 같은 진정한 권리자가 아닌 매도인으로부터
취득한 경우 그 소유권을 선의취득하는지, 진정한 소유자가 선의취득자에 대
하여 소유권에 기한 반환청구를 할 수 있는지의 요건과 시간적 제한은 물권의
준거법에 의한다.

우리 국제사법 제19조(신국제사법 제33조)에 따르면 동산에 관한 물권은 그
목적물의 소재지법에 의한다. 그러한 내용은 부동산과 물권에 관하여 국제적

---

67) Reithmann/Martiny, Internationales Vertragsrecht 7. Auflage (Dr.Otto Schmidt, 2010), Rn. 1031-
   1033 참조.
68) 이헌묵, "국제사법 제26조 제2항의 세 가지 유형의 계약의 준거법", 통상법률(2016. 12.), 21면.

으로 널리 인정되는 소재지법(*lex rei sitae*) 원칙을 명시한 것이다.[69] 소재지법 원칙이 인정되는 일반적인 이유 중 하나는 주권국가 내에 소재하는 물건의 보유, 인도 등의 방식과 조건을 국가가 스스로 결정하는 권리에 대한 예양 및 상호존중, 그리고 해당 원칙에 따른 예견가능성의 제고 때문이다.[70] 전통적 견해에 따르면 국제사법 또는 문화재보호법상 특칙이 없는 이상 도난당한 문화재 또는 불법반출된 문화재에도 적용된다고 본다.[71] 결국 한국으로부터 도난당한 문화재가 외국에서 거래되는 경우 취득자의 선의취득 여부는, 가사 기원국(state of origin)인 우리법상 문화재의 선의취득이 불가능하더라도 취득 당시 소재지인 당해 외국법에 의하여야 한다. 한편, 최근에는 도난 및 불법반출로부터 문화재를 보호해야 한다는 실질법적 가치가 우리나라를 포함한 국제사회의 공통 가치로서 존중되고 있으므로 선의취득이 쉽지는 않을 것으로 판단된다.

바. 문화재의 권리에 관한 독자적인 연결원칙

국제물권법의 일반원칙인 소재지법주의는 일반적으로 거래이익에 부합한다. 하지만 소재지법주의는 선의취득 역시 취득 당시의 목적물소재지에 따르게 하여 도난된 문화재의 선의취득이 가능하거나 시효취득이 용이한 법역으로 문화재를 옮기는 결과를 초래한 측면이 있다.[72]

한편 소재지법 원칙의 효력근거로서의 거래보호는 문화재에 있어서 일반 재화보다 그 중요성이 크지 않다. 이 지점에서 문화재의 물권에 대하여 독자적 연결이 생길 수 있는 공간이 생기는데, 문제는 물론 그러한 연결점이 어디에 있어야 하는가이다.[73]

먼저 ① 문화재의 기원국법에 연결(Heimatrecht, lex origin)하는 견해가 있다. 문화재는 지역적 관련성의 측면에서 다른 일반 재화들과 구분된다. 물론,

---

69) Uglješa Grušic et al., Cheshire, North & Fawcett: Private International Law(2017), 1268.

70) Pecoraro, Thomas W., "Choice of Law in Litigation to Recover National Cultural Property: Efforts at Harmonization in Private International Law", Virginia Journal of International Law, Vol. 31, Issue 1(Fall 1990), 10.

71) 석광현, "UNIDROIT 문화재환수협약 가입절차와 유의점", 국제사법연구 제15호(2009. 12.), 328면.

72) Abbo Junker, Internationales Privatrecht 2. Auflage(2017), §17 Rn. 38. 이와 관련하여, 문화재는 다른 재화와는 달리 거래법적 안정보다도 문화재 자체의 보호가 더 존중되어야 하는 이익이 있다는 점에서 그런 비판을 감내하고서라도 문화재 기원국법주의를 견지할 필요가 있다는 견해가 있다. 송호영, "문화재반환사건에 있어서 민법 및 국제사법상 몇 가지 쟁점". 국제사법연구 제15호(2009. 12.), 314면 참조.

73) Abbo Junker(註 72), 3581.

문화재의 '기원국'을 확정하는 것은 쉽지 않다. 기원국을 확정하는 기준으로 고려되는 것은, 창작자(Urheber)의 국적, 문화재의 발생장소, 그것이 만들어지거나 발견된 장소, 문화재의 특정국가에서 체류 기간, 만들어진 동기, 종교적 관련성 등이다. 문화재 기원국에 대한 일반적인 연결은 법적 안정성이 심각하게 침해된다는 단점이 있다.

다른 견해는 ② 문화재가 분실된 국가의 법에 연결하자는 견해이다. 그러나 비자발적 점유상실로 인하여 물건이 분실된 국가와 본질적으로 밀접한 연관이 생긴다는 것은 분명하지 아니할 뿐 아니라, 이러한 장소는 우연성에 따라 달라질 수 있다.

세 번째 견해는, ③ 위반금지된 수출 이전에 문화재가 존재한 국가의 법에 연결하자는 것이다. 이는 문화재가 국가 차원의 수출금지에 위반하여 다른 국가로 이전될 것을 가정한다. 수출금지는 1970년 유네스코협약을 포함한다. 수출금지 위반은 그 자체로 문화재의 권리의 연결을 수출국 법에 연결하기 위한 실용적이고도 정당한 기준이 된다. 수출금지를 부과하는 국가에 문화재가 존재하는 경우 이 국가에 본질적으로 밀접한 연관성(wesentlicheengere Vervindung)이 인정되는데, 왜냐하면 일시적이고 우연적인 소재지의 상태는 다른 국가에 밀접한 연관성을 갖도록 할 뿐이기 때문이다. 수출금지는 국가 바깥으로 문화재를 내보내는 것(Verbringung)을 금지한다. 이는 소재지 원칙에 따라 효력을 가질 수 있는 다른 법규정으로의 이동과 같은 모든 사실행위를 금지한다. 이 독자적 연결점은 소재지법원칙을 움직일 수 없는 상태로 고정한다. 주의할 것은 이 원칙이 외국에서도 자국의 수출금지를 관철하겠다는 것은 아니고, 단지 준거법을 확정하는 데 있어서 수출금지를 정당한 연결점의 요소로 삼겠다는 의미일 뿐이라는 것이다.

요컨대 문화재에 관한 국제물권법 원칙과 관련하여 소재지법주의 외에 기원국법주의, 절취법주의 등의 견해가 있고, 독일과 스위스에서는 문화재에 대하여도 소재지법 원칙을 적용하자는 견해가 다수설이라고 한다.[74] 문화재가 소재한 수출금지국법을 적용하자는 원칙은 소재지법주의에서 발생할 수 있는 '소재지법 쇼핑'을 방지할 수 있다는 장점이 있으나, 수출금지국에 소재하는

---

74) 석광현(註 3), 136면, 다만, 절취지법(lex furti)을 적용하는 견해가 점차 국제적으로 세를 얻어가고 있다고 소개한다.

계기도 우연적일 수 있으며 문화재의 경우 지역적, 역사적, 문화적 특성을 보다 고려하여야 하는데 이에 대한 고려가 부족하다. 현재 문화재에 대한 물권적 문제의 준거법 결정원칙을 통일하고자 하는 노력은 없으나 실질법을 통일시키려는 노력을 유니드로와협약에서 엿볼 수 있다고 한다.[75]

사. 문화재보호법 및 약관규제법, 전자상거래법 등의 국제적 강행규정 쟁점

인터넷을 통하여 거래된 문화재가 외국의 문화재보호법 및 전자상거래법상 자국으로부터의 반출이 금지된 경우, 한국에서 해당 문화재 반환에 관한 재판이 이루어질 때 외국의 문화재보호법 및 전자상거래법 위반은 중개인을 포함한 매도인과 매수인 사이의 매매계약에 어떠한 영향을 미치는가가 문제된다. 이때 우리 법원이 외국의 문화재보호법 또는 전자상거래법을 적용할 수 있는지, 이는 국제사법상 '국제적 강행규정'을 어떻게 취급할지의 문제로 귀결된다.[76]

우리 국제사법은 제7조(신국제사법 제20조)에서 외국법이 준거법으로 지정되더라도 입법목적에 비추어 준거법에 관계없이 적용되어야 하는 법정지인 한국의 강행법규는 여전히 적용된다는 점을 밝히고 있다.[77] 또한 동법 제6조(신국제사법 제19조)에서는 준거법으로 지정된 외국법의 내용이 공법적 성격을 가진다는 이유만으로 그 적용이 배제되지 않는다고 명시하고 있다. 이는 최근 사인 간의 국제거래관계에 정부가 다양한 공법적 규제를 하고 있는 현실에서 그러한 규정들이 공법적 성격을 가진다는 이유만으로 적용이 배제되는 것은 부당하다는 고려에 기인한다고 한다.[78] 따라서 전통적 국제사법이론에서 주장되었던 준거법 소속국의 국제적 강행규정이 공법이기 때문에 적용될 수 없다는 '외국공법 부적용의 원칙'은 더 이상 적용되지 않는다. 제6조(신국제사법 제19조)에 따라 준거법 소속국인 외국의 공법규정은 당해 사법적 법률관계에 영향을 미치는 한 적용될 수 있다.

---

75) 상게서, 138면.
76) 국제적 강행규정이란 당사자의 합의에 의하여 그 적용을 배제할 수 없다는 의미의 국내적 강행규정이 아니라, 당사자의 합의에 의해 적용을 배제할 수 없을 뿐만 아니라, 그에 더하여 준거법이 외국법이라도 적용이 배제되지 않는 '국제적 강행법규(internationally mandatory rules)'를 말한다. 석광현(註 35), 141면 참조.
77) 석광현(註 3), 140면.
78) 상게서, 138면.

상당수의 국가들이 문화재의 보호를 목적으로 하는 문화재보호법을 두고 있고, 이는 일정한 문화재의 거래 또는 유통을 금지하는 것을 내용으로 하는 공법적 성질을 가지는 규정을 포함한다.79) 이러한 규정들은 당사자의 합의에 의하여 배제할 수 없는 강행규정일 뿐만 아니라 준거법이 외국법이더라도 그 적용이 배제되지 않는 국제적 강행규정의 성질을 가진다. 결국 문화재의 매매가 우리나라에서 이루어지거나, 피고의 주소지가 우리나라에 있는 등의 이유로 법정지가 한국인 경우, 한국 법원은 문화재보호법을 국제적 강행규정으로서 당해 분쟁에 적용한다. 매매대상이 우리나라의 국보, 문화재자료, 일반동산 문화재 등일 경우 낙찰자가 이를 국외로 수출하거나 반출하는 것은 당해 매매계약의 준거법이 한국법이 아닐지라도 금지된다.80)

한편, 논의대상인 인터넷을 통한 문화재의 불법거래와 관련된 국내적 강행규정으로 방문판매법, 할부거래법 및 전자상거래법 등은 소비자에게 불리한 것은 효력이 없다고 규정하고 있어 위 거래에서는 이러한 조항의 국제적 강행규정 여부를 추가적으로 검토하여야 한다. 그러나 이러한 규정들은 특별히 국제적 강행규정임을 인정하기는 어려운 것으로 보인다. 위 법률들은 국제거래에 대한 적용은 특별히 고려하고 있지 않고, 나아가 준거법에도 불구하고 위 조항들의 적용을 관철하려는 입법자의 의지(또는 의사)를 간취할 수 없으므로 일반원칙을 따라야 할 것이기 때문이다.81)

아. 소결

논의대상인 인터넷을 통한 문화재 불법거래의 구체적 유형을 나누어 법률관계, 국제재판관할 및 준거법, 그리고 이와 관련한 주요 국제사법적 쟁점을 살펴보았다. 그 중 거래형태별 법률관계 및 준거법에 관한 논의를 정리하자면 다음과 같다. 우선 C2C 형태로 이루어지는 문화재의 매매계약에서 매도인과 중개인 플랫폼 사이에서는 중개계약이 체결되고, 매도인과 매수인 사이에서는 매매계약이 체결된다. 중개인과 매수인 사이에서는 플랫폼에 대한 이용계약이 체결되고, 중개인의 경우 판매자와 구매자 사이에 이루어지는 매매계약과 관련하여서는 원칙적으로 별도의 법률관계가 형성되지는 아니한다. 이와 같이

---

79) 석광현(註 3), 150면.
80) 문화재보호법 제39조 제1항, 제60조 제1항, 제74조 제1항.
81) 석광현(註 18), 196면.

인터넷을 통하여 이루어지는 문화재의 국제매매계약은 특정물의 매매로서, 그러한 국제매매의 거래법 내지 계약법적 문제는 매매계약의 준거법에 의한다. 그 경우 양 당사자의 소재국이 모두 체약국이라면 CISG가 적용된다. CISG는 계약의 유효성, 대상의 소유권에 관한 문제에 관하여 정하고 있지는 아니하므로, 매매계약의 유효성은 매매계약의 보충적 준거법에 의하고, 물권의 소유권은 물권의 준거법에 따른다.

　B2C 형태의 매매계약은 해외 판매자와 한국 소비자 간에 해외직구계약이 체결되는 경우로서 체결되는 계약이 소비자계약이라면 당사자가 분쟁해결수단으로서 재판관할합의를 한 경우(또는 분쟁해결수단에 관한 합의가 없는 경우), 한국에서 소가 제기된다면 한국 소비자는 국제재판관할과 준거법의 맥락에서 국제사법 제27조(신국제사법 제42조 및 제47조)에 따른 보호를 받게 된다. 반면, 당사자 간에 발생하는 분쟁해결의 수단으로 중재합의를 한 경우라면, 중재지가 한국이라면 한국 소비자의 보호는 중재법과 약관규제법에 따라야 한다. 중재법상 한국이 중재지인 경우에도 국제사법의 유추적용이 이루어지기는 어렵고, 외국을 중재지로 하는 경우라면 중재법에 따른 보호수단이 없게 된다. 다만, 불법적 반출이 이루어지는 문화재를 대상으로 한 인터넷 거래의 경우, CISG가 배제되지 않을 가능성이 높다. 그렇다면 위 C2C 형태에서의 논의와 마찬가지로 매매계약의 유효성은 매매계약의 보충적 준거법에 의하여 무효가 되고, 물권의 소유권은 물권의 준거법에 따르며 C2C 형태의 거래에서와 동일한 실질법상의 쟁점을 공유한다. 그러나 만약 국제사법 제27조(신국제사법 제42조)의 적용이 이루어지는 거래이고, 계약 당사자 사이에 준거법을 선택하고 같은 조에서 규정하는 '소비자' 그리고 '소비자계약'에 해당되는 경우에는 국제사법 제27조 제1항(신국제사법 제47조 제1항)의 규정에 따라 당사자가 준거법을 선택하더라도 소비자의 상거소가 있는 국가의 강행규정에 의해 소비자에게 부여되는 보호가 가능하다. 한편, 당사자가 준거법을 선택하지 아니한 경우에도 소비자가 직업 또는 영업활동 외의 목적으로 체결하는 계약은 국제사법 제26조(신국제사법 제46조)의 규정에도 불구하고 소비자의 국내법상의 소비자보호규정이 적용될 수 있다.

　인터넷 경매의 경우 경매가 경매인 자신의 이름으로 이루어지는지 아니면 타인의 이름으로 이루어지는지에 따라 구분해서 검토하여야 하고, 이는 인터넷 경매약관 등을 기초로 판단하여야 한다. 일반적으로 인터넷 경매업체의 약관은 온라인 경매인이 단순히 시장의 기능만을 할 뿐이고, 경매물을 목적으로 하는 매매계약은 판매자인 매도인과 매수인 사이에 성립한다고 규정한다. 따라서 그러한 약관의 내용이 적용된다면 경매인과 매수인 사이에는 매매계약이 성립하지 않는다. 또는 인터넷 경매에서의 매도인과 매수인이 직접 계약을 체결하고 이들 사이에 매매계약이 성립하는 경우만을 생각할 수도 있다. 이와 관련하여, CISG는 매매의 성질을 고려하여 일정한 유형의 매매를 매매협약의 적용범위로부터 제외한다. 이에 따라 경매에 의한 해당 매매의 경우 명시적으로 CISG의 적용범위에서 배제된다. 우리 국제사법에 따르는 경우라면, 인터넷 경매에 따른 계약관계에서도 당사자자치 원칙에 따라 경매계약의 당사자들이 명시적 또는 묵시적으로 선택한 법이 준거법이 될 것이고, 그러한 준거법의 지정이 없는 경우 가장 밀접한 관련을 가진 국가의 법이 준거법으로 인정될 것이다.

구체적인 법률관계에 따른 차이에도 불구하고 C2C와 B2C 그리고 인터넷 경매 형태의 거래들은 공히 인터넷 또는 온라인이 그 거래의 배경 내지는 수단이 되는 것이고, 결국 당사자 사이의 문화재를 목적물로 한 매매계약의 체결이라는 기본적인 외형에 비추어보면 이를 통해 도출되는 쟁점들 또한 전통적인 국제사법적 쟁점에 관한 그간의 논의를 기반으로 포섭할 수 있다. 다만, 온라인 플랫폼 또는 인터넷 경매업체 등을 통하여 거래가 진행되기에 판매자 및 이용자의 가입 시 약관을 통하여 당사자 사이의 구체적인 분쟁해결방법에 관한 합의가 미리 이루어졌을 가능성이 커 준거법 지정 및 국제재판관할의 인정과 관련한 문제가 빈번히 발생하지는 않을 것으로 보인다. 한편, B2C, C2C 및 인터넷 경매 형태의 거래 모두 인터넷 기반의 사업자가 거래를 용이하게 한다는 점에서, 이를 악용한 문화재의 불법거래를 실효성 있게 방지하기 위해서는 거래유형별 해당 사업자에 대한 공법상의 규제 또는 의무부과 등의 조치가 지속적으로 강화되어야 할 필요성이 존재한다. 이에 장기적으로는 우리나라 또한 유니드로와 협약에 가입하는 등 국제적인 움직임에 발맞추어야 할 것이다.

Ⅲ. 맺음말

이 글에서는 인터넷을 통한 문화재의 국제적 불법거래에 대하여 논의 가능한 아래의 국제사법적 쟁점들을 검토하였다.

우선, 인터넷을 통한 문화재 불법거래와 관련된 당사자 간의 법률관계 검토 및 그 성질결정을 통하여 기본적인 당사자 간의 매매계약 및 플랫폼 사업자와의 중개계약, 인터넷 경매에서의 경매관련계약을 비롯한 각 계약관계를 파악하였다.

둘째로, 가상공간에서 일어나는 국제거래의 특수성을 고려하더라도, 국제재판관할의 유무는 절차의 문제로서 법정지법에 따를 사항이므로 우리나라에서 인터넷을 통한 문화재 불법거래와 관련된 소가 제기될 경우 우리 법원의 국제재판관할은 우리 국제사법 원칙에 따라 결정하여야 한다. 이에 일반관할과 특별관할, 합의관할 및 논의의 대상인 인터넷을 통한 문화재 불법거래와 관련된 국제재판관할을 순차적으로 살펴보았다.

셋째로, 준거법의 경우 C2C, B2C 형태의 각 거래에 대해서는 CISG가 적용될 수 있다. CISG는 경매에 대하여는 명시적으로 그 적용을 배제하고 있으므로 인터넷 경매에 대해서도 그 적용이 없고, 이 경우 법정지의 국제사법 원칙에 따라 준거법이 결정된다고 할 것이다. 다만, B2C 형태의 거래의 매수인이 소비자이고, 해당 거래에서 체결된 계약이 소비자계약에 해당한다면 우리 국제사법 제27조(신국제사법 제42조 및 제47조)의 소비자 보호에 관한 국제재판관할과 준거법에 대한 특칙이 적용된다.

넷째로, 국제물권법의 측면에서 우리 국제사법 제19조(신국제사법 제33조)는 동산에 관한 물권은 그 목적물의 소재지법에 따른다고 하여 소재지법(lex rei sitae) 원칙을 명시하고 있다. 문화재에 대한 물권의 준거법에 관하여 국제사법상 또는 문화재보호법상 특칙이 없으므로 소재지법 원칙은 도난당한 문화재 또는 불법반출된 문화재에도 적용된다고 보는 것이 전통적 견해이다. 현재 문화재에 대한 물권적 문제의 준거법 결정원칙을 통일하고자 하는 노력은 없으나, 실질법을 통일시키려는 노력을 유니드로와협약에서 엿볼 수 있다.

마지막으로, 인터넷을 통한 문화재 불법거래와 관련된 국제적 강행규정의 취급을 검토하였다. 문화재의 매매가 우리나라에서 이루어지거나, 피고의 주소지가 우리나라에 있는 등의 이유로 법정지가 한국인 경우, 한국 법원은 문화재보호법을 국제적 강행규정으로서 당해 분쟁에 적용한다. 매매대상이 우리나라의 국보, 문화재자료, 일반동산문화재 등일 경우 낙찰자가 이를 국외로 수출하거나 반출하는 것은 당해 매매계약의 준거법이 한국법이 아닐지라도 금지된다. 다만, 인터넷을 통한 전자상거래와 관련된 국내적 강행규정인 방문판매법, 할부거래법, 전자상거래법의 경우 국제거래에 대한 적용은 특별히 고려하고 있지 않고, 나아가 준거법에도 불구하고 위 조항들의 적용을 관철하려는 입법자의 의지(또는 의사)를 간취할 수 없으므로 일반원칙을 따라야 한다.

[追 記]

본고는 황성재, "인터넷을 통한 문화재 불법거래의 국제사법적 쟁점 -C2C, B2C 및 인터넷 경매 형태의 거래를 중심으로-", 국제사법연구 제27권 제1호(2021. 6.) 중 일반(현실) 경매 및 일부 관련 논의를 김윤우, 문화재 경매의 국제사법적 쟁점, 국제문화재법연구회 제35회 정기연구회(2019. 11. 25.) 발표문의 내용을 반영하여 수정·보완한 것이다.

— 참고문헌 —

1. 국내문헌

가. 단행본

공정거래위원회, 통신판매중개행위 실태 및 소비자보호방안연구(2005. 12.)

박동석, 문화재법 총론편(2014)

석광현, 국제물품매매계약의 법리: UN통일매매법(CISG) 해설(2010)

_____, 국제사법 해설(2013)

_____, 국제사법과 국제소송 제2권(2001), 제5권(2012), 제6권(2019)

이기수 외, 인터넷 경매에서의 계약체결과 소비자보호, 아산재단 연구보고서 제96집(2003. 10.)

한국법제연구원, 전자상거래 시장의 국제화에 따른 분쟁해결방안 연구(2014. 12.)

나. 논문

고형석, "통신판매중개에 관한 연구", 인터넷법률 제20호(2003. 11.)

김성혜, "유통자로서 미술품 경매의 발전 소더비(Sotheby's) 경매사(競賣史)를 중심으로", 서울대학교 미술경영학박사학위논문(2019)

석광현, "클라우드 컴퓨팅의 규제 및 관할권과 준거법", LAW & TECHNOLOGY, 제7권 제5호(2011. 9.)

_____, "국제재판관할과 외국판결의 승인 및 집행 입법과 판례", 국제사법연구 제20권 제1호(2014. 6.)

_____, "국제적 불법거래로부터 문화재를 보호하기 위한 우리 국제사법(國際私法)과 문화재보호법의 역할 및 개선방안", 서울대학교 法學 제56권 제3호(2015. 9.)

_____, "국제사법 제2조 제2항을 올바로 적용한 2019년 대법원 판결의 평석: 일반관할과 재산소재지의 특별관할을 중심으로", 國際去來와 法 제29호, 동아대학교 법학연구소(2020. 4.)

_____, "UNIDROIT 문화재환수협약 가입절차와 유의점", 국제사법연구 제15호(2009. 12.)

송호영, "문화재반환사건에 있어서 민법 및 국제사법상 몇 가지 쟁점", 국제사법연구 제15호(2009. 12.)

안제우, "국제전자상거래에서의 재판관할과 준거법 미국, 유럽연합, 한국간의 비교 검토를 중심으로", 무역학회지 제28권 제4호(2003. 9.)

오병철, "인터넷상의 특수한 매매계약 -인터넷 경매, 공동구매를 중심으로-", 민사법학 제
    21호

오정숙, "인터넷 컨텐츠 편: 인터넷 경매", 정보통신산업동향(2001. 8.)

이규호, "인터넷 규제와 관할", 단국대학교 법학논총 33권 제2호(2019. 12.)

이동기, "문화재환수협약의 성립경위와 현황 -유네스코 협약과의 관계를 포함하여-", 법학
    논총 제22권 제1호(2009. 8.)

이재경, "미술품의 국제거래상 준거법의 선택", 국제사법연구 제14호(2008)

이헌묵, "국제사법 제26조 제2항의 세 가지 유형의 계약의 준거법", 통상법률(2016. 12.)

최성호, "예술품의 국제거래와 국제물품매매계약에 관한 UN협약", 법학논고 제68집, 경북
    대학교 법학연구원(2020. 1.)

2. 외국문헌

가. 단행본

AMR AL- AZM, KATIE A. PAUL, FACEBOOK'S BLACK MARKET IN ANTIQUITIES,
    ATHAR PROJECT(2019. 6.)

INTERPOL, UNESCO and ICOM, n.d., Basic Actions concerning Cultural Objects being
    offered for Sale over the Internet

Juliane Schellerer, Gutgläubiger Erwerb und Ersitzung von Kunstgegenständen(Mohr
    Siebeck, 2016)

Junker Abbo, Internationales Privatrecht 2. Auflage(2017)

N. Brodie, The internet market in antiquities, in: France Desmarais (ed.)(2015)

Reithmann/Martiny, Internationales Vertragsrecht 7. Auflage(Dr.Otto Schmidt, 2010)

Svantesson, Dan Jerker B, Private International Law and the Internet(2007)

Uglješa Grušic et al., Cheshire, North & Fawcett: Private International Law(2017)

UNCTAD, Information Economy Report 2015

UNESCO, Evaluation of UNESCO's Standard-setting Work of the Culture Sector. Part II
    -1970 Convention on the Means of Prohibiting and Preventing the Illicit Import,
    Export and Transfer of Ownership of Cultural Property(2014)

UNESCO, "Illegal excavations and online trade of cultural property looted in the midst
    of COVID-19(2020. 6. 27.)"

UNESCO, Toolkit to fight the illicit trafficking of cultural property(2018)

나. 논문

Armbrüster Christian, Privatrechtliche Ansprüche auf Rückführung von Kulturgütern ins Ausland, NJW(2001)

Kimberly L. Alderman, "The Ethical Trade In Cultural Property: Ethics And Law In The Antiquity Auction Industry", ILSA Journal of International&Comparative Law 14(3)(2008)

Pecoraro, Thomas W., "Choice of Law in Litigation to Recover National Cultural Property: Efforts at Harmonization in Private International Law", Virginia Journal of International Law, Vol. 31, Issue 1(Fall 1990)

Text of draft Convention on Contracts for the International Sale of Goods approved by the United Nations Commission on International Trade Law together with a commentary prepared by the Secretariat. New York: UN(UN DOC. A/CONF. 97/5), (14 Mar. 1979.)

Ulrich G. Schroeter, Die Anwendbarkeit des UN-Kaufrechts auf grenzüberschreitende Versteigerungen und Internet-Auktionen (The Applicability of the UN Sales Law (CISG) to Cross-Border Auctions and Internet Auctions), Zeitschrift für Europäisches Privatrecht(2004)

스위스의 「문화재의 국제적 양도에 관한 연방법률」(LTBC)

— 주요내용(2019년, 2020년 개정 포함)과 국제사법적 함의를 중심으로 —

이종혁*

I. 서언

스위스는 미국, 영국, 프랑스 다음으로 문화재 국제거래가 많은 국가이다.[1] 스위스는 1970년 「문화재의 불법적인 반출입 및 소유권양도의 금지와 예방수단에 관한 협약」(Convention on the Means of Prohibiting and Preventing the Illicit Import, Export and Transfer of Ownership of Cultural Property, 이하 "유네스코협약")의 이행법률인 「문화재의 국제적 양도에 관한 연방법률」(Loi fédérale sur le transfert international des biens culturels, 이하 "문화재양도법")[2]을 통하여 도난 또는 불법반출 문화재의 국제거래 방지와 그 반환청구 등에 관한 새로운 메커니즘을 도입하였다.[3]

---

* 한양대학교 법학전문대학원 조교수/법학박사

1) Barbara T. Hoffman, "Introduction to Parts II and III: Cultural Rights, Cultural Property and International Trade", in Barbara T. Hoffman (ed.), *Art and Cultural Heritage: Law, Policy and Practice* (Cambridge University Press, 2006), p. 91.

2) 이하에서는 편의상 프랑스어본을 기초로 논의한다. 스위스의 공용어는 독일어, 프랑스어, 이탈리아어, 로망슈어이다(스위스 연방헌법 제4조). 스위스 연방내무부(Département fédéral de l'intérieur) 산하 연방문화청(Office fédéral de la culture)이 제시하는 문화재양도법의 프랑스어 약칭은 'Loi sur le transfert des biens culturels (LTBC)'이다. 영어로는 'Federal Act on the International Transfer of Cultural Property'로 번역하고 'Cultural Property Transfer Act (CPTA)'라는 약칭을 사용하는 것이 일반적이다. 스위스 연방문화청이 문화재양도법에 관하여 영문으로 소개하고 있는 다음 링크 참조: https://www.bak.admin.ch/bak/en/home/cultural-heritage/transfer-of-cultural-property/legal-basis.html (2021. 11. 30. 최종방문) 참고로 스위스에는 우리 문화재보호법에 상응하는 문화재 보호 관련 일반법이 존재하지 않는다. 이하에서 국가의 명칭을 언급하지 않고 법령(연방헌법, 문화재양도법 등)이나 기관(연방의회, 연방참사회, 연방문화청 등)을 언급하는 경우 그것은 스위스의 것이다.

3) 문화재양도법의 간략한 소개는 이규호 외 5인, "문화재 반환 분쟁해결 국제사례 연구"(문화재청 용역 최종보고서, 2011), 142-144면 참조. 박선아, "문화재 분쟁 해결을 위한 국제소송에 관한 연

연방참사회(Conseil fédéral)[4]는 2001. 11. 21. 연방의회(Assemblée fédérale)에 유네스코협약의 비준 동의와 이행법률 제정을 촉구하였다.[5] 이에 따라 연방의회는 2003. 6. 12. 유네스코협약의 비준에 동의하였고,[6] 연방참사회는 2003. 10. 3. 국제연합 교육·과학·문화기구(UNESCO, 이하 "유네스코") 사무총장에게 동 협약의 수락서(instrument of acceptance)를 기탁하였으며,[7] 동 협약은 그로부터 3개월 후인 2004. 1. 3. 스위스에서 발효하였다.[8] 다른 한편으로 연방의회는 2003. 6. 20. 문화재양도법을 제정하였고, 연방참사회는 동법 제31

구", 한양대학교 법학박사 학위논문(2013), 78면은 문화재양도법을 언급하면서도 "스위스는 다른 유럽국가와는 달리 문화재 거래를 금지하는 국내법규정이 없을 뿐만 아니라 … 문화재 보호에 관한 다국간 협약에도 참여하지 않고 있어 도굴문화재의 세탁소로 악명높다"고 기술하고 있는데, 스위스가 2003년 유네스코협약에 가입하였고 그것이 2004년 스위스에서 발효하였다는 점과 그 이행법률인 문화재양도법이 2005년부터 스위스에서 시행되고 있다는 점을 고려한다면, 위와 같은 설명에는 오해의 소지가 있다.

4) 독일어로는 'Bundesrat'이다. 여기에서는 이호정, "스위스의 개정국제사법전", 법학 제31권 제3/4호(서울대학교 법학연구소, 1990), 3-4면의 예에 따라 '연방참사회'(聯邦參事會)라는 역어를 사용하기로 한다. 국회도서관 법률정보실, 세계의 헌법: 35개국 헌법 전문 제1권(개정판)(국회도서관, 2013), 621-623면; 박영도, 스위스연방의 헌법개혁과 향후전망(한국법제연구원, 2004), 13면 이하는 '연방내각'(聯邦內閣), 국회사무처 입법조사국, 정부형태의 유형(국회도서관, 1990), 178-179면은 '연방집행부'(聯邦執行府), 법제처, 각국헌법요약(법제처, 1980), 233-236면은 '연방집행원'(聯邦執行院)이라는 역어를 각각 사용하고 있다. 연방참사회는 스위스에 특유한 제도로서, 7명의 위원으로 구성되는 최고 통치·행정 기관(l'autorité directoriale et exécutive suprême)인데(연방헌법 제174조), 대개 각 주(Canton)의 대표자로 구성되고(지리적·언어적 대표성의 고려에 관한 연방헌법 제175조 제4항 참조), 임기는 4년이며(연방헌법 제175조 제3항), 각 연방참사회 위원은 장관으로서 행정각부를 지휘한다(연방헌법 제178조 제2항). 연방의회는 매년 연방참사회 위원들 중에서 1년 임기의 대통령 1인과 부통령 1인을 선출한다(연방헌법 제176조 제2항). 연방참사회에 관한 개략적 설명으로는 *Historisches Lexikon der Schweiz*의 Bundesrat 항목인 다음 링크 참조: https://hls-dhs-dss.ch/de/articles/010085 (2021. 11. 30. 최종방문)

5) Bundesrat, Botschaft über die UNESCO-Konvention von 1970 und das Bundesgesetz über den internationalen Kulturgütertransfer (KGTG) vom 21. November 2001 (BBl 2002 535), S. 535 ff. 참조. 이호정, 전게논문(주4), 4면은 연방참사회가 연방의회에 제출하는 'Botschaft'를 '교서'(敎書)라고 번역한다.

6) Pierre Gabus et Marc-André Renold, *Commentaire LTBC* (Schulthess, 2006), Titre et préambule, [15]. 이하에서는 위 주석서를 "Gabus/Renold, 조문번호, [옆번호]"의 방식으로 인용한다.

7) 유네스코협약 체약국 현황(https://en.unesco.org/sites/default/files/liste_etats_partis_convention_1970_en.pdf)의 스위스 항목 참조(2021. 11. 30. 최종방문. 유네스코협약의 비준, 수락 또는 가입에 관하여는 동 협약 제19조, 제20조 참조.

8) 유네스코협약 제21조 제2문 참조. 연방헌법은 조약의 이행을 위하여 연방법률의 제정이 필요한 경우 5만명 이상의 선거권자 또는 8개 이상의 주의 요구가 있으면 그 조약의 비준 여부가 선택적 국민투표(référendum facultatif)에 회부될 수 있다고 규정하고 있으나(연방헌법 제141조 제1항 d호 3.목 참조), 유네스코협약의 경우 Arrêté fédéral portant approbation de la Convention de l'UNESCO de 1970이 그 제2조에서 동 협약은 국민투표의 대상이 아니라고 규정함으로써 이를 허용하지 않았다. 이에 대한 비판은 Gabus/Renold, Titre et préambule, [13], [14] 참조.

조에 따라 2005. 4. 13. 「문화재의 국제적 양도에 관한 시행령」(Ordonnance sur le transfert international des biens culturels,[9] 이하 "문화재양도법 시행령")을 제정하였으며, 이들은 연방참사회의 결정에 따라 2005. 6. 1.부터 시행되었다.

이후 스위스가 2019. 10. 25. 「수중문화유산의 보호에 관한 협약」(Convention on the Protection of the Underwater Cultural Heritage, 이하 "수중문화유산협약")을 비준하고 동 협약이 2020. 1. 25. 스위스에서 발효함에 따라 문화재양도법의 적용대상인 문화재의 범위를 규정하는 요소로 기존의 유네스코협약 제1조에 더하여 수중문화유산협약 제1조 제1항 (a)호가 추가되었다(문화재양도법 제2조 제1항).[10] 다른 한편으로 스위스 연방대법원은 2019. 5. 13. 문화재양도법상 처벌대상인 문화재 불법반입과 허위세관신고는 스위스에 특유한 메커니즘인 유네스코협약 체약국과의 양자조약에 따른 문화재에 한정된다고 판시하였는데,[11] 이는 그동안 연방문화청과 각 주의 집행기관이 양자조약의 존재와 무관하게 일단 문화재양도법상 문화재에 해당하면 불법반입과 허위세관신고를 금지해온 실무와 배치되는 것이었다.[12] 연방참사회는 연방대법원 판결로 인하여 문화재 국제거래에 대한 규율의 공백이 발생하고 스위스의 문화재 국제거래의 중심지로서의 위상이 손상될 것을 우려하여 문화재양도법상 제반규정을 신속히 정비하기로 하였다.[13] 그리하여 문화재양도법에 제4a조를 신설하여 양자조약의 존재와 무관하게 문화재양도법 제2조 제1항에 따른 문화재를 반입, 운반 또는 반출하는 모든 사람은 세관신고의무가 있다는 일반의무조항이 도입되었고, 문화재양도법 제2조 제5항을 개정하여 양자조약과 문화재양도법 제8조 제1항 a호에 따른 잠정조치를 위반한 모든 반입, 운반 또는 반출이 불법적인 반입, 운반 또는 반출을 구성한다고 명시하였으며(종래는 반입만을 규정), 문화재양도법 제24조, 제25조의 형사처벌조항을 명확하게 정비하였다.[14]

---

9) 연방문화청이 제시하는 문화재양도법 시행령의 프랑스어 약칭은 Ordonnance sur le transfert des biens culturels (OTBC)이다.
10) Bundesversammlung, Bundesbeschluss über die Genehmigung des Übereinkommens über den Schutz des Unterwasser-Kulturerbes und über seine Umsetzung (Änderung des Kultur-gütertransfer- und des Seeschifffahrtsgesetzes) vom 21. Juni 2019 (AS 2020 3793), S. 3795.
11) Urteil 1C 447/2018.
12) Bundesrat, Botschaft zur Förderung der Kultur in den Jahren 2021-2024 (Kulturbotschaft 2021-2024) vom 26. Februar 2020 (BBl 2020 3131), S. 3214.
13) Bundesrat, 전게의견서(주12), S. 3214.
14) Bundesrat, 전게의견서(주12), S. 3251 f. 참조.

2021. 11. 현재 유네스코협약의 체약국은 141개국에 육박하나,[15] 유네스코협약의 목적과 내용을 국내적으로 실현하기 위하여 이행법률을 제정한 국가는 많지 않다.[16] 유네스코협약의 대다수 조항은 자기집행적 성격이 없기 때문에,[17] 이행법률이 없는 한 유네스코협약은 국내에서 충분한 강제력을 확보할 수 없다.[18] 스위스는 유럽연합(EU) 또는 유럽경제공동체(EEC)의 회원국이 아니기 때문에 불법반출 문화재의 반환에 관한 Directive 2014/60/EU[19]은 스위스에 적용되지 않고, 스위스는 사법통일국제연구소(UNIDROIT)의 1995년 「도난 또는 불법반출 문화재에 관한 협약」(Convention on Stolen or Illegally Exported Cultural Objects, 이하 "유니드로와협약")의 체약국도 아니기 때문에 유니드로와협약 역시 스위스에 적용되지 않는데,[20] 스위스는 문화재 국제거래의 중심지로서의 위상을 유지하면서도 유네스코협약의 이행법률인 문화재양도법을 통하여 도난 또는 불법반출 문화재 반환에 관한 국제적 규범체계와의 간극

---

15) 전술 주7의 체약국 현황 홈페이지 참조.

16) 미국(1983년), 캐나다(1985년), 스위스(2005년), 독일(2007년), 네덜란드(2009년) 등이 이행법률을 제정하였다. Robert Peters, "Complementary and Alternative Mechanisms beyond Restitution: An Interest-oriented Approach to Resolving International Cultural Heritage Disputes", European University Institute, Doctoral Thesis (2011), p. 88; 이종혁, "1970년 유네스코협약 이행입법과 관련한 국제사법 쟁점", 국제사법연구 제26권 제2호(한국국제사법학회, 2020), 343면 이하 참조. 독일은 문화재반환법(KultGüRückG)을 개정하여 2016년 문화재보호법(KGSG)을 제정하였는데, 이에 관하여는 송호영, 1970년 UNESCO협약(문화재 불법거래 방지협약)의 이행을 위한 독일 문화재보호법(KGSG) 연구(글로벌법제전략연구 19-17-⑨)(한국법제연구원, 2019) 참조.

17) Working Group, "International Transfer of Cultural Objects: UNESCO Convention of 1970 and Unidroit Convention of 1995"(Report of the Working Group)(Federal Office of Culture, 1999), p. 10; 이근관, "유니드로와협약 가입을 위한 국내법 개정방향 연구"(문화재청 용역 최종결과보고서, 2007), 59, 80면; 이종혁, 전게논문(주16), 349면.

18) Georg von Segesser and Alexander Jolles, "Switzerland's New Federal Act on the International Transfer of Cultural Property", *Art, Antiquity and Law*, Vol. X, Issue 2 (2005), p. 199 참조. 이하에서는 위 논문을 "Segesser/Jolles"로 인용한다.

19) Directive 2014/60/EU of the European Parliament and of the Council of 15 May 2014 on the Return of Cultural Objects Unlawfully Removed from the Territory of a Member State and Amending Regulation (EU) No. 1024/2012 (Recast). 이에 따라 유럽연합 역내국가들 상호간에는 외국의 문화재 반출규제라도 승인 및 집행된다. 불법반출 문화재는 기원국으로 반환되어야 하고, 기원국은 이를 청구할 수 있으며, 선의취득자는 반환청구국으로부터 보상을 받아야 한다. Marc Weber, "New Swiss Law on Cultural Property", *International Journal of Cultural Property*, Vol. 13, Issue 1 (2006), p. 100. 이하에서는 위 논문을 "Weber"로 인용한다.

20) 1999년 스위스 연방정부의 7개 모든 부처의 대표자가 참여한 작업반(Working Group)은 연구를 통하여 유네스코협약과 유니드로와협약 양자 모두를 비준하는 것이 최선이라는 결론을 내렸다. Working Group, 전게자료(주17), pp. 31-32 참조. 그러나 스위스는 실제로는 유네스코협약만 비준하였고, 유니드로와협약은 서명만 하고 비준은 하지 않았다.

을 좁힌 것으로 평가된다.[21) 문화재양도법의 구조를 조문의 표제 위주로 개관
하면 다음과 같다.[22)

제1장 일반규정
　제1조 목적과 적용범위
　제2조 정의(定義)

제2장 문화재 대장(臺帳)
　제3조 연방 대장
　제4조 주 대장

제3장 반입, 운반 및 반출
　제4a조 세관신고
　제5조 연방 대장 등록 문화재의 반출허가
　제6조 스위스의 반환청구[23)
　제7조 협정(協定)[24)
　제8조 잠정조치
　제9조 협정에 근거한 반환청구

제4장 반환보증
　제10조 신청
　제11조 공표[25) 및 이의신청
　제12조 발급
　제13조 효력

제5장 문화유산 보존을 위한 재정지원
　제14조 상동

제6장 문화재의 양도
　제15조 연방기관에의 양도
　제16조 주의의무
　제17조 감독

제7장 관련기관
　제18조 특별기구
　제19조 세관
　제20조 형사사법기관

제8장 행정공조 및 사법공조
　제21조 스위스 내에서의 행정공조
　제22조 스위스와 외국의 관련기관 간의
　　　　 행정공조 및 사법공조
　제23조 국제형사사법공조법과의 관계

제9장 형사제재
　제24조 경죄(輕罪)[26)
　제25조 위경죄(違警罪)
　제26조 양벌규정
　제27조 형사절차
　제28조 문화재와 재산의 압수
　제29조 통지의무[27)

제10장 연방소송절차 및 개인정보보호
　제30조 상동

제11장 최종규정
　제31조 시행령 제정
　제32조 타법개정[28)
　제33조 비소급효
　제34조 국민투표 및 시행일자[29)

---

21) Weber, p. 100.
22) 연방문화청 홈페이지에 문화재양도법과 동법 시행령의 프랑스어, 독일어, 이탈리아어 조문과 비공
　식 영문번역본이 게재되어 있다. 비공식 영문번역본은 다음 링크 참조: https://www.fedlex.admin.
　ch/eli/cc/2005/317/en (2021. 11. 30. 최종방문)
23) 연방참사회가 모든 유네스코협약 체약국을 상대로 연방 문화재 대장에 등록된 문화재로서 스위스
　로부터 불법반출된 것의 반환을 청구할 수 있는 권리(le droit au retour)에 관한 조항이다.
24) 여기의 '협정'(accord, 영어로는 agreement)은 유네스코협약 체약국과 체결하는 양자조약을 말한다.

이하에서는 스위스의 문화재양도법과 동법 시행령의 주요내용을 문화재
양도법의 적용대상인 문화재의 의미(II.), 문화재 국제거래에 있어서 문화재 거
래업자,30) 경매업자 등에 대한 주의의무 부과(III.), 유네스코협약의 다른 체약
국과의 양자조약 체결을 통한 불법반출 문화재 반환청구 메커니즘의 내용과
절차(IV.), 스위스법상 도난 문화재의 원소유자의 선의취득자에 대한 반환청구
기간과 선의취득자 보호(V.)의 순서로 검토하되, 특히 III.에서는 문화재 거래
업자와 경매업자의 주의의무규정의 (역외)적용범위와 법적 성질(국제적 강행법
규), IV.에서는 불법반출 문화재 반환청구의 국제재판관할, 양자조약 당사국31)
의 국제적 강행법규인 문화재 반출규제의 스위스에서의 적용, V.에서는 스위
스 민법과 채무법의 개정 내용을 각각 분석하고, 관계되는 부분에서 유니드로
와협약이 문화재양도법에 반영된 양상과 우리법과의 이동(異同)을 언급하기로
한다. 이를 통하여 국제사법적 함의를 고려하는 전제 위에서 문화재양도법의
전체상을 조망할 수 있을 것이다.

---

25) 제10조 소정 반환보증 신청이 있었음을 연방관보(la Feuille fédérale)에 공표하는 것이다.
26) 경죄(délits, Vergehen)와 위경죄(contravention, Übertretung)의 구별은 우리 형법은 알지 못하는
    것이다. 대개 전자는 벌금형 또는 단기구금형이 부과되고, 후자는 구류, 과료에 해당한다.
27) 세관과 형사사법기관이 문화재양도법 위반행위를 특별기구에 통지할 의무에 관한 규정이다.
28) 문화재양도법 제32조를 근거로 민법, 채무법, 국제사법 등에 조문이 신설되는 개정이 있었다.
29) 연방참사회는 문화재양도법 제34조 제2항에 의하여 부여된 권한에 따라 시행일을 2005. 4. 1.로
    결정하였다가 시행령의 제정이 지연되자 이를 2005. 6. 1.로 연기하였다. Segesser/Jolles, p. 176.
30) 문화재를 그 제작자와 직접 거래하여 양수하는 경우도 상정할 수 있으나(가령 현대미술 작품), 대
    개 문화재 거래는 화랑 또는 경매를 통하여 간접적 형태로 행하여진다. 화랑은 중개인(우리 상법
    제93조 이하 참조)이나 위탁매매인(우리 상법 제101조 이하 참조)의 지위에서 문화재 거래에 참여
    하는 것이 일반적이나, 고객과의 위탁관계 없이 장래의 재판매를 목적으로 문화재를 매수할 수도
    있다. 여기에서는 매매와 중개라는 행위태양에 주목하여 화랑의 역할을 '매매업자'와 '중개업자'라
    고 표현하고, 양자를 통칭하는 '거래업자'라는 용어를 사용하기로 한다. '거래업자'라는 용어는 문
    화재양도법상의 "les commerçants d'art"라는 개념의 역어로 대체로 무리가 없다. 상세는 후술 주
    69 참조. 미술품거래의 유형(직접거래 및 화랑 또는 경매를 통한 간접거래의 구체적 형태)에 관한
    상세는 명순구/김기영, 미술품의 거래법과 세금(고려대학교 출판부, 2012), 23~58면 참조. 직접거
    래가 행하여지는 시장을 1차 시장(primary market), 간접거래가 행하여지는 시장을 2차 시장
    (secondary market)으로 구분하기도 한다. 명순구/김기영, 상게서, 23~24면.
31) 현황은 후술 IV. 2. 참조. 양자조약의 각 당사국은 자국 기원의 불법반출 문화재의 반환청구소송을
    타방 당사국 법원에 제기하는 맥락에서는 '기원국'(state of origin)이라고 할 수 있다. 기원국의 국
    제적 강행법규인 이상, 문화재의 양도계약 또는 물권변동의 준거법 소속국인지, 제3국인지를 구별
    하지 않고 바로 적용한다는 점에 문화재양도법의 중요한 특색이 있다. 상세는 후술 IV. 4. 참조.

Ⅱ. 문화재양도법의 적용대상

1. 일반적 적용대상 — 중요성 있는 문화재

스위스 문화재양도법의 일반적 적용대상인 '문화재'는 ① 종교적 또는 세속적 이유로 고고학, 선사학, 역사학, 문학, 예술 또는 과학의 관점에서 중요성이 있고, ② 유네스코협약 제1조("문화재") 또는 수중문화유산협약 제1조 제1항 (a)호("수중문화유산")에 규정된 범주에 해당하는 물건을 말한다.32) 유네스코협약 제1조는 거의 모든 종류의 문화재를 포괄할 수 있을 정도로 넓게 규정되어 있고, 수중문화유산협약 제1조 제1항 (a)호는 100년 이상 수중에 위치한 인류의 모든 흔적(all traces of human existence)이라는 한정된 범위에만 관련되어 있으므로, 위 ②의 요건은 크게 문제되지 않는다.33) 그러나 위 ①의 요건, 즉 '중요성 있는 문화재'(les biens culturels qui revêtent de l'importance) 해당 여부는 유네스코협약이 판단의 기준이나 방법을 제시하지 않고 이를 각국에 유보하고 있으므로 각국이 각각의 문화재를 대상으로 개별적으로 판단할 수밖에 없는데,34) 그 기준은 판단의 시점에 따라 가변적이다.35) 연방문화청은 문화재로서의 '중요성'을 인정할 수 있는 기준의 예로서, 박물관에 전시되어 있거나 박물관에 전시될 만한 가치가 있는 경우, 그 상실이 문화유산36)에 대한 손실을 의미하는 경우, 일반공중에게 특별한 이익이 있는 경우, 상대적으로 희귀한 경우, 특별한 문헌에 언급되어 있는 경우를 제시하고 있다.37) 중요성 판단을

---

32) 문화재양도법 제2조 제1항. 전술하였듯이 스위스는 수중문화유산협약이 2020. 1. 25. 스위스에서 발효함에 따라 문화재양도법 제2조 제1항을 개정하여 동법상 문화재에 해당하기 위한 선택적 요건으로 수중문화유산협약 제1조 제1항 (a)호에 규정된 '수중문화유산'을 추가하였고, 그 규정은 2020. 11. 1.부터 시행되었다. 참고로 우리나라는 수중문화유산협약의 체약국이 아니다. 내륙국가인 스위스에서 '수중'(underwater) 문화유산이 거래된다면 그것은 필연적으로 국제거래일 가능성이 높다. 스위스의 수중문화유산협약 비준·발효와 그에 따른 문화재양도법 개정은 문화재 국제거래의 중심지로서의 위상을 유지하려는 노력의 일환으로 평가할 수 있다.

33) 전자에 관하여는 Gabus/Renold, Article 2, [3] 참조. 2019년 신설되어 2020년 시행된 후자도 마찬가지일 것으로 생각된다.

34) Gabus/Renold, Article 2, [8].

35) Bundesrat, 전게의견서(주5), S. 572 f.; Segesser/Jolles, p. 177. 일례로 프랑스에서 문화재 개념의 변천사는 앙드레 샤스텔/장 피에르 바블롱(김예경 譯), 문화재의 개념(아모르문디, 2016) 참조.

36) 이는 문화재양도법 제2조 제2항과 유네스코협약 제4조에 규정되어 있는 의미에서의 '문화유산'(le patrimoine culturel)을 말한다.

37) 연방문화청 홈페이지에 게시되어 있는 일종의 유권해석인 2020. 10. 29.자 Checklist: Cultural Property와 그 일부를 구성하는 2021. 2. 1.자 Frequently Asked Questions Regarding the Application of the CPTA에 열거되어 있는 기준이다. 다음 링크 참조: https://www.bak.admin.ch/bak/en

위하여는 전문가들이 현재 그 문화재에 대하여 표명하고 있는 의견, 관련 학술서적들이 그 문화재에 대하여 언급하고 있는 내용, 그 문화재가 연유한 문화유산에 대한 일반공중의 의견 등을 고려하여야 할 것이다.[38]

　유의할 점은 매매가격 또는 (제3자를 위한 거래의 경우) 감정가격(le prix d'estimation)이 5,000스위스프랑 미만인 문화재의 경우에는 문화재양도법 제15조 내지 제17조에 규정되어 있는 주의의무 관련 규정이 적용되지 않는다는 것이다.[39] 다만, 그 문화재가 ① 고고학적 또는 고생물학적 발굴 또는 발견의 결과물이거나 ② 산일된 예술적 또는 역사적 기념물과 고고학적 유적지의 일부이거나 ③ 민속학적 물건으로서 특히 종교적 또는 세속적 의식의 목적으로 사용된 것에 해당하는 경우에는 그 경제적 가치와 무관하게 문화재 거래업자 등의 주의의무에 관한 규정이 적용된다.[40] 적용배제조항은 5,000스위스프랑 미만인 물건의 경우 '고고학, 선사학, 역사학, 문학, 예술 또는 과학의 관점에서의 중요성'을 인정하지 않고 이를 문화재양도법의 일반적 적용대상에서 배제하는 것이라는 견해도 있으나,[41] 비록 5,000스위스프랑 미만인 물건이라고 하더라도 '고고학, 선사학, 역사학, 문학, 예술 또는 과학의 관점에서의 중요성'이 충분히 인정될 여지가 있다는 점, 문화재양도법 시행령 제16조 제2항의 규정 형식을 보면 일정한 물건이 일단 문화재에 해당함을 전제로 그 매매가격 또는 감정가격이 5,000스위스프랑 미만인 경우 문화재양도법상 일정한 의무를 부과하지 않는다고 규정하고 있다는 점 등에 비추어 보면, 문화재양도법과 동법 시행령이 5,000스위스프랑을 중요성 판단의 기준으로 정하여 문화재 해당 여부를 구분한다고 보는 것은 타당하지 않다. 한편 적용배제조항에 대한 예외를 규정하고 있는 문화재양도법 시행령 제16조 제3항의 제3호(위 ③), 즉 "<u>민속학적 물건</u>으로서, 특히 종교적 또는 세속적 의식의 목적으로 사용된 것"(objets ethnologiques, notamment ceux qui sont utilisés dans le cadre de rites sacrés ou profanes)이 '고고학, 선사학, 역사학, 문학, 예술 또는 과학의 관점에서의 중요

/home/cultural-heritage/transfer-of-cultural-property/what-is-considered-cultural-property-under-the-federal-act-on-th.html (2021. 11. 30. 최종방문)

38) Segesser/Jolles, p. 177.

39) 문화재양도법 시행령 제16조 제2항. 이 규정은 시행령 초안에는 없던 것이다. Segesser/Jolles, p. 177.

40) 문화재양도법 시행령 제16조 제3항.

41) Segesser/Jolles, p. 177.

성'이 인정될 수 있는가, 즉 '문화재'에 해당하는가에 대하여는 논란이 있다.[42] 이는 문화재양도법과 유네스코협약에서 사용하지 않는 '민속학적'이라는 용어 때문에 초래된 문제이다.

흥미로운 점은 문화재양도법이 문화재에 관한 정의규정에서 국가에 의한 지정을 요구하지 않는 유니드로와협약의 접근법을 채택하고 있다는 것이다. 즉, 문화재양도법 제2조 제1항은 유네스코협약처럼 "국가에 의하여 지정된 물건"(les biens qui sont désignés par chaque Etat)일 것을 명시하지 않는다.[43] 그러면서도 문화재양도법은 유네스코협약의 접근법, 즉 연방과 각 주의 문화재 대장(Inventaires des biens culturels)에 관한 제2장을 두고 '연방 문화재 대장'(Inventaire fédéral)과 '주 문화재 대장'(Inventaires des cantons)의 작성, 그리고 선의취득, 반환청구기간 등의 측면에서 등록문화재에 강력한 보호를 부여함으로써[44] 두 협약을 절충한 메커니즘을 제시하고 있다. 유니드로와협약은 그 적용대상인 문화재의 범주를 유네스코협약과 같게 규정하면서도 유네스코협약과 달리 체약국에 의하여 지정된 문화재일 것을 요구하지 않음으로써 유네스코협약보다 더 넓은 범위에서 문화재 반환이 가능하도록 하고 있다.[45] 이와 같이 문화재양도법은 유네스코협약의 이행법률이면서도 유니드로와협약의 접근법을 가미하고 있다는 점에 특색이 있다.

2. 양자조약의 적용대상 ― 현저한 중요성 있는 문화재

스위스가 문화재의 반입, 반출[46] 및 반환에 관하여 유네스코협약의 체약

---

42) Segesser/Jolles, p. 177. 본문의 밑줄은 필자가 추가하였다.

43) 우리 법체계에서 문화재 지정제도에 관하여는 채우석, "문화재보호를 위한 지정제도에 관한 법적 연구", 토지공법연구 제77집(한국토지공법학회, 2017) 참조.

44) 일례로 문화재양도법 제3조 제2항은 연방 문화재 대장에 등록된 문화재는 시효취득, 선의취득의 대상이 아니고 반환청구권이 시효에 걸리지 않는다고 규정하고, 동법 제4조 제2항은 각 주는 주 문화재 대장에 등록된 문화재에 대하여 같은 취지로 선언할 수 있다고 규정하고 있다. 후술 II. 3. 참조.

45) 석광현/이규호, "「1995년 UNIDROIT협약」 가입 영향 검토 및 국내법 개정안 연구"(국외소재문화재재단 정책연구 최종보고서)(2015), 163면. 이하에서는 위 보고서를 "석광현/이규호"로 인용한다.

46) 문화재양도법 제7조 제1항은 양자조약 체결의 목적으로 '반입'(l'importation)과 '반환'(le retour)만을 명시하나, (일방 당사국으로의) 반입은 그에 대응되는 개념인 (타방 당사국으로부터의) 반출을 논리적으로 당연히 전제하고 있다는 점, 양자조약은 위법하게 '반출'된 문화재의 반환청구를 타방 당사국 법원에 제기할 수 있도록 하기 위한 수단이라는 점을 고려하여, 스위스는 양자조약의 명칭과 조문에 대개 '반출'도 함께 열거하고 있다. 일례로 중국과 체결한 양자조약의 명칭은 "Agreement between the Federal Council of the Swiss Confederation and the Government of

국과 양자조약을 체결할 수 있는 문화재는 '관련국가의 문화유산을 위하여 현저한(또는 중대한) 중요성'(une importance significative pour le patrimoine culturel de l'Etat concerné)이 있는 것이어야 한다.[47) 여기의 '현저한 중요성'은 관련 당사국의 문화유산의 본질과의 특별히 높은 정도의 관련성 또는 뚜렷한 관련성을 의미한다.[48) 이와 같이 양자조약의 적용대상은 문화재양도법의 일반적 적용대상보다 좁게 규정되어 있다. 그 이유는 양자조약의 적용대상인 문화재는 스위스가 그로부터 불법반출된 문화재의 반환청구를 외국법원에 제기하는 경우에는 그 소송의 계쟁물이 되고, 반대로 외국이 그로부터 불법반출된 문화재의 반환청구를 스위스 법원에 제기하는 경우에는 그 소송의 계쟁물이 될 뿐만 아니라, 스위스가 외국의 문화재 반출규제를 승인(recognition)하고 이를 스위스에서 적용하여야 하는 대상이 되기도 하기 때문이다. 국가가 외국법원에서 소송의 당사자가 되는 문제와 국가가 외국의 공법상 규제를 승인하고 자국 내에서 적용하는 문제는 주권(sovereignty) 내지 주권적 권리(sovereign right)의 제한 내지 제약을 수반할 수 있으므로, 그 필요성이 인정되는 문화재만을 양자조약의 적용대상으로 규정한 것으로 볼 수 있다.

　　스위스의 입법자는 법원에 의한 해석의 가능성을 확보하기 위하여 형식주의적 접근법(formalistic approach)이 아닌 질적 접근법(qualitative approach)을 의도적으로 채택하였다. 연방참사회가 연방의회에 제출한 문화재양도법 초안은 일정한 범주만을 열거함으로써 양자조약의 적용대상인 '협의의 문화재'(Kulturgut im engeren Sinn)를 넓게 규정하는 방식을 취하고 있었다.[49) 그런데 정의조항에 아무런 질적 내지 가치적 요소가 포함되지 않음으로 인하여, 가령 고고학적 유물이기만 하면 과학적 또는 예술적 수준, 시장가치, 문화적 중요성 등과는 관계없이 모두 '협의의 문화재'의 개념에 해당하게 되는 문제가 있었다. 그리

the People's Republic of China on <u>Illicit Import and Export and Repatriation</u> of Cultural Property"로서 반입, 반출, 반환을 모두 열거하고 있다(밑줄은 필자가 추가). 이하에서는 위 양자조약을 "스위스-중국 양자조약"으로 언급한다.

47) 문화재양도법 제7조 제1항, 제2항 a호 참조.
48) Segesser/Jolles, p. 178.
49) Bundesrat, Bundesgesetz über den internationalen Kulturgütertransfer (Kulturgütertransfergesetz, KGTG) Entwurf (BBl 2002 622), S. 622. 위 초안 제2조 제2항에 있는 '협의의 문화재' 정의조항은 ① 고고학적 또는 화석학적(paläontologische) 유물, ② 기념물, 종교적·세속적 건축물 또는 고고학적 유적지의 일부, ③ 민속학적 또는 종교의식적 중요성 있는 물건과 성물(聖物), ④ 기록물을 열거하고 있다. 위 범주의 어느 하나에 해당하면 '협의의 문화재'라는 것이다.

하여 연방의회는 이와 같은 형식주의적 기준을 폐기하고, '관련 당사국의 문화
유산을 위한 현저한 중요성이 있는 문화재'라는 개념을 도입하여 질적 기준을
채택한 것이다. 연방의회는 새로운 개념에 대한 상세한 정의조항을 의도적으
로 두지 않음으로써 이를 법원의 판단에 맡기기로 하였는데, 그 이유는 무엇
이 관련 당사국의 문화유산으로서 현저히 중요한가의 판단은 시간과 장소, 법
원이 이를 판단하는 시점의 사회적·문화적 환경에 따라 달라질 수 있기 때문
이다. 한편 연방참사회는 문화재양도법 시행령에 연방의회가 폐기한 열거규정
을 다시 도입하고자 하였다가 거센 비판에 부딪쳐 포기하기도 하였다.[50]

결국 '현저한 중요성 있는 문화재'는 법원이 사안별로 판단할 수밖에 없
고, 법원은 개별사안의 집적을 통하여 일정한 기준을 정립할 수 있을 것이다.
스위스 법원은 현저한 중요성을 판단함에 있어서 '관련 당사국의 문화유산을
위하여 현저한 중요성 있는 문화재'라는 개념이 스위스가 외국의 반출규제를
승인하고자 하는 대상으로서의 문화재를 구체적으로 특정하기 위하여 정립된
것임을 고려하여야 한다. 경우에 따라서는 외국의 반출규제가 보편적 가치로
서의 문화와 예술이 국경을 초월하여 향유되어야 한다는 이념에 부합하지 않
는 것일 수도 있고, 특정한 국가나 사회의 역사적 맥락과의 연관 속에서만 적
법성이 인정되는 것일 수도 있다. 따라서 '현저한 중요성 있는 문화재'라는 개
념은 가급적 좁게 해석되지 않을 수 없다. 오늘날의 경우 그와 같은 고도의 중
요성 있는 문화재는 대개 공공컬렉션의 일부일 것이다.[51] 연방참사회는 양자
조약을 체결함에 있어서 일반원칙으로 유네스코협약 제1조의 범주를 열거함
과 동시에 타방 당사국의 역사적·문화적 맥락과 현실을 반영한 세부적 범주
를 부속서(Annex)에 열거함으로써 예측가능성과 투명성을 제고하고 있다.[52]

흥미로운 점은 양자조약의 적용대상인 문화재의 범주를 법률에 구체적으
로 규정하지 않고 '현저한 중요성'이라는 가치개념만을 규정하고 있는 문화재
양도법의 접근법은 '기원국의 이익의 중대한 침해'가 있는 경우에만 기원국의
불법반출 문화재 반환청구를 허용하는 유니드로와협약 제5조 제3항[53]의 태도

---

50) Segesser/Jolles, pp. 178-179, n. 9 참조.
51) Segesser/Jolles, p. 179.
52) Segesser/Jolles, p. 188. 일례로 스위스-중국 양자조약 제2조 제1항 및 부속서 참조. 간략한 소개
　　로는 Niklaus Glatthard, "China, Switzerland and the Transfer of Cultural Goods: On the
　　Agreement regarding the Illicit Import, Export and Restitution of Cultural Goods", *Jusletter*
　　(2015. 6. 22.), pp. 4-5.

를 반영하고 있다는 것이다. 유니드로와협약은 기원국이 불법반출 문화재의 반환을 요청하기 위하여는 불법반출이 기원국의 이익을 중대하게 침해하였음이 기원국에 의하여 소명(establish)[54]될 것을 요구하고 있다. 도난 또는 도굴은 그 자체로 반환청구의 충분한 근거가 될 수 있으나, '기원국의 이익'과 '문화재의 자유로운 거래'라는 상충하는 가치를 고려한다면 불법반출은 그 자체로는 반환청구의 충분한 근거가 될 수 없기 때문에, 유니드로와협약은 불법반출을 이유로 반환되어야 하는 문화재의 범위를 제한하여야 한다는 주장을 수용하였고, 기원국 이익침해의 '중대성'(significance)을 요구하고 있는 것이다.[55] 이는 독일에서 제창되어 미국에서 발전해온 이익중심적 접근법을 채택한 것인데,[56] 스위스는 불법반출 문화재 반환을 위한 양자조약의 적용대상인 문화재를 정의함에 있어서 유니드로와협약처럼 기원국의 문화적 이익의 침해 정도가 중대할 것을 요구하기보다는 문화재 자체의 기원국 문화유산으로서의 중요성의 정도를 고양하여 '현저한 중요성'을 요구하기로 결정한 것이다.

3. 사유문화재의 취급

스위스가 문화재양도법을 제정할 당시에 스위스의 문화재 개인소유자들은 동법으로 인하여 사유문화재에 대한 소유권, 특히 처분권이 제한될 가능성을 우려하였다. 그러나 문화재양도법은 개인수집가, 민영박물관, 거래업자 등의 소유권을 완전히 보장하였고, 정부가 사유문화재를 일방적으로 국유재산으로 지정하거나 연방 또는 주 문화재 대장에 등록시키는 방법으로 문화재 개인소유자의 소유권 행사나 해외반출을 제한하는 제도는 도입하지 않았다.[57]

연방정부는 그 소유의 문화재 중에서 '스위스의 문화유산을 위한 현저한 중요성'이 인정되는 것을 지정하여 연방 문화재 대장에 등록하는데,[58] 연방

---

53) 유니드로와협약 제5조 제3항의 규정은 다음과 같다: "The court or other competent authority of the State addressed shall order the return of an illegally exported cultural object if the re-questing State establishes that the removal of the object from its territory significantly impairs one or more of the following interests: [이하 생략]"(밑줄은 필자가 추가) "establish"라는 문언은 "prove"보다 약한 의미라고 한다. Lyndel V. Prott, *Commentary on the UNIDROIT Convention on Stolen or Illegally Exported Cultural Objects 1995* (Institute of Art and Law, 1997), p. 56.

54) '증명'보다 약한 의미이므로 일응 '소명'으로 번역하기로 한다. 전술 주53 참조.

55) Prott, 전게서(주53), p. 53; 석광현/이규호, 64면.

56) Prott, 전게서(주53), p. 56.

57) Segesser/Jolles, p. 179.

58) 문화재양도법 제3조 제1항.

문화재 대장에 등록된 문화재는 ① 시효취득과 선의취득이 허용되지 않고, ② 반환청구기간의 제한이 없으며, ③ 스위스로부터의 영구적 반출(l'exportation définitive)[59]이 금지된다.[60] 즉, 연방 대장에 등록된 문화재는 불융통물(*res extra commercium*)이 되는 것이다. 그러나 문화재양도법에 의하여 사유문화재가 연방 등록 문화재로 지정·등록될 수는 없다. 한편 주 정부는 그 영역 내에 있는 문화재의 반출을 규제할 수 있고, 반출규제의 기준인 주 문화재 대장을 연방 문화재 대장과 연계하여 작성할 수 있으며,[61] 주 문화재 대장에 등록된 문화재가 시효취득과 선의취득의 대상이 아니고 반환청구기간의 제한도 없음을 선언할 수 있으나,[62] 사유문화재의 경우 개인소유자의 동의 없이 주 문화재 대장에 등록할 수 없음은 문화재양도법에 명시되어 있는 사항이다.[63]

결국 스위스 정부가 연방 또는 주 문화재 대장에 등록시킴으로써 자유로운 처분이나 해외반출을 제한하는 방식으로 강력한 보호를 부여하는 문화재는 연방 또는 주 소유의 문화재나 개인소유자가 주 문화재 대장에의 등록에 동의한 사유문화재에 국한되는 것이다. 사유문화재의 경우에는 그 소유자의 동의에 의하지 않고는 그와 같은 강한 제한과 보호는 불가능하다. 이 점에서 개인소유자는 문화재양도법에 의하더라도 정부가 문화재에 대하여 수용(expropriation) 또는 그와 유사한 침해를 가할 수 있다는 위험을 부담하지 않은 채로 문화재의 소유, 매매, 반출, (재)반입, 대여, 담보설정 등의 행위를 계속할 수 있는 것이다.[64] 그러나 문화재양도법 제16조의 주의의무규정 등은 동법의 일반적 적용대상인 '중요성 있는 문화재'의 거래에 항상 적용됨은 물론이다. 이 점에서 문화재 국제거래와 관련하여 개인에게 아무런 제약이 없는 것은 아니다. 스위

---

59) 이는 일시적 또는 잠정적 반출에 대응되는 개념으로서, 소유권이전을 목적으로 하는 반출을 의미한다. '최종적 반출'이라고 할 수도 있을 것이다.

60) 문화재양도법 제3조 제2항 a호 내지 c호.

61) 문화재양도법 제4조 제1항 두문 및 a호.

62) 문화재양도법 제4조 제2항. 매매 등 처분이 금지된다고 선언할 수는 없다. 반면에 과학적 가치(un intérêt scientifique)가 있는 무주의 자연물(les curiosités naturelles)과 골동품(les antiquités)은 그것이 발견된 장소가 속한 주(Canton)의 소유이고(스위스 민법 제724조 제1항), 주 정부기관의 허가 없이 매매될 수 없고, 시효취득과 선의취득도 불가능하며, 그 반환청구는 기간의 제한이 없다(동법 제724조 제1항의2). 즉, 연방 문화재 대장에 등록된 문화재와 마찬가지로 불융통물이다. 다만, 주 정부 소유의 과학적 가치 있는 자연물과 골동품은 입법을 통하여 30년의 취득시효를 규정할 수는 있다(동법 제728조 제1항의3).

63) 문화재양도법 제4조 제1항 b호.

64) Segesser/Jolles, p. 180.

스의 입법은 사유재산권의 절대성을 인정하는 전제 위에서 균형을 달성하고자 노력한 결과물이라고 평가할 수 있다.

III. 문화재 국제거래에서의 주의의무

1. 개관

문화재양도법은 제15조와 제16조에서 각각 연방기관과 거래업자 등의 문화재양도 관련 주의의무에 관하여 규정하고 있다. 동법 제17조는 연방문화청 산하 '문화재 국제양도 특별기구'(Service spécialisé Transfert international des biens culturels, 이하 "특별기구")의 거래업자 등에 대한 감독권한에 관하여 규정하고 있다.[65] 먼저 연방기관의 주의의무에 관하여 보면, 연방기관은 문화재가 ① 도품 또는 도굴품[66]이거나 ② 타국의 문화유산의 일부이고 그 타국으로부터 불법반출된 경우에는 이를 취득하거나 전시할 수 없고,[67] 위와 같은 물건을 전달 받은 연방기관은 이를 특별기구에 지체 없이 신고하여야 한다.[68] 다음으로 문화재양도법의 핵심규정인 거래업자(les commerçants d'art)[69]와 경매업자

---

[65] 문화재양도법 제17조 제1항은 "특별기구는 주의의무의 준수를 감독하기 위하여 거래업자와 경매업자의 영업소(les locaux commerciaux)와 수장고(les dépôts)를 검사할 수 있는 권한이 있다"고 규정하고, 동조 제2항은 "특별기구는 문화재양도법상 처벌대상인 행위라고 의심할 합리적 근거가 있는 경우에는 이를 형사사법기관에 고발한다"고 규정하고 있다. 특별기구는 강제수사권이 없고, 물건이나 문서를 압수하거나 영업정지 또는 영업장 폐쇄를 명할 수도 없다. Segesser/Jolles, p. 186.

[66] 유니드로와협약 제3조 제2항은 발굴이 행하여진 국가의 관점에서의 도굴품을 도품으로 간주하는 방식을 취하였는데, 문화재양도법은 그와 차이가 있다. 문화재양도법 제15조 제1항 a호는 정확하게는 "도난당한 문화재, 그 소유자가 그의 의사에 반하여 [점유를] 박탈당한 문화재 또는 불법적 발굴의 결과물인 문화재"(les biens culturels qui ont été volés, dont le propriétaire a été dessaisi sans sa volonté ou qui sont le produit de fouilles illicites)라고 규정하고 있다. 앞의 둘은 절도 또는 강도에 의하여 소유자의 의사에 반하여 점유가 박탈된 물건, 즉 우리 민법상 용어로 "도품"을 말한다. 한편 우리 「매장문화재 보호 및 조사에 관한 법률」 제31조는 문화재청장의 허가 없이 매장문화재를 발굴하는 행위를 "도굴"로 규정하고 처벌하는데, 이는 마지막의 "불법적 발굴"과 동일한 의미라고 할 수 있다. 따라서 불법적 발굴의 결과물을 "도굴품"이라는 용어로 지칭하여도 무방할 것이다.

[67] 문화재양도법 제15조 제1항.

[68] 문화재양도법 제15조 제2항.

[69] 스위스 문화재양도법상 "les commerçants d'art"라는 개념의 정의조항은 동법 시행령 제1조 e호에 있는데, 스위스에 주소 또는 본거가 소재하고 있는지 여부와 무관하게 영업의 형태만을 보면, 이는 ① 재판매 목적으로 자기의 계산으로(dans le but de les revendre pour leur propre compte) 문화재를 취득하는 자와 ② 타인의 계산으로(pour le compte de tier) 문화재를 취득하는 자를 지칭한다. 여기에서 "문화재를 취득한다"(acquièrent des biens culturels)라는 문언은 소유권을 취득하는 것뿐만 아니라 거래과정에서 일시적으로 점유를 취득하는 것도 포함한다. ①의 경우에는 장래

(les personnes pratiquant la vente aux enchères)의 주의의무규정을 본다.

제16조(주의의무) ① 문화재는 이를 양도하는 자가 제반사정에 비추어 다음 사항을 인정[70]할 수 있는 경우에만 거래와 경매를 통하여 양도될 수 있다.
   1. 도품 또는 도굴품이 아닐 것
   2. 불법반입된 물건이 아닐 것
② 거래업자와 경매업자는 다음 사항을 이행하여야 한다.
   1. 문화재의 제공자와 매도인의 신원을 확인하고, 그들에게 문화재의 처분권한에 관한 증명서[71]를 요구할 것
   2. 고객에게 유네스코협약 체약국에 존재하는 반입·반출 규제를 고지할 것
   3. 문화재의 기원(알려진 경우), 제공자 또는 매도인의 명칭과 주소, 문화재의 사양과 매입비용을 특히 언급하고 있는 문화재 취득장부[72]를 유지할 것
   4. 이상의 주의의무의 준수에 관한 모든 필수정보를 특별기구에 제출할 것

문화재양도법 제16조 제1항은 적용범위를 거래업자와 경매업자에 한정하고 있는 동조 제2항과 달리 문화재 국제거래에 관여하는 모든 사람에게 적용되는 일반적 주의의무규정이고, 동조 제2항은 거래업자와 경매업자에게 일정한 행위의무를 부과하는 특수한 주의의무규정이다. 한편 문화재 취득장부, 문화재 처분권한 증명서 등의 기록과 증명서류는 30년간 보관되어야 하는데,[73] 이는 문화재양도법이 규정하고 있는 도난 또는 불법반출 문화재의 선의취득자에 대한 반환청구기간이 30년이므로 그와 일치시킨 것이다.[74]

거래업자 등에게 요구되는 고도의 주의의무는 종래 문화재 거래시장에서 작성·통용되었던 윤리강령(code of ethics)을 제도화한 것으로 평가된다.[75] 종래

의 별도의 매매계약을 전제하고 있으므로 대개 자기명의 매매일 것이나, ②의 경우에는 타인계산임을 규정하고 있을 뿐이므로 자기명의의 매매(위탁매매)와 타인명의의 매매(대리), 그리고 매매의 성립을 위한 조력의 제공(중개) 등이 모두 가능할 것이다(대리 또는 중개의 과정에서 일시적으로 문화재 점유취득). 이는 경제적 손익(자기계산 또는 타인계산)에 관하여만 명시함으로써 문화재시장에서 매도인과 매수인 사이를 연결시키는 모든 종류의 개입행위(또는 중개행위)를 망라하고자 하는 스위스 입법자의 의사가 반영된 것이다. Gabus/Renold, Article 2, [84]. 따라서 여기에서는 매매, 주선, 대리, 중개 등의 영업행위 유형을 포괄하기 위하여 "les commerçants d'art"라는 개념의 역어로 '거래업자'라는 용어를 사용하기로 한다.
70) 원문은 프랑스어로는 'présumer'이고, 독일어로는 'annehmen'이다.
71) 프랑스어 원문은 'une déclaration écrite sur leur droit de disposer du bien culturel'이다.
72) 프랑스어 원문은 'un registre des acquisitions de biens culturels'이다.
73) 문화재양도법 제16조 제3항 제1문.
74) Gabus/Renold, Article 16, [41].
75) Weber, p. 107.

에도 스위스 고미술품 거래업자 협회(Swiss Association of Dealers in Antiques and Art, SADAA)의 회원들은 반드시 매도인의 신원과 거래대상 문화재의 도난 또는 불법반출 여부를 확인하여야 하였다.[76] 다만, 그들은 출처가 의심스러운 미술품의 매도 의뢰를 관헌에 신고하여야 하는 의무는 부담하지 않았다.[77] 한편 박물관의 경우에도 거래업자 등에 대한 것과 유사한 윤리강령이 존재해왔다.[78]

2. 주의의무규정의 적용범위

문화재양도법은 전체로서의 그 법률의 영토적(또는 지역적) 적용범위에 관하여는 아무런 규정을 두고 있지 않다.[79] 그러나 문화재양도법 제16조에 있는 거래업자 등의 주의의무규정의 적용범위에 관하여는 문화재양도법 시행령 제1조 e호와 제16조 제1항 b호에 명시적 규정이 있다.[80]

가. 주의의무의 부담주체

문화재양도법 시행령 제1조 e호는 '거래업자'와 '경매업자'의 개념에 관한 정의조항이다. 시행령 제1조 e호는 스위스에 주소(domicile, Wohnsitz) 또는 본거(siège, Sitz)가 있는 경우와 외국에 주소 또는 본거가 있는 경우를 구별하여 각각 규정하고 있는데, 전자는 스위스에 주소가 있는 자연인과 스위스에 본거가 있는 법인을 말하고(이하 편의상 "스위스 거래업자 등"), 후자는 외국에 주소가 있는 자연인과 외국에 본거가 있는 법인을 말한다(이하 편의상 "외국 거래업자 등"). 스위스 거래업자 등은 스위스의 상업등기부(le registre du commerce)에

---

76) Syndicat suisse des antiquaires et commerçants d'art, *Code d'éthique*, III. 1. 참조. 같은 취지는 국제 고미술품 거래업자 협회(International Association of Dealers in Ancient Art, IADAA)의 윤리·실무강령(Code of Ethics and Practice) 제2조, 주의의무지침(Due Diligence Guidelines) 제2조와 유네스코가 작성한 문화재 거래업자 국제윤리강령(International Code of Ethics for Dealers in Cultural Property) 제1조, 제2조에도 규정되어 있다.

77) Weber, p. 107.

78) 국제 박물관 협회(International Council of Museums, ICOM)의 윤리강령(Code of Ethics)(1986년 제정, 2004년 개정) 제2조 제3항 참조.

79) Gabus/Renold, Article 1, [15].

80) 적용범위에 관한 규정을 법률이 아니라 시행령에 둔 것에 대하여는 입법기술적 관점에서 비판이 제기되고 있다. Marc-André Renold, "The International Scope of Application of the Swiss Rules on the Due Diligence of Dealers in Cultural Property", in K. Boele-Woelki, T. Einhorn, D. Girsberger and S. Symeonides (eds.), *Convergence and Divergence in Private International Law: Liber Amicorum Kurt Siehr* (Eleven International Publishing, 2010), p. 850. 이하에서는 위 논문을 "Renold"로 인용한다.

등록되어 있어야 하고, 외국 거래업자 등은 연간 10건 초과의 거래와 100,000 스위스프랑 초과의 매출[81])이 있어야 한다고 서로 다르게 규정되어 있다.[82])

나. 주의의무의 적용대상행위

문화재양도법 시행령 제16조 제1항 b호는 유용하고 중요한 기준을 제시하고 있다. 그 조항은 거래업자와 경매업자의 주소 또는 본거가 스위스에 있든 외국에 있든 "문화재양도법 제15조 내지 제17조는 거래업자와 경매업자가 문화재를 스위스에서 양도하는 한(pour autant qu'ils transfèrent des biens culturels en Suisse) 이들에게 적용된다"고 규정하고 있는데, 주의의무규정의 적용범위를 판단하기 위하여는 '문화재'라는 대상요건, '양도'라는 행위요건, '스위스에서'라는 영토요건을 구분하여 검토할 필요가 있다.

먼저 '문화재'의 개념은 문화재양도법 제2조 제1항과 유네스코협약 제1조에 규정되어 있다.[83]) 다음으로 '양도'의 개념은 시행령 제1조 f호에 규정되어 있는데, 이 조항에 의하면 문화재의 양도는 "문화재의 거래와 경매의 영역에서 행하여지고 타인에게 문화재의 소유권을 이전하는 유상의 법률행위"(le acte juridique passé à titre onéreux dans le domaine du commerce d'art et de la vente aux enchères et attribuant la propriété d'un bien culturel à une personne)를 의미한다. 여기의 법률행위는 원칙적으로 계약일 것이나, 스위스법상으로는 소유권이전합의(물권행위)와 원인계약 체결행위(채권행위)는 별개의 법률행위이기 때문에,[84]) '양도'가 원인계약의 체결을 의미하는지, 소유권 이전을 의미하는지,

---

81) 여기에서의 매출은 외국 거래업자 등이 스위스에서 실현한 수익과 외국(주소 또는 본거가 있는 국가에 국한하지 않고 제3국도 포함)에서 실현한 수익을 모두 포함하는 것이다. Gabus/Renold, Article 2, [87]은 외국 거래업자 등이 스위스에서 실현한 수익도 매출요건 계산에 포함됨을 전제로, 스위스 거래업자 등이 가령 1년간 120,000스위스프랑인 문화재 1건을 스위스에서 거래하는 경우에는 당연히 문화재양도법의 적용을 받으나, 외국 거래업자 등이 같은 내용의 1건의 거래를 스위스에서 하는 경우에는 '연간 10건 초과 거래' 요건을 충족시키지 못하였다는 이유로 문화재양도법의 적용을 받지 않는다는 것은 평등원칙의 관점에서 정당하지 않다고 지적한다.

82) 문화재양도법 시행령 제1조 e호.

83) 전술 II. 1. 참조.

84) Segesser/Jolles, p. 181. 우리 민법상으로도 마찬가지이다. 물권행위의 독자성에 관하여는 송덕수, 신민법강의(제15판)(박영사, 2022), B-34, B-35 참조. Kurt Siehr, "International Art Trade and the Law", *Recueil des Cours*, Vol. 243 (1993), pp. 56-57은 문화재 국제거래의 주요당사국의 동산소유권 이전법제를 ① 유효한 계약만을 요구하는 법제(프랑스, 영국, 이탈리아, 미국), ② 유효한 계약과 점유의 취득에 의하는 법제(스위스), ③ 물권 이전 합의와 점유의 취득에 의하는 법제(독일, 그리스)의 셋으로 구별한다. ②를 ③과 구별하는 이유는 스위스 민법이 물권행위의 유인성

아니면 양자 모두를 의미하는지가 문제된다. 유상의 법률행위이어야 한다는
것은 증여 또는 상속은 문화재양도법의 적용범위에서 제외됨을 의미한다. 법
률행위의 결과로 소유권의 이전이 발생하여야 한다는 것은 가령 양도담보와
같이 점유의 이전은 있으나 소유권의 이전은 없는 경우는 문화재양도법의 적
용범위에서 제외됨을 의미한다.[85] 마지막으로 문화재의 양도가 '스위스에서'
행하여져야 한다면, 그 의미는 문화재가 소유권 이전시점에 스위스에 소재할
필요가 있다는 것인가, 아니면 양도와 관련된 행위, 가령 소유자가 자기소유의
문화재를 매도하겠다는 의사로 그 실물이나 사양을 거래업자 등에게 전달하거
나, 거래업자 등이 특정한 문화재의 매매를 홍보하는 등의 행위가 스위스에서
있으면 충분하다는 것인가? 이는 문화재양도법의 적용범위 판단에서 핵심적
사항이다.

　결국 문제는 거래업자 및/또는 경매업자가 개재된 문화재 국제거래의 일
반적 단계, 즉 ① 매도인(또는 제공자)이 매매 목적으로 거래업자 또는 경매업
자에게 문화재 실물 또는 사양 제공 → ② 거래업자 및/또는 경매업자의 매매
홍보 → ③ 계약의 체결(청약의 유인, 청약, 승낙)[86] → 매도인의 문화재 직접점

을 명시하고 있으므로(동법 제974조 제2항 참조), 독일 등과는 달리 물권행위의 유인·무인에 관
한 논란이 있을 여지가 없기 때문으로 보인다. 종래 독일의 일부 견해처럼 물권행위의 무인성을
인정한다면 원인계약과 구별되는 물권적 합의 자체의 유효 여부가 중요한 문제로 부각되기 때문이
다. 유인성을 명시한 규정의 취지 내지 전제에 비추어 보면 ②의 경우에도 물권 이전 합의가 있어
야 함은 물론이다. 물권행위의 유인·무인에 관한 우리의 학설 대립은 송덕수, 상게서, B-36,
B-37 참조. 과거에는 무인설이 다수설이었으나 현재는 유인설이 다수설이라고 한다. 우리 민법은
독일과 마찬가지로 물권행위의 유인성을 법률에 명시하고 있지 않다는 점에서는 ③에 해당한다고
할 수 있으나, 다수설과 판례의 태도처럼 물권행위의 유인성을 인정한다는 점에서는 ②에 해당한
다고 할 수 있다. 결국 물권행위의 유인성을 법률에 명시하고 있지 않은 국가라고 하더라도 학설
과 판례에 의하여 물권행위의 유인성을 인정하는 한 ②와 ③은 사실상 동일하고 구별의 실익도 없
다. 스위스에서는 문화재 국제거래와 관련하여 원인계약의 당연무효를 이유로 물권변동의 무효가
주장된 예가 있다. 스위스 연방대법원 1968. 12. 13. 선고 *Koerfer v. Goldschmidt* 사건 판결(ATF
94 II 297).

85) Gabus/Renold, Article 2, [92] 내지 [94].
86) 이 단계에서 경매업자가 관여하는 경우 어느 시점에 청약의 유인, 청약, 승낙이 각각 존재하는 것
인지가 문제된다. 최고가격을 표시한 응찰자에게 낙찰하는 사경매의 경우에 ① 경매자가 최저가격
을 제시한 때에는, 그 가격 이상이면 매도하겠다는 경매자의 확정적 의사표시가 있는 것이므로, 경
매에 회부한다는 표시가 청약이고, 응찰자의 최고가격 제시가 승낙인 반면에, ② 경매자가 최저가
격을 제시하지 않은 때에는, 경매에 회부한다는 표시가 청약의 유인이고, 응찰자의 일정한 가격의
표시가 청약이며, 경매자의 그 가격의 수용이 승낙이다. 후자의 경우 경매자는 최고가격의 표시에
대하여 승낙을 거절할 수 있다. 송덕수, 전게서(주84), D-41 참조. 이는 우리 민법이론상 설명이
나, 국제적인 문화재 거래의 맥락에서도 타당할 것이다.

유 상실 → ④ 문화재의 매수인으로의 초국경적인 물리적 이동[87] → 매수인의
문화재 직접점유 취득 → ⑤ 매수인의 소유권 취득[88]이라는 일련의 단계(위 ①
내지 ⑤) 중에서 어느 것이 문화재의 양도에 해당하는가, 그리고 어느 것이 스
위스에서 행하여져야 하는가라고 할 수 있다. 양도행위의 범위를 넓게 파악할
수록, 그리고 스위스에서 행하여져야 하는 양도행위의 범위를 좁게 파악할수
록 주의의무규정의 역외적용범위는 확대되고, 양도행위의 범위를 좁게 파악할
수록, 그리고 스위스에서 행하여져야 하는 양도행위의 범위를 넓게 파악할수
록 주의의무규정의 역외적용범위는 축소된다.

　　스위스에서는 정설은 없고 다양한 견해가 제시되고 있는 것으로 보인다.
이를 편의상 최협의설, 광의설, 절충설로 명명할 수 있는데, 차례로 비판적으
로 검토하면 다음과 같다. 먼저 계약체결은 외국에서 행하여져도 무방하나 소
유권이전은 반드시 스위스에서 행하여져야 한다는 견해(최협의설)이다. 이 견
해는 소유권이전시 문화재 소재지는 계약체결지와 달리 대개 명확히 판단될
수 있다는 장점이 있다.[89] 그러나 외국에서 계약이 체결된 경우 그곳에서 매
수인에게 소유권을 이전시킨 후 스위스로 문화재를 이동시키는 것과 스위스로
문화재가 이동된 후 매수인에게 소유권을 이전시키는 것이 외국 거래업자 등

---

87) 스위스를 기준으로는 스위스로부터 타국으로 이동하는 경우, 타국으로부터 스위스로 이동하는 경
　　우, 타국으로부터 스위스를 경유하여 타국(대개 다른 타국)으로 이동하는 경우의 세 유형이 있다.
88) 이 순서는 논리적으로 상정할 수 있는 일례에 불과하고 반드시 이 순서로 실제의 문화재 국제거래
　　가 행하여지는 것은 아니다. 각국의 동산소유권 이전법제가 상이하므로 국제적인 문화재 거래의
　　경우 매수인의 소유권 취득(⑤)은 문화재의 초국경적 이동(④) 전에도 가능하다. 가령 스위스의
　　매수인이 뉴욕의 거래업자로부터 전화로 문화재를 매수한 경우에 스위스의 매수인은 뉴욕에서 뉴
　　욕주법에 따라 소유권을 취득한 다음(원칙적으로 유효한 계약만으로 충분하다고 한다. 주84 참조)
　　스위스로의 운송책임을 직접 부담할 수 있다. 반면에 뉴욕의 거래업자가 소유권을 유지한 상태에
　　서 스위스로의 운송책임을 부담하고 스위스의 매수인은 문화재를 수령하는 시점에 스위스에서 소
　　유권을 취득할 수도 있다. 후자의 예의 경우 스위스법에 따라 소유권을 취득하는 것이 일반적일
　　것이나, 뉴욕주법에 따라 소유권을 취득할 수도 있다. 스위스 국제사법 제104조 제1항은 "당사자
　　들은 동산에 대한 물권의 취득과 상실을 발송지국의 법 또는 목적지국의 법 또는 취득과 상실의
　　기초를 형성하는 법률행위의 준거법에 의하도록 합의할 수 있다"고 규정하여 동산 물권변동의 준
　　거법에 관한 당사자자치를 인정한다. 다만, 이는 거래안전의 보호를 위하여 제3자에게 대항할 수
　　없다(동법 제104조 제2항). 석광현, "스위스 국제사법(IPRG)", 국제사법과 국제소송 제1권(박영사,
　　2001), 504-506면 참조. 조문의 국문번역은 석광현, 상게논문, 547-548면; 석광현, "스위스의 국
　　제사법 재론", 국제사법연구 제26권 제1호(한국국제사법학회, 2020), 622-623면 참조. Segesser/
　　Jolles, p. 181은 뉴욕의 거래업자가 그 명의로 문화재를 운송하면 스위스에서 소유권 취득이 발생
　　하고, 스위스의 매수인이 운송책임을 부담하면 뉴욕에서 소유권 취득이 발생한다고 기술하나, 이
　　는 국제사법상 일반원칙인 소재지법주의를 고려하지 않은 부정확한 설명이다.
89) Segesser/Jolles, p. 181.

에 대한 주의의무규정 적용 필요성에 차이가 없다는 점에서, 소유권이전시에 문화재가 반드시 스위스에 소재할 것을 요구할 필요는 없다고 생각된다. 다음으로 문화재 거래과정(위 ① 내지 ⑤)의 어느 한 단계만 스위스에서 있더라도,[90] 가령 문화재가 외국에서의 재판매 목적으로 스위스를 경유하여 이동 중일 뿐인 경우에도 주의의무규정이 거래업자 등에게 적용된다는 견해(광의설)이다.[91] 그러나 단순한 이동은 우연한 사정일 수 있는데 스위스와 문화재 간의 아무런 영토적 관련성 없이 또는 근소한 관련성만을 이유로 스위스 및/또는 외국의 거래업자 등에게 주의의무규정을 적용하는 것은 부당하고, 무엇보다도 주의의무위반에 대하여는 형사처벌규정[92]이 있으므로 죄형법정주의원칙에 비추어 보더라도 문제가 있다고 생각된다. 마지막으로 문화재양도가 스위스에서 있는지, 외국에서 있는지와 무관하게 그 결과가 스위스에서 발생한다면 스위스와의 충분한 관련성(sufficient link)을 인정할 수 있으므로 주의의무규정과 그 위반시 형사처벌규정이 거래업자 등에게 적용될 수 있다고 주장하는 유력한 절충적 견해이다.[93] 그러나 형사법의 보편적 원칙이라고 할 수 없는 편재주의(遍在主義)에 기초하여 사법적 거래에 관련된 행위규범의 역외적용범위를 결정하는 것은 부적절하고, 문화재양도가 외국에서 있더라도 스위스에 결과가 미

---

90) 참고로 Kurt Siehr가 사안(私案)으로 제시한 유네스코협약 이행법률안에서는 '양도'를 "반입, 반출, 소유권이전의 시도 또는 성공을 포함하여 문화재를 취급하는 모든 행위"로 규정하였다. Kurt Siehr, "Model Laws for Implementing International Conventions: The Implementation of the 1970 UNESCO Convention on Cultural Property", in Michael Joachim Bonell, Marie-Louise Holle and Peter Arnt Nielsen (eds.), *Liber Amicorum Ole Lando* (Djøf Forlag, 2012), p. 360.

91) 그 근거로는 ① 문화재양도법 제1조 제2항의 목적조항이 '인류의 문화유산의 보전'과 '문화재의 도난, 도굴, 불법반입과 불법반출의 방지'를 규정하고 있다는 점, ② 문화재양도법은 전세계적으로 문화재의 불법거래를 방지하는 것을 여러 목적 중의 하나로 규정하고 있는 유네스코협약을 이행하기 위한 법률이라는 점, ③ 문화재양도법 제1조 제1항은 동법이 문화재의 스위스에서의 반입, 운반, 반출, 반환(l'importation en Suisse des biens culturels, leur transit et leur exportation ainsi que le retour des biens culturels qui se trouvent en Suisse)을 규율한다고 규정하고 있기 때문에 문화재가 스위스에서는 단순히 최종목적지인 외국을 향하여 이동 중일 뿐이더라도 거래업자 등은 그의 주의의무를 다하여야 한다는 점(밑줄은 필자가 추가), ④ 문화재 불법거래 방지를 위한 국제 미술품시장의 공동의 노력은 국제적 공서(international public order)를 준수하기 위한 필연적 결과라는 점 등이 제시된다. Renold, pp. 852-853 참조.

92) 문화재양도법 제24조, 제25조.

93) 스위스 형법은 제3조에서 속지주의를 규정함과 동시에 제8조에서 편재주의(ubiquity criterion), 즉 범죄행위지가 외국이더라도 그 결과가 스위스에서 발생하면 스위스에서 범죄행위가 있은 것과 동일하게 취급한다는 원칙을 규정하고 있는데, 편재주의원칙은 주의의무위반에 대한 형사처벌규정인 문화재양도법 제24조, 제25조를 매개로 주의의무규정의 역외적용범위 결정에도 원용될 수 있다는 것이다. 상세는 Renold, pp. 854-856.

치면 충분하다는 주장은 '스위스에서의 문화재 양도'라는 법문언에 반한다고 생각된다.

스위스에서 제시된 해석론은 아니나, 사견은 다음과 같다. 문화재양도법 시행령 제1조 f호와 제16조 제1항 b호의 문언에 충실한 해석론을 전개하자면, 문화재양도법상 거래업자 등의 주의의무규정이 적용되기 위하여는 문화재 양도계약이 스위스에서 체결(위 ③)되거나 문화재 소유권이전이 스위스에서 발생(위 ⑤)하여야 할 것이다(협의설). 계약체결 준비단계를 제외하고 최종적으로 계약이 체결된 경우에만 거래업자 등에게 주의의무를 부과하는 것이 합리적일 뿐만 아니라 시행령의 법문언에도 부합하고, 소유권이 스위스에서 이전될 것을 요구한다면 동산의 물권변동에 관하여 국제사법상 널리 인정되는 소재지법주의[94])에 따라 스위스 물권법이 문화재양도법상 주의의무규정과 함께 병렬적으로 적용된다는 장점이 있을 것이다.

다. 주의의무규정의 법적 성질 — 국제적 강행법규

문화재양도법 제16조의 주의의무규정, 즉 문화재의 매매계약이 스위스에서 체결되거나 그 소유권이전이 스위스에서 발생하는 경우 그 거래에 관여한 거래업자와 경매업자에 대하여 그 주소 또는 본거가 스위스에 있는지, 외국에 있는지를 불문하고, 그리고 매매계약의 준거법을 불문하고, 일정한 주의의무를 부과하는 규정은 스위스 국제사법 제18조에 규정된 국제적 강행법규 (internationally mandatory rules)에 해당한다.[95]) 스위스법상 국제적 강행법규란 당사자들이 합의에 의하여 배제할 수 없을 뿐만 아니라, 그 특별한 목적 때문에 준거법에 관계없이 강행적으로 적용되어야 하는 스위스법상 규정들을 말하는데,[96]) 이는 사인들 상호간의 이익의 조정에 봉사하기보다는 사회적 · 경제적 · 정치적 정책목적의 실현이라는 본질적 공익에 봉사하는 법규로서,[97]) ① 사법

---

94) 스위스 국제사법 제100조 제1항 참조.
95) Renold, pp. 848-849도 문화재양도법 제16조의 국제적 강행법규성을 긍정한다. 스위스 국제사법 제18조의 표제는 '스위스법상 강행법규의 적용'(application de dispositions impératives du droit suisse)이다. 이를 프랑스어로는 직접적용법(lois d'application immédiate) 또는 경찰법(lois de police), 독일어로는 간섭규범(또는 개입규범)(Eingriffsnorm)이라고 한다. 로마규정 제9조는 최우선 강행규정(overriding mandatory rules)이라고 한다.
96) 석광현, 전게논문(주88)(2001), 531면; 석광현, 전게자료(주88)(2020), 601면 참조.
97) 석광현, 국제사법 해설(박영사, 2013), 141면; Trevor C. Hartley, "Beyond the Proper Law: Mandatory Rules under Draft Convention on the Law Applicable to Contractual Obligations",

법규상 국제적 강행규정[98])과 ② 공법법규상 국제적 강행규정[99])으로 구분할
수 있고, 이들은 사법상 법률관계에 영향을 미치는 것이어야 한다. 위 ②는 공
법에 근거하여 사법적 규정이 적용되고 사인들 간의 법률관계에 반사적 효력
(Reflexwirkung)이 발생한다는 점에서 중요한 의미가 있다.[100]) 사법상 법률관계
에 영향을 미치지 않고 그 위반행위에 대하여 행정제재나 형사처벌이 가하여
질 뿐인 순수한 공법적 규제는 위 ②와 구별하여야 하는데,[101]) 이는 국제사법
의 문제가 아니라 국제행정법(또는 섭외공법)(internationales öffentliches Recht)[102])

European Law Review, Vol. 4 (1979), p. 238.

98) 이를 특별사법(Sonderprivatrecht)이라고도 한다. 특별사법은 소비자, 근로자, 주택임차인과 같은
사회경제적 약자의 보호를 목적으로 하는 것이다. 석광현, "국제계약의 준거법에 관한 몇 가지 논
점", 국제사법과 국제소송 제1권(박영사, 2001), 11면, 주26. 우리 상법 제92조의2(대리상의 보상
청구권) 또는 제799조 제1항(운송인의 책임경감금지)이 국제적 강행법규라면 이 유형에 해당할
수 있다. 다만, 이들 규정은 우리 법상 국제적 강행법규로 인정되지 않는다. 상세는 석광현, 전
게서(주97), 143-145면 참조. 특별사법을 국제적 강행법규에서 제외하는 논자도 있다고 한다. 석
광현, 전게서(주97), 137면, 주1.

99) 이에 해당하는 예로는 노동관계법, 소비자보호법, 공정거래법, 제조물책임법, 대외무역법, 외국환
거래법, 문화재보호법 등을 들 수 있다. 사인들 상호간의 국제거래에 대하여도 각국 정부가 공법
적 규제를 가하는 현실은 복지국가(또는 사회국가)와 사회법(Sozialrecht)의 등장, 사법의 공법화
현상과 관련이 있다. 석광현, 전게서(주97), 138면; Jürgen Basedow, "The Law of Open
Societies: Private Ordering and Public Regulation of International Relations", *Recueil des
Cours*, Vol. 360 (2013), p. 47.

100) 석광현, 전게서(주97), 139면; 석광현, 전게논문(주98), 12면.

101) 문화재양도법상 반입 · 반출규제 중에서 위험에 처한 문화재 관련 잠정조치(문화재양도법 제8조),
각종 사항에 대한 세관신고의무(문화재양도법 제4a조, 제19조, 동법 시행령 제25조) 등이 이에
해당할 수 있다. 문화재양도법상 반입 · 반출규제의 개관은 Segesser/Jolles, pp.187-189;
Marc-André Renold and Beat Schönenberger, "18. Switzerland", in James Nafziger and
Robert Paterson (eds.), *Handbook on the Law of Cultural Heritage and International Trade*
(Edward Elgar, 2014), pp. 416-419 참조. 이하에서는 후자의 문헌을 "Renold/Schönenberger"
로 인용한다.

102) 이호정, 국제사법 중판(경문사, 1985), 29, 287면은 이를 "공법관계에 대한 국제적 저촉법, 즉 공
법관계에 관하여 어느 국가의 공법을 적용할 것인가를 규율하는 저촉법"으로 정의하고, '국제적
공법'이라는 용어를 사용하기도 한다. 석광현, "경제법의 국제적 적용범위: 국제거래에서 소비자
보호와 "독점규제 및 공정거래에 관한 법률"의 역외적용을 중심으로", 국제사법과 국제소송 제5
권(박영사, 2012), 220면은 국제행정법은 국제공법의 문제라고 한다. 이호정, 상게서, 29면은 국
제적 공법, 즉 국제행정법이 국제공법과 개념적으로 구별된다고 하는데, 이것이 국제공법의 문제
임을 부정하는 취지는 아니라고 생각된다. 이창위, "국제행정법의 구조", 국제법학회논총 제40권
제1호(대한국제법학회, 1995), 236면에 의하면, 국제행정법의 개념은 19세기 후반에 처음 등장하
였고, 당시에는 광의의 저촉규범의 일부로서 "행정법규의 지역적 타당범위를 정하는 규범의 총
체"를 의미하였으며, 1930년대부터 국제공법의 하위분야로 파악되기 시작하였다고 한다. 류병
운, "세계행정법", 행정법연구 제16호(행정법이론실무학회, 2006), 239면 이하도 국제행정법을
국제공법의 하위분야로 이해한다. 이창위, 상게논문, 250면은 세계무역기구(WTO)를 통하여 국가
관할권의 경합과 저촉을 조정하는 통상 · 무역분야와는 달리 다른 분야에서는 저촉규범으로서의

의 문제이다. 국제적 강행법규는 통상의 저촉규범과 달리 법규로부터 출발하여 스스로 그 적용범위를 결정하는 편면적(또는 일방적) 저촉규범의 방법론을 취한다.[103] 법정지의 국제적 강행법규의 적용근거는 일의적으로 설명할 수 없고 다양한 견해가 제시되고 있다.[104]

스위스 국제사법 제18조가 "그 특별한 목적 때문에"라고 규정하고 있듯이, 국제적 강행법규에 해당한다고 판단하기 위하여는 개별규정의 언명을 특정하고 분석하여 그 의미와 목적을 조사함으로써 입법자의 적용의지(Anwendungswille)를 확인할 수 있어야 한다.[105] 문화재양도법은 주의의무규정이 준거법과 관계없이 적용됨을 명시하고 있지는 않으나, 목적조항(제1조 제2항)이 문화재양도법의 입법목적으로 문화재의 도난, 도굴, 불법반입과 불법반출의 방지와 함께 '인류'의 문화유산의 보전을 천명하고 있고, 문화재양도법 시행령 제1조 e호와 제16조 제1항 b호에 주의의무규정의 영토적 적용범위에 관한 명시적 규정이 있으며, 국제적 강행법규성을 드러내는 비교적 확실한 징표로서 문화재양도법(제16조 제2항 d호, 제17조)은 문화재 국제양도에 관한 사무를 전적으로 관할하는 연방문화청 산하 '문화재 국제양도 특별기구'를 통한 정규적 집행을 규정하고 있으므로,[106] 문화재양도법상 주의의무규정의 법적 성질을 공법법규상 국제적 강행규정으로 인정할 수 있을 것이다.

주의할 점은 국제적 강행법규는 종래 우리 실질법상 효력규정일 수도 있고 단속규정일 수도 있다는 것이다.[107] 바꾸어 말하면, 국제적 강행법규는 이

국제행정법의 기능이 여전히 중요하다고 한다.

103) 이호정, 전게서(주102), 281면; 석광현, 전게서(주97), 147-148면; Basedow, 전게서(주99), p. 48.

104) 간략한 언급은 석광현, 전게서(주97), 148면 참조. ① 공서의 적극적 기능(또는 적극적 공서)으로 설명하는 견해로 Trevor C. Hartley, "Mandatory Rules in International Contracts: The Common Law Approach", *Recueil des Cours*, Vol. 266 (1997), pp. 351-353; Renold, p. 848, n. 4 참조. 그런데 스위스 국제사법이 제17조에 별도의 공서조항을 두고 있다는 점에서, 공서의 적극적 기능으로 제18조를 설명하는 것은 우리 국제사법에서와 마찬가지로 설득력이 없다. 석광현, 전게서(주97), 148, 180면 참조. ② 공법의 속지주의로 설명하는 견해로 Gerhard Kegel, "The Role of Public Law in Private International Law: German Report", in Frédéric-Edouard Klein (ed.), *Basle Symposium on the Role of Public Law in Private International Law* (Helbing & Lichtenhahn, 1991), p. 32 참조. ③ 강행법규의 특별연결이론으로 설명하는 견해로 Wilhelm Wengler, Die Anknüpfung zwingendes Schuldrechts im internationalen Privatrecht: eine rechtsvergleichende Studie, ZvglRWiss 54 (1941) 165 ff.; Konrad Zweigert, Nichterfüllung auf Grund ausländischer Leistungsverbote, RabelsZ 14 (1942) 283 ff. 참조.

105) 석광현, 전게서(주97), 141면.

106) 석광현, 전게서(주97), 142면 참조.

107) 석광현, 전게서(주97), 141면. 국내적 강행규정을 ① 그 위반시 행위의 사법상 효력이 부정되는

를 위반하는 경우에 반드시 행위의 사법상 효력이 부정될 필요는 없고, 국제적 강행법규가 존재하여 당사자들 간의 법률관계에 적용됨으로써, 당사자들에게 일정한 의무 또는 책임을 부과하거나,[108] 일정한 행위의 요구 또는 금지를 통하여 당사자들의 행위에 영향을 미치면 충분하다.[109]

3. 주의의무규정 위반의 사법상 효력

문화재양도법은 주의의무규정 위반이 형사처벌 대상임은 분명히 규정하고 있는 반면에,[110] 그 위반의 사법상 효력에 관하여는 명시적으로 규정하고 있지 않다. 다만, 도난 또는 불법반출 문화재는 양도의 대상이 아니라고 규정하고 있을 뿐이다.[111] 그리하여 주의의무규정에 위반한 문화재 양도계약의 사법상 효력과 관련하여 논란이 제기되고 있다.[112] 구체적으로 검토하면 다음과

효력규정과 ② 사법상 효력이 부정되지 않고 행정제재 또는 형사처벌이 가하여질 뿐인 단속규정으로 구분하는 견해가 종래의 다수설이다. 대표적으로 곽윤직, 민법총칙(제7판)(박영사, 2007), 210-212면. 그런데 곽윤직/김재형, 민법총칙(제9판)(박영사, 2013), 275면은 종래의 견해를 변경하여, 강행규정은 위반시 행위의 사법상 효력이 부정된다는 점에서 곧 효력규정이고, 단속규정은 위반시에도 원칙적으로 행위의 사법상 효력이 유지된다는 점에서 효력규정과 구별된다고 한다. 종래의 다수설의 논리적 모순을 지적하면서, 국내적 강행규정을 ① 사법법규상 강행규정과 ② 공법상 금지법규(광의의 단속규정)로 구분하고, 후자를 다시 ⓐ 행정상 목적을 위하여 사실행위를 규제하는 사실행위 단속규정(예컨대 도로교통법)과 ⓑ 같은 목적을 위한 법률행위 단속규정으로 구분한 다음, 법률행위 단속규정을 다시 ㉠ 위반시 행위의 사법상 효력이 부정되는 효력규정(예컨대 농지법)과 ㉡ 사법상 효력이 부정되지 않고 단순히 행정제재 또는 형사처벌이 가하여질 뿐인 협의의 단속규정(또는 단순한 단속규정)(예컨대 각종 경찰법규)으로 구분하기도 한다. 김용담 편집대표, 주석 민법[총칙 2](제4판)(한국사법행정학회, 2010), 476-477면(백태승 집필부분) 참조.

108) Klaus Peter Berger, "Acts of State and Arbitration: Exchange Control Regulations", in Karl-Heinz Böckstiegel (ed.), *Acts of State and Arbitration* (Carl Heymanns, 1997), pp. 117-118; Marc Blessing, *Impact of the Extraterritorial Application of Mandatory Rules of Law on International Contracts* (Swiss Commercial Law Series, Vol. 9)(Helbing Lichtenhahn, 1999), pp. 30-31은 외환규제에 따른 일정한 의무를 준수하지 않은 당사자는 신인의무(fiduciary duty) 위반이나 계약상 (부수)의무 위반 또는 계약체결상 과실책임이 인정될 수 있다고 한다.

109) Hartley, 전게논문(주97), p. 237; Kerstin Ann Susann Schäfer, *Application of Mandatory Rules in the Private International Law of Contracts: A Critical Analysis of Approaches in Selected Continental and Common Law Jurisdictions, with a View to the Development of South African Law* (Peter Lang, 2010), p. 24.

110) 문화재양도법 제25조 제1항 a호.

111) 문화재양도법 제16조 제1항. 여기의 문화재는 문화재양도법 제2조 제1항의 의미에서의 '중요성'이 인정되면 충분하고 사유재산이어도 무방하다. 전술 II. 3. 참조.

112) Gabus/Renold, Article 15, [18].

같다. 주의의무규정을 위반한 문화재양도는 문화재양도법의 규정에 반하는 것
이기 때문에 위법하다. 즉, 도난 또는 불법반출 문화재를 양도하는 계약은 위
법하다. 그러나 위법한 계약이 항상 무효인 것은 아니다. 법률규정이 그에 위
반하면 계약이 무효라고 명시적으로 규정하고 있거나 법률규정의 의미와 목적
으로부터 계약을 무효로 한다는 결과가 도출될 수 있는 경우에만 위법한 계약
은 무효로 된다.[113] 그런데 문화재양도법은 주의의무규정을 위반하여 체결된
문화재 양도계약이 무효라고 명시하고 있지 않을 뿐만 아니라, 문화재양도법
의 금지규정으로부터 계약을 무효로 한다는 결과가 명시적으로 도출되지도 않
는다. 물론 문화재양도법 제16조 제1항이 도난 또는 불법반출 문화재가 양도
의 대상이 아니라고 규정하고 있으므로, 동법이 도난 또는 불법반출 문화재의
양도를 금지하고 있음은 분명하나, 동법이 그 위반의 사법상 효과에 대하여
침묵하고 있음도 분명하다. 이와 같은 점에서는 문화재양도법을 불완전한 입
법(*lex imperfecta*)이라고 평가할 수 있다. 결국 주의의무규정 위반이 있더라도
계약이 반드시 무효인 것은 아니다. 단지 위법이 무효로 귀결될 여지가 법률
적으로 존재한다고 평가할 수 있을 뿐이다.[114] 이때 당해 계약의 내용을 규제
하는 법률규정의 의미와 목적을 존중하기 위하여 형사처벌 또는 행정제재만으
로 충분한 경우에는 그 계약의 사법상 효력을 굳이 부정할 필요가 없다. 바꾸
어 말하면, 결과의 중대성에 비추어 보더라도 법률규정의 의미와 목적으로부
터 무효라는 결과가 도출되는 경우에만 무효라는 사법상 효과가 인정된다는
것이다.[115]

    한편 거래업자 등의 주의의무규정 위반에도 불구하고 그와의 거래를 통하
여 문화재를 취득한 양수인은 그 문화재의 도난 또는 불법반출 사실에 대하여
선의라는 추정을 원용할 수 없고,[116] 설령 선의라고 하더라도 그것이 도난 문

---

113) Gabus/Renold, Article 15, [19]. 스위스 연방대법원 1991. 3. 13. 판결(ATF 117 II 47)도 참조.
114) Gabus/Renold, Article 15, [20].
115) Gabus/Renold, Article 15, [20].
116) 가령 문화재 거래업자 또는 경매업자가 문화재양도법 제16조 제2항 b호에 따라 양수인에게 기원
    국의 문화재 반출규제에 관하여 고지하지 않은 경우에는 양수인은 불법반출을 합리적으로 의심
    할 수 있을 것이고, 그와 같은 합리적 의심에도 불구하고 문화재를 양수하였다면 양수인의 선의
    또는 무과실의 추정은 복멸될 수밖에 없을 것이다. 물론 개별사안의 구체적 사정을 고려하면 다
    른 결론에 도달할 수도 있다. 우리 민법의 해석론상으로는 논란이 있으나, 스위스 민법의 경우에
    는 동산양수인의 선의는 추정되고, 선의에는 무과실 또는 경과실이 포함된다고 한다. 김용덕 편
    집대표, 주석 민법[물권 1](제5판)(한국사법행정학회, 2019), 954면(김진우 집필부분).

화재인 경우에는 스위스 민법 제934조 제1항의2에 규정된 반환청구기간(도난 시점으로부터 30년, 문화재의 소재와 선의취득자의 신원을 인지한 시점으로부터 1년) 내에 원소유자의 반환청구가 있으면 그것을 반환하여야 하며,[117] 그것이 불법 반출 문화재인 경우에는 문화재양도법 제9조에 따라 양자조약의 당사국인 기원국의 반환청구가 있으면 역시 그것을 반환하여야 한다. 이와 같이 원소유자 또는 기원국이 도난 또는 불법반출 문화재를 양수인으로부터 반환 받는 것은 주의의무규정 자체의 효력과는 아무런 관련이 없으나, 이를 이유로 문화재양 도법상 주의의무규정이 국제적 강행법규가 아니라고 할 수는 없다.

4. 민영박물관과 개인수집가의 주의의무

문화재양도법은 민영박물관과 개인수집가가 문화재를 매매하는 경우에 그들에게 적용되는 주의의무에 관하여는 별도로 규정하고 있지 않다. 반면에 연방기관,[118] 즉 연방이 소유하고 있는 박물관과 컬렉션은 도난 또는 불법반출 문화재를 취득할 수 없다는 점에서[119] 거래업자 등에게 적용되는 것과 동일한 주의의무를 부담한다.

그러나 흥미롭게도 스위스 연방대법원은 민영박물관이나 개인수집가를 포함한 문화재 양수인 일반에게 도난 문화재 거래와 관련하여 고도의 주의의

---

117) 스위스 민법 제934조 제1항의2는 동조 제1항(도난시점으로부터 5년의 반환청구기간)에 대한 특칙이다. 악의의 양수인에 대한 반환청구는 기간의 제한이 없다(스위스 민법 제936조). 상세는 후술 V. 참조.

118) 문화재양도법 시행령 제16조 제1항 a호 참조. 시행령 제1조 c호가 열거하고 있는 연방기관은 ① le Musée national suisse (le Musée national de Zurich, le Château de Prangins, le Forum de l'histoire suisse à Schwyz, le Centre des collections d'Affoltern am Albis), ② la Bibliothèque nationale suisse (les Archives littéraires suisses, le Cabinet des estampes, le Centre Dürrenmatt Neuchâtel), ③ le Musée de la collection Oskar Reinhart «Am Römerholz» à Winterthour, ④ le Museo Vela à Ligornetto, ⑤ le Musée des automates à musique à Seewen, ⑥ l'Ecole polytechnique fédérale de Zurich et ses collections, ⑦ la collection d'art et de biens culturels de la Fondation Gottfried Keller, ⑧ la collection d'art de la Confédération이다(밑줄은 필자가 추가). ① 내지 ⑤는 박물관이고 ⑥ 내지 ⑧은 컬렉션이다. 규정 형식상 시행령 제1조 c호가 컬렉션(la collection)을 연방기관의 일종인 것처럼 열거하고 있으나(특히, 독일어본에는 ⑧은 'Bundeskunstsammlung'이라고 열거되어 있음), 박물관과 달리 컬렉션은 그 자체가 독립적 행위주체는 아니라고 생각된다. '취리히 연방공과대학 및 그 컬렉션들'(⑥)은 취리히 연방공과대학이, 'Gottfried Keller 재단의 예술 및 문화재 컬렉션'(⑦)은 Gottfried Keller 재단이, '연방의 예술 컬렉션'(⑧)은 연방정부가 각각의 컬렉션에 대한 관리(목록화 포함) 및 처분의 주체인 것으로 보인다.

119) 문화재양도법 제15조 제1항 a호. 그밖에도 연방기관은 외국의 문화유산의 일부로서 그 외국으로부터 반출된 것도 취득 또는 전시할 수 없다. 문화재양도법 제15조 제1항 b호.

무를 부담할 것을 요구하는 판례를 정립하고 있다.[120] 그 근거는 누구든지 특정한 상황에서 요구되는 주의의무를 다하지 않은 경우에는 선의(또는 선의의 추정)를 원용할 수 없다고 규정하고 있는 스위스 민법 제3조 제2항이다. 일반적으로 중고품 거래의 경우에는 상당히 높은 정도의 주의의무가 요구되고,[121] 이와 같은 원칙은 골동품 거래에도 적용되며,[122] 미술품 거래에도 적용된다는 것이다.[123] 따라서 모든 문화재 매수인은 출처를 의심할 만한 사정이 있으면 공신력 있는 도난 미술품 데이터베이스를 참조하는 방법 등을 통하여 자신의 의심을 해소함과 동시에 선의를 증명하기 위한 고도의 주의의무를 다하여야 한다.[124] 고도의 주의의무를 다하지 않은 매수인은 도난 문화재의 원소유자로부터 반환청구가 있으면 자신의 선의를 증명할 수 없는 한 악의취득자로 간주되어 대가변상을 받음이 없이 그 문화재를 반환할 수밖에 없다는 점에서 30년이라는 장기간 동안 법적 불확실성에 노출될 수밖에 없다.[125] 이와 같은 법적 위험을 회피하려면 고도의 주의의무를 다하라는 것이다.

한편 문화재양도법은 양도인이 문화재가 도품, 도굴품 또는 불법반입물이 아니라고 인정할 수 있는 경우에만 그 문화재의 양도가 가능하다고 규정하고, 이를 강제하기 위하여 형사처벌규정을 두고 있는데,[126] 이들 조항은 문화재 거래업자 등에 국한하지 않고 스위스에서 문화재 거래에 참여하는 모든 당사자들에게 적용되고, 민영박물관과 개인수집가도 수범자임은 물론이다.[127]

그밖에도 문화재양도법이 형사처벌 대상으로 규정하고 있는 행위로는 ① 도난 문화재를 반입, 매도, 유통, 조달, 취득 또는 반출하는 경우,[128] ② 스위

120) Gabus/Renold, Article 9, [22] 참조.
121) 스위스 연방대법원 1987. 9. 24. 판결(ATF 113 II 397).
122) 스위스 연방대법원 1996. 3. 6. 판결(ATF 122 III 1). 이는 무기 컬렉션의 매매에 관한 판결이다.
123) 스위스 연방대법원 1997. 4. 1. 판결(ATF 123 II 134); 스위스 연방대법원 2005. 4. 8. 판결(ATF 131 III 418). 전자의 사건에서 매수인은 프랑스에서 도난당한 회화작품의 매수와 관련하여 선의를 증명하지 못하였다. 후술 주197 참조. 후자의 사건은 후술 주194 및 IV. 4. 참조.
124) Weber, p. 107; Segesser/Jolles, p. 195. 공신력 있는 도난 미술품 데이터베이스로는 영국의 The Art Loss Register가 운영하는 것이 세계 최대라고 한다. 상세는 http://www.artloss.com 참조 (2021. 11. 30. 최종방문).
125) 스위스 민법 제934조 제1항의2 참조.
126) 문화재양도법 제16조 제1항, 제25조 제1항 a호. 미수와 공범의 경우도 처벌대상이다. 동법 제25조 제2항.
127) Segesser/Jolles, p. 185.
128) 스위스 법원은 문화재를 선의취득한 매수인이 나중에 그것이 도품이라는 사실을 인지한 경우에 대한 형사처벌 여부와 관련하여, ① 매수인이 선의취득기간(원소유자의 반환청구기간)이 종료한

스 민법 제724조 소정 과학적 가치가 있는 발굴물을 횡령하는 경우, ③ 문화재를 불법으로 반입, 운반 또는 반출하는 경우, ④ 문화재의 반입, 운반 또는 반출시 세관신고를 위한 정보를 제공하지 않거나 세관신고시 부정확한 정보를 제공하는 경우, ⑤ 연방 문화재 대장에 등록된 문화재를 반출하는 경우가 있다.[129] 이들 경우는 고의범뿐만 아니라 과실범도 처벌대상인데,[130] 이에 대하여는 문화재 거래에서의 단순한 과실만을 이유로 형사처벌을 가하는 것은 국제기준에 비추어 과도하고 형사처벌의 범위를 부당하게 확대한다는 점, 그리고 문화재양도법상 문화재 개념은 '고고학, 선사학, 역사학, 문학, 예술 또는 과학의 관점에서의 중요성'이라는 상대적·주관적 가치기준을 매개로 정의되고 있어서 불명확성이 존재할 수밖에 없으므로 죄형법정주의(특히 명확성원칙)의 관점에서 문제의 소지가 있다는 점을 들어 비판하는 견해도 있다.[131]

Ⅳ. 양자조약 메커니즘에 의한 불법반출 문화재 반환청구

1. 개관

문화재양도법이 규정하고 있는 구제수단 중에서 핵심적인 것은 동법 제9조에 따른 불법반출 문화재 반환청구이다. 문화재양도법 제정 전에도 절도, 강도 등 범죄행위의 결과로 소유권이 박탈된 문화재에 대한 반환청구는 항상 가능하였으나, 도난당한 것이 아니라 단지 외국의 반출규제를 위반하여 그 국가로부터 반출된 문화재에 대한 반환청구는 가능하지 않았다. 후자는 대개 양수인이 기원국에서 적법하게 문화재의 소유권을 취득한 다음에 단지 기원국의 반출규제를 위반하여 그 문화재를 반출시켰을 뿐인 경우가 많았으므로, 양수인은 국제사법상 소재지법원칙[132]에 따라 정당한 소유권자로 인정되는 것이 일반적이었기 때문이다.[133]

이후에 도난 문화재를 매도하는 때에는 그 매수인이 도품이라는 사실을 인지하였다고 하더라도 반환청구기간 도과로 인하여 그는 소유권을 정당하게 취득하였으므로 그 문화재를 자유롭게 처분할 수 있는 반면에, ② 매수인이 원소유자의 반환청구기간 종료 전에 도난 문화재를 매도, 유통 또는 반출하는 때에는 형사처벌을 받을 수 있다고 한다. Segesser/Jolles, p. 184, n. 29.
129) 문화재양도법 제24조 제1항. 2020년의 개정으로 정비된 규정이다.
130) 문화재양도법 제24조 제2항.
131) Segesser/Jolles, p. 185.
132) 스위스 국제사법 제100조 제1항은 동산에 대한 물권의 취득과 상실은 그 취득 또는 상실을 초래하는 과정이 발생한 시점에 그 물건의 소재지법에 의한다고 규정하고 있다.

문화재양도법의 제정과 그에 근거한 양자조약의 체결은 위와 같은 현실에 획기적인 변화를 초래하였다. 문화재양도법 제7조 제1항은 연방참사회는 문화적·외교적 이익의 보호와 문화유산의 보전이라는 목적을 달성하기 위하여 유네스코협약의 체약국과 문화재의 반입과 반환에 관한 양자조약을 체결할 수 있다고 규정하고, 동법 제7조 제2항은 이와 같은 양자조약의 체결을 위하여는 다음의 3가지 요건, 즉 ① 양자조약의 적용대상은 유네스코협약의 체약국인 타방 당사국의 문화유산에 대한 현저한 중요성(une importance significative)이 있는 문화재이어야 하고, ② 그 문화재는 그 타방 당사국이 문화유산의 보호라는 목적을 위하여 제정한 반출 관련 규정(des dispositions sur l'exportation)의 적용대상이어야 하며, ③ 스위스와 그 타방 당사국 간에 상호보증이 인정되어야 한다는 각 요건이 충족되어야 한다고 규정하고 있다. 문화재양도법은 연방참사회에 문화재 반입 및 반환에 관한 양자조약 체결권한을 부여하고 있다.[134] 연방참사회는 2021년부터 2024년까지 4개년도 문화정책의 우선과제 중 하나로 문화재양도법에 따른 양자조약의 체결을 제시하고 있기도 하다.[135]

2. 유네스코협약 체약국과의 양자조약 체결

문화재양도법은 불법반출 문화재의 반입을 규제하고 기원국의 반환청구를 허용하기 위하여 스위스와 유네스코협약 체약국 간에 양자조약이 체결될 수 있음을 규정하고 있다. 유네스코협약의 이행을 위하여 양자조약 메커니즘을 채택한 국가로는 스위스 이외에도 미국이 있다.[136] 미국은 1972년 유네스

---

133) 불법반출 문화재가 아니라 도난 문화재라고 하더라도, 도품의 선의취득을 쉽게 인정하는 이탈리아와 같은 국가에서 소유권이전이 있었던 경우에는 도품이라고 하더라도 원소유자의 반환청구는 인용될 수 없을 것이다. 대표적인 예로 *Winkworth v Christie, Manson & Wood Ltd* [1950] 1 All E.R. 1121, [1950] 2 W.L.R. 937 (Chancery Division) 참조.

134) 이는 법률에 명시적 규정이 있는 경우에는 연방참사회가 연방의회의 승인 없이 조약을 체결할 수 있다고 규정하고 있는 연방헌법 제166조 제2항에 따른 것이다. 다만, 양자조약 체결권한이 연방참사회에 부여되어 있다는 것은 스위스라는 연방국가의 대내적으로 그러하다는 것이다. 대외적인 관계에서 조약체결주체는 스위스라는 연방국가 자체이고, 그에 속한 하나의 기관에 불과한 연방참사회가 대외적으로 조약체결주체인 것은 아니다. 정인섭, 조약법강의(박영사, 2016), 48면 이하 참조. 다만, 스위스의 경우 개별 주(Canton)도 그 권한범위 내에서 다른 국가와 조약을 체결할 수 있다(연방헌법 제56조 제1항).

135) Bundesrat, 전게의견서(주12), S. 3214 참조.

136) Folarin Shyllon, "Legislative and Administrative Implementation of 1970 UNESCO Convention by African States: The Failure to Grasp the Nettle", *International Journal of Cultural Property*, Vol. 21, Issue 1 (2014), p. 40은 미국의 모델을 따르는 국가로 스위스와 일본을 언급

코협약을 비준하였고 1983년 「문화재협약이행법률」(Convention on Cultural Property Implementation Act)[137]을 제정하였는데, 동법은 유네스코협약 제9조[138]의 이행을 위하여 양자조약을 체결할 수 있도록 규정하고 있다.[139] 그러나 미국의 입법례는 유네스코협약 제9조의 이행이라는 제한적 목적, 즉 타국의 문화유산이 고고학적 또는 인종학적 물품의 약탈로 인하여 위험에 처한 경우 그것의 미국으로의 반입규제에 국한하여 양자조약의 체결 가능성을 인정한다는 점에서 중대한 한계가 있다.[140] 반면에 스위스는 양자조약을 체결한 국가와의 관계에서는 기원국인 당사국이 불법반출 문화재의 점유자 개인을 상대로 타방 당사국 법원에 그 반환을 청구할 수 있도록 하는 획기적인 메커니즘을 도입하였다는 점에서, 미국의 양자조약 메커니즘을 따르면서도 진일보한 것으로 평가할 수 있다. 다만, 유네스코협약의 이행을 위하여 양자조약을 체결하는 방법은 당초 그 협약의 성안자들이 의도한 것은 아니다.[141]

스위스 연방참사회는 문화재양도법 제7조 제1항에 근거하여 2006. 10. 20. 이탈리아, 2007. 5. 15. 그리스, 2010. 2. 1. 콜롬비아, 2010. 4. 14. 이집트, 2013. 1. 11. 사이프러스, 2013. 8. 16. 중국, 2016. 7. 12. 페루, 2017. 8. 24. 멕시코와 각각 양자조약을 체결하였고, 이들은 2008. 4. 27. 이탈리아, 2011. 2. 20. 이집트, 2011. 4. 13. 그리스, 2011. 8. 4. 콜롬비아, 2014. 1. 8. 중국, 2014. 2. 15. 사이프러스, 2016. 10. 19. 페루, 2018. 7. 25. 멕시코와의 사이에서 각각

하나, 일본을 언급한 것은 잘못이다. 일본은 2006년 「해외 문화유산 보호에 관한 국제적인 협력의 촉진에 관한 법률」을 제정하고 '국제적 협조를 위한 시책'이라는 표제의 제11조에서 "국가는 유네스코협약 등의 정신에 의하여 문화유산 국제협력을 국제적 협조 아래 추진하기 위하여 외국정부나 관계기관 또는 국제기구와의 정보의 교환 및 기타 필요한 적절한 시책을 강구한다"고 규정하고 있으나, 이는 미국, 스위스의 예와 같이 양자조약의 체결을 명시한 것은 아니다. 물론 양자조약의 체결이 문화유산 국제협력을 위한 필요·적절한 시책의 하나일 수는 있으나, 일본이 이를 염두에 두고 위 법률을 제정한 것으로는 생각되지 않는다. 위 법률의 간략한 소개는 석광현/이규호, 143-149면 참조.

137) 19. U.S.C. 2601-2613. 간략한 소개는 석광현/이규호, 156-158면 참조.
138) 송호영/김지현, "문화재환수관련 국내외 규범 및 제도의 운용과 개선방안에 관한 연구: 1970년 UNESCO협약과 1995년 UNIDROIT협약을 중심으로"(2013년 유네스코 정책연구 보고서)(유네스코한국위원회, 2013), 76-77면 참조.
139) 19. U.S.C. 2602(a)(2)(A). 이에 따라 미국은 과테말라, 그리스, 말리, 볼리비아, 사이프러스, 엘살바도르, 이탈리아, 중국, 캄보디아, 페루 등과 양자조약을 체결하였다.
140) 또한 미국 법원은 엄격한 요건이 충족되는 경우에만 반입금지를 구하는 소를 제기할 수 있도록 허용한다. *U.S. v. Schultz*, 333 F.3d 393 (2nd Cir. 2003). 상세는 석광현/이규호, 156면 참조.
141) Patrick J. O'Keefe, *Commentary on the 1970 UNESCO Convention* (2nd Edition)(Institute of Art and Law, 2007), pp. 110-113.

발효하였다.[142] 양자조약은 대개 문화재를 일방 당사국의 영역 내로 반입하기 위한 법적 요건과 반환청구의 구체적 절차를 규율하고, 상호간 고지의무, 문화재 불법양도 방지와 문화유산 보전을 위한 협력 등에 관하여 규정하고 있다. 2021. 11.을 기준으로 양자조약에 근거하여 불법반출 문화재 반환청구가 제기된 예는 아직까지 확인되지 않는다.[143]

3. 불법반출 문화재 반환청구(권)의 내용과 절차

문화재양도법 제9조는 스위스와 양자조약을 체결한 유네스코협약 체약국이 그로부터 불법반출된 문화재를 취득한 스위스인(법인 포함, 예외적으로 국가 포함)을 상대로 스위스 법원에 그 반환을 청구할 수 있는 권리와 그 행사 절차에 관하여 상세히 규정하고 있다(inbound 측면).[144] 이하에서는 문화재양도법 제9조를 기준으로 검토하나, 유의할 점은 스위스의 관점에서는 기원국의 반환청구의 1차적 법원(法源)은 스위스가 그 기원국과 체결한 양자조약이고, 문화재양도법은 양자조약을 보완하는 2차적 법원이라는 것이다.[145] 스위스법상으

---

142) 다음 링크 참조: https://www.bak.admin.ch/bak/en/home/cultural-heritage/transfer-of-cultur al-property/bilateral-agreements.html (2021. 11. 30. 최종방문)

143) 비소급효원칙(문화재양도법 제33조) 때문인 것으로 추측된다. 스위스의 유네스코협약 비준·발효와 이행법률 제정 이후 양자조약 미체결국인 인도와의 관계에서 외국공법을 적용하지 않은 스위스 연방대법원 2005. 4. 8. 판결(ATF 131 III 418)이 있다. 이에 대하여는 스위스 법원의 선례와 국제사법 규정에 비추어 오히려 퇴보라는 비판이 있다. Mara Wantuch-Thole, *Cultural Property in Cross-Border Litigation: Turning Rights into Claims* (De Gruyter, 2015), p. 351 및 후술 IV. 4. 참조.

144) 한국법상 논의는 송호영, "해외로 불법반출된 문화재의 민사법상 반환청구법리에 관한 연구", 비교사법 제11권 제4호(한국비교사법학회, 2004), 229면 이하 참조.

145) 양자조약에서는 원칙만을 천명하고 문화재양도법에서 그 내용을 구체화하는 경우가 있다. 일례로 스위스-중국 양자조약과 스위스-그리스 양자조약의 제3조 제2항은 "[불법반출 문화재 반환청구의] 소는 문화재 소재지의 권한 있는 법원(competent courts at the location of the cultural property)에 제기될 수 있다"고 규정하고, 동조 제3항은 "문화재가 소재하고 있는 당사국의 국내법(domestic law at the Party where the cultural property is located)이 소의 전제조건(prerequisites)을 결정한다"고 규정하고 있는데, 이는 문화재 소재지의 특별관할을 인정하여야 한다는 원칙을 제외한 소송절차상 규칙(관할규칙 포함)은 각 당사국이 형성하도록 유보한 것이다. 모든 국가가 국제재판관할 맥락에서 재산소재지의 특별관할을 인정하는 것은 아니므로 위 양자조약 규정은 의미가 있다. 대개 각국은 그에 더하여 피고주소지주의에 따른 일반관할을 인정할 것이다. 스위스 역시 국제사법 제98조의2에 문화재 소재지 법원에 더하여 피고 주소지 또는 본거지 법원의 일반관할을 규정하고 있다. 반면에 양자조약이 문화재양도법과 다르게 규정하고 있는 내용도 있는데, 일례로 스위스-그리스 양자조약 제5조 제2항은 선의취득자에 대한 대가변상의 범위를 "공정하고 공평한 보상"(fair and equitable compensation)으로 규정함으로써 문화재양도법 제9조 제5항과 달리 공정성과 공평성을 강조하고 있다.

로는 조약이 국내법에 대하여 우월적 지위를 가지기 때문이다.[146] 반면에 스위스가 양자조약의 타방 당사국 법원에 반환을 청구하는 경우(outbound 측면)는 양자조약과 그 타방 당사국의 관련법령에 의하여 규율되고, 문화재양도법은 그때 타방 당사국 법원이 적용하여야 하는 스위스의 국제적 강행법규의 맥락에서 의미가 있다.

가. 관할

스위스 국제사법 제98조의2는 문화재양도법 제9조에 따른 반환청구는 피고 주소지 또는 본거지 법원이나 문화재 소재지 법원에 제기되어야 한다고 규정하고 있다. 이는 동산의 물권에 관한 소에 있어서 피고의 주소지나 본거지 또는 물건의 소재지의 법원에 관할을 인정하였던 스위스 구 민사소송법[147]의 토지관할규칙을 국제재판관할의 맥락에서도 동일하게 규정한 것이고,[148] 동산의 물권에 관한 소에 있어서 피고의 주소지, 피고의 상거소지, 물건의 소재지의 스위스 법원에 단계적으로 국제재판관할을 인정하는 스위스 국제사법 제98조에 대한 특칙인 것이다.[149] 유니드로와협약 제8조 제1항은 불법반출 문화재 반환청구는 체약국에서 시행 중인 법규에 따라 관할이 인정되는 법원 이외에도 문화재가 소재한 체약국의 법원에 제기할 수 있다고 규정하고 있는데, 이와 같은 유니드로와협약의 정신 내지 원칙은 문화재양도법에 의하여 신설된 스위스 국제사법 제98조의2에 반영되어 있다.

이 규정은 국제재판관할규칙으로서의 성질을 가짐과 동시에, 스위스 내에 있는 동종의 국내법원들 중에서 원칙적으로 어느 법원에 관할을 인정할 것인가를 규율하고 있으므로 토지관할규칙으로서의 성질도 가진다.[150] 한편 사물관할[151]과 관련하여, 스위스의 입법자는 행정법원이 아니라 민사법원의 재판

---

146) 스위스 연방헌법이 명시하지는 않으나, 조약에 국내법보다 우월적 효력을 인정하는 것이 스위스의 일반적인 견해이다. Pierre A. Karrer, Karl W. Arnold and Paolo Michele Patocchi, *Switzerland's Private International Law* (2nd Edition)(Kluwer/Schulthess, 1994), p. 12.

147) 구 민사소송법(Loi fédérale sur les fors en matière civile) 제20조. 동법은 2008년 신 민사소송법(Code de procédure civile)이 제정되면서 폐지되었으나, 신법 제30조 제1항에 동일한 취지의 규정이 있다.

148) Gabus/Renold, Article 32, [52].

149) Gabus/Renold, Article 32, [51]. 석광현, 전게논문(주88)(2001), 547면; 석광현, 전게자료(주88)(2020), 621-622면 참조.

150) Gabus/Renold, Article 32, [53].

151) 이는 사건의 유형 또는 범주에 따라 서로 다른 제1심 법원들 간에 재판권을 분장시키기 위한 기

관할권 행사를 전제하고 있는 국제사법상 국제재판관할규칙에 문화재양도법
제9조에 따른 반환청구의 관할에 관한 규정을 신설함으로써,152) 그 청구는 행
정법원이 아니라 민사법원에 제기되어야 함을 명시하였는데,153) 이론적으로는
문화재양도법 제9조에 따른 반환청구권은 동법에 의하여 비로소 창설되는 것
으로서 문화행정법(Kulturverwaltungsrecht)의 영역에 속하는 공법상 청구권
(öffentlich-rechtliche Anspruch)이라는 비판이 있음에도 불구하고,154) 소송경제
(Prozessökonomie) 등 실무상 이점을 고려하여 논란을 입법적으로 해결한 것이
다.155) 다만, 스위스 국제사법 제98조의2가 전속관할을 규정한 것은 아니므로,

준이다. 외국과 달리 우리 민사소송법은 지방법원 단독판사와 지방법원 합의부를 소송상 별개의
법원으로 취급하기 때문에, 사물관할의 개념을 같은 법원 내의 사무분담의 문제로 오해할 소지가
있다. 이시윤, 신민사소송법(제15판)(박영사, 2021), 97면 참조. 미국에서 연방법원과 주법원 간
의 사물관할권(subject matter jurisdiction)의 문제는 석광현, 국제재판관할에 관한 연구: 민사
및 상사사건에서의 국제재판관할의 기초이론과 일반관할을 중심으로(서울대학교 출판부,
2001), 98면 참조.

152) 이와 같은 국제사법 제98조의2의 신설은 문화재양도법 제32조를 통하여 행하여졌다.

153) Gabus/Renold, Article 32, [54]; Renold/Schönenberger, p. 422; Pius Fisch, Kommentar zu
Art. 98a IPRG, in Heinrich Honsell, Nedim Peter Vogt, Anton K. Schnyder und Stephan V.
Berti (Hrsg.), Basler Kommentar, Internationales Privatrecht, 3. Auflage (Helbing
Lichtenhahn, 2013), NN. 3-4. 이하에서는 마지막 문헌의 제98조의2 부분을 "Fisch"로 인용한다.
다만, 스위스가 불법반출 문화재 반환청구를 위하여 양자조약의 타방 당사국의 민사법원과 행정
법원 중에서 어디에 소를 제기하여야 하는지는 그 타방 당사국이 결정할 사항이다.

154) Fisch, NN. 3-4를 참고하여 정리한 비판론의 논거는 다음과 같다. ① 문화재양도법 제9조에 기
초한 청구권은 현재의 점유자가 정당한 소유자일 가능성에도 불구하고 문화재양도법과 양자조
약의 목적과 규정에 기초하여 비로소 인정되는 것으로서 공법적 성질을 가지는 권리이고, ② 외
국공법상 국제적 강행규정을 적용하는 문제를 사법상 청구권(privatrechtlichen Anspruch)의 문
제로 취급하는 것은 부당하고, ③ 불법반출 문화재 반환의 문제는 문화유산 보호와 사유재산권
보호라는 상충하는 가치들 간의 형량이라는 사회정치적 문제(gesellschaftspolitische Frage)이므
로 민사법원 판사보다는 행정법원 판사가 판단하기에 더욱 적절하며, ④ 예외적으로 연방 또는
주 정부가 피고가 되는 경우(가령 민법 제724조 제1항에 의하여 주 정부가 일정한 무주물의 소
유권을 취득하는 경우)에는 (법정지국이 외국국가의 청구에 의하여 법정지인 자국법원에서 피고
가 되는) 재판권면제(또는 주권면제)의 문제가 발생할 수 있으며, ⑤ 기원국으로부터 불법반출
되어 스위스로 반입된 문화재라고 하더라도 이를 스위스에서 취득한 자는 민법상 정당한 소유
권자로 인정될 가능성이 높은데, 그럼에도 불구하고 민사법원이 정당한 소유권을 박탈하는 자기
모순적인 재판을 하도록 하는 것은 부당하고, ⑥ 민사법원의 관할을 인정한다면 이것이 승인·집
행의 맥락에서 간접관할로 기능함으로써 기원국으로부터 불법반출된 문화재의 반환을 명하는
'기원국' 민사법원의 판결을 스위스가 승인·집행하여야 한다는 결론으로 귀결될 수 있는데, 이
는 문화재양도법과 양자조약이 의도하지 않은 결과라는 것이다. Kurt Siehr는 민사법원에 관할
을 인정하는 것 자체에는 반대하지 않으면서도 그것에는 위와 같은 문제가 있음을 지적하였다.
독일에서도 기원국의 반환청구권을 공법적 성질의 권리로 파악한다. 석광현, "국제적 불법거래
로부터 문화재를 보호하기 위한 우리 국제사법(國際私法)과 문화재보호법의 역할 및 개선방안",
법학 제56권 제3호(서울대학교 법학연구소, 2015), 168면, 주180 참조.

피고의 응소에 의하여 다른 법원에 변론관할이 인정될 수도 있고,156) 외국의 원소유자가 스위스인이 취득한 문화재가 도품이라고 주장하면서 제기한 별개의 반환소송과 기원국이 문화재양도법 제9조에 따라 같은 스위스인을 상대로 제기한 불법반출 문화재 반환소송의 병합과 같이 소송의 병합도 가능하다.157)

나. 반환청구권자

스위스 법원에서 문화재양도법 제9조에 근거한 반환청구를 제기할 수 있는 주체는 스위스와 양자조약을 체결한 외국국가(foreign state)만이고, 원소유자 개인은 이를 제기할 수 없다. 문제된 문화재가 기원국에서 국·공유재산이었는지 또는 사유재산이었는지를 불문한다. 이와 같은 청구는 문화유산 보호를 위한 공법상 법규의 위반에 근거한 것이므로, 그 법규를 제정한 국가 스스로만 소송을 개시할 이익을 가지는 것이다.158) 국가만을 반환청구권자로 인정

---

155) 연방참사회가 제시한 논거는 다음과 같다. ① 문화재양도법 제9조에 따른 반환청구권이 인정되는 대개의 국가는 국제사법 제98조의2가 아니더라도 동법 제98조에 따라 스위스 민사법원에 반환청구소송을 제기할 수 있으므로(가령 기원국에서 도난 또는 도굴되어 불법반출된 기원국 소유의 문화재가 스위스로 반입된 경우), 도난 또는 도굴 문화재 반환소송과 불법반출 문화재 반환소송을 동일한 법원(또는 법관)이 심판하도록 하는 것이 소송경제의 측면에서 바람직하고, ② 관할의 집중을 통하여 상충하지 않는 판결이 선고됨으로써 법적 안정성이 보장될 수 있으며, ③ 민사법원으로의 관할 집중은 물권법 체계의 효력과 정합성의 제고에도 바람직하다는 것이다. Fisch, N. 4; Bundesrat, 전게의견서(주5), S. 607 참조. 흥미롭게도 스위스 연방대법원은 불법반출된 기원국 국유문화재의 반환청구소송은 사법상 반환(청구)소송(privatrechtlichen Klage auf Herausgabe, une action en revendication de droit privé)이라고 한다. 스위스 연방대법원 2005. 4. 8. 판결 (ATF 131 III 418) 3.2.1 문단 참조. 의문은 기원국 국민의 사유문화재가 불법반출된 경우에 제기된 반환청구소송도 마찬가지로 사법적 성질을 가지는 것인가 하는 점이다. 한편 우리 행정소송법과 같이 행정법원이 당사자소송과 관련 민사소송(원상회복, 부당이득반환, 손해배상 등 청구소송)을 병합하여 심판하는 것을 허용하는 법제(동법 제44조 제2항, 제10조 제2항 및 제1항 제1호, 대법원 2000. 10. 27. 선고 99두561 판결 등 참조)에서는 또 다른 논란의 소지가 있다.

156) Fisch, N. 10.

157) Gabus/Renold, Article 32, [54]; Fisch, N. 10. 여기에서의 병합이 단순히 변론의 병합 또는 병행을 의미하는지, 아니면 청구의 병합 및/또는 소송참가를 의미하는지, 후자라면 구체적으로 어느 유형에 해당하는지는 논란의 여지가 있다. 특히 외국의 원소유자가 개인인 경우에는 문제가 복잡해진다. 스위스 법원에 소가 제기된 이상 스위스 민사소송법의 태도를 따라야 할 것이다.

158) 석광현/이규호, 66-67면. 그러나 불법반출된 문화재가 사유재산이었던 경우에는 국가에 의한 반환청구가 어떻게 정당화될 수 있는지, 어느 범위의 개인에 대하여 국가가 그를 대신하여 반환청구를 할 수 있는지는 논란의 여지가 있다. 전자는 문화재 반출규제를 통하여 기원국이 달성하고자 하였던 국가적 이익에 의하여 설명할 수 있으나, 후자에 대하여는 가령 기원국 국적자에 한정되는지, 아니면 기원국에 주소 또는 상거소가 있으면 충분한지, 그리고 원소유자인 개인을 대신한 국가의 반환청구는 (실체법에 근거한) 법정소송담당으로 볼 수 있는지와 같은 의문이 제기될 수 있다. 석광현, "국제소송의 외국인당사자에 관한 몇 가지 문제점", 국제사법과 국제소송 제4권

하는 문화재양도법의 메커니즘은 유니드로와협약 제5조 제1항의 태도와 같다. 다만, 법원에 대한 소송상 청구가 가능하다고 선언하면서도 구체적인 소송절차에 관하여는 침묵하고 있는 유니드로와협약과 달리 문화재양도법은 그에 관하여도 구체적으로 규정하고 있다는 점에서 차이가 있다.

양자조약의 당사국들은 상호간에 반환청구가 가능하도록 하기 위한 목적으로, 부속서에 열거된 범주에 해당하는 문화재에 영향을 미치는 절도, 약탈, 훼손 기타 사건이 발생하는 경우에 이를 타방 당사국의 관할당국(또는 권한당국)(competent authority)에 고지할 의무가 있다.159) 스위스는 일련의 양자조약을 체결함에 있어서 타방 당사국에 대한 고지의무를 이행하는 권한당국으로 '문화재 국제양도 특별기구'를 일관되게 지정하고 있다.

반환청구국이 원고로서 소를 제기하는 것이므로 국가가 피고인 경우에 발생하는 재판권면제(또는 주권면제)의 문제는 발생하지 않는다.

다. 반환청구의 상대방

기원국의 반환청구는 스위스로 불법반입된 문화재를 점유하고 있는 자를 상대로 제기되어야 한다. 유니드로와협약과 달리 문화재양도법에서는 점유자가 그 문화재의 취득시점에 그것이 불법반출된 것이라는 사실을 알지 못하였고 합리적으로 알 수도 없었다는 사정160)은 기원국의 반환청구에 아무런 영향을 미치지 않는다.

일방 당사국으로부터 불법반출된 문화재가 양자조약의 타방 당사국 정부에 의하여 취득되어161) 그 타방 당사국의 국유로 된 극히 예외적인 경우에도 기원국인 당사국은 원칙적으로 타방 당사국을 상대로 그 법원에 반환을 청구할 수 있을 것이다. 이 경우에는 법률관계가 국가 대 국가의 관계로 변화하므로 외교적 해결의 가능성이 높고, 실제로 타방 당사국의 민사법원에 반환청구의 소가 제기되어 소송절차가 진행되는 것은 이례적일 것이다. 그러나 이론상으로는 불가능하지 않고, 그 경우 피고의 지위에 놓이는 타방 당사국은 재판권면제(또는 주권면제)를 원용할 수 없다.162) 양자조약 당사국들의 국가의사

(박영사, 2007), 148면 참조.

159) 일례로 스위스-중국 양자조약 제9조 제1항 참조.
160) 유니드로와협약 제6조 제1항 제2문 참조.
161) 문화재양도법 제15조 제1항 b호는 이를 명시적으로 금지하고 있다.

(Staatswille)는 불법반출 문화재 반환소송의 피고가 그 문화재의 점유자로서의 타방 당사국인 경우까지 양자조약의 적용범위에 포함시키는 것이라고 할 수 있으므로, 당사국들은 양자조약의 체결을 통하여 그 범위에서 주권면제를 적어도 사전적·묵시적으로 포기한 것으로 볼 수 있다.[163]

라. 반환청구의 목적물

문화재양도법에 의하면 반환청구의 목적물은 스위스로 '불법반입된 문화재'로서 청구국의 문화유산에 대한 '현저한 중요성'이 있는 것이어야 한다.[164] '불법반입'(l'importation illicite)은 문화재양도법 제7조에 따른 외국의 문화재 반출규제 또는 제8조에 따른 연방참사회의 조치를 위반한 반입행위를 말한다.[165] 또한 반환청구는 청구국의 문화유산에 대한 '현저한 중요성'이 있는 문화재에 대하여만 가능하다.

한편 문화재양도법은 비소급효원칙을 규정하고 있다.[166] 양자조약에 따른 불법반출 문화재 반환청구는 그 양자조약의 타방 당사국과의 관계에서는 그 발효일 이후에 발생한 불법반입 등에 관하여만 가능하다.[167] 결국 문화재양도법의 시행일인 2005. 6. 1.은 양자조약에 근거한 불법반출 문화재 반환청구를 제외한 분야, 즉 도난 문화재 반환청구기간 연장, 각종 반입·반출규제, 거래업자 등에 대한 주의의무 부과 등의 맥락에서 주된 의미가 있는 것이다.

마. 요증사실과 증명책임

증명책임은 문화재 반환을 청구하는 양자조약 당사국이 부담한다. 증명이 필요한 사실은 ① 반환청구의 목적물인 문화재가 청구국의 문화유산에 대하여 현저한 중요성이 있다는 사실과 ② 그것이 청구국의 반출규제를 위반하여 반출되었다는 사실이다.[168] 문제된 문화재가 스위스의 반입규제를 위반하여 스

---

162) 재판권면제의 상세는 석광현, 국제민사소송법: 국제사법(절차편)(박영사, 2012), 31면 이하 참조.
163) 국가와 외국당사자 간의 중재합의를 주권면제의 묵시적 포기로 보는 것과 유사한 입론이다. 석광현, 전게서(주162), 47-48, 53-54면 참조.
164) 상세는 전술 II. 2. 참조.
165) 문화재양도법 제2조 제5항. 전술하였듯이 2020년의 개정으로 반입뿐만 아니라 운반과 반출도 문화재양도법의 규율대상으로 명확히 규정되었다.
166) 문화재양도법 제33조.
167) Renold/Schönenberger, p. 422.
168) 문화재양도법 제9조 제1항 제2문.

위스로 반입되었다는 것은 청구국이 증명하여야 하는 사실이 아니다.

유니드로와협약 제5조 제3항은 반환요청국에 문화적 중요성의 증명책임을 부담시킨다는 점에서 문화재양도법과 동일하나, 그에 더하여 문화재양도법처럼 청구국이 당해 반출행위가 자국의 반출규제를 위반하였음을 증명하도록 요구하는 것이 아니라, 당해 반출행위가 유니드로와협약 제5조 제3항에 열거된 국가적 이익들 중에서 하나 이상을 중대하게 침해하였음을 소명하도록 요구한다는 점에서 문화재양도법과 차이가 있다. 이와 같이 유니드로와협약은 이익중심적 접근법을 채택하고 있다는 점에 특색이 있다.[169]

바. 선의취득자의 대가변상청구권

문화재가 양자조약 당사국으로부터 불법반출된 것인 경우에는 그 선의취득자라고 하더라도[170] 양자조약 당사국인 기원국의 반환청구가 있으면 이를 반환하여야 한다. 선의취득자는 불법반출 사실에 대하여 선의이었음을 이유로 항변할 수 없다. 다만, 그는 문화재양도법이 인정하는 범위 내에서 대가변상을 청구할 수 있을 뿐이다. 그 범위는 당해 문화재의 매수비용과 그에 더하여 문화재의 보호와 유지를 위하여 필요하고 유용한 비용이다. 대가변상청구권은 기원국의 반환청구가 있는 시점에 발생한다.[171]

문화재양도법은 단순히 '대가변상'이라고 규정하고 있을 뿐인데, 연방참사회가 작성한 문화재양도법 초안은 '적절한 대가변상'(eine angemessene Entschädigung)이라는 문언을 사용하고 있었다.[172] 그러나 최종적으로는 '적절한'이라는 문언이 삭제되었기 때문에 어느 정도의 대가변상이 적정한 것인가 하는 문제는 명확히 해결되지 않은 채로 남게 되었다. 청구국은 선의의 점유자에게 반드시 대가를 변상하여야 하고, 청구국이 대가를 변상할 때까지 피고는 당해 문화재를 점유할 권리가 있다.[173]

---

169) Prott, 전게서(주53), p. 56.
170) 문화재양도법 제9조 제5항은 "quiconque … qu'il avait acquis de bonne foi"라고 규정함으로써 문화재의 소유권을 일단 적법하게 선의취득한 자라고 하더라도 소유권을 상실하는 결과로 귀결됨을 명시하고 있다.
171) 문화재양도법 제9조 제5항.
172) Bundesrat, 전게초안(주49) S. 625.
173) 문화재양도법 제9조 제6항.

사. 반환청구기간

반환청구는 기원국 정부가 문화재의 소재와 점유자의 신원을 인지한 날로부터 1년 내에 제기되어야 한다. 또한 반환청구는 늦어도 문화재가 기원국의 영토로부터 불법적으로 반출된 날로부터 30년 내에는 제기되어야 한다.[174] 30년의 반환청구기간의 기산점은 당해 문화재가 기원국으로부터 불법적으로 반출된 날이다. 유니드로와협약은 반환청구기간을 3년과 50년으로 규정하고 있는데,[175] 문화재양도법은 이들을 각각 1년과 30년으로 단축한 것이다.

아. 비용부담

문제된 문화재의 보호, 보존과 반환을 위하여 필요한 조치에 소요되는 비용은 반환청구국이 부담하여야 한다.[176] 보호 및 보존비용은 소송이 진행되는 동안 문화재를 통상적으로 요구되는 수준으로 관리 및 유지하기 위하여 필요한 비용을 말하고, 반환비용은 문화재를 청구국으로 물리적으로 이동시키기 위하여 발생하는 운송료, 보험료 등을 말한다. 한편 인지대, 송달료, 변호사보수 등 소송에 관한 경비는 청구국이 반드시 부담하여야 하는 것이 아니고, 법정지인 스위스의 관련 소송법규에 따라 쌍방 당사자의 부담분이 결정되는 것이다.[177]

4. 문화재양도법 및 양자조약에 있는 외국공법 적용의무조항의 법적 성질 — 특별저촉규칙이자 특별섭외공법규칙

외국공법 부적용의 원칙(Grundsatz der Nichtanwendung ausländischen öffentlichen Rechts), 즉 국제사법에 의하여 지정되는 외국법은 사법에 한정되고 공법은 제외된다는 전통적인 국제사법 원칙에 대하여는 그동안 많은 의문이 제기되었고,[178] 문화재 기원국의 반출규제 적용과 관련하여 특히 의문이 제기되기

---

174) 문화재양도법 제9조 제4항.
175) 유니드로와협약 제5조 제5항.
176) 문화재양도법 제9조 제3항.
177) 석광현/이규호, 81면 참조.
178) 대표적으로 Institut de Droit International이 1975년 비스바덴에서 채택한 '외국공법의 적용에 관한 결의'(Resolution on the Application of Foreign Public Law)와 International Law Association이 1988년 바르샤바에서 채택한 '외국공법의 초국가적 승인 및 집행에 관한 결의'(Resolution on the Transnational Recognition and Enforcement of Foreign Public Laws)가 있다. Wantuch-

도 하였다.[179] 이제 외국공법 부적용의 원칙은 더 이상 타당하지 않고, 특히 스위스 국제사법은 제13조에서 "외국법의 지정은 그 외국법에 의하여 사실관계에 적용될 수 있는 모든 규정들을 포함하고, 외국법의 어느 규정에 공법적 성격이 부여되고 있다는 이유만으로 배제되지 않는다"고 규정함으로써 위 원칙을 명시적으로 극복하였으며, 이는 우리 국제사법의 경우에도 마찬가지이다.[180] 다만, 국제사법의 맥락에서 외국공법의 적용이라는 것은 외국공법에 근거한 사법적 규정의 적용 또는 사인들 간의 법률관계에 미치는 반사적 효력 내지 사법적(私法的) 2차 제재(Sekundärsanktion)를 말하는 것이고,[181] 이와 같은 파급효과가 없는 순수한 공법상 규제의 역외적용을 말하는 것은 아니다.

그런데 문화재양도법과 그에 근거하여 스위스가 체결한 양자조약이 스위스 법원에 부과하는 외국 문화재 반출규제 적용의무는 그 반출규제가 양도계약 및/또는 물권변동의 준거법 소속국의 것이든 준거법 소속국이 아닌 제3국의 것이든 구별하지 않는다. 또한 그 외국공법상 개별규정이 당사자들에게 사법상 행위와 관련한 의무 또는 책임을 부과하거나 그와 관련한 일정한 행위를 요구하거나 금지함으로써 당사자들 간의 사법적 법률관계에 영향이나 반사적 효력을 미치는지, 즉 국제적 강행법규에 해당하는지도 불문한다. 이와 같은 태도를 스위스 국제사법 제13조, 제19조와의 연관 속에서 어떻게 자리매김할 것인지가 문제된다. 스위스 국제사법은 준거법 소속국의 공법상 규정의 적용에 관하여 제13조에서 규정함과 동시에 '외국법의 강행규정들의 고려'라는 표제의 제19조에서 제3국의 국제적 강행법규의 적용 가능성과 그 요건에 관하여 규정하고 있다. 스위스 국제사법 제19조 제1항은 "이 법률에 의하여 지정되는 법 대신에 강행적으로 적용되기를 의욕하는 다른 법의 규정들은 ① 스위스의 법관념에 따라 보호할 만한 가치가 있고 ② 명백히 우월한 일방 당사자의 이

Thole, 전게서(주143), pp. 272-275 참조.

179) Institut de Droit International가 1991년 바젤에서 채택한 「문화유산 보호의 관점에서 예술품 국제매매에 관한 결의」(Resolution on the International Sale of Works of Art from the Angle of the Protection of the Cultural Heritage) 제3조는 기원국의 예술품 반출규제가 적용되어야 한다고 규정하고 있다. 위 결의에 대한 간략한 소개와 평가는 Wantuch-Thole, 전게서(주143), p. 274 참조.

180) 국제사법 제6조(2022. 7. 5. 시행 예정인 신국제사법으로는 제19조). 석광현, 전게서(주97), 137-139면.

181) 석광현, 전게서(주97), 139면; 석광현, "외환허가를 받지 아니한 국제보증과 관련한 국제사법상의 문제점", 국제사법과 국제소송 제1권(박영사, 2001), 33면.

익이 그것을 명하고 있으며 ③ 사실관계가 그 법과 밀접한 관련이 있는 경우에는 고려될 수 있다"고 규정하고, 동조 제2항은 "그러한 규정이 고려되어야 하는지 여부는 ④ 그 규정의 목적과 그로부터 도출되는 스위스의 법관념에 따라 적절한 판단을 위한 결과에 의하여 결정되어야 한다"고 규정하고 있다(번호는 필자가 추가).

　　생각건대, 스위스 법원에 양자조약의 타방 당사국의 국제적 강행법규를 적용할 의무를 부과하는 문화재양도법 및 양자조약 규정은 스위스 국제사법 제13조와 제19조에 대한 특칙이라고 보아야 한다.[182] 그 예로는 외국 문화재 반출규제에 위반하여 스위스로 반입된 문화재는 양자조약 당사국인 기원국의 반환청구가 있으면 그 기원국으로 반환되어야 한다고 규정하고 있는 문화재양도법 제9조 제1항과 스위스-중국 양자조약 제3조 제1항을 들 수 있다. 이들 조항은 양자조약 당사국인 기원국이 스위스 법원에 반환청구를 제기할 것을 조건으로, 그리고 무엇보다도 기원국이 스위스 국제사법의 관점에서 준거법 소속국인지 또는 제3국인지를 불문하고, 그 기원국의 문화재 반출 관련 공법상 규제가 무조건적으로 적용된다고 규정하고 있다는 점에서 의미가 있다.[183] 스위스는 동산 일반에 관한 외국공법상 반출규제를 항상 적용하는 것이 아니라,[184] 국제사법 제13조와 제19조의 요건이 충족되는 경우에만 적용하는 것이 원칙인데,[185] 문화재양도법과 양자조약은 그 원칙에 대한 예외로서 무조건적인 적용을 규정하고 있는 것이다. 스위스는 제3의 연결원칙을 채택함으로써 준거법 소속국의 국제적 강행법규의 적용근거와 제3국의 국제적 강행법규의 적용근거에 관한 다양한 이론[186]과 관계없이 문화재 보호의 영역에서는 입법

---

[182] 국제사법에 의하여 지정된 준거법은 국제적 강행법규를 포함하여 그 국가의 법질서 전체가 하나의 단위로서 지정되는 것이라는 견해에 의한다면, 적어도 스위스 국제사법 제13조와의 관계에서는 특칙으로서의 성질을 인정할 수 없으나, 국제적 강행법규는 독자적인 연결원칙에 의하여 적용된다는 견해에 의한다면, 특칙으로서의 성질을 인정할 수 있다. 일단 여기에서는 후자, 즉 특별연결설의 입장을 취하기로 한다.

[183] 다만, 무조건적인 적용은 상호보증의 존재를 전제로 한다. 문화재양도법 제7조 제2항 c호.

[184] Segesser/Jolles, p. 188.

[185] 준거법 소속국의 국제적 강행법규라고 하더라도 법정지인 스위스의 법원이 항상 이를 적용하는 것은 아니라는 점에서, 준거법 소속국의 국제적 강행법규의 적용근거를 특별연결설로 설명하는 것이 낫다고 생각된다. 스위스 국제사법 제13조 자체에도 "당해 외국법에 의하여 당해 사건(la cause) 내지 사실관계(Sachverhalt)에 적용될 수 있는(applicable, anwendbar) 규정"이라는 제한문언이 있다.

[186] 상세는 석광현, 전게논문(주154), 138-152면, 특히 제3국의 국제적 강행법규의 적용근거에 관한 독일의 실질법설, 권력설, 준거법설, 특별연결설, 결합설, 쌍방적 특별저촉규정설 등 학설의 개관

을 통하여 논란을 해결하였다. 이는 기원국의 문화재 보호 관련 국제적 강행법규를 존중할 의무를 체약국에 부과하는 유니드로와협약(제3장)의 태도[187]를 구체화한 것으로 볼 수 있다. 양자조약의 일방 당사국의 국가기관(법원 포함)이 타방 당사국의 문화재 반출규제에 관한 공법을 적용할 의무를 부담한다는 점에서 양자조약은 당사국들 간의 국제행정공조 및 국제사법공조를 위한 중요한 근거로 기능한다.[188] 게다가 스위스는 문화재 반환 관련 양자조약에도 동일한 내용을 규정함으로써[189] 스위스가 양자조약의 타방 당사국 법원에 불법반출 문화재 반환청구를 제기하는 경우에는 그 조약상 규정이 타방 당사국의 관점에서 특별저촉규범으로 기능하도록 하고 있다. 한편 문화재양도법 제9조 제1항 이외에도 양자조약의 타방 당사국의 관점에서 스위스의 국제적 강행법규로 인정할 수 있는 문화재 반출규제의 예로는 스위스의 연방 및 주 문화재 대장에 등록된 문화재의 반출금지규정[190]을 들 수 있다.[191]

중요한 점은 양자조약 메커니즘을 통하여 적용되는 외국공법이 국제적 강행법규에 한정되지 않는다는 것이다. 국제적 강행법규에 해당하지 않는 순수한 공법상 규제(또는 협의의 외국공법)가 양자조약 당사국들 상호간에 곧바로 승인 및 적용(또는 집행)된다는 점에서 문화재양도법과 양자조약은 국제행정법(또는 섭외공법)의 맥락에서도 특칙으로 기능한다고 할 수 있다. 양자조약의 타방 당사국의 관점에서 스위스의 순수한 공법상 규제로 인정할 수 있는 반출규제의 예로는 일시반출시 특별기구의 사전허가규정,[192] 문화재 반출시 세관신고규정[193] 등이 있다.

다만, 양자조약 부존재를 이유로 양자조약 미체결국의 문화재 보호 관련

은 석광현, 전게논문(주154), 150-151면, 주122 참조.

187) 석광현, "UNIDROIT 문화재환수협약 가입과 문화재보호법의 개정", 국제사법연구 제15호(한국국제사법학회, 2009), 333면; 석광현/이규호, 166-168면 참조.

188) Renold/Schönenberger, pp. 421-422.

189) 일례로 스위스-중국 양자조약 제7조 제1항 참조. 다자조약에서 외국의 국제적 강행법규의 적용의무를 부과하는 예로는 IMF 협정(International Monetary Fund Agreement) 제8조 제2항 제2호 참조. 상세는 석광현, 전게논문(주181), 37-40면; 석광현, "국제금융거래에서 제3국의 외국환거래법과 국제적 강행규정의 적용: IMF 협정 제VIII조 2(b)를 포함하여", 국제사법연구 제26권 제1호(한국국제사법학회, 2020), 353면 이하 참조.

190) 문화재양도법 제3조 제2항.

191) 문화재양도법상 반출규제의 개관은 Segesser/Jolles, pp.189-191; Renold/Schönenberger, pp. 414-416.

192) 문화재양도법 제5조.

193) 문화재양도법 제4a조, 제19조 및 동법 시행령 제25조, 제26조.

국제적 강행법규의 적용을 거부한 스위스 연방대법원의 태도[194]는 유네스코협약과 문화재양도법의 목적에 비추어 부당하다는 비판이 있다.[195] 스위스 연방대법원은 스위스 국제사법 제19조를 고려하면서도 문화재 불법반출에 관한 외국의 법규는 문화재 반환을 구하는 사법적(私法的) 청구의 맥락에서는 고려할 수 없다고 판시하였고,[196] 문화재 보호에 관한 외국공법의 적용이 스위스와 양자조약을 체결한 국가와의 관계에서만 배타적으로 인정된다는 원칙을 제시하였다. 이와 같은 태도에 대하여는 문화재 보호의 영역에서 제3국의 국제적 강행법규의 고려에 관한 스위스 국제사법 제19조를 형해화하였다는 비판이 가능하다. 또한 공서를 이유로 도난 문화재의 기원국 반환을 명하였던 스위스 연방대법원의 선례[197]에도 반하는 태도라는 비판이 있다.[198]

V. 스위스법상 도난 문화재의 반환청구기간과 선의취득자 보호

스위스 민법은 도난 문화재라는 사실을 인지하고서도 그것을 취득한 자는 항상 원소유자에게 이를 반환하여야 하고, 원소유자의 악의취득자에 대한 반환청구권은 기간의 제한을 받지 않는다고 규정하고 있다.[199] 문화재양도법은 종래의 원칙을 변경하지 않았다. 이는 스위스가 종래에도 도난 문화재 악의취

---

194) 스위스 연방대법원 2005. 4. 8. 선고 *Union de l'Inde v. Crédit Agricole Indosuez (Suisse) SA* 사건 판결(ATF 131 III 418). 이 사건은 인도정부가 파리 소재 금융기관의 제네바 지점을 상대로, 질물(불법반출된 인도 국유 문화재)의 반환을 청구한 것이다. 스위스 연방대법원은 계쟁물인 하이데라바드왕국 금화(金貨)의 국유화 근거에 해당하는 인도의 공법인 Antiquities and Art Treasures Act의 적용을 거부하였다. 이 사건은 스위스의 유네스코협약 비준 전에 스위스 법원에 제기되었고, 스위스 연방대법원 판결은 스위스의 유네스코협약 비준 및 문화재양도법 제정 후에 선고되었다. 이 판결에 관한 소개는 이규호 외 5인, 전게보고서(주3), 144-149면; Wantuch-Thole, 전게서(주143), pp. 349-351; Renold/Schönenberger, pp. 422-423 참조.
195) Wantuch-Thole, 전게서(주143), p. 351 참조.
196) ATF 131 III 418, 3.2.1 문단.
197) 스위스 연방대법원 1997. 4. 1. 선고 *L. v. Chambre d'accusation du Canton de Genève* 사건 판결(ATF 123 II 134). 스위스 제네바 주 검찰청이 프랑스에서 도난당한 회화작품을 프랑스 정부 기관에 환부하기로 결정하자 문제된 문화재의 선의취득자가 그 결정에 이의를 제기한 행정소송에서, 스위스 연방대법원은 유네스코협약과 유니드로와협약에 근거한 국제적 공서(ordre public international)를 이유로 선의취득자의 이의를 인용하지 않았다. 다만, 여기에서의 국제적 공서는 우리 국제사법 제10조(2022. 7. 5. 시행 예정인 신국제사법으로는 제23조)의 맥락에서의 그것은 아니다.
198) Wantuch-Thole, 전게서(주143), pp. 350-351 참조.
199) 스위스 민법 제936조.

득자를 위한 피난처(safe haven)가 아니었고 향후에도 그러하다는 원칙을 천명한 것이다.[200]

그러나 도난 문화재 선의취득자의 경우에는 문제가 복잡하다. 선의취득자는 절도범이 아니고 절도와 완전히 무관한 제3자에 불과하다. 따라서 과거의 원소유자와 현재의 선의취득자 간에는 소유권을 두고 이해관계의 충돌이 발생한다. 스위스는 여타 대륙법계 국가들과 마찬가지로 양자간의 균형을 고려한 해결책을 규정하고 있다. 즉, 선의취득자의 이익보다 점유를 상실한 원소유자의 이익에 우선적 가치가 인정되지만, 이는 5년이라는 제한적 기간 동안만 그러하다는 것이다. 원소유자는 5년간 선의취득자를 상대로 도품의 반환을 청구할 수 있고, 선의취득자는 그가 도품 취득시점에 주의의무를 다하였는지 여부와 무관하게 이를 반환하여야 하지만, 5년의 반환청구기간이 경과한 경우에는 선의취득자의 이익을 우선시켜 원소유자의 반환청구를 인정하지 않는다.[201] 5년의 반환청구기간은 1907년 스위스 민법전이 제정될 당시에 규정된 것으로 독일 민법(10년)과 이탈리아 민법(반환청구권 불인정)의 중간에 있는 것이다.[202]

그런데 도난 문화재의 경우에는 5년의 반환청구기간이 지나치게 짧다는 비판이 제기되어 왔고, 스위스 입법자는 문화재양도법을 제정하면서 민법을 개정하여 도난 문화재의 반환청구기간을 30년으로 연장하는 입법적 결단을 내렸다.[203] 그러면서도 불법반출 문화재 반환청구와 마찬가지로 문화재의 소재와 선의취득자의 신원을 인지한 날로부터 1년이라는 단기의 반환청구기간을 함께 규정하고 있다. 양자를 각각 50년과 3년으로 규정하고 있는 유니드로와 협약보다는 단기의 반환청구기간을 규정한 것이지만, 문화재양도법은 도난 문화재 선의취득자가 소유권을 박탈당하는 손해를 입더라도 문화재 도난사건의 피해자인 원소유자의 소유권을 보호하는 입장을 취한 것으로 평가할 수 있다. 다만, 30년의 반환청구기간의 적용을 받는 문화재는 문화재양도법 제2조 제1

---

200) Segesser/Jolles, p. 194.
201) 스위스 민법 제934조.
202) Segesser/Jolles, p. 194. 스위스 민법은 '혼합법질서'(Mischrechtsordnung)의 대표적인 예이다. Ernst A. Kramer, Der Stil der schweizerischen Privatrechtskodifikation: ein Modell für Europa?, RabelsZ 72 (2008) 782 ff. 참조. 우리 민법 제250조는 반환청구기간을 2년으로 규정하고 있다. 각국의 동산 선의취득법제의 비교는 Siehr, 전게서(주84), pp. 57-63 참조.
203) 문화재양도법 제32조, 스위스 민법 제934조 제1항의2.

항 소정 '중요성 있는 문화재'에 국한되고,[204) 그에 해당하지 않는 문화재는
여전히 스위스 민법상 일반원칙의 적용을 받는다.

　　문화재양도법은 민법에 신설된 특칙에 상응하게 채무법(Code des obliga-
tions)도 개정함으로써 매도인이 매수인에 대하여 소유권에 관한 하자담보책임
(warranty of title)과 품질 및 적합성에 관한 하자담보책임(warranty of quality and
fitness)을 부담하는 기간을 계약을 체결한 날로부터 30년, 매수인이 하자를 인
지한 날로부터 1년으로 규정하고 있다.[205)

Ⅵ. 결어

　　스위스는 국제적인 문화재 불법거래를 방지하기 위한 목적으로 유네스코
협약의 이행법률인 문화재양도법을 제정하면서 유니드로와협약의 중핵을 균
형감 있게 반영하였고 불법반출 문화재 반환청구와 관련하여 양자조약 메커니
즘을 도입하였다. 문화재 국제거래의 중심지이자 대륙법계 국가에 속하는 스
위스의 모델은 향후 우리가 도난 또는 불법반출 문화재 국제거래를 염두에 두
고 문화재보호법 등에 있는 문화재 반환청구법제를 개선함에 있어서 참고할
만하다. 특히 불법반출 문화재의 반환청구와 관련하여, 캐나다의 예처럼 외국
의 문화재 반출규제를 전적으로 승인하는 모델[206)이나 벨기에의 예처럼 저촉
규범의 틀 내에 특칙을 두는 모델[207)이 주저된다면, 그 문제에 관하여 양자조
약 메커니즘이라는 대담한[208) 방법론을 채택한 스위스의 모델이 좋은 참고가
될 수 있다. 우리는 과거 한일문화재협정[209)이라는 양자조약과 그에 따라 작
성된 부속서상 문화재 목록에 근거하여 도난 또는 불법반출된 문화재를 반환

---

204) 전술 Ⅱ. 1. 참조.
205) 스위스 채무법 제196조의2, 제210조 제3항 참조.
206) 캐나다의 이행법률인 Cultural Property Export and Import Act (1985) 참조.
207) 벨기에 국제사법 제90조 참조. 벨기에는 국제사법에 불법반출 문화재에 관한 특별저촉규범을 신
　　설한 이후인 2009. 3. 31. 유네스코협약 비준서를 유네스코에 기탁하였다. 벨기에 국제사법 제90
　　조에 관하여는 이종혁, 전게논문(주16), 359면; Johan Erauw, "Brief Description of the Draft
　　Belgian Code of Private International Law", *Yearbook of Private International Law*, Vol. 4
　　(Kluwer Law International/Swiss Institute of Comparative Law, 2002), pp. 158-159 참조.
208) 스위스는 법률에 정치한 규정을 두는 것이 일반적이고, 때로는 "대담한" 입법도 불사하는 것으로
　　보인다. 이호정, 전게논문(주4), 7면은 스위스 국제사법을 "국제사법의 총칙적 문제들에 대한 대
　　담한 입법적 해결"이라고 평가한다.
209) 1965년 체결 및 발효된 「대한민국과 일본국 간의 문화재 및 문화협력에 관한 협정」을 말한다.

받은 역사적 경험이 있다.210) 스위스의 모델을 도입하여 우리와 문화재 국제
거래가 빈번한 중국,211) 일본 등과 양자조약을 체결하는 것이 불가능하지는
않을 것이다. 또한 우리가 유니드로와협약에 가입이 주저된다면 스위스처럼
그 협약에 규정된 여러 원칙을 변형하여 도입할 수도 있을 것이다. 우리의 입
법이 어떠한 형태이든 그것은 헌법상 문화국가원리에 의하여 정당화가 가능하
다.212) 입법을 위하여는 이해관계인들의 의견을 충분히 경청하여야 함은 물론
이지만, 국제적인 문화재 불법거래의 방지라는 국제사회의 노력에 동참한다는
국가적 이익 내지 목표를 관철시키려는 입법자의 의지가 중요할 것이다.213)
한편 국제거래는 국제사법적 쟁점을 필연적으로 수반하고, 이는 문화재 국제
거래의 경우에도 마찬가지라는 점에서, 도난 또는 불법반출 문화재 반환의 맥
락에서도 항상 국제사법적 고려가 필요함은 물론이다.214)

---

210) 한일문화재협정은 부속서에 문화재를 일일이 열거하는 방식을 취하였으나(동 협정 제2조 참조),
     스위스는 양자조약의 부속서에 단지 일정한 범주만을 열거하는 방식을 취하고 있다. 한일문화재
     협정의 체결경위와 내용 및 여러 한계에 관하여는 이근관, "동아시아지역의 문화재 보호 및 불법
     거래방지에 관한 법적 고찰", 법학 제44권 제3호(서울대학교 법학연구소, 2003), 94-102면; Jong
     Hyeok Lee, "Restitution of Stolen Cultural Property in Northeast Asia: A Public and Private
     International Law Approach", in Rudolf Streinz and Chun-Kyung Paulus Suh (eds.), *Social
     Dimensions of International Law* (Europäisches und Internationales Recht, Band 84)(Herbert
     Utz, 2016), pp. 46-48 참조.
211) 외국의 문화재 보호 관련 공법상 규제를 우리나라에서도 승인하자면 외국법제에 대한 이해가
     필요할 뿐만 아니라 지속적인 사법적·행정적 공조를 통하여 법령의 개폐에 관한 정보를 공유하
     여야 할 것이다. 중국의 문화재보호법제의 개관은 우선 Gao Sheng, "International Protection
     of Cultural Property: Some Preliminary Issues and the Role of International Conventions",
     Singapore Year Book of International Law, Vol. 12 (2008), pp. 68-78 참조.
212) 장인호, "헌법상 문화국가원리의 실현을 위한 문화재의 불법반출금지 및 환수에 관한 연구", 원광
     법학 제29권 제4호(원광대학교 법학연구소, 2013), 265면 이하 참조.
213) 스위스는 연방참사회와 연방의회의 견제와 균형 속에서 행하여지는 입법과정과 이에 반영된 민
     주주의 정신의 측면에서도 대단히 인상적인 국가이다. 이한빈, 작은 나라가 사는 길: 스위스의
     경우(동아출판사, 1965), 54-61면, 83-94면은 전문가주의에 기초한 협치의 정신에 주목한다.
214) 국제사법적 고려의 일례로, 도난 또는 불법반출 문화재의 반환은 문화재 소재지국 법원의 판결에
     의하여만 가능한 것이 아니라, 기원국 법원의 판결을 문화재 소재지국에서 승인 및 집행하는 방
     식으로도 가능하고, 국제적 사법공조 또는 행정공조를 통하여도 가능하다는 것이다. Glatthard,
     전게논문(주52), p. 10.

[追 記]

필자를 국제문화재법의 흥미로운 세계로 이끌어주시고 국제사법의 연구와 입법에서 스위스의 입법례의 중요성을 일깨워주신 석광현 선생님께 감사드린다. 본고는 "스위스의 문화재양도법(LTBC)", 『국제사법연구』 제23권 제1호 (한국국제사법학회, 2017. 6.), 59면 이하를 토대로 2019년과 2020년의 중요한 개정을 반영하고 여기저기 미흡하였던 점을 보완한 것이다.

— 참고문헌 —

1. 국내문헌

가. 단행본, 주석서

곽윤직, 민법총칙(제7판)(박영사, 2007)

곽윤직/김재형, 민법총칙(제9판)(박영사, 2013)

김용담 편집대표, 주석 민법[총칙 2](제4판)(한국사법행정학회, 2010)

김용덕 편집대표, 주석 민법[물권 1](제5판)(한국사법행정학회, 2019)

명순구/김기영, 미술품의 거래법과 세금(고려대학교 출판부, 2012)

석광현, 국제민사소송법: 국제사법(절차편)(박영사, 2012)

_____, 국제사법 해설(박영사, 2013)

_____, 국제재판관할에 관한 연구: 민사 및 상사사건에서의 국제재판관할의 기초이론과 일
　　　반관할을 중심으로(서울대학교 출판부, 2001)

송덕수, 신민법강의 제15판(박영사, 2022)

송호영, 1970년 UNESCO협약(문화재 불법거래 방지협약)의 이행을 위한 독일 문화재보호
　　　법(KGSG) 연구(글로벌법제전략연구 19-17-⑨)(한국법제연구원, 2019)

앙드레 샤스텔/장 피에르 바블롱(김예경 譯), 문화재의 개념(아모르문디, 2016)

이시윤, 신민사소송법(제15판)(박영사, 2021)

이한빈, 작은 나라가 사는 길: 스위스의 경우(동아출판사, 1965)

이호정, 국제사법 중판(경문사, 1985)

정인섭, 조약법강의(박영사, 2016)

나. 논문, 보고서, 자료

류병운, "세계행정법", 행정법연구 제16호(행정법이론실무학회, 2006)

박선아, "문화재 분쟁 해결을 위한 국제소송에 관한 연구", 한양대학교 법학박사 학위논문
　　　(2013)

석광현/이규호, "「1995년 UNIDROIT협약」 가입 영향 검토 및 국내법 개정안 연구"(국외소
　　　재문화재재단 정책연구 최종보고서)(2015)

_____, "경제법의 국제적 적용범위: 국제거래에서 소비자보호와 "독점규제 및 공정거래에
　　　관한 법률"의 역외적용을 중심으로", 국제사법과 국제소송 제5권(박영사, 2012)

_____, "국제계약의 준거법에 관한 몇 가지 논점", 국제사법과 국제소송 제1권(박영사, 2001)

_____, "국제금융거래에서 제3국의 외국환거래법과 국제적 강행규정의 적용: IMF 협정 제
　　Ⅷ조 2(b)를 포함하여", 국제사법연구 제26권 제1호(한국국제사법학회, 2020)

_____, "국제소송의 외국인당사자에 관한 몇 가지 문제점", 국제사법과 국제소송 제4권(박
　　영사, 2007)

_____, "국제적 불법거래로부터 문화재를 보호하기 위한 우리 국제사법(國際私法)과 문화
　　재보호법의 역할 및 개선방안", 법학 제56권 제3호(서울대학교 법학연구소, 2015)

_____, "스위스 국제사법(IPRG)", 국제사법과 국제소송 제1권(박영사, 2001)

_____, "스위스의 국제사법 재론", 국제사법연구 제26권 제1호(한국국제사법학회, 2020)

_____, "외환허가를 받지 아니한 국제보증과 관련한 국제사법상의 문제점", 국제사법과 국
　　제소송 제1권(박영사, 2001)

_____, "UNIDROIT 문화재환수협약 가입과 문화재보호법의 개정", 국제사법연구 제15호
　　(한국국제사법학회, 2009)

송호영/김지현, "문화재환수관련 국내외 규범 및 제도의 운용과 개선방안에 관한 연구:
　　1970년 UNESCO협약과 1995년 UNIDROIT협약을 중심으로"(2013년 유네스코 정
　　책연구 보고서)(유네스코한국위원회, 2013)

송호영, "해외로 불법반출된 문화재의 민사법상 반환청구법리에 관한 연구", 비교사법 제11
　　권 제4호(한국비교사법학회, 2004)

이규호 외 5인, "문화재 반환 분쟁해결 국제사례 연구"(문화재청 용역 최종보고서, 2011)

이근관, "동아시아지역의 문화재 보호 및 불법거래방지에 관한 법적 고찰", 법학 제44권 제
　　3호(서울대학교 법학연구소, 2003)

_____, "유니드로와협약 가입을 위한 국내법 개정방향 연구"(문화재청 용역 최종결과보고
　　서, 2007)

이종혁, "1970년 유네스코협약 이행입법과 관련한 국제사법 쟁점", 국제사법연구 제26권 제
　　2호(한국국제사법학회, 2020)

이창위, "국제행정법의 구조", 국제법학회논총 제40권 제1호(대한국제법학회, 1995)

이호정, "스위스의 개정국제사법전", 법학 제31권 제3/4호(서울대학교 법학연구소, 1990)

장인호, "헌법상 문화국가원리의 실현을 위한 문화재의 불법반출금지 및 환수에 관한 연
　　구", 원광법학 제29권 제4호(원광대학교 법학연구소, 2013)

채우석, "문화재보호를 위한 지정제도에 관한 법적 연구", 토지공법연구 제77집(한국토지공
　　법학회, 2017)

2. 외국문헌

가. 단행본

Marc Blessing, *Impact of the Extraterritorial Application of Mandatory Rules of Law on International Contracts* (Swiss Commercial Law Series, Vol. 9)(Helbing Lichtenhahn, 1999)

Pierre Gabus et Marc-André Renold, *Commentaire LTBC* (Schulthess, 2006)

Pierre A. Karrer, Karl W. Arnold and Paolo Michele Patocchi, *Switzerland's Private International Law* (2nd Edition)(Kluwer/Schulthess, 1994)

Patrick J. O'Keefe, *Commentary on the 1970 UNESCO Convention* (2nd Edition)(Institute of Art and Law, 2007)

Kerstin Ann Susann Schäfer, *Application of Mandatory Rules in the Private International Law of Contracts: A Critical Analysis of Approaches in Selected Continental and Common Law Jurisdictions, with a View to the Development of South African Law* (Peter Lang, 2010)

Lyndel V. Prott, *Commentary on the UNIDROIT Convention on Stolen or Illegally Exported Cultural Objects 1995* (Institute of Art and Law, 1997)

Mara Wantuch-Thole, *Cultural Property in Cross-Border Litigation: Turning Rights into Claims* (De Gruyter, 2015)

나. 논문

Jürgen Basedow, "The Law of Open Societies: Private Ordering and Public Regulation of International Relations", *Recueil des Cours*, Vol. 360 (2013)

Klaus Peter Berger, "Acts of State and Arbitration: Exchange Control Regulations", in Karl-Heinz Böckstiegel (ed.), *Acts of State and Arbitration* (Carl Heymanns, 1997)

Johan Erauw, "Brief Description of the Draft Belgian Code of Private International Law", *Yearbook of Private International Law*, Vol. 4 (Kluwer Law International/Swiss Institute of Comparative Law, 2002)

Pius Fisch, Kommentar zu Art. 98a IPRG, in Heinrich Honsell, Nedim Peter Vogt, Anton K. Schnyder und Stephan V. Berti (Hrsg.), *Basler Kommentar, Internationales Privatrecht*, 3. Auflage (Helbing Lichtenhahn, 2013)

Niklaus Glatthard, "China, Switzerland and the Transfer of Cultural Goods: On the Agreement regarding the Illicit Import, Export and Restitution of Cultural

Goods", *Jusletter* (2015. 6. 22.)

Trevor C. Hartley, "Beyond the Proper Law: Mandatory Rules under Draft Convention on the Law Applicable to Contractual Obligations", *European Law Review*, Vol. 4 (1979)

Trevor C. Hartley, "Mandatory Rules in International Contracts: The Common Law Approach", *Recueil des Cours*, Vol. 266 (1997)

Barbara T. Hoffman, "Introduction to Parts II and III: Cultural Rights, Cultural Property and International Trade", in Barbara T. Hoffman (ed.), *Art and Cultural Heritage: Law, Policy and Practice* (Cambridge University Press, 2006)

Gerhard Kegel, "The Role of Public Law in Private International Law: German Report", in Frédéric-Edouard Klein (ed.), *Basle Symposium on the Role of Public Law in Private International Law* (Helbing & Lichtenhahn, 1991)

Ernst A. Kramer, Der Stil der schweizerischen Privatrechtskodifikation: ein Modell für Europa?, RabelsZ 72 (2008)

Jong Hyeok Lee, "Restitution of Stolen Cultural Property in Northeast Asia: A Public and Private International Law Approach", in Rudolf Streinz and Chun-Kyung Paulus Suh (eds.), *Social Dimensions of International Law* (Europäisches und Internationales Recht, Band 84)(Herbert Utz, 2016)

Georg von Segesser and Alexander Jolles, "Switzerland's New Federal Act on the International Transfer of Cultural Property", *Art, Antiquity and Law*, Vol. X, Issue 2 (2005)

Gao Sheng, "International Protection of Cultural Property: Some Preliminary Issues and the Role of International Conventions", *Singapore Year Book of International Law*, Vol. 12 (2008)

Folarin Shyllon, "Legislative and Administrative Implementation of 1970 UNESCO Convention by African States: The Failure to Grasp the Nettle", *International Journal of Cultural Property*, Vol. 21, Issue 1 (2014)

Robert Peters, "Complementary and Alternative Mechanisms beyond Restitution: An Interest-oriented Approach to Resolving International Cultural Heritage Disputes", European University Institute, Doctoral Thesis (2011)

Marc-André Renold and Beat Schönenberger, "18. Switzerland", in James Nafziger and Robert Paterson (eds.), *Handbook on the Law of Cultural Heritage and International Trade* (Edward Elgar, 2014)

Marc-André Renold, "The International Scope of Application of the Swiss Rules on the Due Diligence of Dealers in Cultural Property", in K. Boele-Woelki, T. Einhorn, D. Girsberger and S. Symeonides (eds.), *Convergence and Divergence in Private International Law: Liber Amicorum Kurt Siehr* (Eleven International Publishing, 2010)

Kurt Siehr, "International Art Trade and the Law", *Recueil des Cours*, Vol. 243 (1993)

Kurt Siehr, "Model Laws for Implementing International Conventions: The Implementation of the 1970 UNESCO Convention on Cultural Property", in Michael Joachim Bonell, Marie-Louise Holle and Peter Arnt Nielsen (eds.), *Liber Amicorum Ole Lando* (Djøf Forlag, 2012)

Marc Weber, "New Swiss Law on Cultural Property", *International Journal of Cultural Property*, Vol. 13, Issue 1 (2006)

Wilhelm Wengler, Die Anknüpfung zwingendes Schuldrechts im internationalen Privatrecht: eine rechtsvergleichende Studie, ZvglRWiss 54 (1941)

Konrad Zweigert, Nichterfüllung auf Grund ausländischer Leistungsverbote, RabelsZ 14 (1942)

3. 입법자료

Bundesrat, Botschaft über die UNESCO-Konvention von 1970 und das Bundesgesetz über den internationalen Kulturgütertransfer (KGTG) vom 21. November 2001 (BBl 2002 535)

_____, Botschaft zur Förderung der Kultur in den Jahren 2021-2024 (Kulturbotschaft 2021-2024) vom 26. Februar 2020 (BBl 2020 3131)

_____, Bundesgesetz über den internationalen Kulturgütertransfer (Kulturgüter-transfergesetz, KGTG): Entwurf (BBl 2002 622)

_____, Bundesgesetz über die Anpassung des Nebenstrafrechts an das geänderte Sanktionenrecht: Entwurf (BBl 2018 3009)

Bundesversammlung, Bundesbeschluss über die Genehmigung des Übereinkommens über den Schutz des Unterwasser-Kulturerbes und über seine Umsetzung (Änderung des Kulturgütertransfer- und des Seeschifffahrtsgesetzes) vom 21. Juni 2019 (AS 2020 3793)

Working Group, "International Transfer of Cultural Objects: UNESCO Convention of 1970 and Unidroit Convention of 1995"(Report of the Working Group)(Federal Office of Culture, 1999)

외국법에 따른 동성혼(同性婚)을 어떻게 취급할 것인가?

─ 가족법/재산법 준별론에 대한 비평과
동성혼을 둘러싼 법적의사결정에 대한 서론 ─

김혜원*

Ⅰ. 들어가며

국내에서 동성혼을 둘러싼 좁은 의미의 법적 담론[1]은 이제 막 시작하는 단계에 있다. 2021년 현재 동성혼의 법제화와 관련해서 국회에 의안이 제출된 적도,[2] 헌법재판소나 대법원에서 이 문제를 명시적으로 판단한 적도 없다. 법학계에서도 성소수자(LGTBTQ) 문제에 특히 관심을 두고 있는 젠더 법학, 인권법, 그리고 헌법 연구자들이 논의하고 있을 뿐, 민사법적 관점에서 동성혼 문제를 본격적으로 다루는 연구는 드문 실정이다.

혹자는 이처럼 동성혼의 국내법적 수용에 대한 논의조차 드문 상황에서 외국의 동성혼에 대해서 논의해야 할 필요가 있을지 의문을 제기할지 모르겠다. 그러나 이는 전형적인 법제 간 저촉(conflict of laws) 상황으로, 국제사법이나 비교법 연구자들에게 있어 지적으로 까다롭고도 흥미로운 쟁점으로 가득하다는 점은 차치하더라도, 이미 수많은 동성 커플들이 충돌하고 겹쳐진 법제들을 오가며 살아가고 있다는 점을 상기할 필요가 있다. 그중에는 주한뉴질랜드 대사의 동성 배우자 이케다 히로시처럼 뉴질랜드법에 따른 배우자 지위를 국내법상으로도 외교부로부터 인정받은 경우가 있는가 하면,[3] 한국인 동성 배우

---

* Harvard Law School 박사과정/변호사

1) 법에 대한 담론을 분석한다고 할 때, '법 전문가들이 법의 언어라고 인정하는 좁은 의미의 법적 담론'과 '좁은 의미의 법적 담론은 아니더라도 사회의 다양한 구성원들이 생산하는 법에 대한 담론 전체'를 구별해서 생각해볼 수 있다. 이 글에서 '법 담론' 또는 '법적 담론'이라고 일컫는 것은 전자에 한정하며, 그중에서도 각급 법원의 판례, 법학 교과서와 법학 논문을 주로 활용하였다.
2) 2014년 진선미 의원이 생활동반자 관계에 관한 법률안을 작성하였으나 발의되지는 못하였다.
3) 양진하, 신은별, 주한외교관 '동성배우자' 지위 인정한 청와대, 중앙일보 (2019. 10. 21.), https://

자와 영국법에 따라 혼인한 사이먼 헌터 윌리엄스처럼 법무부로부터 국내법상 배우자 지위를 거부당한 예도 있다.[4] 무엇보다도 외국법에 따라 혼인을 했다는 법적 사실이 국내에서 어떠한 법적 의미를 지니는지 알지 못한 채 하루하루 살아가는, 기사화되지는 않은 수많은 동성 커플들이 존재할 것이다. 가까운 대만을 포함해 전세계 30여개 국가가 동성혼을 인정하고[5] 그보다 더 많은 수의 국가가 중앙정부 또는 지방자치단체 차원에서 동성 커플들에게 다양한 법적 지위 내지는 권리를 부여하며[6] 앞으로도 한동안 이러한 추세가 계속되리라 예측되는 현 상황을 고려할 때, 국내의 다양한 법적 의사결정자(legal decisionmaker)[7]가 외국적 요소를 가지는 동성혼의 국내적 효력을 어떻게 판단해야 할지는 이들에게 대단히 중요한 문제라 할 것이다. 그뿐만 아니라 글쓴이는 앞으로 국내에서도 동성혼 법제화에 대한 논쟁이 활발해질 것으로 예상하는데, 현재 이 논의를 지배하고 있는 헌법이나 인권법의 문법만으로는 포착하기 어려운 지점들이 있다고 생각한다. 이러한 문제의식을 염두에 두고, 이하에서는 먼저 동성혼을 둘러싼 국내의 실질법과 저촉법 담론을 간략하게 소개한 뒤(Ⅱ), 소위 '권리 담론'과는 다른 시각에서 혼인과 가족에 대한 실질법적 담론을 비평하고자 한다(Ⅲ). 구체적으로는 우리 법 담론이 '가족법과 재산법을 마치 서로의 반대항인 것처럼 인식하고, 가족법이 실정법 이전 또는 실정법 이상의 어떤 가치, 도덕, 윤리 등을 표상하는 것처럼 이해하는 태도'를 포착하여 이를 해체한다. 그런 다음, 실질법 비평을 통해 확보한 통찰을 바탕으로 하되 국제사법의 고전적 방법론을 최대한 활용하여, 동성혼을 둘러싼 법제 간 저촉 상황에

---

www.hankookilbo.com/News/Read/201910201790755799. 이 사안에서 외교부의 해석대상이 된 국내법은 대한민국 주재 외국 공관원 등을 위한 신분증 발급과 관리에 관한 규칙 제2조 제2호이다.

4) 이지헌, 한·영국 동성커플 "합법부부인데 한국은 결혼이민 안 된대요", 연합뉴스 (2018. 6. 3.), https://www.yna.co.kr/view/AKR20180602051400004. 이 사안에서 법무부의 해석대상이 된 국내법은 출입국관리법 시행령 별표 1의2 및 동 시행규칙 제9조의4이다.

5) Same-Sex Marriage Around the World, Pew Research Center (2021. 12. 27. 마지막 방문), https://www.pewforum.org/fact-sheet/gay-marriage-around-the-world.

6) 일본 이바라키현의 예로, 김병규, 日 이바라키현, '동성 파트너십' 인정...광역지자체 중 처음, 연합뉴스 (2019. 6. 24.), https://www.yna.co.kr/view/AKR20190624127500073 참조.

7) 미국의 법현실주의 사상가인 르웰린(Karl Llewellyn)은 법이 현실 사회에서 지니는 다면적인 효과가 무엇인지에 주목할 것을 촉구하며, 법에 효과를 부여하는 여하한 공무담당자 내지 준공무담당자를 lawmen이라 칭했다. Llwellyn, Karl, "Some Realism About Realism", *Harvard Law Review* (1931), 1247면 이하. 르웰린의 lawmen 개념과 유사하게 이 글에서의 '법적의사결정자' 역시 '책 속의 법(law-in-books)'을 만들어가는 입법자뿐 아니라, (하급심) 법원과 행정부 등 '현실의 법(law-in-action)'을 만들어가는 모든 공적인 의사결정자를 의미한다.

서 법적의사결정자가 어떻게 의사결정을 하게 될 것인지 분석한다(Ⅳ).

Ⅱ. 동성혼을 둘러싼 국내의 법적 담론

1. 실질법적 담론

　　서론에서 밝혔듯 국내에서는 헌법과 인권법 담론, 즉 권리, 평등, 차별(금지)의 문법이 동성혼에 대한 법적 담론을 주도하고 있다. 반대론자들은 주로 헌법 제36조 제1항이 "혼인과 가족생활은 개인의 존엄과 양성의 평등을 기초로 성립되고 유지되어야 하며, 국가는 이를 보장한다(밑줄은 글쓴이가 추가)."라고 규정하고 있는 점 등을 근거로 하여 개헌이 없이는 입법적으로든 사법적으로든 동성혼을 도입할 수 없다고 주장한다.[8] 이에 대해 찬성론자들은 헌법 제·개정 배경을 고려할 때 해당 조항이 동성혼을 규율하고 있다고는 볼 수 없다고 한다.[9] 나아가 현행법상 동성혼은 이미 허용된다고 보는 것이 헌법합치적 법률해석이며 우리 혼인관련법제상 동성혼을 금지하는 법 규율이 존재한다고 해석하는 것은 헌법 제37조 제2항을 위반하여 혼인의 상대방을 선택할 수 있는 자유를 제한하는 것이라거나,[10] 동성 간의 결합을 남녀 간의 결합과 달리 취급하는 것은 헌법상 정당화되지 않는 차별이라고 한다.[11] 두 견해 모두와 구별되는 것으로, 헌법이 동성혼을 위헌으로 규정하고 있는 것은 아니지만 현행 민법 및 기타 실정법상의 혼인은 이성혼을 의미하며, 다만 별도의 개헌 없이 개별 법률상 동성혼이 포함되도록 입법적으로 개정하는 것은 가능하다는 견해가 있을 수 있겠다.[12]

---

8) 대표적으로 정종섭, 헌법학원론 제12판(박영사, 2018), 251면; 이동훈, "동성혼의 헌법적 쟁점 —헌법 해석의 한계", 공법학연구 제20권 제2호(한국비교공법학회, 2019. 5.), 175면 이하.

9) 김선화, "동성혼의 법제화에 대한 고찰", 이화젠더법학 제7권 제3호(이화여자대학교 젠더법학연구소, 2015. 12.), 36면, 51면; 성중탁, "동성혼에 관한 법적 쟁점과 전망 —미국에서의 동성혼 합법화 결정 이후의 논의를 포함하여—", 가족법연구 제31권 제1호(한국가족법학회, 2017), 242면.

10) 한상희, 동성혼은 원래 합법이다, 중앙일보 (2015. 7. 31.), https://www.joongang.co.kr/article/18358135#home. 그 밖에도 현행 헌법상 혼인의 개념에 동성혼이 포함된다는 해석이 헌법 해석의 한계 내에 있을 뿐만 아니라, 현행 민법의 해석만으로도 동성혼을 혼인으로 인정할 수 있다는 견해로 손명지, "동성혼에 대한 재고 —현행법상 해석론을 중심으로—", 가족법연구 제33권 제3호(한국가족법학회, 2019. 11.), 11면 이하. 이 글은 법제 간 저촉에 대한 문제를 다루는바, 이하 본문에서는 동성혼이 현행 민법의 해석상으로도 허용된다는 주장들은 논외로 한다.

11) 류민희, "'동성간 결합에 대한 승인의 부재'라는 중대한 인권 침해의 구제"(화우공익재단 제5회 공익세미나, 2017. 10. 19.), 102면 이하.

12) 윤진수, 친족상속법강의 제2판(박영사, 2018년), 20면이 현행법 해석론에 대해 이러한 견해를 취하

2. 저촉법적 담론

가. 준거법 결정원칙

국제사법은 혼인의 성립에 대한 준거법과 (유효하게 성립한 혼인의) 효력에 대한 준거법을 별도로 규정하고 있다(국제사법 제36조, 제37조, 개정 국제사법 제63조, 제64조).[13] 나아가 혼인 관계를 전제하거나 혼인의 다양한 법적 효과 중 일부라고 볼 수 있는 부부재산제(국제사법 제38조, 개정 국제사법 제65조), 이혼(국제사법 제39조, 개정 국제사법 제66조), 친자관계(국제사법 제40조, 개정 국제사법 제67조), 부양(국제사법 제46조, 개정 국제사법 제73조), 상속(국제사법 제49조, 개정 국제사법 제76조) 등에 대해서도 별도의 준거법 결정 규정을 두고 있다.

우선 혼인의 성립과 관련해서 국제사법 제36조 제1항(개정 국제사법 제63조 제1항)은 "혼인의 성립요건은 <u>각 당사자에 관하여</u> 그 본국법에 의하여 이를 정한다(밑줄은 글쓴이가 추가)."라고 규정하고 있는데, 한 당사자의 본국법이 동성혼을 인정하지 않는다면 다른 당사자의 본국법이 동성혼을 인정하는 경우에도 혼인이 성립하지 않았다고 볼 것인지의 문제가 발생한다. 우리 국제사법 학자들은 대체로 국제사법 제36조 제1항이 '누적적 적용주의'가 아니라 '배분적 연결주의'를 취하고 있다고 하면서도, 한쪽 당사자의 본국법상 '쌍면적 혼인장애사유'가 존재할 경우 상대방 당사자의 본국법상 장애사유가 없다고 하더라도 그 혼인은 성립하지 않는다고 본다.[14] 관련하여 동성혼의 금지는 혼인장애사유(혼인의 소극적 성립요건)에 해당하며, 그중에서도 혼인 의사의 존재와 같은 일면적 요건과는 달리 쌍면적 장애사유에 해당할 것이라는 서술이 있다.[15]

며, 입법론적으로는 동성혼이나 그에 준하는 관계를 허용하는 것이 바람직하다고 밝히고 있다. 다만 해당 '입법론'이 헌법 제36조 제1항의 개헌까지 필요하다고 보는지는 명확하지 않다. 한편, 이 견해는 사법부와 입법부 간의 적절한 기능 분담에 대한 논거를 동반할 가능성이 크다. 영화감독 김조광수 커플의 혼인신고 불수리 통지에 대한 불복신청 사건에서 서울서부지방법원의 판결이 이처럼 '사법의 적절한 역할'이라는 측면에서의 법정책적 논변을 다소 포함하고 있다. 서울서부지방법원 2016. 5. 25 자 2014호파1842 결정.

13) 별도 표시하지 않는 이상 '국제사법'은 2016. 1. 19. 법률 제13759호로 일부개정된 국제사법을 의미하며, '개정 국제사법'은 2022. 1. 4. 법률 제18670호로 전부개정된 국제사법을 의미한다.

14) 신창선·윤남순, 신국제사법 제2판(피데스, 2016), 342면, 석광현, 국제사법 해설(박영사, 2013), 446면.

15) 석광현, 전게서(주14), 447면. 그런데 "혼인 당사자의 성별이 다를 것"이 혼인의 적극적 성립요건인지 아니면 "혼인 당사자의 성별이 같지 않을 것"이 혼인의 소극적 성립요건(혼인장애사유)인지는 알 수 없다. 이는 동성혼뿐 아니라 이를테면 혼인적령이나 근친혼의 경우도 마찬가지이다. 예

어떤 성립요건이 일면적 요건인지 쌍면적 요건인지를 국제사법의 해석 차원에서 해결할지 아니면 준거법인 실질법의 해석에 따라 해결할지에 대해서는 견해가 대립하며, 특히 후자에 따를 경우 근친혼 금지나 동성혼 금지는 성질상 필연적으로 쌍면적 성립요건이고 모든 나라에서 그렇게 취급된다는 독일의 견해가 있다고 한다.16) 하나의 실질법을 두고서 '근친혼, 동성혼의 경우 혼인 당사자의 나이와 같은 요건과는 달리 두 당사자를 함께 고려할 때에만 혈족 관계, 성별이 같은지 여부를 판단할 수 있고, 이러한 측면에서 쌍면적 성질을 가진다'고 한다면 (실익은 없겠지만) 수긍할 수 있는 서술이다. 하지만 '혼인 당사자의 성별에 상관없이 혼인을 인정하는 A국법과 혼인 당사자의 성별을 이성(異性)으로 제한하는 B국법이 저촉하는 상황에서, B국법상 혼인 당사자의 성별 요건을 쌍면적 요건으로 보아 혼인의 성립을 부정할 것인가'의 문제와 '성별 요건이란 혼인의 두 당사자를 함께 고려할 때에만 판단할 수 있는 것인가'의 문제가 동일한 것은 아니다.17) 요컨대, 어떤 성립요건이 일면적 요건인지 쌍면적 요건인지는 국제사법과 실질법 중 한쪽만 고려해서 결정할 수 있는 것이 아니다. B국법이 우리 민법인 경우, 이는 결국 '민법이 혼인 당사자들의 성별을 고려하는 이유가 무엇이고, 그 이유가 법제 간 저촉 상황에서도 관철되어야 할 것인가'의 문제, 즉 다음 항목에서 검토하는 공서의 문제와 유사한 법정책적인 문제로 귀결될 것이다.18)

　법적의사결정자가 정책적인 고려를 한 결과 적어도 우리 국제사법 및 민

를 들어 신창섭, 국제사법 제4판(세창출판사, 2018), 274면은 전자는 적극적 성립요건, 후자는 소극적 성립요건이라 서술하고 있으나, "혼인 당사자가 만 18세 이상일 것" 또는 "혼인 당사자들 간의 혈족 관계가 9촌 이상일 것"이 혼인의 적극적 성립요건이라고도, "혼인 당사자가 만 18세 미만이 아닐 것" 또는 "혼인 당사자들 간의 혈족관계가 8촌 이하가 아닐 것"이 혼인의 소극적 성립요건이라고도 할 수 있다. 나아가서 적극적 성립요건과 소극적 성립요건의 구별에 실익이 있는 것도 아니다. 실질법상 취소 가능한 혼인과 무효인 혼인 사이에는 구별의 실익이 있지만, 국제사법학에서 혼인의 소극적 성립요건으로 분류하는 것들이 모두 실질법상 혼인의 취소 사유인 것도 아니다. 이하 본문에서는 소극적, 적극적 요건의 구별 없이 혼인의 성립요건이라는 표현을 사용하기로 한다.

16) 석광현, 전게서(주14), 447면, 각주 6.

17) 당사자별로 판단할 수 있는 혼인적령의 경우도 마찬가지다. 18세인 A국의 남성과 16세인 B국의 여성이 혼인했다고 하자. A국은 조혼 풍습, 특히 성인 남성들이 어린 여성과 혼인하는 풍습을 근절하기 위해서 혼인적령을 남녀 모두 18세로 정하였지만, 이웃 나라인 B국은 가부장적인 풍습이 유지되어야 한다는 전제하에 여성의 혼인적령만 16세로 정하였다. 이러한 상황에서 "혼인 당사자의 나이는 당사자별로 판단이 가능하므로, A국의 혼인적령에 대한 요건은 당연히 일면적 요건이다"라는 주장한다면 설득력이 없을 것이다.

18) 석광현, 전게서(주14), 447면도 최종적으로는 각국 혼인법이 장애사유를 정한 목적을 고려해서 쌍면적 요건 여부를 결정해야 한다고 한다.

법을 적용함에 있어서 '혼인 당사자의 성별이 다를 것'이라는 요건은 쌍면적인
것으로 보아야 한다고 판단한다면, 외국법에 따른 동성혼의 당사자 중 일방이
라도 혼인 당시 한국 국적을 가지고 있었을 경우 해당 동성혼은 애초에 성립
하지 않았던 것이 된다. 이는 한국 국적을 가진 당사자가 복수 국적자인 경우
에도 마찬가지이며(국제사법 제3조 제1항, 개정 국제사법 제16조 제1항), 성립요건
의 준거법의 불변경주의를 따른다면 혼인 후 한국 국적을 상실했더라도 마찬
가지가 된다.[19] 이처럼 동성혼이 유효하게 성립하지 않는 경우 이혼, 친자관
계, 상속, 부양의 준거법 문제나 국제사법 제37조(개정 국제사법 제64조)에 따른
혼인의 일반적 효력의 준거법 문제는 아예 발생하지 않는 것일까? 어떤 법률
행위든지 간에 그 성립이 있은 다음에야 효력이 발생한다는 일반론에 비추어
보면 당연히 그래야 할 것 같다. 이 점에 대해서는 이 글의 마지막(Ⅳ. 3.)에 다
루기로 한다.

나. 공서위반의 문제

설령 혼인의 성립요건의 준거법으로 결정된 외국법이 동성혼의 성립을 인
정하는 경우라 할지라도, 국제사법 제10조(개정 국제사법 제23조)에 따라 그러
한 외국법의 적용이 대한민국의 선량한 풍속 그 밖의 사회질서에 명백히 위반
되는 때에는 이를 적용하지 않는다. 국제사법 제10조의 공서[20]가 무엇을 의미
하는지에 대해서 학자들은 대체로 다음 세 가지 점에 견해가 일치한다.

첫째, 국제사법 제10조의 공서는 국제적으로 통용되는 공서가 아니라 대
한민국의 공서를 말하지만[21] 그렇다고 해서 실질법상의 공서(예를 들어 민법 제
103조)와 완전히 동일한 개념은 아니며, 전자가 후자보다 더 좁은 범위의 것이
다.[22] 예를 들어 중혼, 직계혈족 간의 근친혼, 아동혼 등은 저촉법상 공서의

---

19) 석광현, 전게서(주14), 446면.
20) 민법 제103조의 경우 '선량한 풍속'과 '사회질서'의 개념을 구분하여 논의하는 학자들도 있으나, 법
   적용에 있어서 두 개념을 구분하는 데에 실익이 있는 것은 아니라는 데에 견해가 일치하는 것으로
   보인다. 따라서 이 글에서도 두 개념을 구분하지 않고 '공서'라는 단어를 사용하기로 한다.
21) 대법원 2006. 5. 26. 선고 2005므884 판결
22) 석광현, 전게서(주14), 177면 이하; 신창선·윤남순, 전게서(주14), 184면; 신창섭, 전게서(주15),
   165면; 한승수, "우리법상 공서 조항에 관한 개괄적 비교 -민법, 국제사법 및 민사소송법의 규정
   을 중심으로", 중앙법학 제21집 제1호(중앙법학회, 2019. 3.), 19면 이하. 한편, 민사소송법 제217
   조의 공서가 민법상의 공서에 비해 좁은 개념이라는 점에 대해서도 대체로 견해가 일치하는 것으
   로 보이며, 민사소송법 제217조와 국제사법 제10조 공서 개념의 비교에 대해서는 호문혁, "외국판

문제이나, 일반적인 혼인연령, 일반적인 근친혼 등 민법상 일반적인 혼인의 성립요건은 실질법적 공서의 문제일 뿐이라는 서술이 보인다.[23]

둘째, 외국법의 규정 내용 자체가 아니라 이를 적용한 결과가 공서에 반해야 한다.[24] 관련해서 일부다처제가 허용된 외국법에 따라 혼인한 제2부인이 남편을 상대로 부양청구를 하는 경우 이는 일부다처제라는 외국법의 내용 자체가 아니라 그러한 외국법 적용의 결과, 즉 제2부인이 남편으로부터 부양을 받는 결과의 공서위반 문제이므로 공서위반이 되지 아니한다는 서술이 있다.[25]

셋째, 저촉법상의 공서위반과 헌법 원칙의 위반 여부는 반드시 일치하지 아니한다고 한다. 예를 들어 혼인 후 여성 배우자가 남성 배우자의 성을 따르도록 하는 외국법은 우리 헌법상 양성평등의 원칙에 반한다고 볼 수 있으나, 그렇다고 해서 국제사법상 공서위반은 아니라는 서술이 있다.[26] 그렇다면 우리 헌법과 동성혼 문제에 대한 대립하는 견해 중에서 설령 헌법 제36조 제1항의 개정 없이는 동성혼의 법제화가 불가능하다는 견해를 따른다 하더라도, 국

결의 공서위반 판단의 대상에 관한 연구 ─강제징용 사건 관련 대법원 판결에 대한 검토를 중심으로", 법학평론 제6권 (2016. 4.) (공서의 내용에 대한 논문은 아니나, 국내의 "근본적인 법원칙", "근본적인 법질서나 기본권", "근본적 법질서"에 반하는 경우만을 공서위반으로 전제).

23) 신창선·윤남순, 전게서(주14), 185면.

24) 석광현, 전게서(주14), 175면; 신창섭, 전게서(주15), 150면, 신창선·윤남순, 전게서(주14), 182면. 반면 호문혁, 전게논문(주22), 79면은 "국제사법 제10조의 공서양속 규율은 외국의 준거법의 '내용 자체'가 우리나라 공서에 반하는 내용일 때에 그 법률을 적용하지 않는다는 것"이라 하여, "외국판결을 승인한 '결과'가 공서에 위반되는 경우"에 승인을 거부할 수 있는 민사소송법 제217조 제1항 제3호의 공서와 구별된다고 주장한다. 이 견해는 '외국 법원'이 외국법을 해석·적용한 '결과'인 외국판결을 우리 법원이 승인·집행하는 경우(민사소송법의 경우)와 '우리 법원'이 '외국법' 자체를 해석·적용하는 경우(국제사법의 경우)를 달리 생각한 결과 도출된 것 같다. 그런데 후자의 경우에도 우리 법원이 외국법을 해석·적용함에 있어서는 "외국법이 그 본국에서 현실로 해석·적용되고 있는 의미·내용대로 해석·적용되어야" 한다는 것이 대법원의 태도이다. 현실적으로도, 우리 법원이 A국법을 조사·적용함에 있어 A국의 법률전문가가 '당해 사안에 적용되는 A국법은 이러하다'는 내용으로 작성한 선서진술서(affidavit)를 참고한다고 하자. A국이 판례법 국가라면 말할 것도 없고 설령 성문법 국가라 하더라도 그러한 선서진술서는 당해 사안의 기본적인 사실관계를 전제로 하고 관련된 법 규정이 실제 법원에서 어떻게 해석·적용되고 있는지까지 포함하여 'A국법은 이러하다'라고 진술할 것이다. 더 근본적으로 이는 '법의 해석·적용 결과'와 구별되는 '법의 내용'을 확정하는 것이 가능한가의 문제이기도 하다. 이 글의 목적이 법이론(legal theory)의 일반적 문제를 다루는 데에 있지는 않지만, 적어도 국제사법 제10조와 관련해서 외국법 해석·적용의 '결과'가 아니라 외국법의 '내용 자체'가 공서에 위반하는지 판단하는 것은 바람직하지도 가능하지도 않다는 점을 지적해둔다.

25) 석광현, 전게서(주14), 175면.

26) 신창선·윤남순, 전게서(주14), 186면; 석광현, "국제사법에 대한 헌법의 영향", 저스티스 제170-3호(한국법학원, 2019. 2.), 513-514면.

제사법에 따라 외국 동성혼의 성립을 인정하는 것이 당연히 공서위반이 되는 것은 아니라고 하겠다.

외국법에 따른 동성혼과 저촉법상의 공서위반 문제를 직접 다룬 국내 문헌은 많지 않다.[27] 그런데 2021년 한국갤럽의 여론조사 결과에 따르면 동성애도 사랑의 한 형태로 보느냐는 질문에 대해 응답자의 58%가 그렇다고 답하였고, 동성혼 법제화에 찬성하냐는 질문에 대해서도 응답자의 38%가 찬성한다고 답하였다.[28] 이러한 상황을 고려할 때, 동성애가 선량한 풍속을 해치고 혐오감을 유발하는 행위라는 식의 주장이 공론장에 존재하는 것은 사실이나, 법적의사결정자, 그중에서도 법원이 '동성애는 공서위반의 행위'라고 언명하기는 쉽지 않은 상황에 이르렀다고 생각한다.[29] 하지만 '동성애'가 아니라 '동성

27) 석광현, 전게서(주14), 475면은 외국법에 따른 동성혼의 효력을 직접 인정하는 것은 공서에 반할 것이나, 재산관계와 같은 개별적 효력을 주장하는 것은 공서위반이 아니라고 한다. 외국법에 따라 혼인한 동성혼 부부의 입양과 관련해서 공서위반을 논하는 문헌으로는 현소혜, "국제입양의 준거법 결정 –헤이그 입양협약 가입에 대비하여", 국제사법연구 제24권 제2호(한국국제사법학회, 2018. 12.), 92면 이하 참조. 한편 동성혼이 '실질법상' 공서위반인지에 대해서도 소수의 가족법 학자들이 견해를 밝힌 적이 있다. 예를 들어 이경희, 가족법(법원사, 2017), 71면은 앞으로 동성혼과 민법상 공서 조항을 둘러싼 논쟁이 불거질 가능성이 있다고 하면서도 "동성 사이의 공동생활계약 그 자체만으로는 공서양속 위반이라고 보기는 어렵"다는 견해를 밝히고 있다. 김주수·김상용, 친족·상속법 제17판(법문사, 2020), 113면은 혼인 합의의 내용이 "사회통념으로 보아서 부부관계의 본질을 가지지 못 하는 것"의 예로 동성혼을 들고 있지만, 73면에서 앞으로는 이성간 결합만을 혼인으로 보는 사회적 인식이 변화할 가능성도 있다는 점을 짚고 있다.
28) 한국갤럽 데일리오피니언 제448호 2021년 5월 3주, 한국갤럽 (2021. 5. 20.), https://www.gallup.co.kr/gallupdb/reportContent.asp?seqNo=1210. 2001년에는 응답자의 17%만이 동성혼 법제화에 찬성했고 67%가 반대했던 데 비해 2021년에는 38%가 찬성, 52%가 반대하였으니 지난 20년간 상당한 변화가 있었음이 분명하다. 연령에 따른 차이가 확연함을 고려하면 이러한 변화의 추세가 앞으로도 상당 기간 계속될 듯하다.
29) 과거 간통죄의 위헌 여부에 대한 1990년 헌법재판소 결정에서 3인의 헌법재판관이 선량한 풍속을 해치고 혐오감을 불러일으키는 행위(한병채, 이시윤 재판관) 또는 도덕적인 비난가능성이 큰 성(性)문제(김양균 재판관)로서 근친상간, 수간 등과 함께 동성애를 언급한 바 있다. 당시 이 3인의 재판관들은 간통죄가 헌법불합치 또는 위헌이라는 반대의견을 냈으며, 간통보다 더욱 공서양속 위반성 내지 비도덕성이 강한 동성애마저도 비범죄화되어 있음을 고려할 때 당시의 간통죄는 합헌성이 없다는 맥락에서 동성애를 언급하였다. 헌법재판소 1990. 9. 10자 89헌마82 결정. 대법원은 2000년 형법상 음란성을 판단한 사건에서 "동성에 대한 연애의 감정을 가지고 있는 듯한" 소설의 주인공을 "성적으로 왜곡된 인물"로 묘사한 바 있다. 대법원 2000. 10. 27 선고 98도679 판결. 무엇보다 군형법 제92조의 계간죄가 세 번의 위헌 심사에도 불구하고 살아남아 있으며, 관련해서 대법원은 동법상 '추행'이란 "계간(항문성교)에 이르지 아니한 동성애 성행위 등 객관적으로 일반인에게 혐오감을 일으키게 하고 선량한 성적 도덕관념에 반하는 성적 만족 행위로서 군이라는 공동사회의 건전한 생활과 군기를 침해하는 것"이라고 하여, 비록 군대의 특수성을 강조하기는 하였으나 동성애 성행위와 공서를 연결시키는 듯한 진술을 하였다. 대법원 2008. 5. 29 선고 2008도2222 판결.

혼'이 선량한 풍속 및 사회질서에 어긋난다는 주장은 다르다. 후자의 주장은
'가족과 혼인제도는 한 사회의 질서를 구성하는 가장 기본적이고도 불가결한
요소'라고 하는 뿌리 깊은 관념에 바탕을 둔 것이다.[30] 이는 우리나라뿐 아니
라 일찍이 동성혼을 법제화한 서구 국가들을 포함하여 다양한 국가와 문화권
에서 광범위하게 존재하는 생각으로, 법과 직접 관련되지 않은 일반 사회 담
론뿐 아니라 법적 담론 역시 이를 일정하게 반영하고 있다.

그러나 2001년 제정된 국가인권위원회법은 논외로 하더라도 지난 10여년 동안 형법과 민사법 영
역에서 과거에 비해 확연히 자유주의적인(사회보수주의의 반대로서의 자유주의를 의미) 동성애
담론이 특히 하급심 법원을 중심으로 생성되었음에 유의할 필요가 있다. 이들 판결에서 동성애란
개인의 "성적 취향"에 불과하여 국가의 형벌권 행사 여부를 결정하는 데에 있어 딱히 이성애와 구
분되는 의미를 지니지 않거나(수원지방법원 2011. 9. 29 선고 2011노2157 판결), 다양한 성적 지
향 중에서도 특히 사회적으로 주목받기 쉬운, 그렇기에 보호받아야 할 내밀한 사적 영역이거나(대
구지방법원포항지원 2019. 5. 16 선고 2018가합11195 판결), 또는 '성소수자'라는 정체성의 표지로
서, 학교나 군(軍)이 이들을 수용함에 있어 특정한 내용의 보호감독의무 내지 배려의무를 부담하
도록 하는 것이다(부산고등법원 2014. 2. 12 선고 2013나51414 판결, 서울중앙지방법원 2011. 5.
25 선고 2010가합99977 판결). 하급심과 비교할 바는 아니나, 2010년대 들어서는 대법원에서도
동성애에 대해서 과거와는 전혀 다른 인식을 전제한 판결들이 일부 보인다. 대법원 2014. 7. 24 선
고 2012므806 판결 (민법 규정에 따라 적법하게 입양신고를 마친 사람이 단지 동성애자로서 동성
과 동거하면서 자신의 성과 다른 성 역할을 하는 사람이라는 이유만으로는 입양이 선량한 풍속에
반하여 무효라고 할 수 없음), 대법원 2013. 11. 14 선고 2011두11266 판결(동성애를 다룬 영화
<친구사이?>에 대한 영상물등급위원회의 청소년관람불가등급분류결정처분 취소사건에서 "사회
의 일반적인 통념에 따라 객관적으로 규범적으로" 해당 영화를 평가해보더라도 동성애를 다룬 영
상표현이 선정성에 관한 청소년 관람불가의 등급분류기준에 해당하지는 아니한다고 판단), 대법원
2017. 12. 22 선고 2017두51020 판결(난민법상 "동성애라는 성적 지향 내지 성정체성"을 이유로
한 박해가 가능함을 원칙론으로서 인정) 등 참조.
한편, 이러한 흐름이 가시화되기 직전인 2007년, 대법원은 "동성애를 조장하는 것"을 청소년유해
매체물 개별 심의기준으로 규정하고 있는 구 청소년보호법 시행령 조항의 위헌·위법 여부가 객관
적으로 명백한지 여부를 판단하면서, "동성애에 관하여는 이를 이성애와 같은 정상적인 성적 지향
의 하나로 보아야 한다는 주장이 있는 반면 이성 간의 성적 결합과 이를 기초로 한 혼인 및 가족
생활을 정상적인 것으로 간주하는 전통적인 성에 대한 관념 및 시각에 비추어 이를 사회통념상 허
용되지 않는 것으로 보는 견해도 있"다고 현실을 인식하였다. 이 글은 '이러한 규범적(normative)
충돌 상황에서 저촉법의 사고방식이 제공할 수 있는 통찰이 있지 않을까?'라는 물음에서도 시작되
었다.
30) 이때 사회의 질서는 상징적·규범적·도덕적인 질서일 뿐 아니라 매우 실질적인 질서이기도 하다.
즉 사회를 구성하는 대다수의 인구가 가족 내에서 태어나고 길러지며, 어떤 형태로든 가족을 이루
어 살아간다는 실재하는 사회 현상, 그리고 많은 이들의 개인적 체험과도 밀접하게 맞닿아 있는
관념인 것이다.

Ⅲ. 민사법상 혼인과 가족에 대한 비판적 고찰

외국법에 따른 혼인의 국제사법적 문제에 대해서 본격적으로 고찰하기 이전에, 이 장에서는 19세기 고전법학의 주창자이자 국제사법의 아버지라 불리곤 하는 사비니(Friedrich Carl von Savigny)가 혼인·가족법을 어떻게 이해하였는지 간략하게 살펴본 뒤, 국내의 법적 담론이 혼인과 가족을 어떻게 이해하고 있는지 살펴본다. 앞으로 차차 살펴보듯이 이는 우선 국제사법규정의 입법 단계에서 혼인의 준거법에 대한 연결원칙을 선택하는 데 영향을 미칠 수 있고, 본국법주의를 채택하고 있는 현행 국제사법의 해석·적용에 있어서도 성별에 대한 요건을 쌍면적 요건으로 볼 것인지 여부와 국제사법 제10조의 공서위반 여부를 결정하는 데 영향을 미칠 수 있기 때문이다.

1. 19세기 고전법학에서 가족법/재산법의 준별론

미국의 법학자이자 사상가인 던컨 케네디(Duncan Kennedy)는 사비니가 현대로마법체계에서 가족법과 재산법을 서로의 대립항으로 이해하고 있으며, 이러한 가족법/재산법의 구분이 사비니가 구축한 고전법학의 '체계(system)' 내에서 필수적인 부분을 구성하고 있다고 주장한다.[31] 나아가서 케네디는 사비니로 대표되는 19세기 고전 법사상(Classical Legal Thought)이 미국을 포함한 세계 각국으로 퍼져나갔다는 점과 서구 국가들의 제국주의적 팽창을 배경으로 자발적으로든 강제에 의해서든 근대법을 수용한 세계 각국에서 가족법/재산법의 이분법적 사고가 발견된다는 점을 지적한다.[32] 케네디가 읽어낸 사비니식 가

---

31) Kennedy, Duncan, "Savigny's Family/Patrimony Distinction and its Place in the Global Genealogy of Classical Legal Thought", *The American Journal of Comparative Law* (2010). 17세기 이후 법학을 시스템화, 범주화, 합리화(rationalization)하려는 노력의 결과 결국 19세기 고전법학의 탄생으로 이어진 독일 법학의 역사 속에서 가족법이 독립적인 분과로서 등장하게 된 현상을 설명하며, 역시 사비니에게 가족법의 탄생과 관련하여 중요한 역할을 부여하고 있는 글로는 Müller-Freienfels, Wolfram, "The Emergence of Droit de Famille and Familienrecht in Continental Europe and the Introduction of Family Law in England", *Journal of Family History* (2003) 참조.

32) Kennedy, Duncan, "Three Globalizations of Law and Legal Thought: 18500-2000", *in The New Law and Economic Development: A Critical Appraisal* (Trubek, David and Santos, Alvaro eds., 2006). 케네디는 사비니식의 가족법/재산법 준별론이 서구 국가들의 식민지 확장과 함께 이루어진 서구근대법의 이식·수용사와 놀라울 정도로 잘 맞아떨어진다는 점을 지적했다. Janet Halley와 Ketty Rittich는 케네디의 선행연구를 바탕으로 하여 '가족법이 시장에 관한 법(계약법,

족법/재산법 준별론의 핵심은 다음과 같다:[33]

(i) 인간은 독립되고 완전한 하나의 존재라는 측면과 단체의 유기적인 일부로서 불완전한 존재라는 측면을 동시에 가지고 있다. 이는 법적으로 보면 인간이 독립되고 완전한 존재로서 외부에 대해 의사(will)를 행사하는 측면, 즉, 계약을 맺거나 물권의 객체를 지배하는 측면과 불완전한 존재로서 남편과 아내, 부모와 자식 간의 가족관계를 맺는 측면으로 나타난다. 로마법상 'status'는 곧 후자의 가족관계 내에서 개인이 가지는 지위를 일컫는 것이다.[34]

(ii) 가족법은 개인의 의사와는 상관없이 자연의 일관성(natural coherence) 으로부터 나온 가족관계에 대한 법이므로, 대체로 절대적, 강행적, 필연적인 성격을 가진다. 반면, 재산법 분야에서는 개인의 의사가 존중되므로 훨씬 우연적인 성격을 가진다.

(iii) 일단 기본적인 자연적 요소가 확립되고 나면 가족법의 구체적 규정은 도덕에 따라 결정되는데, 이는 각 민족의 정신(Volksgeist)에 따라 다르다. 이러한 측면에서는 오히려 가족법의 많은 규정들은 (자연법적인 것이 아니라) 단지 실정법에 불과한 성경을 지닌다. 반면 재산법은 어느 국가든지 개인의 의사를 존중한다는 점에서 비슷하다.

이러한 가족법/재산법 준별론은 사비니의 국제사법론에서도 되풀이된다.[35] 혼인에 대한 국제사법 부분을 시작하면서, 사비니는 우선 "가족법은 사

물권법 등)과 비교해서 예외적이고 특별하게 취급되는 현상 및 그렇게 취급되어야 한다는 사상(이데올로기)'을 함께 "가족법 특수주의(Family Law Exceptionalism)"라 명명했다. Halley, Janet & Rittich, Kerry, "Critical Directions in Comparative Family Law: Genealogies and Contemporary Studies of Family Law Exceptionalism", *The American Journal of Comparative Law* (2010). 케네디와 할리는 특히 법이론에 대한 해박한 지식을 바탕으로 '법 의식(legal consciousness)의 계보학'이란 측면에서 가족법 특수주의를 엄밀하게 고찰했다는 점이 새롭지만, 일반적인 법제사로 시야를 확장하면 제국의 식민지 통치, 반식민주의 내셔널리즘, 포스트-식민 상황에서의 민족국가 건설, 또는 자본주의 발전 등 다양한 맥락에서 법이 발전하는 과정에서 가족법이 재산법의 반대항 내지 사법의 예외인 것처럼 취급된 상황에 대한 역사학자, 법사학자, 이론가들의 연구는 엄청나게 풍부하다.

33) 이하는 (i)-(iii)는 Kennedy, 전게논문(주31), 811-819면을 간략하게 요약한 것이다.

34) Savigny, *Friedrich Carl von, System of the Modern Roman Law* (Holloway, William trans., Madras: J. Higginbotham, 1867), 284면. 이때 status는 Zustand와 다른 것으로, 사비니는 능력의 문제를 status와 구별하고 후자를 가족관계에 대한 것으로 재범주화하였다. Savigny, 같은 책, 320면 이하.

35) 이하 가족법/재산법 준별론과 국제사법론에 대한 내용은 Kennedy, 전게논문(주31), 820-821면 참조. Savigny, *Friedrich Carl von, A Treatise on the Conflict of Laws and the Limits of Their Operation in Respect of Place and Time* (Guthrie, William trans., T.&T. Clark, 1880)의 관련 부

람(Zustand der Person, §362의 권리능력 및 행위능력)의 문제와 유사한 것이고, 개
인이 임의로 고른 외부의 객체와 맺는 재산 관계와는 확연히 다르"며, 가족법
관계에는 "일부 도덕적, 일부 종교적, 일부 정치적인 고려사항이 더 큰 영향을
미치기 때문에 강행적이고도[36] 실정법적인[37] 성격의 규정이 많다"는 일반론
을 설시한다.[38] 이어서 그는 혼인관계의 본거(Sitz)가 가장(家長)인 남편의 주소
지라는 점에 의심의 여지가 없다고 하면서, 남편의 주소지가 아닌 곳에서 혼
인이 거행된 경우 거행지법은 별 의미가 없다고 한다.[39] 사비니에 따르면 많
은 이들이 혼인의 거행지법이 의미가 없다고 하는 진술에 의문을 가지는 것은
혼인을 채권계약의 일종으로 보기 때문이지만, 혼인은 채권계약과는 전혀 다
르다고 주장한다.[40] 즉 사비니는 '혼인의 저촉법적 규율에 있어 속인법주의와
거행지법주의 중 어느 쪽을 택할 것인가'라고 하는 법 정책적 문제에 대한 선
택을 가족법/재산법 준별론으로부터 연역적으로 도출하고 있는 것이다.[41]

외국법에 따른 혼인과 관련해서 사비니는 다부다처제(polygamy)의 예를
든다. 그에 따르면 가족법의 보편적인 필연성에 따라 어느 국가든지 혼인제도
자체는 존재하지만(위 (ⅱ)의 명제), 그 혼인제도가 일부일처제인지 아니면 다
부다처제인지 여부는 각국의 도덕적 발전단계에 따라 특수한 실정법적 문제다
(위 (ⅲ)의 명제).[42] (ⅱ)의 보편성이 아니라 (ⅲ)의 특수성 때문에 국제사법적
으로 타국법에 따른 혼인을 인정하는 것이 필요하고도 가능한 것이다. 하지만
타국법에 따른 혼인을 인정할지 구체적으로 판단할 때 법적의사결정자는 다시
금 (ⅱ)의 보편성에 따른 제한을 받는데, 타국의 혼인법을 함부로 인정했다가
는 일국 내에서는 강행적이고 보편적이어야 할 혼인법의 질서에 금이 가기 때
문이다. 이 때문에 사비니는 실질법으로서 가족법을 논할 때는 일부일처제와
다부다처제 간에 비교적 상대주의적인 태도를 보이면서도, 외국인이 외국법에

분들은 글쓴이 역시 확인하였으므로, 이하에서 직접 인용하였다.
36) 위 (ⅱ)에서 설명한, 개인의 의사를 존중하지 않는다는 의미의 강행성을 의미한다.
37) 위 (ⅲ)에서 설명한, 만국 공통의 자연법적인 것에 대비되는 의미의 실정법성을 의미한다.
38) Savigny, 전게서(주35), 290-291면.
39) Savigny, 전게서(주35), 291면.
40) Savigny, 전게서(주35), 291면.
41) 이러한 주장은 "(혼인의 준거법과 관련하여) 가장 일반적으로 채택되고 있는 속인법주의는 혼인의
    실질적 성립요건은 사람의 신분에 관한 문제이기 때문에 사람의 신분 문제에 일반적으로 적용되
    는 속인법에 의할 것이라는 입장이다."와 같은 서술에서 보듯이, 오늘날의 우리 국제사법 교과서
    에서도 여전히 소개되고 있다. 신창섭, 전게서(주15), 298면.
42) Savigny, 전게서(주34), 281, 각주 (a).

따라 다부다처제 혼인을 한 경우 다부다처제를 금지하는 국가의 법원이 해당 혼인에 따른 보호를 해줘서는 안 된다고 주장했던 것이다.[43]

결국 사비니식 가족법/재산법 준별론에서 가족법과 재산법은 각각 보편적인 동시에 특수한 셈이고, 이는 이 글의 주제인 국제사법적 문제를 판단함에 있어서도 외국법에 따른 혼인의 인정−불인정 사이를 오가는 패턴화된 논증의 언어를 제공한다. 이를 정리하면 다음과 같다:

표 1 사비니의 패턴[44]

가족법	재산법
가족관계 내 신분(status)의 문제	개인의 의사(will)의 문제
가족법은 어느 국가, 어느 시대에든 가장 기본적이고 자연적 질서라는 점에서 보편적	각각의 계약, 재산관계는 개인의 의사에 따라 형성되므로 특수함
가족법은 각 민족의 정신에 기반하므로 국가별로 특수함	재산법은 어느 곳에서나 개인의 자유와 의사를 최대화하기 위한 일련의 규정이라는 점에서 보편적임

2. 친족(상속)법의 특질과 신분행위의 특수성 이론

법사상의 세계적 계보라는 측면에서 사비니식 가족법/재산법 준별론이 정말 19세기 고전 법사상의 일부로서 우리나라에 도달했는지, 그랬다면 어떤 우연과 필연의 경로를 거쳐서 도달했고, 시대에 따라 어떻게 변화해왔는지는 대단히 흥미로운 연구 주제이다. 하지만 이 글의 목적은 계보학적·역사적인 주장을 하고자 함이 아니며, 다만 현대 한국의 법 담론에서도 사비니의 패턴과 유사한 어떤 것이 발견된다는 점을 보이고자 한다.

시중의 많은 가족법 교과서들은 재산법과 비교했을 때 친족상속법의 특성이 무엇인가에 대한 논의로 책을 시작하는데, 여기에서는 '비타산적/타산적', '후견주의/개인의 자치', '강행법규적/임의법규적', '습속에 민감하고 보수적/보편적이고 진보적', '요식적/비요식적' 등의 대립항들이 등장한다.[45] 이러한

---

43) Savigny, 전게서(주35), 78−79면.
44) Halley & Rittich, 전게논문(주32), 757면.
45) 예를 들어 신영호·김상훈, 가족법강의 제3판(세창출판사, 2018), 7−11면, 송덕수, 친족상속법 제4

일반론을 가장 명백하게 담고 있는 것이 신분법 내지 신분행위의 특수성 이론
이다. '친족상속법(또는 상속법을 제외한 친족법)46)상의 법률행위는 신분관계를
형성, 변경, 해소하는 법률행위이므로 재산관계를 규율하는 재산법과는 다르
거나 달라야만 한다'라는 이 순환 논리적 선언은 대표적으로 민법총칙이 친족
상속법 문제에도 적용되는지와 관련해서 논의되곤 한다.47) 예를 들어서 많은
가족법 학자들은 무효행위의 추인에 관한 민법총칙의 규정이 신분행위에는 적
용되지 않는다고 하면서, 다음의 판례를 인용한다.

> ... 민법 제139조 본문이 무효인 법률행위는 추인하여도 그 효력이 생기지 않는다
> 고 규정하고 있음에도 불구하고 혼인, 입양등의 신분행위에 관하여는 이 규정을
> 적용하지 않고 추인에 의하여 소급적 효력을 인정하는 것은 신분행위는 신분관계
> 를 형성하는 것을 목적으로 하는 법률행위로서 신분관계의 형성이 그 본질적인 내
> 용이고 신고등 절차는 그 신분행위의 창설을 외형적으로 확정짓는 부차적인 요건
> 일 뿐인데 무효인 신분행위가 있은 후에 그 내용에 맞는 신분관계가 실질적으로
> 형성되어 쌍방당사자가 아무런 이의 없이 그 신분관계를 계속하여 왔다면 그 신고
> 가 부적법하다는 이유로 이미 형성되어 있는 신분관계의 효력을 부인하는 것은 당
> 사자의 의사에 반하고 그 이익을 해칠 뿐 아니라 그 실질적 신분관계의 외형과 호
> 적의 기재를 믿은 제3자의 이익도 침해할 우려가 있기 때문에 추인에 의하여 소급
> 적으로 신분행위의 효력을 인정함으로써 신분관계의 본질적 요소를 보호하는 것

판(박영사, 2018), 3-4면, 이경희, 전게서(주26), 3-12면 등을 참조. 그러나 윤진수, 전게서(주12),
7면은 친족법의 중요한 특질로서 비합리성, 비타산성, 보수성을 언급하는 기존의 견해를 비판하고
있다. 다만 이 견해도 "계약자유의 원칙이 지배하는 채권법"과 요식성 내지 강행법규성이 지배하
는 친족법 간에는 차이가 있다고 보며, 나아가 "친족법의 제도는 선량한 풍속 기타 사회질서에 해
당되는 경우가 많"고, 국가의 후견주의가 작동하는 경우가 많다고 한다.

46) 상속법은 재산법이므로 신분법(가족법)에서 제외해야 한다거나, 가족법/재산법 준별론을 견지하면
서도 '신분'이라는 용어는 전근대적인 것으로 비판하는 경우도 있다. 전자의 예로는 송덕수, 전게
서(주45), 1면 이하, 후자의 예로는 김주수 · 김상용, 전게서(주27), 13-14면 참조. 사비니에게 있
어서도 상속법은 혼합된 영역이었다. Kennedy, 전게논문(주31), 813면. 우리 법상 신분행위 이론
과 가족법/재산법 준별론에 대한 가장 근본적인 비판으로는, 양창수, "'가족법'상의 법률행위의 특
성", 서울대학교 법학 제46권 제1호(2005) 참조. 윤진수, "재산법과 비교한 가족법의 특성 −가족
법의 이타성과 합리성", 민사법학 제36호(한국민사법학회, 2007. 5.) 역시 가족법/재산법을 대립시
켜 이해하고자 하는 경향을 비판적으로 검토하고 있다. 이 글은 가족법과 재산법이 동일하다고 주
장하는 것이 아니며, 아직도 존재하는 '범주화'와 '범주 간 비교'의 경향이 법적인 논변을 생산하는
데에 어떤 영향을 미치는지를 탐구한다는 점에서 선행연구들과 다르다. 따라서 상속법이 가족법의
범주에 들어가느냐, 재산법의 범주에 들어가느냐의 문제는 이 글의 주장에 영향을 미치지 않는다.

47) 총칙상 규정이 신분행위에 적용되는지가 전면적으로 문제된 최근의 대법원 판결로는 대법원 2020.
11. 19 선고 2019다232918 전원합의체 판결 참조.

이 타당하다는 데에 그 근거가 있다...[48]

위 인용된 부분을 분석해보면, '총칙상 규정인 제139조에도 불구하고, 무효인 혼인·입양등의 소급적 추인은 인정한다'라는 결론을 도출하기 위해서, (ⅰ) 먼저 '혼인·입양등은 재산행위가 아니라 신분행위'라고 범주화한 뒤, (ⅱ) 해당 범주(신분행위)에다가 '형식적 요건인 신고는 부차적인 요건일 뿐이고 당사자의 의사에 따른 신분관계의 실질이 본질적인 요건'이라는 내용을 부여하고 있다. 관련해서 어느 가족법 학자는 민법총칙 제139조에도 불구하고 무효인 신분행위의 추인을 인정하는 것은 "이미 존재하는 사실상의 관계를 인정하고 신분의 안정을 꾀하는 것이 가족법의 정신이라는 점"을 고려할 때 타당한 결론이라고 정리하고 있다.[49]

그밖에도 신분행위의 특수성으로 자주 언급되는 것은 '신분행위의 경우 당사자의 진정한 의사가 특히 중요하다'는 것이다. 총칙상 의사표시에 관한 규정은 본질적으로 거래 상대방의 보호를 위한 것인데 신분행위에 있어서는 당사자의 의사가 우선적으로 존중되어야 하므로 비진의표시·허위표시·착오로 인한 의사표시는 모두 무효라거나,[50] 가장이혼의 경우 "신분행위의 의사주의적 성격"에 비추어 무효라는 등의 주장[51]이 그 예이다. 관련해서 양창수 교수는 일찍이 신분행위 이론, 나아가서 "우리 민법학에서... 재산법과 가족법을 이

---

48) 대법원 1991. 12. 27 선고 91므30 판결. 신분행위 이론을 더욱 노골적으로 되풀이하고 있는 과거의 판례로는 대법원 1965. 12. 28 선고 65므61 판결 참조 ("민법 제139조는 재산법에 관한 총칙규정이며 신분법에 관하여는 그대로 적용될 수 없는 것인바 혼인 신고가 한쪽 당사자의 모르는 사이에 이루어짐으로서 그것이 무효라 할지라도 그 후 양쪽 당사자가 그 혼인에 만족하고 그대로 부부생활을 계속한 경우에는 그 혼인을 무효로 할 것이 아닌 것이다.").

49) 김주수·김상용, 전게서(주27), 20-21면

50) 김주수·김상용, 전게서(주27), 19면.

51) 대법원 1967. 2. 7 선고 66다2542 판결, 대구고등법원 1977. 11. 17 선고 76르91 판결 참조. 다만 이 판결들이 혼인이나 이혼의 의사에 대한 최근 판례의 태도를 대표하는 것은 전혀 아니다. 한편, 비교적 최근의 하급심 판결로는 서울중앙지방법원 2013. 5. 24 선고 2013고단1507 판결이 '신분행위에서는 당사자의 진정한 의사가 특히 중요하다'는 명제에 기댄 논증을 포함하고 있다(사실혼의 일방 배우자가 혼인신고를 한 사안에서 뇌경색을 앓고 있는 상대방이 설령 눈 깜박임을 통해 자신의 의사를 표현하는 방식으로 교회법에 의한 혼배성사를 받았다 하더라도 법적인 혼인 합의를 할 의사능력은 부정하며, "혼인은 부부관계의 창설을 목적으로 하는 신분행위이고, 가족을 형성하는 기초가 되는 행위로서, 한 개인의 일생을 좌우하는 중차대한 결정사항인 만큼, 적법 유효한 혼인의 합의를 위하여서는 일반 재산상의 법률행위에 필요한 정도를 넘어 상당한 정도의 정신적 능력 혹은 지능이 있어야 혼인 합의시의 의사능력이 인정된다"고 판시). 그 밖에도 이혼하지 않겠다는 각서는 "신분행위의 의사결정을 구속하는 것"으로서 공서양속에 위반하여 효력이 없다고 판시한 대법원 1969. 8. 16 선고 69므18 판결 참조.

론상·체계구성상으로 준별하는 태도, 그리고 그 준별을 민법의 규율대상인 재
산관계와 가족관계의 성질상 차이로부터 당연히 또한 필연적으로 도출되는 것
으로 설명하는 태도"를 비판하며, 신분행위 이론의 창시자로서 나카가와 젠노스
케를 지목한 바 있다.52) 나카가와가 법학을 배운 시기는 의사이론(will theory)을
기초로 하는 '체계'를 구축하되 가족(법)은 의사이론의 예외가 되는 영역으로
보는 19세기적 사상이 대륙법과 영미법 모두에서 완성된 후였다.53) 실제로 나
카가와는 "개인의 숙려와 타산에 의해서 선택"하는 경제적 관계와는 반대로,
신분관계는 "전체의 형태로서 주어진 것"일 뿐 아니라 개개의 관계 역시 "자
연과 애정에 의해" 맺게 되고, "의사적(意思的)인 것이 아니라 정감적(情感的)
인 것"이라고 서술하는데, 이는 사비니식 가족법/재산법 준별론의 첫 번째 선
언에다가 '애정에 기반한 결혼'을 살짝 버무려놓은 것처럼 읽힌다.54) 그런데
나카가와는 사비니와는 달리 '신분행위의 경우 당사자의 진정한 의사가 더욱
중요하다'는 주장도 하는데, 이는 '정감적인 신분법/의사적인 재산법'의 이분
법과는 모순되는 면이 있다.55)

　　다시 인용한 우리 판례로 돌아가면, 해당 판례에서 드러나는 '신분행위의
경우 형식적 요건인 신고보다 신분관계의 실질이 더욱 중요하다'는 관념 역시
나카가와식 준별론의 유산으로 보인다. 나카가와에 따르면, 예를 들어 어떤 사
람이 토지를 매수했다거나 고래를 포획했다고 하는 '사실'로 인해 소유권이 발
생하는 것은 아니며, 소유권에 대한 '법률'이 선행해 있으므로 토지의 매수자
나 고래의 포획자가 소유권을 취득하는 것이다.56) 반면 신분법의 경우 출생,

---

52) 양창수, 전게논문(주46), 54면.
53) Kennedy, 전게논문(주32). 물론 1930년대는 이미 19세기 의사이론에 대한 비판적 사상 역시 독일,
    프랑스, 미국 등에서 등장한 이후였다. 본문에서 사비니의 법사상 관련해서 기술하였듯이, 이 글의
    목적은 나카가와 법사상에 대해서 본격적인 계보학적·역사적 연구를 함에 있지 않다. 다만 '의사
    이론의 예외로서의 가족법'이라고 하는 19세기적 가족법/재산법 준별론은 나카가와로 대표되는 일
    본법 사상, 그리고 일본을 통해 근대법을 계수한 우리 법사상에만 특수한 것은 아니라는 점만 다
    시금 지적해둔다. 예를 들어 미국 법사상에 있어 19세기 의사이론과 가족법/재산법 준별론의 발전
    과정으로는 Kennedy, Duncan, *The Rise and Fall of Classical Legal Thought* (Beard Books,
    2006), 157-241면과 Halley, Janet, "What is Family Law?: A Genealogy Part I", *Yale Journal of
    Law & Humanities* (2011)를 참조.
54) 中川善之助, 身分法の總則的課題: 身分權及び身分行爲(岩波書店, 1941), 1면.
55) 이는 사비니식 가족법/재산법 준별론에 대한 유의미한 수정으로, '애정에 기반하고 자유로운 부르
    주아 혼인상'이 담겨있는 듯하다. 관련해서 中川善之助, 전게서(주54), 168면 참조.
56) 中川善之助, 전게서(주54), 15-16면. 이는 마치 사회법사상의 아이디어를 고전법사상의 가족법/재
    산법 준별론에 일부 적용한 것처럼 읽힌다.

양육, 혼인의 '사실'이 있으면 하등의 '법률'을 기다릴 필요 없이 부모가 되고 자식이 되며 부부가 되는 것이다.[57] 이 때문에 나카가와는 "사실혼주의야말로 본래의 신분법적 태도"라고 하며, 근대신분법이 여러 가지 신분권 변동에 요식성을 요구하는 것은 오히려 예외적인 것으로 본다.[58] 따라서 가장혼인이 혼인이 아닌 것은 사실이 선행해 있어야만 하는 신분법의 본질상 당연한 것이다.[59]

이상에서 풀어낸 두 가지 예, 즉 형식적인 신고행위보다 신분관계의 실질이 중요하다는 주장과 진정한 의사가 표시된 의사보다 더 중요하다는 주장은 모두 법에서의 실질(substance)과 형식(form) 간의 긴장 관계를 다룬다는 점에서 서로 닿아있으며, 가족법을 전자와 재산법은 후자와 연결시키고 있다. 그런데 이는 가족법/재산법 준별론의 또 다른 이분법인 '요식적/비요식적'과는 전면적으로 충돌하는 것이다.[60]

이처럼 순수한 이론으로서 일관성을 갖추지 못했음은 물론이고,[61] 가족법/신분법 준별론은 현실에 존재하는 법을 설명하지도 못한다. 예를 들어 '실질/형식'의 문제는 민법의 수많은 곳에서 끊임없이 등장하는 문제이며, 재산법·가족법을 불문하고 어느 한쪽으로의 통일된 경향은 발견되지 않는다. 혼인의 예를 들면, 현행법은 신고혼주의를 택하지만(형식>실질), 사실혼에 일부 혼인과 같은 효력을 인정하며(실질>형식), 소위 '가장혼인'의 혼인으로서의 효과를 인정하지 않지만(실질>형식), '가장이혼'의 이혼으로서의 효과를 인정한다(형식>실질).[62] 심지어 동일한 법규를 대립하는 두 가지의 가치나 성질 중 어느

---

57) 中川善之助, 전게서(주54), 16면.
58) Ibid.
59) Ibid.
60) 그 밖에 '강행법규적/임의법규적'의 이분법과도 일부 충돌하는 면이 있다. 한편, 윤진수, 전게서(주12), 8면은 이 점을 간파하여 친족법의 가장 강력한 특질은 요식성 또는 강행법규성에 있다고 할 뿐 기존의 '신분행위론'은 받아들이지 않는다. 나아가 판례와 학설이 법적 형식보다 실제를 중시하는 경향이 가족법의 요식성과 긴장 관계에 있다는 점도 지적한다. 다만 앞서 소개했듯이 이 견해는 가족법의 다른 중요한 특성으로서 개인의 자치보다 후견주의를 앞세우는 경향을 들고 있는데, 요식성과 후견주의 간에도 일정한 긴장 관계가 존재할 수 있음을 지적해두고 싶다. 관련한 이론적 논의는 Kennedy, Duncan, "Form and Substance in Private Law Adjudication", *Harvard Law Review* (1976) 참조.
61) 근대법학의 후발국으로서 서구와 일본의 다양한 법사상가들을 소개하고 번역해야 했던 국내의 법담론과 비교할 때, 사비니와 나카가와가 정교하고 인상적인 준별론을 전개하는 것은 사실이다. 그럼에도 불구하고 사비니 준별론의 본질이 끊임없이 자리를 바꾸는(바꿀 수 있는) 보편/특수의 이분법이라는 점, 나카가와 준별론에 '신분법은 의사에 따라 선택할 수 있는 재산법과는 달리 정감적이고, 영속적이고, 주어진 것이므로 더욱 (신분관계를 맺기로 선택하는) 개인의 진정한 의사가 중요하다'는 소피스트적 논변이 등장한다는 점은 기술한 바와 같다.

쪽으로든 설명할 수 있는 예도 있다. 앞에서 다루었던 '무효인 혼인·입양신고
도 혼인·입양의 실질이 있는 경우 추인이 가능하다'는 법원칙으로 돌아가보
자. 이 법원칙이 예정하는 구체적인 상황은, (i) 혼인·입양의 당사자 중 일방
이 다른 당사자의 명시적 동의나 참여 없이 혼인·입양신고를 하고, (ii) 신고
이후 적어도 일정 기간은 당사자들이 이의 없이 혼인 또는 양친자관계를 유지
하였으나, (iii) 이후 신고에 참여하지 않았던 당사자[63]가 소를 통해 혼인·입
양의 무효를 다투는 상황일 것이다. 이러한 상황에서 혼인·입양의 효력을 인
정하는 것은 판례가 설시하듯이 당사자의 의사를 존중하는 법으로 볼 수도 있
지만("신고가 부적법하다는 이유로 이미 형성되어 있는 신분관계의 효력을 부인하는
것은 당사자의 의사에 반하고")[64], 혼인 관계에 의존할 필요가 있는 일방배우자
(특히 과거에는 주로 여성이었다)를 보호하기 위해서 상대방 배우자의 반대 의사
에도 불구하고 그가 혼인에 따른 효력을 부담하도록 하는 후견주의적 법으로
볼 수도 있다.[65]

　　마지막으로 가족법/재산법 준별론은 법적의사결정자가 '당위로서 존재해
야 할 법'을 판단하는 데에 유용한 잣대를 제공하지도 못한다. 다시금 일방 당
사자가 한 혼인신고의 효력 문제로 돌아가 보자. 이러한 사안에서 법적의사결
정자는 가장 구체적으로는 혼인(신고)의 효력을 주장하는 자와 부정하는 자 사
이에 충돌하는 이해관계와 각 당사자를 보호할 필요성을 형량하고, 가장 추상
적으로는 혼인법에 있어서 관계의 공식화(formalization)를 얼마나 강제해야 할
것인가 등을 고려해서 판단을 내려야 할 것이며, 이미 대부분의 법적의사결정
자들은 그렇게 하고 있을 것이다. 여기에서 '가족법의 경우 (재산법과는 달리)
당사자의 진정한 의사가 중요하다'거나, (반대로) '가족법의 경우 (재산법과는
달리) 국가가 후견주의적 개입을 해야 한다'는 등의 일반론은 아무런 도움이

---

62) 사실혼, 가장혼인, 가장이혼, 사실상 혼인 등에 대한 현실의 판례는 본문에 서술한 것보다 훨씬 복
　　잡하며, 실질/형식 간 통일된 경향이 없다는 논지에 더욱 부합한다. 관련한 판례들은 이 글 Ⅳ. 3.
　　에서 일부 분석하고 있다.
63) 혼인·입양 신고를 한 당사자가 신고 당시 상대방 당사자의 혼인·입양의사가 없었음을 이유로 무
　　효를 주장하는 경우도 예정할 수는 있지만, 실제 그러한 상황이 발생할 가능성도 낮고, 신의성실·금
　　반언의 원칙 위반 여부가 문제 될 것으로 보인다. 그 밖에 혼인·입양의 당사자가 아닌 제3자가 혼
　　인·입양의 효력을 다투는 경우는 다양한 국면에서 발생할 수 있으나, 본문에서는 생략한다.
64) 대법원 1991. 12. 27 선고 91므30 판결.
65) 실질/형식, 이타주의적/개인주의적, 후견주의/당사자자치 등 가족법/재산법 준별론의 대립항들은
　　사실 자유주의 법학의 사법 이론 일반에 끊임없이 등장한다. Kennedy, 전게논문(주60) 참조.

되지 못한다.

3. 가족법과 공서양속: 이데올로기로서의 가족법/재산법 준별론

이상에서는 가족법과 재산법 간의 '범주화'와 '범주 간 비교'의 경향이 법
적 담론의 생산자들에게 어떤 '언어'를 제공했는지를 중심으로 살펴보았다. 그
런데 가족법/재산법 준별론은 법적인 언어 내지 레토릭으로서만 존재하는 것
이 아니라, '이데올로기'로서도 존재할 수 있다. 후자에는 여러 가지 버전이 있
을 수 있는데,[66] 제정 민법의 법전편천위원장이었던 가인 김병로처럼 민족주
의적 전통존중주의자의 버전도 있고,[67] 혼인과 가족의 형성을 그 자체로서 소
중하고 가치 있는 것으로 보는 종교적·자연법적인 버전도 있으며,[68] 버크
(Edmund Burke)처럼 가족이 사회 질서를 구성하는 기본적이고도 불가결한 요
소라고 보는 버전도 있다.[69] 20세기 중반 이후 한국의 법적 담론장에서 유의
미한 통용력을 가졌던 것은 그중에서도 첫 번째와 세 번째 버전이라고 생각되
는데,[70] 이는 법적으로는 '(시장제도와는 달리) 혼인·가족제도는 공서양속의 일
부'라는 관념, 그리고 '국가는 (시장제도에 비해) 특히 혼인·가족제도를 보호하
고 규율하는 데에 중요한 공적 이해관계를 가진다'는 관념으로 이어진다.

예를 들어 대법원은 "혼인은 남녀의 애정을 바탕으로 하여 일생의 공동생
활을 목적으로 하는 도덕적·풍속적으로 정당시되는 결합"이라는 표현을 꾸준
히 사용해오고 있다.[71] 특히 민법 제840조 제6호의 이혼사건에서 혼인관계가

---

66) 양창수, 전게논문(주45), 55면 역시 가족법/재산법 준별론이 이데올로기 내지 "거대이론"으로서 규
　　범적인 설득력을 가질 수 있는 가능성에 대해 경고하고 있다("또 그러한 입론[우리 학계가 수용한
　　나카가와의 신분행위 이론]에 입각하여 '우리 민족의 전통적인 윤리'나 '역사적으로 계승된 미풍
　　양속'이나 '친자간의 천륜'을 내세워 현하 국회에서 논의 중인 친족·상속법의 개정안에 반대하는
　　주장을 유효하게 물리칠 수 있을지도 검토의 여지가 있다...").

67) 대표적으로 법전편찬위원장으로서 국회 민법안 제1독회에서 김병로의 입법취지설명을 참고하라.
　　제3대국회 제26회 제30차 국회본회의 국회정기회의속기록(1957. 11. 6.).

68) Halley, Janet, "Behind the Law of Marriage (I): From Status/Contract to the Marriage System",
　　Unbound (2010), 7-8면.

69) Ibid. 가족법/재산법 준별 이데올로기는 (해당 시대의 정치적 지형에서) 상대적으로 '보수적'인 이
　　상에 봉사하는 경우가 많지만, 반드시 그런 것은 아니다. 예를 들어 1920년대 대만의 민족주의자
　　들이 (보편적인 재산법과는 달리) 가족법은 민족적 아이덴티티를 표상하는 법이라고 보면서도, 오
　　히려 자유주의적이고 서구적인 가족법을 지향함으로써 명치민법과의 차별화를 시도했다는 주장으로
　　Chen, Yun-Ru, *The Emergence of Family Law in Colonial Taiwan: A Genealogical Perspective*,
　　S.J.D. Dissertation (Harvard Law School, 2013).

70) 이 글의 주제인 동성혼을 둘러싸고 공론장에서 벌어지는 논쟁을 살펴보면 두 번째 버전도 중요한
　　역할을 하는 것 같다. 각주 1에서 설명한 넓은 의미의 법 담론까지 시야를 넓히면 더욱 그러하다.

파탄에 이르지 않았다거나 이혼을 청구하는 배우자에게 파탄의 유책사유가 있
다는 이유로 이혼청구를 기각하는 판결들에서 대저 혼인이란 무엇이며 혼인을
하고 가족을 이룬다는 것이 얼마나 중차대한 일인지 선언하는 맥락에서 종종
등장하는 표현이다.[72] 이 판결들에 따르면 혼인의 '본질'은 부부가 서로에 대
한 애정과 신뢰를 바탕으로 해서[73] 인격적으로 결합하는 것이고,[74] 이타적인
인간상에 기반을 둔 높은 수준의 의무를 일생에 걸쳐서 부담하는 것이다.[75]
나아가 혼인과 가족은 도덕과 법률과 관습이 뒤섞여서 구성된 어떤 '질서'의
일부이다.[76] 법원은 계약법에 대한 판단을 할 때 '계약질서'를 고려하거나, '계
약제도가 형해화'되거나 '사회의 도덕관·윤리관'에 반할까 우려하지 않지만,
혼인법에 대한 판단을 할 때는 "혼인질서"[77], "객관적인 사회관념상 가족질

---

71) 대법원 1982. 7. 13. 선고 82므4 판결 등.
72) 대법원 1982. 7. 13. 선고 82므4 판결; 대법원 1999. 2. 12. 선고 97므612 판결, 대법원 2000. 4.
    21. 선고 99므2261 판결; 대법원 2003. 5. 13. 선고 2003므248 판결 등. 그 밖에 혼인취소청구를
    기각한 대법원 2015. 2. 26. 선고 2014므4734, 4741 판결 등도 참조.
73) 대법원 1999. 2. 12. 선고 97므612 판결; 대법원 2000. 4. 21. 선고 99므2261 판결; 대법원 2003.
    5. 13. 선고 2003므248 판결 등.
74) 대법원 2015. 2. 26. 선고 2014므4734, 4741 판결.
75) 판례에 따르면 "혼인생활을 함에 있어서 부부는 애정과 신의 및 인내로써 서로 상대방을 이해하며
    보호하여 혼인생활의 유지를 위한 최선의 노력을 기울여야 하고, 혼인생활 중에 그 장애가 되는
    여러 사태에 직면하는 경우가 있다 하더라도 부부는 그러한 장애를 극복하기 위한 노력을 다하여
    야 하며, 일시 부부간의 화합을 저해하는 사정이 있다는 이유로 혼인생활의 파탄을 초래하는 행위
    를 하여서는 안 된다." 대법원 2003. 5. 13 선고 2003므248 판결 등 다수.
76) 서울가정법원 2004. 1. 16. 선고 2002드단69092 판결("법률, 도덕, 관습 등 혼인질서").
77) 미국의 가족법/재산법 준별 이데올로기에서 가장 중심을 차지하고 있는 관념이 '혼인'인데 비해서,
    우리나라는 '가족'인 것으로 보인다. 19세기 미국의 가족법/재산법 준별 이데올로기가 예정하고 있
    는 '정상가족'이 부부 중심의 핵가족이었다면, 20세기 우리나라의 '정상가족'은 혼인한 성인의 경우
    에도 그 원가족을 포함한 이념이었다는 차이가 있다. 혼인법을 선량한 풍속 및 사회질서와 연관시
    키는 판결들이 '혼인질서'라는 단어보다는 '가족질서'라는 단어를 사용되는 것도 비슷한 맥락에서
    이해할 수 있다. 물론 하급심 판례들 중에는 '혼인질서'라는 단어를 사용한 경우도 있다. 서울가정
    법원 2005. 3. 10. 선고 2004르910 판결(민법 제816조 제3호의 입법취지는 "하자 있는 의사표시에
    의해 성립된 혼인관계를 해소시켜 법률, 도덕, 관습 등에 부합하는 온당한 혼인질서를 확립"하는
    것이며, 동규정이 직접 언급하고 있는 경우가 아니더라도 "혼인의 취소를 통해 혼인의 의사결정의
    자유를 보호하고 온당한 혼인질서를 확립해야 할 필요성이 충분히 인정되는 경우에는 위 법 규정
    을 유추적용하여 혼인의 취소를 허용하는 것이 혼인제도의 본질적 의미 및 위 법 규정의 입법 취
    지에 부합"한다고 함), 울산지방법원 2020. 6. 17. 선고 2019가단2734 판결(부첩관계를 조건으로
    하는 계약의 공서위반성을 설시하면서, "부부 사이의 혼인질서에 반하는 행위는 반사회질서적 법
    률행위로서 무효"라고 판시) 참조. 헌법재판소의 호주제 위헌판결도 '혼인질서'라는 개념을 사용하
    였다. 헌법재판소 2005. 2. 3. 자 2001헌가9, 10, 2001헌가11, 12, 13, 14, 15, 2004헌가5(병합) 결
    정. 한편, 헌법재판소 판결을 포함하면 가족법을 둘러싼 이데올로기들이 훨씬 명확하게 드러나
    지만, 이 글에서는 가능한 대법원과 하급심 판례에 집중하였다.

서"78), "혼인제도가 요구하는 도덕성", "혼인과 가족제도를 형해화할 우려"가 있는지 여부와 "사회의 도덕관·윤리관"에도 반하는지 여부 등79)을 고려해야 한다고 한다.

동성혼에 대해서 법적 판단을 내려야 했던 몇 안 되는 하급심 판례들도 이를 윤리, 도덕, 사회관념, 가족질서, 공서 등과 연관시켰다. 예를 들어 동성 간 동거 관계에 터 잡아 사실혼 부당파기로 인한 위자료 및 사실혼 해소에 따른 재산분할을 청구한 사건에서 법원은 사실혼의 주관적 성립요건인 혼인의 의사와 객관적 성립요건인 "사회관념상 가족질서면에서 부부공동생활을 인정할만한 혼인생활의 실체"를 모두 부정하고, 이에 더해서 동성 간 동거 관계는 "사회관념상 가족질서적인 면에서도 용인될 수 없는 것"이라고 하였다.80) 동성 간 혼인신고의 불수리처분에 대한 불복신청을 각하한 결정에서도 "남녀의 애정을 바탕으로 일생의 공동생활을 목적으로 하는 도덕적, 풍속적으로 정당시 되는 결합"이라는 혼인에 대한 정의를 혼인의 자유에 대한 내재적 제한으로 파악하며, 비슷한 제한으로서 근친혼이나 중혼을 예로 들었다.81)

글쓴이는 재산계약과 혼인계약, 시장제도와 가족제도 간에 아무런 차이가 없다거나, 국가가 혼인 및 가족제도를 규율해서는 안 된다고 주장하려는 것이 아니다. 만일 이 땅의 많은 사람이 '누구나 특정 형태의 혼인과 가족생활을 영위해야 한다'는 규범적(normative) 신념을 가지고 있고, 민법상 혼인제도라는 이름을 통해서 그 신념을 공적으로 표현하는 것이 그들에게 대단히 중요한 문제라면, 이 역시 법이 고려해야 할 상징적 이해관계(symbolic interest)이다.82) 판례가 혼인·가족제도를 '사회의 도덕관·윤리관'과 연결하는 것은 이러한 측면에서 설명할 수 있으며, 실제로 지난 한 세기 동안 한국의 법담론에서 가족은 시대와 주창자에 따라 민족주의적, 개발주의적, 종교적, 혹은 민주주의적인

78) 대법원 2001. 4. 13. 선고 2000다52943 판결 (사실혼을 인정하기 위해서는 객관적으로 사회관념상 가족질서적인 면에서 부부공동생활을 인정할 만한 혼인생활의 실체가 있어야 함); 헌법재판소 2011. 2. 24. 자 2009헌바89 결정("사회 전체의 가족질서를 일관되게 형성하여야 할 공익"을 고려) 등 다수. 조부모의 손자 입양과 관련해서도 "가족의 내부 질서와 친족관계에 혼란이 초래"될 수 있다는 점이 주요 쟁점으로 논의되어왔다. 대법원 2021. 12. 23. 자 2018스5 결정.
79) 대법원 2015. 9. 15. 선고 2013므568 전원합의체 판결.
80) 인천지방법원 2004. 7. 23. 선고 2003드합292 판결.
81) 서울서부지방법원 2016. 5. 25. 자 2014호파1842 결정.
82) 실제로 2021년의 한국사회 구성원들이 그러한 신념을 지니고 있는지 여부, 그리고 그러한 신념이 바람직한 것인지 여부에 대해서 글쓴이는 어떠한 주장도 제시하지 않고 있음을 밝혀둔다.

가치를 표상하는/표상해야만 하는 제도로서 끊임없이 호명되어왔다.

하지만 딱 거기까지다. 거대한 가치들을 담는 보이지 않는 그릇으로서의 역할 외에도, 실정법상 제도로서의 혼인[83]은 혼인한 사람과 혼인하지 않은 사람과 혼인 유사의 동거를 하는 사람 사이, 위 각각의 사람들로부터 태어난 자식들 사이, 남성과 여성 사이, 성적 지향이 다른 사람들 사이에서 끊임없이 무엇인가 분배(distribute)하는 역할을 해왔다. 실정법상 혼인은 세법상의 부담과 혜택을, 보험을, 장기(臟器)를,[84] 장학금을,[85] 국적과 체류자격을, 고소하거나 고소를 당하지 않을 권리를,[86] 증언거부권[87]을, 주택과 대출금을,[88] 사회보장제도에 따른 수급권을,[89] 휴가를,[90] 재생산권을, 사회적 평판 등을 분배한다.[91] 이처럼 항상 분배적 결과를 가진다는 점에서 혼인과 가족은 법이 인정하는 다른 제도들과 다르지 않으며, 혼인 · 가족제도는 헌법과 민법뿐 아니라 공법과 사법을 막론하고 혼인과 가족의 효과를 규정하는 온갖 다양한 법을 통해서 존재한다.

혼인과 가족을 '실정법 이상의 어떤 것' 내지 '실정법 이전의 어떤 것'으로 생각하는 태도 —그것을 공서양속이라고 부르든, 법률과 관습과 도덕의 혼합물인 가족질서라고 부르든— 는 법적의사결정자의 시선을 실정법상 혼인과 가족의 분배적 기능으로부터 멀어지게 한다. 실정법이 있기 전에 관습이나 도덕으로서 혼인과 가족이 먼저 있었는지의 문제는 실정법이 있기 전에 관습이나 도덕으로서 소유와 거래가 먼저 있었는지의 문제와 전혀 다를 바가 없고, 법적의사결정을 내리는 데에 있어서 고려할 문제가 아니다. 법적의사결정자는 오로지 '현행법'이 혼인, 계약, 소유권 등에 어떤 효과를 부여하고 있는지, 그리

---

83) 실정법상 제도로서의 '가족'도 마찬가지이지만 설명의 편의를 위해서 혼인으로 한정하였다.

84) 장기등 이식에 관한 법률 제26조.

85) 예를 들어, 2021년 1학기 학자금 지원구간 산정지침, 국가장학부 (2020. 11.), https://www.kosaf. go.kr/ko/data.do?mode=view&searchStr=&searchType=&page=1&ctgrId1=&ctgrId2= &seqNo=11975.

86) 형사소송법 제224조, 제225조 등 참조.

87) 형사소송법 제148조.

88) 전혼잎, 성소수자에겐 '아파트'가 허락되지 않는다?, 한국일보(2021. 7. 5.), https://m.hankookilbo. com/News/Read/A2021070415180004587.

89) 국민기초생활보장법 참조.

90) 남녀고용평등과 일 · 가정 양립 지원에 관한 법률 제22조의2 참조.

91) 이는 극히 일부의 예일 뿐이다. 한편, "무엇"인가를 분배한다고 한 것은 그 "무엇"이 우리가 통상 권리 · 의무라고 부르는 것보다 훨씬 다양한 것들이기 때문이고, "분배"한다고 한 것은 구체적 상황에서 항상 얻는 자와 얻지 못하는/잃는 자가 있다는 점을 강조하기 위함이다.

고 어떤 효과를 부여해야 바람직한지를 판단할 뿐이다. 법적의사결정자가 혼
인과 가족법의 상징적인 기능을 혼인과 가족법의 효과 중 하나로서 고려할 수
는 있겠지만, 그로써 상징적 기능 외의 다른 분배적 결과에 대해 고려하는 것
을 대신할 수는 없고, 후자가 당연히 정당화되는 것도 아니다. 이 점을 염두에
두고, 다음 장에서는 드디어 외국법에 따른 동성혼을 어떻게 취급할 것인지
살펴보기로 하자.92)

Ⅳ. 외국법에 따른 동성혼의 저촉법적 문제

우리나라의 국제사법론은 기본적으로 사비니의 고전법학적 방법론, 즉 법
률로부터 출발하여 그 적용 범위를 확정하는 것이 아니라 쟁점이 되는 사실로
부터 출발하여 그 본거와 준거법을 확정하는 방법을 받아들이고 있다. 이에
따르면 국제사법의 존재 이유는 법기술을 활용하여 적절한 준거법(즉, 사안과
가장 밀접한 관련이 있는 법)을 찾는 데에 있을 뿐, 그렇게 찾은 법을 적용한 결
과가 적절한지는 고려하지 않는 것이 원칙이다. 따라서 국제사법은 한편으로

---

92) 본문에서는 전혀 다루지 않았지만, 사실 혼인·가족제도가 소위 '진보적'인 가치를 표상해야 한다
는 담론도 시대에 따라서는 중요한 위치를 차지해왔으며, 넓은 의미의 법 담론과 좁은 의미의 법
담론 모두에서 그러하다. 예컨대 헌법재판소의 호주제 위헌 결정은 "가족법의 역할은 사회현상이
나 국민의 법감정을 단순히 반영하는데 그치는 것이 아니"며 "공동체의 최고가치질서인 헌법이념
을 적극적으로 계도하고 확산시키는 역할 또한 가족법의 몫"이라고 판시하였다. 게다가 가족법과
연결된 이데올로기 중에는 본문에서 살핀 '공서양속성' 및 '국가이익우선론'과 정면으로 충돌하는
것도 있는데, 혼인과 가족생활을 국가의 개입이 최소화되어야 할 사생활의 영역으로 보는 관념이
그것이다. 역시 같은 결정에서 헌법재판소는 "혼인과 가족생활은 인간생활의 가장 본원적이고 사
적(私的)인 영역이다. 이러한 영역에서 개인의 존엄을 보장하라는 것은 혼인·가족생활에 있어서
개인이 독립적 인격체로서 존중되어야 하고, 혼인과 가족생활을 어떻게 꾸려나갈 것인지에 관한
개인과 가족의 자율적 결정권을 존중하라는 의미이다. 혼인과 가족생활을 국가가 결정한 이념이나
목표에 따라 일방적으로 형성하는 것은 인간의 존엄성을 최고의 가치로 삼고 민주주의원리와 문
화국가원리에 터잡고 있는 우리 헌법상 용납되지 않는다. 국가는 개인의 생활양식, 가족형태의 선
택의 자유를 널리 존중하고, 인격적·애정적 인간관계에 터잡은 현대 가족관계에 개입하지 않는
것이 바람직하다."고 판시한 바 있다. 헌법재판소 2005. 2. 3.자 2001헌가9, 10, 2001헌가11, 12,
13, 14, 15, 2004헌가5(병합) 결정. 글쓴이가 보는 가족법은 하나의 이데올로기 -그것이 소위 '진
보적'인 것이든 '보수적'인 것이든- 를 일관성 있게 표상하는 구조 내지 체계라기보다, '복잡하고,
어지럽고, 서로 충돌하기도 하는 여기저기 흩어진 규범들'에 가깝다. 다만 이하 본문에서 혼인과
가족제도의 표상적 기능 내지 상징적 이해관계를 논할 때는, '혼인·가족제도에 대한 어떤 특정한
관념, 그중에서도 동성혼과는 양립할 수 없는 특정한 관념을 법을 통해 공적으로 표상하는 것이
가능하고 또한 유의미하다'는 점을 전제로 하였다. "혼인이란 무릇 남성과 여성 간의 결합"이라는
매우 구체적인 관념에 국한한다면 가능한 전제이다.

는 비정치적, 중립적, 기계적인 법으로 여겨졌고, 다른 한편으로는 외국법과 국내법을 불문하고 준거법이 될 수 있는 실질법들을 모두 동등하게 취급한다는 점에서 다자주의적, 다문화주의적 태도를 탑재하고 있다고 여겨졌다.

이러한 고전적 방법론은 20세기 들어 고전주의 법학에 비판적인 학파들과 사회법 사상이 등장하고, 또 20세기 후반 이후에는 EU법이 저촉법 방법론을 받아들이면서 유의미하게 수정되었다. 저촉법의 비정치성과 중립성은 신화에 불과한 것으로 비판받았고, 저촉법 역시 개별국가의 규제적 이익을 고려해야 한다는 관점이 대두되었으며, 준거법 결정원칙 단계에서도 해당 준거법 적용의 사회적 결과를 고려해야 한다 주장이 힘을 얻게 되었다.[93] 최근 들어서는 저촉법도 헌법적 가치를 고려해야 한다는 논의도 등장했다.[94]

고전적인 국제사법론과 그에 대한 비판론은 국제가족법을 둘러싼 논의의 지형에도 일정한 영향을 끼쳤다. 특히 동성혼과 관련하여 구미에서 실질법뿐 아니라 저촉법이 동성혼을 둘러싼 법적·정치적 논의의 핵심 영역으로 부상하면서 저촉법 문제가 많은 관심을 받는 한편, 첨예하게 정치화(politicize)된 각국 실질법상의 동성혼 인정·거부론과 저촉법상 외국법에 따른 동성혼의 인정·거부론이 배열을 나란히 하면서 실질법과 구별되는 저촉법적 공간('국내법, 실질법에도 불구하고 저촉법상으로는...'이라는 선의(good-faith)의 주장이 진지하게 발화되고 청취되는 공간)은 오히려 좁아지는 듯하기도 했다.[95]

국내에서는 아직 외국법에 따른 동성혼 문제가 활발하게 논의되고 있지 않을뿐더러, 저촉법 상의 논의를 동성혼을 둘러싼 실질법 논의의 대리전쟁(proxy war)에 불과한 것으로 취급하는 것은 -국제사법학이 그간 쌓아온 방법

---

93) 유럽과 미국의 국제사법에서, '사법 대 공법', '다자주의(multilateralism) 대 일방주의(unilateralism)'라는 이분법이 어떻게 변화해왔는지에 대한 짧은 역사로는, Michaels, Ralf, "Towards a Private International Law for Regulatory Conflicts?", *Japanese Yearbook of International Law* (2016) 참조.

94) 예를 들어서 과거 섭외사법 제16조가 혼인의 효력에 대해서 부의 본국법에 따르도록 한 것과 달리 국제사법은 부부의 동일한 본국법 등에 의하도록 했는데, 이는 헌법상 남녀평등의 원칙이 관철되도록 함이라고 한다. 석광현, 전게서(주13), 454면. 한편, 헌법과 국제사법 제10조의 공서 문제에 대해서는 기술한 II. 2. (2)를 참조.

95) 당시 구미의 논의를 파악하기 위해서는 Cossman, Brenda, "Betwixt and Between Recognition: Migrating Same-Sex Marriages and the Turn Toward the Private", *Law and Contemporary Problems* (2008); Michaels, Ralf, "After the Revolution-Decline and Return of U.S. Conflict of Laws", *Yearbook of Private International Law* (2009); Harding, Maebh, "Does Transnational Family Law Exist? Should Adult Relationships Be Freed From National Protective Norms?" *in Regulatory Hybridization in the Transnational Sphere* (2013) 등을 참조.

론과 논의를 지나치게 납작하게 취급한다는 우려는 둘째치고서라도- 동성혼에 대해 생산적이고도 솔직한 논의를 끌어내기 위해서 바람직하지 않다고 생각한다. 게다가 20세기 들어 이루어진 중대한 수정에도 불구하고 고전적인 방법론은 국내 국제사법 담론에서 굳건한 지위를 유지하고 있다. 이러한 점들을 고려해서, 이 장에서는 고전적 국제사법 방법론을 최대한 활용하여 외국법에 따른 동성혼 문제를 분석해보고자 한다.

1. 외국적 요소가 있는 동성혼의 '성립'

우리 국제사법 학자들 역시 종종 인용하곤 하는 케겔(Gerard Kegel)에 따르면, 저촉법적 정의는 기본적으로 공익 내지 규제적 이익과는 관련이 없고 사인(私人)의 이익을 보호하는 것이다.[96] 구체적으로 저촉법이 보호해야 할 이익(conflict interests)에는 (ⅰ) 당사자인 사인의 이익(interests of parties), (ⅱ) 당사자 아닌 사인 일반의 거래이익(interests of commerce), 그리고 (ⅲ) 법 적용의 일관성, 확실성 등을 의미하는 질서이익(interests of legal order)의 세 가지가 있다고 한다.

흥미롭게도 케겔은 특히 당사자의 이익(위 (ⅰ))이라는 측면에서 혼인에서의 속인법주의를 설명하고 있다.[97] 케겔 국제사법론에서의 가족법/재산법 준별론은, '사인 일반의 거래이익이 중요한 재산법 영역에서 계약지법, 소재지법, 불법행위지법 등에 따르는 것과 달리, 당사자의 내밀한 관계를 다루는 가족법 영역에서는 속인법주의에 따른다'라는 명제로 요약된다.[98] 그런데 이는 앞에서 살펴본 사비니의 주장, 즉 '혼인은 계약과는 달리 강행적이고 실정법적인 것이기 때문에 거행지법이 아니라 남편의 주소지법에 따라야 한다'는 주장과는 배치되는 것이다. '혼인은 거행지법이 아니라 속인법'이라는 동일한 규범을 설명하기 위해서 사비니는 가족법의 공동체적인 측면에, 케겔은 개인적인 측면에 기대고 있는 셈이다.

가족법의 경우 당사자의 국적이나 주소를 연결점으로 삼는 것이 당사자의

---

96) Kegel, Gerhard, "The Crisis of Conflict of Laws", *in Collected Courses of the Hague Academy of International Law* (1964), Chapter XII.
97) Kegel, 전게논문(주96), 186면.
98) Ibid. 국적법이나 주소지법이 당사자와 가장 밀접한 관련을 가지기 때문이라고 한다. 반면 거래이익 관련해서는, 예를 들어 일반 사인들은 부동산이나 물건의 소재지에서 해당 부동산 또는 물건과 접촉하게 되므로 소재지법을 따라야 거래이익이 보호된다고 설명한다.

이익을 가장 잘 고려한다는 단순화된 주장을 오늘날 그대로 수용하기는 어렵
겠지만, '가족법에 있어서도, 또는 가족법이기 때문에 더더욱 당사자의 이익이
중요하다'라는 관념 자체는 국내 국제사법 담론에서도 찾아볼 수 있다.[99] 이
관념은 나카가와의 신분법에서의 진정한 의사이론과도 통하는 측면이 있으며,
나아가 가족법에서도 당사자자치 원칙을 인정해야 한다는 최근의 주장으로도
연결될 수 있다.[100]

   한편, 케겔이 국제사법을 엄격하게 사법의 영역에 위치시키고 있기는 하
지만, 사비니와 마찬가지로 케겔의 공/사 구분 역시 계열화된(nested) 구분이
다.[101] 즉, 국제'사법'에서도 공적 · 정치적 고려가 중요할 수 있음을 인정하며,
그 예로서 케겔은 혼인, 이혼, 양성평등, 혼외자의 보호과 같이 "민감한 법문
제"들을 들고 있다.[102] 다만 국제사법 내에서의 공적 · 정치적 · 규제적인 고려
는 원칙적으로 공서위반에 따른 예외 단계로 미뤄야 한다. 따라서 준거법의
선택 · 적용에 있어 원칙적으로는 당사자 이익, 거래이익, 질서이익만을 고려하
되, 선택된 외국법을 적용했을 때 법정지의 정의에 현저하게 반하는 예외적인
경우에만 공서위반으로 해당 외국법을 적용하지 않는 것이라고 한다.[103] 국제

---

 99) 석광현, 전게서(주14), 442면 ("국제사법에서 고려되는 이익에는 당사자이익, 거래이익, 국가이익
      과 질서이익이 있으나, 국제가족법에서는 당사자이익이 결정적인 의미를 가진다").
100) 예를 들면 곽민희, "국제가족법에 있어서의 당사자자치 원칙의 수용", 국제사법연구 제23권 제2
      호 (2017), 12-13면; 신창선, "국제사법의 목적과 이념", 국제사법연구 제5권 (2000), 91면이 저
      촉법적 이익으로서의 당사자 이익과 당사자자치 원칙을 연결시키고 있다. 담론적으로 연결될 수
      있을 뿐, 당사자 이익과 당사자자치는 물론 다른 개념이다. 이와 관련해서는 아래 각주 106 참조.
      한편, 1990년대 이후 EU법의 발전 과정에서는 오히려 재산법에서 규제적 이익이 강조되고 가족
      법에서 당사자 자치가 강조되는 등, 사비니적 가족법/재산법 준별론에서 가족법과 재산법이 서로
      자리를 바꾸었다는 주장으로는, Neidhardt, Alberto Horst, *The Transformation of European
      Private Interantional Law: A Genealogy of the Family Anomaly*, Ph.D. Dissertation
      (European University Institute, 2018), Chapter 10 참조. Neidhardt는 1990년대 이후 EU의 국제
      가족법에서 '국경을 넘는 신분의 확실성'이라는 과거의 관념과 '당사자자치' 관념의 결합을 발견
      한다.
101) '계열화'되었다는 표현은 전체 법체계를 공/사로 구분한 뒤, 각 항목 내에서 공/사가 다시 나누어지
      기 때문이다. 이를테면 사비니의 법사상은 국내법 체계를 공/사법으로 구분하고, 사법 내에서 가족
      법(공)/재산법(사)을 구분하며, 재산법 내에서 다시 물권법(공)/채권법(사)를 구분한다. 사비니 법
      사상에서 보이는 계열화된 이분법에 대해서는 Kennedy, 전게논문(주31), 821면 이하를 참조.
102) 케겔은 "민감한 문제"로서 각종 가족법 문제들을 나열한 뒤, 재산법과 관련해서는 "자유세계(free
      world)" 사법(私法)의 핵심인 "계약의 자유, 소유권과 상속의 인정"을 언급할 뿐이다. 사법 내에
      서의 2차적 공/사 구분, 즉 가족법/재산법 준별론을 체화하고 있는 것이다. Kegel, 전게논문(주
      96), 181-182면.
103) Kegel, 전게논문(주96), 188-189면.

'사법' 내에서의 2차적 공/사구분은 '가족법/재산법'의 카테고리적 측면에서도 존재하고, 그리고 '일단 준거법을 선택·적용/예외적 공서위반 여부 결정'의 사고단계적 측면에서도 존재하는 셈이다.

공적·규제적인 고려를 공서위반 단계까지 미루어야 한다는 원칙이 항상 관철되는 것은 당연히 아니다. 예를 들어 국제가족법의 준거법 결정 단계에서 당사자자치를 강조하는 논자들은 당사자자치 원칙이 가치중립적인 준거법 결정원칙으로서 사적 이익을 조율할 수 있다고 전제하지만,[104] 가족법을 통해서 어떤 규범적인 가치를 표상하고자 하는 개별국가의 입장에서는 당사자자치 자체가 해당 상징적 이해관계에 반하는 규범성(normativity)을 가지게 된다.[105] 이러한 한계에도 불구하고 '외국법에 따라 동성 혼인한 당사자들이 국내에서 해당 혼인의 유효한 성립을 주장하는 경우 이를 인정할 것인가'라는 문제에 케겔의 저촉법적 정의론을 적용해보면 어떻게 될까?

먼저 당사자 이익의 측면에서는 혼인당사자 간 혼인의 유효한 성립에 대해 다툼이 없는 이상 외국법에 따른 동성혼의 성립을 인정해야 한다는 주장에 힘이 실릴 것 같다.[106] 당사자자치 원칙까지 받아들이는 경우라면 더욱 그러할 것이다. 질서이익의 경우 신분 관계의 확실성과 획일성을 추구하고 국경에 따라 신분이 이리저리 변하는 것(소위 limping status)을 막아야 한다는 주장과 이론적으로 연결되는데, 이 역시 외국 동성혼의 유효한 성립을 일률적으로 인정해야 한다는 주장으로 이어질 수 있다.[107] 결국은 혼인과 가족법의 공적·규

---

104) 이러한 주장은 고전적인 가족법/재산법 준별론이 가지고 있는 재산법에 대한 비전 -개인의 자유를 최대화하는, 비정치적이고 가치중립적 법으로서의 재산법-을 가족법에까지 확대하는 전략이다. 이처럼 '가족법/재산법'의 이분법으로부터는 자유로운듯하나, 한편으로 이러한 주장은 '비정치적·가치중립적 저촉법/정치적·가치지향적 실질법'의 이분법은 십분 활용하는 전략을 취하기도 한다. '국제사법은 가치중립적이므로 동성혼에 자체에 대한 반대론과는 별개로 당사자자치 원칙에 따라 동성혼을 인정해야 한다'는 식의 주장이 그 예이다.
105) 당사자자치의 규범성에 대한 동일한 주장으로 Harding, 전게논문(주95), 272면.
106) 이는 현실 담론이 그런 방향으로 흘러갈 가능성이 크다는 것일 뿐, 당사자 이익 개념이 논리필연적으로 외국 동성혼의 인정으로 연결되는 것은 아니다. 예를 들어 '당사자들이 합의하여 외국에서 혼인했다고는 하나, 국내에서는 외국의 혼인법을 인정하지 않는 것이 진정한 당사자 이익에 부합하는 것이다'와 같은 후견주의적 주장도 가능하다. 이 주장이 지나치게 황당하게 들린다면 동성혼 대신 일부다처제를 대입해보길 바란다. 약자로서의 여성에 대한 후견주의적 입장에서 충분히 등장할 수 있는 주장이다. 앞서 각주 100에서는 당사자 이익을 당사자자치 원칙과 연결시키는 주장을 소개했는데, 당사자자치와 근본적으로 충돌하는 이념인 후견주의와도 연결될 수 있다는 점에서 '당사자 이익'이라는 법적 언어의 레토릭성이 드러난다.
107) 당사자 이익과 마찬가지로, '질서이익' 역시 외국 동성혼의 인정/불인정을 논리적으로 결정할 수 있는 개념이 아니다. 이를테면 사비니식의 가족법론을 빌려 한국 내에서는 민법에 따른 신분 관

제적 측면 또는 국가이익(state interest)의 문제로 귀결되는 것이다.[108] 그렇다
면 국내의 법적의사결정자가 외국법에 따른 동성혼의 유효한 성립을 인정하는
경우 침해되는 국가이익이 구체적으로 무엇인지 아래 예시에서 검토해보자.

표 2 외국법에 따른 동성혼과 국가이익

A 커플	당사자 둘은 모두 한국에서 태어나고 자란 한국인이다. 이들은 한국에서 결혼식을 올린 후 라스베가스에서 신혼여행을 즐기며 혼인 신고도 했다.
B 커플	B1은 한국에서 태어나고 자란 한국인이지만 B2는 캘리포니아에서 태어나고 자란 미국인이다. 둘은 제3국 체류 중 만나게 되어 5년의 원거리 연애 끝에 캘리포니아에서 혼인하게 되었다. 혼인 후에도 2/3 정도는 한국과 캘리포니아에서 각자 생활하지만, 나머지 1/3은 한국에서 함께 생활하고 있다.
C 커플	한국계 미국인인 C1과 C2가 캘리포니아에서 혼인하여 생활하고 있다. 둘은 모두 미국 국적자로 캘리포니아에서 태어나고 자랐으나, C1은 한국 국적 역시 소지하고 있다(이중국적자).
D 커플	D1은 미국인(단일국적자), D2는 태국계 미국인(이중국적자)으로 둘은 뉴햄프셔에서 혼인해 생활하고 있다. 그런데 이들 커플은 업무차 한국에 방문할 일이 매우 잦다.

계만을 일괄적으로 인정하는 것이 질서이익에 부합한다고 주장하는 것도 물론 가능할 것이다. 본
문의 서술은 구미의 관련 담론의 최근 경향, 구미의 관련 담론이 국내 법담론에 미치는 일반적
영향력, 그리고 '질서이익'이라는 개념을 사용한 대립하는 주장들 중에서 어떤 것이 더 설득력 있
게 받아들여질 것인가 등을 고려한 글쓴이의 예측일 뿐이다.

108) 법의 공적·규제적 측면을 고려해야 한다는 것과 '국가이익'을 고려해야 한다는 것은 다른 의미처
럼 들리지만, 영미권에서는 종종 동일한 의미로 사용된다. 우리 법담론에서 '국가이익'은 주로 국
제사법에 한정되어 등장하는 것 같은데, 여기서 '국가'란 '저촉법에 따라 외국법에게 자리를 내어
주는 법정지법의 입법·사법·집행자로서의 추상적 국가'를 의미하는 것으로 결국 '공적·규제적'
과 의미가 다르지 않게 된다. 한편, 국제가족법적 맥락에서 국가이익을 강조하는 논변이 등장하
는 판결로는 서울가정법원 2006. 7. 19 선고 2005드단46786 판결(국제사법 2조 1항의 재판관할
실질적 관련 판단에 있어서 "재판권의 행사가 국가의 주권행사의 일종이고 우리나라 국민의 신
분관계는 우리나라 주권의 영향 아래 있으며, 국민의 신분을 관리하는 호적도 우리나라에서 관리
하고 있다는 점에 비추어 볼 때 원, 피고 쌍방이 한국인인 이상 국내에도 재판관 할권이 있다고
보아야"); 대법원 2021. 2. 4 선고 2017므12552 판결 ("가사사건은 일반 민사사건과 달리 공동생
활의 근간이 되는 가족과 친족이라는 신분관계에 관한 사건이거나 신분관계와 밀접하게 관련된
재산, 권리, 그 밖의 법률관계에 관한 사건으로서 사회생활의 기본토대에 중대한 영향을 미"치며,
가사사건에서는 "가족제도와 사회질서의 유지 등 공적 가치를 가지는 요소도 고려할 필요"가 있
음) 등 참조.

만일 국내의 법적의사결정자가 A 커플의 혼인이 유효하게 성립되었다고 인정한다면, 이는 혼인당사자의 성별에 따라 법률혼의 허용 여부를 달리하고 혼인의 허용 여부 및 혼인에 따른 법적 효과를 혼인제도의 이용자들이 자유롭게 결정하지 못하도록 하는 국내 혼인법 정책과 충돌할 것임이 비교적 명확하다. A 커플은 이러한 혼인법 정책의 적용을 피하고자 법제 간의 충돌 상황을 전략적으로 이용하고 있기 때문이다.[109] 그러나 B, C, D 커플의 경우는 다르다. 이들 혼인의 유효한 성립을 인정하는 경우 침해되는 규제적·정책적 이익이란 결국 한국인들에게 '혼인이란 무릇 남녀 간의 결합이다'라는 메시지를 보내고자 하는 정책, 즉 앞서 설명한 상징적 이익일 것이다. 그런데 외국 동성혼에 대한 각종 콘텐츠가 미디어를 통해 실시간으로 소개되는 오늘날의 한국사회에서, 국내 행정부나 사법부가 B, C, D 혼인의 유효한 성립을 인정한다고 해서 과연 국내 혼인제도의 표상적 기능을 유의미하게 약화시킬까? B, C 커플의 경우 한국 국적자인 B1과 C1이 당사자로 포함되어 있다는 점에서 국가의 상징적 이익이 더 크다고 볼 수도 있겠지만 ("배우자의 국적이 무엇이건 사는 곳이 어디이건 간에, 한국인인 이상 법률혼은 남녀 간에만 가능하다"), 설령 그렇다고 하더라도 케겔이 말하는 다른 저촉법적 이익을 상쇄할 정도일까? 형량 분석을 통해서 이 질문에 대해 확고한 결론을 내리는 것이 이 글의 목적은 아니지만, 누구든 쉽게 '그렇다'라는 결론을 내기는 어려울 것이다.

이상에서 고전적 국제사법 방법론에 따라 일차적인 분석을 해보았는데, 이는 사실 우리 국제사법 조문은 전혀 고려하지 않은 것이다. 글 앞머리(Ⅱ. 2.)에서 설명한 국제사법의 조문을 적용해보면, A 커플의 경우는 한국법이 준거법인 경우이므로 혼인 성립의 여지가 없다. B, C, D 커플의 경우 혼인에서의 성별 요건이 쌍면적 요건인지 일면적 요건인지에 따라서 혼인성립 여부가 달라질 것이고, 그에 더해서 D 커플의 경우에는 공서위반이 문제될 것이다. 그중에서 C 커플의 경우를 도표로 나타내면 다음과 같다.

---

109) Cossman, 전게논문(주95), 168면은 이러한 혼인을 "도피성 혼인 (evasive marriage)"이라고 칭하여 "이동하는 혼인(migratory marriage)"과 구분하였다.

표 3 외국법에 따른 동성혼의 유효성립 여부(C 커플의 경우)

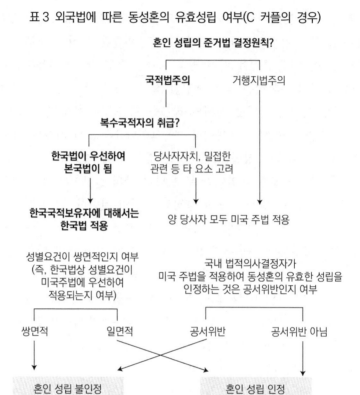

<표 3>에서 누운 대괄호는 논증단계별 법적의사결정의 순간을 나타낸다. 굵은 글씨로 표시된 경우는 국제사법 조문상 입법자의 의사결정이 이미 명백한 경우지만(국제사법 제3조 제1항, 제36조 제1항), 입법 당시 다른 선택의 가능성도 있었다는 점에서 도표에 표시해보았다. 이제까지의 논의를 종합하면, 각 단계에서 왼쪽을 선택하는 경우 오른쪽을 선택하는 경우에 비해 가족법의 공서양속적, 상징적 측면을 강조하게 된다.[110] 이는 두 가지 의미를 지니는데, 첫째로는 각 단계마다 기본적으로 동일한 정책적 고려를 반복하게 된다는 점이고, 둘째로는 개별국가의 규제이익은 공서위반 단계에서만 고려한다는

---

110) 첫 번째 누운 대괄호(국적법주의/거행지법주의)와 관련한 예를 들면, "[혼인의] 거행지라는 것은 우연히 결정되는 경우가 적지 않은데...혼인과 같은 신분의 중대한 변경은 원래 당사자가 익숙해 있는 풍속이나 습관, 윤리관념 등의 요소가 반영된 법률에 의하는 것이 합당하다는 점을 생각해 볼 때 혼인거행지법주의는 취하기 어렵다"라는 서술이 우리 국제사법 교과서에 일반적으로 포함되어 있다. 신창선·윤남순, 전게서(주14), 340면. 성별요건이 쌍면적인지 여부와 관련한 분석은 본문 Ⅱ. 2. (1)에서 이미 제시하였다.

저촉법의 고전적 이상에도 불구하고 실제로는 <표3>의 각 단계에서 왼쪽을 선택하는 경우 대체로 혼인법에 있어서 개별국가의 규제이익을 강조하는 결과가 된다는 점이다.

2. 외국적 요소가 있는 동성혼의 '효과'

지금까지 여러 쪽에 걸쳐서 외국 동성혼의 성립 여부의 문제를 검토했는데, 이는 어떤 법률행위든지 간에 그 유효한 성립이 인정된 후에야 그 효과에 대해 논할 수 있다는 일반론을 전제로 한 것이다.[111] 그런데 글쓴이는 '외국법에 따라 동성 혼인한 당사자들이 국내에서 해당 혼인의 유효한 성립을 주장하는 경우 이를 인정할 것인가'라는 질문 자체를 바꿀 필요가 있다고 생각한다. 구체적으로, 외국법에 따른 혼인 그 자체의 성립으로부터 잠시 시선을 거두고, 대신 외국법에 따라 혼인을 했다는 법적·사회적 사실이 국내에서 가질 수 있는 수많은 법적 효과 중에서 구체적으로 어떤 것은 인정하고 어떤 것은 인정하지 않을 것인지 묻고 싶다. 이는 Ⅲ.에서 주장하였듯 법적의사결정자가 혼인의 분배적 기능에 더 주의를 기울여야 한다는 법현실주의적인 통찰과 통할 뿐만 아니라, 법제 간 저촉 상황을 해결하기 위해서 쟁점을 가능한 한 면밀하게 쪼개는 저촉법의 방법론(dépeçage)에도 부합하는 것이다.[112] 구체적으로 아래와 같은 예를 생각해보자.

표 4 외국법에 따른 동성혼의 효과

C 커플	앞서 소개한 캘리포니아의 한국계 미국인 커플 C1(한국, 미국 이중국적자)과 C2(미국 단일국적자) 중 안타깝게도 C2가 유언 없이 사망하고 말았다. C2는 사망 당시 한국에 부동산을 소유하고 있었는데, 캘리포니아주 법에 따르면 해당 부동산은 배우자인 C1이 상속하게 된다. 그런데 현재 부동산을 점유하고 있는 C2의 한국인 아버지는 C1을 죽은 아들의 배우자로 받아들일 수 없다며 본인이 민법상 상속인이라고 주장하고 있다.

---

111) 예를 들어서 김용덕, 주석민법(한국사법행정학회, 2019), 358면 이하. 민법도 혼인의 성립, 혼인의 무효와 취소, 혼인의 효력(일반적 효력과 재산상 효력) 순으로 조문을 두고 있고, 가족법 교과서들도 이 순서를 따른다.

112) Dépeçage의 창조적 활용에 대한 주장으로, Knop, Karen, Michaels, Ralf & Riles, Annelise, "Multiculturalism to Technique: Feminism, Culture, and the Conflict of Laws Style", *Stanford Law Review* (2012), 636면 이하 참조.

D 커플	앞서 소개한 뉴햄프셔의 커플인 D1(미국 단일국적자)과 D2(태국, 미국 이중국적자) 중에서 D2가 업무차 한국에 단기 체류하던 중, 안타깝게도 묻지마 폭행을 당하여 사망하고 말았다. 그러자 D1이 한국인 가해자에 대하여 배우자로서 불법행위 손해배상을 청구하였다. 한편, D2가 사고 당시 혼수상태에서 받은 응급진료로 인하여 진료비가 발생하였다. 의료기관에 진료비 미수금을 대지급한 건강보험심사평가원에서는 배우자인 D1에게 구상을 청구하였다.113)
E 커플	E1, E2는 모두 캐나다인으로 캐나다에서 만나 혼인하였으나, 결혼 직후 함께 한국으로 이주하여 혼인 생활을 하였다. 그런데 E1와 E2는 독점적인 일대일 혼인관계(monogamy)를 해소하고 비독점적 다자간 연애관계(polyamory)에 합의하였고, E2는 이미 새로운 파트너를 만나기 시작했다. 그러나 막상 새로운 관계에 들어서자 여러 가지 문제가 발생하였고, 특히 E1은 다자간 연애관계의 유지 여부와는 별도로 둘 사이의 법적 혼인관계는 청산하기를 원하고 있다. 둘의 생활 기반과 재산은 모두 한국에 있고, 이혼 후에도 한국에서 생활할 계획이며, 이혼을 위해서 캐나다에 돌아가서 거주요건을 충족하기는 여의치 않은 상황이다.114)

혼인의 유효한 성립문제 또는 국제사법상 선결문제로서의 혼인의 성립을 논외로 하고서 이상의 예시들을 분석해보면 다음과 같다:115)

먼저 C 커플의 경우 피상속인인 C2의 본국법인 캘리포니아주법이 상속의 준거법이 되고(국제사법 제49조 제1항, 개정 국제사법 제77조 제1항), 다만 캘리포니아주법의 적용이 공서위반인지가 문제될 것이다. 즉, C1이 C2의 동성배우자로서 C2의 아버지 대신 한국에 소재한 부동산을 상속하도록 하는 경우 침해되는 민법상 혼인·가족제도의 표상적 기능이 국제사법 제10조의 공서위반에 이를 정도인지의 문제이다.

D1의 손해배상청구 관련해서는, (i) 불법행위지법인 민법 제752조에 의할 것인지(국제사법 제32조 제1항, 개정 국제사법 제52조 제1항), 아니면 (ii) 혼인의 일반적 효력 문제로 보아 부부의 동일한 상거소지법인 뉴햄프셔주법의 loss of consortium 법리에 의할 것인지(국제사법 제37조, 개정 국제사법 제64조)의 성

---

113) 국내 체류중인 외국인도 응급의료를 받을 권리가 있으며, 의료기관의 청구에 의해 국가가 미수금을 대지급한 경우 국가는 응급환자 본인과 그 배우자, 응급환자의 1촌의 직계혈족 및 그 배우자, 또는 다른 법령에 따른 진료비 부담 의무자에게 대지급금을 구상할 수 있다(응급의료에 관한 법률 제3조, 제22조).

114) R.S.C., 1985, c. 3 (2nd Supp.) §3(1).

115) 분석을 단순화하기 위해서 반정의 문제는 제외하였다.

질결정이 문제 될 것이다. (i)에 따르는 경우 민법 제752조의 '배우자'에 외국법에 따른 동성혼 배우자도 포함해야 하는지 판단해야 할 것이다. 반면 (ii)에 따르는 경우 최종적으로는 뉴햄프셔주법의 적용이 공서위반인지 판단해야 할 텐데,[116] 이는 다음의 질문으로 귀결된다: 한국인 가해자가 한국에서 저지른 불법행위와 관련해서 외국법에 따른 동성혼 배우자에 대해서도 불법행위행위 책임을 부담하도록 하는 경우 침해될 수 있는 국내 혼인제도의 표상적 기능과, (뉴햄프셔주법의 적용을 배제하고, 민법상 동성혼 배우자는 '배우자'에 해당하지 않는다고 판시할 경우) 불법행위의 가해자가 피해자 대신 배상금 해당액을 보유하게 된다는 분배적 결과를 저울질했을 때, 법적의사결정자는 과연 국제사법 제10조의 공서위반을 인정해야 하는가?

　국가가 D2의 진료비를 D1에게 청구하는 문제 관련해서도 (i) 응급의료에 관한 법률을 공법으로 보아 국제사법의 연결원칙을 거치지 않거나, 같은 법 제22조가 준거법에도 불구하고 국제적 강행규정으로서 적용된다고 볼 것인지, 아니면 (ii) 혼인의 일반적 효력 문제로 보아 부부의 동일한 상거소지법인 뉴햄프셔주법의 doctrine of necessaries 법리에 의할지의 성질결정이 문제될 것이다.[117][118] (i)에 따르는 경우 응급의료에 관한 법률 제22조상 '배우자'에

---

116) 공서위반이라고 판단하는 경우에는 우리 법을 적용하므로, 다시 민법 제752조로 돌아갈 것이다.
117) 영미법상 doctrine of necessaries는 "혼인으로 인해 남편과 아내가 법적으로 하나의 사람(By marriage, the husband and wife are one person in law)"이 되었던, 그리고 그 사람은 아내가 아니라 남편이었던 시절로부터 유래한 원칙이다. 결혼한 여성에게도 재산권을 인정하는 입법이 차례로 이루어지기 이전의 영미법하에서는 남편이 아내에 대하여 높은 수준의 부양의무를 부담하는 대신 아내는 재산을 소유할 법적 능력이 없었는데, 부양의무에도 불구하고 남편이 아내에 필요한 것(necessaries)을 제공하지 않아서 아내가 제3자로부터 채무를 부담한 경우에 남편이 해당 채무에 대한 책임을 진다는 원칙이 doctrine of necessaries였다. Blackstone, William, *Commentaries on the Laws of England, A Facsimile of the First Edition of 1765-1769, Volume 1: Of the Rights of Persons (1765)* (The University of Chicago Press, 1979), 430면. 현재 미국에는 doctrine of necessaries가 인정되는 주도, 인정되지 않는 주도 있는데 뉴햄프셔의 경우 성별에 관계없이 이를 인정하고 있다. Southern New Hampshire Medical Center v. Hayes, 159 N.H. 711 (2010) 참조. 이 판결에서는 현대의 doctrine of necessaries가 사적 복지 (private welfare) 제도로서의 혼인·가족제도의 일부를 구성하고 있다는 점이 드러나며, D 커플의 예에서는 (병원이 아니라) 공적 복지의 제공자인 국가가 배우자로부터 재정을 회수하려 한다는 점에서 이러한 측면이 더욱 명확하게 드러난다. 사적 복지제도로서의 기능이 가지는 다른 함의는 별론으로 하고 성질결정의 문제에 국한해서 보더라도 여러 가지 의문이 발생할 수 있는데, D커플의 사안은 본문에서 언급한 혼인의 일반적 효력 문제 외에 부양의 문제와도 관련이 있기 때문이다. 부양의 준거법 관련해서 공적 부양과 사적 부양을 동일한 법률에 의해 규율해야 한다는 견해가 있다고 하는데(석광현, 전게서(주13), 531면 참조), 이를 D커플의 예에 대입해보면 사망한 D2에 대한 D1의 사적 부양의무는 (동성)혼인에 따라 발생하는 반면, D2가 국내 체류 중이

외국법에 따른 동성혼 배우자도 포함해야 하는지 판단해야 할 것이다. 반면 (ⅱ)에 따른다면, 뉴햄프셔주법의 적용이 공서위반인지 판단하기 위해 다음 질문에 답해야 한다: 외국법에 따라 동성 혼인한 사람이 국내 의료기관에 미납한 진료비를 국가가 대납한 경우, 국가가 그의 동성 배우자에게 구상할 수 있도록 한다면 침해될 수 있는 국내 혼인제도의 표상적 기능과, (뉴햄프셔주법의 적용을 배제하고, 응급 의료에 관한 법률상 동성혼 배우자는 '배우자'에 해당하지 않는다고 판시할 경우) 동성 배우자 대신에 국가가 진료비를 부담하게 된다는 분배적 결과를 고려할 때, 법적의사결정자는 과연 국제사법 제10조의 공서위반을 인정해야 하는가?

　　마지막으로 E 커플이 한국 법원에서 이혼 소송을 진행하게 되면 캐나다법이 이혼의 준거법이 되며(국제사법 제39조, 개정 국제사법 제66조), 이때도 법적의사결정자는 다음의 어려운 질문에 답해야 한다: 이혼이란 애초 혼인이 성립했던 것을 전제로 하므로 동성혼의 이혼을 인정하는 것도 국내 혼인제도의 표상적 기능을 침해한다고 볼 것인가? 아니면 어차피 캐나다법에 따라 존재하고 있던 동성혼, 그것도 혼인이란 일대일의 독점적 관계(monogamy)라는 관념에 반하는 혼인을 '해소'하는 하는 것이므로 우리법의 상징적 이해관계에 부합한다고 볼 것인가? 이러한 상징적 이해관계와 더불어 국내의 법적의사결정자가 이혼을 인정하지 않는다면 당사자(들)이 이혼을 원함에도 불구하고 현실적으로 이혼을 하지 못하게 된다는 결과까지 고려할 때, 법적의사결정자는 국제사법 제10조의 공서위반을 인정해야 하는가?

　　동성혼과 저촉법 문제에 대한 국내 문헌은 대체로 희박하지만, C 커플과 유사한 사안에 대해서는 이미 국내의 여러 국제사법학자들이 공서위반이 아니라는 견해를 표명한 바 있다. 즉, 국제사법 제10조를 적용함에 있어서는 외국법의 규정 내용 자체가 아니라 이를 적용한 결과가 공서에 반해야 한다고 하

었던 까닭에 공적 부양기관으로서 한국이 (일시적으로나마) 개입된 결과 사적 부양과 공적 부양의 준거법이 달라질 수도 있는 상황이라고 설명할 수 있겠다.

118) 그 밖에도 가족법/재산법 준별론적 입장에서 혼인의 일반적 효력은 신분적 효력에 대한 규정일뿐이므로, D커플의 사안에는 부부재산제의 준거법을 적용해야 한다는 견해가 주장될 수도 있겠다. 석광현, 전게서(주14), 455면은 "부부 간에 일상가사대리권이 있는지와 배우자 일방의 일상가사 행위로 인하여 타당[sic] 배우자가 책임을 지는가의 문제"를 혼인의 일반적 효력의 문제로 보지만, 신창섭, 전게서(주15), 308면은 이는 혼인의 재산적 효력의 문제이므로 부부재산제에 관한 국제사법 제38조에 의해야 한다고 한다.

는데, 관련하여 시중의 교과서들은 일부다처혼을 예로 들고 있다. 이들 교과서에 따르면 우리나라에서 직접 일부다처혼 자체를 인정하는 경우와는 달리 일부다처혼으로부터 출생한 자의 적출성을 인정하거나 적출자의 상속을 인정하는 것,[119] 또는 제2부인의 부양청구권 등의 개별적 효력을 인정하는 것은 공서위반이 아니라고 한다.[120] 나아가서 동성혼이나 동성 생활동반자관계와 관련해서도, "그의 효력을 직접 인정하는 것은 우리의 공서에 반할 것이나, 생활동반자 간의 재산관계처럼 외국법에 따라 성립한 생활동반자관계의 개별적 효력을 주장하는 것은 공서위반이 되지 아니"한다는 견해도 보인다.[121] 그런데 D 커플이나 E 커플의 예와는 달리, C 커플의 예에서는 혼인·가족제도의 상징적 기능 문제와 공서위반 인정/불인정에 따른 분배적 결과가 충돌하지 않는다. 국내법상 일부일처제의 상징적 중요성을 관철하면 C2의 아버지가 상속하게 되는 것이고, 그게 아니라면 C2의 동성배우자가 상속하게 되는 것이다.[122] 이러한 경우에도 공서위반이 아니라면, D 커플이나 F 커플의 경우에는 더더욱 국내의 법적의사결정자가 동성혼의 개별적 효과를 인정하지 않을 이유가 없어 보인다.

3. 혼인의 '성립', '선결문제', 그리고 '효과'

그런데 이상의 분석에서 잠시 미루어두었던 혼인의 유효한 성립문제 또는 선결문제로서의 혼인의 성립으로 돌아가면 더욱 복잡해진다. 예를 들어 C 커플의 경우, 선결문제가 법정지 국제사법에 따라 결정된다는 견해(법정지법설)에 따르면 혼인의 유효 성립여부와 관련해서 앞서 <표3>에서 검토한 논증단계를 다시 거치게 된다.[123] 그렇다면 성별 요건을 일면적 요건으로 보지 않는

---

119) 신창선·윤남순, 전게서(주14), 183면. 신창섭, 전게서(주15), 166면. 전제가 되는 일부다처혼를 직접 인정하는 것이 아닌 한 그 효력을 일부 인정하는 것은 우리나라의 사법질서를 현실로 해치는 것은 아니기 때문이라고 한다.

120) 석광현, 전게서(주14), 175면

121) 석광현, 전게서(주14), 475면.

122) 상속법상 상속의 순위에 대한 규정들이 "혼인과 가족이란 어떠해야 한다."라는, 구체적으로 "혼인이란 남성 1인, 여성 1인 사이에 이루어지는 것이고, 개인은 혼인 후에도 배우자 뿐 아니라 원가족과 어떤 연결고리를 가지며, 다만 자식이 없는 경우에 특히 그러하다."라는 등의 특정한 이데올로기를 표상한다는 것을 전제로 한 서술이다.

123) 선결문제의 해결방안에 대한 법정지법설(독립적 연결설), 준거법설(종속적 연결설), 절충설, 실질법설에 대해서는 석광현, 전게서(주14), 38면 이하 참조. 한편, C, D 커플의 경우 선결문제의 2가지 유형 중 실질규정이 법률요건 안에 포함된 법률효과가 문제되는 경우이고 E 커플의 경우 저촉

이상 민법상 혼인이 성립하지 않은 것이므로, 캘리포니아주법에 따른 상속을 인정할 것인지는 더 나아가 검토의 여지도 없는 것일까? D 커플의 예도 마찬가지다. D1의 손해배상청구나 국가의 D1에 대한 구상청구를 혼인의 일반적 효력 문제로 성질결정하고, 선결문제의 해결방안에 대해서 법정지법설에 의한다면, 앞서 Ⅳ. 1.에서 검토한 성립문제가 선결문제로서 다시 등장하게 된다. 법적의사결정자가 D 커플의 혼인이 성립하지 않았다고 보는 경우, D1의 불법행위 가해자에 대한 손해배상청구나 국가의 D1에 대한 구상청구의 여지도 없는 것인가?

위와 같은 의문이 발생하는 것을 막기 위해서 국제사법의 선결문제에 대해서는 법정지법설이 아니라 실질법설(선결문제는 본문제의 준거법 소속국의 실질법에 의하여 해결해야 한다는 견해)을 취해야 한다고 주장할 수도 있겠다. 그러나 글쓴이는 그보다도 <표3>의 혼인 '성립'에 대한 논증 단계에서 법적의사결정자가 고려하게 될 한국 가족법의 공서양속적, 상징적 측면이, <표4>의 '효과'에 대한 판단에서도 어차피 개입된다는 점을 지적하고 싶다(즉, 법적의사결정자가 중복하여 판단할 필요가 없다).[124] 오히려 '효과'에 집중할 경우, 상징적 이익과 그 밖의 분배적 결과를 더욱 면밀하게 쪼개어 판단하는 것이 가능할 뿐 아니라 다자주의적 이상에 기초하여 규범적 가치판단은 최대한 마지막 단계로 미룬다는 국제사법의 이상적 방법론에도 부합한다고 생각한다.[125]

규정의 법률요건 안의 법률효과가 문제되는 경우라고 한다.

124) 다만 글쓴이의 주장처럼 선결문제로서 혼인의 성립문제 검토를 건너뛴다면, 법적의사결정자가 D 커플의 사안을 판단할 때, '혼인당사자의 성별에 상관없이 혼인을 인정하는 뉴햄프셔법(D1의 본국법)과 혼인당사자의 성별을 이성(異性)으로 제한하는 태국법(D2의 본국법)'이 저촉하는 상황에서, 태국법상 혼인당사자의 성별 요건을 쌍면적 요건으로 보아 혼인의 성립을 부정할 것인가'는 고려하지 않게 된다.

125) 이를테면 C 커플 사안에서 법적의사결정자는 "민법이 혼인당사자의 성별이 다를 것은 요구하는 것은 단순히 이성 커플이 대부분이라거나 당사자들이 동성혼을 원치 않기 때문이 아니라 법이 인정하는 혼인은 오로지 일부일처혼에 한해야 한다는 규범적 결단을 표명했다고 본다. 따라서 민법상의 성별요건은 쌍면적 성립요건으로 보아야 한다. 그렇다면 C 커플의 혼인은 성립할 수 없고, 혼인의 성립을 전제로 하는 상속에 대해서는 그 준거법이 캘리포니아주법이라 하더라도 더 나아가 살필 필요가 없다."라고 결정할 수도 있겠으나, "캘리포니아주에 거주하는 C1이 캘리포니아주법에 따른 배우자로서 한국에 소재한 부동산을 상속하여 소유하게 되는 것만으로 한국 민법이 표상해야 하는 일부일처제의 규범이 뒤흔들린다고 볼 수는 없다. 그러나 본 사안과 같이 민법상 가족인 C2의 부와 캘리포니아주법상 가족인 C2의 배우자가 상속재산을 두고 다투는 경우 후자의 상속권을 인정하고 전자의 상속권을 부정한다면 민법이 표상해야 하는 '혼인이란 남녀 간의 결합이고, 부모·자식 간의 연이 배우자 간의 연보다 가볍지 않다'는 이념에 정면으로 반하는 것이 된다. 따라서 국제사법 제49조 제1항에도 불구하고, 국제사법 제10조에 따라 예외적으로 캘리포니

　　어떤 법률행위든지 간에 그 유효한 성립이 인정된 후에야 개별적 효과에 대해 논할 수 있다는 일반론에도 불구하고, 혼인의 성립 여부, 그것이 국제사법상 선결문제인지 여부, 그리고 혼인의 개별적 효과를 인정할지 여부 간의 관계는 생각보다 명백하지 않다. 아래의 예에서 구체적으로 살펴보자.

표 5　성립, 선결문제, 효과

F 커플	F1과 F2는 모두 캐나다인으로 캐나다에서 혼인하였으나, 그중 F1은 직업적 이유로 국내에서 생활하고 있다. F2는 한국에서 더 오랜 시간을 보내고 싶지만, 법무부로부터 동반비자 발급을 거부당하였다. 하는 수 없이 단기체류자격으로 입국하려 하였으나, 방역당국이 캐나다법에 따른 혼인증명서를 "가족관계증명서에 준하는 외국 정부 발행 가족관계 증빙 서류"로 인정하여 시설이 아닌 F1의 자택에서 자가격리하도록 해줄지 불안해하고 있다.126)
G 커플	G1은 한국인, G2는 캐나다인으로 캐나다에서 혼인하였으나 G1은 현재 한국에 거주하고 있다. 안타깝게도 G1은 한국에서 범죄를 저질러 구속되었는데, G2는 배우자로서 보석을 청구하려고 한다.
H 커플	H1은 한국인, H2는 한국계 캐나다인(이중국적)으로 캐나다에서 혼인하였다. H2의 유학생활 동안 H1은 캐나다에서 함께 생활하였으나, H2가 학생 생활을 끝내고 취업에 성공하자 H1도 국내에서 대학원에 진학하기로 하였다. H1은 원가족으로부터는 아무런 지원을 기대할 수 없는 상황이지만, 배우자인 H2의 든든한 재정적 지원을 받고 있다. 이 상황에서 H1은 H2와의 혼인 사실은 무시한 채 소득이 없는 원가족(부모)과 본인을 기준으로 소득분위를 산정하여 국가장학금을 신청하였다.
I 커플	I1은 한국인, I2는 한국계 캐나다인(이중국적)이다. 둘은 I1이 캐나다에서 유학 중이던 시절에 만나 오랜 동거 생활 끝에 2005년 캐나다에서 동성혼이 법제화되자마자 혼인하였다. 이후 I1이 한국의 국립대학교 교수로 근무하게 되자 I 커플은 함께 한국으로 이주하여 15년간 혼인생활을 하였으나, 안타깝게도 I1이 병으로 사망하고 말았다. 그러자 I2는 공무원연금법상 유족연금을 신청하였다.

아주법의 적용을 부정하고, 대신 민법을 적용하기로 한다."라고 결정할 수도 있다. 글쓴이가 이 논변들을 지지하는 것은 아니다.

126) 출입국관리법, 「감염병의 예방 및 관리에 관한 법률」 제42조, 「검역법」 제16조 및 중앙방역대책본부의 해외출입국관리팀의 검역대응지침.

만일 민법상 혼인의 유효한 성립여부가 위 사안들에 대한 결론을 결정한다면, 나아가서 혼인의 성립여부를 결정하기 위해 국제사법을 적용해야 한다면, 캐나다법에 따라 혼인이 성립한 F 커플은 시설이 아니라 자택에서 격리할 수 있을 뿐 아니라 동반비자도 발급받을 수 있고,[127] 민법에 따라 혼인이 성립하지 않은 G 커플, H 커플, I 커플은 각각 구속적부심사를 청구할 수 없으며, 유족연금도 받을 수 없지만, 국가장학금은 받을 수 있을 것이다.[128] 그런데 <표5>에 제시한 사안들이 모두 공법적 법률관계라서 국제사법이 적용될 사안이 아닌지의 문제는 별론으로 하더라도,[129] 당장 국내의 법적의사결정자들이 (준거법에 따른) 혼인의 유효 성립 여부만 검토하면 당연히 이상의 문제들에 대한 답이 나오는 것으로 여기지는 않을 것이다. 가령 F 커플의 경우, 우리 정부는 이미 F1이 일국의 대사인지, 미군인지, 아니면 일반인인지에 따라 F2가 동성배우자로서 국내 체류자격이나 신분증을 받을 수 있는지를 달리 취급하고 있다.[130] G 커플과 같은 사안에서 법원이 G2가 동성배우자로서 보석을 청구

---

127) 공서위반의 예외에 해당하지 않음을 전제로 한다.

128) 민법상 성별요건이 쌍면적 성립요건임을 전제로 한다.

129) 우리 국제사법학에서는 자본시장법이나 공정거래법과 같은 규제법이 민사책임 규정을 두고 있는 경우 사법으로 성질결정하여 국제사법상 준거법 결정 절차를 거쳐야 하는지에 대한 논의가 있다. 예를 들어서 이종혁, "자본시장법상 역외적용규정의 준거법 결정기준으로서의 기능에 대한 검토 -국제증권발행에서 투자설명서 부실표시책임의 준거법을 소재로 삼아", 국제거래와 법 제30호 (동아대학교 법학연구소, 2020), 196면 이하. 공법과 사법의 교차라는 측면에서 볼 때 이는 공법적 법률관계가 사법적 법률관계의 선결문제가 되는 경우이고, 본문의 <표5>에 제시된 사안은 반대로 사법적 법률관계(혼인)가 공법적 법률관계의 선결문제가 되는 경우라고도 할 수 있다(글 쓴이와의 대화 중 이 점을 환기해 준 이종혁 교수께 감사의 말씀을 전한다). 사법적 법률관계가 공법적 법률관계의 선결문제가 되는 사안에서 국제사법을 적용한 판례로는 대법원 1996. 11. 22. 96도2049 판결 참조(한국인 남성과 중국 여성이 중국에서 먼저 혼인인 한 후 국내에서 이를 신고 하였는데 부부관계를 설정할 의사 없이 여성의 국내 취업을 위한 입국으로 신고한 것이어서 공정 증서원본불실기재죄로 처벌할 것인지 문제 된 사안. 대법원은 혼인의 성립문제에 국제사법에 따라 결정된 준거법(민법)을 적용한 후 공정증서원본불실기재죄에 해당한다고 판시하였다). 19세기의 엄격한 공/사법 준별론을 전제로 해서 발명된 국제사법의 고전적 방법론이, 공/사법 준별론에 대한 이론적 비판뿐 아니라 현실적으로도 공/사법의 구별이 쉽지 않은 수많은 예를 만나면서 발생하게 된 논의라고 생각한다. 관련하여 규제법의 저촉에도 국제사법적 방법론을 적용해야 한다는 견해로는, Michaels, Ralf, 전게논문(주93) 참조.

130) 이 글 Ⅰ.에서 소개한 주한뉴질랜드 대사의 동성배우자 이케다 히로시와 일반인 사이먼 헌터 윌리엄스의 예 참조. 한편 주한미군 가족의 출입국이나 기타 지위에 관한 사항은 대한민국과 아메리카합중국간의 상호방위조약(SOFA)이 정하고 있는데, 한국정부는 미국 측 요청에 따라 주한미군의 동성배우자 역시 SOFA 제 1조의 "가족"에 포함하기로 한 51번째 국가가 되었다. Jowers, Karen, South Korea Gives Same-Sex U.S. Military Spouses Lega Protection, Military Times (2017. 4. 17.), https://www.militarytimes.com/news/your-military/2016/04/17/south-korea-gives-same-sex-u-s-military-spouses-legal-protection/.

할 수 있는지를 결정하게 된다면 형사소송법 제94조가 배우자나 가족뿐 아니라 동거인에게까지 보석청구권을 인정하는 취지를 고려하지 않을 수 없을 것이다. H 커플의 경우도 마찬가지다. 민법상 해당 혼인의 성립 여부를 불문하고 외국법에 따른 동성혼 가구 역시 '기혼학생과 배우자 가구'에 포함시키도록 결정하는 것이 충분히 가능해 보인다.[131)

　마지막으로 I 커플의 경우는 어떨까? 국가장학금 지급을 위한 소득분위 산정에서 외국법에 따른 동성혼 가구를 인정하는 것이 동성혼을 한 당사자들에게 더 이익이 될지 국가장학금재단에 더 이익이 될지는 일률적으로 판단할 수 없는 데 비해,[132) 외국법에 따른 동성혼 배우자를 공무원연금법상 '유족'으로 인정하는 것은 동성혼 당사자들에게 혼인제도에 따른 '보호'를 부여하는 것임이 명백하므로, 직관적으로는 더더욱 인정하기 어려울 것처럼 보일 수 있다. 그런데 외국법에 따른 동성혼은 아니었지만 유사한 사안에서 대법원은 유족연금의 지급을 인정한 바 있다. 민법 제809조 제2항의 근친 관계인 남성과 여성(형부와 처제 간이었다)이 사실상 혼인생활을 하다가 남성이 사망한 사안에서, 아래와 같이 유족연금을 지급 받을 수 있다고 판시한 것이다(밑줄은 글쓴이가 추가):

　한편 공무원연금제도는 정부가 관장하는 공적연금제도이고…공익적 요청을 무시할 수 없는 점을 종합하면, 민법이 정하는 혼인법질서에 본질적으로 반하는 사실혼관계에 있는 사람은 유족연금 수급권자인 배우자에 해당한다고 할 수 없다. 그리고 혼인할 경우 그 혼인이 무효로 되는 근친자 사이의 사실혼 관계라면 원칙적으로 혼인법질서에 본질적으로 반하는 사실혼관계라고 추단할 수 있을 것이다. 그러나 비록 민법에 의하여 혼인이 무효로 되는 근친자 사이의 사실혼관계라고 하더라도, <u>그 근친자 사이의 혼인이 금지된 역사적·사회적 배경, 그 사실혼관계가 형성된 경위, 당사자의 가족과 친인척을 포함한 주변 사회의 수용 여부, 공동생활의 기간, 자녀의 유무, 부부생활의 안정성과 신뢰성 등을 종합하여 그 반윤리성·반공익성이 혼인법질서 유지 등의 관점에서</u>

---

131) 그러한 법적의사결정은 다양한 단계에서 이루어질 수 있겠다. 이를테면 학자금지원소득구간산정 지침을 개정하여 외국법에 따른 동성혼 가구가 포함됨을 명확히 할 수도 있고, 지침을 개정함이 없이 현재의 지침을 그렇게 해석할 수도 있으며, 지침 자체나 지침에 따른 처분이 법원에서 문제 될 수도 있겠다. 혹시나 해서 부연하나, 글쓴이가 그러한 정책적 결정을 지지한다는 것은 아니다.
132) 소득분위 산정에서 외국법에 따른 동성혼을 '인정함으로 인해 동성혼 커플들이 누리는 상징적 이익은 고려하지 않은 것이다.

현저하게 낮다고 인정되는 경우(a)에는 근친자 사이의 혼인을 금지하는 공익
적 요청보다는 유족의 생활안정과 복리향상(b)이라는 유족연금제도의 목적을
우선할 특별한 사정이 있다고 할 것이고, 이와 같은 특별한 사정이 인정되는
경우에는 그 사실혼관계가 혼인무효인 근친자 사이의 관계라는 사정만으로 유
족연금의 지급을 거부할 수 없다고 할 것이다.133)

　　대법원은 원고의 연금수급권을 인정함으로 인해 침해될 수 있는 혼인법의
표상적 기능(a)과 연금수급권 인정 여부에 따른 분배적 결과(b)를 저울질한
뒤, 민법상 무효 또는 취소 사유가 있어서 법률혼이 유효하게 성립할 수 없는
경우에도 혼인의 효과 중 하나인 유족연금수급권을 인정한 것이다.134) 이때
분배적 결과를 고려한다는 것은 물론 원고 개인이 연금을 받느냐 마느냐의 문
제뿐 아니라, 공무원연금의 사회보장기능을 고려할 때 법률혼이 불가능한 경
우이긴 하나 공무원이었던 사람과 생활공동체 관계에 있었던 사람이 다른 사
람들에 우선하여 연금을 받아야 할 것인지의 문제를 포함한다.

　　우리는 '혼인이 성립한 상태'와 '혼인이 성립하지 않은(＝혼인하지 않은) 상
태'가 칼로 자르듯 구별되고, 일단 혼인을 하면 언제, 어디서, 무엇과 관련해서
든 혼인을 한 것이며, 혼인을 하지 않으면 언제, 어디서, 무엇과 관련해서든
혼인을 하지 않은 것이라고 생각하기 쉽다. 그러나 법적의사결정자들이 혼인
의 개별적 효과를 인정하고 있는지 부인하고 있는지에 주목해보면, 혼인이 성
립한 상태와 혼인하지 않은 상태는 우리 국경 내에서조차 가변적이다. 행정부
와 각종 법률의 입법자는 물론이고 법원 역시 사실혼, 가장혼인, 사실상 이혼
상태135)와 같은 법리를 통해서 혼인이 성립한 상태와 혼인하지 않은 상태의

---

133) 대법원 2010. 11. 25 선고 2010두14091 판결. 한편, 이상에 인용한 부분에서는 위 사안의 남성과
　　여성의 (사실)혼인에 무효사유가 있었던 것처럼 보이지만, 꼭 그렇지는 않았다. 대법원의 사실관
　　계에 따르면 위 사안의 남성과 여성은 1992년에서 1995년 사이에 사실상의 혼인관계를 시작하였
　　고(빠르면 남성의 전처이자 여성의 언니가 사망한 1992년부터, 늦으면 두 사람이 주소지를 같이
　　한 1995년부터 사실상의 혼인관계가 시작된 것으로 보인다), 남성이 사망한 2009년까지 이를 유
　　지하였다. 그런데 민법상 '형부와 처제 사이라는 인척관계의 존재'는 1990년부터 2005년까지는
　　무효 사유였으며, 2005년 민법이 시행된 후에는 취소 사유가 되었다. 사실혼의 '성립'이라는 측면
　　에서 저촉법적으로 사고해보자면, 사실혼 관계가 존재했던 14년에서 17년 남짓한 기간 동안
　　1990년 민법과 2005년 민법의 두 가지 다른 법률이 저촉하는 셈인데, 공무원연금공단은 둘 중에
　　서 남성이 공무원으로 재직하던 당시 시행되던 1990년 민법이 우선한다고 보았지만, 대법원은 그
　　렇지 않다고 보았다.
134) 위 각주 15에서 검토하였듯이 국제사법에서는 해당 인척관계의 '부존재'가 혼인의 '성립요건'이
　　된다(또는 해당 인척관계의 '존재'가 혼인의 '장애사유'가 된다).

구분을 흐트러뜨려 왔다.[136) 국경을 넘는 혼인의 문제에서도 선결문제로서 외국법에 따른 동성혼이 '성립'했는지를 묻는 대신, 개별 사안에서 쟁점이 되는 혼인의 '효과'에 대해서 저촉법을 적용하고 공서여부를 판단한다면 법적의사결정자가 해당 사안에서 충돌하는 이익들을 더 면밀하게 고려하여 솔직하게 판단할 수 있으리라고 생각한다.

---

135) 예를 들어 대법원 2009. 12. 24 선고 2009다64161 판결 참조.

136) 이러한 법리들은 개별 사안에서 혼인의 법적 효과를 인정해야/인정하지 않아야 타당하다는 정책적 동기에서 도입되었겠지만, 일단 해당 법리가 법적 담론 내로 들어오면 다시 이를 체계화하려는 경향이 생겨난다. 예를 들어 '사실혼'이라는 것 자체를 '혼인이 성립한 상태'와 '혼인하지 않은 상태'에 이은 제3의 법적 지위로서 이론화하고, 일단 '사실상 혼인한 상태'에 돌입하는 순간 사실혼에 인정되는 혼인의 모든 효과가 한꺼번에 인정되며 개별 사실혼들 사이에 차이는 없다고 보는 것이다. 결론부터 말하자면 글쓴이는 그러한 체계화 노력에도 불구하고 어떤 관계가 사실혼으로서 혼인의 효과를 인정받는지는 상당히 가변적이라고 본다. 이 글에서 자세히 다룰 문제는 아니므로 두 가지만 지적하고 싶다. 첫째, 두 사람이 만나서 사귀고 동거하다가 이별 또는 죽음으로 인해 관계를 해소하는 생애주기에서 언제 사실혼이 성립되었는가 하는 문제는 법적의사결정자로부터 사실혼에 따른 법적 효과를 인정받고자 하는 시점에 이르러 소급적으로 판단될 수밖에 없고, 따라서 두 사람이 언제, 어떤 목적으로 법적의사결정자와 조우하는가에 따라 가변적일 수밖에 없다. 이를테면 앞서 인용한 근친 간의 사실혼은 2005년까지는 혼인무효사유가 있는 사실혼이었고 2005년부터 2009년까지는 혼인취소사유가 있는 사실혼이었다(위 각주 133 참조). 만일 남성이 2008년이 아니라 1997년에 사망했더라면, 또는 1995년에 사망했더라면 그때도 사실혼 관계가 존재했던 것으로 판단되었을까? 이러한 가변성은 두 사람이 아니라 세 사람이 등장하는 경우 더욱 자명하다. 법률혼 배우자가 사망한 후에는 중혼적인 사실혼 배우자도 통상적 사실혼 배우자가 되므로 군인연금법상 유족 지위를 인정할 수 있다고 판시한 대법원 2010. 9. 30 선고 2010두9631 판결에서, 대법원은 법률혼 배우자가 사망한 시점 이전에도 사실혼은 취소 가능했을 뿐 유효하게 성립하고 있었던 것처럼 판시한다. 하지만 얽히고설킨 세 사람의 생애에서, 만일 법률혼 배우자가 사망하기 이전에 사실혼이 해소되었고 사실혼 배우자가 그 해소에 따른 손해배상이나 재산분할을 청구했더라면 법원은 그들 사이에 "법률상 보호받을 수 있는 적법한 사실혼관계가 성립되었다고 볼 수는 없"다고 판시했을 것이다. 대법원 1996. 9. 20 선고 96므530 판결. 둘째, 법적의사결정자에 대법원뿐 아니라 하급심 법원이나 법을 집행하는 온갖 공무원을 포함하면 사실상 혼인한 상태와 그렇지 않은 상태는 더더욱 가변적으로 된다(위 각주 7 참조). 예를 들어 보건복지부는 주민등록등본상 동일 거주지에 1년 이상 동거한 기록만 있으면 모자보건법상 사실혼 난임부부로서 시술비 지원을 받을 수 있도록 하는데, 이는 다른 맥락에서 다른 법적의사결정자가 사실혼을 인정하는 기준과 같지 않다. 보건복지부, 2021 모자보건사업안내, 100면. 국민기초생활보장법에 따른 수급 신청시 사실혼이나 사실상 이혼 여부 판단도 가변적인 것으로 보인다. 이가연, 오락가락 수급 선정...이의신청 사유 '부양의무자기준' 제일 많아, 비마이너(2020. 11. 18.), https://www.beminor.com/news/articleView.html?idxno=20286. 앞서 언급한 중혼적 사실혼의 경우에도 하급심 법원들은 사실혼 배우자가 언제 혼인의 다양한 효과를 인정받을 수 있는지에 대해 대법원보다 더 유동적으로 판결하고 있다. 인천가정법원 2016. 8. 26 선고 2016르10054 판결, 청주지방법원 2016. 11. 2 선고 2016가합20753 판결 등.

V. 나가며

동성혼을 둘러싼 저촉법적 문제를 검토해본 결과, 고전적 국제사법의 방법론을 적용하더라도 비정치적, 중립적, 기계적으로 법적의사결정을 하는 것은 불가능하며, 혼인과 가족법을 둘러싼 상징적 이해관계를 어떻게, 얼마나 고려할지의 문제는 저촉법적 의사결정에서 그대로 반복된다. 그런데 혼인과 가족에 관한 법은 다른 모든 법과 마찬가지로 분배적 효과를 가지며, 혼인과 가족에 관한 법을 둘러싼 상징적 이해관계는 법적의사결정자가 고려해야 할 혼인의 수많은 효과 중 하나일 뿐이다. 이처럼 혼인의 다양한 효과에 주목해야 한다는 법현실주의적 통찰에 비추어볼 때, 외국적 요소를 가지는 혼인과 관련한 저촉법적 의사결정을 함에 있어서도 해당 사안에서 문제 된 혼인의 개별적 효과에 주목하여 준거법을 결정·적용하고 공서위반 여부를 따져야 한다. 이는 쟁점을 가능한 한 면밀하게 쪼개는 저촉법의 고전적 방법론에도 부합 하는 것이다.

마지막으로, 이제까지는 '혼인이란 무릇 남녀 간의 결합'이라는 이념을 중심으로 논했지만, 2021년의 대한민국에서는 '혼인이란 성적 지향이나 성 정체성과 관계없이 자유롭게 이용할 수 있는 제도'라거나 심지어 '혼인은 개인에 대한 억압'이라는 등의 다양한 이념이 존재하며, 이들 이념을 공적으로 표상하고자 하는 상징적 이해관계 자체도 저촉하고 있다는 점을 지적하고 싶다. 이처럼 혼인과 가족에 대한 규범적인 저촉의 상황에서, 법적인 쟁점을 최대한 세밀하게 쪼개고, 개별적이고 분배적인 효과에 주목하며, 가치판단은 최대한 뒤로 미루는 국제사법의 테크닉이 유용할 수도 있지 않을까.

[追記]

법학전문대학원 첫해부터 글쓴이에게 국제사법, 더 나아가서는 공부하는 즐거움과 보람과 고됨에 대해 처음 가르쳐주신 석광현 선생님께 진심으로 존경과 감사의 마음을 전해드리고 싶다. 이 글은 2017년 글쓴이의 Harvard Law School 석사 논문을 새로 쓴 것이며, 당시에 석광현 선생님과 논문 지도교수였던 Janet Halley의 소중한 코멘트를 받았다.

― 참고문헌 ―

1. 국내문헌

가. 단행본

김용덕, 주석민법(한국사법행정학회, 2019).

김주수·김상용, 친족·상속법 제17판(법문사, 2020).

석광현, 국제사법 해설(박영사, 2013).

송덕수, 친족상속법 제4판(박영사, 2018).

신영호·김상훈, 가족법강의 제3판(세창출판사, 2018).

신창선·윤남순, 신국제사법 제2판(피데스, 2016).

신창섭, 국제사법 제4판(세창출판사, 2018).

이경희, 가족법(법원사, 2017).

윤진수, 친족상속법강의 제2판(박영사, 2018년).

정종섭, 헌법학원론 제12판(박영사, 2018).

나. 논문

곽민희, "국제가족법에 있어서의 당사자자치 원칙의 수용", 국제사법연구 제23권 제2호 (2017).

김선화, "동성혼의 법제화에 대한 고찰", 이화젠더법학 제7권 제3호(이화여자대학교 젠더법 학연구소, 2015. 12).

류민희, "'동성간 결합에 대한 승인의 부재'라는 중대한 인권 침해의 구제," 화우공익재단 제 5회 공익세미나(2017. 10. 19.).

석광현, "국제사법에 대한 헌법의 영향", 저스티스 제170-3호(한국법학원, 2019. 2).

성중탁, "동성혼에 관한 법적 쟁점과 전망 ―미국에서의 동성혼 합법화 결정 이후의 논의를 포함하여―", 가족법연구 제31권 제1호(한국가족법학회, 2017).

손명지, "동성혼에 대한 재고 ―현행법상 해석론을 중심으로―", 가족법연구 제33권 제3호 (한국가족법학회, 2019. 11).

신창선, "국제사법의 목적과 이념", 국제사법연구 제5권(2000).

양창수, "'가족법'상의 법률행위의 특성", 서울대학교 법학 제46권 제1호(2005).

윤진수, "재산법과 비교한 가족법의 특성 ―가족법의 이타성과 합리성", 민사법학 제36호(한 국민사법학회, 2007. 5).

이동훈, "동성혼의 헌법적 쟁점 -헌법 해석의 한계", 공법학연구 제20권 제2호 (한국비교공
　　법학회, 2019. 5).

이종혁, "자본시장법상 역외적용규정의 준거법 결정기준으로서의 기능에 대한 검토 -국제
　　증권발행에서 투자설명서 부실표시책임의 준거법을 소재로 삼아", 국제거래와 법
　　제30호(동아대학교 법학연구소, 2020).

한승수, "우리법상 공서 조항에 관한 개괄적 비교 -민법, 국제사법 및 민사소송법의 규정을
　　중심으로", 중앙법학 제21집 제1호(중앙법학회, 2019. 3).

현소혜, "국제입양의 준거법 결정 -헤이그 입양협약 가입에 대비하여", 국제사법연구 제24
　　권 제2호(한국국제사법학회, 2018. 12).

호문혁, "외국판결의 공서위반 판단의 대상에 관한 연구 -강제징용 사건 관련 대법원 판결
　　에 대한 검토를 중심으로", 법학평론 제6권(2016. 4).

2. 국외문헌

가. 단행본

中川善之助, 身分法の總則的課題: 身分權及び身分行爲 (岩波書店, 1941).

Blackstone, William, *Commentaries on the Laws of England, A Facsimile of the First
　　Edition of 1765-1769, Volume 1: Of the Rights of Persons* (1765) (The
　　University of Chicago Press, 1979).

Chen, Yun-Ru, *The Emergence of Family Law in Colonial Taiwan: A Genealogical
　　Perspective*, S.J.D. Dissertation (Harvard Law School, 2013).

Kennedy, Duncan, *The Rise and Fall of Classical Legal Thought* (Beard Books, 2006).

Neidhardt, Alberto Horst, *The Transformation of European Private Interantional Law: A
　　Genealogy of the Family Anomaly*, Ph.D. Dissertation (European University
　　Institute, 2018).

Savigny, Friedrich Carl von, *A Treatise on the Conflict of Laws and the Limits of Their
　　Operation in Respect of Place and Time* (Guthrie, William trans., T.&T. Clark,
　　1880).

Savigny, Friedrich Carl von, *System of the Modern Roman Law* (Holloway, William
　　trans., Madras: J. Higginbotham, 1867).

나. 논문

Cossman, Brenda, "Betwixt and Between Recognition: Migrating Same-Sex Marriages
　　and the Turn Toward the Private", *Law and Contemporary Problems* (2008).

Halley, Janet & Rittich, Kerry, "Critical Directions in Comparative Family Law:

Genealogies and Contemporary Studies of Family Law Exceptionalism", *The American Journal of Comparative Law* (2010).

Halley, Janet, "Behind the Law of Marriage (I): From Status/Contract to the Marriage System", *Unbound* (2010).

Halley, Janet, "What is Family Law?: A Genealogy Part I", *Yale Journal of Law & Humanities* (2011).

Harding, Maebh, "Does Transnational Family Law Exist? Should Adult Relationships Be Freed From National Protective Norms?" *in Regulatory Hybridization in the Transnational Sphere* (Kjaer, Poul, Jurčys, Paulius, and Yatsunami, Ren eds., 2013).

Kegel, Gerhard, "The Crisis of Conflict of Laws", *in Collected Courses of the Hague Academy of International Law* (1964).

Kennedy, Duncan, "Three Globalizations of Law and Legal Thought: 18500-2000", *in The New Law and Economic Development: A Critical Appraisal* (Trubek, David and Santos, Alvaro eds., 2006).

Kennedy, Duncan, "Savigny's Family/Patrimony Distinction and its Place in the Global Genealogy of Classical Legal Thought", *The American Journal of Comparative Law* (2010).

Kennedy, Duncan, "Form and Substance in Private Law Adjudication", *Harvard Law Review* (1976).

Knop, Karen, Michaels, Ralf & Riles, Annelise, "Multiculturalism to Technique: Feminism, Culture, and the Conflict of Laws Style", *Stanford Law Review* (2012).

Llwellyn, Karl, "Some Realism About Realism", *Harvard Law Review* (1931).

Michaels, Ralf, "After the Revolution-Decline and Return of U.S. Conflict of Laws", *Yearbook of Private International Law* (2009).

Michaels, Ralf, "Towards a Private International Law for Regulatory Conflicts?", *Japanese Yearbook of International Law* (2016).

Müller-Freienfels, Wolfram, "The Emergence of Droit de Famille and Familienrecht in Continental Europe and the Introduction of Family Law in England", *Journal of family brand History* (2003).

다. 기타

김병규, 日 이바라키현, '동성 파트너십' 인정...광역지자체 중 처음, 연합뉴스(2019. 6. 24.), https://www.yna.co.kr/view/AKR20190624127500073.

양진하, 신은별, 주한외교관 '동성배우자' 지위 인정한 청와대, 중앙일보(2019. 10. 21.), https://www.hankookilbo.com/News/Read/201910201790755799.

이지헌, 한·영국 동성커플 "합법부부인데 한국은 결혼이민 안 된대요", 연합뉴스(2018. 6. 3.), https://www.yna.co.kr/view/AKR20180602051400004.

전혼잎, 성소수자에겐 '아파트'가 허락되지 않는다?, 한국일보(2021. 7. 5.), https://m.hankookilbo.com/News/Read/A2021070415180004587.

한국갤럽 데일리오피니언 제448호 2021년 5월 3주, 한국갤럽(2021. 5. 20.), https://www.gallup.co.kr/gallupdb/reportContent.asp?seqNo=1210.

한상희, 동성혼은 원래 합법이다, 중앙일보(2015. 7. 31.), https://www.joongang.co.kr/article/18358135#home.

Jowers, Karen, South Korea Gives Same-Sex U.S. Military Spouses Lega Protection, Military Times (2017. 4. 17), https://www.militarytimes.com/news/your-military/2016/04/17/south-korea-gives-same-sex-u-s-military-spouses-legal-protection/.

Same-Sex Marriage Around the World, Pew Research Center (2021. 12. 27. 마지막 방문), https://www.pewforum.org/fact-sheet/gay-marriage-around-the-world.

영국 국제사법의 예양의 원칙

김민경*

Ⅰ. 서론

　국제거래에서 영국법은 선호되는 준거법이고, 영국 법원은 선호되는 법정지이다. 당사자 일방 또는 쌍방이 한국 당사자임에도 국제계약의 준거법을 영국법으로 합의하고 영국 법원을 관할법원으로 하는 국제재판관할합의를 체결하는 경우가 적지 않다. 특히 보험, 해상, 금융 분야에서 영국법의 우위는 주목할 만하다. 그런데 당사자가 영국에서 재판받는 경우 영국 법원은 자국의 국제사법 원칙을 적용할 것이므로, 영국 국제사법을 이해하는 것은 국제거래 당사자들의 재판에 대한 예측가능성을 높이는 데 도움이 된다. 특히 영국 국제사법에서 '예양(comity)'은 자주 등장하는 개념이지만, 그것이 무엇인지에 대하여는 국내의 연구가 부족한 실정이다.

　영국 학계에서 예양의 효용에 대하여 논란이 있다. 예양은 주권국가간의 관계에서 문제될 뿐이고, 당사자의 사적 권리에 관하여 판단하여야 하는 사법(司法)의 기능과는 관련이 없다는 견해[1]가 있다. 반면, 예양이 보통법상 국제사법 원칙의 정수(精髓, essence)로서 국제사법 원칙을 적용하거나 재형성하는 도구라는 견해[2]도 있다.[3] 그런데 영국 법원은 국제소송의 여러 단계에서 예양의 원칙을 원용 또는 적용하고 있다. 따라서 예양의 원칙에 대한 비판론에도 불구하고, 예양의 개념과 실체, 그 작용국면을 살펴보는 것은 여전히 의미

---

* 대전지방법원 판사/법학박사

1) Torremans, Paul(eds., *Cheshire, North & Fawcett: Private International Law*, 15th Edition (Oxford University Press, 2017), 4.

2) Briggs, Adrian, "The principle of comity in private international law", Recueil des Cours, Vol. 354 (2012), 82; Collins, Lawrence (ed.), *Dicey, Morris & Collins: The Conflict of Laws*, vol. 1, 15th Edition (Sweet & Maxwell, 2012), para 1-09.

3) 흥미롭게도 Briggs 교수는 이러한 견해차가 Dicey/Morris/Collins (주 2)의 저자들이 실무에 종사하는 반면, Cheshire/North/Fawcett (주 1)의 저자들은 실무와는 좀 더 거리가 있어, 예양의 원칙의 실용성을 덜 인정하는 것에 기인한다고 분석한다.

가 있다. 이 글의 주된 목적은 영국 Oxford 대학교의 Adrian Briggs 교수의 "The principle of comity in private international law"[4]를 주된 자료로 하여 국내에서는 아직 체계적인 연구가 이루어지지 않은 영국법상 예양의 원칙을 충실히 소개함으로써 예양의 원칙이 영국 국제사법에서 어떤 역할을 하는지를 파악하는 것이다.[5] 예양의 원칙을 우리법의 해석론과 입법론에 어떻게 반영할 수 있을지 또는 반영해야 하는지 검토하는 것은 추후의 과제로 삼기로 한다. 이하에서는 구체적으로, 예양이 무엇인지와 예양이 문제될 수 있는 상황을 개관한 후(Ⅱ.), 국제재판관할권 행사와 소송금지명령(Ⅲ.), 법의 적용범위 확정 (Ⅳ.), 외국판결의 승인 · 집행(Ⅴ.)에서 예양이 어떻게 작용하는지에 관하여 검토한다.

Ⅱ. 예양은 무엇이고 언제 문제되는가

1. 예양의 핵심요소[6]

대륙법계 법률가의 예양의 원칙에 대한 비판은 대체로 예양이 열려 있는 개념(open-texture)이라는 점과 보통법 법원이 예양을 속지주의를 침범하는 비밀스러운 무기로 활용하는 것이 아닌가 하는 의심에 기초한다. 그러나 Briggs 교수는 다음과 같은 이유로 이러한 비판이 잘못되었다고 주장한다. 예양은, ① 외국 사법기관에 간섭하지 않고 상호신뢰와 신임을 부여하고 보여주는 것(그리고 그렇게 하기 위한 정확한 요건을 정하는 것), ② 외국 사법기관의 행위의 종국성을 존중하고, 그것이 어떤 의미인지 구체화하는 것이다. 유럽사법재판소가 *Turner v Grovit*[7] 사건에서 브뤼셀Ⅰ규정의 문언에서 직접 규정하고 있지 않은 '상호신뢰의 원칙(mutual trust)'을 근거로 피고가 다른 회원국 법원에서 제소하는 것을 막는 소송금지명령은 허용되지 않는다고 판시한 것도 예양의 원칙을 반영한 것으로 볼 수 있다.

예양은 국제적인 사건에서 국제적인 요소에 대한 주의 깊은 취급이 필요

---

4) Briggs (주 2).
5) Briggs (주 2)는 사법공조(164-171)와 국제도산의 맥락에서 예양의 원칙이 적용되는지(172-180)도 다루고 있으나, 국제도산법에 대한 필자의 이해가 아직 부족하므로 이 부분은 다음 기회에 소개하기로 한다.
6) Briggs (주 2), 87-93.
7) C-159/02 [2004] ECR Ⅰ-1365.

할 때 법관의 판단을 돕는 도구로, 입법자가 직접 규정하기에 민감한 문제들을 법에 규정하지 않음으로써 발생한 흠결을 채우는 역할을 한다. 예양의 핵심요소를 아는 것뿐만 아니라 예양이 무엇이 아닌지를 아는 것도 중요한데, 예양은 외국으로부터 대우받고 싶은 대로 외국을 대우해주는 것이 아니라는 점에서 상호주의(reciprocity)가 아니다. 즉, 예양은 영국 법원의 관할, 영국법의 적용범위, 그리고 외국 판결의 한계를 정하는 기준으로서, 영국 법원이 옳다고 믿는 대로 판단하는 것이지, 다른 국가의 법원이 이와 같은 판단을 할 것으로 예상되기 때문에 그렇게 하는 것이 아니다. 또한 예양은 판단권한을 외국에 이양하거나 외국에 우월한 권리를 인정하는 것이 아니다.

　　예양의 원칙이 어떤 것을 허용하고 어떤 것을 허용하지 않는지 이해하기 위해서는 예양이 국제사법의 '국제적'인 측면과 '사법적'인 측면을 모두 이해하고 있음을 아는 것이 중요하다. 국제적인 측면은 외국의 행위와 재판에 효력을 부여하는 것, 외국 주권이 그 법원에 배분한 관할권에 간섭하거나 방해하지 않는 것이다. 사법적인 요소는 사인이 맺는 특정한 법률관계가 위와 같은 국가의 이익을 저해하지 않는다는 기초하에서 존중된다는 것이다.

2. *Masri* 사건

가. 사실관계

　　국제상사분쟁에서 예양이 문제되었던 구체적인 예로 *Masri* 사건[8]을 들 수 있다. 원고 Masri는 팔레스타인 사람으로, 피고 회사들(그리스, 레바논 회사들이었다)을 상대로 영국 법원에 소를 제기하여, 피고 회사들이 예멘에 보유하고 있는 유류양허에 대한 10퍼센트의 지분을 주장하였다. 영국 법원은 원고 승소판결을 하였는데 피고들은 판결금을 지급하지 않았고, 영국에 자산도 갖고 있지 않았으므로 Masri는 위 판결을 외국에서 집행해야 했다. 그 과정에서 Masri는 ① 영국 법원에 피고들을 상대로 영국 내를 비롯하여 전세계의 자산을 동결하는 내용의 자산동결명령을 신청하였다. ② 피고들이 예멘 법원에 Masri에 대한 채무부존재확인의 소를 제기하자 Masri는 영국 법원에 소송금지명령을

---

8) *Masri v Consolidated Contractors International Co Sal and Others* [2009] UKHL 43, [2007] EWCA Civ 688, [2008] EWCA Civ 625, [2008] EWCA Civ 876을 비롯하여 위 당사자 사이의 일련의 사건들을 지칭한다.

신청하였고, ③ 피고들이 유럽연합의 회원국 법원에 같은 내용의 소를 제기할 것에 대비하여, 그에 대한 소송금지명령도 신청하였다. ④ 영국 법원은 문제된 금전이 영국 내에 소재하고 있지 않은 한, 어떤 회사의 채무자를 상대로 그 회사에 그 금전을 지급할 것을 명할 권한이 없다. 그러나 Masri는 영국 법원에 "관리인(receiver)9)"을 선임하여 그 관리인으로 하여금 해외에 소재한 제3채무자(즉, 피고 회사들의 채무자)들로부터 금전을 추심하게 해달라는 신청을 하였다. ⑤ 그리고 Masri는 영국 법원에 그리스와 레바논에 있는 피고 회사들의 임원들을 소환하여 선서하게 한 후 피고 회사의 자산이 어디에 소재하는지에 대하여 증언하게 해달라는 신청을 하였다. ⑥ Masri는 ④의 신청으로 목적을 달성하지 못하자 영국 법원에 다시 관리인을 선임하여 달라고 신청하였고, 피고들을 상대로 현재 기한이 도래한 채권의 목록을 제출하라는 명령을 신청하였다. 피고들은 이에 대응하여 레바논 법원으로부터, 그 목록을 제출하는 것이 레바논법 위반에 해당하기 때문에 영국 법원의 명령을 준수하는 것이 금지된다는 내용의 확인판결을 받았다. ⑦ Masri는 피고들과 그 임원들이 영국 법원의 명령을 준수하지 않은 것이 법정모욕에 해당한다고 주장하면서 피고들에 벌금을 부과하고 그 임원들을 구금해달라는 신청을 하였다.

나. 예양 관련 쟁점

이 문제를 판단함에 있어 영국 법원은 다음을 고려해야 했다. ① 영국법의 적용범위, 즉 문언상 물적, 인적 적용범위(material scope, personal scope)를 제한하고 있지 않은 법이 무제한으로 적용되어야 하는지, ② 우방국인 외국의 주권을 침해하거나 간섭할 여지가 있을 때 위와 같은 명령을 하는 것이 부적절한지, ③ 외국 법원의 상반되는 판결로 인하여 영국 법원의 관할권 행사가 제한되는지, ④ Masri가 신청한 명령들이 외국 법체계에 영향이 있음에도, 법원의 판단은 당사자 사이의 사적인 법률관계에 한정되어야 한다는 이유로 이를 무시해야 하는지. 이하에서는 이 쟁점들에 관하여 예양이 어떤 원칙을 제

---

9) 보통법에서 관리인은 도산절차에서 관리인을 포함하는 광범위한 개념이다. 이는 도산절차에서 관리인을 의미할 수도 있지만, 담보채권자의 담보를 실행하는 사람, 심신상실 상태인 사람을 위한 후견인 또는 재산관리인, 어떤 당사자가 법을 위반하였을 때 법원이 그 재산을 대신 관리하기 위하여 임명하는 사람일 수도 있다(https://en.wikipedia.org/wiki/Receivership, 최종방문 2021. 7. 30.) *Masri* 사건에서 receiver는 마지막 범주에 속하는 것으로 보인다.

시해주는지 살펴본다.

3. 국제소송실무에서 예양이 문제되는 상황[10]

국제소송실무에서 예양은, 어느 한 국가의 무제한적인 법적용이 부적절한데, 관련법령과 다른 기초적인 자료에 의하여 관계된 국가들의 법적용의 경계를 설정할 수 없는 상황에서 문제된다. 법령이 이런 상황을 어떻게 해결할지 명시적으로 규정하고 있지 않을 때, 법원이 관할권을 행사하지 않거나 자국법을 적용하지 않을 메커니즘이 필요하다. Story가 말하였던 것처럼, 예양은 "그 반대의 원칙으로부터 발생할 문제점을 방지하기 위해" 필요하다. 국가주권의 원칙의 날카로운 경계선을 무디게 하지 못한다면, 국제적인 부조화가 발생하고, 한 국가의 법원이 다른 국가에서 판단하는 것이 더 적절한 사안을 판단해야 하는 복잡한 상황에 놓이게 될 것이다.

구체적으로 예양은 ① 법의 의미나 적용범위가 불분명할 때, ② 관할권 행사 또는 불행사, 소송금지명령에서 재량을 행사할 때, ③ 외국재판을 승인·집행할 때 중요한 역할을 한다.

Ⅲ. 국제재판관할과 예양

1. 속지주의와 예양

국제재판관할권에 관한 속지주의의 출발점은 영토주권은 절대적이기 때문에 절대적으로 존중되어야 한다는 것이다.[11] 자발적으로 한 국가의 영토에 있는 사람들과, 물리적으로 그 영토 내에 있는 물건들은 그 법원의 관할에 속한다. 그런데 이와 같은 속지주의의 기본 원칙이 한 국가의 법원이 관할권을 행사하여야 하는지 아닌지에 관하여는 답을 주지 않으므로, 예양의 원칙을 살펴볼 필요가 있다.

경우를 나누어 보면, 영토 내에 소재한 피고에 대한 재판을 하는 것이 예양 위반이 될 수 있는 명백한 경우는 다른 국가에서 유사한 소송이 계속 중일 때이다.[12] 이때 재판하는 것은 외국 법원이 방해받지 않고 일할 수 있도록 존

---

10) Briggs (주 2), 92-94.
11) Briggs (주 2), 116.
12) Briggs (주 2), 118.

중해야 한다는 원칙을 위반하는 것이다. 반면, 한 국가의 법원이 그 영토 내에 소재하지 않은 사람을 상대로 한 청구를 재판하더라도 반드시 예양을 위반하는 것은 아니지만, 그것이 다른 법원의 관할권을 방해하는 것이라면 예양의 원칙에 위배될 수 있다.[13)]

2. 불편한 법정지(*forum non conveniens*)의 법리와 예양

영국법상 국제재판관할의 근거가 넓게 인정되는 결과, 이를 제한하는 법리로서 불편한 법정지(*forum non conveniens*)[14)]의 법리가 확립되었다. 영국 학계의 지배적인 견해와 판례는 불편한 법정지의 법리가 예양에 부합한다고 평가한다. 이를테면 *Airbus v Patel* 사건에서 Lord Goff는 불편한 법정지의 법리가 "사건이 적절히 해결될 수 있는 법원에서 사건을 해결하도록 하는 유연하고 실용적인 도구로, 독립적인 법원이 관할권을 자제하는 가장 문명화된 법적 원칙"이라고 설시한 바 있다.

그러나 Briggs 교수는 이에 의문을 제기하면서 불편한 법정지의 법리가 오히려 예양을 위반한 것이라고 주장한다.[15)] 즉, 예양의 원칙을 예의바름, 존중, 기타 이와 유사한 것으로 본다면 불편한 법정지의 법리를 이유로 관할권 행사를 거부하는 것을 Lord Goff와 같이 평가할 수 있겠지만, 예양은 그런 것이 아니라 영토주권에 기초한 논리적, 법적인 원칙이고, 외국 법원의 입장에서는 영국 법원이 외국 법원이 재판해야 한다고 주장하는 것이 예양의 원칙에 부합하는 것이 아니라, 유독성 쓰레기를 떠넘기는 것으로 생각할 수 있다는 것이다. 그리고 불편한 법정지의 법리에 따라 영국 법원과 외국 법원의 관할권 중 어떤 것이 더 적절한지를 판단하는 것은, 영국 법원이 외국 법원을 평가할 수 있는 위치에 있지 않음에도 외국 법원의 관할권에 간섭한다는 점에서 예양을 위반한 것이라고 평가한다.[16)] 이와 관련하여 Briggs 교수는 더 나은 해결방법으로 호주 법원의 태도를 제시한다.[17)] 호주 법원은 *Voth v Manikdra*

---

13) Briggs (주 2), 116-119.
14) *Airbus v Patel* [1999] 2 AC 119. 이는 다른 국가의 법원이 명백히 더 적절한 법정지일 때 영국 법원이 그 국가의 법원을 위해 절차를 중지하는 원칙이다.
15) Briggs (주 2), 118-125.
16) *Spiliada Maritime Corp v Cansulex Ltd* [1986] UKHL 10사건에서 Lord Goff는 영국 법원이 외국 법원에서 부정의를 겪게 될 것임을 증명되어야 한다고 하였는데, 이를 심사하기 위해서는 외국 법원에 대한 판단이 불가피하다.
17) Briggs (주 2), 123-124.

Flour Mills Pty Ltd[18] 사건에서, 호주 법원이 미주리주 법원보다 더 편리한 법정지라는 당사자의 주장에 대하여, 호주 법원이 그 사건을 판단하기에 적절하지 않은 것은 맞지만, 미주리주 법원이 더 편리한 법정지인지 판단하는 것은 부적절하다고 보았다. 한 국가의 법원은 자신의 관할권을 행사하는 것이 부적절한지 심사할 수는 있으나, 외국 법원이 정의를 실현할 능력이나 의지가 있는지 판단하지 말아야 한다는 것이다. 이는 사법자제의 원칙 기저에 있는 정책적 고려로서 다른 국가에 관하여 공서 위반이 아닌 한 판단하지 않는 것과 부합한다.

3. 국제재판관할합의, 소송금지명령(anti-suit injunction)과 예양

다만 외국 법원을 관할법원으로 하는 국제재판관할합의가 있다는 이유로 영국 법원이 관할권을 행사하지 않는 것은 당사자의 합의를 존중하는 것이므로 불편한 법정지의 법리와는 본질적으로 다르고, 예양 위반이 아니다.[19] 그렇다면 당사자의 관할합의를 존중하기 위해 소송금지명령을 발령하는 것은 어떠한가. 전통적인 견해[20]에 의하면 관할합의가 있는 경우의 소송금지명령은 단지 당사자가 하지 않기로 한 것을 하지 말라는 취지이고, 외국 법원을 평가하는 것이 아니기 때문에 예양위반이 아니라고 하나, Briggs 교수는 경우를 나누어서 달리 본다.[21] 이미 외국 법원에 소송 계속 중이라면 이미 간섭의 대상이 있는 것이고 외국 소송절차가 소송금지명령으로 방해되지 않는다는 것이 설득력이 떨어지며, 실제로 외국 법원이 영국 법원의 소송금지명령이 간섭에 해당한다고 본 예도 있다.[22] 반면, 외국 법원에 아직 소가 제기되지 않은 상태일 때에는 소송금지명령을 하더라도 예양을 위반한 것이 아니다. 이 때에는 영국 법원이 소송금지명령을 발령하더라도 외국 법원이나 그 관할권에 대하여 평가하는 것이 아니기 때문이다. 이런 이유로 Briggs 교수는 외국 법원에 소송 계속 중인지 아닌지를 불문하고 소송금지명령이 허용되지 않는다고 판단한 유럽사법재판소의 *Turner v Grovit* 사건을 비판한다.

---

18) (1990) 191 CLR 538.
19) Briggs (주 2), 122.
20) *Deutsche Bank AG v Highland Crusader Offshore Partners LP* [2009] EWCA Civ 725.
21) Briggs (주 2), 126-127.
22) OLG Düsseldorf, IPrax 1997, 260 ff.

한편, 당사자가 영국 법원을 관할법원으로 하는 국제재판관할합의를 하지는 않았으나 외국 법원에 소를 제기하는 것이 불법행위에 해당한다면 이를 방지하기 위한 소송금지명령을 하는 것이 예양을 위반한 것인지 문제도 있다. Briggs 교수는, 계약 위반도 넓은 범위의 불법행위의 한 유형에 해당하는데, 외국 법원에 소를 제기하는 것이 불법행위에 해당한다면 계약 위반과 동등하게 취급해야 한다고 볼 수 있고, 그렇다면 불법행위자에 대하여 인적, 자연적 관할을 갖는 법원이 그 불법행위를 방지하기 위한 명령을 하는 것은 예양 위반이 아니라고 본다.

4. 사례: *Akai v People's Insurance Co.*

Briggs 교수는 위의 논의를 *Akai v People's Insurance Co.*[23] 사건에 적용하여 설명한다.[24] Akai는 호주 회사로, 싱가폴 회사인 PIC와 신용보험계약을 체결하면서 계약의 준거법을 영국법으로, 영국 법원을 관할법원으로 하는 관할합의를 하였다. 그런데 위 당사자 사이에 보험금 지급과 관련하여 분쟁이 발생하자, Akai는 영국 법원과 호주 법원에 같은 날 소를 제기하였다. 호주 법원에서 Akai는, '호주의 Insurance Contracts Act 1984에 의하면, 이 법에 효력을 부여하지 않을 법원을 관할법원으로 하는 관할합의의 효력을 인정하지 않는데, 만약 영국 법원에 소가 제기된다면 영국 법원은 당사자가 선택한 준거법인 영국법을 적용할 것'이라고 주장하였다. 이에 호주 법원은 관할합의의 효력을 인정하지 않고 계속 소송절차를 진행하였다. 한편, PIC는 Akai를 상대로 싱가폴 법원에 호주 소송을 중지해달라는 소송금지명령을 신청하였으나, 싱가폴 법원은 호주 법원에 소송 계속 중인 이상 싱가폴 법원이 관여할 수 있는 특별한 근거가 없고, 특히 당사자가 계약에서 싱가폴 법원의 관할도 배제한 이상 더욱 그렇다고 판단하였다. Briggs 교수는 싱가폴 법원의 이와 같은 판단이 예양의 원칙이 요구하는 바대로의 판단이라고 평가한다.

그 후 PIC는 영국 법원에, Akai가 호주 법원에 소를 제기한 것은 계약 위반이라고 주장하면서 소송금지명령을 신청한 결과 영국 법원은 소송금지명령을 발령하였다. 이 사건에서 영국 판사는 예양의 원칙이 소송금지명령을 자제

---

23) *Akai Pty Ltd v The People's Insurance Co. Ltd.* (1996) 188 CLR 418; [1998] 1 Sing LR 206; [1998] 1 Lloyd's Rep. 90.
24) Briggs (주 2), 129-132.

하도록 요청하는지 검토한 후 그렇지 않다고 판단하고 소송금지명령을 발령하였다. 그러나 Briggs 교수는 이 판단이 잘못되었다고 평가한다. 호주 법원에 이미 소송 계속 중이었기 때문이다. 소송 계속 전과 후를 달리보는 견해에 대하여, 불법인 행위를 하기 전에는 소송금지명령이 가능하나, 일단 불법을 저지른 후에는 소송금지명령을 할 수 없다는 결론이 이상하다는 반론이 있을 수 있다. 그러나 Briggs 교수는, 이 맥락에서 예양은 외국 법원에 실제로 일어나고 있는 일을 방해하지 않는다는 의미이고, 외국 법원에 간섭하지 않는다는 것은 일응 당사자가 외국 법원에 소를 제기한 것이 옳은지 아닌지와는 관련이 없다고 반박한다. Briggs 교수는 소송금지명령과 관련하여 예양이 사람에 따라 다른 메세지를 전한다는 것을 인정하면서도,[25] 어떤 입장이든 특정 상황에서 예양이 무엇을 요구하는 것인가가 결정적인 질문이라는 것은 인정하기 때문에 예양이 여전히 중요하다고 본다. 그리고 유럽연합의 브뤼셀 체제는 다른 회원국의 관할권에 의문을 제기하거나 이를 판단하는 것을 금지하고 있는데, 이는 예양의 관점에서 이해할 수 있다고 한다.

5. 관할합의 위반으로 인한 손해배상

영국 법원은 관할합의 위반으로 인한 손해배상을 인정한다.[26] 그런데 외국 법원이 영국 법원을 관할법원으로 하는 국제재판관할합의의 효력을 인정하지 않고 본안판단을 한 경우, 영국 법원이 관할합의 위반으로 인한 손해배상으로 그 판결금액을 배상하라고 판단한다면 이것이 예양 위반인지 문제된다. Briggs 교수는 예양 위반이 아니라고 본다.[27] 일단 외국 소송이 종료된 후에는 영국 법원이 손해배상을 인정한다고 하더라도 외국 소송에 간섭할 여지가 없고, 외국 판결의 당부를 심사하는 것이 아니라, 그 외국 판결이 영국 법원에서

---

25) Briggs (주 2), 134. 어떤 사람들은 소송금지명령을 자제하는 것을 예양이라고 보고, 어떤 이들은 관할합의를 집행하는 것이 예양이라고 본다
26) Briggs, Adrian/Rees, Peter, *Civil Jurisdiction and Judgments*, 5th Edition (Informa, 2009). para 4.50; Fentiman, Richard, *International Commercial Litigation*, 2nd Edition (Oxford University Press, 2015), para 2.271; *Union Discount Co Ltd v Zoller* [2001] EWCA Civ 1755; *A/S D/S Svendborg v Akar* [2003] EWHC 797 (Comm); *Donohue v Armco Inc* [2001] UKHL 64; *Star Light Shipping Company v Allianz Marine & Aviation Versicherung AG (The Alexandros T)* [2014] EWCA Civ 1010.
27) Briggs (주 2), 133. 다만 Briggs 교수는 이런 설명이 맞는지는 확신할 수 없다고 하면서, 외국 법원의 판단을 뒤집기 위한 것이라는 반론이 있을 수 있음을 인정한다.

재판했다면 받았을 판결과 다르다는 것을 인정하는 것에 불과하다는 이유에서
다. 영국 법원이 손해배상을 인정하는 이유는 당사자가 애초에 영국 법원과
다른 판단을 내릴 외국 법원이 아니라, 영국 법원에서 판단받기로 약정하였기
때문이다.

6. 예양의 원칙에 대한 제한[28]

예양의 원칙에 의하면 법원은 외국법과 외국재판의 내용과 질에 대하여
판단할 수 없다. 그러나 현실에서 외국법과 외국 법원이 예양의 대상이 되지
않을 만큼 충분히 나쁜 경우 또는 무너져 가는 국가가 무너진 사법제도를 갖고
있는 경우가 있을 수 있다. 예를 들어 *Korea National Insurance Co v Allianz
Global Corporate & Specialty AG*[29] 사건에서는 북한 법원의 재판이 문제되었
다. 북한 항공사가 외국 보험자를 상대로 비행기 멸실에 대한 보험금지급을
청구하였는데, 북한 법원은 그 항공사가 애초에 비행기를 소유하였는지, 사고
가 발생하였는지, 그 사고로 실제로 북한의 국민총생산(GNP)에 상당한 액수의
재산 피해가 발생하였는지에 관한 증거가 없는데도 그 청구를 인용하였다. 영
국 법원에서 원고는 보험금지급의무의 존부에 대하여 북한 판결의 기판력이
인정된다고 주장하였으나, 피고는 북한이 제대로 된 사법절차를 갖고 있는지
에 대하여 의문을 제기하였다. 1심 법원은 피고의 주장과 그에 대한 증거 제출
을 허가하지 않았다. 항소법원은 그 판단을 뒤집고 피고의 주장에 대한 증거
제출을 허용하였으나, 위 사건은 영국 법원의 판결이 이루어지기 전에 합의로
종결되었다.

영국 법원은 외국 법원을 신뢰할 수 없는 경우, 즉 영국 법원이 관할권을
행사하지 않으면 부패한 또는 제대로 된 사법절차가 없는 국가에서 재판받게 될
경우 관할권을 행사한다. 외국 판결 승인에 관한 것이기는 하나, *AK Investment
v Kyrgyz Mobil Tel*[30] 사건에서는 당사자가 영국 법원에, 외국 법원이 신뢰할
가치 또는 존중받을 가치가 없다고 판단해달라고 할 수 있는지가 문제되었다.
외국판결의 승인 여부를 결정하는 것은 외국 법원이 능력이 있는지 아닌지가
아니라, 외국 법원이 영국 법원에서 승인될 수 있을 만큼 충분히 정의를 실현

---

28) Briggs (주 2), 134-144.
29) [2008] EWCA Civ 1355.
30) [2011] UKPC 7.

했는지를 판단해야 하기 때문에 어렵다. 북한, 적도기니, 콩고, 버마와 같은 국가의 판결의 승인집행을 구하는 사건은 많지 않기 때문에 별로 문제되지 않으나, 러시아 또는 소비에트 연합의 일부였던 곳의 법원 판결에 대한 승인집행이 구해지는 사건에서 적정한 재판이 아니었다는 주장이 제기되는 경우가 종종 있다. *Cherney v Deripaska*[31] 사건에서는 러시아 사업가인 원고가 다른 러시아 사업가를 상대로 계약 위반을 청구원인으로 하여 소를 제기하였는데, 영국과 사안이 별다른 관련이 없었다. 그런데 만약 러시아에서 재판하는 경우 부정의가 초래될 위험이 너무나 큰 경우 영국 법원이 재판할 수 있는지가 문제되었다. 법원은 심리 끝에 그와 같은 이유로 러시아 법원을 신뢰할 수 없어서 영국에서 재판해야 한다고 판단하였다. 우크라이나 법원에 대하여도 유사한 판단이 나왔는데, *AK Investment v Kyrgyz Mobil Tel*[32] 사건에서 영국 법원은 키르기즈스탄 법원의 행위가 영국이 보기에 사기적이라는 이유로 그 판결 승인을 거부하고, 사안이 영국과 별로 관련이 없었음에도 영국에서 재판하는 것을 허용하였다.[33]

이 맥락에서는 불간섭으로서의 예양이 아니라 존중으로서의 예양이 문제되는데, 외국 판결 승인·집행 단계에서보다 관할권 행사 단계에서의 판단이 더욱 어렵다. 외국 판결 승인·집행의 경우 영국 법원은 외국 법원에서 이미 일어난 일을 대상으로 판단한다. 승인법원이 외국 판결이 그 외국법에 따라 유효하고 구속력이 있는지, 그리고 승인국에서 유효하고 구속력이 있는지 판단하는 것은 외국 판결의 효력에 의문을 제기하거나 외국 또는 외국 법원의 행위를 평가하는 것이 아니라, 승인국의 법체계에 미치는 영향을 판단하는 것이다. 반면 외국 법원이 판결을 선고하기 전에 외국 법관이 부패한 재판을 할 것이라고 판단하는 것은 더 어렵고 더 공격적이다. 결국 영국 법원이 외국 판결이 부패에 기하여 내려졌거나 외국 사법부 자체가 부패하였다는 이유로 외

---

31) [2009] EWCA Civ 849. *Pacific International Sports Clubs v Sukris* [2010] EWCA Civ 753도 같은 취지.

32) [2011] UKPC 7.

33) 유사한 취지의 판결로, *Yucos Capital sarl v OJSC Rosneft Oil Co.* [2011] EWHC 1461 (Comm)에서 High Court는 Yukos를 상대로 한 러시아 소송절차가 편파적이고 독립적이지 못하였다고 본 네덜란드 법원의 2009년 판결을 승인하였다. *Merchant International Co. Ltd v NAK Naftogaz Ukrayny* [2011] EWHC 1820 (Comm) 사건에서 영국 법원은 우크라이나 판결이 부패에 기한 것이라는 이유로 승인하지 않았다.

국 판결 승인을 거부하거나, 관할권을 행사하는 것이 예양 위반인지는 예양을
어떻게 파악하는지에 따라 달라질 것이다.

영국 법원이 관할권 행사 여부를 결정하는 단계 또는 외국 판결 승인·집
행단계에서 외국 법원의 잘못을 지적하는 것이 아니라 단지 이미 일어난 일과
앞으로 일어난 일을 평가하는 것이거나 당사자가 판단해달라는 사항을 판단하
는 것일 뿐이라는 이유로 이는 외국 법원에 대한 질적 조사를 하는 것이 아니
고 예양 위반이 아니라는 주장이 있을 수 있다. 그러나 이러한 주장은 타당하
지 않다. 당사자가 외국 법원이나 판결이 부패하였다고 주장하는 경우 영국
법원으로서는 당사자가 부패라고 주장하는 선례들을 자료로 하여 귀납적으로
판단할 수밖에 없고, 그 판단은 외국 법원 또는 판결에 대한 평가로 이어진다.
또한 유럽인권협약 제6조에 의하면, 당사국 법원은 외국 법원에서 부정의가
초래될 것이라는 주장이 제기된 경우 그 당사자의 공정한 재판을 받을 권리를
박탈하는 결과가 되는 판단을 할 수 없다. 따라서 예양이 사법자제의무를 부
과한다는 결론은 두 가지 측면에서 압박(pressure)을 받게 된다.[34] 먼저, 현실
에 정말로 형편없는 법체계와 법원을 가진 나라들이 있고, 그 나라들은 계속
하여 있을 것이다. 다음으로, 예양은 한 국가의 국제사법 원칙이므로 국제조약
에 따라 이와 다른 의무가 발생한다면 그것이 우선한다. 유럽인권협약 제6조
가 그 예에 해당한다. 예양은 유럽인권협약이 금지하는 행위를 하도록 허용할
수 없다. 그렇다면 영국 법원의 러시아 판결에 관한 판단은 옳다.

Ⅳ. 법의 적용범위와 예양

1. 법정지법의 적용 제한[35]

법정지법과 외국법의 충돌이 있는지를 확인하기 위해서는 사안이 그 법의
특정한 적용범위에 들어가는지 살펴야 한다. 그런데 법령이 그 인적, 물적 적용
범위를 명시하고 있지 않은 상황에서 당사자가 그 적용범위에 내재적인 제한이
있다고 주장할 수 있다. 어떤 법이 적용될 수는 있으나 적용될 필요가 없을 때,
그 적용범위를 어떻게 확정해야 할지 문제된다. 영국법에는 입법부가 역외적용

---

34) Briggs (주 2), 143. 그러나 법원이 특정 상황에서 외국 법원에 대하여 실질적 평가를 하여야 한다
   는 것이 예양 위반인지, 예양의 예외인지에 대한 Briggs 교수의 입장이 무엇인지 분명하지 않다.
35) Briggs (주 2), 96-108,

의 효과가 있는 법을 제정하는 것으로 의도하지 않았을 것이라는 추정이 있다. 그러나 이러한 추정은 문제가 있다. 의회가 역외적용을 고려하지 않았고 특별히 무엇을 의도하지 않았을 수도 있다. 어떤 경우에는 일부 행위가 영국 밖에서 이루어졌어도 적용을 관철할 의지가 있을 수 있다. 그리고 제정법이 아닌 보통법에는 위 추정이 적용될 여지가 없고, 실제 법원에 제기되는 사안들은 너무 복잡해서 영국 영토 안에서 이루어졌거나 영국 밖에서 이루어진 것으로 나누기 어려운 경우가 많다. 이때 법의 적용범위 확정에 예양이 답이 될 수 있다.

가. 미국법에서 역외적용 문제

역외적용은 외국 또는 국제불법행위와 관련하여 미국법에서 여러 번 문제되었고, 그 적용범위 확정의 법리를 예양으로 설명할 수 있다. 미국의 Alien Torts Claims Act는 국제법이나 미국법을 위반하여 이루어진 외국인의 불법행위에 대하여 미국 법원이 관할을 가진다고 규정하고 있어, 불법행위가 미국 영토 밖에서 이루어진 경우에도 미국 법원에 제소하기 위한 도구로 사용되었다. *Kiobel v Royal Dutch Petroleum Co*[36] 사건에서 당사자는 Shell 정유회사가 나이지리아 유전에 거주하는 사람들의 인권을 침해하였다고 주장하였는데, 연방항소법원은 위 법이 외국 법인에 인적 관할을 확장하는 근거가 될 수 없다고 판단하였다.[37] 이 판결은 예양에 따라 정당화될 수 있다.

미국 독점금지법 위반 사건에서도 예양이 중요한 역할을 하였다. 셔먼법 (Sherman Act)에 의하면 국제적인 부당경쟁행위에도 삼배배상이 적용된다. *Hartford Fire Insurance Co. v California*[38] 사건에서 미국 연방대법원은, 미국 외에서 영업하는 재보험자인 외국회사의 외국에서의 행위에 대하여 미국 시장에 반경쟁적인 효과를 미친다는 이유로 셔먼법을 적용하였다. 다수의견은 미국 외에서 이루어진 행위가 미국에 효과를 미치기 때문에 예양의 원칙이 미국법의 적용을 수인한다고 보았다. 소수의견은, 특히 영국이 이 사안에 미국법이 적용되는 것이 잘못되었다고 주장한 상황에서, 런던 재보험시장의 행위를 규율하기 위해 미국법을 적용하는 것은 잘못되었고, 특히 국제예양이 미국법의

---

36) 621 F. 3d 111 (2nd Cir, 2010).
37) 그러나 이 사건이 상고된 후 연방대법원은 이 문제를 검토하지 않고, Alien Torts Claims Act의 문언, 역사적 배경, 입법목적이 역외적용금지 추정을 깨뜨리지 않는다고 판시하였다.
38) 509 US 764 (1993).

적용을 합리적이라고 보지 않는다고 주장하였다. 이 사건에서 다수의견과 소수
의견 모두 국제예양을 근거로 들었다는 것이 특이하다. Briggs 교수는, 이 사건
이 예양이 아무런 해결지침을 제공해주지 않는다는 것을 보여주는 것이 아니
라, 예양을 정확하게 이해해야 하는 것이 중요하다는 것을 보여주는 사례라고
평가한다. 또한 물적 적용범위 측면에서 미국 시장에 영향을 미치는 행위를 미
국법이 규율하지 못할 이유가 없기 때문에 다수의견이 옳다고 평가한다.

　　미국 증권법의 역외적용 문제도 있다. Securities Exchange Act 1934에 의
하면, 주식이나 증권 매도 시 부실표시를 하면 손해배상책임이 인정된다.
Morrison v National Australia Bank[39] 사건에서 미국 연방대법원은 외국 증권
시장에서의 증권거래는 매수인이 미국인이고 사기적 진술이 미국 내에서 이루
어졌다고 하더라도 증권법이 적용되지 않는다고 판시하였다. 이 판결에서 미
국 연방대법원은 의회가 역외적용금지 추정에 근거하여, 역외적용을 할 경우
에는 명확한 문언에 의하여야 한다는 원칙을 선언하였다. Briggs 교수는, 이
판결의 취지가 '해당 법률의 문언에 비추어 사안에 그 법률을 적용하는 것으
로 해석하는 것도 가능하기는 하나 그렇게 해석하는 것이 지나치다'는 것이라
고 평가하면서, 이는 입법권을 자제하거나 다른 국가가 규율하는 것이 더 적
절하다는 의미에서 예양으로 설명할 수 있다고 본다. 또한 *Morrison* 사건에서
미국 연방대법원이 외국 정부가 자국법이 적용되어야 하는 사안에 미국법을
적용하는 것에 대해 불만족할 것임을 언급한 것은, 만약 문제된 행위가 다른
국가의 법과 더 밀접한 관련이 있고, 그 국가의 법에 더 강한 적용의지가 인정
된다면 미국법을 적용하는 것이 잘못되었다는 관점을 반영하는 것으로서 이
역시 예양으로 설명할 수 있다고 한다.

나. 근로관계법

　　Lawson v Serco Ltd[40] 사건에서는 영국 영토 밖에서 근로를 제공하기로
하는 근로계약에 Employment Rights Act 1996이 적용되는지 문제되었다. 영
국 회사가 영국인을 영국에서 고용하여 해외의 영국군 부대에서 근무하도록
하였고, 그 후 그를 해고하였는데, 근로자는 위 법에 따르면 해고가 부당하다

---

39) 130 S. Ct 2869.
40) [2006] UKHL 3.

고 주장하였다. 반면 영국 회사는 위 법이 영국 영토 밖에서는 적용되지 않는다고 주장하였다. 이 사건에서 귀족원은, 근로계약이 영국에서 체결된 것만으로는 부족하고, 근로자가 영국에서 수행될 사업과 관련하여 영국 사용자에 의해 파견(post)되었거나, 근로자가 영국군부대 등 사실상 외국에 소재한 영국의 영외집단거주지(extra-territorial British enclave)에서 근로하고 있는 경우에 위 법이 적용된다고 판단하였다. Briggs 교수는 외국에서 이행되는 근로계약에는 영국법이 적용되지 않는 것으로 추정되지만(물적 적용범위), 영국인 사이의 근로계약에 적용될 수 있는데(인적 적용범위), 이런 경우 국제예양에 의하여 이 법의 적용이 수인된다고 설명한다.

다. 도산법

Insolvency Act 1986 제238조는, 도산절차를 진행하는 영국 법원이 도산채무자로부터 시가보다 낮은 가액(undervalue)으로 재산을 양수한 사람을 상대로 원물반환 또는 가액배상을 명할 수 있다고 규정하고 있는데, 위 법의 문언상 적용범위에 제한이 없고, 준거법이 외국법인 경우에도 적용되는지에 관하여 명시적으로 규정하고 있지도 않다.

Re Paramount Airways(No. 2)[41] 사건에서는 영국 회사가 도산채무자였는데, 관재인이 위 회사가 영국에서 영업활동을 하지 않는 Jersey에 있는 은행에 지급한 돈이 반환되어야 한다고 보고, 영국 법원에 그 반환을 구하는 명령을 신청하였다. 이 사건에서 항소법원은 위 법의 구체적인 적용범위와 관련하여, 무제한적으로 적용되는지, 아니면 수익자가 영국인이어야 하는지, 이를 영국에서 수령했어야 하는지, 계약의 준거법이 영국법이어야 하는지 등 명확한 한계를 정하지 않고, 그 거래가 영국과 충분한 관련(sufficient connection)이 없으면 법원이 명령을 내리지 않을 재량이 있다고 판시하였다. Briggs 교수는 항소법원이 위 법의 적용범위를 제한한 것은 예양이 아니면 설명할 수 없다고 본다.

2. 외국법의 적용 제한[42]

법원은 통상 국제사법 원칙에 의해 외국법이 지정되면, 그 외국법의 내용

---

41) [1993] Ch 223.
42) Briggs (주 2), 109-115.

을 심사하거나 평가하지 않고 적용한다. 그러나 외국법이 몰수나 조세 징수에
관한 것이면 예양이 외국법의 적용범위를 제한하거나 적용을 거부하는 역할도
한다. 외국의 몰수나 조세법에 관하여 보통법은, 문제된 재산이 그 주권국가의
영토적 범위 안에 소재하였다면 그 외국법에 완전히 효력을 부여하고, 그 재
산이 영국에 소재하였다면 피고가 그 외국의 국민이거나 달리 인적 관련이 있
다고 하더라도 효력을 부여하지 않는다.

가. 외국의 몰수법

Luther v Sagor[43] 사건에서 소련당국이 그 영토 내의 재산을 몰수한 것이
문제되었다. 영국 법원은 그 재산이 그 후 영국에 도착하였음에도, 소비에트
당국으로부터 그 재산을 매수한 사람의 소유권을 인정하였다. *Iran v Bakarat
Galleries*[44] 사건에서는 이란이 발굴되지 않은 상태의 매장된 문화재에 대한
소유권을 취득하였다고 인정된 결과, 이를 다른 사람의 소유라고 믿고 매수한
사람이 보호되지 않았다. 반면 *Attorney General of New Zealand v Ortiz*[45] 사
건에서 뉴질랜드가 문화재가 그 영토를 떠날 때 이를 몰수한다는 법을 제정하
였을 때 영국은 그 법에 효력을 부여하지 않았다. 왜냐하면 영국 법원은 어떤
국가가 그 영토 밖에서 일어나는 일에 대하여 그 법을 제정·적용하는 것을 정
당화할 수 없기 때문이다.

이런 사례들이 예양을 준수한 것인지 보면, 우선 보통법은 속지주의(territoriality)
에 대하여 근본주의자 같은 시각을 취한다. 영국 법원은 그 영토 내에 소재한
피고에 대하여 단순히 그가 그 곳에 있다는 이유만으로 관할권을 행사하고,
외국 판결을 승인·집행할 때에도 피고가 재판 당시 그 외국에 있었다는 이유
로 승인·집행을 한다. 그리고 재산양도계약의 효력에 관하여 그 재산의 소재
지법을 적용한다. 속지주의의 이런 입장은 예양의 원칙을 확인하는 것이다.

한편, 영국 법원은 외국법의 내용을 심사하지 않는다. 영국의 입장에서는
1919년 러시아 혁명이 달갑지 않았고 소비에트 체제가 제정한 법이 말도 안
되는 것이었지만 그렇다고 하더라도 영국 법관들로서는 외국법의 내용을 심사
하여 그에 효력을 부여할지 말지를 결정한다는 것은 상상할 수 없는 일이었

---

43) [1921] 3 KB 532.
44) [2009] QB 22.
45) [1984] AC 1,

다. 혁명을 이유로 재산을 몰수하는 이란법에도 마찬가지 논리가 적용되었다. 예양은 이런 맥락에서 어떤 법의 적용이 엄격한 속지주의에 의하여 완전히 정당화될 수 있다는 것을 의미한다. 따라서 그 영토 내에 소재한 재산에 대한 법에 효력이 부여되고, 그 국가 내에 소재한 사람이 법원에 의하여 소환될 수 있는 것처럼, 그 영토 내에 소재한 재산에 대하여 그 국가가 소유권을 박탈하여 다른 사람에게 부여할 수 있음을 인정한다. 그러나 외국법이 그 자체로 수치스러워서 법으로 볼 수 없을 정도라면 예외인데, 유대인을 사람으로 취급하지 않는 나치법이 그 예에 해당한다.

나. 외국의 조세법[46]

외국법의 내용을 심사하지 않고 적용한다는 원칙의 예외로, 영국법은 외국의 형법, 세법 등 기타 공법에 기한 집행을 허용하지 않는다.[47] *QRS 1 ApS v Fransden*[48] 사건에서 원고는 회사 임원의 불법행위로 인한 수익을 반환하라는 청구를 하였는데, 이는 결과적으로 외국 조세당국의 이익이 될 상황이었다. 영국 법원은 피고가 조세를 부과하는 국가의 관할권에 속하더라도, 그 과세국을 위하여 그 과세국법을 적용하여 세금을 징수하지 않는다. Briggs 교수는 그 이유를 다음과 같이 설명한다. 어떤 재산이 어떤 국가 내에 소재하고 있다는 것은 명백하고, 그 국가가 그 재산에 대하여 할 수 있는 최대한은 그것을 몰수하는 것이다. 그러나 납세자가 어떤 국가에 소재하고 있다는 것만으로는 납세의무의 존부가 명백하다고 할 수 없다. 따라서 영국 법원으로서는 어떤 종류의 납세의무라도 받아들일 수 있는 것도 아닌 상태에서 외국법의 내용을 심사할 수도 없으니, 결국 납세의무에 관한 외국법을 전부 적용하지 않는다는 결론에 이르게 된다.

---

46) Briggs (주 2), 112-113.
47) Mann, Frederick A., "Conflict of laws and public law", Recueil des Cours, Vol. 132 (1971), 166-168, *Huntington v Atrtrill*, (1893) AC 150, 155-156; *Government of India v Taylor* (1955) AC 491; *Attorney General of New Zealand v Ortiz* [1984] AC 1, 20; *Williams and Humbert v W & H Trade Marks (Jersey) Ltd* [1986] AC 386, 394, 401; *Re State of Norway's Application* [1987] QB 433, 477-478 (CA), [1990] 1 AC 273.
48) [1999] 1 WLR 2169.

3. 소결론49)

Briggs 교수는 예양의 원칙이 법정지법으로서 영국법의 적용범위를 결정하거나, 외국법을 적용하는 원칙을 완벽하게 설명해준다고 평가한다. 어떤 법의 적용범위가 불분명할 때 그 법은 원칙적으로 규율대상인 행위가 그 법을 입법한 국가 내에서 이루어졌을 때 적용되고, 역외에서 적용되는 것처럼 보인다면 그 국가에 속하는 사람들에 적용된다. 어떤 법의 적절한 적용범위는 인적, 물적 적용범위를 다 고려하여 결정하여야 하는데, 예양의 원칙은 법의 적절한 적용범위에 관하여 방향을 제시해준다는 것이다.

그런데 만약 법정지법의 적용범위에 속하고 외국법과 저촉이 있어서 둘 중 하나를 선택해야 한다면 출발점은, 법원이 외국법의 내용을 심사하거나 형량할 수 없다는 것이다. 예양의 원칙은, 저촉법 원칙이 외국법을 지정한다면 외국법을 그냥 적용할 것을 명한다. 다만 저촉법 원칙이 수인할 수 없는 법을 적용하도록 명하면 그 때 공서가 개입한다. 몰수법이나 조세법에 있어서는 외국법의 내용을 심사하지 않는다는 원칙이 어려움에 처하게 되어 다른 결론에 이르게 된다. 재산몰수법에 관한 예양의 원칙은 그 재산소재지의 법을 존중한다는 것이다. 반면 어떤 사람을 대상으로 조세를 부과하는 법은, 그 법이 아무리 정상적이고 합리적이라도 적용하지 않는다. 한 국가의 법역 내에 존재하는 모든 사람에 대하여 모든 조세법이 구속력이 있다는 것을 받아들일 수 없는 한, 예양의 원칙이 외국 조세법에 기한 청구를 거절하도록 요구하기 때문이다.

---

49) 이 밖에도 영국법에는 원칙적으로 준거법이나 법정지법이 아닌 제3국법은 고려하지 않는다는 원칙에 대한 예외로, 영국 법원이 우방국의 법을 위반하는 것을 돕는 것은 예양과 영국의 공서에 반한다는 이유로 제3국법에 의하면 불법인 청구를 받아들이지 않는 원칙(the doctrine of public policy comity rule)이 있다. Kaye, Peter, *The new private international law of contract of the European Community* (Dartmouth, 1993), 240; *Foster v. Driscoll* [1928] All ER Rep 130; *Regazzoni v K C Sethia* [1958] AC 301(HL); *Lemenda Trading Co v. African Middle East Petroleum Co* [1988] 2 WLR 735. 이 원칙은 공서 원칙의 세부유형으로 설명된다. Dicey/Morris/Collins (주 2), para 1-016. 그래서인지 Briggs 교수는 주 2)의 문헌에서 이 원칙을 설명하지 않는다.

V. 판결의 승인·집행과 예양

1. 외국판결의 효력과 예양[50]

가. *Hilton v Guyot* 사건

역사상 국제사법에서 예양이 중요한 요소임을 보여준 가장 좋은 예는 외국 판결 승인·집행에서 찾을 수 있다. 미국의 *Hilton v Guyot*[51] 사건은 예양이 현재와 같은 모습을 띠게 된 시초이다. 이 사건은 미국에서 프랑스 판결의 승인에 관한 것이다. 프랑스 원고가 파리와 뉴욕에서 사업을 수행하던 동업체를 상대로 프랑스에서 소를 제기하여 승소하였다. 그런데 그 무렵 피고들이 프랑스에 보유하고 있었던 자산을 모두 미국으로 이전한 결과 원고들이 위 판결을 미국에서 집행할 필요가 있었다. Gray 대법관은 외국 판결 승인·집행에서의 예양을 다음과 같이 설명하였다.

"어느 법도 그 주권의 경계를 넘어서 효력을 갖지 않고, 어떤 국가의 법이 다른 국가의 영토 내에서 적용되는지는 위대한 법학자들이 '예양'이라고 부르는 그 원칙에 따라 결정된다. 법적인 의미의 예양은 한편으로 절대적인 의무도 아니고, 상대방에 대한 선의 또는 단순한 예의도 아니다. 예양은 국제적 의무와 편리, 자국민과 자국법의 보호를 받는 다른 사람들의 권리에 적정한 주의를 기울인 결과 그 영토 내에서 다른 국가의 입법, 사법, 행정부의 행위를 승인하는 것이다…국가의 일반적인 예양, 효용성과 편리는 문명국 간에 관행(usage)을 확립하였고, 이것에 의하여 권한 있는 법원의 종국 판결이 국가별로 다른 특정 규율과 제한에 따라 상호적으로 집행된다…선례에 의하면, 외국의 권한 있는 법원에서 완전하고 공정한 재판을 받을 기회가 있었다면, 자국에서 제기된 소송에서 그 실체에 대하여 새롭게 재심사를 해서는 안된다…국제적인 법해석론에 확립된 상호주의에 따른 합리적인 결론은 프랑스 또는 다른 외국에서 분쟁의 실체에 적용될 준거법에 따라 선고된 판결은, 이 나라에서는 완전히 신뢰되거나 종국적인 효과가 인정될 수는 없고, 원고의 청구가 정당하다는 일응의 증거가 된다."

이 판결의 핵심은, ① 재판은 주권의 행사이기 때문에 외국 판결은 그 영

---

50) Briggs (주 2), 145-155.
51) 159 US 113 (1895).

토 밖에서는 판결로서 효력이 없고, ② 예양은 외국판결에 효력을 부여하는 것을 선호하고, 어떤 판결에 효력을 부여할지가 문제이며, ③ 당사자가 합리적인 관할권을 갖는 법원에서 완전하고 적절한 재판을 받았다면 그 판결을 존중해야 하고, ④ 재판한 외국 법원이 동등한 미국 판결을 승인하지 않는다면 그 외국 법원의 재판도 상호주의에 따라 승인될 수 없다는 것이다. *Hilton v Guyot*에서 다수의견은 예양의 원칙이 한 국가가 다른 법체계의 주권적 행위를 받아들이는 방법이나 정도를 결정하는 데 기여한다고 보고, 예양이 무엇을 요구하는지를 밝히려 하였다.

Briggs 교수는 위 판결에서 알 수 있는 바와 같이 외국 판결이 어떤 이유로 어떤 요건하에서 국내에서 승인될 수 있는지 설명하는 국제사법 원칙에서 예양의 원칙이 시사하는 바가 중요하다고 한다. 예양이 모든 세부사항을 설명해주지는 않지만 판단의 합리적 근거를 제공해줄 수 있고, 언뜻 보기에는 이상한 원칙을 설명해줄 수도 있다. 다만 예양을 상호주의로 이해하는 것은 잘못된 것이고, 영국에서는 외국판결 승인을 상호주의로 설명하는 견해는 일반적으로 지지받지 못했는데, 이는 상호주의에 의하는 경우 외국이 영국법의 내용을 형성하는 것을 허용하게 될 것이라는 우려에 따른 것이었다고 한다.

나. 예양에 대한 비판론과 그에 대한 재반론

영국의 전통적인 견해는 외국판결 승인에서 예양의 역할에 비판적이었다. 그 근거는 ① 예양이 실용적인 원칙이 될 만큼 구체적이지 않고, ② 의무의 원칙(doctrine of obligation: 피고가 외국 소송절차에서 그 외국 법원의 판결에 따를 의무가 있는 것처럼 행동했다면 그 의무가 집행되어야 한다는 원칙)이 더 적합한 원칙이며, ③ 예양이 상호주의의 한 유형이라면 -특히 상대방 국가가 러시아 같은 국가일 때- 적절하지 않다는 것이다.

그러나 Briggs 교수는 예양의 기초가 외국의 주권행위에 대한 존중이라는 점에 착안하여, 다음과 같은 이유로 예양이 외국판결 승인·집행의 법리를 가장 잘 설명한다고 본다. 영국 법원은 다른 국가의 주권에 간섭하여서는 안 되고, 외국으로 하여금 자국의 주권을 침해하지 않도록 해야 한다. 그렇기 때문에 첫째, 외국이 그 영토 내에 소재하는 재산에 적용하는 법에 대하여 영국 법원이 효력을 부여해야 한다. 재산소재지국의 주권이 그 재산의 소유권에 대하여 규율하는 법을 제정할 수 있고 영국은 이를 존중해야 하기 때문이다. 둘째,

같은 이유로 영국은 외국이 영국에서 조세를 징수하는 것을 돕지 않는다. 외국 당국이 권리를 주장하는 재산이 그 외국의 영토적 관할권의 범위 내에 있지 않기 때문이다. 셋째, 영국은 외국 판결에 판결로서 효력을 인정하지 않는다. 외국 판결의 효력을 주장하는 원고가 그 판결을 영국에서 집행하기 위해서는 이를 먼저 영국의 판결로 바꿔야 한다.[52] 넷째, 외국 판결을 먼저 승인한 다음 영국 판결을 집행하는 이유를 영토주권으로 설명할 수 있다. 즉, 소가 제기될 때 외국 법원의 영토적 관할범위에 소재하였던 사람(마치 그 법원의 영토 내에 소재한 재산처럼)은 그 곳의 권한 있는 종국재판에 구속된다. 이것을 보면 영국법이 상호주의에 따라 외국 판결을 승인하지 않고, 예양과 상호주의가 별다른 관계가 없음을 알 수 있다.

요컨대, 외국 법원에 소 제기 당시 피고가 그 외국 영토 내에 소재하였거나 물건이 그 영토 내에 소재하였던 경우 예양이 그 재판을 존중하고, 의문을 제기하지 않도록 요구하기 때문에 영국 법원은 그 외국 판결을 '승인'한다. 다만 외국의 주권행위는 그 영토 밖에서 효력이 없으므로, 예양에 따라 외국 판결이 바로 영국에서 '집행'될 수는 없고, 대신 집행될 수 있는 영국 판결의 기초가 되는 것으로 '승인'하는 것이다. 다만 앞서 본 바와 같이 키르기즈스탄, 러시아, 북한과 같이 신뢰할 수 없는 국가의 판결을 승인하지 않는 것은, 다른 국가의 법원에 대한 판단을 하지 않는다는 예양의 원칙에 부담을 주게 된다. 이런 경우에는 외국 법원 내지 기관에 대한 조사를 하게 되기 때문에 주권과 그 기관에 대한 존중이라는 원칙이 훼손된다.

다. 외국 판결 승인에 대한 다른 근거-당사자의 합의

한편, 예양의 주권 존중의 원칙에 따르면 외국 법원에 존재하였던 피고나 물건은, 동시에 다른 국가에 소재하였을 수 없기 때문에, 그 밖의 국가의 법원 판결을 승인하는 것을 설명하지 못한다. 그러나 위 범주에 속하지 않더라도 당사자자치, 즉 당사자 사이에 어떤 국가의 판결에 따르기로 합의하였다는 것 역시 외국 판결 승인의 근거로 설명할 수 있다. 이렇게 보더라도 예양을 위반

---

[52] 이는 보통법상 외국판결을 승인·집행하는 방법이다. 외국 판결에서 승소판결을 받은 자가 외국판결에서 승소하였다고 주장하면서 영국 법원에 같은 내용의 소를 제기하여 인용되면 영국 법원은 같은 내용의 판결을 선고하고 그 영국 판결이 집행된다. 이런 의미에서 외국 판결 자체는 영국에서 집행되지 않는다. Briggs (주 2), 149-150.

하는 것이 아니다. 왜냐하면 예양이 이런 경우 외국판결 승인거부를 요구하지
않기 때문이다.

앞서 본 *Penn v Baltimore* 사건에서 알 수 있듯이, 영국 법원은 당사자가
자발적으로 약속한 의무를 이행하는 것이 정당하고 옳다는 것에 대한 근본주
의적인 시각을 갖고 있다. 우선 관할권의 맥락에서, 영국 법원이 외국 토지의
소유권에 관한 분쟁을 재판할 관할권이 있는지 판단할 때, 예양의 원칙에 의
하면 그 외국 법원만이 관할권이 있으나, 그럼에도 당사자가 영국 법원에서
재판받기로 하였다면 영국 법원은 관할권을 행사할 수 있다.[53] 외국판결 승인
의 맥락에서, 당사자 쌍방이 관할합의나 출석에 의하여 외국 법원의 재판을
받아들이기로 하였다면, 영국 법원은 그 사적 합의를 집행한다. 관할합의 위반
으로 인한 소송금지명령의 맥락에서는, 영국 법원은 단지 당사자가 하지 않겠
다고 약속한 것을 하지 못하게 하는 것이라는 입장을 취한다. 이 때 영국 법원
은 외국 법원이 관할권을 갖는지 심사하지 않는데, 그 이유는 외국 법원의 관
할권을 심사하는 것이 예양 위반이고, 영국 법원은 당사자의 합의 위반에 따
라 단지 합의에 효력을 부여하는 것일 뿐이다. 이와 같이 당사자간 합의에 효
력을 부여하는 것은 예양 위반이 아니다. 예양은 어떤 외국 판결을 주권행위
로 승인해야 하는지 알려주지만, 그러나 당사자의 합의에 효력을 부여하는 것
을 방해하지 않기 때문이다.

2. 영국 판결의 외국에서의 효력과 예양[54]

이를 토대로 *Masri* 사건을 분석하여 보자. 영국 법원은 Masri가 신청한 모
든 결정을 할 권한이 있었지만, 문제는 할 수 있느냐가 아니라 해야 하느냐는 것
이었다. 영국 법원은 이 사건에서 ① 피고 회사들이 영국 법원의 관할에 복종
하였고, 영국법원이 재판하여 판결을 내렸다면, 영국 법원은 그 판결의 집행에
도움이 되는 명령을 할 수 있어야 한다는 점과, ② 피고 회사들이 아닌 사람들
(그 주주나 임직원, 그 채권자와 채무자 그리고 관재인으로 임명된 사람들)을 상대로
문제된 쟁점(비밀의 또는 상업적으로 민감한 정보가 제공되어야 하는지, 자산이 동결
되어야 하는지, 채무자로 하여금 채권자가 아닌 다른 사람에게 채무를 이행하도록 명

---

53) 이 경우 영국 법원의 토지소유권에 관한 판단에 대세효가 인정되지 않고, 영국 법원이 단지 당사자
   사이의 약정과 의무에 효력을 부여하는 것이다. 외국 특허와 관련하여서도 같은 법리가 적용된다.
54) Briggs (주 2), 157-163.

해야 하는지)에 대하여 외국 법원이 더 적절하게 판단할 수 있다고 볼 수 있다는 점 사이에서 균형을 이뤄야 했다. 이는 물적, 인적 적용범위를 제한하지 않은 법이 정말로 아무런 제한이 없이 적용되어도 되는지 아니면 제한이 있는지, 영국 법원이 명령을 하는 것이 우방국인 외국의 주권을 방해하고 존중하지 않는 것인지, 외국 법원의 상충되는 명령이 있다면 그것이 영국 법원의 사법적 권한을 자제할 근거가 되는지, 영국 법원이 발령할 명령이 외국 법체계에 영향이 있을지 고려해야 하는지의 문제이다.

특히 흥미로운 것은 레바논 법원이 레바논에서 피고 회사의 법정관리인을 임명하였고, 영국 법원의 집행을 위한 행위를 하지 말 것을 명한 상황에서 영국 법원이 관리인 선임명령(Receivership order)을 할 수 있는지였다. *Joujou v Masri*[55] 사건에서 항소법원은 1심 법원이 레바논 법원에 의하여 임명된 레바논 법정관리인을 상대로 관리인 선임명령을 발령하면서 이를 위반하면 법정모욕으로 처벌받을 수 있게 한 것은 지나치다고 판단하고 이를 취소하였다. Toulson 판사는, 레바논 법정관리인이 영국 법원의 관할권을 받아들인 적이 없고 레바논 법원에 의하여 임명되었고, 관리인 선임명령의 대상인 재산이 외국에 소재한 상태에서 영국 법원이 그 영토 밖에서 관리인을 임명하는 것은 관할권의 과잉행사이고 예양의 원칙에 반하며, 예양의 원칙의 예외(더 자연스러운 법정지에서 국제적인 기준에 따라 받아들여지는 정의가 실현될 수 없다고 보는 경우)에 해당한다고 볼 사정도 없다고 판시하였다. Arden 판사도 외국 법원이 임명한 관리인들이 외국에서 한 행위에 대하여 영국 법원이 명령을 하는 것은 예양 위반이고, 영국 법원이 영국의 관할권을 받아들인 판결채무자의 채무를 집행하는 데 대한 이익이 가지나, 그것이 예양과 충돌할 때는 예양이 우선한다고 하였다.

Briggs 교수는 이러한 결론을 지지한다. 영국 법원이 명령을 내릴지 판단함에 있어 예양이 요구하거나 요구하지 않는 것이 무엇인지 질문을 던진 것은 적절하고, 외국 법원의 영토 안에서 이루어진 주권행위를 존중해야 한다고 판단한 것도 옳다. 또한 Masri와 회사들 간에는 관할합의가 있었기 때문에 그 사적 합의를 집행할 수 있었지만, 관할합의의 당사자가 아닌 제3에게는 통상적 예양의 원칙이 적용된다는 점에서 Arden 판사의 설시도 옳다고 평가한다.

---

55) [2011] EWCA Civ 746.

Briggs 교수는 이 사안에서 예양의 원칙이 판단의 방향을 제시하였다는 점에서 환영할 만한다고 평가한다.

Ⅵ. 결론

   Briggs 교수는 예양은 법의 흠결을 메꾸거나, 현재 영국법의 원칙을 적절히 설명하거나, 그리고 다른 국제사법 원칙의 한계를 설정하는 데 도움이 된다는 결론을 내리면서, 예양의 원칙을 아래와 같이 정리한다.

예양의 원칙은 기본적으로,
① 한 국가의 법원으로 하여금 외국법이 그 외국의 영토 내에 소재한 사람, 재산 그리고 사건들에 적용되는 한 그 외국법을 존중하고 의문을 제기하지 않을 것을 요구한다.
② 한 국가의 법원으로 하여금 외국 법원의 판단이 그 외국 영토 내에 소재한 사람과 재산에 적용되는 한 그 외국 판단의 충실성(integrity)을 존중하고 간섭하지 않을 것을 요구한다.
③ 외국 법원에서 진행되는 소송의 충실성을 존중하고, 간섭하지 않을 것을 요구한다.

이를 달성하기 위해 예양의 원칙은 이차적으로,
④ 법원이 자국법을, 위 ① 내지 ③을 간섭하지 않는 방법으로 해석(또는 적용범위를 제한)할 것을 요구한다.
⑤ 법원이 관할권을 위 ① 내지 ③을 간섭하지 않는 방법으로 행사할 것을 요구한다.

예양의 원칙을 제대로 이해하면, 예양의 원칙은
⑥ 외국에 대한 상호주의(reciprocity) 또는 상호주의의 결여와 별개이고, 구분되며, 이로부터 영향을 받지 않는다.
⑦ 예양의 원칙이 요구하지 않거나 배제하는 것을 요구하는 다른 원칙이 있을 수 있음을 인정한다.

그리고 예양이

---

⑧ 외국 영토 내에 소재하지 않은 피고에 대한 외국 판결에 효력을 부여할 것을
　요구하지 않고(배제하고 있지도 않다),

⑨ 외국 영토 외에 소재한 재산에 대한 외국법의 효력을 부여할 것을 요구하고 있
　지 않으나(배제하고 있지도 않다),

예양의 원칙은

⑩ 법원이 사적인 합의 기타 당사자 사이의 자발적 관계에 효력을 부여하는 것을
　막지 않는다. (신청된 명령을 발령하면 법원이 위 ①, ②, ③을 위반하게 되는
　경우가 아닌 한)

⑪ 외국 법원의 협조요청에 대하여 법원이 협조하는 것을 막지 않는다.

⑫ 그리고 법원이 그 주권자에 의하여 그렇게 명받은 경우(공서에 의해서건, 인권이
　건 등), 법원이 예양의 원칙의 제한을 넘어서는 것을 막지 않고, 막을 수 없다.

　　이상에서 영국법상 예양의 원칙이 국제재판관할권, 실질법의 적용범위,
외국 판결의 승인의 맥락에서 어떻게 작용하는지 살펴보았다. 영국 국제사법
의 예양의 원칙이 외교관계나 국제법에서 말하는 상호주의, 존중과는 달리 구
체적인 방향을 제시하는 법적 원칙이라는 것이 인상적이고, 국제사법에서 기
여하는 바가 있다는 점은 분명히 알 수 있었다.

　　그러나 Briggs 교수도 인정하듯이,[56] 아직 예양에 대한 통일적인 정의가
존재하지 않는 점은 예양의 원칙의 난점이다. 이는 *Hartford Fire Insurance
Co. v California* 사건의 다수의견과 소수의견 모두 각자의 입장을 뒷받침하는
근거로 예양을 원용하였다는 점에서 잘 드러난다. 예양이 국제사법에서 더 명
확한 원칙으로 자리잡기 위해서는 예양의 정의에 대한 공감대가 형성되어야
할 것이고, 그렇지 않으면 예양의 원칙에 대한 반대론자들이 지적하는 것처럼
예양은 이현령 비현령(耳懸鈴 鼻懸鈴)으로 악용될 수도 있을 것이다. 그리고 예
양이 어디까지 적용될 수 있는지 명확한 한계를 설정하는 것도 중요한 과제라
고 생각된다. Briggs 교수는 '신뢰할 수 없는 국가', '무너져가는 시스템'이 예
양의 원칙에 '부담'을 준다고 설명하고 있는데, 명확하지는 않으나 예양의 원
칙을 고수할 수 없는 한계 내지 예외를 인정하는 것으로 이해할 수 있다.

---

56) Briggs (주 2), 133.

Masri 판결은 외국 법원에서 국제적인 기준에 따라 받아들여지는 정의가 실현될 수 없는 것을 예양의 원칙이 적용될 수 없는 경우의 예로 들었는데, 그 기준을 구체화할 필요가 있다. 영국법상 증명의 정도로 요구하는 '증거의 우월(preponderance of evidence)'과 종합하여 보면, 영국 법원이 예양이 적용될 수 없는 예외적인 상황을 상대적으로 쉽게 인정한다면 예양의 원칙 자체가 잠탈될 우려가 있기 때문이다.

향후의 과제로, 영국 국제사법상 예양의 원칙을 특히 다음과 같은 측면에서 우리 국제사법의 입법론과 해석론에 어떻게 참고할 수 있을지 검토할 필요가 있다. 첫째, 국제사법 개정법률[57] 제12조는 불편한 법정지의 법리를 일부 수용하였는데,[58][59] 개정법률이 시행되면 관할권의 행사 또는 불행사를 정당화하는 원칙으로 예양의 원칙을 적용할 수 있을지 문제될 것이다. 둘째, 최근 우리 민사집행법의 해석론으로 전속적 국제재판관할합의 위반으로 인한 소송금지명령을 인정해야 한다는 주장이 제기되는데,[60] 이를 인정한다면 소송금지명령의 보전의 필요성을 심사하는 단계에서 예양의 원칙을 고려할 수 있을 것이다. 셋째, 우리법의 실질법과 관련하여서는, 어떤 규정의 국제적 강행규정성

---

57) 정치한 국제재판관할 원칙을 담은 국제사법 개정법률(2022. 1. 4. 법률 제18670호로 개정된 것)이 2022. 7. 5.부터 시행될 예정이다.

58) **제12조(국제재판관할권의 불행사)**
  ① 법원은 이 법에 따라 국제재판관할이 있더라도 법원이 국제재판관할권을 행사하기에 부적절하고 국제재판관할이 있는 외국의 법원이 분쟁을 해결하는데 보다 적절하다는 예외적인 사정이 명백히 존재하는 때에는 본안에 관한 최초의 변론기일 또는 변론준비기일까지 피고의 신청에 따라 소송절차를 결정으로 중지하거나 소를 각하할 수 있다. 다만, 법원이 제8조에 따라 합의관할을 가지는 경우에는 그러하지 아니하다.
  ② 제1항의 경우 법원은 소송절차를 중지하거나 각하하기 전에 원고에게 진술할 기회를 주어야 한다.
  ③ 제1항에 따른 결정에 대하여는 즉시항고를 할 수 있다.

59) 국제사법 개정과정에서 이 규정에 대한 평가에 관하여는 석광현, "2018년 국제사법 전부개정법률안에 따른 국제재판관할규칙: 총칙을 중심으로", Dong-A Journal of IBT Law vol 21 (동아대학교 법학연구소, 2018. 4.), 99 이하 참조.

60) 석광현, "국제상사중재에서 중재합의와 소송유지명령", 선진상사법률연구 50호 (법무부 상사법무과, 2010. 4.), 32; 이규호, "관할합의에 기초한 소송유지명령(Anti-suit Injunction)의 법적 쟁점", 국제사법연구 제25권 제1호, (한국국제사법학회, 2019. 6.), 103-104; 이창현, "국제적 분쟁해결에 있어서 '소송금지명령'의 활용에 관한연구 -한국에서의 적용 가능성을 중심으로,", 서울대학교 법학전문대학원 법학전문박사 학위논문(서울대학교, 2020), 197 이하; 이필복, "국제적인 민사 및 상사분쟁 해결절차의 경합에 관한 연구 -소송과 중재를 중심으로", 서울대학교 대학원 법학박사학위논문(서울대학교, 2020), 239; 김민경, "전속적 국제재판관할합의 위반으로 인한 소송금지가처분(Anti-suit Injunction)", 국제거래법연구 제30집 제1호(국제거래법학회, 2021. 8.), 130 이하 참조.

여부를 판단할 때 규정의 인적, 장소적 적용범위를 확정하는 기준으로 활용할
여지도 있을 것이다. 넷째, 외국 판결의 승인·집행과 관련하여서는 우리 민사
소송법 제217조 제1항 제3호의 '공서'와 영국법상 예양의 원칙의 예외로서 '국
제적인 기준에 따른 부정의'와 접점이 있는지를 검토할 필요가 있다. 이 글을
출발점으로 삼아 앞으로 위와 같은 과제를 차근차근 수행할 것을 다짐하면서
글을 맺는다.

[追記]

　　2011년도에 석광현 교수님을 처음 뵌 이후로 현재까지 이루 말할 수 없을
만큼 큰 학은을 입었습니다. 석광현 교수님께 진심으로 감사드립니다. 석광현
교수님께서 필자가 영국 유학을 다녀오기 전후로 영국 국제사법의 예양의 원
칙에 관한 글을 쓸 것을 권유하여 주셨는데, 부족하지만 이 글로써 숙제를 일
부 마친 느낌입니다. 부족한 부분은 추후 보완, 발전시키려 합니다. 교수님께
서 지난 세월 학계에 헌신하시며 쌓으신 수많은 빛나는 업적에 경의와 찬탄을
보내며, 늘 건강하시기를 기원합니다.

— 참고문헌 —

1. 국내문헌

김민경, "전속적 국제재판관할합의 위반으로 인한 소송금지가처분(Anti-suit Injunction)", 국제거래법연구 제30집 제1호(국제거래법학회, 2021. 8.)

석광현, "국제상사중재에서 중재합의와 소송유지명령", 선진상사법률연구 제50호(법무부 상사법무과, 2010. 4.)

_____, "2018년 국제사법 전부개정법률안에 따른 국제재판관할규칙: 총칙을 중심으로", Dong-A Journal of IBT Law, Vol 21(동아대학교 법학연구소, 2018. 4.)

이규호, "관할합의에 기초한 소송유지명령(Anti-suit Injunction)의 법적 쟁점", 국제사법연구 제25권 제1호(한국국제사법학회, 2019. 6.)

이창현, "국제적 분쟁해결에 있어서 '소송금지명령'의 활용에 관한연구-한국에서의 적용 가능성을 중심으로", 서울대학교 법학전문대학원 법학전문박사 학위논문(서울대학교, 2020)

이필복, "국제적인 민사 및 상사분쟁 해결절차의 경합에 관한 연구-소송과 중재를 중심으로", 서울대학교 대학원 법학박사학위논문(서울대학교, 2020)

2. 외국문헌

가. 단행본

Briggs, Adrian/Rees, Peter, *Civil Jurisdiction and Judgments*, 5th Edition (Informa, 2009)

Collins, Lawrence (ed.), *Dicey, Morris & Collins: The Conflict of Laws*, vol. 1, 15th Edition (Sweet & Maxwell, 2012)

Fentiman, Richard, *International Commercial Litigation*, 2nd Edition (Oxford University Press, 2015)

Kaye, Peter, *The new private international law of contract of the European Community* (Dartmouth, 1993)

Torremans, Paul(eds., *Cheshire, North & Fawcett: Private International Law*, 15th Edition (Oxford University Press, 2017)

나. 논문

Briggs, Adrian, "The principle of comity in private international law", *Recueil des Cours*, Vol. 354 (2012)

Mann, Frederick A., "Conflict of laws and public law", *Recueil des Cours*, Vol. 132 (1971)

제 3 부

국제민사절차법

헤이그국제사법회의 관할 프로젝트(Jurisdiction Project)의 주요 쟁점 및 교섭상의 고려 사항

이필복*

Ⅰ. 서론

헤이그국제사법회의(HCCH)는 1992년 민사·상사에 관한 국제소송의 두 가지 핵심적 측면인 '직접적 국제재판관할'과 '외국재판의 승인·집행'을 규율하는 국제협약을 마련하기 위한 작업을 개시하였다. 이를 '재판 프로젝트(the Judgments Project)'라고 한다. 초기 재판 프로젝트에서 당초 상정하였던 협약의 형태는, 직접적 국제재판관할과 외국재판의 승인·집행 문제를 하나의 협약에서 조화롭게 규율하는 '이중협약(二重協約, convention double)'이면서도, 체약국이 국내법의 관할규칙을 근거로 국제재판관할을 인정하는 것을 허용하는 '혼합협약(混合協約, convention mixte)'이었다.[1] 재판 프로젝트의 진행 결과 1999년 예비초안[2], 2001년 잠정문안[3]이 도출되기도 하였다. 그러나 재판 프로젝트는 협약에 '구속력 있는 직접적 국제재판관할규칙의 관할원인을 규정할 것인지 여부와 그 범위'에 대하여 유럽연합을 필두로 한 대륙법계 국가들과 미국을

---

* 부산고등법원 울산재판부 판사/법학박사

[1] 석광현, "헤이그국제사법회의 '민사 및 상사사건의 국제재판관할과 외국재판에 관한 협약' 2001년 초안", 국제사법과 국제소송(제3권), 박영사, 2004, 435 참조. 이중협약의 경우 협약에 열거된 관할 근거는 망라적이므로 체약국의 법원은 협약에 따라서만 국제재판관할을 가질 수 있고, 국내법에 근거하여 국제재판관할을 인정할 수 없다고 이해된다.

[2] 이에 관한 소개는 석광현, "헤이그국제사법회의 '민사 및 상사사건의 국제재판관할과 외국재판에 관한 협약 예비초안", 국제사법과 국제소송(제2권), 박영사, 2002, 396 이하 참조.

[3] 석광현 교수는 이를 '2001년 초안'이라고 지칭한다. 석광현(주 1), 433 참조. 그러나 헤이그국제사법회의에서는 해당 문서가 초안의 형태를 갖추지 않고 상설사무국과 보고자들이 마련한 작업문서의 성격을 가지는 잠정문안이라는 의미에서 '잠정문안(interim text)'이라고 부른다. 2001년 잠정문안을 총체적으로 소개한 국내 문헌으로는 위 석광현 교수의 논문(주 1) 외에 유영일, "국제재판관할의 실무운영에 관한 소고 -개정 국제사법과 헤이그신협약의 논의를 중심으로-", 법조 2002년 11월호(통권 제554호), 49 이하 및 2002년 12월호(통권 제555호), 178 이하 참조.

필두로 한 보통법계 국가들 사이의 입장 차이가 커서 타협이 이루어지지 못하였고, 결국 위 프로젝트는 잠정적으로 중단되기에 이르렀다.[4] 이후 재판 프로젝트는 회원국들간의 합의를 이끌어내는 데 상대적으로 용이하였던 '전속적 국제재판관할합의'에 관한 협약을 마련하는 방향으로 일단 축소하여 진행되었고, 그 결과 2005년 관할합의협약[5]이 채택되었다.[6]

　　헤이그 국제사법회의는 2012년 다시 외국재판의 승인·집행에 관하여만 다루는 협약을 마련하는 작업으로 재판 프로젝트를 한정하여 속행하되, 국제적 소송경합(國際的 訴訟競合, lis alibi pendens)[7]과 과잉관할(過剩管轄, exorbitant grounds) 문제를 포함한 직접적 국제재판관할에 관하여는 추후 작업을 재개하기로 결정하였다. 외국재판의 승인·집행에 관한 재판 프로젝트는 이후 착실히 진행되어 마침내 2019년 '민사 또는 상사에 관한 외국재판의 승인 및 집행에 관한 협약(이하 '재판협약'이라 한다)'이 채택되는 결실을 맺었다.[8][9]

---

4) 장준혁, "2019년 헤이그 외국판결 승인집행협약", 국제사법연구 제25권 제2호, 2019, 439 참조.

5) 관할합의협약은 2015. 10. 1. 발효되었다. 위 협약에 대하여는 멕시코, 유럽연합, 몬테네그로, 덴마크, 싱가포르, 영국이 가입·비준·승인하였고 미국, 우크라이나, 중국 및 북마케도니아, 이스라엘이 서명을 마친 상태이다. https://www.hcch.net/en/instruments/conventions/status-table/?cid=98 참조.

6) 관할합의협약에 관한 국내 문헌으로는 석광현, "2005년 헤이그 재판관할합의 협약의 소개", 국제사법연구 제11호, 2005, 192 이하; 박정훈, "헤이그 재판관할합의협약", 국제사법연구 제18호, 2012, 233 이하; 박상순, "헤이그 재판관할합의협약에 대한 연구", 서울대학교 법학석사학위 논문, 2017, 49 이하; 김효정, "헤이그관할합의협약 가입시의 실익과 고려사항", 국제사법연구 제25권 제1호, 2019, 169 이하 및 석광현, "우리 대법원 판결에 비추어 본 헤이그 관할합의협약의 몇 가지 논점", 국제사법연구 제25권 제1호, 2019, 481 이하 참조. '국제사법연구' 제25권 제1호는 헤이그 관할합의협약 가입과 관련한 주요 쟁점을 다룬 특집호이다.

7) 국제적 소송경합을 가리키는 말로 학자에 따라 "국제적 중복제소(國際的 重複提訴)", "국제적 중복소송(國際的 重複訴訟)" 등의 용어를 사용하기도 하나, 필자는 '국제적 소송경합'이라는 용어를 사용한다. 상세는 이필복, "국제적인 민사 및 상사분쟁 해결절차의 경합에 관한 연구 -소송과 중재를 중심으로-", 서울대학교 법학박사 학위논문, 2020, 26 참조. 'lis alibi pendens'는 '다른 곳에 계속된 소송(lawsuit pending elsewhere)'이라는 의미로, 줄여서 'lis pendens'라고만 표현되는 예가 더 일반적이다(이하에서는 'lis pendens'로만 표기한다). 그런데 종종 외국 문헌에서 'lis pendens (rule)'는 대륙법계의 '우선주의(優先主義, first-in-time rule)'를 일컫는 용어로 사용되기도 하므로 양자의 구별에 주의할 필요가 있다.

8) 재판협약은 우루과이, 우크라이나, 이스라엘, 코스타리카, 러시아가 서명을 마친 상태로서, 현재까지 발효되지 못하였다. https://www.hcch.net/en/instruments/conventions/status-table/?cid=137 참조. 재판협약의 채택 경과에 관하여는 이동진/서경민/이필복, "헤이그국제사법회의(HCCH) 외국판결의 승인과 집행에 관한 협약의 채택을 위한 제22차 외교회의 참가보고서", 국제규범의 현황과 전망(2019), 법원행정처, 2020, 773 이하 및 장준혁, "2019년 헤이그 재판협약의 우리나라 입법, 해석, 실무에 대한 시사점과 가입방안", 국제사법연구 제26권 제2호, 2020, 141 이하 참조. 장준혁 교수는 재판협약의 교섭 과정에서 작업반 제5차 회의, 특별위원회 제1차 내지 제4차 회의, 그리고 외교회의

　　재판협약이 성공적으로 채택됨에 따라, 종전의 재판 프로젝트에서 미결된 채로 남아 있던 과제로 초점이 맞춰졌다. 이에 헤이그 국제사법회의는 2020년 이른바 '관할 프로젝트(Jurisdiction Project)'라는 이름으로 '국제적 병행절차를 포함한, 민사·상사에 관한 국제소송의 직접적 국제재판관할'을 규율하는 문서를 마련하기 위한 작업을 개시하였다. 이는 당초에 출발하였던 재판 프로젝트의 마지막 퍼즐 조각을 맞추기 위한 작업이라고 할 수 있다.

　　관할 프로젝트에서 다루는 주제는 종래 재판 프로젝트에서 회원국들 사이에 가장 타협을 이루기 어려웠던 주제이고, 한 차례 좌절을 경험했던 주제이다. 그러므로 관할 프로젝트에서는 근본적으로 문서를 마련할 '필요성(desirability/necessity)'과 '실현 가능성(feasibility)'이 인정되는지가 중요한 화두가 되었고, 그 밖에 문서를 구성하기 위한 큰 틀에 관한 핵심 쟁점들에 관하여도 초기 단계에서부터 첨예한 견해 대립이 노정(露呈)되었다. 그러나 '국제적 병행절차를 포함한, 민사·상사에 관한 국제소송의 직접적 국제재판관할' 문제는 국제민사소송법 체계에서 매우 중요한 축을 구성하고 있으므로, 우리나라에서도 관할 프로젝트에 충실히 관여하여 그 논의의 경과를 따라가고, 교섭 과정에서도 우리의 입장을 충분히 낼 필요가 있다.[10) 이에 필자는 이 글을 통해 작업반 제1차 회의까지 진행된 현 시점에서 관할 프로젝트의 진행 현황과 주요 쟁점을 정리하고, 이를 토대로 향후 문서 채택을 교섭하는 과정에서 중요하게 고려되어야 할 사항들을 분석해 보고자 한다. 이하에서는 관할프로젝트의 진행 현황(Ⅱ항), 관할 프로젝트의 두 가지 핵심 쟁점(Ⅲ항), 작업반에서 논의되었거나 논의될 핵심 쟁점들(Ⅳ항), 그리고 대한민국이 향후 교섭 과정에서 고려할 사항(Ⅴ항)에 관하여 나름의 체계를 갖추어 검토한다.

(제22차 회기)에 참가하여 재판협약 채택에 폭넓게 관여하였다.

9) 재판협약의 내용에 관한 국내 문헌으로는 장준혁(주 4), 437 이하; 김효정/장지용, 외국재판의 승인과 집행에 관한 연구, 사법정책연구원, 2020, 155 이하; 석광현, "2019년 헤이그 재판협약의 주요 내용과 간접관할규정", 국제사법연구 제26권 제2호, 2020, 3 이하 및 장지용, "헤이그 재판협약상 승인 및 집행의 요건과 절차", 국제사법연구 제27권 제1호, 2021, 399 이하 참조.

10) 필자는 대법원 산하 국제규범연구반 내 국제사법공조반 구성원으로서 2019년 재판협약 채택을 위한 제22차 외교회의에 참가하였고, 2020년부터 2021년까지 관할 프로젝트의 전문가그룹(Experts' Group) 회의(제3차 내지 제5차)와 작업반(Working Group) 제1차 회의에 참가하여 관할 프로젝트의 초기 작업부터 관여하였으며, 향후에도 문서의 초안 마련을 위한 작업반(Working Group)의 구성원으로서 관할 프로젝트에 계속 관여할 예정이다.

II. 관할 프로젝트의 진행 현황

1. 전문가그룹(Experts' Group) 회의

헤이그 국제사법회의의 일반사무정책이사회(Council on General Affairs and Policy of the HCCH, CGAP)는 2011년 재판 프로젝트를 재개하는 이익을 검토하기 위한 전문가그룹(Experts' Group)이 설치되어야 한다고 결정하였다. 전문가그룹은 2차례 회의를 거쳐 2013년 외국재판의 승인·집행에 관하여만 다루는 단일협약을 마련하는 작업으로 재판 프로젝트를 한정하여 속행하되, 해당 프로젝트가 종료되면 직접적 국제재판관할에 관한 문서 작성을 위한 작업을 재개하기로 결정하였다. 일반사무정책이사회는 2019년 재판 프로젝트가 마무리되어감에 따라 상설사무국(Permanent Bureau, PB)에 직접적 국제재판관할에 관한 문서 작성을 준비하기 위한 전문가그룹 회의를 개최하도록 의무를 부여하였다. 상설사무국은 그 의무 이행으로서 관할 프로젝트에 관한 전문가그룹 회의를 개최하였다. 전문가그룹 회의는 2020. 2.부터 2021. 2.까지 3회에 걸쳐서 진행되었는데, 제3회[11] 전문가그룹 회의는 2020. 2. 헤이그의 상설사무국에서 대면회의로 개최되었으나, 제4회(2020. 11. 개최), 제5회(2021. 2. 개최) 전문가그룹 회의는 COVID-19의 영향으로 비대면회의로 개최되었다.

관할 프로젝트에 관한 전문가그룹은 '국제적 병행절차[12]를 포함한, 직접적 국제재판관할'에 관한 문서를 마련하는 것의 필요성과 실현 가능성이 인정되는지를 최우선의 검토 대상으로 삼았다. 과거 직접적 국제재판관할에 대한 규율을 포함하고 있던 재판 프로젝트가 좌절된 바 있었으므로, 그 필요성과 실현 가능성에 대해서 근본적인 검토를 필요로 하는 것이다. 전문가그룹은 위와 같은 필요성과 실현 가능성이 인정된다는 가정적 전제 아래, 향후 문서에서 고려될 수 있는 문서의 범위, 구조, 주요 쟁점들에 관하여 모색적인 검토를 하였다.

---

11) 전문가그룹 회의는 앞서 본 바와 같이 과거 2차례 개최되어 '재판 프로젝트'의 속행 여부 등을 결정하였다.

12) 전문가그룹 회의는 ① 당사자와 소송물이 동일한, 엄격한 의미의 소송경합(parallel proceedings)과 ② 관련 소송 또는 청구(related actions or claims)을 통틀어 이를 '병행절차(concurrent pro-ceedings)'라는 용어를 사용하였다.

2. 작업반(Working Group) 회의

전문가그룹은 제5차 회의에서, 2021년 일반사무정책이사회에 대하여 관할 프로젝트의 진행을 계속하기 위한 작업반(Working Group)을 구성하여 작업을 진행할 것을 권고하기로 의결하였다. 다만 작업반의 작업은 병행절차에 관한 구속적 규칙의 마련에 기본적인 초점을 두되, 국제재판관할규칙(jurisdictional rules)과 부적절한 법정지의 법리(the doctrine of *forum non conveniens*) 모두가 중요한 기능을 함을 인식하면서, 포괄적이고 총체적인 방법(inclusive and ho-listic manner)으로 진행되어야 한다는 방향성을 부여하였다.13) 그리고 2021년 일반사무정책이사회는 이러한 권고를 승인·채택하는 의결을 하여, 상설사무국에 작업반을 구성하여 2022년 일반사무정책이사회 전에 2회의 작업반 회의를 개최하도록 권고하였다.14) 이로써 '관할 프로젝트'는 그 명칭에도 불구하고 '국제적 병행절차에 관한 구속적 문서(협약)'를 마련하는 것을 중심으로 진행되는 것으로 작업 방향이 정해졌다. 이는 아래에서 보는 바와 같이 전문가그룹 회의에서 대륙법계와 보통법계 사이에 직접적 국제재판관할에 관한 전통과 제도의 차이가 부각됨에 따라 직접적 국제재판관할을 규율하는 문서의 필요성과 실현 가능성에 관하여는 합의에 도달하지 못하였으나, 국제적 병행절차에 관하여 규율할 문서의 필요성과 실현 가능성에 관하여는 공감대가 형성되었기 때문이다. 이에 따라 작업반에서는 국제적 병행절차에 관한 구속적인 규칙의 마련에 기본적인 초점을 두고 문서의 초안을 마련하는 작업을 이어갈 것으로 보이는데, 관할 프로젝트에 관한 작업반은 2021. 10. 제1차 회의를 개최하여 초안을 검토하였다.

---

13) 전문가그룹 제5차 회의에서 확정된 권고안의 내용은 이필복, "헤이그국제사법회의(HCCH) 국제재판관할 프로젝트에 관한 전문가그룹 제5차 회의 참가 보고", 국제규범의 현황과 전망(2020), 사법정책연구원, 2021, 574 및 592 참조.

14) 김태진, "2021년 헤이그국제사법회의(HCCH) 일방사무정책 이사회 참가보고서", 2020 국제규범의 현황과 전망, 사법정책연구원, 2021, 611 이하 참조.

Ⅲ. 관할 프로젝트의 두 가지 핵심 쟁점

1. 국제재판관할규칙(jurisdictional rule)을 규율할 필요성과 실현 가능성

가. 국제재판관할에 관한 준칙을 마련하는 이점

현재로서는 국제재판관할에 관하여 국제적으로 확립된 준칙이 존재하지 아니한다. 각국이 자국의 국내법에서 정한 기준에 의하여 행사할 수 있는 민사재판권의 한계 내지 제한을 정하고 있을 따름이다.[15] 각국에서 정하는 국제재판관할의 연결 기준이 다르므로, 피고는 자신이 예측하지 못하였던 엉뚱한 곳에서 제소당할 수 있고, 경우에 따라서는 원고의 남용적인 법정지 쇼핑으로 인해 당사자 간 공평이 훼손되고 재판의 신속과 적정이 저해될 수 있다. 그러므로 적어도 이론적인 관점에서는, 협약 등 구속력 있는 문서를 통해 국제재판관할 규칙을 일률적으로 정함으로써 국제재판관할에 대한 예측가능성을 증진시키고 합리적인 관할 배분의 이념도 실현할 수 있다. 초기 재판 프로젝트의 기획자와 입안자들이 협약에 국제재판관할에 관한 준칙을 포함하고자 하였던 이유도 여기에 있다.

나. 대륙법계와 보통법계의 상이한 접근 방법

국제재판관할규칙을 포함하는 협약을 도모하였던 초기 재판 프로젝트가 한 차례 좌절된 바 있었기에, 2020년 소집된 전문가그룹 회의에 맡겨진 최우선의 과제는 국제재판관할규칙을 규율하는 문서의 필요성과 실현 가능성이 있는지를 가늠하는 것이었다. 결론부터 말하자면, '직접적 국제재판관할규칙(jurisdictional rule)'을 규율하는 문서의 필요성과 실현 가능성에 관하여는 전문가그룹 회의의 처음부터 끝까지 대륙법계(civil law jurisdiction)와 보통법계(common law jurisdiction)[16] 전문가들의 주장이 사실상 평행선을 달렸다. 유럽

---

15) 中野, 新民事訴訟法講義(第3版), 有斐閣, 2018, 72. 국제재판관할권은 각국의 민사재판권에 대한 내재적·국제민사소송법적 한계를 구성한다. 석광현, 국제민사소송법, 박영사, 2012, 32.

16) '커먼로(common law)'는 때로는 제정법(statute law)에, 때로는 대륙법(civil law)에, 때로는 지역적 특별법(*ius speciale*)에, 때로는 형평법(equity law)에 대비되는 의미로 사용되고, 이를 다루는 관점에 따라 '보통법'이라 일컬어지기도 하고 '공통법'이라 일컬어지기도 한다. 상세는 최봉경, "특정이행과 손해배상 -비교법적 연구를 중심으로-", 저스티스 통권 제178호, 2020, 55 각주 2) 참조. 이 논문에서 '커먼로(common law)'는 원칙적으로 '대륙법'에 대비되는 '보통법'의 의미를 가지

연합(EU) 등 대륙법계의 전문가들을 중심으로, 협약 등 구속력 있는 문서를 통해 국제재판관할 규칙을 규율함으로써 달성할 수 있는 위 가.항과 같은 이익을 들어 직접적 국제재판관할규칙을 규율하는 문서의 필요성과 실현가능성을 지지하는 견해가 제시되었다. 우리나라도 기본적으로 이러한 입장을 지지하였다. 이에 대하여는 미국 등 보통법계의 전문가들을 중심으로, 국제재판관할에 관하여 각 법계별·국가별 전통과 이론적 배경, 구체적인 연결규칙이 상이하므로 통일된 안을 도출하는 것이 실현 가능하다고 보기 어렵고, 문서에 구속력 있는 국제재판관할규칙을 포함하는 것은 체약국의 국제재판관할에 관한 국내법 질서와 사법주권을 침해하는 결과를 초래할 수 있어 그 필요성이 있지도 않다는 반론이 강하게 제시되었다.[17] 이처럼 '직접적 국제재판관할규칙'을 규율하는 문서의 필요성과 실현 가능성에 관한 대륙법계와 보통법계 전문가들의 주장이 엇갈렸던 이유는 국제재판관할에 관한 대륙법계와 보통법계의 접근 방법이 근본적으로 달랐기 때문이다.

1) 대륙법계의 접근 방법

우리나라를 비롯하여 독일, 스위스, 일본 등과 같은 대륙법계 국가들에서는 원칙적으로 법률관계의 유형별로 특정한 국제재판관할원인이 충족되면 국제재판관할을 인정하는 접근 방법을 취한다. 예를 들어 스위스에서는 국제사법에서,[18] 일본은 민사소송법과 인사소송법에서[19] 각각 법률관계의 유형에 따

고, 영국법과 관련하여서는 제한적으로 '형평법'에 대비되는 의미를 가진다.

17) 이필복, "헤이그국제사법회의(HCCH) 국제재판관할 프로젝트에 관한 전문가그룹 제3차 회의 참가 보고", 국제규범의 현황과 전망(2020), 사법정책연구원, 2021, 408 이하 및 이필복(주 13), 575 이하 참조.

18) 스위스 국제사법은 제1장 제2절(제2조 내지 제11c조)에서 국제재판관할에 관한 일반원칙을 규정하고, 제3장부터 제10장까지의 각 법률관계 내지 연결대상 별로 국제재판관할에 관한 원칙 또는 규칙을 규정하고 있다. 석광현, "스위스 국제사법(IPRG)", 국제사법연구 제3호, 1996, 67. 이하의 스위스 국제사법 규정의 번역문은 석광현, "국제사법에 관한 연방법률", 국제사법연구 제26권 제1호, 2020, 595 이하의 번역문에 의한 것이다.

19) 일본은 2011년 민사소송법 개정, 2018년 인사소송법 개정을 통해 각각 국제재판관할에 관한 명시적인 규정들을 신설하였다. 2011년 개정된 일본 민사소송법의 국제재판관할 규정의 개관은 김문숙, "일본법원의 국제재판관할권에 관하여 −2011년 개정민사소송법을 중심으로−", 국제사법연구 제18권, 2012, 279 이하 및 한충수, "국제민사소송의 국제적인 흐름과 우리의 입법과제 −일본의 국제재판관할 관련 민사소송법 개정법률안을 중심으로−", 민사소송 제14권 제2호, 2010, 72 이하 참조. 2018년 개정된 일본 인사소송법의 국제재판관할 규정의 개관은 김문숙, "일본에서의 인사소송사건에 관한 국제재판관할 −개정 인사소송법을 중심으로−", 국제사법연구 제25권 제2호, 2019, 403 이하 참조.

라 명확하고 구체적인 국제재판관할 규칙을 두고 있다. 스위스나 일본처럼 구체적인 국제재판관할규칙을 두고 있지 않은 우리나라나 독일에서는, 내국소송에서 재판적(裁判籍, Gerichtsstand)[20]이라고 일컬어지는 토지관할의 관할원인을 국제재판관할의 맥락에서도 유력한, 또는 핵심적인 관할원인으로 삼아 국제재판관할을 판단한다.[21] 다만 내국소송의 토지관할이 국제재판관할을 인정하는 유일한 근거나 기준이 되는 것은 아니고, 당사자의 공평, 편의, 예측가능성과 같은 개인적인 이익과, 재판의 적정, 신속, 효율, 판결의 실효성과 같은 법원이나 국가의 이익을 함께 고려하여 국제재판관할의 유무를 판단하게 된다.[22] 이처럼 대륙법계에서는 법전에 규정된 특정하고 구체적인 관할원인을 기초로 국제재판관할이 있는 곳을 연결하는데, 관할배분의 이념은 그러한 관할규칙을 마련하는 입법 단계에서 고려된다. 위와 같은 관할규칙의 적용에 따라 국제재판관할이 인정되면, 법원은 그 관할권을 행사하여야 하고 임의로 이를 거부할 수 없다는 관념이 통용된다.

2) 보통법계의 접근 방법

이와 달리 영국과 미국을 중심으로 한 보통법계 국가들에서는 더 적절한 법정지(better forum 또는 more appropriate forum)의 발견이라는 관점에서, 당해 사건에 관련된 여러 사정들을 고려하여 당해 사건을 심판하기에 가장 적절한 '자연적 법정지(natural forum)'를 모색하는 접근 방법을 취한다. 또한 보통법계에서는 법원이 정의를 위하여 그 재량에 의해서 소송절차를 중지할 수 있는 고유한 권한이 있다는 관념이 이어져 내려왔다.[23] 이러한 접근 방법 아래에서

---

20) 재판적이란 토지관할의 발생원인이 되는 인적·물적 관련(연고) 지점을 말한다(토지관할 발생의 원인지). 이시윤, 신민사소송법(제15판), 박영사, 2021, 103.

21) 이는 이론적으로는 이른바 '역추지설(逆推知說)'을 기본으로 한다고 설명될 수 있다. 독일, 일본 등의 국제재판관할규칙에 관한 개관은 석광현, 국제재판관할에 관한 연구 –민사 및 상사사건에서의 국제재판관할의 기초이론과 일반관할을 중심으로–, 서울대학교 출판부, 2001, 82 이하 참조. 다만 아래에서 보는 바와 같이 우리나라는 정치한 국제재판관할 규칙을 새로 마련하는 것을 내용으로 하는 개정 국제사법이 2022. 7. 4. 시행될 예정이다.

22) 대법원 2019. 6. 13. 선고 2016다33752 판결, 대법원 2021. 3. 25. 선고 2018다230588 판결 등 참조. 이에 관한 평석으로는 석광현, "국제사법 제2조 제2항을 올바로 적용한 2019년 대법원 판결의 평석: 일반관할과 재산소재지의 특별관할을 중심으로", 국제거래와 법 통권 제29호, 2020, 131 이하; 한애라, "재산소재지 특별관할에 관한 법리와 판례의 검토 및 입법론", 저스티스 통권 제182-1호(2021년 2월호), 2021, 219 이하 및 이필복, "국제사법 총칙과 해상 편에 관한 재판례를 통해 본 국제사법 20년의 회고와 과제", 국제사법연구 제27권 제2호, 2021, 532 이하 참조.

23) 미국 연방대법원의 Cardozo 대법관은 *Landis v North American Co.*, 299 U.S. 248 사건에서 "소

는 피고의 주소지(상거소지)가 일단 기본적인 대인관할의 원인이 되지만, 법원은 다른 나라가 자연적 법정지에 해당하고 제반 사정에 비추어 그 관할권 행사를 거부하는 것이 정의의 관념에 반하지 않는다고 판단하면, 그 재량에 따라 관할권의 행사를 거부할 수 있다.[24] 이를 '부적절한 법정지의 법리(the doctrine of *forum non conveniens*)'라고 한다.[25] 보통법계 국가들에는 구체적인 관할원인을 규정하는 단행 법률은 존재하지 않고, 적절한 법정지를 판가름하는 연결점이 무엇인지에 관한 법령도 존재하지 않는다. 대륙법계의 접근 방법을 따라 문서에 강행적인 국제재판관할규칙을 포함하는 것은 보통법계에서 전통적으로 적용해 온 관할원칙 내지 접근 방법과 다를 뿐만 아니라, 그 결과 그들의 국내법에 의하면 관할권을 행사할 수 있었을 사건에서 관할권을 행사하지 못하게 되거나, 관할권의 행사를 거부하였을 사건에서 관할권의 행사를 강요당하게 될 수 있다. 이는 보통법계 국가들에게 사법주권에 대한 위협으로까지 인식된다.

다. 소결론

이러한 접근 방법 사이의 간극은 어느 한쪽이 전적으로 양보하는 방식으로 타협될 수 있는 성질로 보이지는 않는다. 대륙법계에서 보기에 보통법계의 접근 방법은 법관들에게 낯설고 당사자들의 예측가능성을 떨어뜨릴 뿐만 아니라, 당사자의 재판청구권 보장에 취약할 수 있다는 문제점을 가지고 있다. 한편 보통법계에서 보기에 대륙법계의 접근 방법은 경직된 것으로서 당사자들에게 적절한 법정지를 제공하기 어렵고, 법원에 관할권 행사를 강제하는 측면이 있어 법원의 폭넓은 재량권 행사를 긍정하는 전통에도 반한다. 따라서 보통법계에서는 문서에 대륙법계의 구속력 있는 '관할규칙(jurisdictional rule)'을 두는 것을 반대하는 것이 자연스럽고, 대륙법계에서는 문서에 부적절한 법정지의

송절차를 중지할 수 있는 권한은 모든 법원에 고유한 권한(the power inherent in every court), 즉 법원·당사자의 노력과 시간의 경제(economy)를 위하여 그 사건 일람표에 있는 사건의 처리를 통제할 수 있는 권한에 부수하는 권한이다."라고 설시한 바 있다.

24) 영국에서 부적절한 법정지의 법리를 외국의 피고에 대한 소장 송달 허가 절차에서 그 송달의 정당성을 뒷받침하는 근거로 기능하기도 한다. 외국으로의 소장 송달 국면에서 나타나는 '적절한 법정지(*forum conveniens*)' 내지 '자연적 법정지(natural forum)'의 내용에 관한 상세는, Cheshire/North/Fawcett, Private International Law(15th), Oxford, 2017, 364 이하 참조.

25) 영국과 미국에서의 부적절한 법정지의 법리에 관한 체계적인 해설은 이필복(주 7), 76 이하 참조.

법리 또는 더 적절한 법정지의 발견에 관한 접근 방법(better-forum approach)을 국제재판관할 인정의 원칙적인 규칙으로 포함하는 것을 수용하기 어렵다. 전문가그룹 회의에서 이처럼 상충하는 양 법계의 입장이 평행선을 달린 결과, 직접적 국제재판관할에 관한 구속력 있는 관할규칙을 두는 방향은 전문가그룹 제5차 회의에서 확정된 권고안을 통해 사실상 포기되었다. 앞서 본 것처럼 관할 프로젝트는 '국제적 병행절차에 관한 구속적 문서(협약)'를 마련하는 것을 중심으로 진행될 것이고, 국제재판관할에 관한 규율은 기본적으로 각국의 국내법에 맡겨지며, 다만 문서에 포함되는 관할원인 내지 관할의 연결점들은 국제적 소송경합을 해결하기 위한 기준으로 활용되는 보조적·제한적 의미만을 가지게 될 것이다.

2. 국제적 병행절차의 규율 방식

가. 국제적 소송경합과 관련 소송

국제적인 민사·상사 분쟁의 당사자들은 △ 국제사법과 그에 의하여 결정되는 준거법, 증거법칙을 포함한 일련의 소송규칙, 승소판결의 집행가능성 등과 같은 법적인 측면, △ 소송비용, 소송절차의 신속성 등과 같은 경제적인 측면, 그리고 △ 소송전략적인 측면[26]을 종합적으로 고려하였을 때 자신에게 가장 유리한 국가의 법원을 선택하여 소를 제기할 유인을 가지게 된다.[27] 이를 법정지 쇼핑(forum-shopping)이라 한다. 법정지 쇼핑은 국제적인 소송경합을 유발하는 원인이 된다. 동일한 당사자 사이의 동일한 청구에 관한 소가 동시에 여러 국가의 법원에 계속되면, 각국의 법원은 원칙적으로 각각 소송절차를 진행하게 된다. 이처럼 동일한 사건에 대한 소송절차가 병행하는 상태를 국제적 소송경합(國際的 訴訟競合, lis alibi pendens)이라 한다.[28] 국제적 소송경합 상태는 여러 가지 불합리를 불러일으킨다. 즉 ① 각국의 법원이 동일한 사건에

---

26) 법적·경제적인 측면에서 객관적으로 불리한 법정지라 하더라도 소송전략적인 측면에서는 최적의 법정지가 될 수도 있다. 예컨대 소송비용을 지출할 능력이 큰 당사자는 자신에게 약간의 불리함이 있더라도 소송비용을 지출할 능력이 적은 당사자에게 더욱 불리한 국가의 법원을 선택할 수도 있다, Fentiman, International Commercial Litigation(2nd), Oxford, 2015, para. 7. 22.

27) McLachlan, Lis Pendens in International Litigation, Brill, 2009, 38 이하 참조.

28) 이필복(주 7), 20. 논자에 따라서는 국제적 소송경합을 '국제적 중복제소', '국제적 중복소송'이라 일컫기도 한다. 용어 사용에 관하여는 위 논문 26 이하 참조.

대해 중복하여 심리와 재판을 하게 되어 소송경제에 반하고, ② 각국의 법원
이 동일한 사건에 대하여 모순된 판결을 해서 판결의 모순·저촉을 가져올 염
려가 있으며, ③ 때로는 원고의 소권 남용으로 인해 피고가 부당하게 이중의
응소를 강요당하는 불공정한 경우도 나타나게 된다.[29] 그러므로 국제적 소송
경합에 관한 법이론은 국제적 소송경합 상태가 유발하는 위와 같은 불합리를
제거할 적절한 규율 방안을 모색하는 것을 목표로 전개되었다. 전문가그룹 회
의에서도 국제적 소송경합을 규율하는 규칙의 필요성과 실현 가능성에 대해서
는 별다른 의문 없이 전문가들 사이에 공감대가 형성되었다.

한편 당사자의 동일성이나 사건의 동일성이 엄격하게 인정되지 않더라도,
서로 밀접하게 관련된 사건에 관하여 규율하는 것이 소송경제의 촉진이나 법
치주의 원칙의 실현에 효과적일 수 있다. 이러한 점에서 국제적 소송경합에
대한 규율은 '관련 소송 또는 청구(related actions or claims)'에 대한 규율까지
포함하는 것으로 이해되기도 한다.[30] 이에 전문가그룹 회의에서도 문서에 엄
격한 의미의 소송경합뿐만 아니라 관련 소송 내지 청구까지 함께 규율하는 규
칙까지 만드는 데 의견이 모였고, 이들을 통틀어 '국제적 병행절차'라고 부른
다는 것은 앞서 본 바와 같다.[31]

나. 국제적 소송경합에 대한 규율 방식

1) 대륙법계와 보통법계의 상이한 접근 방법

문서에서 국제적 소송경합의 해결을 규율하는 규칙을 마련하자는 방향에
는 이견이 없었으나, 구체적으로 이를 어떻게 달성할 것인지에 관하여는 대륙
법계와 보통법계 전문가들 사이에 첨예하게 의견이 나뉘었다. 이는 앞서 본
국제재판관할에 대한 접근 방법의 근본적 차이와도 매우 밀접한 관련이 있다.

우선 대륙법계에서는 단순하고 객관적인 기준에 의하여 소송경합 상태를

---

29) 피정현, "국제적 중복제소의 금지 여부", 현대사회와 법의 발달: 균제 양승두 교수 화갑기념논문집,
    1994, 600; Hobér, "Res Judicata and Lis Pendens", Recueil Des Cours Vol. 366, 2013, 144. 우
    리나라에서 국내법상 중복제소금지 원칙의 존재의의 역시 이같이 설명된다(대법원 2013. 12. 18.
    선고 2013다202120 전원합의체 판결 등 참조).
30) Lüttringhaus/Silberman, "Lis Alibi Pendens", Encyclopedia of Private International Law, 2017,
    1158.
31) 다만 작업반 이후의 단계에서도 이러한 용어의 사용이 유지될 것인지는 분명하지 않다.

제거함으로써 법적안정성과 예측가능성을 보장한다는데 초점을 맞춘다. 일정한 규칙을 통해 어느 하나의 소를 각하하거나 그 소송절차를 중지시키는 방법으로 소송경합 상태를 해소함으로써 국제적 소송경합이 야기하는 불합리를 제거하는 것이다. 대륙법계에서 경합된 소송절차 사이의 우열을 정하기 위하여 채택한 규칙은, 소송계속(訴訟係屬) 시점의 선후에 따라 전소(前訴)를 우선시키고 후소(後訴)를 부적법한 것으로 보아 각하하는 '우선주의(優先主義, first-in-time rule 또는 *lis pendens* rule)' 내지 '선소 우선의 원칙(先訴 優先의 原則, first seized court principle)'이다. 국제적 소송경합 맥락에서 이러한 우선주의를 적용하기 위해서는, 전소가 계속된 법원에서 장차 내려질 판결이 후소가 계속된 국가에서 승인될 것이 예상된다는 '외국재판의 승인 예측(prognosis of the recognition of the foreign judgment)'이 전제되어야 한다.[32] 외국재판의 기판력이 국내에 미치지 않을 것임에도 그 재판이 내려질 외국소송 절차의 계속을 이유로 내국소송을 각하하는 것은 당사자들의 재판청구권을 불필요하게 제약하는 것이 될 수 있기 때문이다.

이와 달리 보통법계에서는 국제적 소송경합을 규율하는 독자적인 법원리가 발달해 있지 않다. 그러므로 보통법계에서는, 만약 어느 한 국가의 법원이 자국에서의 국제재판관할권 행사를 부적절한 것으로 보아 국제재판관할권 행사를 거부하지 않는 한, 각국의 법원이 각각의 소송절차를 계속 진행하게 되고, 만약 어느 법원의 판결이 확정되면 외국재판의 승인 단계에서 판결의 모순이나 저촉 문제를 해결하게 된다.[33] 이러한 점에서 보통법계에서는 국제적 소송경합 상태를 수용하되, 그 해결은 각 법원의 국제재판관할권 행사에 관한 재량적 판단 결과에 맡기는 제한적인 규제소극설의 입장을 따르고 있다고 말할 수도 있다. 예컨대 국제적 소송경합을 규율하는 연방헌법 또는 연방법률상의 규정이 없는 미국에서는, 1976년 연방대법원이 *Colorado River* 사건[34]에서 선언한 기준을 따라, 미국 연방법원이 재판관할권 행사를 자제하는 것이 적절하다고 인정되는 예외적인 상황(exceptional circumstances)[35]이 분명히 증명되

---

32) 이필복(주 7), 44.

33) Herrup/Brand, "A Hague Convention on Parallel Proceedings", "A Hague Convention on Parallel Proceedings", "A Hague Convention on Parallel Proceedings", University of Pittsburgh School of Law Legal Studies Research Paper Series No. 2021-23, 2021, 9.

34) *Colorado River Water Conservation District v United States*, 424 U. S. 800 (1976)

35) 이 기준에 관한 상세는 *Will v Calvert Fire Ins. Co.*, 437 U. S. 655(1978) 참조. 연방대법원은

지 않는 한 외국법원에 계속된 소송절차와 무관하게 국내의 연방법원에 계속된 소송절차에 대한 재판관할권을 행사한다는 것이 주류 판례의 경향이라고 한다.[36] 그러나 앞서 본 것처럼 보통법계에서는 당사자들의 분쟁 해결에 가장 적합한 법정지를 발견하여 주는 것이 절차적 정의의 내용으로 인식하여, ① 법원이 국제적 소송경합 상태를 하나의 고려요소로 삼아 '부적절한 법정지의 법리'에 의하여 당해 사건에 대한 국제재판관할권 행사를 거부하거나, ② 법원이 당사자의 신청에 따라 일정한 분쟁해결합의를 위반하였거나 '피고를 괴롭히고 억압적인(vexatious and oppressive)' 병행절차에 대하여는 소송유지명령(訴訟留止命令, anti-suit injunction)[37]을 내리는 방법을 상호 보완적으로 활용하여 국제적 소송경합이 야기하는 문제 상황을 해결하는 양상을 보인다. 따라서 보통법계에서는 소송계속의 시간적 선후는 큰 의미가 없고, 법원의 이익형량 과정에서 고려되는 당해 소송의 전체적인 사정, 예양(禮讓, comity)에 대한 존중 등이 중요한 고려요소가 된다.[38]

2) 절충적인 규율 방식의 모색

이처럼 대륙법계와 보통법계에서 소송경합에 대하여 접근하는 방식이 다르기 때문에, 문서에 포함할 규율 방식에 대하여도 뚜렷한 이견이 나타났다. 이는 초기 재판 프로젝트에서도 마찬가지였는데, 2001년 잠정문안은 양자를 절충하는 방식을 채택하였다.[39] 즉 2001년 잠정문안에서는 원칙적으로 우선주의를 따르면서도 전소가 계속된 법원이 당사자의 신청에 따라 외국의 법정이 당해 분쟁을 해결하기에 명백히 더 적절한 법정이라고 판단하는 예외적인 상

1996년 *Quakenbush v Allstate Insurance Co.*, 517 U. S. 706 (1996) 사건에서, *Colorado River* 사건에서 선언된 법리를 재확인하였다.

36) Born/Rutledge, International Civil Litigation in United States Courts, Wolters Kluwer, 2018, 532. 한편 *Landis* 사건[*Landis v. North American Co.*, 299 U. S. 248 (1936)]에서는 법원이 이익형량을 통한 재량에 의해 소송절차를 중지할 수 있다고 보아 국제재판관할권의 불행사를 보다 유연하게 인정하는 법리를 제시하였는데, 이러한 법리는 그다지 많은 지지를 받지 못하고 있다고 한다. 미국의 국제적 소송경합에 관한 법리의 상세는 이필복(주 7), 110 이하 및 이헌묵, "국제적 소송경합의 처리에 관한 비교법적 연구", 국제사법연구 제25권 제1호, 2019, 406 이하 참조.

37) 소송유지명령(訴訟留止命令, Anti-Suit Injunction)이란 일방 당사자에게 외국에서 소를 제기하는 것을 금지하거나 이미 계속된 외국소송의 수행을 금지하는 명령을 말한다. Raphael, The Anti-Suit Injunction(2nd), Oxford, 2019, para. 1.05. 소송유지명령에 관한 상세한 소개는 이필복(주 7), 218 이하 및 이창현, 국제적 분쟁과 소송금지명령, 경인문화사, 2021 참조.

38) McLachlan(주 27), 48.

39) 석광현(주 1), 458; 석광현(주 2), 430.

황 하에서 일단 국제재판관할권 행사를 중지하고, 그 외국의 법원이 관할을 행사하는 때에는 관할권 행사를 거부할 수 있다는 체제를 택하였다(잠정문안 제21조, 제22조). 이는 양 법계 간 타협의 산물이라고 할 수 있다.[40] 관할 프로젝트의 전문가그룹 회의에서 대륙법계 전문가들은 2001년 잠정문안 제21조, 제22조가 국제적 소송경합에 관한 절충적 타협안이었음을 들어 기본적으로 해당 문안을 새로운 문서에서도 논의의 출발점으로 삼을 것을 주장하였다. 이와 달리 보통법계 전문가들은 잠정문안 제21조, 제22조의 규율체계는 각 국가에 제기된 소가 1차적으로 협약이 정한 국제재판관할규칙에 부합하는 것이라는 관문을 통과한 다음 비로소 2차적으로 소송경합을 회피하기 위한 각 법정지 사이의 관할배분을 검토하는 것으로서 복잡하고 경직된 체계이고, 이는 회원국들의 수용 가능성을 떨어뜨릴 수 있다는 점을 지적하였다. 나아가 새로운 문서에서는 국제적 소송경합의 정의와 이를 해소하기 위한 관할배분의 규칙이 무엇인지만을 규율함으로써 단순하고 유연한 체계를 마련하는, 근본적으로 새로운 규율 방식을 취할 것을 주장하였다.[41] 이는 문서에 직접적 국제재판관할에 관한 규칙을 포함하지 않고 국제적 병행절차를 해결하기 위한 규칙만을 포함하자는 보통법계 전문가들의 주장을 구체화한 것이다.

　　작업반 제1차 회의에서는 2001년 잠정문안을 기초로 한 초안인 부록 Ⅰ(Annex Ⅰ)과, 위와 같이 보통법계 전문가들을 중심으로 제안된 새로운 규율 방식을 기초로 한 초안인 부록 Ⅱ(Annex Ⅱ)가 함께 검토되었다. 부록 Ⅱ는 용어의 정의와 문서의 적용범위 등에 관한 조항들은 부록 Ⅰ과 동일할 것을 전제로, 국제적 소송경합에 관한 규율 내용들만을 담고 있는 것이다. 작업반 제1차 회의에서는 '국제적 소송경합'에 논의의 대상을 한정하고, 국제재판관할규칙과 부적절한 법정지의 법리가 그에 대하여 가지는 기능에 관하여 검토하였다. 작업반 제2차 회의 이후에는 위 두 가지 유형의 초안을 병합하기 위한 시도가 이루어질 것으로 예상되는데, 이는 상당한 진통을 불러일으킬 것으로 예상된다. 완전히 다른 논리적 체계에 기초한 두 유형의 초안을 병합하는 데 성공할 수 있느냐가 근본적으로 관할 프로젝트의 성패를 가늠하는 잣대가 될 것이다.

---

40) 유영일(주 3)(통권 제555호), 205.
41) A Bottom-up Approach to a Parallel Proceedings Convention, Non-Paper Submitted by the Experts from Brazil, Israel, Singapore and the United States(in their personal capacities). 위 작업문서는 이필복(주 13), 594 이하에 첨부된 자료 참조.

다. 관련 소송에 대한 규율 방식

기판력(旣判力, *res judicata*)의 기본이념은 로마법의 법언(法言) 'nemo de-bet bis vexari pro una et eadem causa(누구도 동일한 청구원인에 대하여 두 번 절차를 진행할 수 없다)'와 '*interest reipublicae ut sit finis litium*(소송을 종결한다는 것은 공서의 문제이다)'에 기초해 있다.[42] 대륙법계에서 발달한 중복제소 금지의 원칙은 그중 첫째 법언에 따른 일사부재리 원칙을 실현함에 있어서 기판력과 상호 보완적으로 기능한다. 따라서 이 두 제도의 관계는 "중복제소 금지의 효과가 멈추는 지점에서 기판력의 효과가 시작된다(Where the *lis pendens* effect ceases, the *res judicata* effect commences)"는 것으로 표현되기도 한다.[43] 그런데 소송경제의 촉진, 공정하고 적법한 분쟁 해결절차의 제공을 통한 법치주의 원칙 실현, 저촉·과잉될 수 있는 국제재판관할의 미세조정, 각 국가 법원 사이의 예양 증진 등의 관점을 고려하면, '사건의 동일성'이 엄격하게 인정되지 않는 경우라도 외국법원에 계속된 사건과 밀접하게 관련된 사건에 대한 재판절차를 중지하는 것이 효율적일 수 있다. 이러한 점에서 전문가그룹 회의에서는 '관련 소송 또는 청구(related actions or claims)'에 관하여도 적절히 규율할 필요성이 있다는 점에 대해서도 비교적 쉽게 공감대가 형성되었다. 또한 관련 소송 또는 청구의 경우 이를 일률적으로 유형화하기 어렵고 자칫 그에 대한 규율이 당사자들의 재판청구권을 부당하게 제한하게 될 가능성이 있으므로, 관련 소송 또는 청구에 대한 규율은 재량적이고 유연한 규율 방식을 취할 필요가 있다는 것에 대해서도 공감대가 형성되었다.

IV. 작업반에서 논의되었거나 논의될 핵심 쟁점들

이하에서는 관할 프로젝트의 작업반에서 논의되었거나 논의될 구체적인 사항들 중 핵심 쟁점에 관하여 그 내용을 개관한다. 이는 구체적으로 ① '국제적 소송경합'과 '관련 소송 또는 청구'의 개념 정의, ② 국제적 소송경합의 해

---

42) Hobér(주 29), 120. 여기서 전자, 즉 불가쟁(不可爭)에 관한 부분은 소극적 효과(negative effect), 후자, 즉 불가반(不可反)에 관한 부분은 적극적 효과(positive effect)라고 설명되기도 한다.

43) Lennart Pålsson, "The Institute of Lis Pendens in International Civil Procedure", *Scandinavian Studies in Law* XⅣ, 1970, 68. McLachlan(주 27), 49에서 재인용.

결에 대하여 국제재판관할규칙이 가지는 기능, ③ 국제적 소송경합의 해결에 대하여 부적절한 법정지의 법리가 가지는 기능을 들 수 있다. 그 밖에 문서의 적용범위, 국제적 소송경합의 해결을 위한 체약국 간의 민사사법공조체계 등이 중요 쟁점이 될 수 있으나, 이는 핵심 문제들이 선결된 이후에 최종 단계에서 논의될 것으로 예상되고 있다. 특히 민사사법공조체계에 관하여는 ① 국제민사사법공조체계에 관한 논의는 적절한 국제적 소송경합의 해결이라는 목적에 부응하는 범위에 제한되어야 하고, 그 체계는 기본적으로 유보선언을 허용하는 등의 방법으로 비구속적인 것(non-binding)이어야 한다는 것, ② 국제민사사법공조체계를 마련함에 있어서 당사자들의 절차적 권리 보호, 사법체계에 관한 각 국가의 주권(sovereign)과 공서(public policy)의 보장, 공조에 관한 각 국가의 상이한 절차규칙 등에 관한 고려가 충분히 이루어져야 한다는 등의 기본 원칙 등에 대해서는 나름의 공감대가 형성되었으나, 구체적인 방식이나 절차적·기술적 방법에 관하여는 핵심 쟁점들이 먼저 해결된 뒤에 논의하기로 방향을 정하였다.[44]

1. '국제적 소송경합'과 '관련 소송 또는 청구'의 개념 정의

'국제적 소송경합'의 정의에 관하여는 일단 2019년 재판협약에서 채택된 것을 따르기로 하였다. 다만 재판협약 제7조 제1항 (f)호와 제2항에서 규율하고 있는 외국재판의 승인·집행 맥락에서의 국제적 소송경합의 맥락은 이 문서에서 다루고자 하는 국제적 소송경합의 맥락과는 다르다는 점을 인식하여야 한다는 데 공감대가 형성되었다. 이에 따라 "on the same subject matter" 부분은 추후 논의의 대상으로 삼기로 하였다. 재판협약은 사건의 동일성에 관한 판단 기준을 제시하지 않으나, 재판협약의 공식해설서(Explanatory Report)는 소의 원인이 동일할 것을 요구하기보다는 완화된 기준이 타당할 것이라면서 이를 양 판결의 '중심쟁점 또는 핵심쟁점(central or essential issue, Kempunkt)'의 동일성이라고 파악한다.[45]

---

44) 이필복(주 17), 420 이하 및 이필복, "헤이그국제사법회의(HCCH) 국제재판관할 프로젝트에 관한 전문가그룹 제4차 회의 참가 보고", 국제규범의 현황과 전망(2020), 사법정책연구원, 2021, 467 이하 참조. 이러한 민사사법공조체계는 국제적 소송경합의 해결에 기여하기 위한 것으로서, 전문가그룹 회의에서는 사건 정보의 공유라는 약한 방식부터 법역 간 사건의 이송과 같은 강한 방식까지 넓은 스펙트럼의 민사사법공조체계가 논의되었다.

45) Garcimartín/Saumier, Explanatory Report: HCCH Convention of 2 July 2019 on the

2. 국제적 소송경합의 해결에 대하여 국제재판관할규칙이 가지는 기능

가. 의무관할, 허용관할에서 우선관할로

이는 병행절차에 관한 구속적 규칙의 마련이라는 문서의 기본적인 목적을 고려할 때 가장 논쟁적인 부분이다. 혼합협약을 목표로 하던 2001년 잠정 문안에서는 의무관할(義務管轄, required ground), 금지관할(禁止管轄, prohibited ground), 그리고 허용관할(許容管轄, permitted ground)이라는 세 가지 관할원인의 유형을 포함하고 있었다.[46] 여기서 의무관할이란 그것이 인정되는 경우 체약국이 원칙적으로 그 관할원인에 기하여 국제재판관할권을 행사하여야 하는 관할을 의미하고, 금지관할은 체약국이 그에 기하여 재판할 수 없는 관할을 의미하며, 허용관할은 협약과는 별개로 체약국이 각 국내법에 기하여 관할권을 행사하는 것이 허용되는 관할을 의미한다. 이러한 의무관할, 금지관할, 허용관할의 구분은 외국재판의 승인·집행 맥락, 즉 간접관할 측면에서도 의미를 가지고 있었다. 의무관할에 기한 재판은 거부사유가 없는 한 다른 체약국에서 승인·집행이 보장되고, 금지관할에 기한 재판은 다른 체약국에서 승인·집행이 거부되며, 허용관할에 기한 재판에 대한 승인·집행은 이를 요청받은 체약국의 국내법에 따른다. 그런데 승인·집행 맥락에서의 구분은 2019년 재판협약이 채택됨에 따라서 더 이상 의미를 가지지 않게 되었다. 재판협약 제5조는 그 관할에 기한 재판이 승인·집행의 대상이 되는 관할원인의 목록을 제시하고 있는데, 이는 초기 재판프로젝트의 관할유형 개념에 의할 때 의무관할(백색영역)을 정한 것으로 이해할 수 있다.[47]

이처럼 관할원인이 간접관할 측면에서 가지는 의미를 배제하고 나면, 관할원인을 위와 같은 유형으로 구분할 실익이 거의 없게 된다. 어떠한 관할권의 행사가 의무적인가, 허용되는가, 또는 금지되는가라는 측면은 결국 승인·집행에 있어서의 유불리라는 효과에 의해 비로소 실제적인 의미가 부여되기 때문이다. 전문가그룹 제3차 회의에서는 의무관할, 허용관할, 금지관할이라는

Recognition and Enforcement of Foreign Judgments in Civil or Commercial Matters, HCCH, 2020, para. 272. 이에 관한 설명은 석광현(주 9), 48 이하 참조.

46) 이에 관한 상세는 석광현(주 1), 436; 유영일(주 3)(통권 제554호), 70 참조. 당시 의무관할은 백색영역(white area), 금지관할은 흑색영역(black area), 그리고 허용관할은 회색영역(gray area)로 불리기도 하였다.

47) 석광현(주 9), 25.

틀을 기초로 일부 논의가 이루어지기도 하였지만, 회의가 차수를 거듭함에 따라 전문가들 사이에 이러한 인식들이 점차 공유되었다. 더욱이 전문가그룹 회의에서는 관할 프로젝트가 기본적으로 각국의 국내법에 의한 관할규칙을 존중하는 토대 위에서 진행되어야 한다는 공감대가 분명히 자리 잡고 있었다.[48] 그에 따라 '의무관할'이나 '허용관할'이라는 개념은 관할 프로젝트에서는 의미를 가지기 어렵게 되었고, 대신 '우선관할(優先管轄, priority ground)' 개념이 유력하게 논의되었다. 우선관할이란 의무적인 관할원인은 아니지만 각국의 국내법에 의한 관할원인에 대한 관계에서 우위를 가지고, 그렇다고 하여 각국의 국내법에 의한 관할원인에 기초한 관할권 행사를 금지하지 않는 관할원인을 말한다. 이는 싱가포르 등 보통법계 전문가들을 중심으로 제시된 견해라는 점에서 국제재판관할 규칙을 문서에 포함하는 것에 대한 회의적인 관점을 반영한 것이고, 이에 대하여 유럽연합 등 대륙법계 전문가들은 우선관할 개념이 소송경합의 국면에서만 유의미한 것이어서 일반적으로 법적 안정성에 기여하지 못한다는 비판적인 견해를 제시하기도 하였다.[49] 그러나 작업반은 결국 병행절차에 관한 구속적 규칙의 마련이라는 목표를 중심으로 진행되게 되었고, 아래에서 보는 바와 같이 작업반에서는 사실상 위와 같은 우선관할 개념이 의무관할, 허용관할에 갈음하여 중심에 서게 되었다고 평가할 수 있다.

나. 문서에 포함되는 관할원인(jurisdictional ground)이 가지는 기능

작업반 제1차 회의에서는 문서에 포함되는 관할원인이 국제적 소송경합의 해결에 대하여 가지는 기능에 관하여 나름대로 분명한 공감대가 형성되었다. 이를 국제적 소송경합에서 소송이 계속된 법원들이 문서에 포함되는 관할원인을 충족하는지 여부에 관하여 3가지 상황별로 유형화하여 구체적으로 설명하면 다음과 같다.

---

48) 이러한 관점에서 '혼합협약'을 추진하였던 전통이 그대로 남아 있다고 말할 수 있다. 참고로 재판협약에서도 협약에서 정한 기준보다도 외국재판의 승인·집행에 유리한 국내법 규칙에 의한 외국재판의 승인·집행을 허용한다. 재판협약 제15조는 "제6조에 어긋나지 않을 것을 조건으로, 이 협약은 국내법에 의한 승인 또는 집행을 금지하지 않는다."고 규정한다. 이는 '승인에 유리하게 (*favor recognitionis*)'라는 원칙에 기초한 것이라고 설명되는데, 이에 따르면 재판협약은 체약국 상호간 재판의 승인·집행을 위한 최소한의 기준(minimum standard)을 정한 것이고, 각 체약국은 승인·집행에 더 유리한 국내법에 의하여 외국재판을 승인·집행할 수 있다(다만 제6조에서 정한 절대적 전속관할의 제한을 위반하여서는 안 된다). Garcimartín/Saumier(주 45), para. 326.

49) 상세는 이필복(주 44), 456 참조.

① 양 법원 모두 부록 Ⅰ 제5조에서 정한 관할원인을 충족하고 있는 경우
② 어느 한 법원은 부록 Ⅰ 제5조에서 정한 관할원인을 충족하고 있으나, 다른 법원은 그렇지 못한 경우
③ 양 법원 모두 부록 Ⅰ 제5조에서 정한 관할원인을 충족하지 못하는 경우

우선 위 ② 유형과 같이 부록 Ⅰ 제5조와 같이 문서에 포함되는 관할원인을 충족하는 국가의 법원은 그렇지 못한 국가의 법원에 대한 관계에서 소송계속의 선후를 불문하고 당해 사건에 대한 국제재판관할을 행사할 일반적인 우선권을 가진다. 이는 부록 Ⅰ 제5조에서 정한 관할원인이 법원에 우선적 지위를 부여할 근거가 됨을 의미한다. 이에 대하여는 작업반 제1차 회의에서 분명한 공감대가 형성되었다. 부록 Ⅰ 제3조 제1항은 "전소가 계속된 법원은 제5조에 따라 관할원을 가지는 경우에는 소송절차를 속행하여야 한다."고만 규정하고 있어 이러한 취지가 명확하지는 않으나, 향후 조문을 달리 구성하거나 아니면 이러한 배경을 감안하여 위 문언을 해석하여야 할 것이다.

한편 ①과 ③ 유형의 경우에는 어떻게 해결한 것인가에 관한 공감대가 형성되지 못하였다. 먼저 ③ 유형의 경우에는 문서의 적용범위 밖에 두자는 견해와 문서가 이 경우에 대해서도 규율하여야 한다는 견해가 대립하였다. 전자의 견해는 부록 Ⅰ 제5조에 포함될 관할원인은 기본적으로 법정지와의 관련성과 관할배분의 합리성을 충족할 수 있는 관할원인이 될 것임을 전제로, 최소한 어느 한 곳이라도 위와 같은 관할원인을 충족하는 법원으로 당사자들을 유도하는 기능을 발휘할 수 있다는 점을 이유로 든다. 문서의 실제적 적용범위를 넓힐 것이냐 아니면 위와 같은 정책적 효과를 고려하여 이를 좁힐 것이냐는 결국 정책적 결단에 의하여 결정될 것이다. 다음으로 ①의 경우에는 다시 양 법원 간의 우선권을 정해야 하는 문제가 발생한다. 그리고 여기서 다시 대륙법계의 우선주의에 기초한 접근 방법을 취할 것인지 아니면 보통법계의 '적절한 법정지'의 접근 방법(better forum approach)을 취할 것인지라는 어려운 문제로 회귀한다. 그리고 결국 국제적 소송경합이 문제되는 대부분의 사안은 ① 유형의 사안일 것이라는 점에서, 부록 Ⅰ 제5조에서 정한 관할원인의 기능에 관하여 공감대를 형성하였다는 것만으로는 최종 타협까지 갈 길이 먼 것이 현실이다.

요컨대 부록 Ⅰ 제5조의 관할원인은 '의무관할'이 아니라 '우선관할'로 파

악된다. 다만 여기서 유의할 점은, 위와 같이 제5조의 관할원인을 우선권 부여의 근거로 삼는 것에 공감대가 형성되었다고 하여 그것이 대륙법계의 국제재판관할규칙에 의한 접근 방법을 채택한 것으로 단정해서는 안 된다는 것이다. 이는 어디까지나 2001년 잠정문안에 기초하여 있는 부록 Ⅰ의 구성을 전제로 한 논의일 뿐이고, 보통법계 국가들이 이러한 접근 방법에 동의하는 것으로 해석되지는 않는다. 국제적 소송경합의 해결에 관하여도 우선주의에 의할 것인지 아니면 부적절한 법정지의 법리에 의할 것인지 여전히 그 첨예한 대립이 이어지고 있다. 이에 관하여는 아래 3.항에서 구체적으로 살펴본다.

3. 국제적 소송경합의 해결에 대하여 부적절한 법정지의 법리가 가지는 기능

가. 우선주의인가 부적절한 법정지의 법리인가

대륙법계의 전통에 의하면 법률상 관할원인이 존재하는 경우에는 법원이 그 국제재판관할권을 행사하여야 하고, 다만 동일한 당사자 사이의 동일한 사건이 다른 국가의 법원에 먼저 계속되고 그 외국절차에서 내려질 판결에 대한 승인이 예측되는 때에는 '우선주의'에 의해 소를 각하·중지할 여지가 있을 뿐이다. 이처럼 당사자들은 명확한 기준에 의하여 작동하고, 법관의 재량 행사를 최소화하는 제도 아래에서 높은 예측가능성을 확보할 수 있다. 그러나 그 반대로 경직성에 따른 문제도 제기된다. 당사자들에게 '법정으로의 경주(race to the courthouse)'가 중요한 소송전략이 되었고,[50] 당사자들은 '어뢰소송'과 같이 소권 남용적인 법정지 쇼핑을 통해 전략적 우위를 확보하는 시도를 보여준다. 또한 설령 당사자가 그런 전략적 고려를 하지 않더라도 만약 먼저 소가 제기된 법정지의 법원이 절차를 신속하고 효율적으로 진행할 역량이 없는 때에는 실질적으로 당사자의 재판청구권 행사가 좌절되는 결과에 이를 수 있다.

반대로 보통법계의 전통에 의하면 그야말로 사건에 관계된 모든 요소들을 고려하여 관할권을 행사하기에 더 적절한 법원을 결정하게 되므로, 소송경합의 경우에 국제재판관할의 적정성과 구체적 타당성을 보장하기에 유리하다.

---

50) McCaffrey/Main, Transnational Litigation in Comparative Perspective, Oxford University Press, 2010, 175.

그러나 법원의 재량에 의한 국제적 소송경합 해결 방법은 당사자들로 하여금 소송의 향배를 예측하기 어렵게 만든다는 단점이 있고, 당사자들은 관할 경쟁에서 우위를 점하기 위해 소송절차의 진행 경과를 높이고 기판력 있는 확정판결을 받기 위해 서두르는 '판결을 위한 경주(race to the judgment)'를 소송전략으로 삼게 되는데, 이는 자칫 심리의 부실을 초래할 우려가 있다. 또한 법원의 관할권 불행사라는 결정이 당해 사건 당사자들의 사적 이익뿐만 아니라 그 국가의 공적 이익도 고려하여 이루어지는 경우에는, 공익을 근거로 한 재판거부라는 상황에 처할 수도 있다.51)

이처럼 우선주의와 부적절한 법정지의 법리는 각각 분명한 장단점을 가지고 있다. 그리고 국제적 소송경합에 관하여 규율하는 문서를 마련함에 있어서 양자 중에 어느 것을 중심에 둘 것인가 또는 양자를 어떻게 조화시킬 것인가는 논리의 문제라기보다는 입법적 타협과 정책적 결단의 문제이다.

나. 작업반의 진행 방법과 타협을 위한 과제

작업반 제1차 회의에서는 2001년 잠정문안에 기초한 부록 Ⅰ과 부적절한 법정지의 법리를 중심으로 한 제안에 기초한 부록 Ⅱ를 함께 검토하였다. 부록 Ⅰ은 우선주의를 중심으로 하면서 부적절한 법정지의 법리에 기초한 재량적 해결 가능성도 포함한 것이고, 부록 Ⅱ는 부적절한 법정지의 법리를 기초로 그 내용을 구체화한 것이다.

부록 Ⅰ은 우선주의를 원칙으로 하면서 그 엄격성을 완화하기 위한 다양한 예외들을 두고 있다. 그 내용을 구체적으로 보면 다음과 같은데 전소 법원의 조치와 후소 법원의 조치로 나뉜다.52) 우선 전소가 계속된 법원으로서 제5

---

51) 특히 미국 법원은 외국인이 원고가 된 사건에서 부적절한 법정지의 법리를 적용하여 미국에서의 재판을 거부하는 두드러진 경향을 보인다. 이러한 점에서 미국의 부적절한 법정지의 법리는 '최소한의 접촉' 원칙과 각 주의 관할권확대법에 의한 관할권 확장에 따른 미국 법원과 미국 회사의 부담을 완화하는 역할을 하고 있으나, 미국 법원의 이러한 경향은 비판의 대상이 되기도 한다. 유재풍, "국제소송의 재판관할에 관한 연구", 청주대학교 법학박사 학위논문, 1994, 170; 최공웅, "국제재판관할 원칙에 관한 재론", 법조 제47권 제8호, 1998, 17.

52) 유럽연합의 브뤼셀 Ⅰ recast 규정은 우선주의를 원칙으로 하면서 그에 대한 예외들을 규정하고 있는데, 여기서 우선권의 대상이 되는 것은 각 회원국의 국제재판관할 판단에 관한 권한이다. 이필복(주 7), 97 이하 참조. 이와 달리 문서에서 우선권의 대상으로 상정하고 있는 것은 각 국가의 국제재판관할권 자체이다. 이러한 점에서 국제적 소송경합에 관한 브뤼셀 Ⅰ recast의 규정과 부록 Ⅰ의 규정은 우선주의를 원칙으로 하는 점에서는 동일하나 논리 구성의 체계는 다르다.

조에 따른 관할권을 가지는 법원은 원칙적으로 절차를 속행하여야 하지만(제3조 제1항), 다른 체약국의 법원이 그 법원에 계속된 동일한 분쟁을 해결하는 것이 분명히 더 적절하다(claerly more appropriate)고 인정하는 경우에는 당사자의 신청에 따라 당해 소송절차를 중지할 수 있다(제3조 제2항). 한편 후소가 계속된 법원은 전소 법원에서 선고될 판결이 자국에서 승인될 것으로 예상되는 경우에는 소송절차를 중지하여야 하지만(제4조 제1항), ① 전소 법원이 본안에 관한 재판에 이르기 위해 필요한 절차를 진행하는 데 실패하거나 전소 법원이 상당한 기간 내에 본안에 관한 재판을 하지 않는 경우(제4조 제4항), ② [예외적인 상황 하에서(in exceptional circumstances)] 당해 법원이 제5조에 따른 관할권을 가지고 있고 전소 법원보다 분명히 더 적절하다고 인정하는 경우로서 당사자의 신청이 있는 경우(제4조 제5항), 그리고 ③ 전소 법원이 제5조에 따른 관할을 갖추지 못하여 소송절차를 중지함에 따라 본안에 관한 판결을 하지 않을 것이 명백하게 된 경우(제4조 제6항)에는 절차를 속행할 수 있다. 후소 법원의 조치 중 ①의 조치는 우선주의의 엄격성을 완화하여 합리성을 도모하기 위한 것이고,[53] ③의 조치는 앞서 본 바와 같이 제5조의 관할원을 우선권 부여의 근거로 삼음에 따른 것이다. 문제는 부적절한 법정지의 법리에 관한 제3조 제2항과 제4조 제5항을 어떻게 수용할 것인가라는 부분이다. 만약 전소법원이든 후소법원이든 법원들이 관할의 적절성 심사를 적극적으로 하게 된다면 우선주의라는 원칙은 후퇴하고 실제로는 부적절한 법정지의 법리에 의한 재량 심사가 우위에 서게 될 수 있다. 만약 부록 I과 같은 내용이 결국 협약으로 채택되는 경우를 가정한다면, 체약국들이 위 규정들을 어떻게 적용하는가에 따라서 구체적인 양상이 매우 크게 달라질 수 있다. 이에 따라 제4조 제5항 서두의 '예외적인 상황하에서'라는 문구는 생각보다 중요성이 높다. 후소 법원이 전소 법원 관할의 적절성을 판단할 수 있는 것이 예외적인 상황 하에서 가능하다는 것을 보여주기 때문이다. 대륙법계 국가들은 이를 포함하고 싶어하고, 보통법계 국가들은 이를 삭제하고 싶어한다. 향후 어떻게 문언이 결정될지 지켜보아야 할 것이다.

　　한편 부록 II는 소송이 계속된 각 체약국의 법원은 [합리적인 기간 내에] [가능하다면 다른 법원과의 공조하에] 어느 법원이 당해 분쟁을 해결하기에

---

53) 이필복(주 7), 123 이하 참조.

더 적절한 법원인지를 결정하여야 하고(제1조 제1항), '더 적절한 법원'에 대한 양 법원의 판단이 동일한 경우에는 그 일치된 판단에 따라 더 적절한 법원이 소송절차를 속행하고, 다른 법원은 절차를 중지하거나 소를 각하하여야 한다(제1조 제4항). 만약 '더 적절한 법원'에 대한 양 법원의 판단이 상이한 경우에는 각 법원은 각각 소송절차를 속행할 수 있다(제1조 제5항).[54] 이는 보통법계의 국제적 소송경합에 대한 해결 방법을 그대로 수용한 것이다.

이처럼 부록 Ⅰ, Ⅱ에는 모두 부적절한 법정지의 법리에 기초한 재량적 접근 방법이 수용되어 있다. 다만 그 체계적 지위가 어떠한가에 차이가 있다. 부록 Ⅰ에서는 부적절한 법정지의 법리가 우선주의와 보완적으로 작용할 수 있는 데 반해, 부록 Ⅱ에서는 전적으로 부적절한 법정지의 법리를 따라 국제적 소송경합 상황이 해결된다. 부록 Ⅱ의 해결 방법을 제안한 국가들은 부적절한 법정지의 법리를 관철하고자 하는 완고한 입장을 취하고 있다고 할 수 있다.[55] 작업반 제2차 회의 이후에는 부록 Ⅰ과 부록 Ⅱ를 하나로 통합하기 위한 작업이 이루어질 것으로 예상되는데, 그러한 통합 작업이 어떻게 이루어질 것인지 귀추가 주목된다.

Ⅴ. 대한민국이 향후 교섭 과정에서 고려할 사항

관할 프로젝트의 핵심 쟁점들인 국제재판관할규칙과 우선주의, 그리고 부적절한 법정지의 법리에 관한 주요 내용은 앞서 본 바와 같다. 이하에서는 우리나라가 관할 프로젝트에 참가하여 계속 교섭을 해 나가는 과정에서 고려해야 할 몇 가지 사항들에 관하여 살펴본다.

1. 개정 국제사법 규정들과의 정합성

현행 국제사법은 준거법뿐만 아니라 '국제재판관할에 관한 원칙'을 규율하는 것을 목적으로 한다(제1조). 이에 따라 국제재판관할 결정의 원칙에 관한 제2조가 신설되었는데, 이는 그야말로 추상적인 원칙을 하나의 조문에 담은 것이다. 이는 일종의 과도기적인 조치였는데, 2001년 국제사법 개정 작업 당

---

54) 결국 외국재판의 승인·집행 문제로 귀결된다.
55) 전문가그룹 제5차 회의에서 브라질, 이스라엘, 싱가포르 및 미국의 전문가 대표들이 부록 Ⅱ와 같은 내용을 포함한 안을 제안하였다. 이필복(주 13), 573 및 594 이하 참조.

시 국내에서 국제재판관할에 관한 연구가 충분하지 않았고, 초기 재판 프로젝
트의 결과를 지켜볼 필요도 있었기에 잠정적으로 종래 우리 판례 법리56)를 기
초로 국제재판관할 결정의 일반원칙만을 규정한 것이다.57) 이후 국제사법에
정치한 관할 규칙을 포함하기 위한 작업이 진행되어 2018년 국제재판관할에
관한 기본 원칙에서부터 일반관할, 각 법률관계에 대한 특별관할 및 전속관할
의 원인, 국제재판관할합의와 국제적 소송경합 등에 관한 상세한 규칙들을 신
설하는 내용의 국제사법 개정안이 성안되어 정부안으로 국회에 제출되었다.58)
위 개정안은 제20대 국회의 회기 만료로 폐기되는 등 우여곡절을 겪은 끝에
2021. 12. 국회에서 통과되어 개정 국제사법이 2022. 7. 5. 시행될 예정이다.

　개정 국제사법은 일반관할과 특별관할에 관하여 정치한 국제재판관할규
칙을 두고 있는데, 이는 대륙법계의 전통적인 접근 방법을 따른 것이다. 또한
제11조는 우선주의와 승인예측설에 기초한 국제적 소송경합에 관한 규칙을,
제12조는 예외적인 사정에 의한 국제재판관할권의 불행사에 관한 규칙을 규정
하고 있다.59) 제12조는 보통법계에서 유래한 부적절한 법정지의 법리를 제한
적인 요건 아래 채용한 것으로 이해된다.60) 그리고 이와 같은 규율 체계는 국
제사법 개정 이전에 대륙법계와 보통법계의 법리를 조화시키고 있는 유력한
자료인 2001년 잠정문안을 상당 부분 참고한 것으로 보인다. 개정 국제사법은
일면적 규정으로서 우리나라가 전소법원인 경우와 후소법원인 경우에 우리나
라 법원이 취해야 할 조치를 정하고 있다.61) 우선 외국법원에 먼저 계속된 소
송절차에서 내려질 판결에 대한 승인이 예측되는 경우에 후소법원인 우리나라
법원은 ① 전속적 국제재판관할합의에 따라 우리나라 법원에 국제재판관할이
있는 경우, ② 우리나라 법원에서 해당 사건을 재판하는 것이 외국법원에서
재판하는 것보다 더 적절함이 명백한 경우(제11조 제1항 단서 제1호, 제2호)를 제

---

56) 대법원 1992. 7. 28. 선고 91다41897 판결; 대법원 1995. 11. 21. 선고 93다39607 판결; 대법원
　　2000. 6. 9. 선고 98다35037 판결 등 참조.
57) 석광현, "2018년 국제사법 개정안에 따른 국제재판관할규칙", 국제사법과 국제소송(제6권), 박영
　　사, 2019, 440.
58) 2018년 국제사법 개정안에 관한 상세한 설명은 석광현(주 57), 439 이하 참조.
59) 이에 관한 해설 및 개선사항 검토는 이필복(주 7), 171 이하 참조.
60) 석광현(주 57), 471.
61) 제12조의 부적절한 법정지의 법리에 관한 규칙은 제11조의 국제적 소송경합에 관한 규칙보다 더
　　일반적으로 적용되는데, 국제적 소송경합의 맥락에서는 외국법원보다 내국법원에 먼저 소송이 계
　　속한 경우에 의미가 있다. 이필복(주 7), 172 및 이헌묵, "국제적 소송경합에 관한 입법적 제안",
　　민사소송 제23권 제3호, 2019, 415.

외하고는 원칙적으로 소송절차를 중지할 수 있다. 이후 외국법원이 본안에 대한 재판을 하기 위하여 필요한 조치를 하지 아니하는 경우 또는 외국법원이 합리적인 기간 내에 본안에 관하여 재판을 선고하지 아니하거나 선고하지 아니할 것으로 예상되는 경우에는 법원은 당사자의 신청에 따라 중지된 사건의 심리를 계속할 수 있다(제11조 제4항). 다음으로 우리나라 법원이 전소법원인 경우, 법원은 피고의 신청에 따른 심리절차를 거쳐 우리나라 법원이 당해 사건을 심판하기에 부적절하고 국제재판관할을 가지는 외국법원이 더 적절하다는 예외적인 사정이 명백한 때에는 소송절차를 중지하거나 소를 각하할 수 있다. 다만 당사자가 합의한 국제재판관할이 우리나라 법원에 있는 경우에는 그러하지 아니하다(제12조 제1항). 이러한 규율은 부록 I 제3조, 제4조의 규율체계, 내용과 상당히 유사함을 알 수 있다.

관할 프로젝트를 통하여 채택될 문서에서 정하고 있는 규율체계, 내용과 개정 국제사법의 내용이 일치되어야 한다는 당위가 있는 것은 아니다. 그러나 양자 사이에 정합성이나 호환성이 높다면 위와 같이 채택된 문서를 체결하는 것에 부담이 적고, 문서를 체결하지 않더라도 최소한 국제적인 권위를 가지는 규칙과 체계적 정합성이 있다는 것 자체로 의미가 있다. 따라서 향후 문서의 채택을 위한 후속 작업이 이루어지는 경우 우리 개정 국제사법과의 정합성을 우선적으로 고려하면서 교섭에 임할 필요가 있다. 이러한 측면에서 보면, 우리나라로서는 기본적으로 부록 II보다는 부록 I에 더 비중을 두면서 교섭을 진행하는 것이 합리적일 수 있음을 부인하기 어렵다.

2. 부록 I 제5조의 관할원인 관련

부록 I 제5조는 재판협약 제5조 제1항에 규정된 간접관할의 관할원인 목록을 일단 그대로 옮기고 있다. 재판협약에 포함된 관할원인의 목록은 간접관할이고, 부록 I 제5조에 포함된 관할원인의 목록은 직접관할이므로 양자 사이에 논리적 일관성과 체계적 통일성이 갖추어져 있어야 한다는 데에는 별다른 의문이 없다. 다만 부록 II와의 통합 과정에서 제5조의 관할원인들이 상당히 축소될 수 있음을 합리적으로 예측할 수 있는데, 이를 차치하더라도 부록 I 제5조의 관할원인 목록은 전체적인 체계를 보여주기 위해서 일단 포함된 것일 뿐 추후 정리되어야 할 것이라는 점에 대해서는 작업반 내에서 공감대가 있었다. 즉 재판협약 제5조의 관할원인을 출발점으로 삼되, 재판협약과 관할 프로젝트를 통해 채택될 문서의 기능적 차이를 고려할 때, 부록 Ⅰ 제5조에 포함될 관할원인의 목록은 보다 정선(精選)된 것이어야 한다는 것이다. 전문가그룹 제3차 회의에서는 재판협약 제5조 제1항에서 정한 간접관할 원인 중 관할 프로젝트에서도 수용될 수 있는 것들을 검토하였다. 그 결과 피고의 상거소 관할(a호), 법인 지점의 영업활동에 근거한 관할(d호), 당사자의 합의에 기한 관할(e호, m호)이 수용될 수 있을 것이라는 데에 전문가들 사이에 공감대가 형성되었다. 이와 달리 영업에 종사하는 자연인의 영업활동에 근거한 관할(b호), 의무이행지 관할(g호), 변론관할(f호)에 대해서는 전문가들이 일치된 견해에 이르지 못하였다.62)

　　한편 전문가그룹 회의에서는 일단 2001년 잠정문안에서 사용되었던 '금지관할' 개념 대신 그에 상응하는 '과잉관할(過剩管轄, exorbitant jurisdiction)' 개념을 사용하기로 하는 데 뜻을 모았다.63) 그러나 실제로 문서에 과잉관할 원인을 포함할 것인지에 관하여는 역시 견해가 엇갈렸다. 대륙법계의 국가들은 2001년 잠정 문안 제18조를 출발점으로 삼아 과잉관할의 관할원인 목록을 규정하는 것을 지지하였으나, 미국은 대다수 국가에서 과잉관할로 간주되는 것이라도 어느 나라의 국내법 전통에 있어서는 유의미한 관할원인으로 인정되는 것이 있을 수 있다는 관점에서 과잉관할을 비구속적 목록으로서도 문서에 포함하는 것은 적절하지 않다는 견해를 표명하였다.64) 만약 문서에 과잉관할의 관할원인이 포함된다면, 부록 Ⅰ의 체계하에서 소극적인 우선관할처럼 기능하게 될 것이다. 다만 입법기술적인 측면에서 본다면, 우선관할의 관할원인을 규정한 이상 국제적 소송경합의 해결이라는 관점에서 과잉관할을 규정할 필요성은 떨어질 수밖에 없다. 과잉관할에 해당할 수 있는 관할의 목록들은 우선관할의 목록에 포함되지 않음으로써 이미 열위에 있음이 확인될 것이기 때문이다. 양 법원이 부록 Ⅰ 제5조의 관할원인을 갖추지 못한 경우에는 과잉관할 규정에 의하여 양자간의 우열이 결정될 수도 있겠으나, 그러한 경우까지 문서에서 규율할 필요성이 있는지는 앞서 본 것처럼 검토를 필요로 하는 문제이다.

---

62) 상세는 이필복(주 17), 412 이하 참조.
63) 이필복(주 44), 463. 과잉관할이란 당사자, 소송의 원인 또는 대상, 기타 사건의 제반 상황이 법정지와 실질적 관련이 없어서 그 법정지의 법원이 관할을 행사함이 부당하다고 인식되는 경우의 관할원인을 의미한다. 유영일(주 3)(통권 제354), 76.
64) 상세는 이필복(주 13), 579 참조.

부록 Ⅰ 제5조의 관할원인과 체약국의 국내법에 의한 전속적 국제재판관할 규정[65] 사이의 우열은 어떠한가. 전속적 국제재판관할은 분쟁의 성질상 재판의 공평·적정·신속·효율 등의 공익적 요청에 의하여 국제재판관할을 한 곳에 집중시킬 필요가 있거나 국제적으로 모순된 재판이 내려지는 것을 방지할 필요에 의하여 인정되는 것으로서 대개 각국의 국내법상 전속관할에 대응하는 관할원인이 전속적 국제재판관할의 관할원인이 된다.[66] 전속적 국제재판관할은 각국의 공익관련성이 높으므로 체약국의 전속적 국제재판관할에 해당하는 관할원인에 기하여 제기된 소에 더욱 우선권을 인정하는 것은 긍정적으로 검토해 볼 수 있을 것이다. 다만 재판협약 제5조 제3항, 제6조가 (준)전속관할에 해당하는 관할원인에 대하여 정하고 있으므로, 이들을 부록 Ⅰ에 포함할지 여부나 이들의 지위에 관하여 우선 정할 필요가 있다.[67][68]

3. 부록 Ⅰ 제6조, 부록 Ⅱ 제1조 제2항의 고려요소 관련

부록 Ⅰ 제6조와 부록 Ⅱ 제1조 제2항에서는 더 적절한 법정지를 확정하기 위하여 고려될 수 있는 요소들을 열거하고 있다. 이는 한정적 열거나 아니라 예시적 나열로 볼 것이므로 그 구체적인 내용들을 분석하는 것은 현 단계에서는 큰 의미가 없다. 향후 부적절한 법정지의 법리는 어떤 형태든 문서에 반영될 것으로 보이는바, 부적절한 법정지의 법리에 대한 보통법계 국가들의

---

65) 개정 국제사법 제10조 제1항은 다음의 각 호를 전속적 국제재판관할의 관할원인으로 규정하고 있다. 그 내용에 관한 개관은 이필복, "전속적 국제재판관할 개관", 국제사법연구 제24권 제1호, 2018, 307 이하 참조.
  1. 대한민국의 공적 장부의 등기 또는 등록에 관한 소. 다만, 당사자 간의 계약에 따른 이전이나 그 밖의 처분에 관한 소로서 등기 또는 등록의 이행을 청구하는 경우는 제외한다.
  2. 대한민국 법령에 따라 설립된 법인 또는 단체의 설립 무효, 해산 또는 그 기관의 결의의 유효 또는 무효에 관한 소
  3. 대한민국에 있는 부동산의 물권에 관한 소 또는 부동산의 사용을 목적으로 하는 권리로서 공적 장부에 등기나 등록이 된 것에 관한 소
  4. 등록 또는 기탁에 의하여 창설되는 지식재산권이 대한민국에 등록되어 있거나 등록이 신청된 경우 그 지식재산권의 성립, 유효성 또는 소멸에 관한 소
  5. 대한민국에서 재판의 집행을 하려는 경우 그 집행에 관한 소
66) 이필복(주 65), 302.
67) 부록 Ⅰ 제5조는 재판협약 제5조 제1항과 제6조에 의한 관할원인을 옮기고 있고, 소비자계약과 근로계약에 관한 관할원인에 관하여는 추후 논의를 통해 편입 여부를 결정할 것을 예정하고 있다.
68) 등록 지식재산권의 성립, 유효성 또는 소멸에 관한 소는 전속적 국제재판관할에 속하는 대표적인 분쟁 유형이나, 이러한 분쟁은 아예 문서의 적용범위 밖에 놓일 가능성이 크다(부록 Ⅰ 제2조 제1항 (m)호).

경험을 토대로 고려 요소들을 추출하여야 할 것이다.

한편 개정 국제사법 제11조 제1항 단서 제2호는 우선주의 적용의 예외로
서 '우리나라 법원에서 해당 사건을 재판하는 것이 외국법원에서 재판하는 것
보다 더 적절함이 명백한 경우'를 들고 있고, 국제사법 제12조는 '외국법원이
분쟁을 해결하기에 우리나라 법원보다 더 적절하다는 예외적인 사정이 명백히
존재할 때'에는 우리나라 법원에 계속된 소송절차를 중지하거나 소를 각하할
수 있음을 정하고 있으나, 그러한 적절성 여부를 판단함에 있어서 어떠한 요
소들을 고려하여야 하는지에 대하여는 규율을 하고 있지 않다. 이는 법원이
적절성을 판단함에 있어서 당해 소송을 둘러싼 제반 요소들을 고려하여야 할
것이기 때문에 이를 예시하는 것은 큰 의미가 없다는 측면이 고려된 것이라고
한다.[69] 그러나 법원이 특히 중요하게 고려하여야 할 몇 가지 사항을 가려내
면 법원 판단의 합리성과 예측가능성을 높일 수 있을 것이다.[70] 문서에 포함
될 고려요소들은 향후 교섭 과정을 통해서 분명해질 것인데, 그 결과는 우리
나라의 개정 국제사법 제11조 제1항 단서 제2호, 제12조의 규정을 해석, 적용
하는 데 유익한 참고자료가 될 것이다.

4. 관련 소송 및 청구의 개념 관련

관할 프로젝트에서는 관련 소송 및 청구에 대해서도 규율할 것으로 예정
하고 있다. 사실 관련소송 및 청구라는 개념은 당사자와 사건이 동일한 '소송
경합'에 대응하는 개념으로서 대륙법계의 논의 체계에서 더 논의의 실익이 있
는 개념이다. 대륙법계에서는 원칙적으로 당사자의 동일성과 사건의 동일성을
갖춘 소송경합에 대하여 우선주의에 의한 규율을 하고, 관련소송은 우선주의
에 의한 규율 밖에 두었는데, 관련 소송 내지 청구에 대해서도 재량적인 규율

---

[69] 석광현(주 57), 472.

[70] 참고로 일본 민사소송법 제3조의9는 '특별한 사정에 의한 소의 각하'라는 표제 아래 "재판소는, 소
에 대하여 일본의 재판소가 관할권을 갖게 되는 경우(일본의 재판소에만 소를 제기할 수 있다는
합의에 기하여 소가 제기된 경우를 제외한다)에도, 사안의 성질, 응소에 의한 피고의 부담 정도,
증거의 소재지 그 밖의 사정을 고려하여 일본의 재판소가 심리 및 재판하는 것이 당사자 사이의
형평을 해하거나, 또는 적정하고 신속한 심리를 실현하는데 방해될 특별한 사정(特別の事情)이 있
다고 인정될 경우에는 그 소의 전부 또는 일부를 각하할 수 있다."고 규정하여 '사안의 성질, 응소
에 의한 피고의 부담 정도, 증거의 소재지'를 고려요소로서 명시하고 있다. 이를 적용한 2016년 일
본 최고재판소 판결(最判 平成 28·3·10, 判例時報 2297호, 74頁; 民集 70卷 3号 846頁)에 관한
소개는 이필복(주 7), 56 이하 참조.

을 함으로써 합리성을 증진할 수 있는 것이다.[71] 보통법계에서는 국제적 소송 경합을 규율하는 규칙 자체가 별도로 존재하지 않았으므로 관련소송 또는 청구에 관한 개념의 구분 역시 존재하지 않았던 것으로 보인다.

관련 소송 또는 청구에 대하여 규율하기 위해서는 그 개념과 범위를 정할 필요가 있다. 관련 소송의 개념에 관한 규정으로 유력하게 참고할 수 있는 것은 브뤼셀 Ⅰ recast 규정이다. 브뤼셀 Ⅰ recast 규정 제30조 제3항은 "서로 매우 밀접하게 관련되어 있어서 절차를 분리하는 경우 저촉되는 판결이 선고될 위험을 피하기 위하여 이를 병합하여 심리, 재판할 필요가 있는 경우에는 소송은 본 조의 목적상 관련된 것으로 본다."는 규정을 두고 있다. 이는 '관련소송'의 개념을 파악함에 있어서 '저촉되는 판결이 선고될 위험'과 '병합하여 심리, 재판할 필요'를 고려하여야 함을 보여준다. 그러나 위 고려사항들은 법원의 상당한 재량적 판단 앞에 놓여 있으므로 위와 같은 간주 규정이 명확한 지침을 제공해주지는 못한다.[72] 오히려 유럽에서 통용되는 '관련 소송' 개념은 *Tatry* 사건에서 더 의미 있는 시사점을 발견할 수 있다. 유럽사법재판소는 *Tatry* 사건에서 '어느 소송이 기초하고 있는 사실과 법의 규칙'이 동일한 경우에 관련 소송의 성격을 인정한 바 있다. 한편 영국 귀족원은 브뤼셀 협약 제22조(브뤼셀 Ⅰ recast 규정 제30조)가 규정한 '관련 소송'의 개념을 적용하여 소송 절차의 중지를 함에 있어서 법원은 청구원인과 개별 쟁점 사이의 동일성을 비교하기보다는 '광범위한 상식적 접근(broad commonsense approach)'을 하여야 한다고 판시하였다.[73]

관련 소송 또는 청구의 개념 혹은 범위를 어떤 기준으로 정할지는 쉽지 않다. 필자는 일응 '판결의 결론에 이르기 위하여 심판이 필요한 핵심적인 사실적 또는 법률적 쟁점이 동일한 사건'이 계속된 경우에 이를 관련 소송 또는 청구라고 할 수 있으리라고 본다. 관련소송의 범주를 이른바 '쟁점차단효(爭點遮斷效, issue preclusion)'가 미치는 범위와 같게 보는 것이다.[74] 이와 달리 법률적, 사실적 쟁점은 다르고 단지 일부 당사자가 중첩되는 것만으로는 관련 소송 또는 청구라고 보기 어려울 것이다. 관련 소송 또는 청구에 대한 규율이 유

---

71) 이필복(주 7), 32.
72) McLachlan(주 27), 156.
73) *Sarrio S. A. v Kuwait Investment Authority*, [1999] 1 AC 32 (HL)
74) 이필복(주 7), 142.

연한 틀 안에서 이루어져야 하고, 그러한 점에서 관련 소송 또는 청구의 개념 혹은 범위에 대한 규정 역시 유연하게 이루어질 수 있을 것이나, 그 유형이나 양상이 매우 다양할 것이고 관련 소송 또는 청구에 대한 규율에 의하여 어느 일방 당사자는 재판청구권에 대한 제한을 당할 수 있으리라는 점에서 지나치게 광범위한 형태의 규율은 경계할 필요가 있다. 필자는 전문가그룹 회의에서 이러한 점을 지적하였는바,75) 향후 작업반에서 관련 소송 또는 청구의 개념에 대한 규율을 함에 있어서 보다 면밀한 주의를 필요로 하는 부분이다.

VI. 결론

이상과 같이 헤이그 국제사법회의에서 진행 중인 관할 프로젝트의 핵심 쟁점과 향후 관할 프로젝트에 관한 교섭 과정에서 우리나라가 고려할 사항들에 관하여 간략히 검토하였다. 관할 프로젝트에서는 향후 국제적 소송경합과 관련 소송 또는 청구에 관한 규율 방안들이 보다 구체적으로 논의될 것이다. 그 과정에서 대륙법계와 보통법계의 법 전통과 고유한 법리 사이의 간극이 재차 노정될 가능성이 크다. 향후 절차에서는 부록 I과 부록 II를 병합하여 하나의 문서로 만들기 위한 시도가 이루어져야 할 것이고, 결국 그것이 새로운 문서의 성패를 가늠하는 가늠자가 될 것이다. 만약 양자를 적절히 병합하는 데 실패한다면, 종전의 예처럼 결국 관할과 국제적 병행절차에 관한 규칙을 만들기 위한 작업은 좌초될 가능성도 배제할 수 없다. 그럼에도 불구하고 고무적인 점은, 각 회원국의 대표들이 그러한 좌절의 기억을 인지하면서 이를 되풀이하지 않기 위하여 열린 마음으로 논의에 임하고 있다는 것이다. 대한민국 역시 그러한 흐름에 동참할 필요가 있다. 아울러 우리나라는 정치한 국제재판관할규칙을 신설한 개정 국제사법이 올해 시행될 예정이고, 그러한 내용 중에는 국제적 소송경합(제11조)과 예외적인 상황 하에서의 재판관할권의 불행사(제12조)에 관한 규정이 포함되어 있으므로, 향후 교섭 과정에서 이러한 규정들과의 정합성을 늘 고려하여야 함을 다시 한 번 강조하면서 글을 마친다.

---

75) 이필복(주 13), 582.

[追記]

2022. 2. 작업반 제3차 회의가 개최되었고, 제3차 회의에서 일단 두 개의 부록을 형식적으로 하나로 만드는 데에는 성공하였으나 정작 이 글에서 다룬 문서의 핵심 쟁점들에 대해서는 여전히 확정적인 방향을 정하지 못한 채 추후 논의하기로 하였다. 위와 같은 진전도 하나의 큰 성과이므로 향후 이어질 작업반에서 적절한 타협점이 모색되기를 기대한다.

개정 국제사법에 정치한 국제재판관할규칙이 도입된 데에 석광현 교수님의 학문적 공헌은 그야말로 지대하다. 그리고 국제재판관할에 관한 석광현 교수님의 학문적 여정에 헤이그 국제사법회의의 '재판 프로젝트'가 중요한 동반자 중 하나가 아니었을까 싶다. 필자는 석광현 교수님의 학문적 DNA를 물려받은 제자로서, 현재 진행형에 있는 재판 프로젝트의 마지막 퍼즐을 완성하기 위한 '관할 프로젝트'에 참여하고 있는 것을 영광으로 생각한다. 필자가 미력하나마 이 프로젝트에 성실히 참여하여 새로운 학문적 가치를 창출해 내기 위해 노력함으로써 교수님의 학맥을 이어갈 것을 다짐해 본다.

— 참고문헌 —

1. 국내 문헌
가. 단행본
석광현, 국제재판관할에 관한 연구 –민사 및 상사사건에서의 국제재판관할의 기초이론과
     일반관할을 중심으로–, 서울대학교 출판부, 2001.
_____, 국제민사소송법, 박영사, 2012.
이시윤, 신민사소송법(제15판), 박영사, 2021.
이창현, 국제적 분쟁과 소송금지명령, 경인문화사, 2021.

2. 논문
김문숙, "일본법원의 국제재판관할권에 관하여 –2011년 개정민사소송법을 중심으로–", 국
     제사법연구 제18권, 2012.
_____, "일본에서의 인사소송사건에 관한 국제재판관할 –개정 인사소송법을 중심으로–",
     국제사법연구 제25권 제2호, 2019.
김태진, "2021년 헤이그국제사법회의(HCCH) 일방사무정책 이사회 참가보고서", 2020 국제
     규범의 현황과 전망, 사법정책연구원, 2021.
김효정, "헤이그관할합의협약 가입시의 실익과 고려사항", 국제사법연구 제25권 제1호,
     2019.
김효정/장지용, 외국재판의 승인과 집행에 관한 연구, 사법정책연구원, 2020.
박상순, "헤이그 재판관할합의협약에 대한 연구", 서울대학교 법학석사학위 논문, 2017.
박정훈, "헤이그 재판관할합의협약", 국제사법연구 제18호, 2012.
석광현, "스위스 국제사법(IPRG)", 국제사법연구 제3호, 1996.
_____, "헤이그국제사법회의 '민사 및 상사사건의 국제재판관할과 외국재판에 관한 협약'
     예비초안", 국제사법과 국제소송(제2권), 박영사, 2002.
_____, "헤이그국제사법회의 '민사 및 상사사건의 국제재판관할과 외국재판에 관한 협약'
     2001년 초안", 국제사법과 국제소송(제3권), 박영사, 2004.
_____, "2005년 헤이그 재판관할합의 협약의 소개", 국제사법연구 제11호, 2005.
_____, "2018년 국제사법 개정안에 따른 국제재판관할규칙", 국제사법과 국제소송(제6권),
     박영사, 2019.
_____, "우리 대법원 판결에 비추어 본 헤이그 관할합의협약의 몇 가지 논점", 국제사법연

구 제25권 제1호, 2019.

_____, "국제사법에 관한 연방법률", 국제사법연구 제26권 제1호, 2020.

_____, "2019년 헤이그 재판협약의 주요 내용과 간접관할규정", 국제사법연구 제26권 제2호, 2020.

_____, "국제사법 제2조 제2항을 올바로 적용한 2019년 대법원 판결의 평석: 일반관할과 재산소재지의 특별관할을 중심으로", 국제거래와 법 통권 제29호, 2020.

유영일, "국제재판관할의 실무운영에 관한 소고 -개정 국제사법과 헤이그신협약의 논의를 중심으로-", 법조 2002년 11월호(통권 제554호) 및 2002년 12월호(통권 제555호), 2002.

유재풍, "국제소송의 재판관할에 관한 연구", 청주대학교 법학박사 학위논문, 1994.

이동진/서경민/이필복, "헤이그국제사법회의(HCCH) 외국판결의 승인과 집행에 관한 협약의 채택을 위한 제22차 외교회의 참가보고서", 국제규범의 현황과 전망(2019), 법원행정처, 2020.

이필복, "전속적 국제재판관할 개관", 국제사법연구 제24권 제1호, 2018.

_____, "국제적인 민사 및 상사분쟁 해결절차의 경합에 관한 연구 -소송과 중재를 중심으로-", 서울대학교 법학박사 학위논문, 2020.

_____, "헤이그국제사법회의(HCCH) 국제재판관할 프로젝트에 관한 전문가그룹 제3차 회의 참가 보고", 국제규범의 현황과 전망(2020), 사법정책연구원, 2021.

_____, "헤이그국제사법회의(HCCH) 국제재판관할 프로젝트에 관한 전문가그룹 제4차 회의 참가 보고", 국제규범의 현황과 전망(2020), 사법정책연구원, 2021.

_____, "헤이그국제사법회의(HCCH) 국제재판관할 프로젝트에 관한 전문가그룹 제5차 회의 참가 보고", 국제규범의 현황과 전망(2020), 사법정책연구원, 2021.

_____, "국제사법 총칙과 해상 편에 관한 재판례를 통해 본 국제사법 20년의 회고와 과제", 국제사법연구 제27권 제2호, 2021.

이헌묵, "국제적 소송경합에 관한 입법적 제안", 민사소송 제23권 제3호, 2019.

장준혁, "2019년 헤이그 외국판결 승인집행협약", 국제사법연구 제25권 제2호, 2019.

_____, "2019년 헤이그 재판협약의 우리나라 입법, 해석, 실무에 대한 시사점과 가입방안", 국제사법연구 제26권 제2호, 2020.

장지용, "헤이그 재판협약상 승인 및 집행의 요건과 절차", 국제사법연구 제27권 제1호, 2021.

최공웅, "국제재판관할 원칙에 관한 재론", 법조 제47권 제8호, 1998.

최봉경, "특정이행과 손해배상 -비교법적 연구를 중심으로-", 저스티스 통권 제178호, 2020.

피정현, "국제적 중복제소의 금지 여부", 현대사회와 법의 발달: 균제 양승두 교수 화갑기념 논문집, 1994.

한애라, "재산소재지 특별관할에 관한 법리와 판례의 검토 및 입법론", 저스티스 통권 제 182-1호(2021년 2월호), 2021.

한충수, "국제민사소송의 국제적인 흐름과 우리의 입법과제 -일본의 국제재판관할 관련 민 사소송법 개정법률안을 중심으로-", 민사소송 제14권 제2호, 2010.

3. 외국문헌 및 논문

가. 단행본

Born, Gary B./Rutledge, Peter B., International Civil Litigation in United States Courts, Wolters Kluwer, 2018. [Born/Rutledge]

Cheshire, North & Fawcett(eds.), Private International Law (15th), Oxford, 2017. [Cheshire/North/Fawcett]

Fentiman, Richard, International Commercial Litigation(2nd), Oxford, 2015. [Fentiman]

Garcimartín, Francisco/Saumier, Geneviève, Explanatory Report: HCCH Convention of 2 July 2019 on the Recognition and Enforcement of Foreign Judgments in Civil or Commercial Matters, HCCH, 2020. [Garcimartín/Saumier]

McCaffrey, Stephen C. /Main, Thomas O, Transnational Litigation in Comparative Perspective, Oxford University Press, 2010. [McCaffrey/Main]

McLachlan, Campbell, Lis Pendens in International Litigation, Brill, 2009. [McLachlan]

Raphael, Thomas, The Anti-Suit Injunction(2nd), Oxford, 2019. [Raphael]

中野貞一郎/松浦 馨/鈴木正裕, 新民事訴訟法講義(第3版), 有斐閣, 2018. [中野]

나. 논문

Herrup, Paul/Brand, Ronald. A., "A Hague Convention on Parallel Proceedings", "A Hague Convention on Parallel Proceedings", University of Pittsburgh School of Law Legal Studies Research Paper Series No. 2021-23, 2021. [Herrup/Brand]

Hobér, Kaj, "Res Judicata and Lis Pendens", Recueil Des Cours Vol. 366, 2013. [Hobér]

Lüttringhaus, Jan. D./Silberman, Linda, "Lis Alibi Pendens", Encyclopedia of Private International Law, 2017. [Lüttringhaus/Silberman]

— 부록 1 —

ANNEX I

(Tentative) Possible text of the rules on parallel proceedings

Article 1—Scope

1. The following provisions shall apply to concurrent proceedings in the courts of different [Contracting] States in transnational civil or commercial matters. It shall not extend in particular to revenue, customs or administrative matters.

2. The following provisions shall apply to concurrent proceedings if the defendant of the proceedings in a court of a Contracting State is habitually resident in another Contracting State.

3. For the purpose of the following provisions—

   (a) "parallel proceedings" mean any proceedings in courts of different [Contracting] States between the same parties on the same subject matter;

   (b) "related proceedings" mean any proceedings in courts of different [Contracting] States on related actions or claims (other than "parallel proceedings"). Actions or claims are related where they are so closely connected that it is expedient to hear and determine them together to avoid the risk of irreconcilable judgments resulting from separate proceedings;

   (c) "concurrent proceedings" mean any parallel proceedings and related proceedings defined in (a) and (b).

Article 2—Exclusion from the Scope

1. This Instrument shall not apply to the following matters—

   (a) the status and legal capacity of natural persons;

(b) maintenance obligations;

(c) other family law matters, including matrimonial property regimes and other rights or obligations arising out of marriage or similar relationships;

(d) wills and succession;

(e) insolvency, composition, resolution of financial institutions, and analogous matters;

(f) the carriage of passengers and goods;

(g) transboundary marine pollution, marine pollution in areas beyond national jurisdiction, ship- source marine pollution, limitation of liability for maritime claims, and general average;

(h) liability for nuclear damage;

(i) the validity, nullity, or dissolution of legal persons or associations of natural or legal persons, and the validity of decisions of their organs;

(j) the validity of entries in public registers;

(k) defamation;

(l) privacy;

(m) intellectual property;

(n) activities of armed forces, including the activities of their person-nel in the exercise of their official duties;

(o) law enforcement activities, including the activities of law en-forcement personnel in the exercise of their official duties;

(p) anti-trust (competition) matters, except where the proceedings are based on conduct that constitutes an anti-competitive agree-ment or concerted practice among actual or potential competitors to fix prices, make rigged bids, establish output restrictions or quotas, or divide markets by allocating customers, suppliers, ter-ritories or lines of commerce, and where such conduct and its effect both occurred in the State where the proceedings are pending;

(q) sovereign debt restructuring through unilateral State measures.

2. Proceedings are not excluded from the scope of the provisions where a matter to which the provisions do not apply arose merely as a preliminary question in the proceedings, and not as an object of the proceedings. In particular, the mere fact that such a matter arose by way of defence does not exclude proceedings from the provisions, if that matter was not an object of the proceedings.

3. The provisions shall not apply to arbitration and related proceedings.

4. Proceedings are not excluded from the scope of the provisions by the mere fact that a State, including a government, a governmental agency or any person acting for a State, is a party to the proceedings.

5. Nothing in the provisions shall affect privileges and immunities of States or of international organisations, in respect of themselves and of their property.

Article 3—Obligation of the court first seised

1. The court first seised shall proceed with the case if it has jurisdiction under Article 5.

2. Notwithstanding paragraph 1, the court first seised may, on applica—tion by a party, suspend its proceedings if parallel proceedings are pending before a court of another Contracting State which has juris—diction under the instrument and the court is clearly more appropriate to resolve the dispute. [Such application must be made no later than at the time of the first defence on the merits.]

[3. The court first seised shall suspend proceedings if it does not have jurisdiction under Article 5 and parallel proceedings are pending before a court of another Contracting States which has jurisdiction under that Article.]

Article 4—Obligation of the court other than the court first seised

1. The court other than the court first seised shall suspend the pro—

ceedings if the court first seised is expected to render a judgment capable of being recognised in the State of the former court.

2. For the purpose of paragraph 1, the court first seised is expected to render a judgment of being recognised in that State if the court first seised has jurisdiction under Article 5.

3. Notwithstanding paragraphs 1 and 2, the court other than the court first seised may proceed with the case if it is proved that the judg—ment by the court first seised will not be recognised in the State of the former court under its national law or if the court first seised suspended its proceedings under paragraph 2 of Article 3.

4. Upon application of a party, the court other than the court first seised may proceed with the case if the plaintiff in the court first seised has failed to take the necessary steps to bring the proceedings to a de—cision on the merits or if that court has not rendered such a decision within a reasonable time.

5. [In exceptional circumstances,] upon application of a party, the court other than the court first seised may proceed with the case if it has jurisdiction under Article 5 and finds that it is clearly more appro—priate than the court first seised to resolve the dispute.

6. The court other than the court first seised [shall] [may] proceed with the case, including the examination of its direct jurisdiction, as soon as it becomes clear that the court first seised [suspended its pro—ceedings under paragraph 3 of Article 3 or it] does not render a judgment on the merits.

Article 5—Rules of Jurisdiction

1. A court of a Contracting State has jurisdiction if one of the following requirements is met—

   (a) the defendant is habitually resident in the State at the time the proceedings are instituted;

   (b) the defendant is a natural person who has their principal place of business in the State as regards a dispute [claim] arising out of the activities of that business;

(c) the defendant maintained a branch, agency, or other establishment without separate legal personality in the State at the time the proceedings are instituted, and the claim arose out of the activities of that branch, agency, or establishment;

(d) an action on a contractual obligation is brought to a court of the State in which performance of that obligation took place, or should have taken place, in accordance with

(i) the agreement of the parties, or

(ii) the law applicable to the contract, in the absence of an agreed place of performance, unless the activities of the defendant in relation to the transaction clearly did not con—stitute a purposeful and substantial connection to that State;

(e) an action on a lease of immovable property (tenancy) is brought to a court of the State in which the property is situated;

(f) an action is brought against a defendant on a contractual obliga—tion secured by a right in rem in immovable property located in the State, if the contractual claim is brought together with a claim against the same defendant relating to that right in rem;

(g) an action on a non—contractual obligation arising from death, phys—ical injury, damage to or loss of tangible property to a court of a State in which the act or omission directly causing such harm oc—curred, irrespective of where that harm occurred;

(h) an action is brought to a court of a State concerning the validity, construction, effects, administration or variation of a trust created voluntarily and evidenced in writing, and—

(i) at the time the proceedings are instituted, the State was designated in the trust instrument as a State in the courts of which disputes about such matters are to be determined; or

(ii) at the time the proceedings are instituted, the State is ex—

pressly or impliedly designated in the trust instrument as the State in which the principal place of administration of the trust is situated.

This sub-paragraph only applies to proceedings regarding internal aspects of a trust between persons who are or were within the trust relationship;

(i) a counterclaim arising out of the same transaction or occurrence as the original claim is brought in the court in which the original claim is pending, if the State of the court of the State has juris-diction for the original claim under this Article;

2. For the purpose of paragraph 1, an entity or person other than a natural person shall be considered to be habitually resident in the State –

(a) where it has its statutory seat;

(b) under the law of which it was incorporated or formed;

(c) where it has its central administration; or

(d) where it has its principal place of business.

3. A court of a Contracting State has jurisdiction if the court is des-ignated in an agreement concluded or documented in writing or by any other means of communication which renders information ac-cessible so as to be usable for subsequent reference, other than an exclusive choice of court agreement.

For the purposes of this paragraph, an "exclusive choice of court agreement" means an agreement concluded by two or more parties that designates, for the purpose of deciding disputes which have arisen or may arise in connection with a particular legal relationship, the courts of one State or one or more specific courts of one State to the exclusion of the jurisdiction of any other courts.

4. A court of a Contracting State has jurisdiction if –

(a) the defendant expressly consented to the jurisdiction of the court in the course of the proceedings, or

(b) the defendant argued on the merits without contesting jurisdiction within the timeframe provided in the law of the State of the court, unless it is evident that an objection to jurisdiction or to the ex-ercise of jurisdiction would not have succeeded under that law.

5. Notwithstanding the preceding paragraphs, for an action on rights in rem in immovable property, the courts of a Contracting States in which the property is situated have exclusive jurisdiction.

[Comment]

This Article is based on Article 5(1) and Article 6 of the 2019 Judgments Convention. Details of the rules should be considered further. Rules of ju-risdiction for consumer contracts and employment contracts, and rules of exorbitant jurisdiction should be considered at a later stage.

Article 6—Determination of the clearly more appropriate forum

For the application of paragraph 2 of Article 3 and Paragraph 5 of Article 4, the courts shall take into account the following factors in de-termining the clearly more appropriate forum:

(a) the relative strength of the connection between each of the courts seised of the case and the parties and the claims;

(b) the existence of a non-exclusive choice of court agreement;

(c) the burdens of litigation on the parties, particularly in view of their habitual residence;

(d) the nature and location of the evidence, including documents and witnesses, the ease of access to and the procedures for obtaining such evidence, including the availability of measures to enforce the attendance of unwilling witnesses and the costs of presenting evi-dence;

(e) the law applicable to the claims;

(f) applicable limitation or prescription periods;

(g) the stage of the proceedings before each court;

(h) the possibility of obtaining recognition and enforcement of any decision on the merits;

[(i) the fairness of imposing the public costs and burdens of litigation on the public of a particular State].

— 부록 2 —

ANNEX II

Alternative possible text of the rules on parallel proceedings

Article 1–Determination of the [better][more appropriate] forum

1. Each court of a Contracting State seised of a parallel proceedings case shall determine [within a reasonable time] [in cooperation with the other court or courts, when possible] which court is the [better][more appropriate]forum for resolution of the claims involved in the parallel proceedings.1

2. In making its determination of which court is the [better][more appropriate] forum each court shall consider the following factors:

   (a) [the relative strength of the connection between each of the courts seised of the case and the parties and the claims;

   (b) the burdens of litigation on the parties;

   (c) the interests of the parties in access to justice;

   (d) the location of parties or witnesses:

   (e) the ease of access to sources of proof;

   (f) the availability of process for attendance of unwilling witnesses;

   (g) the costs of presenting testimony;

   (h) the law applicable to the claims;

   (i) the stage of the proceedings in each court;

   (j) which court was first seised;

   (k) the ability of each court to achieve comprehensive resolution of the dispute;

   (l) the likelihood of recognition and enforcement of any resulting judgment in other States;

   (m) the fairness of imposing the public costs and burdens of litigation on the public of a particular country; and

(n) any additional factors applicable to a specific case].

3. [Each court, when appropriate, may decide to attach greater weight to any of the following connecting factors in determining the [better][more appropriate] forum (list to be further determined)]:

4. If, after the application of the factors set forth in paragraph (2) and [(3)], both courts seised of parallel proceedings shall determine that the same court is the better forum, the other court shall suspend or dismiss the case and the better forum court shall proceed with ad— judication of the case.

5. If, after the application of the factors set forth in paragraph (2), both courts seised of parallel proceedings shall not determine that the same court is the better forum, each court may proceed with the case under its national law.

Article 2—Special Considerations

Notwithstanding Article 1, the court shall not be obligated to suspend or dismiss the case if the proceedings may involve sovereignty or security in— terests of the forum State or the suspension or dismissal would be contrary to the public policy or fundamental principles of the forum State.

중재합의 위반시 손해배상청구 가부에 대한 비교법적 고찰

한민오*, 유은경**

I. 서론

최근 다수의 국제거래계약에 당사자 간 분쟁을 중재로 해결하기로 하는 중재합의(arbitration agreement)가 발견된다. 중재합의가 있는 경우 당사자들은 타 국가 법원에서 소송을 진행해야 되는 불편과 불이익을 줄일 수 있고, 중재인 선정에 관여할 수 있으며, 증거조사 방식 등 중재절차의 상당 부분을 상호 합의로 정할 수 있다.[1] 이와 같은 특징 때문에 중재합의의 활용도는 계속 증가하는 추세이다. 또한 중재판정의 승인 및 집행이 뉴욕협약[2]에 의해 보장된다는 점[3]에서도 중재는 국제거래에 종사하는 기업들 입장에서 매력적인 분쟁해결제도로 여겨진다.

이처럼 중재합의가 국제거래계약에 빈번하게 포함되고 있음에도 불구하고, 이러한 합의의 성질이나 위반시 법적 효과에 관한 체계적인 논의는 아직 부족한 실정이다. 특히 계약의 일방 당사자가 중재합의에 반하여 특정 국가 법원에서 소를 제기한 경우, 상대방은 응소를 하고 대응을 하느라 불필요한 시간적, 금전적 손해를 입게 된다. 그런데 이러한 중재합의 위반에 따른 손해에 대한 배상청구가 가능한지는 국내에서 아직 자세히 분석·논의되지 않았다.

이상과 같은 맥락에서, 본 논문은 크게 3가지 쟁점에 주목한다.

---

* 법무법인 피터앤김 변호사
** 법무법인 피터앤김 변호사

1) 김용진, "중재와 법원 사이의 역할분담과 절차협력 관계 −국제적 중재합의 효력에 관한 다툼과 중재합의관철 방안을 중심으로−", 중재연구 제27권 제1호(한국중재학회, 2017), 86면.
2) "외국중재판정의 승인 및 집행에 관한 1958년 국제연합협약"(United Nations Convention on the Recognition and Enforcement of Foreign Arbitral Awards).
3) 석광현, 국제민사소송법(박영사, 2012), 487면.

① 첫째, 중재합의의 성격은 무엇인지, 즉 단순히 절차적·소송법적 합의인지 아니면 실체법적 의무를 수반하는 합의인지 살피기로 한다.

② 둘째, 일방 당사자가 유효한 중재합의를 위반하여 특정 국가의 법원에 소를 제기한 경우, 상대방이 그로 인하여 지출한 비용 등을 배상할 손해배상책임이 있는지 살피기로 한다.

③ 셋째, 위와 같은 경우 상대방의 손해는 무엇이며, 이는 구체적으로 어떻게 결정되는지, 법원에서 내린 비용 결정으로 관련 손해가 모두 전보되었다고 볼 수 있는지 등의 문제도 검토하기로 한다.

위 쟁점에 대한 검토의 출발점은 중재합의의 준거법, 특히 중재합의의 성립 및 유효성의 준거법에 있다.4) 다만 본 논문에서는 중재합의 위반의 법적 효과에 집중하기로 하고, 중재합의의 준거법 결정 문제는 다루지 않기로 한다.5) 또한 논의의 편의상 주된 계약의 준거법이 중재합의의 준거법과 일치한다고 상정하고 검토를 진행하였다.

구체적으로, 이하에서는 본 논문의 쟁점에 대한 영국법 및 독일법의 태도를 각각 살피고 이와 관련하여 주목할 만한 영국판례 및 독일판례를 각각 간단히 소개한다. 이러한 외국법의 태도를 참고하여, 한국법 하에서 중재합의 위반의 법적 효과가 어떻게 되는지 검토하기로 한다.

Ⅱ. 영국법상 논의

1. 중재합의의 성격

영국법에서는 중재합의와 그로부터 파생되는 당사자의 권리·의무가 계약적(contractual)인 성격을 가진다고 본다. 즉 중재합의도 본질적으로 일종의 계약이라고 설명된다.6) 같은 맥락에서 "모든 중재합의는 각 당사자가 중재인의

---

4) 석광현, 국제사법과 국제소송 제5권(박영사, 2012), 678면; Jaroslavsky, Pablo, "Damages for the Breach of an Arbitration Agreement: Is it a Viable Remedy?", *Social Science Research Network* (2015), 29-30면.

5) 중재합의의 준거법 결정의 문제에 관한 상세 논의는 석광현, "국제상사중재에서 중재합의의 준거법", 법학논총 제24권 제1호(한양대학교 법학연구소, 2007) 참조.

6) Briggs, Adrian, *Agreements on Jurisdiction and Choice of Law* (Oxford, 2007), 492-494면; 이창현, "국제적 분쟁해결에 있어서 '소송금지명령'의 활용에 관한 연구" (서울대학교 대학원 법학박사 학위논문, 2020. 8.), 43면.

판정을 준수하고, 그 판정을 이행할 것을 묵시적으로 약속하는 것을 포함한다 (*every submission to arbitration contains an implied promise by each party to abide by the award of the arbitrator, and to perform his award*)"고 설명되는 경우도 있다.[7]

이러한 이해를 토대로, 영국 판례[8]에 의하면 계약 당사자는 중재합의에 기하여 "법원의 소송절차를 피할 권리(*right to avoid court proceedings*)" 및 "제소되지 않을 계약적 권리(*contractual right not to be sued*)"가 있고, 위 당사자는 "이러한 권리를 강제할 정당한 이익(*legitimate interest in enforcing that right against the other party to the contract*)"이 있다고 본다.[9]

2. 중재합의 위반시 손해배상청구 가부

영국법에 따르면 계약 당사자가 중재합의에 반하여 법원에 소를 제기하고 상대방이 그로 인하여 불필요한 비용을 지출한 경우 소를 제기한 자는 위 비용에 대한 손해배상책임을 진다.[10] 즉 중재합의도 일반 계약과 마찬가지로 강제력(enforceability)이 있다고 보고[11] 이를 위반한 경우 당사자에게 손해배상책임이 있다고 보는 것이다.[12] 이를 긍정한 판례도 다수 발견된다.[13]

---

7) Mustill, Michael J. and Boyd, Stewart C., *Commercial Arbitration*, 2nd edition (LexisNexis Butterworths, 1989), 26면.

8) *Turner v Grovit* [2001] House of Lords (UKHL) 65 등.

9) Betancourt, Julio C., "Damages for Breach of an International Arbitration Agreement under English Arbitration Law", *Arbitration International* (2018), 514면.

10) 석광현, 국제사법과 국제소송 제5권(박영사, 2012), 672면. 관할합의 위반의 경우 손해배상책임을 진다는 영국 판례로는 *Union Discount Co Ltd v Zoller* [2002] 1 WLR 1517 사건이 대표적이다. 이와 관련하여 Dinelli, Albert, "The Limits on the Remedy of Damages for Breach of Jurisdiction Agreements: The Law of Contract Meets Private International Law", *Melbourne University Law Review* (2015), 1028-1029면 참조.

11) 다만 영국에서는 중재합의의 강제력(enforceability)을 기본적으로 인정하면서도, 중재합의의 특정이행(specific performance)을 명하는 것은 현실적이지 않고, 간접강제만 가능하다는 입장인 것으로 보인다. 당사자가 중재를 제기하기를 원하지 않는 상황에서 이를 강제하는 것은 부적절하다고 보기 때문이다. Redfern, Alan, Hunter, Martin, Blackaby, Nigel and Partasides, Constantin, *Redfern & Hunter: Law and Practice of International Commercial Arbitration*, 6th edition (Oxford, 2015), para. 1.55. 한편, 미국 중재법에서는 당사자가 중재를 강제하는 소를 법원에 제기할 수 있다고 규정함으로써 특정이행이 가능하도록 하고 있다. 9 U.S.C. §206. 석광현, 국제사법과 국제소송 제5권(박영사, 2012), 677면.

12) Briggs, Adrian, *Agreements on Jurisdiction and Choice of Law* (Oxford, 2007), 499면; Betancourt, Julio C., "Damages for Breach of an International Arbitration Agreement under English Arbitration Law", *Arbitration International* (2018), 516-517면; Holzmeister e Castro, Joana, "Enforcement of the Arbitration Agreement within the Context of the European Union", *Social Science Network* (2016), 32-33면; Jaroslavsky, Pablo, "Damages for the Breach of an

영국법이 적용되는 경우 계약 당사자가 중재합의를 위반하여 법원에 소를 제기하였을 때 상대방 당사자는 위 소송을 방어하는 데 소요한 합리적인 비용에 대해 손해배상을 청구할 수 있다. 이때 손해배상을 청구하는 당사자가 해당 손해를 입증할 책임이 있다. 한편 손해배상청구의 절차와 관련하여 별도로 중재를 제기하여 신청취지에 손해배상청구를 하는 경우도 있지만, 비용부담에 관한 판정의 형태로 관련 손해를 회복하는 경우도 있다는 점에 유념할 필요가 있다.[14)

참고로 최근에는 중재합의나 기타 분쟁해결 합의를 위반한 당사자가 손해배상책임을 진다는 점과 이에 따른 손해배상액의 예정을 계약서에 미리 명시하는 경우도 발견된다.[15)

3. 대표적 판례: *CMA CGM SA v. Hyundai Mipo Dockyard Ltd.* (2008)[16)

가. 사안의 개요

원고 C는 피고 H가 운송계약 4개의 경개(novation)에 부당하게 합의해주지 않았다고 주장하면서 피고 H를 상대로 프랑스 마르세유 상업법원에서 불법행위에 기한 손해배상청구 소송을 제기하였다. 이 사건에서 위 법원은 원고 C의 청구를 인용하면서 피고 H에게 (ⅰ) 손해배상금으로 미화 3,646,125달러

Arbitration Agreement: Is it a Viable Remedy?", *Social Science Research Network* (2015), 40-45면; Landon, Tanya and Schnyder, Sabrine, "Remedies for Breach of the Arbitration Agreement-Dealing with Parties that Try to Circumvent Arbitration", *International Arbitration* (2015), 9면; 한승수, "국제재판관할합의의 위반과 손해배상책임", 국제사법연구 제25권 제1호(한국국제사법학회, 2019), 8면.

13) *Ellerman Lines Ltd v Read* [1928] 2 KB 144 (CA); *Harding v Wealands* [2006] UKHL 32, [2007] 2 AC 1; *A v B (No 2)* [2007] EWHC 54 (Comm), [2007] 1 Lloyd's Rep 358; *Doleman v Ossett Corporation* [1912] 3 KB 257; *CMA CGM SA v. Hyundai Mipo Dockyard Ltd.* (2008) EWHC 2791 (Comm); *Mantovani v. Carapelli* (1980) 1 Lloyd's Rep. 375, 382; *West Tankers Inc v. Allianz SpA and another* [2012] EWHC 854 (Comm) 등. Speller, Duncan, "Damages for Breach of an Agreement to Arbitrate-A Useful Weapon in a Post West Tankers World?", *Kluwer Arbitration Blog* (2009). 한편 전속적 재판관할합의 위반시 손해배상책임을 인정한 미국 판례가 다수 있는데, 이와 관련하여 이규호, "관할합의에 기초한 訴訟留止命令(Anti-suit Injunction)의 법적 쟁점", 국제사법연구 제25권 제1호(한국국제사법학회, 2019), 97면 참조.

14) Briggs, Adrian, *Agreements on Jurisdiction and Choice of Law* (Oxford, 2007), 499면.

15) 석광현, 국제사법과 국제소송 제5권(박영사, 2012), 672면.

16) *CMA CGM SA v Hyundai Mipo Dockland Ltd* [2008] EWHC 2791 (Comm).

및 10,000유로를, (ⅱ) 비용으로 30,000유로를 각 지급하라고 명하였다.

이에 피고 H는 운송계약 4개에 포함된 중재합의에 따라 원고 C를 상대로 영국을 중재지로 한 중재를 신청하였다. 이 중재 사건에서 피고 H는 프랑스 법원에서의 소송이 중재합의에 반하여 제기되었으므로 피고 H는 프랑스 법원 판결금 액수 상당의 손해를 배상받아야 한다고 주장하였다.

나. 중재 사건의 경과

중재 사건의 중재판정부는 (신청인인) 피고 H의 청구를 받아들여 (피신청인인) 원고 C에게 피고 H의 손해를 배상하라고 명하였다. 구체적으로 중재판정부는 (ⅰ) 프랑스 법원 판결로 인해 피고 H가 원고 C에게 지급한 판결금, (ⅱ) lost management time 및 프랑스 소송에서 지출한 법률비용, 및 (ⅲ) 이자의 배상을 명하였다.

이에 원고 C는 1996년 영국 중재법(Arbitration Act 1996) 제69조에 따라 영국 법원에 항소(appeal)를 제기하였다.

다. 대상판결의 요지

이 판결에서 특히 쟁점이 된 것은 중재 사건의 중재판정부가 브뤼셀 I 규정[17] 제32조, 제33조에 따라 (다른 유럽연합 회원국인) 프랑스 법원 판결을 승인(recognize)하여야 하는지 여부였다. 이에 대해 영국 법원은 브뤼셀 I 규정이 중재판정부에는 효력을 미치지 아니하므로 프랑스 법원 판결을 승인할 의무가 없다고 판시하였다. 결국 영국 법원은 중재합의 위반을 이유로 손해배상을 명한 중재판정을 인가하였고, 원고의 항소를 기각하였다.[18]

라. 대상판결의 의의 및 영향

대상판결이 내려진 후 얼마 지나지 않아 유럽사법재판소(European Court of

---

17) Council Regulation (EC) No 44/2001 of 22 December 2000 on jurisdiction and the recognition and enforcement of judgments in civil and commercial matters (Brussels I) (https://eur-lex.europa.eu/legal-content/EN/LSU/?uri=CELEX:32001R0044)(2022. 1. 20. 최종방문).

18) Speller, Duncan, "Damages for Breach of an Agreement to Arbitrate-A Useful Weapon in a Post West Tankers World?", *Kluwer Arbitration Blog* (2009); Pierre-Fierens, Jean and Volders, Bart, "Monetary Relief in Lieu of Anti-suit Injunctions for Breach of Arbitration Agreements", *Revista Brasileira de Arbitragem* (2012).

Justice, ECJ)에서 회원국(영국)의 법원이 다른 회원국(이탈리아)에서의 소송절차
가 중재합의를 위반한다는 이유로 소송유지명령(anti-suit injunction)[19]을 내리
는 것은 브뤼셀체제와 양립하지 않고, 따라서 유럽연합 내에서 그 소송유지명
령은 효력이 없다는 판결을 내렸다{*Allianz SpA and Others v West Tankers Inc.*
(2009)}.[20] 이 West Tankers 판결이 위 소개한 CMA 판결의 결론에 과연 영향
을 미치는지 여부가 문제될 수 있다. 살피건대 (ⅰ) CMA 판결은 중재합의 위
반에 따른 손해배상을 명한 중재판정에 대한 것인 반면, (ⅱ) West Tankers 판
결은 중재합의 위반을 이유로 영국법원이 내린 소송유지명령에 대한 것이므
로, 두 판결은 근본적으로 쟁점이 상이하고 따라서 West Tankers 판결이 CMA
판결에 영향을 미치지 않는다고 할 것이다.[21]

오히려 West Tankers 판결로 인하여 영국법원이 유럽연합의 다른 회원국
을 상대로 소송유지명령을 내리고 이를 통해 중재합의의 실효성을 보장하는
것이 불가능해진 만큼,[22] 중재합의 위반에 대한 구제수단으로 손해배상이 더
실효성 있는 방안으로 대두될 수 있다고 전망된다.[23]

---

19) 소송유지명령(anti-suit injunction)이란 일방 당사자가 중재합의를 위반하여 외국에 제소할 가능
    성이 있거나 실제로 제소한 경우 법원, 특히 중재지 법원이 상대방의 신청에 따라 중재합의에 반
    하는 소의 제기 및 수행을 금지하는 명령을 말한다. 석광현, 국제사법과 국제소송 제5권(박영사,
    2012), 649면; 이필복, "국제적인 민사 및 상사분쟁 해결절차의 경합에 관한 연구"(서울대학교 대
    학원 법학박사 학위논문, 2020. 8.), 218면.
20) *Allianz SpA and Others v West Tankers Inc.* [2009] EUECJ C-185/07; 석광현, 국제사법과 국제
    소송 제5권(박영사, 2012), 668-671면; 이안의, "중재 합의에 관한 영국법상 몇 가지 쟁점", 한국
    해법학회지 제40권 제1호(한국해법학회, 2018. 4.), 135면. West Tankers 판결 후 브뤼셀 규정의
    개정, Gazprom 사건 등 최근 진행경과에 관해서는 조인영, "소송금지가처분(Anti-Suit Injunction)
    과 중재금지가처분", 저스티스 통권 제178호(2020. 6.), 314-315면 참조.
21) Speller, Duncan, "Damages for Breach of an Agreement to Arbitrate-A Useful Weapon in a
    Post West Tankers World?", *Kluwer Arbitration Blog* (2009).
22) 물론 최근 영국의 유럽연합 탈퇴(Brexit) 이후 영국과 유럽연합 사이의 소송유지명령을 둘러싼 충
    돌은 어떻게 전개될 것인지 지켜볼 필요가 있다고 사료된다. 이창현, "국제적 분쟁해결에 있어서
    '소송금지명령'의 활용에 관한 연구"(서울대학교 대학원 법학박사 학위논문, 2020. 8.), 70면; 이필
    복, "국제적인 민사 및 상사분쟁 해결절차의 경합에 관한 연구"(서울대학교 대학원 법학박사 학위
    논문, 2020. 8.), 235면.
23) Pierre-Fierens, Jean and Volders, Bart, "Monetary Relief in Lieu of Anti-suit Injunctions for
    Breach of Arbitration Agreements", *Revista Brasileira de Arbitragem* (2012); Sievi, Nino, "The
    Availability of Damages in the European Union for Breach of the Arbitration Agreement",
    Dispute Resolution Journal (2011), 61-62면.

Ⅲ. 독일법상 논의

1. 중재합의의 성격

독일의 경우 종래에는 중재합의의 법적 성질을 순수 소송계약으로 파악하고, 이에 따라 중재합의에 소송법적 효력 외에 실체법적 효력을 부정하는 학설이 유력하였다.[24] 즉 중재합의가 관할 배분이라는 소송법상 처분적 효력만 발생시키지 계약 당사자에게 어떤 의무를 발생시키지는 않는다고 본 것이다. 이에 당사자는 신속한 중재절차에 협력할 소송법상 협력의무를 지지만, 이는 국가의 법원에 의해 이행이 강제될 수 없는 성질의 것이기 때문에 '소송상의 부담'일 뿐 '의무'라고 할 수 없다고 보았다.[25]

한편 독일 연방대법원은 1963년에 중재합의를 두고 소송법적 효력을 가지는 실체법적 계약이라고 판단한 바 있다.[26]

그러나 최근 2019년에 내려진 독일 연방대법원 판결[27]에 의해 기존의 논의에 현격한 변화가 있을 것으로 전망된다. 즉 (이하에서 보다 자세히 살피는 바와 같이) 독일 연방대법원은 국제재판관할 합의의 성격이 "절차적 측면에 관한 실체법적 계약"이라고 판시하였다. 즉 독일 연방대법원은 중재합의 및 관할합의의 실체법적 효력을 부정하는 전통적인 견해와 완전히 상반되는 입장을 취하였다.[28] 이에 따라 중재합의도 실체법적 계약이라고 판단될 가능성이 상당히 높아졌다고 본다.

2. 중재합의 위반시 손해배상청구 가부

독일에서의 종래 유력한 견해는 중재합의로부터 실체법적 효력이 도출되지 않는다는 것이었다. 이에 따르면, 중재합의 위반에 따른 손해배상청구도 불가능하다는 것이 자연스럽고 논리적인 귀결이었다.[29]

---

24) 석광현, 국제사법과 국제소송 제5권(박영사, 2012), 680-681면.

25) 김용진, "중재와 법원 사이의 역할분담과 절차협력 관계 ―국제적 중재합의 효력에 관한 다툼과 중재합의관철 방안을 중심으로―", 중재연구 제27권 제1호(한국중재학회, 2017), 93-94면.

26) BGH, Decision dated 28 November 1963, BGHZ 40, 320.

27) BGH, Decision dated 17 October 2019, Ⅲ ZR 42/19.

28) Wilske, Stephan and Krapfl, Claudia, "German Federal Court of Justice grants claim for dam-ages due to violation of jurisdiction clause", *International Bar Association Arbitration Committee publication* (2020).

29) 석광현, 국제사법과 국제소송 제5권(박영사, 2012), 680-681면. 다만 최근에 이르러 중재합의를

그러나 최근 독일 연방대법원 판례30)는 일방 당사자가 국제재판관할합의
를 위반하여 소를 제기한 사안에서 상대방이 입은 손해를 배상할 책임을 인정
하는 태도를 취하였다. 이러한 판단 내용은 중재합의의 경우에도 (유추)적용될
것으로 보인다.31)

참고로 독일은 대륙법계 국가이므로, (영미법계와는 달리) 채무자의 '과실'
이 손해배상청구 요건으로 충족되어야 한다.32) 이를테면 계약의 당사자가 중
재합의의 효력 및 범위에 관하여 변호사의 자문을 받았고 이에 기반하여 중재
합의가 무효라고 정당하게 믿어 중재합의에 반한 소를 제기한 경우 '과실' 유
무에 대한 다툼이 있을 수 있다.33) 만약 중재합의에 반한 소를 제기한 것이 과
실이 없다고 판단되는 경우 이에 대한 손해배상청구는 인정되기 어렵다.

중재합의에 반하여 소송을 제기한 경우 배상해야 될 손해의 범위에 관한
판결은 발견되지 아니한다. 다만 최근 독일 연방대법원에서 일방 당사자의 국
제재판관할 합의 위반으로 제기된 소송에서 상대방 당사자가 지출한 합리적인
수준의 변호사비용을 손해로 인정한 바 있다.34) 이는 중재합의에 반하여 소송
을 제기한 경우 손해배상의 범위를 정함에 있어서도 참고할 만한 사례라고 하
겠다.

소송계약으로 파악하면서도 중재합의를 위반하여 소를 제기한 자에 대하여 손해배상청구권을 행
사할 수 있다는 유력한 견해가 있다고 한다. 이 견해에 의하면 중재합의의 처분효에는 중재판정에
의하여야 한다는 적극적 내용의 처분효 외에 법원에 소를 제기하여서는 아니된다는 소극적 내용
의 처분효가 있는데, 이 소극적 내용의 처분효로부터 일정한 소송법상의 부작위의무가 도출된다고
본다. 김용진, "중재와 법원 사이의 역할분담과 절차협력 관계 −국제적 중재합의 효력에 관한 다
툼과 중재합의관철 방안을 중심으로−", 중재연구 제27권 제1호(한국중재학회, 2017), 94−95면.

30) BGH, Decision dated 17 October 2019, III ZR 42/19.

31) Wilske, Stephan and Krapfl, Claudia, "German Federal Court of Justice grants claim for dam−
ages due to violation of jurisdiction clause", *International Bar Association Arbitration
Committee publication* (2020).

32) 중재합의 위반으로 인한 손해배상청구를 하려면 대륙법계인 일본법상 '과실' 요건을 충족시켜야 된
다는 점에 관하여 Takahashi, Koji, "Damages for Breach of a Choice−of−court Agreement",
Yearbook of Private International Law (2008), 71면.

33) Pinsent Masons Newsletter, "Germany's highest court awards damages for violation of a
choice of court agreement", Out−Law Analysis (2019).

34) Wilske, Stephan and Krapfl, Claudia, "German Federal Court of Justice grants claim for dam−
ages due to violation of jurisdiction clause", *International Bar Association Arbitration
Committee publication* (2020).

3. 대표적 판례: BGH, Decision dated 17 October 2019, III ZR 42/19

가. 사안의 개요

사안의 원고 A와 피고 B는 둘 다 대규모 통신회사인데, 원고 A의 소재지는 미국 워싱턴 DC, 피고 B의 소재지는 독일 본(Bonn)이었다. 당사자들은 서로의 데이터를 수신하고 이를 위해 필요한 전송 용량을 마련하기로 하는 계약을 체결하였다. 이 계약에는 준거법이 독일법으로, 재판관할은 독일 본 지방법원으로 규정되어 있었다.

이후 원고 A를 위한 전송 용량 증가에 관한 협상이 실패하자, 원고 A는 피고 B가 추가 전송 용량을 마련할 것을 구하는 소송을 미국 지방법원에 제기하였다. 미국 지방법원은 관할이 없다는 이유로 해당 소송을 기각(dismiss)하였지만, 비용 부담에 관해서는 판단을 내리지 않았다.

그러자 원고 A는 독일 본 지방법원에서 동일한 소를 다시 제기하였는데, 이에 피고 B는 미국 지방법원에서 원고 A의 소를 방어하기 위해 지출한 변호사비용 196,118.03 달러 상당의 배상을 구하는 반소를 제기하였다.

나. 소송의 경과

1심 법원인 독일 본 지방법원은 원고 A의 본소는 기각하고, 피고 B의 반소를 인용하였다. 원고 A가 항소하자, 2심 법원인 쾰른(Cologne) 항소법원은 피고 B의 반소를 기각하였다. 이에 피고 B는 독일 연방대법원에 상고를 하였다.

다. 대상판결의 요지

연방대법원은 2심 법원의 판결을 파기하고, 피고 B가 미국 지방법원에서의 소송절차에서 지출한 비용을 손해로 청구할 수 있다고 인정하였다.

우선, 연방대법원은 관할합의의 성격이 "절차적 측면에 관한 실체법적 계약"이라고 판시하였다. 이로써 연방대법원은 관할합의 내지 중재합의를 단순 소송법적 계약으로 보는 독일 내 전통적 견해를 부정하였다.

이어서 연방대법원은 당사자들이 관할합의(본 지방법원) 및 준거법 합의(독일법)를 함으로써, 실체적 및 절차적 측면에 있어서 최대한의 예측가능성을 확보하려고 했음을 지적하였다. 즉 당사자들은 분쟁 발생 시 수반될 경제적 리스크를 가늠할 수 있게 하고, 법정지 쇼핑(forum shopping)이나 관할에 관한 복잡한 이견을 방지하기 위하여 법적 안정성을 보장하고자 하였다고 보았다. 연방대법원은, 이러한 법적 안정성이 충분히 보장되기 위해서는 관할합의 위반으로 비용을 지출한 당사자가 그 비용을 보전받아야 한다고 판시하였다.

이를 바탕으로 연방대법원은 위 비용 보전을 가능케 하려면, 관할합의 위반시 손해배상청구가 가능하다는 것으로 관할합의를 해석해야 된다고 결론을 내렸다. 즉 연방대법원은 (ⅰ) 당사자가 계약의 준거법을 독일법으로 정한 이상, 관할합의 준수와 같은 부수적 의무 위반의 경우에도 당사자가 손해배상책임을 질 수 있다는 점을 용인했고, (ⅱ) 당사자가 본(Bonn) 지방법원을 합의관할로 정한 이상 독일 민사소송법상 패소 당사자가 비용을 부담하는 원칙을 용인한 것이라고 판시하였다.[35]

연방대법원은 독일 민법 제280조 제1항 및 당사자 간의 관할합의에 의거하여, 당사자가 관할합의 위반으로 제기된 외국법원에서의 소송에서 자신을 적절히 방어하기 위해 지출한 합리적인 수준의 변호사비용을 손해배상으로 구할 권리가 있다고 판단하였다. 이러한 변호사비용에는 (해당 외국법원에서 적용되는 법상 합리적인 수준에 해당하는 이상) 관할 등 본안 외 문제와 관련된 비용 (외국 법원에 관할권이 있는지 법률 검토를 받기 위하여 지출한 변호사 자문 비용)이 포함된다고 하였다.

라. 대상판결의 의의 및 영향

위와 같은 연방대법원 판결의 태도는, 중재합의의 경우에도 그대로 적용된다는 것이 현재 주류적 견해라고 보인다.[36] 특히 독일 법원이 관할합의 또는 중재합의 위반에 대한 구제수단으로 소송유지명령에 대해서는 부정적인 태도를 취한 반면,[37] 손해배상청구는 구제수단으로서 명시적으로 긍정했다는 점에서 위 판결은 상당한 의의가 있다.

다만 연방대법원이 관할합의 위반에 따른 손해배상책임을 인정하면서 "적

35) Burianski, Markus and Binder, Carolin, "Damages for Breach of an Exclusive Jurisdiction Clause", *White & Case* (2020).
36) Wilske, Stephan and Krapfl, Claudia, "German Federal Court of Justice grants claim for dam-ages due to violation of jurisdiction clause", *International Bar Association Arbitration Committee Publication* (2020).
37) 이창현, "국제적 분쟁해결에 있어서 '소송금지명령'의 활용에 관한 연구"(서울대학교 대학원 법학박사 학위논문, 2020. 8.), 86-87면.

어도 외국 법원에서 관할이 없다는 판단이 내려진 경우"라는 단서가 설시되어 있다. 이에 외국 법원에서 (독일 법원 관할합의에도 불구하고) 관할이 있다고 본 경우에도 관할합의 위반자의 손해배상책임이 독일법상 인정될지는 다소 불분명하다고 보인다.[38]

또한 위 판결에서 연방대법원이 손해배상책임을 인정해야 하는 근거 중 하나로 독일 민사소송법상 '패소자 부담의 원칙'이 언급되어 있다. 이는 관할합의의 실체법적 성격을 인정하는 것만으로는 결론을 정당화하기에 부족하다고 판단하여 이러한 언급을 추가한 것으로 추측되는데, 당사자들이 관할합의를 할 때 이러한 패소자 부담의 원칙의 적용에 대한 보호 가치 있는 기대가 있었다고 본 점이 주목할 만하다. 이와 같은 판시를 중재합의의 경우에 적용하면, 중재합의 자체의 내용 외에 중재합의에 편입된 중재규칙, 중재지법 및 각국 판례가 비용 보전의 문제를 어떻게 규율하고 있는지가 중재합의의 해석 및 중재합의 위반시 손해배상책임 인정 여부에 영향을 미칠 수 있음을 시사한다.

Ⅳ. 한국법하에서의 논의

1. 중재합의의 성격

중재합의의 법적 성격에 대하여 종래 한국의 다수설은 "절차법적 법률관계에 관한 실체법(사법)상의 계약", "소송상의 관계에 대한 실체법상의 계약", 또는 "소송법적 효과를 수반하는 특수한 사법상의 계약"이라고 파악된다.[39] 이에 반해 중재합의는 법원의 무관할을 발생시키는 소송법적 처분을 그 목적으로 하는 것이지 실체법적 효과를 발생시키지는 않는다는 반대견해, 즉 중재합의를 순수한 소송법적 계약으로 보는 견해도 존재한다.[40] 중재합의의 법적 성격에 관한 국내 판례의 태도는 불분명하며 아직 명시적으로 다룬 판례는 없

---

38) Nacimiento, Wittinghofer, Hertel, "Germany: breach of jurisdiction clause may give rise to damage claim", *Herbert Smith Freehills Litigation Notes* (2019).

39) 석광현, 국제민사소송법(박영사, 2012), 495면; 강현중, "중재합의의 효력", 중재 제343호(대한상사중재원, 2015), 5면. 중재합의의 법적 성질을 중재합의 자체의 관점에서 파악해야 되고, 중재합의를 실체법상 계약으로 보더라도 절차법적 요소가 도입될 수밖에 없다는 견해로는 강수미, "중재합의의 효력에 관한 고찰", 민사소송 제24권 제1호(한국민사소송법학회, 2020. 2.), 65면.

40) 김용진, "중재와 법원 사이의 역할분담과 절차협력 관계 −국제적 중재합의 효력에 관한 다툼과 중재합의관철 방안을 중심으로−", 중재연구 제27권 제1호(한국중재학회, 2017), 93면.

는 것으로 보인다.41)

참고로 관할합의의 성격에 관해서 다수설이 "관할의 발생이라는 소송법상
의 효과를 낳는 소송행위로서 소송계약의 일종"이라고 보고 있어,42) 중재합의
의 법적 성격에 대한 다수설과 다소 차이를 보이고 있다.43)

생각건대 중재합의는 관할합의와 유사한 측면이 있다고 할 것이나, 중재
절차를 관통하는 가장 기본적인 관념은 사적 자치의 원칙이며, 중재절차가 법
원 재판절차에 비해 더욱 강력한 당사자자치에 기반을 두고 있다고 할 수도
있다.44) 이러한 점에서, 중재합의에 실체법적 성격과 효력을 인정할 필요성은
관할합의의 경우보다 더 크다고 볼 수도 있을 것이다.45) 그런 점에서 중재합
의의 성격을 "절차법적 법률관계에 관한 실체법(사법)상의 계약"이라고 보는
견해가 타당하다고 본다.

2. 중재합의 위반시 손해배상청구 가부

가. 논의현황 및 검토

중재합의 위반시 손해배상청구가 가능한지 여부에 관하여, 긍정설은 중재
합의의 당사자들이 중재합의를 이행할 의무, 즉 분쟁 발생시 중재절차의 실행
을 가능하게 하고, 중재절차를 촉진하기 위해 필요한 행위를 하며, 중재인의
판정 또는 기타 분쟁의 해결을 위태롭게 하는 행위를 하지 않을 실체법상의
의무를 부담한다고 본다. 이 견해는 일방 당사자가 중재합의의 이행을 거부하

---

41) 석광현, "국제상사중재에서 중재합의의 준거법", 법학논총 제24권 제1호(한양대학교 법학연구소,
   2007), 9면; 이창현, "국제적 분쟁해결에 있어서 '소송금지명령'의 활용에 관한 연구"(서울대학교
   대학원 법학박사 학위논문, 2020. 8.), 220면.
42) 이시윤, 신민사소송법 제5판(박영사, 2002), 99면; 한승수, "국제재판관할합의의 위반과 손해배상
   책임", 국제사법연구 제25권 제1호(한국국제사법학회, 2019), 7면, 22-23면, 26면.
43) 반면, (전속적) 국제재판관할합의를 "소송법적 효력을 가지는 실체법적 계약"으로 이해하는 견해
   로는 이필복, "국제적인 민사 및 상사분쟁 해결절차의 경합에 관한 연구"(서울대학교 대학원 법학
   박사 학위논문, 2020. 8.), 241면 참조; "소송계약의 측면과 실체계약의 측면이 모두 혼재되어 있
   는 혼합계약"이라고 보는 견해로는 이창현, "국제적 분쟁해결에 있어서 '소송금지명령'의 활용에
   관한 연구"(서울대학교 대학원 법학박사 학위논문, 2020. 8.), 193-197면 참조.
44) 한승수, "국제재판관할합의의 위반과 손해배상책임", 국제사법연구 제25권 제1호(한국국제사법학
   회, 2019), 43-44면; 이창현, "국제적 분쟁해결에 있어서 '소송금지명령'의 활용에 관한 연구"(서
   울대학교 대학원 법학박사 학위논문, 2020. 8.), 229면.
45) 이창현, "국제적 분쟁해결에 있어서 '소송금지명령'의 활용에 관한 연구"(서울대학교 대학원 법학
   박사 학위논문, 2020. 8.), 229면.

면 상대방은 의무 위반에 대한 손해배상청구를 할 수 있다고 본다.[46]

반면 부정설은 위와 같은 협력의무는 엄밀히 말해 어떤 실체법적 의무가 아니고, 절차적으로 협력 제공이 필요하기는 하나 그 행위를 할 것인지 여부는 당사자의 재량에 맡겨져 있는 '소송상의 부담'일 뿐이라고 한다. 이러한 시각에 입각하여 부정설은 당사자가 중재합의에 따른 협력의무를 위반하더라도 이를 강제할 필요는 없다고 본다.[47] 이에 따라 중재합의 위반이 있더라도 여기서 위반 당사자의 손해배상책임은 인정되지 않는다고 보는 것이다.

살피건대 중재합의의 성격을 "절차법적 법률관계에 관한 실체법상의 계약"으로 본다면, 중재합의로부터 해당 합의를 이행할 실체법상의 의무가 도출된다고 보는 것이 논리적으로 자연스러워 보인다. 설령 중재합의가 절차법적 법률관계와 관련이 있다고 하더라도, 이는 법원이나 중재판정부가 자유재량으로 변경할 수 있는 것이 아니다. 그러한 점에서 중재합의가 순수하게 절차적 성질의 합의만은 아니라고 판단된다. 오히려 이는 양 계약 당사자의 합의라는 측면에서 다른 계약조항과 달리 취급할 논리적 이유가 없다. 계약상 의무에 조건이 붙어 있더라도, 여전히 이는 계약상 의무에 해당한다. 즉 분쟁이 발생한 경우에만 중재합의가 발동된다고 보더라도 여전히 당사자의 행위를 규율하는 '의무' 조항이라고 볼 수 있다고 생각된다.

중재합의에 대하여 법원이 직접적으로 특정이행을 강제하기가 부적절하다는 점에서 실체법상의 의무를 인정하기가 어려운 것이 아닌가라는 의문이 있을 수 있다. 그러나 특정이행의 강제가 어렵다고 해서 중재합의에서 도출되는 실체법적 의무까지 부정할 것은 아니며, 또한 그 실체법적 의무를 손해배상책임을 통해 간접적으로 강제하는 것은 충분히 가능하다고 사료된다.

이러한 실체법상의 의무를 인정한다면, 일방 당사자가 중재합의의 이행을 거부하여 의무 위반이 발생할 경우 상대방 당사자는 이로 인하여 입은 손해에 대한 배상을 청구할 수 있다고 보는 것이 논리적이다.[48] 특히 주된 계약의 준

---

46) 석광현, 국제사법과 국제소송 제5권(박영사, 2012), 676-677면; 문화경, "국제상사중재절차의 관할결정 요소와 상호관련성에 관한 고찰", 저스티스 통권 제136호(한국법학원, 2013. 6.), 197면.

47) 석광현, 국제사법과 국제소송 제5권(박영사, 2012), 677면.

48) 참고로 김민경, "전속적 국제재판관할합의의 위반으로 인한 소송금지가처분(Anti-suit Injunction)과 손해배상청구", 국제거래법연구 제30권 제1호(국제거래법학회, 2021), 142-144면에 의하면 저자는 국제 재판관할합의의 위반으로 인한 손해배상청구권이 한국법상 인정되어야 한다고 설명한다. 이와 관련된 논거들은 중재합의 위반으로 인한 손해배상청구권 인정 여부에도 대부분 적용 가능하다고

거법이 한국법이고 중재합의에 대한 준거법 합의가 달리 없는 경우, 계약 당
사자는 부수적 의무 위반에 대하여 손해배상책임을 질 수 있다는 점을 용인하
였다고 보아야 할 것이다.

　　다만 이 경우에도 한국 민법상 채무불이행책임이 인정되기 위한 요건인
'과실', '손해', 그리고 '인과관계'는 입증이 되어야 중재합의 위반에 따른 손해
배상청구가 인정된다고 할 것이다.[49]

　　참고로 아직 한국에서는 견해의 대립이 있으므로[50], 손해배상청구가 인정
된다는 점을 더욱 명확히 하기 위한 실무적인 방안으로 계약에 '중재합의를 위
반한 경우 손해배상의무 또는 비용상환청구권이 발생한다'와 같이 중재합의 위
반에 대한 손해배상책임을 인정하는 문언을 계약에 명기하는 방안을 고려해볼
수 있다. 이 경우 당사자들이 중재합의에 실체법적 효력을 부여하는 약정을 하
는 것이기 때문이다. 더 나아가 손해배상액의 예정을 할 수도 있을 것이다.[51]

3. 중재합의 위반 시의 손해

가. 일반적 요건

　　한국에서는 채무불이행의 경우 일반적으로 차액설에 의하여 손해를 판단
하고 상당인과관계 있는 손해를 인정한다.[52] 중재합의 위반 시에도 마찬가지
기준으로 손해를 파악해야 된다고 본다.

　　이에 따라 가장 일반적으로 생각할 수 있는 손해는 (i) 중재합의를 위반
하여 제기된 소송을 방어하는 데 지출된 합리적인 비용과 (ii) 그 소송에서 부
담한 소송비용 정도일 것이다.[53] 중재합의의 위반이 있지 않았더라면 해당 비
용은 발생하지 않았을 것이기 때문에 위 두 가지 비용은 상당인과관계가 인정
될 수 있다면 원칙적으로 배상해야 되는 손해라고 보는 것이 합리적이다. 다

본다.
49) 지원림, 민법강의 제12판(홍문사, 2013), 1071-1072면.
50) 김지호, "중재합의의 법적 체계에 관한 고찰"(고려대학교 대학원 법학박사 학위논문, 2019), 290면.
51) 석광현, 국제사법과 국제소송 제5권(박영사, 2012), 685면; 김용진, "중재와 법원 사이의 역할분담
　　과 절차협력 관계 -국제적 중재합의 효력에 관한 다툼과 중재합의관철 방안을 중심으로-", 중재
　　연구 제27권 제1호(한국중재학회, 2017), 95면; 이규호, "국제상사중재와 국제소송의 경합", 국제
　　사법연구 제16호(한국국제사법학회, 2010. 12.), 100면.
52) 지원림, 민법강의 제12판(홍문사, 2013), 1073, 1088면.
53) 석광현, 국제사법과 국제소송 제5권(박영사, 2012), 684면.

만 그 경우에도 구체적으로 손해배상의 범위가 문제될 수 있는바, 이는 다음 항에서 살피기로 한다.

나. 중재합의 위반에 따른 손해배상의 범위

손해배상의 구체적인 범위에 관해 살피자면, 한국 민법 제393조에 따라 채무불이행으로 인한 손해는 통상손해와 특별손해로 구별된다. 통상손해는 "특별한 사정이 없는 한 그 종류의 채무불이행이 있으면 사회일반의 거래관념 또는 사회일반의 경험칙에 비추어 통상 발생하는 것으로 생각되는 범위의 손해"를 말하는데 이는 전부 배상되어야 한다. 반면 특별손해는 당사자들의 개별적, 구체적 사정에 따른 손해를 뜻하는데[54] 이는 "채무자가 (채무불이행시) 그 사정을 알았거나 알 수 있었을 때에 한하여" 배상된다.[55]

위와 같은 원칙은 중재합의 위반에 따른 손해배상의 범위를 결정할 때도 적용되는 것이 타당하다. 이를테면 중재합의를 위반하여 진행된 소송에서 발생한 손해 항목으로는 (ⅰ) 해당 소송을 직접 담당한 변호사에게 지급한 보수, (ⅱ) 기타 전문가의 자문을 받기 위해 지출한 비용, (ⅲ) 당사자가 해당 소송에 출석하는 데 지출한 숙박비·교통비 등 실비, (ⅳ) 소송에 의한 명성·위신의 손상에 대한 위자료 등 다양한 손해 항목을 생각해볼 수 있다.[56] 이 중 거래관념 또는 경험칙에 비추어 통상 발생하는 것으로 생각되는 항목은 통상손해로 판단되어 전액 배상이 가능할 것이다((ⅰ) 및 (ⅲ) 항목이 여기에 해당할 가능성이 높다고 본다). 반면 해당 소송의 개별적·구체적 사정에 따라 발생했다고 여겨지는 항목은 특별손해로서 예견가능성이 있는 경우에만 배상범위에 포함될 것이다((ⅱ) 및 (ⅳ) 항목이 여기에 해당할 가능성이 높다고 본다).

당사자가 지출한 비용이 과다한지 여부 역시 손해배상의 범위를 판단하는 데 있어 고려될 수 있다고 본다. 예컨대 (ⅰ) 손해 항목 관련, 중재합의를 위반하여 진행된 소송에서 발생한 변호사비용이 해당 국가 변호사들의 통상적인 보수 수준에 비추어보았을 때 합리적인 수준이거나, 관련 당사자의 사내 변호

---

54) 대법원 2008. 12. 24. 선고 2006다25745 판결 등.
55) 지원림, 민법강의 제12판(홍문사, 2013), 1089면.
56) 그 외 중재합의에 반하여 외국에 소송에 제기된 경우 자국에서 소송금지명령을 제기하느라 소요된 비용이나 여하한 이유로 증가한 중재비용 등도 통상 손해로 본 예로는 Dutson, Stuart, "Breach of an Arbitration or Exclusive Jurisdiction Clause: The Legal Remedies if it Continues", *Arbitration International* (2000), 97면 참조.

사보수 산정기준에 부합하는 것이라면, 해당 비용은 통상손해에 해당한다고
인정될 여지가 높을 것이다. 반면 지출된 변호사비용의 액수가 변호사보수 산
정기준 등 제반 사정에 비해 현저히 과다하다면, 이는 통상손해의 범주를 벗
어난 특별손해로 판단될 여지가 있다고 예상된다.

한편 한국[57])과 같이 일정한 범위의 변호사보수를 소송비용으로 산입하여
그 보전을 인정해주는 법제들이 있다. 이 경우 손해 항목 관련하여 이러한 법
규에 따라 산입되는 금액까지만 통상손해로 볼 수 있는 것인지 문제될 수 있
다. 생각건대, 법정의 기준에 따른 변호사보수와 실제 발생한 변호사보수 사이
에는 간극이 있을 수 있고, 법정의 기준을 초과한 액수의 변호사보수도 거래
관념 또는 경험칙에 비추었을 때 통상적인 수준에 해당한다고 여겨질 수 있
다. 즉 법정의 기준을 초과한 액수의 변호사보수도 반드시 특별손해라고 볼
것은 아니고, 발생한 변호사비용이 해당 국가 변호사들의 통상적인 보수 수준
에 비추어보았을 때 합리적인 수준이라면 통상손해에 포함되는 것으로 인정되
어야 한다고 생각된다.

한편 중재합의를 위반하여 제기된 소송에서 당해 법원이 (한국에서의 소송
비용확정결정과 같이) 법정의 기준에 따라 비용에 관한 결정을 내렸다면, 해당
금액은 손익상계되어야 할 것으로 본다.[58]) 결국 통상손해에 해당한다고 판단
되는 변호사보수에서 법원의 비용에 관한 결정을 통해 상환받은 부분을 제외
한 금액이 실제 손해배상으로 인정되어야 할 것이다.

다. 중재합의의 효력 범위에 손해배상청구 포함 여부

관련 문제로 중재합의의 효력 범위에 (중재합의 위반에 따른) 손해배상청구
도 당연히 포함된다고 보아야 하는지 검토가 필요하다. 중재합의 위반에 따른
손해배상청구가 해당 계약상 분쟁인지 아닌지 논란이 있을 수 있기 때문이다.
중재합의의 효력 범위에 손해배상청구가 포함된다면 중재판정부가 이를 판단
할 수 있는 권한을 갖는다고 볼 여지가 많은 반면, 그렇지 않다면 중재절차가

---

57) 민사소송법 제109조; 변호사보수의 소송비용 산입에 관한 규칙 제3조.
58) 중재합의에 반하여 외국 법원에 소송을 제기한 경우 해당 법원에서 중재합의를 위반한 당사자에게
    관련 비용 일체를 배상하라는 명령을 내려야 한다는 견해가 있는데(Fortese, Fabricio, "Chapter 9:
    Breach of Arbitration Agreements: Should Parties be Disciplined with Indemnity Costs?",
    Finances in International Arbitration: Liber Amicorum Patricia Shaughnessy (2019), 1면), 이
    러한 경우 손해의 상당 부분은 손익상계 될 것으로 예상된다.

아닌 다른 법원 재판절차에서 손해배상청구를 다루어야 하는 문제가 생긴다.

이는 기본적으로 중재합의의 해석 문제이겠으나, 대체로 중재합의의 효력 범위에 중재합의 위반에 따른 손해배상청구도 포함된다고 보는 것이 당사자의 의사에 부합하는 합리적인 해석일 것이다. 중재합의 속에 해당 계약을 둘러싼 제반 분쟁을 법원 재판에 의하지 아니하고 중재절차에 의해 해결하려고 의욕하는 당사자의 의사가 반영되어 있는 만큼, 주된 계약에 포함된 중재합의의 위반에 따른 분쟁 역시 (달리 보아야 할 특별한 사정이 없는 이상) 중재절차에서 해결되어야 한다고 보는 것이 적절할 것이다.[59]

이 경우 당사자가 해당 중재 절차에서 중재합의의 위반에 따른 손해배상청구를 실체법적 청구로 제기할 수 있는지 아니면 중재판정부가 이를 비용 부담시 고려하는 게 적절한지 문제될 수 있다. 살피건대 중재합의 위반에 따른 당사자의 손해는 해당 중재와 관련하여 지출된 비용이 아니고 더욱이 이 손해는 해당 중재의 승·패소에 연동시킬 논리적 필연성이 없다. 그런 점에서 피해를 입은 당사자는 해당 중재 절차에서 중재합의의 위반에 따른 손해배상청구를 실체법적 청구로 제기할 수 있다고 보아야 할 것이다.

4. 보론-중재합의 위반 및 소송유지가처분

한국법상 중재합의 위반을 이유로 (소송유지)가처분을 할 수 있는지에 대해서는 이견의 여지가 있는바, 이에 관해 이하에서 간단하게만 살펴보고자 한다.[60] 우선 한국 민사집행법상 보전처분의 형식으로 소송유지명령을 발령하기 위해서는 기본적으로 (ⅰ) 피보전권리, (ⅱ) 보전의 필요성 등 가처분의 요건이 충족되어야 하고, (ⅲ) (국제재판)관할권도 인정되어야 한다.[61]

---

59) 중재합의 위반에 따른 손해배상청구에 대해 스위스법상 중재판정부가 관할이 있다는 점에 관하여 Scherer, Matthias, "Court Proceedings in Violation of an Arbitration Agreement: Arbitral Jurisdiction to Issue Anti-Suit Injunction and Award Damages for Breach of the Arbitration Agreement", *International American Law Review* (2011), 45면 참조.
60) 한국에서 소송유지가처분이 인정될 수 있는지 여부에 관한 상세 논의는 이창현, "국제적 분쟁해결에 있어서 '소송금지명령'의 활용에 관한 연구"(서울대학교 대학원 법학박사 학위논문, 2020. 8.) 참조. 한편 한국에서도 소송유지가처분이 제기되었다가 기각된 하급심 사례(서울고등법원 2016. 9. 8.자 2016라20160 결정)가 있는데, 이에 관해서는 조인영, "소송유지가처분(Anti-Suit Injunction) 과 중재금지가처분", 저스티스 통권 제178호(2020. 6.), 284면.
61) 석광현, 국제사법과 국제소송 제5권(박영사, 2012), 673-682면; 이창현, "국제적 분쟁해결에 있어서 '소송금지명령'의 활용에 관한 연구"(서울대학교 대학원 법학박사 학위논문, 2020. 8.) 125면 이하.

첫째, 피보전권리의 경우, 만약 중재합의로부터 해당 합의를 이행할 실체
법상 의무가 도출된다고 본다면, 중재합의에 반하여 외국법원에서 소송을 하
지 아니할 것을 요구할 수 있는 실체법상의 부작위청구권, 즉 피보전권리의
존재를 인정할 수 있을 것으로 생각된다.

둘째, 보전의 필요성의 경우, 한국 민사집행법상 보전의 필요성이란 채권
자에게 생길 현저한 또는 급박한 위험을 피하기 위한 필요성을 말하는데(민사
집행법 제300조 제2항), 소송유지가처분의 경우에 보전의 필요성이 인정되는지
에 대해서 견해의 대립이 있다. 중재합의 위반의 경우에 법원이 중재법 제9조
에 따라 소를 각하하도록 되어 있으므로, 다른 절차로 인한 해결을 상정하는
규정이 마련되어 있다는 점에서 보전의 필요성이 인정되지 않는다는 견해가
있다.62) 반면, 비록 다른 대응수단이 있다 하더라도 그것만으로는 회복하기
어려운 실질적 피해가 있을 수 있으므로 보전의 필요성이 긍정되어야 한다는
견해도 존재한다.63)

마지막으로 (국제재판)관할권 관련, 한국이 중재지인 경우, 소송유지명령에
대해 한국 법원의 국제재판관할권을 인정할 수 있는지 여부가 확실하지 않다.
국제사법 제2조64)의 해석에 비추어볼 때 민사집행법 제303조에 따라 한국 법
원에 본안의 관할권이 있거나 다툼의 대상이 한국에 있는 경우에는 특별한 사
정이 없는 한 보전소송에 대한 국제재판관할이 인정된다고 볼 것인데,65) 중재
지는 '형식적인 법적 주소 또는 본거' 내지 '순전히 법적인 개념'이라는 점에
서66) 중재지가 한국이라는 이유로 한국의 국제재판관할을 긍정할 수 있는지에
대해서는 이견의 여지가 있다. 다만 현실적 필요성을 고려하면 중재지가 한국
이므로 국제사법 제2조에 따라 한국이 실질적 관련이 있는 것으로 볼 수 있다

---

62) 양석완, "중재합의의 유효성 다툼과 임시적 처분의 허용 여부", 법과 정책연구 제14집 2호(한국법
　　정책학회, 2014), 700면 등.
63) 석광현, 국제사법과 국제소송 제5권(박영사, 2012), 681-682면; 이창현, "국제적 분쟁해결에 있어
　　서 '소송금지명령'의 활용에 관한 연구"(서울대학교 대학원 법학박사 학위논문, 2020. 8.) 148-150
　　면 등.
64) 참고로 국제사법이 최근 전면 개정되어 해당 신법이 2022. 7. 5. 시행 예정인데(법률 제18670호,
　　2022. 1. 4. 전부개정), 제2조는 문구가 일부 변경되었을 뿐 전반적인 내용은 그대로 유지되었다.
65) 석광현, 국제민사소송법(박영사, 2012), 135면. 실제로 2022. 7. 5. 시행 예정인 개정 국제사법(법
　　률 제18670호, 2022. 1. 4. 전부개정) 제14조에 보전처분 관련 다음과 같은 경우 한국 법원에 국제
　　재판관할이 있다고 명시하는 조항이 추가되었다: (i) 한국 법원에 본안에 관한 국제재판관할이 있
　　는 경우, (ii) 보전처분의 대상이 되는 재산이 대한민국에 있는 경우.
66) 석광현, 국제민사소송법(박영사, 2012), 493면.

는 유력한 견해가 있다.[67]

이상과 같이 한국에서 소송유지가처분이 가능한지 여부에 대해서는 아직 불명확한 부분이 있고, 한국 법원 실무례가 명확하게 정리된 것도 아니다. 다만 국제재판관할의 존재 또는 보전의 필요성의 요건이 충족되지 않아 소송유지가처분은 불가능하다고 할지라도, 피보전권리의 요건과 연결되는 실체법상 의무는 얼마든지 인정될 수 있다고 사료된다. 다시 말하자면, 소송유지가처분의 허용 여부와 손해배상청구의 인정 여부 사이에 반드시 논리필연적 관계가 있는 것은 아니라고 할 것이다.

V. 결론

과거에는 독일과 같은 대륙법계 국가의 경우, 영미법계와는 달리 중재합의나 관할합의가 당사자들이 체결한 다른 계약과는 구별되는 소송법적 효력을 지닌 소송계약이라고 보는 견해가 일반적이었다. 이에 중재합의의 주된 효력은 소송법의 영역에서 발생한다고 보았고, 실체법상의 의무 및 이에 따른 손해배상책임을 인정하는 데에는 회의적인 시각이 강했다.

그러나 이는 현실을 도외시한 해석론이라고 생각한다. 중재합의를 계약에 포함시킨 당사자의 진정한 의사는 계약상 분쟁을 중재를 통해 일의적으로 해결하자는 것인데, 이를 위반하여 소송이 진행되는 경우 이를 방어하는 데 실제로 금전적 손해가 상당할 수 있기 때문이다. 중재합의를 준수할 협력의무를 단순히 소송법의 영역에 있는 '부담'으로 보기에는 이를 위반했을 때 당사자가 입게 되는 손해가 크다고 할 것이다. 이는 국제중재의 경우에는 더더욱 그러하다 -외국 법원에서 응소하여 소송 대응을 하지 않겠다는 것이야말로 중재합의 체결의 주된 목적인데, 여기에 시간과 비용을 쓰게 된다면 이는 배상되는 것이 타당하다고 할 것이다.

이런 점을 고려하면 중재합의는 단순 소송법적 효력만 지니는 것이 아니라, 해당 합의를 이행할 실체법상의 의무가 도출된다고 보는 것이 당사자의 진정한 의사에 부합하고 정의 관념에도 부합한다고 생각한다. 즉 중재합의 위반 시 다른 여느 계약과 마찬가지로 손해배상책임이 인정된다고 보는 것이 설

---

67) 석광현, 국제사법과 국제소송 제5권(박영사, 2012), 675면.

득력 있다고 본다. 이는 중재합의의 효력을 확실히 보장하기 위해 필요하다고
할 수 있다.

　　최근 독일 연방대법원 판례가 보여주듯이, 독일 역시 중재합의를 소송계
약이라고 보는 종래 시각에서 벗어나 중재합의 위반 시 손해배상책임을 적극
적으로 인정하는 태도를 취하게 되었다. 같은 대륙법계인 한국법 하에서도 중
재합의의 실체법적 성격을 인정하여 이를 토대로 실체법상 의무 위반에 따른
손해배상책임이 도출된다고 보는 것이 적절할 것으로 생각된다. 다만 손해배
상책임의 요건 및 범위에 관해서는 한국 민법의 일반 법리의 적용을 받아야
할 것이다. 즉 여느 채무불이행에 따른 손해배상청구와 마찬가지로 당사자의
'과실', '손해'의 존재 및 양자 간의 '인과관계' 등에 대한 입증이 필요할 것이
고, 또한 민법 제393조에 따라 손해배상의 범위가 정해지게 될 것이다. 구체적
인 기준 정립을 위하여 관련 한국판례 및 중재판정례가 축적되기를 기대한다.

[追 記]

　　본 논문은 2021. 3. 19. 개최된 국제거래법학회 2021년 신년학술대회에서
발표한 글을 수정·보완한 것이다. 유익한 토론을 해주신 김새미 변호사님, 그
리고 보완할 점에 관하여 고견을 주신 석광현 교수님, 허해관 교수님, 최성규
팀장님께 특별히 감사드린다.

― 참고문헌 ―

1. 국내문헌

가. 단행본

석광현, 국제민사소송법(박영사, 2012)

_____, 국제사법과 국제소송 제5권(박영사, 2012)

이시윤, 신민사소송법 제5판(박영사, 2002)

지원림, 민법강의 제12판(홍문사, 2013)

나. 논문

강수미, "중재합의의 효력에 관한 고찰", 민사소송 제24권 제1호(한국민사소송법학회, 2020. 2.)

강현중, "중재합의의 효력", 중재 제343호(대한상사중재원, 2015)

김민경, "전속적 국제재판관할합의의 위반으로 인한 소송금지가처분(Anti-suit Injunction)과 손해배상청구", 국제거래법연구 제30권 제1호(국제거래법학회, 2021)

김용진, "중재와 법원 사이의 역할분담과 절차협력 관계 ―국제적 중재합의 효력에 관한 다툼과 중재합의관철 방안을 중심으로―", 중재연구 제27권 제1호(한국중재학회, 2017)

김지호, "중재합의의 법적 체계에 관한 고찰" (고려대학교 대학원 법학박사 학위논문, 2019)

문화경, "국제상사중재절차의 관할결정 요소와 상호관련성에 관한 고찰", 저스티스 통권 제136호(한국법학원, 2013. 6.)

석광현, "국제상사중재에서 중재합의의 준거법", 법학논총 제24권 제1호(한양대학교 법학연구소, 2007)

양석완, "중재합의의 유효성 다툼과 임시적 처분의 허용 여부", 법과 정책연구 제14집 2호(한국법정책학회, 2014)

이규호, "국제상사중재와 국제소송의 경합", 국제사법연구 제16호(한국국제사법학회, 2010. 12.)

_____, "관할합의에 기초한 訴訟留止命令(Anti-suit Injunction)의 법적 쟁점", 국제사법연구 제25권 제1호(한국국제사법학회, 2019)

이안의, "중재 합의에 관한 영국법상 몇 가지 쟁점", 한국해법학회지 제40권 제1호(한국해법학회, 2018. 4.)

이창현, "국제적 분쟁해결에 있어서 '소송금지명령'의 활용에 관한 연구" (서울대학교 대학원 법학박사 학위논문, 2020. 8.)

이필복, "국제적인 민사 및 상사분쟁 해결절차의 경합에 관한 연구" (서울대학교 대학원 법학박사 학위논문, 2020. 8.)

조인영, "소송금지가처분(Anti-Suit Injunction)과 중재금지가처분", 저스티스 통권 제178호 (2020. 6.)

한승수, "국제재판관할합의의 위반과 손해배상책임", 국제사법연구 제25권 제1호(한국국제사법학회, 2019)

2. 국외문헌
가. 단행본

Briggs, Adrian, *Agreements on Jurisdiction and Choice of Law* (Oxford, 2007)

Mustill, Michael J. and Boyd, Stewart C., *Commercial Arbitration*, 2nd edition (LexisNexis Butterworths, 1989)

Redfern, Alan, Hunter, Martin, Blackaby, Nigel and Partasides, Constantin, *Redfern & Hunter: Law and Practice of International Commercial Arbitration*, 6th edition (Oxford, 2015)

나. 논문

Betancourt, Julio C., "Damages for Breach of an International Arbitration Agreement under English Arbitration Law", *Arbitration International* (2018)

Burianski, Markus and Binder, Carolin, "Damages for Breach of an Exclusive Jurisdiction Clause", *White & Case* (2020)

Dinelli, Albert, "The Limits on the Remedy of Damages for Breach of Jurisdiction Agreements: The Law of Contract Meets Private International Law", *Melbourne University Law Review* (2015)

Dutson, Stuart, "Breach of an Arbitration or Exclusive Jurisdiction Clause: The Legal Remedies if it Continues", *Arbitration International* (2000)

Fortese, Fabricio, "Chapter 9: Breach of Arbitration Agreements: Should Parties be Disciplined with Indemnity Costs?", *Finances in International Arbitration: Liber Amicorum Patricia Shaughnessy* (2019)

Holzmeister e Castro, Joana, "Enforcement of the Arbitration Agreement within the Context of the European Union", *Social Science Network* (2016)

Jaroslavsky, Pablo, "Damages for the Breach of an Arbitration Agreement: Is it a Viable Remedy?", *Social Science Research Network* (2015)

Landon, Tanya and Schnyder, Sabrine, "Remedies for Breach of the Arbitration Agreement-Dealing with Parties that Try to Circumvent Arbitration", *International Arbitration* (2015)

Nacimiento, Wittinghofer, Hertel, "Germany: breach of jurisdiction clause may give rise to damage claim", Herbert Smith Freehills Litigation Notes (2019)

Pierre-Fierens, Jean and Volders, Bart, "Monetary Relief in Lieu of Anti-suit Injunctions for Breach of Arbitration Agreements", *Revista Brasileira de Arbitragem* (2012)

Pinsent Masons Newsletter, "Germany's highest court awards damages for violation of a choice of court agreement", Out-Law Analysis (2019)

Scherer, Matthias, "Court Proceedings in Violation of an Arbitration Agreement: Arbitral Jurisdiction to Issue Anti-Suit Injunction and Award Damages for Breach of the Arbitration Agreement", *International American Law Review* (2011)

Sievi, Nino, "The Availability of Damages in the European Union for Breach of the Arbitration Agreement", *Dispute Resolution Journal* (2011)

Speller, Duncan, "Damages for Breach of an Agreement to Arbitrate-A Useful Weapon in a Post West Tankers World?", *Kluwer Arbitration Blog* (2009)

Takahashi, Koji, "Damages for Breach of a Choice-of-court Agreement", *Yearbook of Private International Law* (2008)

Wilske, Stephan and Krapfl, Claudia, "German Federal Court of Justice grants claim for damages due to violation of jurisdiction clause", *International Bar Association Arbitration Committee Publication* (2020)

간접강제를 명한 외국중재판정의 국내 집행 가부

— 대법원 2018. 11. 29. 선고 2016다18753 판결에 대한 고찰 —

이창현*

[대상판결: 대법원 2018. 11. 29. 선고 2016다18753 판결]

1. 사안의 개요

가. 원고(네덜란드 법인)와 피고(한국 법인)는 피고가 원고로부터 열교환기에 관한 특허 등을 제공받아 제품을 한국에서 제조, 판매할 수 있는 권한을 부여받는 라이선스계약(이하 '이 사건 라이선스계약')을 체결하였다. 이 사건 라이선스계약에는 네덜란드 헤이그에서 네덜란드 중재원(Netherlands Arbitration Institute, 이하 'NAI') 중재로 분쟁을 해결하기로 하는 중재조항1)이 포함되어 있었다.

나. 분쟁이 발생하자 원고가 피고에게 이 사건 라이선스계약을 해지한다고 통보하고 NAI에 약식중재절차(Arbitral Summary Proceedings)를 신청하였고, 그에 따라 NAI는 2008. 7. 9. '2008. 2. 22.자로 이 사건 라이선스계약이 적법하게 해지되었다'는 내용으로 당사자들의 합의에 따른 중재판정(consent award, 이하 '이 사건 약식중재판정')을 내렸다.

다. 그런데 피고는 이 사건 약식중재절차가 진행 중이던 시기에 대한민국 특허청에 2건의 유사 기술 특허(이하 '이 사건 제1, 2 특허')를, 위 약식중재판정 후인 2008. 10. 6. 인도 특허청에 유사한 발명의 특허(이하 '이 사건 인도 특허')를 각 출원하였다.

라. 이에 원고는 2009. 5. 20. NAI에 '피고가 특허를 출원함으로써 이 사건

---

* 법무법인(유한) 태평양 변호사

1) 이 사건 라이선스계약 제15조: 라이선스와 관련된 분쟁이 발생하는 경우 네덜란드 헤이그(Hague)를 중재재판지로 하고, 네덜란드 중재원의 규칙(Arbitration Rules of the Netherlands Arbitration Institute)에 따라 영어로 이루어지는 중재에 의하여 분쟁이 해결되어야 한다.

라이선스계약을 위반하여 원고의 영업비밀을 공개하였으며, 이 사건 라이선스
계약이 해지되었음에도 불구하고 절차 매뉴얼, 소프트웨어, 상표 등을 지속적
으로 사용하고 있다'고 주장하면서 피고에 대하여 '출원 특허에 대한 모든 권
리 및 이익의 반환, 기존 특허 출원 금지, 간접강제 배상금 등의 지급'을 구하
는 내용으로 중재신청을 하였다(이하 '이 사건 중재절차').

마. 이 사건 중재절차에서 NAI 중재인은 이 사건 제1, 2특허와 이 사건 인
도특허의 출원행위가 이 사건 라이선스계약의 비밀유지조항을 위반한 행위라
고 판단하고, 피고로 하여금 '이 사건 제2특허와 인도특허를 원고에게 이전하
고, 위 이전에 필요한 서류를 제출하며, 이를 위반할 경우 위반사항마다 5만
유로를 배상하고 위반이 지속되는 동안 매일 5천 유로를 배상하라'는 내용의
중재판정(이하 '이 사건 중재판정')을 내렸다.

바. 이 사건 중재절차에서 원고를 대리한 대리인은 이 사건 중재판정이 있
은 후 피고와 사이에 이 사건 인도특허의 이전을 위한 양도증서 작성에 관한
협상을 진행하였고, 동시에 이 사건 중재판정의 대상이 되지 않은 원고의 손
해배상청구에 관한 후속 중재절차를 대리하였다.

사. 원고가 이 사건 중재판정의 강제집행 허가를 구하는 집행판결[2]의 소
(대상판결의 1심)를 제기하자, 피고는 다음과 같이 항변하였다. 즉, 피고는 '①
이 사건 중재판정 제4항은 강제집행의 대상인 이 사건 라이선스계약상 기술의
정의 및 범위를 전혀 특정하고 있지 아니하므로 집행판결이 내려지더라도 강
제집행을 하는 것이 불가능하여 권리보호의 이익이 없다. ② 이 사건 중재판
정 중 간접강제를 명하는 주문은 대한민국의 강행법규인 민사집행법에 반하는
등의 이유에서 대한민국의 공서양속에 반한다.'라는 등의 주장을 하였다.

2. 1심[3] 및 2심(원심)[4] 법원의 판단

1심 법원은 피고의 주장을 배척하고 원고의 주장을 모두 받아들여 이 사
건 중재판정의 강제집행을 허가하였다. 원심 법원도 피고의 항소를 기각하면
서 1심 판결 내용을 상당 부분 인용하고 일부 추가 판단을 부가하였다(상세 내
용은 아래에서 다시 살펴본다).

---

2) 이 사건은 2016년 중재법 개정 전 사건이어서 '집행결정'이 아닌 '집행판결'에 의하게 되었다.
3) 인천지방법원 2015. 2. 10. 선고 2012가합14100 판결
4) 서울고등법원 2016. 4. 7. 선고 2015나8423 판결

3. 대상판결의 요지

가. 간접강제를 명하는 중재판정 주문에 집행거부사유가 있는지 여부

1) 공서양속 위반 여부

가) 뉴욕협약 제5조 제2항 (나)호에 따르면, 중재판정의 승인이나 집행이 그 국가의 공공의 질서에 반하는 경우 집행국 법원은 중재판정의 승인이나 집행을 거부할 수 있다. 이는 중재판정의 승인이나 집행이 집행국의 기본적인 도덕적 신념과 사회질서를 해치는 것을 방지하여 이를 보호하려는 데 그 취지가 있다. 따라서 위 조항에 관해서는 국내적인 사정뿐만 아니라 국제적 거래질서의 안정이라는 측면도 함께 고려하여 해석하여야 한다. 외국중재판정에 적용된 외국법이 우리나라의 실정법상 강행법규에 위반된다고 하여 바로 승인 거부 사유가 되는 것은 아니고, 해당 중재판정을 인정할 경우 그 구체적 결과가 우리나라의 선량한 풍속 기타 사회질서에 반할 때에 한하여 승인과 집행을 거부할 수 있다.

나) 원심은 아래와 같은 이유로 이 사건 중재판정 중 간접강제 배상금의 지급을 명하는 부분이 집행을 거부할 정도로 대한민국의 공서양속에 반한다고 볼 수 없다고 판단하였는데, 원심의 이러한 판단에 간접강제에 관한 법리를 오해한 잘못이 없다.

① 특허권 이전과 같은 의사표시를 할 채무에 관하여 판결이 확정된 경우에는 민사집행법 제263조 제1항에 강제집행방법이 규정되어 있으므로 간접강제 보충성 원칙에 따라 특허권의 이전에 관하여는 간접강제가 허용되지 않는다.

② 그러나 우리나라 민사집행법과 달리 의사표시를 할 채무에 대하여 간접강제를 명한 이 사건 중재판정을 받아들인다고 하더라도 간접강제는 어디까지나 심리적인 압박이라는 간접적인 수단을 통하여 자발적으로 의사표시를 하도록 유도하는 것에 불과하여 의사결정의 자유에 대한 제한 정도가 비교적 적어 그러한 간접강제만으로 곧바로 헌법상 인격권이 침해된다고 단정할 수 없다.

③ 외국중재판정은 우리나라에서 집행을 위해서 집행판결이 필요하고 그 절차에 장기간 소요되는 특수성이 있다. 뉴욕협약에서 정해진 집행거부사유를 해석할 때 '국제적 거래질서의 안정'을 고려하면 국내법 체계에서 의사의 진술을 명하는 집행권원에 대하여 간접강제를 허용하지 않는 취지를 그대로 적용

하는 것이 타당하다고 볼 수 없다.

④ 이 사건 중재판정 제1, 7항은 피고에게 이 사건 제2특허와 이 사건 인도특허를 이전할 의무를 부과하는 조항이다. 이 사건 중재판정 제5, 9항은 피고가 그 의무를 위반할 경우 간접강제 배상금을 지급하도록 한 조항에 불과하고 반드시 제1, 7항이 이 사건 중재판정 통지 시부터 국내에서 집행력을 가지는 것을 전제로 한 규정이라고 할 수 없다.

2) 간접강제의 중재가능성 결여 여부

가) 뉴욕협약 제5조 제2항 (가)호에 따르면, 분쟁의 대상인 사항이 그 국가의 법에 따라서는 중재에 의하여 해결될 수 없는 경우 그 중재판정의 승인이나 집행을 거부할 수 있다. 여기에서 분쟁 대상의 중재가능성(arbitrability)은 중재 대상 분쟁의 성질상 당사자들이 사적 자치에 따라 중재로 해결하기로 합의할 수 있는지 여부에 관한 것이다. 분쟁의 중재가능성은 국가에 따라 상이할 수 있으나 국제적으로 보편성을 인정받기 어려운 기준으로 특정 분쟁의 중재가능성을 제한해서는 안 된다. 특히 분쟁에 관한 특정 구제수단이 단순히 집행국 특정 법원의 전속적 토지관할에 속하는 것만으로는 해당 분쟁 자체의 중재가능성을 부정할 수 없다.

나) 이 사건 중재판정 중 간접강제를 명하는 부분은 분쟁의 대상인 사항이 아니라 분쟁에 따른 권리구제방법에 해당하기 때문에 중재가능성과는 다른 문제이다. 또한 우리나라 민사집행법 제21조, 제261조에서 간접강제결정을 제1심법원의 전속관할로 정한 것은 우리나라 법원에서 간접강제결정을 내릴 경우를 전제로 하는 것이므로 이 사건 중재판정부가 중재지법에 따라 간접강제 배상금을 부과하는 것이 우리나라 민사집행법을 위반하는 것으로 볼 수 없다. 나아가 중재판정의 집행이 거부될 수 있다는 것은 집행 단계의 문제로서 그 전단계인 중재판정에서 간접강제 배상금의 지급을 명할 수 없다고 볼 논리필연적인 근거가 될 수 없다.

다) 따라서 이 사건 중재판정 중 간접강제를 명한 부분에 중재가능성이 없다는 피고의 주장을 배척한 원심의 판단에 상고이유 주장과 같이 분쟁의 중재가능성에 관한 법리를 오해한 잘못이 없다.

나. 중재판정 후 이 사건 인도특허 이전의무를 이행하여 청구이의사유가 발생하였는지 여부

1) 집행판결은 외국중재판정에 대하여 집행력을 부여하여 우리나라 법률상 강제집행절차로 나아갈 수 있도록 허용하는 것으로서 변론종결 시를 기준으로 집행력의 유무를 판단하는 재판이다. 중재판정 성립 이후 채무 소멸과 같은 집행법상 청구이의의 사유가 발생하여 중재판정문을 기초로 강제집행절차를 밟아 나가도록 허용하는 것이 우리 법의 기본적 원리에 반한다는 사정이 집행재판의 변론과정에서 드러난 경우에는, 법원은 뉴욕협약 제5조 제2항 (나)호의 공공질서 위반에 해당하는 것으로 보아 그 중재판정의 집행을 거부할 수 있다. 따라서 피고가 이 사건 중재판정 주문 제7항에 따른 이 사건 인도특허 이전의무와 서류교부의무를 이행하여 주문 제9항의 간접강제 배상금 지급의무가 소멸하는 경우에 주문 제9항에 대한 청구이의의 사유가 발생하여 중재판정의 집행을 거부할 수 있다.

2) 국제사법 제18조 제1항은 "본인과 대리인 간의 관계는 당사자 간의 법률관계의 준거법에 의한다."라고 정하고 있다. 같은 조 제2항 전문은 "대리인의 행위로 인하여 본인이 제3자에 대하여 의무를 부담하는지의 여부는 대리인의 영업소가 있는 국가의 법에 의한다."라고 정하고, 제5항은 대리권이 없는 대리인과 제3자 간의 관계에 관하여 제2항 의 규정을 준용한다. 원고는 네덜란드 회사이고 원고 대리인은 네덜란드 법률회사이다. 원고와 원고 대리인 사이의 관계와 원고가 대리인의 행위로 피고에 대하여 의무를 부담하는지는 네덜란드 법에 따라 정하여야 한다.

3) 원고 대리인과 피고 사이에 특허 이전의 원인을 2012. 4. 3.자 양도증서 초안과 같이 정하기로 하여 이 사건 인도특허에 관한 양도증서 작성에 대한 합의가 이루어졌고, 그 합의의 효력이 원고에게 미친다고 보아야 한다.[5] 또한 피고는 2012. 3. 12. 위 2012. 4. 3.자 양도증서에서 서명·공증을 마치고 이를 원고에게 제출함으로써 인도의 관련 법령에 따라 이 사건 인도특허의 이전의무와 서류제출의무를 다한 것으로 보아야 한다. 그러나 원심은 피고가 이

---

5) 대법원은 준거법인 네덜란드법상의 표현대리 법리에 기초하여 원고 대리인의 대리행위 효력이 원고 본인에게 미친다고 판단하였다.

사건 인도특허 이전의무와 서류제출의무를 이행하지 않아 이 사건 중재판정 주문 제9항 간접강제 배상금 지급 의무가 있다고 판단하였다. 이러한 원심의 판단에는 외국적 요소가 있는 법률관계에 대한 법리를 오해하고 간접강제 배상금의 발생 시점과 의무 이행으로 인한 소멸 시점에 관함 심리를 다하지 못하여 판결에 영향을 미친 잘못이 있다(이 부분에 관한 원심 판결 파기 환송).

[연 구]

Ⅰ. 서론

대상판결 및 그 1심과 원심에서는 외국중재판정의 승인집행에 관한 매우 다양한 쟁점들이 다루어졌다. 그 중 대상판결이 명시적으로 판시한 쟁점들도 있고, 대상판결에서는 언급되지 않았지만 1심 및 원심 판결에서는 언급된 쟁점들도 있다. 특히, 대상판결은 간접강제를 명한 외국중재판정을 한국법원이 승인집행 해 줄 수 있는지를 정면으로 다룬 최초의 판례인데, 실무상 중재판정의 실효성과 집행가능성을 확보하기 위한 목적에서 간접강제 또는 이와 유사한 배상금을 부과하는 경우가 자주 있다는 점에서 매우 의미 있는 사안이다. 위 쟁점 외에도 본 사안에서는 꽤나 중요하면서도 까다로운 쟁점들이 더 있고, 대상판결에서는 직접 다루지 않았지만 이론적으로 생각해 볼만한 파생쟁점들도 여럿 있다.

이 글에서는 큰 쟁점으로서 ① 중재판정부가 간접강제를 명할 수 있는지 여부(쟁점1), ② 한국법원의 승인집행 가부(쟁점2), ③ 외국중재판정 후에 청구이의사유 발생 시의 해결 방법(쟁점3), ④ 기타 관련 쟁점의 순서대로 살펴본다. 또한 그 중 위 쟁점2에 관한 세부 쟁점으로서 (a) 중재가능성 결여 여부, (b) 공서위반 여부, (c) 집행가능성의 문제(중재판정의 특정성 요건을 중심으로)를, 위 쟁점3에 관한 세부 쟁점으로서 (a) 집행판결 사건에서 청구이의사유 주장 가부 및 근거, (b) 개정 중재법상 집행결정 제도로 인한 변화를 각 살펴본다.

II. 쟁점1: 중재판정부가 간접강제를 명할 수 있는지 여부

1. 준거법

가. 문제의 소재

중재판정부가 간접강제를 명할 수 있는지 여부는 어느 국가의 법을 기준으로 판단하는가? 논의의 실익은, 예컨대 네델란드법상으로는 이것이 허용되나 한국법상으로는 허용되지 않는다고 가정하면, 준거법이 한국법으로 정해질 경우 간접강제를 명한 외국중재판정은 그 자체로 중재인의 권한유월에 해당하여 승인집행거부사유(뉴욕협약이 적용될 경우 동 협약 제5조 제1항 c호)에 해당되므로, 나머지 쟁점으로까지 나아갈 필요도 없는 것이다.

구별할 점은, 이 문제는 중재판정부 자체가 간접강제를 발할 권한 유무에 관한 준거법을 말하는 것이고, 뒤에서 보는 바와 같이 네델란드 중재판정부가 네델란드법에 따라 적법하게 간접강제를 명하였다고 하더라도 그 승인집행 단계에서 승인집행 가부에 관하여 적용되는 준거법은 본 사안의 경우 뉴욕협약이고,[6] 특히 뉴욕협약상 승인집행거부사유인 공서위반(뉴욕협약 제5조 제2항 b호) 여부는 승인집행국, 즉 한국법상의 공서에 따른다는 점이다. 다만, 여기서의 공서 개념은 국내적 공서와는 구별되는 국제적 공서(international public policy)를 말한다.[7]

나. 견해의 대립[8]

실체법설은 중재판정부가 강제금의 지급을 명할 수 있는지의 문제를 실체의 문제로 보아 본안, 즉 분쟁의 실체에 관하여 적용되는 준거법을 적용한다는 견해이다. 강제금이 손해배상금으로서 실체의 성질을 가지는 점을 강조하면 이와 같이 볼 수 있다. 반면에 절차법설[9]은 간접강제가 절차법적 강제수단

---

6) 이 사건 중재판정의 대상이 된 분쟁이 대한민국 상법상 상사관계에 해당되고 이 사건 중재판정이 내려진 네델란드가 뉴욕협약의 체약국이기 때문이다.

7) 석광현, 국제민사소송법, 박영사, 2012., 552면.

8) 이 부분 견해 대립의 상세한 내용은 석광현, "2016년 중재법에 따른 중재판정부의 임시적 처분 – 민사집행법에 따른 보전처분과의 정합성에 대한 문제 제기를 포함하여–", 국제거래법연구, 제26집 제1호, 2017., 115면 참조.

9) 박설아, "외국중재판정에 대한 집행결정 –집행가능성 요건을 중심으로–", 국제거래법연구, 제27권 제1호, 2018., 79면.

이라는 점에서 집행적 성격이 강하므로 절차의 문제로 보아 중재절차법을 적용한다고 본다. 여기서 절차법의 의미를 더 구체적으로 보면, 당사자들이 합의한 절차규범(법 또는 중재규칙)이 있는 경우에는 그 규범이 절차법으로 적용되는데, 당사자들 사이에 합의가 없는 경우에는 ① 중재지법에 따른다는 입장[10], ② 중재인이 결정한다는 입장[11], ③ 양자를 보완적으로 인정하는 입장[12]이 대립한다. 대체로 중재지법에 따른다는 견해가 지배적인 견해로 보이고 타당하다고 생각된다.

다. 검토 및 사견

이는 기본적으로 성질결정의 문제인데, 간접강제금의 부과에는 실체의 성질과 절차의 성질이 혼재되어 있는 것이 사실이다. 그러나 중재판정부가 간접강제를 명할 수 있는가의 문제는 소송으로 치면 일종의 소송요건(적법요건)에 해당하는 문제라고 볼 수 있고, 다른 측면에서는 강제수단이라는 집행절차적 성격이 좀 더 강하다고 볼 수 있으므로,[13] 이는 기본적으로 절차의 문제로 성질결정 함이 타당하다고 본다. 통상 중재판정부의 의무와 권한, 의무를 위반했을 때의 구제방법, 임시적 처분의 가부, 법원의 절차적 구제방법 등의 문제를 중재절차법에 따라 규율되는 사항들로 보고 있는 점[14]에 비추어 보더라도 절차법설이 타당하다고 생각한다. 더 구체적으로는 ① 중재지법의 강행규정, ② 당사자들이 합의한 절차규범, ③ 중재지법의 임의규정, ④ 중재인의 결정의 순서에 따라 절차법이 정해진다고 본다.[15]

---

10) Nigel Blackaby, et al., Redfern and Hunter on International Arbitration, 6th ed., Oxford University Press, 2014., 183. UNCITRAL 모델중재법 제1조 제2항과 우리 중재법 제2조 제1항도 기본적으로는 이러한 입장을 취하고 있다(김갑유 외, 중재실무강의, 박영사, 2016., 134면). 제네바의정서 제11조 제1항도 같은 입장이다(목영준/최승재, 상사중재법, 박영사, 2018., 122~123면).

11) 프랑스 민사소송법 제1460조, 제1494조; 1998년 ICC중재규칙 제15조 제1항; ICSID협약 제44조가 취하고 있는 입장이다(목영준/최승재, 앞의 책, 123면). 이를 '탈지역화 이론(delocalization theory)'이라고도 한다.

12) 당사자 합의 및 중재지법주의를 우선하면서도 그것이 없을 경우 중재인이 적절히 절차를 정할 수 있도록 하는 입장으로서, 독일 민사소송법 제1042조 제4항, 우리 중재법 제20조가 취하고 있는 입장이다(목영준/최승재, 앞의 책, 123면).

13) 석광현, "2016년 중재법에 따른 중재판정부의 임시적 처분 – 민사집행법에 따른 보전처분과의 정합성에 대한 문제 제기를 포함하여 –", 국제거래법연구, 제26집 제1호, 2017., 115면에서도 "결국은 어느 쪽에 더 비중을 둘지의 문제"라고 쓰고 있다.

14) 목영준/최승재, 앞의 책, 125면.

15) 목영준/최승재, 앞의 책, 124면.

라. 본 사안의 경우

네델란드 중재원(NAI)이 간접강제를 명할 수 있는지의 준거법은 중재지법
인 네델란드법이 된다. 네델란드 민사소송법[16]에 중재판정 불이행에 대한 간
접강제 배상금 부과 규정이 존재하므로 네델란드 중재판정부는 간접강제금을
명할 권한이 있다. 대상판결의 1심 판결에서도 명시적으로 "네델란드 민사소
송법 제1056조는 네델란드를 중재지로 하는 중재절차에서 중재인이 당사자의
중재판정 불이행에 대하여 간접강제 배상금을 부과할 수 있다고 명시하고 있
는 사실을 인정할 수 있으므로, 간접강제 배상금 부과는 이 사건 중재판정의
내용이 될 수 있다"고 판시하였다. 이는 타당하다.

2. 중재판정부의 간접강제 가부

가. 외국의 경우

중재판정부가 간접강제를 명할 수 있는지에 관하여, 앞서 본 바와 같이
네델란드법은 명문으로 이를 허용한다. 그 외의 국가들에서는 '법원'의 간접강
제 가부에 관한 규정들은 발견되나,[17] '중재판정부'의 간접강제 가부에 관하여
법으로 규정하고 있는지 여부는 잘 확인되지 않는다. 국제중재기관의 중재규
칙들에서는 대체로 이를 허용하는 것으로 보인다.[18] UNIDROIT의 국제상사계
약원칙 제7.2.4.조도 중재인이 사법적 제재금(judicial penalty)을 부과할 수 있음
을 명시한다.[19]

결국 외국중재판정부가 간접강제금을 부과할 수 있는지 여부는 앞서 본

---

16) 네델란드 민사소송법(제1056조)은 중재판정을 따르지 않은 것에 대해 강제금을 부과할 수 있음을
명시하는데, 이는 2015년 개정 민사소송법에서도 유지되고 있다(석광현, "2016년 중재법에 따른
중재판정부의 임시적 처분 -민사집행법에 따른 보전처분과의 정합성에 대한 문제 제기를 포함하
여-", 국제거래법연구, 제26집 제1호, 2017., 114면 주34).
17) 법원의 간접강제 제도와 관련하여, 독일, 프랑스, 일본 등의 제도 소개는, 사법정책연구원, 각국 법
원모욕의 제재 방식에 관한 연구, 2015., 151~170면; 이창현, 국제적 분쟁과 소송금지명령, 경인문
화사, 2021., 126~127면 참조. 영미법계 법원의 경우에는 주로 일정한 작위 또는 부작위를 명하는
명령(injunction)을 발하고 이에 위반할 경우 법원 모욕(contempt)의 제재로 그 이행을 강제하고
있다.
18) 석광현, 앞의 논문, 115면, 각주40.
19) 석광현, 국제상사중재법연구, 제2권, 박영사, 2019., 152면, 각주34.

절차법설에 따라 준거법으로 결정된 개별 중재지법 또는 당사자들이 합의한 절차규범(법 또는 중재규칙)의 해석에 따라 결정된다. 본 사안의 경우, NAI가 네델란드법에 따라서 간접강제금의 부과를 명하는 것은 허용된다. 대상판결에서도 그와 같이 보았다.

나. 한국의 경우[20]

한국법상으로는 중재판정부가 간접강제를 명할 수 있는가? 우리 중재법은 이에 관하여 아무런 규정을 두고 있지 않다. 대한상사중재원의 국제중재규칙에도 그러한 규정은 없다. 만약 당사자 사이에 중재판정부가 강제금을 부과할 수 있다는 취지의 합의가 있다면 당연히 가능하다. 우리나라와 같이 법률 규정도 없고 당사자의 합의도 없는 경우에 중재판정부가 간접강제금을 부과할 수 있는지에 관하여, 긍정설과 부정설이 가능하다.

긍정설은,[21] 강제금이 기본적으로 손해배상금의 성질을 가지므로 중재판정부도 강제금을 부과할 수 있고, 중재판정부의 강제금 지급 명령을 이행하지 않으면 그 집행을 위하여 법원의 집행결정을 받아야 하므로 강제금의 지급을 명하는 것 자체는 집행은 아니며, 중재판정부는 법원보다 유연한 처분을 할 수 있으므로 강제금을 민사제재라고 보더라도 가능하다고 주장할 수 있다. 또한 간접강제결정을 위해서는 필요적 심문을 거치도록 하고 있는데(민사집행법 제262조) 중재판정부가 간접강제를 중재판정 또는 임시적 처분의 형태로 명함에 있어서 상대방에 대한 변론의 기회를 부여하도록 되어 있는 점, 위반에 따른 제재적 성격을 갖는 간접강제금을 정하는데 있어 중재판정부가 이행을 강제함에 필요한 적정한 금액을 산정할 수 있다고 보이는 점, 간접강제결정이 상대방에 대하여 일정한 의무의 이행을 명하는 형식을 갖는 점에 비추어 중재판정부가 할 수 있다고 보는 견해도 있다.[22]

---

20) 이 부분 논의의 내용은 이창현, 앞의 책, 434~437면 참조.

21) 이하의 견해대립 논의는 석광현, "2016년 중재법에 따른 중재판정부의 임시적 처분 – 민사집행법에 따른 보전처분과의 정합성에 대한 문제 제기를 포함하여 –", 국제거래법연구, 제26집 제1호, 2017., 114~115면에서 인용한 것이다.

22) 박진수, "개정 중재법에 따른 임시적 처분의 활용 범위 및 실무 개선방안", 2016. 11. 18. 법원행정처와 서울국제중재센터가 공동으로 개최한 개정 중재법의 실무적 쟁점 및 운영방안 심포지엄 자료, 13면; 조인영, "소송금지가처분(Anti–Suit Injunction)과 중재금지가처분", 저스티스, 통권 제178호, 2020. 6., 301면도 긍정설을 취하고 있다. Gary B. Born, International Commercial Arbitration, Volume Ⅱ, Second edition, 2014., p.2315 이하에서도 중재판정부가 임시적 처분이

부정설은, 강제금은 집행제도의 일부이거나 이를 보완하기 위한 것이거나 일종의 법정 제재이므로 법원이 담당하는 집행의 영역에 속하고 중재판정부는 할 수 없다거나, 법률상의 근거가 없으면 할 수 없다고 본다.

사견으로는, 다음과 같은 이유에서 우리 중재법상 중재판정부는, 독일의 강제금과 같이 강제이행 압박 목적의 강제집행수단으로서 국고에 귀속되는 제재금의 성격이 아닌 이상, 임시적 처분의 형태로는 물론이고 중재판정의 형태로도 간접강제를 명할 수 있다고 본다.

개정 중재법 제18조 제2항 제2호에서 "중재절차 자체에 대한 현존하거나 급박한 위험이나 영향을 방지하는 조치 또는 그러한 위험이나 영향을 줄 수 있는 조치의 금지"를 할 수 있도록 규정하므로, 이와 같은 '방지 조치'에는 간접강제까지도 포함된다고 해석할 수 있다. 위 중재법 조항은 민사집행법상 가처분과 유사한 내용이고, 이러한 점에서 중재법 제18조의7 제4항에서는 "임시적 처분의 집행에 관하여는 민사집행법 중 보전처분에 관한 규정을 준용한다."고 규정하고 있는데, 우리 민사집행법 제261조에 의한 간접강제는 가처분에 대해서도 적용되고 가처분결정 주문에서 간접강제를 함께 명할 수도 있으므로, 중재판정부의 임시적 처분에 있어서도 위 민사집행법 조항을 준용(중재법 제18조의7 제4항에 기하여) 또는 유추적용함으로써 중재판정부가 임시적 처분으로 간접강제를 부과할 수 있다고 본다. 간접강제결정을 위해서는 필요적 심문을 거쳐야 하는데 중재판정부가 임시적 처분을 발령함에 있어 상대방에 대하여 변론의 기회를 부여하도록 하고 있으므로 절차적으로도 별 문제가 없다. 위와 같이 임시적 처분으로도 가능하다고 볼 수 있는 이상 본안 중재판정으로도 가능하다고 본다. 이와 관련하여 우리 대법원도 민사집행법상 집행권원이 먼저 성립한 후에 채권자의 별도 신청에 의해 채무자에 대한 필요적 심문을 거쳐 민사집행법 제261조에 따라 채무불이행 시에 일정한 배상을 하도록 명하는 간접강제결정을 할 수 있지만, 본안 판결절차에서도 민사집행법 제261조에 따라 채무자가 장차 그 채무를 불이행할 경우에 일정한 배상을 하도록 명하는 간접강제결정을 할 수 있다고 판시한 바 있고(대법원 2013. 11. 28. 선고 2013다50367 판결), 이러한 판시는 최근의 대법원 2021. 7. 22. 선고 2020다

나 중재판정을 위반한 것에 대하여 제재를 부과할 수 있는지에 관해 논하면서 긍정설의 입장을 취하고 있다.

248124 전원합의체 판결에서도 재차 확인된 바 있다.

그밖에, 우리 민사집행법상의 간접강제는 손해배상금의 성격[23]과 함께 법정제재금의 성격[24]도 가지는 것으로 해석되는데, 중재판정부가 부과할 강제금이 반드시 민사집행법상의 간접강제와 같은 성격의 것이어야 할 의무는 없으므로, 중재판정부의 판단에 따라 단순한 손해배상금이나 위약금(위약벌)과 같이 유연한 형태로 부과할 수도 있을 것인데, 이러한 성격의 민사적 제재금 부과는 당연히 허용된다고 보아야 한다.[25] 이와 달리 독일의 강제금(Zwangsgeld)[26]과 같이 강제이행 압박 목적의 강제집행수단으로서 국고에 귀속되는 제재금의 성격이라면 법령상의 근거가 없는 이상 불가능하다고 본다.

다. 본 사안의 경우

본 사안에서도 1심 판결은 "피고는 중재판정에서 간접강제를 명하는 것이 대한민국 민사집행법에 위반된다고 주장하나, 대한민국 민사집행법상으로도 중재판정에서 간접강제를 명하는 것이 금지된다고 볼 만한 근거규정을 찾아볼 수 없다."라고 판시하여 한국법상으로도 중재판정에서 간접강제를 명하는 것이 허용된다는 취지로 판결하였다.

2심 판결도 1심 판결의 위 내용을 그대로 인용하면서 추가로 '판결 선고 시 간접강제결정을 함께 할 수 있다고 선고한 대법원 2013. 11. 28. 선고 2013다50367 판결에 의하더라도 집행권원(중재판정)의 성립 단계에서 간접강제를

---

23) 정선주, "간접강제금의 본질과 소송상의 제문제", 민사소송, 제16권 제1호, 2012., 456면; 사법정책연구원, 각국 법원모욕의 제재 방식에 관한 연구, 2015., 29면 참조. 대법원 2014. 7. 24. 선고 2012다49933 판결도 "간접강제 배상금은 채무자로부터 추심된 후 국고로 귀속되는 것이 아니라 채권자에게 지급하여 채무자의 작위의무 불이행으로 인한 손해의 전보에 충당되는 것이다."라고 판시하여 손해배상의 성격을 가짐을 분명히 하였다.

24) 대법원 2013. 2. 14. 선고 2012다26398 판결.

25) 대상판결의 원심 판결에서도 "이 사건 중재판정의 이유 제111항에는 이 사건 중재판정 상의 간접강제 배상금 명령이 페널티가 아니라 당사자가 강제 이행 명령을 준수하지 않을 경우 특정 금전을 지급하도록 하는 명령에 해당한다고 명시되어 있다"고 설시하고 있다.

26) 독일의 강제금(Zwangsgeld)은 손해배상과는 무관하고(독일 민사소송법 제893조), 채무자가 지급하는 강제금은 채권자에게 귀속되는 것이 아니라 국고에 귀속된다(권창영, 민사보전, 한국사법행정학회, 2018., 491면). 이 점은 국고로 귀속되는 것이 아니라 채권자에게 지급하여 채권자의 손해전보에 충당(대법원 2014. 7. 24. 선고 2012다49933 판결)하는 우리와 다른 점이다. 독일의 강제금(Zwangsgeld)에 관해서는 석광현, 앞의 논문, 114면 주33; 정선주, 앞의 논문, 436~439면; 김형석, "강제이행 -특히 간접강제의 보충성을 중심으로-", 서울대학교 법학, 제46권 제4호, 통권 제137호, 2005., 245면; 사법정책연구원, 앞의 책, 152~154면; 권창영, 앞의 책, 491~492면 참조.

명할 수 있을 것으로 보인다'고 판시하였다.

대상판결에서 대법원은 위 판시내용에 관해서는 명시적으로 언급하지 않았지만, 간접강제를 명한 이 사건 중재판정이 공서양속에 반한다는 피고의 주장을 배척하면서 이 사건 중재판정의 집행을 허가한 원심의 결과를 유지하였다(일부 다른 이유에서 파기한 부분 제외).

위 1심 및 원심이 한국법상으로도 중재판정부가 간접강제를 명할 수 있다고 판시한 부분에 관해서 대상판결이 명시적인 판단을 하지 않은 점은 다소 아쉽다. 한편, 한국법상 중재판정부가 독일의 강제금과 같이 강제이행 압박 목적의 강제집행수단으로서 국고에 귀속되는 성격의 제재금을 명할 수는 없다고 보는데, 위 1심 및 원심이 마치 중재판정부의 간접강제가 일반적으로 허용된다는 것처럼 설시한 것은 다소 부정확한 설명으로 보인다.

Ⅲ. 쟁점2: 한국법원의 승인집행 가부

1. 중재판정 승인집행 일반론

외국중재판정부가 그 준거법에 따라 적법하게 중재판정을 내렸다 하더라도, 한국에서 이를 집행하기 위해서는 한국법원으로부터 별도의 집행결정[27]을 얻어야 한다. 견해의 대립이 있으나, 한국법의 해석상 외국중재판정에 대한 승인은 별도의 절차를 거치지 않고도 일정한 요건만 충족되면 자동적으로 승인되는 것이고 집행에 관해서만 별도의 집행결정을 요한다고 본다.[28]

승인집행에 관해서는 (1) 국내중재판정에 대해서는 우리 중재법(제38조, 제36조 제2항)이 적용되고, (2) 외국중재판정에 대해서는 ① 뉴욕협약 적용대상[29]인 경우에는 뉴욕협약이 적용되며(중재법 제39조 제1항), ② 그렇지 않은 경우에는 외국판결의 승인집행에 관한 민사소송법 및 민사집행법 규정이 적용된다(중재법 제39조 제2항, 민사소송법 제217조, 민사집행법 제26조 제1항, 제27조). 참고

---

27) 2016년 중재법 개정 전에는 '집행판결' 형식으로 하도록 되어 있었으나 개정 중재법은 '집행결정' 형식으로 하도록 바뀌었다. 이하 이 글에서는 집행결정이라는 용어를 원칙적으로 사용하되, 집행판결이라는 용어도 호환적으로 사용하기로 한다.

28) 윤성근, "외국판결 및 중재판정 승인거부요건으로서의 공서위반", 국제사법연구, 제20권 제2호, 2014., 440-441면; 석광현, 국제민사소송법, 박영사, 2012., 416, 556면.

29) 대한민국법상 상사관계의 분쟁이고, 중재지가 뉴욕협약의 체약국인 외국중재판정에 대해서는 뉴욕협약이 적용된다.

로, 2020. 12. 29. 현재까지 뉴욕협약에 가입한 국가는 우리나라 및 세계 주요 국가들을 포함하여 166개국이어서 우리 재판실무에서 다루어지는 외국중재판정은 대부분 뉴욕협약이 적용되는 경우에 해당할 것이므로, 이하에서는 뉴욕협약이 적용되는 경우를 주로 다룬다.

승인집행거부사유로 뉴욕협약 제5조는 (1) 당사자가 주장·증명하여야 하는 사유로, '중재합의 당사자의 무능력 또는 중재합의의 무효, 중재절차에서 방어권의 침해, 중재판정부의 권한유월, 중재합의 범위 일탈, 중재판정부 구성 또는 중재절차의 하자, 중재판정이 당사자에 대한 구속력을 발생하지 않은 경우, 또는 판정이 내려진 국가 또는 판정의 기초된 법이 속하는 국가의 권한 있는 기관에 의하여 취소 또는 정지된 경우'를(제1항), (2) 법원이 직권으로 심리할 사유로, '중재가능성 결여, 공서양속 위반'을(제2항) 규정하고 있다.[30] 이는 한정적 열거이다.[31] 다만, 위 거부사유가 있더라도 반드시 승인집행을 거부해야만 하는 것은 아니고 법원이 재량으로 승인집행을 할 수도 있다.

위 승인집행거부사유들 중 본 사안에서 주로 문제된 것은 중재가능성 결여와 공서위반 여부인데, 이중 공서위반 사유를 중심으로 살펴본다. 그밖에 대상판결의 1심 및 원심에서 다루어진 쟁점으로서 승인집행거부사유와는 다소 성격이 상이한 '집행가능성'의 문제(특정성의 문제 포함)도 공서위반의 문제로 논의되기도 하므로 여기에서 함께 살펴본다.

2. 중재가능성 결여 여부

가. 중재가능성 일반론

어떠한 분쟁이 중재에 의하여 해결 가능한지의 문제를 중재가능성(또는 중재적격, arbitrability)이라고 한다. 중재가능성이 없으면 중재합의는 무효이거나 이행될 수 없으므로 중재인은 중재판정을 내릴 수 없고, 중재판정이 내려지더라도 중재판정 취소의 사유가 되며(중재법 제36조 제2항 제2호 가목), 승인 및 집행거부사유가 된다(중재법 제38조 제2호, 제39조). 뉴욕협약 제5조 제2항 a호도 "중재판정의 승인 및 집행을 요구 받은 국가의 권한 있는 당국이 분쟁의 대상

---

30) 우리 중재법 제36조에서 규정하는 승인집행거부사유도 이와 거의 유사하다.
31) 대법원 2003. 4. 11. 선고 2001다20134 판결. 이는 우리 중재법상 승인집행거부사유(제38조, 제36조 제2항)에 관해서도 동일하게 해석된다.

인 사항이 그 국가의 법에 따라서는 중재에 의해 해결될 수 없는 것임을 인정하는 경우에는 중재판정의 승인과 집행이 거부될 수 있다"라고 규정한다. 중재가능성은 국가에 따라 상이한데 뉴욕협약이 적용될 경우에도 승인집행거부사유인 중재불가능성 판단의 준거법은 승인집행국법이다.[32] 우리 중재법 제3조 제1호는 중재를 "당사자 간의 합의로 재산권상의 분쟁 및 당사자가 화해에 의하여 해결할 수 있는 비재산권상의 분쟁을 법원의 재판에 의하지 아니하고 중재인의 판정에 의하여 해결하는 절차"라고 정의함으로써 일응 중재가능성이 있는 분쟁의 범위를 '재산권상의 분쟁' 또는 '당사자가 화해에 의하여 해결할 수 있는 비재산권상의 분쟁'이라고 규정하고 있다.

나. 본 사안의 경우

본 사안에서 피고는 중재가능성이 없다고 주장하였으나, 대상판결에서는 다음과 같이 판시하면서 이 주장을 배척하였는데, 이는 지극히 타당한 결론으로 보인다.

① 뉴욕협약 제5조 제2항 (가)호에 따르면, 분쟁의 대상인 사항이 그 국가의 법에 따라서는 중재에 의하여 해결될 수 없는 경우 그 중재판정의 승인이나 집행을 거부할 수 있다. 여기에서 분쟁 대상의 중재가능성(arbitrability)은 중재 대상 분쟁의 성질상 당사자들이 사적 자치에 따라 중재로 해결하기로 합의할 수 있는지 여부에 관한 것이다. 분쟁의 중재가능성은 국가에 따라 상이할 수 있으나 국제적으로 보편성을 인정받기 어려운 기준으로 특정 분쟁의 중재가능성을 제한해서는 안 된다. 특히 분쟁에 관한 특정 구제수단이 단순히 집행국 특정 법원의 전속적 토지관할에 속하는 것만으로는 해당 분쟁 자체의 중재가능성을 부정할 수 없다.

② 이 사건 중재판정 중 간접강제를 명하는 부분은 분쟁의 대상인 사항이 아니라 분쟁에 따른 권리구제방법에 해당하기 때문에 중재가능성과는 다른 문제이다. 또한 우리나라 민사집행법 제21조, 제261조에서 간접강제결정을 제1심법원의 전속관할로 정한 것은 우리나라 법원에서 간접강제결정을 내릴 경우를 전제로 하는 것이므로 이 사건 중재판정부가 중재지법에 따라 간접강제 배

---

32) 석광현, 국제민사소송법, 박영사, 2012., 552면; 중재가능성의 준거법에 관하여는 다양한 학설들이 대립되고 있는데, 그에 관한 상세한 내용은 이창현, 앞의 책, 325~326면 참조.

상금을 부과하는 것이 우리나라 민사집행법을 위반하는 것으로 볼 수 없다. 나아가 중재판정의 집행이 거부될 수 있다는 것은 집행 단계의 문제로서 그 전단계인 중재판정에서 간접강제 배상금의 지급을 명할 수 없다고 볼 논리필연적인 근거가 될 수 없다.

③ 따라서 이 사건 중재판정 중 간접강제를 명한 부분에 중재가능성이 없다는 피고의 주장을 배척한 원심의 판단에 상고이유 주장과 같이 분쟁의 중재가능성에 관한 법리를 오해한 잘못이 없다.

3. 공서위반 여부

가. 공서위반 사유 일반론

뉴욕협약 제5조 제2항 b호에 의하면 중재판정의 승인이나 집행이 그 국가의 공공의 질서(이하 '공서')에 반하는 경우에는 집행국 법원은 중재판정의 승인집행을 거부할 수 있도록 규정한다. 국내중재판정의 경우에도 우리 중재법 제38조, 제36조 제2항 제2호 나목에서 '중재판정의 승인 또는 집행이 대한민국의 선량한 풍속이나 그 밖의 사회질서에 위배되는 경우'를 승인집행거부사유로 규정한다. 뉴욕협약이 적용되지 않는 외국중재판정의 경우에는 중재법 제39조 제2항, 민사소송법 제217조 제1항 제3호, 민사집행법 제27조에서 유사한 취지로 규정하고 있다.

공서는 일반적으로 법정지국의 근본적인 윤리적 확신 또는 정책의 수호자, 또는 법정지국의 윤리와 정의의 가장 근본적인 개념 등으로 설명되는데, 그 예로 사기, 불법계약(해적행위, 대량학살, 노예와 마약밀수 등의 행위 및 이러한 행위를 방조하는 계약), 자연적 정의 및 적정절차 위반, 외국의 중재판정이 그보다 먼저 확정된 국내판결의 기판력에 저촉되는 경우 등을 들 수 있다.[33] 그밖에 공서위반 여부로 문제되는 것으로는, 징벌적 손해배상 등 과도한 손해배상, 중재판정의 이유 불기재, 한국의 강행법규 위반 등 매우 다양한데, 실무상 거의 대부분의 승인집행청구 사건에서 공서위반이 주장된다고 보면 된다. 뒤에서 볼 중재판정의 집행불가능 사유가 있는 경우나 중재판정 후에 청구이의사유가 발생한 경우도 공서위반 사유로 논의되기도 한다.

---

33) 오영준, 대법원판례해설 79호, 법원도서관, 2009., 584면.

앞서 본 바와 같이, 승인집행거부사유인 공서위반(뉴욕협약 제5조 제2항 b 호) 여부는 승인집행국, 즉 한국법에 따른다. 다만, 여기서의 공서 개념은 국내적 공서와 구별되는 국제적 공서(international public policy)를 말한다.[34] 국내적 공서는 민법 제103조와 우리나라의 강행규정을 위반한 경우를 포함하나, 국제적 공서는 국제적 거래질서의 안정이라는 측면을 고려하여 보다 제한적으로 해석하여야 한다. 대법원도 뉴욕협약상 공서위반의 판단에 있어서 "이는 중재판정의 승인이나 집행이 집행국의 기본적인 도덕적 신념과 사회질서를 해하는 것을 방지하여 이를 보호하려는 데 그 취지가 있다 할 것이므로, 그 판단에 있어서는 국내적인 사정뿐만 아니라 국제적 거래질서의 안정이라는 측면도 함께 고려하여 제한적으로 해석하여야 할 것이고, 해당 중재판정을 인정할 경우 그 구체적 결과가 집행국의 선량한 풍속 기타 사회질서에 반할 때에 승인이나 집행을 거부할 수 있다."고 판시한 바 있고(대법원 1990. 4. 10. 선고 89다카20252 판결, 1995. 2. 14. 선고 93다53054 판결, 대법원 2003. 4. 11. 선고 2001다20134 판결), 본 사안의 대상판결과 1심 및 원심에서도 같은 취지로 판시하였다.[35]

공서의 개념은 내국관련성의 정도에 따라 그 해석을 달리하여야 하는데, 국제중재에서 내국관련성이 낮으면 우리 공서가 개입될 가능성이 낮아지고 우리 법의 본질적 원칙과 다소 괴리가 있더라도 집행이 허용될 가능성이 상대적으로 크다.[36]

본 사안에서 공서위반과 관련하여 주로 문제된 것은 이 사건 중재판정이 사기적 방법에 의하여 편취된 것인지 여부, 간접강제를 명한 이 사건 중재판정이 한국의 강행법규인 민사집행법에 반하는지 여부, 이 사건 중재판정 후에 청구이의사유가 발생하였는지 여부, 판정이유의 모순 기재 등이 있는데, 이 중에서 간접강제를 명한 외국중재판정의 승인집행이 한국의 공서에 반하는 것인

---

34) 석광현, 국제민사소송법, 박영사, 2012., 552면.
35) 즉, 대상판결은 "외국중재판정의 승인 및 집행에 관한 협약 제5조 제2항 (나)호에 따르면, 중재판정의 승인이나 집행이 그 국가의 공공의 질서에 반하는 경우 집행국 법원은 중재판정의 승인이나 집행을 거부할 수 있다. 이는 중재판정의 승인이나 집행이 집행국의 기본적인 도덕적 신념과 사회질서를 해치는 것을 방지하여 이를 보호하려는 데 그 취지가 있다. 따라서 위 조항에 관해서는 국내적인 사정뿐만 아니라 국제적 거래질서의 안정이라는 측면도 함께 고려하여 해석하여야 한다. 외국중재판정에 적용된 외국법이 우리나라의 실정법상 강행법규에 위반된다고 하여 바로 승인거부 사유가 되는 것은 아니고, 해당 중재판정을 인정할 경우 그 구체적 결과가 우리나라의 선량한 풍속 기타 사회질서에 반할 때에 한하여 승인과 집행을 거부할 수 있다."라고 판시하였다.
36) 석광현, 앞의 책, 553면.

지가 가장 중요한 논점으로 다루어졌다. 그 외에 특정성의 결여로 강제집행이 불가능한지 여부도 문제되었는데, 이는 승인집행거부사유(공서위반)의 문제로 논할 여지도 있고 그와 별개로 소송요건의 문제로 논할 수도 있어서 따로 살펴본다. 외국중재판정 후에 청구이의사유가 발생한 경우도 공서위반의 문제로 볼 수도 있지만 여기에는 다소 특수한 문제가 있어서 뒤에서 따로 살펴본다.

나. 간접강제를 명한 중재판정의 승인집행 가부

1) 문제의 소재

앞서 본 바와 같이 네덜란드법에 따를 때 NAI가 중재판정에서 간접강제를 명할 권한은 있다. 그러나 이를 한국법원에서 승인집행 할 수 있는지는 별개의 문제이다. 만일 외국중재판정에서 명한 간접강제를 한국법원이 승인집행하는 것이 한국의 공서에 반한다고 인정된다면 한국법원은 그 승인집행을 거부할 수 있다. 본 사안에서 피고도 간접강제를 명한 이 사건 중재판정이 한국의 강행법규인 민사집행법에 반하므로 공서위반에 해당한다고 주장하였다. 특히, 특허권이전과 같은 의사표시를 할 채무에 관하여 판결이 확정된 경우에는 민사집행법 제263조 제1항에 강제집행방법이 규정되어 있으므로 간접강제의 보충성 원칙에 따라 특허권의 이전에 관하여는 간접강제가 허용되지 않는데, 이러한 특허권 이전의무에 관하여 간접강제를 명한 이 사건 중재판정은 한국의 공서에 반한다는 것이다.

2) 대상판결 및 원심의 판단

대상판결 및 원심은 간접강제를 명한 이 사건 중재판정의 집행이 공서에 반한다고 볼 수 없다고 판단하였는데, 그 구체적인 논거는 다음과 같다.

가) 네덜란드 민사소송법 제1056조에 의하면 중재인이 간접강제 배상금을 부과할 수 있다고 명시하고 있으므로, 간접강제 배상금 부과는 이 사건 중재판정의 내용이 될 수 있고, 집행국 법원이 집행 거부사유의 유무를 판단하기 위한다는 명목으로 당해 외국중재판정의 법률적용 등 실체적 판단의 옳고 그름을 전면적으로 재심사하는 것은 허용되지 않는다.

나) 피고는 중재판정에서 간접강제를 명하는 것이 대한민국 민사집행법에 위반된다고 주장하나, 대한민국 민사집행법상으로도 중재판정에서 간접강제를

명하는 것이 금지된다고 볼 만한 근거규정을 찾아볼 수 없다.

다) 민사집행법 제261조에 의하면 본안 판결절차에서도 간접강제결정을 할 수 있는바(대법원 2013. 11. 28. 선고 2013다50367 판결 참조), 이 사건의 경우 집행권원의 성립 단계에서 간접강제를 명할 수 있다.

라) 피고는 간접강제 배상금이 부당히 과다하다는 취지로 주장하나, 간접강제 배상금은 금전적 손해배상금과는 그 성질을 달리하는 것일 뿐만 아니라, 위 배상금은 의무를 이행하는 경우에는 부과되지 않고 위반이 지속되는 경우 가산되는 것이므로, 위반이 지속될 것임을 예상한 수치를 기준으로 그 금액의 과다 여부를 논할 수 없으며, 만일 우리나라 법원이 간접강제 배상금의 액수를 다시 심리한다면 이는 민사집행법 제27조 제1항에서 규정한 실질재심사 금지의 원칙에 반하게 된다.

마) 한국법상 간접강제의 보충성 원칙에 따라 간접강제가 허용되지 않는데 간접강제를 명한 것이 한국의 공서에 반한다는 주장에 관해서는 다음의 이유에서 이를 배척하였다. ① 이 사건 중재판정에서는 특허권이전의무와 이에 필요한 서류제출의무의 이행을 명하고 있는데, 양 의무는 별개의 의무인 것으로 해석되고 서류제출의무는 의사표시를 할 채무에 해당하지 않아 그 위반에 대한 간접강제는 민사집행법 아래에서도 가능하다. ② 우리 민사집행법과 달리 의사표시를 할 채무에 대하여 간접강제를 명한 이 사건 중재판정을 받아들인다고 하더라도 간접강제는 어디까지나 심리적인 압박이라는 간접적인 수단을 통하여 자발적으로 의사표시를 하도록 유도하는 것에 불과하여 의사결정의 자유에 대한 제한 정도가 비교적 작으므로 그러한 간접강제만으로 곧바로 헌법상 인격권이 침해된다고 단정할 수도 없다. ③ 외국국제중재판정은 우리나라에서의 집행을 위해서는 집행판결이 필요하고 그 절차에 장기간이 소요되는 경우가 많은 등 그 특수성이 있으므로 국내법 체계에서 의사의 진술을 명하는 집행권원에 대하여 간접강제를 허용하지 않는 취지를 그대로 적용하는 것은 앞서 본 바와 같이 뉴욕협약에 정해진 집행 거부사유를 해석함에 있어서 함께 고려하여야 하는 '국제적 거래질서의 안정'이라는 측면에서 타당하다고 볼 수 없다. ④ 설령 피고의 주장대로 이 사건 중재판정 중 간접강제를 명한 부분이 우리나라의 실정법에 어긋나는 부분이 있다고 하더라도, 외국중재판정이 우리나라의 실정법상 강행법규에 위반된다고 하여 곧바로 집행 거부의 사유가 되는 것은 아니고, 해당 중재판정의 집행을 인정하는 경우 그 구체적 결과가 우

리나라의 선량한 풍속 기타 사회질서에 반할 때에 한하여 집행을 거부할 수
있으므로, 단순히 우리나라의 실정법에 어긋난다는 사정만으로 이 사건 중재
판정의 집행을 거부할 수도 없다.

3) 검토 및 사견

본 사안은 간접강제를 명한 외국중재판정이 공서에 위반되는지 여부에 관
해 판단한 최초의 판례인데, 위와 같은 대상판결 및 원심의 태도는 매우 타당
하다고 본다. 다만, 대상판결 및 원심에서 든 논거들 중 일부에 대해서는 그
타당성에 의문이 드는 부분이 있고, 일부에 대해서는 부연 설명이 필요한 부
분이 있으므로 이를 간단히 언급한다.

① 위 가), 라) 논거에 대해서는, 실질재심사 금지원칙과 관련해 그 타당
성을 검토해 볼 필요가 있다. 실질재심사 금지원칙(principle of the prohibition
of révision au fond)이란, 외국판결 또는 중재판정의 승인집행 절차에서는 원칙
적으로 승인집행거부사유의 존부만 판단해야 하고 외국법원 또는 중재판정부
가 행한 사실인정이나 법률의 적용을 재심사하는 것은 금지된다는 원칙을 말
한다.[37] 이는 외국판결의 승인집행에 관한 민사집행법 제27조 제1항에 "집행
판결은 재판의 옳고 그름을 조사하지 아니하고 하여야한다"는 규정으로 구체
화되어 있고, 뉴욕협약상으로도 원칙적으로 승인의무를 부과하고 일정한 사유
가 인정되는 경우에 한하여 승인을 거부할 수 있도록 규정함으로써 실질재심
사의 여지를 배제하고 있다.[38]

그런데 이 원칙에 따라 법원은 원칙적으로 중재판정의 내용 또는 실질을
재심사할 수 없지만, 승인집행거부사유의 존부를 판단하기 위한 범위 내에서
는 실질을 재심사할 수 있는데,[39] 특히 공서위반 여부를 판단함에 있어서는
법원이 중재인의 사실인정에 구속되는지, 아니면 필요한 경우 사실을 재심사
할 수 있는지에 관하여 논란이 있다. 즉, 실질재심사를 허용하는 견해와, 이를
불허하는 견해, 제한적 범위 내에서만 가능하다고 보는 절충적 견해가 있다.[40]

---

37) 석광현, 국제상사중재법연구, 제1권, 박영사, 2007., 387면.
38) 윤성근, 앞의 논문, 444면.
39) 석광현, 앞의 책, 317, 387면.
40) 이에 대한 상세한 소개는 석광현, 앞의 책, 317면; 김동윤, "외국판결의 승인 및 집행요건으로서의
　　공서", 인권과 정의, 353호, 2006., 163면 참조.

사견으로는, 승인집행국이 주권국가로서 독립된 자신의 법체계의 정합성을 유지하고 사회 공동체의 통합을 유지해주는 기본적인 가치를 보존하기 위해 필요한 최소한도의 개입 여지를 남길 필요가 있다[41]는 점에서 최소한의 개입 수단으로서 남겨둔 것이 공서위반의 거부사유라고 할 것이므로, 공서위반 여부를 판단하기 위한 제한된 범위 내에서는 실질재심사가 가능하다고 본다. 게다가 다른 거부사유들과는 달리 이 요건은 실질에 대한 심사를 해 보아야만 그 요건충족 여부를 판단할 수 있다는 점에서 더욱 최소한의 실질재심사는 불가피하다고 할 것이다. 대법원도 외국중재판정에 관하여 "집행국법원에 중재판정의 내용에 대한 당부를 심판할 권한은 없지만 집행조건의 충족여부 및 집행거부사유의 유무를 판단하기 위하여 필요한 범위 내에서는 본안에서 판단된 사항에 대하여도 집행국법원이 독자적으로 심리판단할 수 있다."고 판시한 바 있다.[42]

이러한 측면에서 본다면, 대상판결의 원심에서 '집행국 법원이 집행 거부사유의 유무를 판단하기 위한다는 명목으로 당해 외국중재판정의 법률적용 등 실체적 판단의 옳고 그름을 전면적으로 재심사하는 것은 허용되지 않는다.'고 설시[43]한 것은, '전면적으로 재심사' 함이 허용되지 않는다는 점에서는 타당한 설시이지만, 제한적으로 재심사함은 가능하다는 점에서는 오해의 소지가 있어 보인다.

한편, 위 라) 논거에서는 '만일 우리나라 법원이 간접강제 배상금의 액수를 다시 심리한다면 이는 민사집행법 제27조 제1항에서 규정한 실질재심사 금지의 원칙에 반하게 된다.'고 설시하였는데, 이것이 타당한지는 한번 짚어볼 필요가 있다. 종래 우리 법원은 외국의 징벌적 손해배상이나 과도한 손해배상이 공서위반인지 여부와 관련하여 손해액의 과도 여부를 심사하여 왔다.[44] 특

---

41) 윤성근, 앞의 논문, 445면.

42) 대법원 1988. 2. 9. 선고 84다카1003 판결

43) 이러한 설시는 외국판결의 승인집행에 관한 대법원 2015. 10. 15. 선고 2015다1284 판결 등에서도 확인된다.

44) 지나치게 과도한 손해배상에 관한 판례로는 서울지방법원 동부지원 1995. 2. 10. 선고 93가합 19069 판결(이는 서울고등법원 1996. 9. 18. 선고 95나14840 판결 및 대법원 1997. 9. 9. 선고 96 다47517 판결로 각 항소기각 및 상고기각되었다), 서울지방법원 남부지원 2000. 10. 20. 선고 99 가합14496 판결(항소 없이 확정됨), 부산고등법원 2009. 7. 23. 선고 2009나3067 판결(상고 없이 확정됨) 등이 있다. 위 판결들의 내용에 대한 상세한 소개는 석광현, 국제민사소송법, 박영사, 2012., 376-379면 참조.

히 개정 민사소송법 제217조의2에서 징벌적 손해배상 등과 관련하여 "① 법원은 손해배상에 관한 확정재판등이 대한민국의 법률 또는 대한민국이 체결한 국제조약의 기본질서에 현저히 반하는 결과를 초래할 경우에는 해당 확정재판 등의 전부 또는 일부를 승인할 수 없다. ② 법원은 제1항의 요건을 심리할 때에는 외국법원이 인정한 손해배상의 범위에 변호사보수를 비롯한 소송과 관련된 비용과 경비가 포함되는지와 그 범위를 고려하여야 한다."고 규정하게 되었다. 물론, 위 규정은 징벌적 손해배상과 같이 손해전보의 범위를 초과하는 배상액의 지급을 명한 외국법원의 확정판결 또는 이와 동일한 효력이 인정되는 재판의 승인을 적정 범위로 제한하기 위하여 마련된 규정이므로, 외국법원의 확정재판 등이 당사자가 실제로 입은 손해를 전보하는 손해배상을 명하는 경우에는 위 규정을 근거로 승인을 제한할 수 없지만(대법원 2015. 10. 15. 선고 2015다1284 판결), 전보배상을 명한 경우에도 위 특별규정을 근거로 주장하지 않고 일반적인 공서위반으로 주장할 수는 있고 그 경우 지나치게 과도한 손해배상이 공서위반에 해당되는지 여부를 심사하기 위한 범위 내에서는 실질재심사가 가능하다고 본다.[45]

　이러한 점을 고려하면, 간접강제를 명한 것 자체가 공서위반에 해당하지는 않는다고 하더라도, 그 강제금의 성격이 전보배상적 성격이 아닌 것은 물론이고 전보배상적 성격을 띠는 것이라고 하더라도 그 금액이 부당하게 과도한 것이라면 공서위반에 해당할 여지도 있다고 생각된다. 따라서 간접강제금이 과도하여 공서에 반하는 것인지 여부를 심사하기 위한 범위 내에서는 간접

---

45) 석광현, 국제민사소송법, 박영사, 2012., 378면에서도 "공서위반 여부를 판단하기 위한 범위 내에서는 실질재심사가 불가피하고, 지나치게 과도한 손해배상을 명한 판결에 대해 한국법원이 새로이 사실인정을 하고 준거법을 적용하여 손해배상액을 산정하자는 것이 아니라 외국법원이 인정한 사실을 기초로 과연 그 손해배상액을 그대로 승인하는 것이 사안의 한국과의 관련성에 비추어 공서에 반하는지 여부를 판단하는 데 그칠 뿐이지 그 범위를 넘어 외국재판의 당부를 심사하자는 것은 아니므로 실질재심사 금지의 원칙에 저촉되는 것은 아니다."라고 쓰고 있다.
　이에 반하여 전보배상액의 과다 여부는 집행국 법원이 재심사할 수 없다는 반대견해도 있을 수 있는데, 김진오, "징벌적 배상이 아닌 전보배상(전보배상)을 명한 외국판결의 경우, 인용된 손해배상액이 과다하다는 이유로 승인을 제한할 수 있는지 여부", 대법원판례해설, 제105호(2015년 하), 법원도서관, 2016., 342-344면이 그러한 취지의 입장으로 보인다. 위 글 같은 부분에서는, 징벌적 배상이 아닌 전보배상을 명한 판결의 경우 배상액의 과다를 이유로 승인·집행을 거부하거나 제한한 외국의 판례·입법례는 찾기 어렵다고 하면서 독일과 일본의 사례를 소개하고 있고, 우리나라의 경우에도 실체적 공서위반 이유로 외국판결의 승인을 제한한 경우는 매우 드물고 특히 전보배상을 명한 외국판결을 배상액이 과다하다는 이유로 그 효력을 부인한 대법원판례는 찾기 어렵다고 쓰고 있다.

강제 배상금의 액수나 내용을 집행국 법원이 재심사할 수 있다고 보고, 이러한 점에서 위 라) 논거는 타당하지 않다고 생각한다.

결국, 간접강제를 명한 외국중재판정이 허용된다고 하더라도 그것이 항상 허용되는 것은 아니고, 해당 외국중재판정부가 명한 간접강제금의 성격(예컨대, 위 독일의 강제금과 같은 성격)이나 내용(예컨대, 간접강제금이 부당하게 과도한 경우)에 따라서는 우리법상 허용되기 어려운 것도 있을 수 있으므로, 이를 지나치게 일반화시킬 것은 아니라고 본다.

② 위 나) 논거에 대해서는 앞서 검토하였는데, 흥미로운 것은 대한민국 민사집행법상으로도 중재판정에서 간접강제를 명하는 것이 금지된다고 볼 수 없다는 취지의 판시는 1심과 원심에서만 설시되었고, 대상판결에서는 이 부분 설시를 빼고 나머지 논거만을 들어 원심을 지지하였다는 점이다. 앞서 본 이 부분 견해대립에 비추어 볼 때, 대법원이 그에 관한 판단을 유보한 것인지 아니면 1심과 원심의 위 설시에 동의하기 어려웠던 것인지는 분명치 않으나, 대법원이 그에 관한 판단을 명시적으로 하지 않은 점은 아쉽다. 그리고 앞서 본 바와 같이 한국법하에서도 중재판정부가 간접강제를 명하는 것이 허용된다고 본 1심과 원심의 결론에 찬성하지만, 한국법상 중재판정부가 독일의 강제금과 같이 강제이행 압박 목적의 강제집행수단으로서 국고에 귀속되는 성격의 제재금을 명할 수는 없으므로, 위 1심 및 원심이 마치 중재판정부의 간접강제가 일반적으로 허용된다는 것처럼 설시한 것은 다소 부정확한 설명으로 보인다.

③ 위 마)의 ①번 논거에서는, 이 사건 중재판정에서 특허권이전의무와 이에 필요한 서류제출의무의 이행을 명하고 있는데 양 의무는 별개의 의무인 것으로 해석되고 서류제출의무는 의사표시를 할 채무에 해당하지 않아 그 위반에 대한 간접강제는 민사집행법 아래에서도 가능하다고 하였다. 그러나 이와 같이 본다면, 서류제출의무 불이행에 대한 간접강제는 문제가 없다고 하더라도 특허권이전의무 불이행에 대한 간접강제 부분은 여전히 공서위반이 될 수 있는 것이 아니냐는 의문이 남는다. 사견으로는, 이 사건 중재판정에서 특허권이전의무와 이에 필요한 서류제출의무의 이행을 명하고 그 위반 시 간접강제금을 부과한 취지는, 특허권이전의무의 구체적인 이행방법으로서 이에 필요한 서류제출의무를 부과한 것으로 해석함이 타당하다고 본다.[46] 왜냐하면,

---

46) 박설아, 앞의 논문, 101면도 동지.

서류제출의무를 다 이행했는데 원고가 특허권이전 절차를 밟지 않은 것이라면 그 의무위반으로 볼 수 없기 때문이다.[47] 따라서 이 사건 중재조항의 간접강제 명령은 실제로는 특허권이전의무의 불이행에 대해 부과된 것이라기보다는 서류제출의무 불이행에 대해 부과된 것이라고 해석함이 실질에 맞는다고 본다. 그렇게 본다면, 위 서류제출의무는 의사표시를 할 채무에 해당하지 않으므로, 특허권이전과 같은 의사표시를 할 채무에 관하여 한국법상 간접강제가 허용되지 않음을 전제로 한 이 부분 주장은 더 살펴볼 필요 없이 이유 없는 것이다(다만 가정적으로, 중재판정에서 서류제출의무 부과 없이 특허권이전의무 및 그 위반 시 간접강제만 명하였다면, 대상판결에서 든 논거들이 그대로 적용될 수 있을 것이다).

④ 위 마)의 ③, ④항 논거와 관련해서 한 가지 부연하자면, 앞서 본 바와 같이, 승인집행거부사유에서 논하는 공서는 국내적 공서가 아니라 '국제적 공서'라는 점이다. 따라서 '국제적 거래질서의 안정'이라는 측면을 고려해야 하고 단순히 우리나라의 실정법에 어긋난다는 사정만으로 공서위반에 해당한다고 볼 수 없으며 그 집행을 인정하는 경우의 구체적 결과가 우리나라의 선량한 풍속 기타 사회질서에 반할 때에 한하여 집행을 거부할 수 있다.[48] 이렇게 본다면, 기본적으로 간접강제 제도가 우리 실정법에서도 존재하는 이상, 간접강제를 명한 외국중재판정이 우리나라의 공서에 위반된다고 보기는 어려울 것이다. 이 점은 종전에 우리 법체계에서 찾아볼 수 없었던 징벌적 손해배상이 공서에 위반되는지 여부가 특히 많이 논의되었던 점과 대비된다. 근래에는 한국에서도 하도급거래 공정화에 관한 법률 제35조, 기간제 및 단시간근로자 보호에 관한 법률 제13조 제2항 등에서 징벌적 손해배상의 성격을 포함하는 3배 배상 제도를 도입한 바 있어서 종래와 달리 징벌적 손해배상 또는 3배 배상을 명했다고 해서 그 자체가 우리 공서에 반한다고 단정하기는 어려워졌다.[49]

47) 참고로, 본 사안에서도 원고가 이 사건 인도특허와 관련하여 인도법원에 이 사건 중재판정 중 이 사건 인도특허 이전 부분에 대한 집행결정 신청을 하였고 이에 봄베이고등법원이 집행결정을 하였는데, 그 과정에서 피고의 이 사건 인도특허 이전의무 이행 완료 여부가 다투어졌다(1심 판결문 11면, 2심 판결문 18-19면).
48) 참고로, 영미법계에서는 건축계약이나 인적 노무 제공계약에 관해서 특정이행명령을 할 수 없음에도 불구하고 특정이행을 명한 중재판정이 공서양속에 반하는가에 관한 논의가 이루어지고 있는데, 이를 부정하는 견해가 유력하다고 한다(박설아, 앞의 논문, 101면).
49) 윤성근, 앞의 논문, 459-460면; 석광현, 국제민사소송법, 박영사, 2012., 382면.

4. 집행가능성의 문제(중재판정의 특정성 요건을 중심으로)

가. 문제의 소재

대상판결에서는 이에 관해 명시적으로 설시하지 않았으나, 1심 판결과 이를 인용한 원심 판결에서는 '이 사건 중재조항 제4항이 강제집행의 대상인 이 사건 라이선스계약상 기술의 정의 및 범위를 전혀 특정하지 않았으므로 강제집행이 불가능하고 따라서 이 사건 소는 권리보호의 이익이 없다'는 주장이 있었고, 이에 대한 판단이 이루어졌다. 실무상 중재판정에 대한 집행신청 사건에서 중재판정 주문의 특정성 결여를 이유로 권리보호의 이익이 없다는 주장 (뒤에서 보겠지만, 이를 공서위반 사유로 주장·판단한 사례들도 발견되고, 양자 모두를 병행 주장·판단한 사례[50]도 발견된다)이 자주 제기되고 있다.[51]

일반적으로 국내 판결의 경우 주문의 내용은 명확하게 특정되어야 하고 (대법원 2006. 9. 28. 선고 2006두8334 판결), 강제집행에 있어서도 급부의 종류, 범위, 시기 등이 특정되지 아니하면 집행권원으로서의 대상적격이 없다.[52]

'외국판결'의 승인집행절차에서도 대법원 2017. 5. 30. 선고 2012다23832 판결은 "특정이행명령의 대상이 되는 계약상 의무가 충분히 특정되지 못하여 판결국인 미국에서도 곧바로 강제적으로 실현하기가 어렵다면, 우리나라 법원에서도 그 강제집행을 허가하여서는 아니 된다."라고 판시하였다.[53]

---

50) 서울고등법원 2014. 1. 17. 선고 2013나13506 판결.

51) 대상판결 뿐만 아니라 서울고등법원 2014. 1. 17. 선고 2013나13506 판결(대법원 2014다14160호로 상고되었다가 소취하로 종결됨), 서울동부지방법원 2014. 8. 1. 선고 2014가합2196 판결, 서울중앙지방법원 2017. 12. 7.자 2017카합270 결정에서도 그러하다.

52) 법원실무제요, 민사집행[Ⅰ], 법원행정처, 2020., 194면.

53) 이 사건에서 원심(서울고등법원 2012. 1. 27. 선고 2011나27280 판결)은 '외국판결에 대하여 우리나라 법원의 집행판결로써 집행력을 부여하는 경우, 그에 기초한 강제집행의 방법·대상·개시·진행·종료 등 집행력의 실질적인 내용은 우리나라 법인 「민사집행법」에 따른다. 「민사집행법」에 의하면, 확정된 종국판결 등 집행권원에 기초하여 강제집행을 하고, 외국판결에 대하여 우리나라 법원의 집행판결로써 집행력을 부여하는 경우 그 외국판결과 집행판결이 일체로서 집행권원이 된다. 이러한 집행권원은 강제집행에 의하여 실현되어야 할 급부의 종류·내용·범위 등이 직접·구체적으로 표시되어야 한다. 그런데 이 사건 대상판결 중 특정이행 부분은 그 의무의 내용이 특정되어 있지 않아 우리나라의 「민사집행법」에 따라 강제집행에 의하여 실현되어야 할 급부의 종류·내용·범위 등이 직접·구체적으로 표시되지 아니하여 집행권원으로서의 적격을 갖출 수 없으므로, 이 사건 외국판결에 대한 집행판결을 구하는 소는 부적법하다'고 보았다. 이에 대하여 대법원은 "외국법원의 확정재판 등에 표시된 특정이행 명령의 형식 및 기재 방식이 우리나라 판결의 주문 형식이나 기재 방식과 상이하다 하더라도, 집행국인 우리나라 법원으로서는 민사집행법에 따라 외국법원의 확정재판 등에 의한 집행과 같거나 비슷한 정도의 법적구제를 제

그렇다면 '외국중재판정'의 승인집행절차에서도 이와 동일하게 집행가능성, 그 중 특정성을 결여한 경우 집행을 불허할 것인지, 불허한다면 그 법적 근거가 무엇인지, 그 경우 요구되는 기준이 다소 완화되는 것인지 등이 문제된다.

나. 집행판결 불허 여부

중재판정의 주문에 특정성이 결여되어 있는 등으로 인해 집행불가능한 경우에도 집행판결 자체는 가능하다는 하급심 판례[54]와 문헌[55]이 있다. 이 견해는 그 이유로, '중재판정에 대한 집행판결 제도의 취지는 중재판정에 집행력을 부여할 뿐만 아니라 상대방이 중재판정 취소사유를 주장하는 것으로부터 중재판정을 보호하는 것에도 있고, 당사자에게 자발적으로 중재판정에서 정한 의무를 이행할 것을 간접적으로 강제하여 결국 당사자 사이의 분쟁해결을 더 용이하게 하는 효과가 있으므로, 결국 강제집행불능인 중재판정에 대하여도 집행판결을 할 법률상 이익 있다'고 한다.[56] 독일 법원도 유사한 사안에서 집행판결은 구체적인 집행(execution)을 위한 것일 뿐만 아니라 중재판정의 취소로부터 중재판정을 보호하는 의미도 가진다고 판시하며 중재판정의 현실적인 집행 가능 여부와 무관하게 중재판정에 대한 집행판결을 내릴 소의 이익을 인정해 왔는데, 이는 집행판결(enforcement judgment) 절차와 해당 판결에 대한 집

공하는 것이 원칙이라고 할 것이다. 그러나 특정이행 명령의 대상이 되는 계약상 의무가 충분히 특정되지 못하여 판결국인 미국에서도 곧바로 강제적으로 실현하기가 어렵다면, 우리나라 법원에서도 그 강제집행을 허가하여서는 아니 된다."고 판시함으로써 원심과는 달리 '판결국'에서의 집행 가능성을 기준으로 집행판결 가부를 판단하였다. 다만, 이 대법원 판결의 태도가 '판결국에서 집행가능하다면 집행국에서 집행불가능 하더라도 집행판결을 허가할 수 있다'는 해석인지 여부는 불분명하다(이에 관한 상세한 논의는, 박설아, 앞의 논문, 88~91면; 석광현, "우리 대법원 판결에 비추어 본 헤이그 관할합의협약의 몇 가지 논점", 국제사법연구, 제25권 제1호, 2019., 511~520면 참조. 석광현, 위 논문 517면에서는, 판결국에서 집행가능하나 집행국에서는 집행불가능한 경우라면, 공서위반으로 보아 집행불허되어야 한다고 보고 있다).

54) 서울고등법원 2014. 1. 17. 선고 2013나13506 판결(대법원 2014다14160호로 상고되었다가 소취하로 종결되었다), 서울동부지방법원 2014. 8. 1. 선고 2014가합2196 판결, 서울중앙지방법원 2017. 12. 7.자 2017카합270 결정에서 이와 같은 태도를 취하였다.

55) 윤성근, 앞의 논문, 439면, 각주3도 같은 입장으로 보인다[위 글에 의하면 승인대상 소송물(승인청구의 청구취지 및 청구원인) 자체의 특정가능성 내지 확정가능성을 초과해 집행가능성을 지나치게 요구하는 것에 대해 의문을 제기한다].

56) 위 서울고등법원 판결의 9-11면. 이와 달리, 그 1심 판결인 서울남부지방법원 2013. 1. 31. 선고 2012가합15979 판결은 특정성 결여로 인해 강제집행을 할 수 없어 권리보호의 이익도 없다고 보아 소각하 판결을 하였다.

행문 부여에 따른 강제집행(execution) 절차를 준별하여 실제로 강제집행을 할 수 있는지 여부와 무관하게 일단 집행판결은 부여함으로써 집행판결 거부를 둘러싸고 발생할 수 있는 불필요한 논란을 원천적으로 차단하는 태도로 파악된다고 한다.57)58)

이에 반해, 우리 중재법은 국내중재판정에 대하여 승인제도를 별도로 두고 있으므로, 중재판정에 대한 승인결정만으로도 중재판정 취소를 제한하는 효과를 달성할 수 있고, 중재판정의 당사자에 대한 구속력은 중재판정의 집행력과는 별개의 문제이므로 이를 이유로 굳이 집행가능성이 없는 중재판정에 대하여 강제집행을 허가하는 집행판결을 해야 할 필요는 없다는 견해도 있다.59)

집행불가능한 경우라도 집행판결 자체는 가능하다는 위 견해는 다소 중재친화적인 견지에서 중재판정 집행판결 제도의 취지 및 중재에서 당사자 자치원칙의 존중을 깊이 고민한 흔적이 엿보이는 견해이다. 이 문제는 까다로운 문제로서 추가적인 연구가 필요할 것으로 보이지만, 사견으로는 다음과 같은 이유에서 집행불가능한 중재판정에 대한 집행판결은 불허하는 것이 타당하다고 생각한다.

① 중재판정의 경우 특정성이나 집행가능성 기준 자체를 다소 완화해서 해석60)하는 것은 몰라도, 집행판결 제도가 중재판정에 집행력을 부여하여 강제집행절차로 나아갈 수 있도록 허용하는 제도61)인 점에서 강제집행이 불가능한 내용의 중재판정에 대해 집행판결을 허가한다는 것은 이론적으로 무리이다.

② 실제로도 강제집행이 불가능한 집행허가를 함으로써 혼란만 가중시키고 후속 분쟁을 야기할 소지가 클 것으로 보인다.62)

---

57) BayObIG, Schieds VZ 2003, 142 (142 ff.); BGH Schieds VZ 2006, 278 (278 f.) (임성우, "중재판정에 대한 집행판결청구소송의 소의 이익에 관한 최신 판례 분석", 중재, 제341호, 2014., 24면에서 재인용)

58) 이와 관련하여 Benjamin Hughes, "Enforcement and Execution of Arbitral Awards in Korea: A Cautionary Tale", Asian Dispute Review, 2014., 96~97; Richard Menard, "Enforcement of arbitral awards in South Korea: recent developments", Arbitration Newsletter Vol. 19 No. 1, 2014., 34~35에서도 집행(enforcement)과 강제집행(execution)은 구분되어야 한다는 취지로 주장한다.

59) 박설아, 앞의 논문, 80~81면; 임성우, 국제중재, 박영사, 2016., 318면.

60) 위 서울고등법원 판결이 중재판정의 특정성을 지나치게 엄격하게 요구하였다는 취지의 비판으로는 박설아, 앞의 논문, 80면, 각주 54 참조.

61) 대상판결에서도 동일하게 설시하고 있다.

62) 박설아, 앞의 논문, 81면도 동지.

③ 의무이행을 간접적으로 강제할 수 있다는 점은 사실상의 이익 또는 필요성에 해당하지 법률상 이익에 해당된다고는 보기 어렵다. 국내 판결의 경우에도 특정성이 결여되면 부적법하다고 보는데, 의무이행을 강제하는 간접적인 효과가 있기는 이도 마찬가지이다. 이에 관하여 중재법 제36조 제4항은 "해당 중재판정에 관하여 대한민국의 법원에서 내려진 승인 또는 집행결정이 확정된 후에는 중재판정 취소의 소를 제기할 수 없다."고 규정함으로써 집행결정에 대하여 집행력의 부여 이외에 중재판정의 취소를 제한하는 법적 효력을 부여하고 있으므로, 중재판정의 주문에 특정성이 결여되어 있는 등으로 인해 집행이 불가능한 경우라도 중재판정에 대한 집행결정을 구할 법률상의 이익이 인정된다고 주장할 여지도 있다. 그러나 우선 위 중재법 조항은 국내중재판정에 대해서만 적용되는 것이므로 본 사안과 같이 외국중재판정에 관해서는 적용될 여지가 없다. 무엇보다도, 위 중재법 조항은 승인집행을 허가하는 결정이 확정된 경우, 즉 승인집행신청을 인용한 경우에 적용되는 것이지, 이를 기각한 경우에는 적용되지 않고,[63] 특정성 결여 등을 이유로 부적법 각하한 경우에도 적용되지 않는다고 본다. 왜냐하면, 위 규정의 취지는 집행결정 절차에서 집행거부사유를 모두 주장하게 함으로써 소송경제를 도모하고 법원판결의 상충을 막기 위함에 있으므로,[64] 집행거부사유라는 본안 소송물 자체에 관한 판단이 아닌 소송요건에 관한 판단에 관해서는 적용되지 않는다고 봄이 타당하기 때문이다. 더구나 중재판정 취소의 소는 중재판정 정본 수령일로부터 3개월 내에 제기해야 하므로 대부분의 경우에는 이미 그 기간이 도과되어 위 조항에 따른 법률상 이익이 생길 수 없는 경우가 많을 것이다.

④ 독일의 경우 국내중재판정에 관하여 승인제도를 두지 않고 집행제도만 두고 있으므로 승인과 집행을 구별하고 있는 우리나라의 경우와는 제도가 상이하여 집행판결의 의미에 관한 위 독일 법원의 태도를 그대로 따르기는 어렵다.[65]

⑤ 집행불가능한 경우라도 집행판결이 가능하다고 판시한 위 서울고등법원 2014. 1. 17. 선고 2013나13506 판결에서는 결론적으로 집행허가를 인용하

---

63) 석광현, 국제상사중재법연구, 제2권, 박영사, 2019., 227면.
64) 석광현, 국제상사중재법연구, 제2권, 박영사, 2019., 226-227면.
65) 박설아, 앞의 논문, 80면에서는 "우리 중재법은 국내중재판정에 대하여 승인제도를 별도로 두고 있으므로, 중재판정에 대한 승인결정만으로도 중재판정 취소를 제한하는 효과를 달성할 수 있다"고 쓰고 있다. 임성우, 국제중재, 박영사, 2016., 318면도 동지.

면서도 집행가능성이 없다는 점을 고려하여 가집행 선고는 하지 않았는데, 이
는 논리적으로 다소 모순되는 측면이 있어 보인다.

⑥ 대상판결의 1심 및 원심에서도 특정성을 갖추었다고 보아 권리보호의
이익이 있다고 판시하였는데, 반드시 그렇게 볼 것은 아니지만, 이를 반대해석
하면 특정성이 결여되었다면 권리보호의 이익이 없다는 취지로 해석할 여지가
있다.

다. 집행가능성 요건의 지위 및 법적 근거

집행가능성 요건을 외국중재판정 승인집행거부사유의 하나로 볼 수 있는
가?[66] 아니면 그와는 별개의 소송요건으로 볼 것인가? 논의의 실익은, 승인집
행거부사유로 볼 경우 이는 본안요건으로서 승인집행거부사유에 해당하면 기
각결정을 해야 하고, 소송요건으로 볼 경우 이를 갖추지 못하면 각하결정을
해야 한다는 것이다.[67] 이에 대해서 명확하게 이론을 정립한 문헌은 발견하기
어려우나, 우리 판례는 앞서 본 바와 같이 대체로 소송요건으로 보아 그 불비
시 소를 각하하고 있다.[68]

검토건대, 뉴욕협약 및 우리 중재법상 승인집행거부사유는 한정적 열거이
므로, 집행불가능성을 승인집행거부사유로 규정하고 있지 않은 이상 이를 승
인집행거부사유로 인정할 수는 없다고 본다. 다만, 승인집행거부사유 중 공서
위반에 해당한다는 주장은 가능할 여지가 있을 것으로 본다. '외국판결'의 승
인집행에 관한 것이기는 하지만, '판결국에서 집행가능하나 집행국에서는 집
행불가능한 경우라면, 공서위반으로 보아 집행불허되어야 한다'는 견해가 있
다.[69] 그러나 사견으로는 일반적으로 단순히 강제집행이 불가능하다는 사유만

---

66) 중재판정의 특정성이 결여되면 중재판정의 구속력을 인정할 수 없고 따라서 집행거부사유가 될 수
   있다는 견해로는 Rudolf Tschäni, "Specific issues in different types of contractual relations:
   Corporate disputes", Performance as a Remedy: Non-Monetary Relief in International
   Arbitration, JURIS, 2011, p.218 참조(박설아, 앞의 논문, 103면 각주 135에서 재인용).
67) 박설아, 앞의 논문, 92면; 석광현, 국제민사소송법, 박영사, 2012., 556면.
68) 대상판결의 1심 및 원심도 '권리보호 이익'의 문제로 보았다. 그밖에 서울고등법원 2014. 1. 17. 선
   고 2013나13506 판결, 서울동부지방법원 2014. 8. 1. 선고 2014가합2196 판결, 서울중앙지방법원
   2017. 12. 7.자 2017카합270 결정도 같다. 외국판결의 승인집행에 관한 대법원 2017. 5. 30. 선고
   2012다23832 판결에서도 원심(서울고등법원 2012. 1. 27. 선고 2011나27280 판결)은 특정성 및
   집행가능성 결여를 소송요건으로 보아 부적법 각하하였고, 이를 대법원도 수긍하였다.
69) 석광현, "우리 대법원 판결에 비추어 본 헤이그 관할합의협약의 몇 가지 논점", 국제사법연구, 제
   25권 제1호, 2019., 517면.

으로는 공서위반의 승인집행거부사유에 해당되기는 어려울 것으로 생각한다.[70] 우리 판례들 중에서도 집행불가능을 공서위반으로 주장한 사안들이 발견되나, 이러한 주장은 거의 대부분 배척되었다.[71]

따라서 집행가능성 요건은 승인집행거부사유의 하나로 볼 것은 아니고, 집행국인 한국의 민사소송법 및 민사집행법이 정하는 소송요건(소송요건 중에서 '권리보호의 이익' 문제로 다룬 것이 대다수이나, '집행권원의 적격' 문제로 다룬 판례[72]도 발견된다)의 하나로 봄이 타당하다.[73] 뉴욕협약 제3조도 "각 체약국은 중재판정을 (중략) 그 판정이 원용될 영토의 절차 규정에 따라서 집행하여야 한다"라고 규정하여 집행판결청구의 소가 인용되기 위해서는 집행국의 절차 규정이 정한 요건을 따라야 한다는 점을 규정하고 있다.[74]

라. 기준 완화 여부

'중재판정'의 승인집행에서 요구하는 특정성의 정도가 '외국판결'의 승인집행에서 요구되는 특정성의 정도와 동일한 것인지, 다소 완화할 필요가 있는지에 관하여 견해가 대립된다. 즉, ① 중재판정이 집행결정과 일체가 되어 집행권원으로서 집행력을 부여 받기 위해서는 다른 종류의 집행권원과 마찬가지로 특정성 등 집행권원으로서 필요한 요건을 갖추어야 하고, 형식적이고 기계적인 집행을 가능하게 하는 집행권원으로서의 기능과 특정성 결여 시 발생하

---

[70] 중재재판실무편람, 중재재판실무편람 집필위원회, 2018., 138면도 동지.

[71] 앞서 본 서울고등법원 2014. 1. 17. 선고 2013나13506 판결(집행불능인 중재판정에 대하여 집행판결을 할 권리보호의 이익이 있고, 집행이 가능할 정도로 특정되지 않은 중재판정에 대하여 집행판결을 하였다고 하여 집행기관에 임의로 판단하여 집행하도록 허락하는 것도 아니며, 상대방은 그 해당절차에서 법에서 정하여진 이의, 항고 등을 통하여 권리를 구제받을 수 있다고 하여 공서에 반한다는 주장을 배척한 사례), 서울고등법원 2014. 3. 18. 선고 2013나49420 판결(채권에 대한 압류 및 추심명령이 존재함에도 중재판정에서 채무자가 제3채무자를 상대로 채권에 기한 청구를 한 경우 비록 채권에 대한 압류 및 추심명령이 있으면 제3채무자에 대한 이행의 소는 추심채권자만이 제기할 수 있고 채무자는 피압류채권에 대한 이행소송을 제기할 당사자적격을 상실한다고 할 것이나, 이러한 경우에도 대한민국의 선량한 풍속 기타 사회질서에 위배되는 결과를 초래한다고 보기 어렵다고 판시한 사례).

[72] 외국판결의 승인집행에 관한 대법원 2017. 5. 30. 선고 2012다23832 판결 및 그 원심인 서울고등법원 2012. 1. 27. 선고 2011나27280 판결.

[73] 박설아, 앞의 논문, 92면도 동지.

[74] 임성우, "중재판정에 대한 집행판결청구소송의 소의 이익에 관한 최신 판례 분석", 중재, 제341호, 2014., 23-24면. 참고로, 외국판결의 승인집행에 관한 서울고등법원 2018. 11. 6. 선고 2017나18608 판결도 "집행판결을 청구하는 소도 소의 일종이므로 통상의 소송에서와 마찬가지로 당사자능력 등 소송요건을 갖추어야 한다."고 설시한 바 있다.

는 부작용을 고려하면 외국중재판정을 다른 집행권원과 달리 취급할 이유가 없다는 견해75)가 있고, ② 이에 반하여 중재판정에 대하여 판결에서와 같이 특정성 요건을 엄격하게 요구하는 것은 부당하다는 견해76)가 있다.

　　검토건대, 중재판정에 요구되는 특정성의 정도는 확정판결의 경우와 기본적으로 동일하게 봄이 타당하나, 일정한 작위나 부작위를 목적으로 하는 이른바 '하는 채무'를 명하는 외국중재판정의 경우에는 우리 실무상으로도 그 대체집행이나 간접강제 절차에서 어느 정도의 특정성 보정 과정을 거칠 여지가 있는 점, 위와 같은 작위나 부작위를 명하는 중재판정에서 요구되는 특정성의 정도는 각국의 입법례나 준거법에 따라 다를 수 있고, 중재판정부에게 법원의 확정판결과 같은 정도의 특정을 요구하는 것은 현실적으로 무리인 점 등을 고려해 보면, 작위나 부작위를 명하는 중재판정에서 요구되는 특정성의 정도는 대체집행이나 간접강제 절차에서 보정 가능한 범위 내에서는 다소 완화 해석할 필요성이 있다고 생각한다. 대상판결의 사안처럼, 외국중재판정 자체에서 일정한 금지를 명하면서 그에 위반할 경우의 간접강제금 부과까지 명하고 있는 경우에는 더더욱 일정한 금지를 명한 중재판정의 특정성은 완화해서 볼 필요가 있다고 생각된다. 이러한 견지에서, 대상판결의 1심 및 이를 그대로 인용한 원심 판결에서도 '원칙적으로 집행판결의 대상이 된 중재판정도 구체적 급부의 이행 등 그 강제적 실현이 가능할 정도의 특정성을 갖출 것이 요구되지만, 이 사건 중재판정 제4항은 일정한 행위의 금지를 명하는 것이므로 그 행위 금지를 위한 집행판결을 받아둘 권리보호의 이익이 넓게 인정되어야 한다'고 다소 완화된 해석을 한 것으로 보인다.

　　한편, 중재판정 주문의 특정성을 해석함에 있어서 중재판정 주문 중 일부 불명료한 부분이 있더라도 중재판정 주문 전체와 중재판정 이유를 통해 불명료한 부분을 구체화하거나 보충하여 해석하는 것은 가능하다.77) 그러나 새로운 증거나 중재대상이 된 본안에 대한 재심리를 통하여 중재판정의 주문을 보충하거나 변경하는 것은 허용되지 않는다.78)

---

75) 박설아, 앞의 논문, 95면.
76) Benjamin Hughes, "Enforcement and Execution of Arbitral Awards in Korea: A Cautionary Tale", Asian Dispute Review, 2014., 96-97; Richard Menard, "Enforcement of arbitral awards in South Korea: recent developments", Arbitration Newsletter Vol. 19 No. 1, 2014., 34-35.
77) 박설아, 앞의 논문, 97면.
78) 서울동부지방법원 2014. 8. 1. 선고 2014가합2196 판결; 석광현, 국제상사중재법연구, 제1권, 박영

Ⅳ. 쟁점3: 외국중재판정 후에 청구이의사유 발생 시의 해결 방법

1. 문제의 소재

외국중재판정 후에 변제 기타 사유로 중재판정에서 명한 채무의 일부 또는 전부가 소멸하는 청구이의사유가 발생한 경우, 피고는 어떻게 구제를 받을 것인가? 대상판결에서는 이 사건 중재판정 후에 피고가 이 사건 인도특허의 이전의무와 서류제출의무의 이행을 다하였으므로 청구이의사유가 발생하였다는 주장이 제기되었고 이 쟁점이 중요하게 다투어졌다. 이에 대하여 원심은 그 이행이 이루어지지 않았다고 본 반면, 대상판결은 법률 해석과 사실인정을 달리하여 그 이행이 이루어졌으므로 청구이의사유가 발생했다고 보아 이 부분을 파기 환송하였다.

이 쟁점에 관해서는 우선 외국중재판정 후에 청구이의사유가 발생한 경우 집행판결 절차에서 이러한 청구이의사유를 주장할 수 있는지 여부, 있다면 그 법적 근거 또는 이유를 무엇으로 설명할 것인지, 개정 중재법하에서는 집행결정 제도로 변경되었는데 여전히 같은 법리가 적용되는지 여부 등을 검토할 필요가 있다.

2. 집행판결 사건에서 청구이의사유 주장 가부 및 근거

원칙적으로 외국중재판정 후에 청구이의사유가 발생한 경우라 하더라도 일단 집행판결을 받은 뒤에 피고가 다시 청구이의의 소를 제기하여 집행력 배제를 구하는 방법에 의해야 한다. 더구나 앞서 본 바와 같이, 뉴욕협약 및 우리 중재법에서 규정하는 승인집행거부사유는 한정적 열거이고 청구이의사유의 존재는 문언상 그러한 거부사유에 포함되지 않으므로, 이를 집행판결 단계에서 거부사유 또는 기타 항변으로 주장하기는 어렵다고 볼 수도 있다.[79]

그러나, 청구이의사유가 있음에도 집행판결을 인용한 후에 다시 청구이의의 소로 다투게 하는 것은 불필요한 절차를 반복하게 하고 소송경제에 반하는 측면이 있으므로, 이를 집행판결 단계에서 바로 주장(항변) 가능하도록 할 수는 없는가 하는 의문이 제기된다.

사, 2007., 334면.

79) 뒤에서 볼 대법원 2003. 4. 11. 선고 2001다20134 판결의 1심 판결(인천지방법원 2000. 4. 25. 선고 99가합6964 판결)이 이와 같이 판시하였다.

이에 대하여 학설은 나뉜다.

청구이의항변 긍정설(또는 항변설)은 이것이 허용된다고 본다.[80] 그 근거로는, 집행판결소송은 강제집행을 하기 전에 별도로 행하여지는 판결절차로서 실체상의 청구권에 대하여 심리하더라도 반드시 부적절하다고 할 수 없고 청구권이 없는 집행력에 대하여 눈을 감는다는 것은 강제집행의 이념에 맞지 않으며, 청구이의의 소로만 다투게 하는 것보다 당사자에게 편리하고 경제적이라는 것 등을 들고 있다.[81] 일본에서도 이 견해가 다수설이고 판례도 같은 입장이라고 한다.[82]

이에 반하여 청구이의항변 부정설(또는 별소설)은 집행판결 절차에서 청구이의사유를 아예 주장할 수 없고 집행판결을 받은 후에 별도로 청구이의 소를 제기해야 한다고 주장한다.[83]

이에 대한 우리 대법원의 태도는 다소 독특한데, "집행판결은 외국중재판정에 대하여 집행력을 부여하여 우리나라 법률상의 강제집행절차로 나아갈 수 있도록 허용하는 것으로서 그 변론종결시를 기준으로 하여 집행력의 유무를 판단하는 재판이므로, 중재판정의 성립 이후 채무의 소멸과 같은 집행법상 청구이의의 사유가 발생하여 중재판정문에 터잡아 강제집행절차를 밟아 나가도록 허용하는 것이 우리 법의 기본적 원리에 반한다는 사정이 집행재판의 변론

---

80) 문정일, "외국판결과 외국중재판정에 관한 승인 및 집행에 있어서 공서의 의미", 대한공증협회지, 2호, 2008., 175면; 오정후, 앞의 논문, 333-334면; 석광현, 앞의 책, 396-397면.

81) 문정일, 앞의 논문, 175면.

82) 문정일, 앞의 논문, 175면, 주52.

83) 조연호, "뉴욕협약하의 외국중재판정의 승인과 집행 ─미국과 한국에의 적용사례를 중심으로─", 외국사법연수논집[7], 재판자료 제47집, 1989., 428면. 그밖에 위 청구이의항변 부정설 또는 별소설의 상세한 내용은 오정후, "집행판결의 공공질서 위반에 대한 연구", 민사소송, 제11권 제1호, 2006. 5., 333면; 석광현, 국제상사중재법연구, 제1권, 2007., 396면 참조. 석광현, 앞의 책, 396면에 따르면 부정설의 논거는 다음과 같다. 즉,「집행판결의 경우 집행법원은 중재판정의 형식적 요건만을 심사한다는 점에서 또한 집행판결은 중재판정의 전부에 대하여 집행력을 부여하는 형성판결이므로 그 일부분에 대해서만 집행판결을 허가할 수는 없으므로 청구이의사유를 주장할 수 없다거나, 민사집행법이 청구이의의 소와 집행판결을 구하는 소를 별도로 규정하고 있으므로 집행판결을 구하는 소에서는 이를 주장할 수 없고 기판력의 표준시 이후의 사유를 주장하기 위해서는 별도로 청구이의의 소를 제기해야 하고, 나아가 집행법원은 중재판정의 실질을 재심사할 수 없으므로 집행판결청구의 소에서는 청구이의사유를 주장할 수 없다고 본다. 또한 집행판결의 성질을 우리 법원이 외국의 집행권원에 대하여 집행력을 부여하는 형성판결로 본다면 아직 집행력이 부여되지 않은 외국중재판정에 대하여 집행력을 배제하는 것은 논리적으로 불가능하다고 주장할 여지도 있다. 부정설에 따르면 결국 집행판결청구의 소의 단계에서는 일단 원고 승소판결을 하고 피고는 별도로 청구이의의 소를 제기하여 집행력의 배제를 구해야 한다는 것이 된다.」

과정에서 드러난 경우에는, 법원은뉴욕협약 제5조 제2항 (나)호의 공공질서 위반에 해당하는 것으로 보아 그 중재판정의 집행을 거부할 수 있다"는 것이다(대법원 2003. 4. 11. 선고 2001다20134 판결). 이러한 판시 내용은 그 후에도 반복되어 왔고 대상판결에서도 그대로 설시됨으로써 이미 확립된 법리로 보인다. 즉, 대법원은 청구이의사유를 집행판결 절차에서 주장할 수는 있다고 보면서, 이를 일반적인 청구이의 항변으로서가 아니라 승인집행거부사유, 그 중에서도 공서위반의 거부사유로 보는 것이다. 대법원이 집행판결청구의 소에서 청구이의 항변을 할 수 없다고 보는 전제에서 위와 같이 공서위반의 거부사유로 접근하는 것인지 여부는 분명하지 않다.

이와 같은 대법원의 태도에 찬성하는 견해(긍정설)가 많지만,[84] 학계에서는 이러한 대법원의 법리 구성에 대한 비판론도 만만치 않다. 최근의 가장 유력한 비판으로는, 대법원의 결론을 지지하면서도 그 근거를 공서위반의 승인집행거부사유로 드는 것은 잘못이고 일반적인 청구이의 항변으로 허용되어야 한다는 주장이 있다.[85]

사견으로는, 위 비판론과 같은 맥락에서, 위 대법원의 결론은 타당하나 그 근거를 공서위반의 승인집행거부사유로 입론하는 것은 타당하지 않고, 청구이의 항변사유로 보는 것이 옳다고 보는데, 그 이유는 다음과 같다.

① 무엇보다도, 청구이의사유가 발생했다 하더라도 외국중재판정에 대하여 집행판결을 받아 강제집행에 나아가는 것 자체가 우리법상 공서에 반한다고 보기는 어렵다. 우리 민사소송법과 민사집행법상 강제집행절차는 판결절차와 엄격히 구별되고 형식주의를 취하는 결과 강제집행절차에서 실체적인 법률관계의 내용을 심사하지 아니하므로, 설령 후에 채무 소멸 등 청구이의사유가 발생했다 하더라도, 일단 성립한 집행권원에 따라 강제집행을 하는 것 자체는 적법한 행위이고, 단지 청구이의 소와 같은 별개의 절차로 해결할 수 있을 뿐이다.[86] 즉, 우리법상으로도 채무 소멸과 같은 사정이 발생한 경우의 강제집

---

84) 장상균, "외국중재판정에 대한 집행재판과정에서의 청구이의사유의 주장", 대법원판례해설 제44호 (2003 상반기), 2004., 124면; 이호원, "외국중재판정의 승인과 집행: 뉴욕협약을 중심으로", 재판자료 제34집, 1986, 705면; 조재연, "외국중재판정에 대한 집행판결: 뉴욕협약을 중심으로", 사법연구자료 11집, 1984., 188면; 손경한, "외국판결 및 중재판정의 승인과 집행", 국제거래법연구 창간호, 1992, 170-171면.
85) 석광현, 국제상사중재법연구, 제1권, 2007., 398-405면; 오정후, "집행판결의 공공질서 위반에 대한 연구", 민사소송, 제11권 제1호, 2006. 5., 343면.

행이 우리법의 기본적 원리나 공서에 반한다고 할 수는 없다.[87] 집행권원이 외국판결이나 외국중재판정인 경우에도 동일하게 보아야 할 것이다.

② 그렇다고 청구이의사유가 있더라도 외국중재판정의 집행을 허가하여야 한다는 것은 아니고, 집행판결 절차에서 이러한 청구이의사유를 항변으로 주장할 수 있다고 본다(청구이의항변 긍정설). 개념적으로는 집행판결 절차와 그 후의 청구이의 소 절차는 별개라고 볼 수도 있지만, 집행판결을 받기 위하여 이미 계속 중인 절차에서 청구이의사유를 항변으로 주장할 수 없다고 볼 필연적인 이유가 없고, 오히려 그것을 허용함이 소송경제에 부합하는 해석이다. 국내판결의 경우 그 판결 자체의 효력으로서 집행력이 발생하고 그 후에 집행력을 배제시키는 절차로서 청구이의 소 제도가 존재하는 것이지만, 외국판결이나 중재판정의 경우 집행판결 또는 집행결정 절차라는 독특한 절차를 통해 집행력을 부여하는 별도의 절차를 거치게 되는 것이므로, 이러한 집행판결 또는 집행결정 절차의 특성에 비추어 볼 때, 집행력을 부여하는 과정에서 집행력 배제사유(청구이의사유)의 존재까지 함께 주장 및 심사할 수 있다고 봄이 타당하다. 한편, 집행판결의 성격에 대하여 다수설인 형성판결설에 따른다면 집행판결이 있어야 비로소 집행력이 부여되는 것이므로 그 전에 집행력 배제를 구할 수는 없다고 주장할 수도 있겠지만, 외국판결이나 외국중재판정의 경우에는 반드시 한국법원에 의해 집행력이 부여된 후에야 다시 그 집행력 배제를 구할 수 있다고 볼 수는 없고, 집행력 부여 단계에서 그 집행력 부여의 타당성 여부를 같이 판단할 수 있다고 본다. 이는 형성판결인 사해행위취소판결이 확정되지 않은 상태에서 그 취소에 따른 원상회복을 함께 명하고 있는 것과 유사하다. 오히려, 어차피 집행력을 배제할 것이라면 집행력 부여 단계에서 이를 같이 판단하는 것이 낫다고 본다.[88]

③ 대법원과 같이 청구이의사유의 존재를 공서위반의 승인집행거부사유로 이론구성 한다면, 만일 청구이의사유는 발생하였으나 그것이 공서위반이 되지 않는 경우에는 집행판결을 인용해야 한다는 부당한 결과가 된다.[89] 이러

---

86) 오정후, 앞의 논문, 323-324면.
87) 오정후, 앞의 논문, 343면.
88) 이렇게 본다면, 사실상 집행판결청구의 소와 청구이의의 소를 병합한 형태가 되고, 법원으로서는 집행판결청구의 소에서 승인집행거부사유 뿐만 아니라 청구이의사유까지도 심사하게 된다.
89) 석광현, 국제상사중재법연구, 제1권, 2007., 398면.

한 경우가 흔치는 않을 것이나, 가령 소멸시효 완성이나 상계의 경우 법제의 차이[90]에 따른 요건이나 효과의 차이로 인해 청구이의사유로는 인정되나 공서 (국내적 공서가 아닌 국제적 공서이다) 위반으로는 볼 수 없는 경우가 있을 수 있다. 따라서 공서위반 사유로 접근하는 것 보다는 집행판결 절차에서도 청구이의사유 모두에 대해서 청구이의 항변을 할 수 있다고 보는 것이 타당하다고 본다.

④ 공서위반이라는 일반조항으로의 도피는 가급적 자제하는 것이 바람직하고, 특히 국제적 분쟁에서는 법적 안정성과 예측가능성을 해할 우려가 있으므로 공서위반의 적용은 가급적 제한적으로만 할 필요가 있다.

⑤ 청구이의 항변을 인정하면 집행판결에서의 실질재심사 금지원칙에 위반된다는 반론이 있으나, 여기서 문제되는 청구이의사유는 외국중재판정이 성립한 후에 발생한 것이어서 외국중재판정부가 이미 판단한 사항을 재심사하는 것이 아니므로 실질재심사 금지원칙에 반하는 것도 아니다.

3. 개정 중재법상 집행결정 제도로 인한 변화

위의 논의는 2016년 중재법 개정 전의 집행판결 제도하에서의 논의이다. 대상판결도 마찬가지로 개정 전 집행판결 관련 사안이다. 그런데 위 중재법 개정으로 인해 집행결정 제도로 바뀌었으므로, 더 이상 그 결정절차에서 청구이의사유를 주장할 수는 없는 것 아닌가 하는 의문이 가능하다.

이에 대한 논의는 아직 현재 진행형이라고 할 수 있다. 새로 도입된 집행결정 제도하에서도 여전히 소송경제를 고려하여 청구이의사유를 주장할 수 있다고 보는 견해가 있고[91], 이에 반하여 청구이의 소송절차와 집행결정절차는 그 성질이 다르므로 집행결정절차에서 청구이의사유를 주장할 수 없다는 견해도 있다.[92] 개정 중재법에서 집행결정 제도로 바꾼 취지가 중재판정 집행을 보다 신속하고 간편하게 해주기 위한 것이라는 점을 고려하면, 집행결정 절차에서 청구이의사유를 주장할 수 없도록 하는 것이 개정법의 취지에 부합하는 해석이라

---

90) 집행판결청구의 소에서 청구이의사유에 대해 판단하는 경우 그의 준거법은 법정지법인 한국의 국제사법에 따라야 할 것으로 본다(석광현, 국제상사중재법연구, 제1권, 2007., 400면, 각주 75).

91) 석광현, 국제상사중재법연구, 제2권, 박영사, 2019., 231면.

92) 이호원, "중재판정의 승인 및 집행절차의 개선방안 연구", 법무부 연구용역 보고서, 2012., 80면; 강태훈, "중재판정 집행재판의 개정에 관한 검토", 저스티스 통권 제151호, 2015. 12., 382면; 전병서, "중재판정의 집행결정절차에 관한 검토", 사법, 제49호, 사법발전재단, 2019., 152면.

고 주장할 여지도 있다. 참고로, 독일과 일본에서도 견해가 나뉘는데 독일에서는 긍정설이 다수설이고 일본에서는 부정설이 다수설이라고 한다.93)

만일 대상판결과 같이 청구이의사유의 존재를 공서위반의 승인집행거부 사유로 보는 견해를 따른다면 집행결정제하에서도 여전히 공서위반 사유를 주장할 수 있으므로 문제될 것이 없을 것이다. 그와 같이 공서위반 사유로 접근하지 않고 청구이의 항변으로 접근할 경우 위 견해대립이 적용되는데, 이에 관해서는 좀 더 연구가 이루어져야 될 것으로 보이나, 사견으로는 다음과 같은 이유에서 집행결정제하에서도 여전히 청구이의사유를 항변으로 주장할 수 있다고 생각된다. 첫째, 국내판결의 경우 그 판결 자체의 효력으로서 집행력이 발생하고 그 후에 집행력을 배제시키는 절차로서 청구이의 소 제도가 존재하는 것이지만, 외국판결이나 중재판정의 경우 집행판결 또는 집행결정 절차라는 독특한 절차를 통해 집행력을 부여하는 별도의 절차를 거치게 되는 것이므로, 이러한 집행판결 또는 집행결정 절차의 특성에 비추어 볼 때, 집행력을 부여하는 과정에서 집행력 배제사유(청구이의사유)의 존재까지 함께 주장 및 심사할 수 있다고 봄이 타당하다. 둘째, 기판력 인정 여부나 청구이의항변 가부 등과 같은 기본적인 이론들은 집행판결 절차이냐 집행결정 절차이냐에 따라서 달라질 것이 아니고, 양자에 일관되게 적용된다고 보는 것이 타당하다. 오히려 이러한 기본적인 이론들에 관해 집행결정 절차에서는 달리 해석해야 한다고 봄은 개정 중재법의 입법취지에 부합되지 않는 것이라고 본다. 셋째, 집행결정 절차에서 청구이의의 소를 반소로 제기하는 것은 그 절차의 성질이 서로 달라 허용되지 않겠지만,94) 항변으로 주장하는 것은 다른 문제로서 이는 가능하다고 볼 수 있기 때문에, 그 절차의 성질이 달라 청구이의항변이 허용되지 않는다는 위 부정설의 논거는 타당하지 않다고 본다.

그밖에도 집행결정에 기판력이 인정되는지, 기판력이 인정된다면 청구이의사유에 대해서도 기판력이 인정되어 집행결정 단계에서 기발생한 청구이의사유를 주장하지 않았다면 기판력의 차단효에 따라 집행결정 후에는 그 청구이의사유를 주장할 수 없게 되는지 등 까다로운 후속 논점들이 뒤따르는데,95)

---

93) 석광현, 국제상사중재법연구, 제2권, 박영사, 2019., 231면.

94) 이는 집행판결제하에서도 마찬가지로 본다(오정후, 앞의 논문, 332면 참조).

95) 이러한 논점들에 해서는 석광현, 국제상사중재법연구, 제2권, 박영사, 2019., 129면, 231면; 문정일, "외국판결과 외국중재판정에 관한 승인 및 집행에 있어서 공서의 의미", 대한공증협회지, 제2호,

이에 대한 검토는 생략한다.

4. 본 사안의 경우

본 사안에서 원심은 이 사건 중재판정에서 명한 의무이행이 이루어지지 않았다고 본 반면, 대상판결은 이와 달리 그 이행이 이루어졌으므로 청구이의 사유가 발생했다고 보아 이 부분을 파기 환송하였다. 환송 후 판결(서울고등법원 2019. 5. 16. 선고 2018나10731 판결)에서는 대상판결의 환송 취지에 따라서 이 부분 집행을 불허하였다.

앞서 본 바와 같이, 외국중재판정 후 청구이의사유가 발생하였을 경우 집행을 불허하는 대상판결의 결론에는 찬성하나, 그 근거를 공서위반의 승인집행거부사유로 드는 것은 타당하지 않고 청구이의 항변으로 받아들이는 것이 타당하다고 본다.

V. 관련 쟁점

대상판결에서 직접 다루어진 쟁점은 아니지만, 아래와 같이 파생 쟁점들이 있으므로 이를 간단히 살펴본다.

1. 외국중재판정부가 '중재판정'이 아닌 '임시적 처분' 형태로 간접강제를 명한 경우 승인집행 가부

중재판정부는 '중재판정'이 아닌 '임시적 처분'의 형태로 간접강제를 명할 수도 있는데, 이를 우리 법원이 승인집행 할 수 있는지가 문제된다.

검토건대, 외국중재판정부가 발령한 임시적 처분의 승인집행에 관해서는 우리 중재법이 적용되지 않고 뉴욕협약(중재지가 뉴욕협약 당사국인 경우) 또는 민사소송법과 민사집행법(중재지가 뉴욕협약 당사국이 아닌 경우)이 적용되는데,[96] 뉴욕협약이 적용되는 경우에도, 종국판정만이 집행의 대상이 된다고 해석되므로 종국판정이 아닌 중간판정(임시판정, interim award)이나 임시적 처분

2008., 175~176면; 전병서, 앞의 논문, 149면 참조. 개정 전 집행판결제하에서의 논의는 석광현, 국제상사중재법연구, 제1권, 박영사, 2007., 397면 참조.

96) 석광현, "2016년 중재법에 따른 중재판정부의 임시적처분 – 민사집행법에 따른 보전처분과의 정합성에 대한 문제 제기를 포함하여 –", 국제거래법연구, 제26집 제1호, 2017., 141면.

형태로 내려진 경우 한국에서 승인집행되기 어렵다고 본다.[97] 독일에서도 외
국중재판정부의 임시적 처분은 최종성 또는 확정성의 결여로 인해 뉴욕협약의
적용대상이 아니고 따라서 승인집행 대상이 아니라고 보는 것이 다수설이라고
한다.[98]

   뉴욕협약 비적용 대상인 경우에도 민사소송법 제217조 및 민사집행법 제
26조 제1항 및 제27조가 적용(중재법 제39조 제2항)되므로, 외국법원이 발령한
보전처분과 동일하게 승인집행이 허용되지 않는다고 해석된다. 그 이유는 '본
안에 관한 종국재판이고 확정재판'이 아니기 때문이다.[99] 대법원 2010. 4. 29.
선고 2009다68910 판결도 '외국법원의 판결'이라 함은 재판권을 가지는 외국
의 사법기관이 그 권한에 기하여 사법상의 법률관계에 관하여 대립적 당사자
에 대한 상호간의 심문이 보장된 절차에서 종국적으로 한 재판을 의미한다고
판시하였다.

2. 외국 '법원'이 명한 간접강제의 승인집행 가부

   외국법원이 간접강제를 명할 수 있는지는 각 법정지의 법에 따라 다를 것
이나,[100] 만일 그것이 가능하다고 한다면, 외국법원이 본안판결로서 명한 간접
강제도 역시 한국에서 승인집행 할 수 있을 것이다. 이 경우의 논의는 위에서
본 외국중재판정의 경우와 크게 다를 바 없다고 본다. 참고로, 브뤼셀체제에서
는 재판국이 부과하는 것을 전제로 재판국 법원이 최고금액을 종국적으로 결
정한 경우 그 집행을 허용하나(브뤼셀협약 제43조, 브뤼셀 I 제49조와 브뤼셀 I bis
제55조) 재판국이 하지 않았더라도 집행국이 강제금의 지급을 명할 수도 있다
고 한다.[101]

---

97) 석광현, 국제상사중재법연구, 제1권, 박영사, 2007., 300면. 이에 대해서는 반대견해가 있는데, 이
   는 같은 면 주261 참조.
98) 정선주, 2020. 3. 민사판례연구회 자료 중 '소송금지가처분과 중재금지가처분' 발표에 대한 토론문
   참조.
99) 석광현, "국제상사중재에서 중재합의와 소송유지명령", 선진상사법률연구, 제50호, 2010. 4., 15면,
   33면; 석광현, 국제민사소송법, 박영사, 2012., 349-352면; 권창영, 민사보전, 한국사법행정학회,
   2018., 149-156면.
100) 외국법원의 간접강제에 관한 각국 법제 소개문헌은 앞에서 보았다.
101) 석광현, "2016년 중재법에 따른 중재판정부의 임시적 처분 -민사집행법에 따른 보전처분과의 정
    합성에 대한 문제 제기를 포함하여-", 국제거래법연구, 제26집 제1호, 2017. 116면 주44.

3. 한국법원이 승인집행 단계에서 새로이 간접강제를 부가할 수 있는지 여부

이에 관해서는 본격적인 논의가 없으나, 사견으로는, 법원은 채권자의 별도 신청에 따라 간접강제를 명하는 결정을 할 수 있고(민사집행법 제261조), 위 민사집행법 제261조에 의한 간접강제는 가처분에 대해서도 준용되어 가처분 결정 주문에서도 신청에 따라 간접강제를 함께 명할 수도 있으며, 본안 판결절차에서도 민사집행법 제261조에 따라 채무자가 간접강제결정을 할 수 있다고 보므로(대법원 2013. 11. 28. 선고 2013다50367 판결), 집행결정신청 사건에서도 당사자의 신청에 따라서 간접강제 결정을 함께 명할 수도 있다고 생각한다.

VI. 결론

대상판결은 외국중재판정 승인집행에 관한 다양한 쟁점들을 담고 있을 뿐만 아니라 간접강제를 명한 외국중재판정의 승인집행이 가능하다는 최초의 판결로서 의미가 크다.

이상의 논의를 요약하면 다음과 같다.

① 명문 규정은 없지만, 국내법의 해석상으로도 중재판정부가 간접강제를 명할 수 있을 것으로 본다. 대상판결의 원심에서는 이를 설시하였으나 대상판결에서는 이에 대한 명시적인 판단을 하지 않은 점은 아쉽다. 한편, 독일의 강제금(Zwangsgeld)과 같이 강제이행 압박 목적의 강제집행수단으로서 국고에 귀속되는 성격의 제재금은 중재판정부가 명할 수 없다.

② 대상판결이 설시한 바와 같이 간접강제를 명한 외국중재판정 자체는 원칙적으로 승인집행이 가능하다고 본다. 그러나 대상판결의 원심이 든 논거들 중 일부는 타당하지 않거나 부정확하다고 본다. 그리고 간접강제를 명한 외국중재판정의 승인집행이 항상 허용되는 것은 아니고, 해당 외국중재판정부가 명한 간접강제금의 성격(예컨대, 위 독일의 강제금과 같은 성격)이나 내용(예컨대, 간접강제금액이 부당하게 과도한 경우)에 따라서는 우리법상 허용되기 어려운 것도 있을 수 있으므로, 이를 지나치게 일반화시킬 것은 아니라고 본다.

③ 중재판정의 특정성 등 집행가능성 요건은 공서위반 사유 등 승인집행 거부사유로 볼 것은 아니고, 집행국인 한국의 민사소송법 및 민사집행법이 정

하는 소송요건, 그 중에서도 권리보호의 이익 문제로 다룸이 타당하다. 따라서 이것이 흠결될 경우 집행은 허가되지 않고, 각하결정을 하게 된다. 다만, 일정한 작위나 부작위를 목적으로 하는 이른바 '하는 채무'를 명하는 외국중재판정의 경우에는 대체집행이나 간접강제 절차에서 어느 정도 보정 가능한 범위 내에서는 특정성의 정도를 완화 해석할 필요성이 있다고 본다.

④ 외국중재판정 후 청구이의사유가 발생하였을 경우 집행을 불허하는 대상판결의 결론에는 찬성하나 그 근거를 공서위반의 승인집행거부사유로 드는 것은 타당하지 않고, 청구이의 항변사유로 보는 것이 옳다고 본다.

⑤ 대상판결은 집행판결 제도하에서의 사안인데 2016년 개정 중재법에 따라 새로 도입된 집행결정 제도하에서도 청구이의 항변 가부에 관하여 동일한 법리가 유지되는 것인지 등 다양한 연구과제가 남아 있다.

끝으로, 현대의 국제적인 추세에서는 외국중재판정의 집행력 부여 절차를 최대한 간이화하여 실효성을 보장하려는 경향이 강하고, 그에 따라 집행국 법원이 자국의 독자적인 사유로써 외국중재판정의 집행을 거부하는 형태로 중재절차에 개입하려는 시도는 점차 지양되어 가고 있다. 세계적으로 비교해 볼 때도 한국법원은 이러한 가치에 충실하여 가급적 중재판정의 효력을 보장하고 중재절차에의 개입을 최소화 하려는 태도를 보이고 있다는 평가를 받는다. 그러나 다른 한편으로는, 집행국 법원이 공서위반 등 집행거부사유로 자국의 기본적인 법 원리나 가치를 수호해 나가야 할 필요가 있음도 여전히 중요한 측면이다. 결국 이러한 양 가치의 적절한 균형점을 찾는 작업과 이를 위한 세부기준의 분석작업이 법률가들에게 주어진 과제라 할 것이다.

[追 記]

본 논문은 필자가 2021. 1. 부산판례연구회에서 발표한 발표문을 일부 수정·보완한 것이다. 이 논문을 쓰면서도 석광현 교수님의 글들을 많이 참고하였는데, 새삼스러운 이야기이지만, 교수님께서 남기신 업적은 비단 이론적인 영역에서 뿐만 아니라 매우 실무적인 주제에까지 실로 다양하게 미쳐 있음을 다시 깨닫는다. 국제민사소송법 분야만 논하더라도, 교수님께서는 민사집행법, 보전처분법 분야에까지 이미 마이다스의 손을 뻗쳐 놓으신 것이다.

― 참고문헌 ―

1. 국내문헌

가. 단행본

권창영, 민사보전, 한국사법행정학회, 2018.

김갑유 외, 중재실무강의, 박영사, 2016.

목영준/최승재, 상사중재법, 박영사, 2018.

법원실무제요, 민사집행[Ⅰ], 법원행정처, 2020.

사법정책연구원, 각국 법원모욕의 제재 방식에 관한 연구, 2015.

석광현, 국제민사소송법, 박영사, 2012.

＿＿＿＿, 국제상사중재법연구, 제1권, 박영사, 2007.

＿＿＿＿, 국제상사중재법연구, 제2권, 박영사, 2019.

이창현, 국제적 분쟁과 소송금지명령, 경인문화사, 2021.

임성우, 국제중재, 박영사, 2016.

중재재판실무편람, 중재재판실무편람 집필위원회, 2018.

나. 논문

강태훈, "중재판정 집행재판의 개정에 관한 검토", 저스티스 통권 제151호, 2015. 12.

김동윤, "외국판결의 승인 및 집행요건으로서의 공서", 인권과 정의, 353호, 2006.

김진오, "징벌적 배상이 아닌 전보배상(전보배상)을 명한 외국판결의 경우, 인용된 손해배상액이 과다하다는 이유로 승인을 제한할 수 있는지 여부", 대법원판례해설, 제105호(2015년 하), 법원도서관, 2016.

김형석, "강제이행 -특히 간접강제의 보충성을 중심으로-", 서울대학교 법학, 제46권 제4호, 통권 제137호, 2005.

문정일, "외국판결과 외국중재판정에 관한 승인 및 집행에 있어서 공서의 의미", 대한공증협회지, 2호, 2008.

박설아, "외국중재판정에 대한 집행결정 -집행가능성 요건을 중심으로-", 국제거래법연구, 제27권 제1호, 2018.

박진수, "개정 중재법에 따른 임시적 처분의 활용 범위 및 실무 개선방안", 2016. 11. 18. 법원행정처와 서울국제중재센터가 공동으로 개최한 개정 중재법의 실무적 쟁점 및 운영방안 심포지엄 자료.

석광현, "국제상사중재에서 중재합의와 소송유지명령", 선진상사법률연구, 50호, 2010. 4,

_____, "우리 대법원 판결에 비추어 본 헤이그 관할합의협약의 몇 가지 논점", 국제사법연
구, 제25권 제1호, 2019.

_____, "2016년 중재법에 따른 중재판정부의 임시적 처분 – 민사집행법에 따른 보전처분과
의 정합성에 대한 문제 제기를 포함하여 –", 국제거래법연구, 제26집 제1호, 2017.

손경한, "외국판결 및 중재판정의 승인과 집행", 국제거래법연구 창간호, 1992.

오영준, 대법원판례해설 79호, 법원도서관, 2009.

오정후, "집행판결의 공공질서 위반에 대한 연구", 민사소송, 제11권 제1호, 2006. 5.

윤성근, "외국판결 및 중재판정 승인거부요건으로서의 공서위반", 국제사법연구, 제20권 제
2호, 2014.

이호원, "외국중재판정의 승인과 집행: 뉴욕협약을 중심으로", 재판자료 제34집, 1986.

_____, "중재판정의 승인 및 집행절차의 개선방안 연구", 법무부 연구용역 보고서, 2012.

임성우, "중재판정에 대한 집행판결청구소송의 소의 이익에 관한 최신 판례 분석", 중재, 제
341호, 2014.

장상균, "외국중재판정에 대한 집행재판과정에서의 청구이의사유의 주장", 대법원판례해설
제44호(2003 상반기), 2004.

전병서, "중재판정의 집행결정절차에 관한 검토", 사법, 제49호, 사법발전재단, 2019.

정선주, "간접강제금의 본질과 소송상의 제문제", 민사소송, 제16권 제1호, 2012.

_____, 2020. 3. 민사판례연구회 자료 중 '소송금지가처분과 중재금지가처분' 발표에 대한
토론문

조연호, "뉴욕협약하의 외국중재판정의 승인과 집행 – 미국과 한국에의 적용사례를 중심으
로 –", 외국사법연수논집[7], 재판자료 제47집, 1989.

조인영, "소송금지가처분(Anti-Suit Injunction)과 중재금지가처분", 저스티스, 통권 제178
호, 2020. 6.

조재연, "외국중재판정에 대한 집행판결: 뉴욕협약을 중심으로", 사법연구자료 11집, 1984.

2. 국외문헌

가. 단행본

Gary B. Born, International Commercial Arbitration, Volume Ⅱ, Second edition, 2014.

Nigel Blackaby, et al., Redfern and Hunter on International Arbitration, 6th ed., Oxford
University Press, 2014.

나. 논문

Benjamin Hughes, "Enforcement and Execution of Arbitral Awards in Korea: A Cautionary Tale", Asian Dispute Review, 2014.

Richard Menard, "Enforcement of arbitral awards in South Korea: recent developments", Arbitration Newsletter Vol. 19 No. 1, 2014.

Rudolf Tschäni, "Specific issues in different types of contractual relations: Corporate disputes", Performance as a Remedy: Non-Monetary Relief in International Arbitration, JURIS, 2011.

스위스 국제중재법 개정

박이세*

Ⅰ. 머리말

스위스는 많은 논란이 있었음에도 국제중재지로서의 지위를 고려하여 1987. 12. 18. 국제사법에 관한 연방법률(Loi fédérale sur le droit international privé, 이하 "국제사법")1)에 국제중재에 관한 별도의 장을 두는 방식을 채택하였는데,2) 이러한 구조는 다른 나라의 국제사법에서는 찾아보기 어려운 특색이다.3) 즉, 스위스에는 단행법으로서 중재법이 없고, 국내중재법은 민사소송법(Code de procédure civile)에, 국제중재법은 국제사법에 각각 포함되어 있다.

스위스는 국제거래에서 중재지로 선호되는데,4) 이는 특히 중재에 호의적인 내용을 담고 있는 국제사법 제12장 때문이라고 한다.5) 국제중재에 관한 제12장은 독자적인 중재법제를 도입한 것으로, 스위스는 국제거래법에 관한 국제연합위원회(United Nations Commission on International Trade Law, 이하 "UNCITRAL")6)가

---

* Associate, Al Tamimi & Company

1) 여기에서는 석광현, "스위스의 국제사법 再論", 국제사법연구 제26권 제1호(한국국제사법학회, 2020. 6.), 571-593면에 첨부된 국문시역(595-654면)을 따랐다. 이는 독일어 원문을 기초로 한 번역이다. 개정된 스위스 국제사법 제12장의 번역은 추후의 과제로 미룬다.

2) 석광현, 국제사법과 국제소송 제1권(박영사, 2001), 522면; Blessing, *Basel Commentary*, Introduction to Arbitration – Swiss and International Perspectives, para. 420 *et seq.*

3) 이호정, 6-7면; 석광현(주1), 591면; Poudret/Besson, para. 11 ("Switzerland is an exception, dealing with international arbitration in its conflict of laws statute"); Schneider/Patocchi, p. 268 ("Unlike a number of other European countries, Switzerland has updated its rules on in-ternational arbitration not by a separate piece of legislation, but within the general framework of codification of the conflict of laws.").

4) Born, p. 150 ("Like France, Switzerland is one of Europe's, and the world's, leading centers for international commercial arbitration."); Bärtsch/Schramm, p. 1 ("Switzerland has long been a preferred venue for international arbitration."). 국제중재의 70% 정도는 외국당사자 간의 분쟁이라고 한다(Karrer, para. 14.08).

5) Kaufmann-Kohler/Rigozzi, para. 1.86.

6) 석광현, "UNCITRAL이 한국법에 미친 영향과 우리의 과제", 비교사법 제25권 제4호(통권 제83호)(한국비교사법학회, 2018. 11.), 1093면 이하 참조.

1985년 채택한 국제상사중재에 관한 모델법(UNCITRAL Model Law on International Commercial Arbitration, 이하 "모델법")을 수용하지 않았다.[7]

　　스위스 국제사법은 1989. 1. 1. 시행되었고 그 후 여러 차례 개정되었으나, 제12장은 중재판정부의 권한판단권한을 명확히 하는 제186조 제1의2항이 2007. 3. 1. 발효하였을 뿐이다.[8] 그 후 제12장의 개정논의는 중재합의에 관한 제7조에 제2항을 신설하여 중재지에 관계없이 중재판정부가 자신의 권한에 대해 판단할 때까지 스위스 법원으로 하여금 이를 심사하지 않도록 할 것을 규정하자는 2008. 3. 20.자 제안을 계기로 시작되었다고 할 수 있다.[9] 이는 스위스를 중재지로서 더욱 매력적인 곳으로 만들기 위한 것이었는데, 결국 그러한 조항을 두지는 않았으나 같은 의도와 목적에서 제12장 전체를 다듬게 되었고,[10] 2021. 1. 1.부터 시행되고 있다.

　　이처럼 스위스 국제사법 제12장은 사실상 30여년 동안 개정되지 않았는데 그 사이 주요국의 중재법이 개정되었다. 많은 국가들이 모델법을 수용하였고,[11] UNCITRAL은 이를 2006년 개정하였다. 이를 통하여 각국의 중재규범을 어느 정도 조화시킬 수 있었는데,[12] 모델법 체제에 얽매이지 않는 영국, 프랑스, 스웨덴 등도 중재법을 개정하였다. 국제중재를 유치하려는 국가 간 경쟁이 심화되는 현실에서 개정과정에도 오랜 시간이 걸렸으니 어쩌면 스위스를 굼벵이(laggard)에 비유하는 것이 틀린 말은 아닐 수 있다.[13]

　　금번 개정의 기본적인 방향은 다음과 같다.[14] 첫째는 법적 안정성 및 명확

---

7) Schneider/Patocchi, p. 270 ("The new rules aim to establish a framework and therefore regulate only the most fundamental questions; they are thus significantly more concise than the UNCITRAL Model Law").

8) 연방대법원법의 2007. 1. 1. 시행으로 제191조가, 민사소송법의 2011. 1. 1. 시행으로 제176조 제2항 및 제179조 제2항이 개정되었다.

9) Initiative parlementaire 08.417, "Modification de l'article 7 de la loi fédérale du 18 décembre 1987 sur le droit international privé": https://www.parlament.ch/fr/ratsbetrieb/suche-curia-vista/geschaeft?AffairId=20080417.

10) Motion 12.3012, "Loi fédérale sur le droit international privé. Maintenir l'attrait de la Suisse comme place arbitrale au niveau international": https://www.parlament.ch/fr/ratsbetrieb/suche-curia-vista/geschaeft?AffairId=20123012.

11) 예를 들어, 싱가포르(1994), 독일(1998), 일본(2004), 오스트리아(2006).

12) 석광현 제2권, 433면.

13) Dasser, p. 1 ("Switzerland is looking like a laggard.").

14) Message concernant la modification de la loi fédérale sur le droit international privé (Chapitre 12: Arbitrage international) du 24 octobre 2018, 18.076, FF 2018 7153 [cited as: Message]: http://fedlex.data.admin.ch/filestore/fedlex.data.admin.ch/eli/fga/2018/2548/fr/pdf-a/

성의 제고인데, 30여년 동안 축적된 판례를 반영하고 명확한 규정을 두어 모호함을 입법적으로 해소한다. 둘째는 당사자가 중재절차를 자유롭게 형성할 수 있다는 당사자자치 원칙의 관철이다.[15] 셋째는 국제사법 제12장의 적용상 용이성 증진인데, 이는 국제경쟁력 강화를 위해서 외국당사자를 고려한 것이다.

우리나라는 1999년 중재법의 보편타당성을 추구하기 위하여 모델법을 전면적으로 수용하였는데,[16] 이로써 국제적으로 검증된 중재법을 가지게 되었고, 2016년 중재법에 2006년 개정 모델법이 제기한 개선점을 반영함으로써 미비점을 개선하였다.[17] 2020년 스위스 국제사법 개정과 마찬가지로 2016년 중재법 개정의 주요동기는 실무를 처리하는 과정에서 발생한 문제점을 개선하려는 것이라기보다는 한국을 매력적인 중재지로 만드는 것이었다.[18] 중재법이 모델법을 받아들인 것이라는 점에서 독자적인 중재법제를 채택한 스위스의 국제중재법을 살펴봄으로써 얻을 수 있는 시사점이 다소 제한적일 수 있지만, 여기에서는 주요 개정내용 및 국제사법 제12장의 일부 특색의 소개에 초점을 맞추고, 관련하여 고려할 수 있는 중재법의 개선점 내지 개정방향을 조심스럽게 제안한다.

Ⅱ. 국제사법 제12장

1. 독자성

국제중재에 관한 제12장은 국제사법의 일부를 구성하나 독자적인 중재규범이다.[19] 따라서 중재판정부는 다른 장의 연결원칙들을 참고할 수 있겠지만,[20] 적용할 의무를 가지지 않고,[21] 국제중재에 다른 장의 규정을 직접 적용하는 것은 오히려 독자성에 반할 가능성이 있다.[22]

---

fedlex-data-admin-ch-eli-fga-2018-2548-fr-pdf-a.pdf
15) 석광현 제2권, 369-370면, 주30 참조.
16) 석광현 제2권, 10, 21면; 목영준/최승재, 16면.
17) 석광현 제2권, 10, 141면.
18) 석광현 제2권, 95, 140, 194면; 이호원, 72면.
19) Lalive/Poudret/Reymond, pp. 276-277, para. 26; Girsberger/Voser, para. 195.
20) Lalive/Poudret/Reymond, p. 278, para. 26 ("les règles de conflit que doit appliquer le juge suisse en matière contractuelle [...] ne s'imposent pas à l'arbitre international en Suisse; il lui sera loisible toutefois, le cas échéant - et dans les limites du chapitre 12 et, surtout, de l'art. 187 -, de s'en inspirer.").
21) Berger/Kellerhals, para. 87.
22) Kaufmann-Kohler/Rigozzi, para. 1.91.

물론 다른 장 내지 법률의 규정도 관련이 있다. 예를 들어, 다른 장에서 같은 용어가 사용되는 경우 양자를 동일한 개념으로 보아야 할 것이고, 위에서 언급한 바와 같이 당사자들이 중재합의를 한 사항에 관하여 소송이 제기되었을 경우 중재합의의 효력은 제7조에 의하여 규율되며, 연방대법원은 일정한 경우 다른 장의 연결원칙을 적용할 수 있다고 판시하였다.[23] 중재판정의 취소 내지 재심절차는 연방대법원법(Loi sur le Tribunal fédéral)이 규율한다.

2. 적용범위

국제사법 제12장의 규정은 중재에 적용되는데, 중재판정부의 본거(siège)가 스위스에 있고, 중재합의 체결시에 적어도 중재합의의 당사자 일방이 스위스에 주소, 상거소, 또는 본거를 가지고 있지 않았던 경우 그러하다. 즉, 국제사법 제176조 제1항에 따르면 국제중재에 관한 제12장의 적용은 중재지 및 당사자의 소재에 달려 있다. 다만 스위스 국제사법은 중재를 정의하지 않는다.

제176조 제1항은 국제사법 제12장의 적용범위에 관하여 영토주의를 취한 것이다.[24] 따라서, 당사자가 중재지를 선정함으로써 중재의 준거법을 간접적으로 지정하게 되고,[25] 중재판정부의 본거라는 표현을 사용하나,[26] 중재지가 스위스 안에 있는 한 국제사법 제12장이 적용된다. 중재법도 제2조 제1항에서 중재지가 대한민국인 경우에 적용한다고 규정하는데, 외국법을 중재절차의 내용으로 편입하는 것은 가능할 것이다.[27] 스위스 국제사법 제182조 제1항은 당사자들이 중재절차를 그들이 선택한 절차법(loi de procédure)에 따르게 할 수도 있다고 명시하나, 이 또한 중재절차를 자유로이 형성할 수 있다는 것이지

---

23) 138 III 714, 721 ("In Bezug auf die Rechtsfähigkeit der Schiedsparteien fehlt es somit an einer Kollisionsnorm im 12. Kapitel IPRG. Die Rechtsfähigkeit der Schiedsparteien ist folglich im Sinne der bundesgerichtlichen Rechtsprechung mittels Rückgriffs auf die allgemeinen Normen von Art. 33 f. IPRG (für natürliche Personen) bzw. Art. 154, 155 lit. c IPRG (für juristische Personen) zu bestimmen."); Besson, *Arroyo-Guide*, Salient Features and Amenities of Chapter 12 PILS, paras. 13 and 14.

24) Kaufmann-Kohler, Gabrielle, "Identifying and Applying the Law Governing the Arbitration Procedure-The Role of the Law of the Place of Arbitration", in van den Berg, Albert Jan (ed), *Improving the Efficiency of Arbitration Agreements and Awards: 40 Years of Application of the New York Convention* (Kluwer Law International, 1999), p. 341.

25) Poudret/Besson, para. 113; Kaufmann-Kohler/Rigozzi, para. 2.10.

26) 중재판정부가 아닌 중재의 본거가 사비니(Friedrich C. von Savigny)의 법률관계의 본거라는 관점에 충실한 것이라는 견해가 있다(Schneider/Patocchi, p. 271, fn. 29에 인용된 Panchaud의 견해).

27) 석광현 제1권, 41, 76, 209, 292면.

외국법을 준거법으로 지정하여 강행규정을 배제하는 것을 허용하지 않는다.[28]

　제176조 제1항은 중재합의 체결시 당사자의 주소, 상거소, 또는 본거를 국제성의 판단기준으로 삼는데, 본거는 새로 도입된 것이다. 개정에 따른 또 다른 변화는, 중재합의 체결시에 스위스에 주소, 상거소, 또는 본거를 가지고 있지 않았던 당사자를 중재절차의 당사자로 보는 연방대법원 판결의 태도에 반하여 중재합의의 당사자면 족하다는 점을 명확히 밝힌다는 것이다.[29] 이에 따르면 비스위스 당사자를 포함한 다수당사자 간에 중재합의가 체결된 경우 비스위스 당사자가 중재절차의 당사자가 아니더라도 국제성이 있으므로 중재절차 개시 전 국제사법 제12장의 적용 여부가 결정된다.

　국제중재라 함은 어떤 외국적 요소가 있는 중재를 말하는 것이나, 현재 보편타당한 국제중재의 개념이 있는 것은 아니고, 무엇이 국제중재인가는 각국의 국내법이 결정할 사항이다.[30] 중재법은 모델법과 달리 국제중재와 국내중재를 함께 규율하는데, 장래에 양자의 구별이 문제될 수 있다. 물론 양자를 일원적으로 규정하는 국가도 적지 않고, 스위스처럼 국제중재를 국제사법의 일부로, 국내중재를 민사소송법의 일부로, 각각 별도의 법률로 규율하는 것이 이상적인 접근방법이라고 단정할 수도 없다.[31] 분명한 것은 통상 국제거래 분쟁이 국내거래 분쟁과 여러 가지 점에서 차이가 있어 국제중재와 국내중재를 달리 취급할 실익이 있고,[32] 형식에 관계없이 양자를 구별하는 것이 정당화될 수 있다는 점이다.[33]

　위에서 본 것처럼 스위스 국제사법 제12장은 당사자에 착안하는데 거래 내지 분쟁의 성질에 착안하는 견해에 비해 적용상 확실성이 크다. 즉, 제176조 제1항에 따르면 국제성이 있는지가 중재합의 체결시 결정되고, 이후에는 중재합의 당사자의 주소, 상거소, 또는 본거 변경이나 권리의 양도가 있어도 국제성 판단에 영향을 미치지 아니한다. 개정을 통하여 당사자가 중재합의의 당사자임을 명시한 결과 모델법 제1조 제3항 a호와 유사하게 되었다.

---

28) Poudret/Besson, para. 121.

29) 4P.54/2002. 비판은 Kaufmann-Kohler, Gabrielle/Rigozzi, Antonio, "When is a Swiss arbitration international?: Comments on a Swiss Federal Tribunal decision of June 24, 2002 (4P.54/2002)", *Jusletter* 7 Oktober 2002 참조.

30) 석광현 제1권, 5, 8면; 목영준/최승재, 27면.

31) 예컨대 싱가포르는 국제중재와 국내중재를 각각 독립된 단행법률의 형식으로 규정한다.

32) 석광현 제1권, 8-9면; 목영준/최승재, 27면.

33) Kaufmann-Kohler/Rigozzi, para. 2.26.

중재법은 국제중재의 관점에서 성안된 모델법을 전면적으로 수용하면서 국내중재에도 적용되는 것이므로 국제중재의 수요에 부응하지 않는다고 볼 수는 없고,[34] 오히려 국내중재에 관한 규정을 적절히 두어야 한다.[35] 장래 국제중재와 국내중재를 구별하는 경우 국제성 범위의 결정에 관한 정책적 판단이 필요한데 국제중재의 범위를 확대하는 모델법과 달리 규정하는 것을 고려할 수 있다.[36] 가급적 조기에 적용상 불확실성을 배제하는 것이 바람직하다고 생각한다.

Ⅲ. 중재합의

1. 방식

제178조 제1항은 중재합의가 서면에 의하거나 문언(texte)에 의하여 중재합의의 증명을 가능케 하는 기타의 방식으로 이루어져야 한다고 규정하는 강행규정이다.[37] 이는 중재지가 스위스 안인 경우에 적용되는데,[38] 법원의 관할을 배제하는 중재합의의 존재, 내용, 범위 등을 명확히 하고, 신중한 의사결정을 하도록 하기 위함이다.[39] 외국 중재판정의 승인 및 집행에 관한 협약 (Convention on the Recognition and Enforcement of Foreign Arbitral Awards, 이하 "뉴욕협약")도 중재합의의 방식을 직접 규율하고, 마찬가지 이유에서 중재합의가 서면에 의할 것을 요구하나,[40] 차이는 제178조 제1항이 서명이나 교환을 명시하지 않는다는 점에 있다.

국제거래에서는 서면청약을 구두 내지 행위로 승낙하거나 당사자 간의 구두합의를 사후에 서면으로 확인하는 것이 널리 사용되고 있는데,[41] 이러한 경

---

34) Poudret/Besson, para. 27.
35) 석광현 제1권, 57면.
36) Gaillard, Emmanuel/Savage, John (eds), *Fouchard Gaillard Goldman on International Commercial Arbitration* (Kluwer Law International, 1999), para. 103.
37) Besson, *Arroyo-Guide*, Salient Features and Amenities of Chapter 12 PILS, para. 21; Kaufmann-Kohler/Rigozzi, para. 2.57; Girsberger/Voser, para. 338. 방식요건을 엄격하게 하는 합의는 허용될 수 있을 것으로 보인다(4A_84/2015).
38) Kaufmann-Kohler/Rigozzi, para. 3.61.
39) 129 III 675, 681 ("Ein solcher Verzichtswille kann nicht leichthin angenommen werden, weshalb insoweit im Zweifelsfall eine restriktive Auslegung geboten ist"); Kaufmann-Kohler/Rigozzi, para. 3.57.
40) 석광현 제1권, 123면; 목영준/최승재, 55면.

우 국제사법 제178조 제1항에 따른 서면에 의한 중재합의가 있는 것인지 판단
이 쉽지 않다. 뉴욕협약과 달리 교환을 요구하지 않으므로 일방당사자가 구두
합의를 사후에 서면으로 확인하는 것도 서면요건을 구비한다는 주장이 있는가
하면,[42] 각자의 문언에 의해 양당사자의 의사가 증명될 수 있어야 한다는 견
해도 있다.[43] 개정을 통하여 전보, 텔렉스, 팩스(télégramme, télex, télécopieur)
가 삭제되었는데,[44] 달리 서면성을 완화하려는 의도는 아닌 것으로 보인다.[45]
    가능한 한 중재합의의 서면성을 완화하려는 것이 요즈음의 추세인데,[46]
이는 중재의 실무가 발전하여 국제거래 분쟁의 해결수단으로서 선호되고 있으
므로 당사자에게 재판을 받을 권리의 포기가 가지는 중요성에 대하여 경고하
는 기능이 과거처럼 중요하지 않기 때문이다.[47] 중재법 제8조 제2항도 중재합
의가 서면에 의할 것을 요구하나, 제3항 제1호는 중재합의의 방식에 관한 모
델법 제7조의 두 가지 선택지 중 Option I을 따라 중재합의의 내용이 기록되
면 서면요건이 충족된 것으로 본다.[48] 강행규정이 아니라는 견해가 보이는
데,[49] 통상 중재의 준거법의 강행규정의 규율대상의 전형적인 예로 중재합의
의 방식을 든다.[50]
    제8조 제3항 제2호는 전보, 전신, 팩스, 전자우편 또는 그 밖의 통신수단

41) 석광현 제2권, 11면; 석광현 제1권, 488면.
42) Berger/Kellerhals, paras. 426 and 430; Kaufmann-Kohler/Rigozzi, para. 3.71.
43) Wenger, *Basel Commentary*, Article 178, paras. 15 and 16; Poudret/Besson, para. 193.
44) 재판적의 합의(Élection de for)에 관한 제5조에는 아직 남아 있는데, 이와 관련한 연방대법원 판
    례에 따르면 일방당사자의 서면 확인이나 타방당사자의 묵시적 승낙은 서면성을 충족하기 어렵다
    (119 II 391).
45) Message, 7169 ("Les acteurs consultés −et en particulier le Tribunal fédéral− ont exprimé des
    craintes pour la sécurité du droit en cas d'assouplissement des conditions de forme des con−
    ventions d'arbitrage. L'admission du respect des conditions de formes par une seule des par−
    ties a été rejetée par une majorité de participants.").
46) Kaufmann-Kohler/Rigozzi, para. 3.72; 석광현 제1권, 368면.
47) A/CN.9/468, para. 89; Holtzmann *et al.*, p. 35; 석광현 제2권, 108면.
48) Holtzmann *et al.*, pp. 34 and 35; 석광현 제2권, 110면.
49) 이헌묵, "중재절차에서 이의신청권과 이의신청권의 포기에 관한 연구", 인권과정의 제454호(대한
    변호사협회, 2015. 12.), 64면. 참고로 1985년 모델법 제7조 제2항에서 유래한 영국 중재법 제5조
    는 다시 2006년 모델법 Option I의 기초가 되었는데(Born, p. 741), Schedule 1에 포함되어 있지
    않음에도 강행적이라고 본다(Harris, Bruce/Planterose, Rowan/Tecks, Jonathan, *The Arbitration
    Act 1996: A Commentary*, 5th ed (Wiley Balckwell, 2014), para. 1A; Joseph, David,
    Jurisdiction and Arbitration Agreements and their Enforcement, 3rd ed (Sweet & Maxwell,
    2015), para. 3.49).
50) Poudret/Besson, para. 294.

에 의하여 교환된 전자적 의사표시에 중재합의가 포함된 경우를 서면에 의한 중재합의로 인정하는데, 이는 UNCITRAL의 1996년 모델전자거래법(UNCITRAL Model Law on Electronic Commerce)과 2005년 전자계약협약(United Nations Convention on the Use of Electronic Communications in International Contracts)을 참조하여 전자적 의사표시에 의하여도 서면성이 충족됨을 명시하는 점에서 의미가 있으나,[51] 널리 사용되는 것으로 보이는 전자우편 외에는 삭제해도 좋을 것으로 생각한다.[52]

제3호에 따르면 어느 한쪽 당사자가 당사자 간에 교환된 신청서 또는 답변서의 내용에 중재합의가 있는 것을 주장하고 상대방 당사자가 이에 대하여 다투지 아니하는 경우 중재합의의 서면요건을 구비한다. 2016년 중재법이 시행되기 전에는 "당사자 간에 교환된 문서"라고 하여 신청서와 답변서에 한정하지 않았는데, 이는 범위를 지나치게 확대한 것이어서 서면요건의 구비 여부에 관하여 법적 불안정을 초래할 우려가 있다는 지적이 있었다.[53] 중재법은 이를 시정한 것이나, 모델법의 "statement of defence"가 제8조 및 제24조의 "답변서"와 제17조의 "본안에 관한 답변서"로 달리 번역되어 있는 것은 바람직하지 않다. 나아가 중재법 제22조가 "중재요청서"라고 하는 반면에 실무상 분쟁을 중재절차에 회부하는 취지의 통지로 '중재신청서'가 사용되고,[54] 이에 대한 답변을 기재한 서면을 '답변서'라고 부른다.[55]

2. 실질적 유효성

제178조 제2항은 저촉규칙인데, 중재합의는 당사자들이 지정한 법, 분쟁의 대상 특히 주된 계약의 준거법, 또는 스위스법에 합치하는 경우 유효하다고 규정하여 중재합의를 가급적 유효하게(in favorem validitatis) 본다.[56] 어느

---

51) 석광현 제2권, 13면.
52) 전자문서 및 전자거래 기본법 제2조는 전자문서를 정보처리시스템에 의하여 전자적 형태로 작성·변환되거나 송·수신 또는 저장된 정보라고 정의할 뿐이다.
53) 석광현 제1권, 67-68면, 365면, 주60.
54) 대한상사중재원 국제중재규칙 제8조; 국내중재규칙 제14조; 일본상사중재협회 상사중재규칙 제14조; 중국국제경제무역중재위원회중재규칙 제11조.
55) 대한상사중재원 국제중재규칙 제9조; 국내중재규칙 제15조; 일본상사중재협회 상사중재규칙 제18조; 중국국제경제무역중재위원회중재규칙 제15조.
56) 법의 규칙(règles de droit)이라고 규정하는 제187조 제1항과 달리 제178조 제2항은 단순히 법(droit)이라고 한다.

하나에 따라 중재합의가 유효하면 족하므로 중재에 호의적인 편향이라고도 부르는데,[57] 이러한 유효화 원칙이 혁신적이고 성공적이라는 평가가 있지만,[58] 뉴욕협약에 따른 집행이 거부될 위험성이 있다.[59] 국제사법 제12장은 중재가능성과 국가의 당사자능력에 관하여는 규정을 별도로 두고 있다.[60]

중재법은 모델법을 따라 중재합의의 성립 및 유효성의 준거법에 관하여는 규정하지 않지만 중재인은 중재합의의 준거법을 결정할 필요가 있는데, 뉴욕협약은 중재인이 뉴욕협약을 적용할 것을 규정하지 않으므로 중재단계에는 유추적용할 수 있을 뿐이다.[61] 중재판정 취소사유의 맥락에서 중재합의의 준거법을 정하므로 동일한 원칙이 적용된다고 볼 수 있는데,[62] 어느 경우이든 당사자들이 중재합의의 준거법으로 지정한 법, 지정이 없는 경우 한국법이 준거법이다.[63] 중재합의 준거법 논의에서 해묵은 쟁점중 하나이나 실무상의 문제는, 중재합의의 준거법의 명시적 지정 없이 주된 계약의 준거법 소속국과 중재지국이 상이한 경우, 당사자들이 중재조항을 포함한 주된 계약의 준거법을 명시적으로 또는 묵시적으로 지정한 경우 이를 중재합의의 묵시적인 준거법 지정으로 보거나 추정할 수 있는가이다.[64]

3. 단독행위

제3절의 표제는 중재합의라고 하였다가 중재합의 및 중재조항(Convention et clause d'arbitrage)으로 변경되었는데, 이는 국제사법 제12장의 규정이 단독행위 또는 정관(un acte juridique unilatéral ou des statuts)에 규정된 중재조항에 유추적용된다고 하는 제178조 제4항의 신설 때문으로 보인다. 이에 따르면 중재인은 유언에 중재조항이 포함된 경우 제2항의 저촉규칙에 따라 스위스의 실질법 특히 상속법에 따라 유효한지를 판단해야 할 수 있다.[65] 다만, 스위스 상

---

57) Bärtsch/Schramm, p. 14.
58) Born, p. 573.
59) Poudret/Besson, para. 301. 채권양도의 맥락에서 비판론의 소개는 김상호, 국제중재에 있어 중재합의 효력의 주관적 범위 –채권양도의 경우를 중심으로, 서울대학교 법학석사 학위논문 (2013), 125–126면 참조.
60) 제177조.
61) 석광현 제1권, 119–120면, 498면, 주106.
62) 석광현 제1권, 430–431면.
63) 뉴욕협약 제5조 제1항 a호; 중재법 제36조 제2항 제1호 가목.
64) 석광현, "캘리포니아 주법원이 확인한 미국 중재판정의 승인·집행에서 그 대상, 중재합의의 성립과 임의대리의 준거법", 사법 53호(사법발전재단, 2020. 9.), 319면.

속법에 따라 그러한 중재조항이 유효한지 여부는 개정의 착안점이 아니다.[66) 유언과 같은 단독행위의 경우 수락이 없다면 뉴욕협약 제2조의 중재합의가 있다고 할 수 있는지는 논란의 여지가 있다.[67)

로잔에 위치한 중재기관인 스포츠중재법원(Tribunal Arbitral du Sport)[68) 덕분에 스위스에서 이루어지는 중재 태반이 스포츠중재사건이다.[69) 그렇지만 이를 규율하기 위한 별도의 조문을 두거나 수정을 가하지는 않는데, 국제사법 제12장의 체제가 스포츠중재에도 적합하다고 보기 때문일 것이다.[70) 제178조 제4항은 정관에 중재조항을 두는 것이 적법하다고 단순히 확인한다.[71) 참고로 민사소송법 제358조 제2항도 같은 취지로 규정하는데, 채무법(Code des obligations) 제697n조를 도입하기로 함으로써,[72) 스위스회사 관련 중재 활성화를 위한 전기를 마련한 것이라고 한다.[73)

---

65) Besson/Rigozzi, p. 24.

66) Message, 7179 ("La question de savoir si -et, dans l'affirmative, dans quelle mesure- une clause compromissoire contenue dans un testament est valable au regard du droit matériel des successions suisse, n'est pas l'objet de cette révision.").

67) Solomon, Dennis, "The New York Convention", in Balthasar, Stephan (ed), *International Commercial Arbitration*, 2nd ed (C.H.Beck, 2021), para. 49.

68) 이는 '스포츠중재재판소'라고도 번역한다. 소개는 강병근, "스포츠중재재판소(CAS)를 통한 스포츠 분쟁의 처리", 스포츠엔터테인먼트와 법 5권(한국스포츠엔터테인먼트법학회, 2004. 10.), 100면 이하; 손창주, "스포츠분쟁해결기구로서의 스포츠중재재판소(CAS)에 관한 고찰", 중재연구 제28권 제1호(한국중재학회, 2018. 3.), 45면 이하 참조.

69) Message, 7158.

70) Message, 7173.

71) Message, 7180 ("L'art 178, al. 4, P-LDIP confirme également la licéité des clauses d'arbitrage statutaires.").

72) 스위스 채무법 제697n조는 다음과 같다:
"1. Les statuts peuvent prévoir que les différends relevant du droit des sociétés sont tranchés par un tribunal arbitral sis en Suisse. Sauf disposition contraire des statuts, la société, ses organes, les membres des organes et les actionnaires sont liés par la clause d'arbitrage.
2. La procédure arbitrale est régie par la 3e partie du code de procédure civile; le chapitre 12 de la loi fédérale du 18 décembre 1987 sur le droit international privé n'est pas applicable.
3. Les statuts peuvent régler les modalités, notamment par le biais d'un renvoi à un règlement d'arbitrage. Ils veillent à ce que les personnes qui peuvent être directement concernées par les effets juridiques de la sentence arbitrale soient informées de l'introduction et de la conclusion de la procédure et puissent participer à la constitution du tribunal arbitral et à la procédure en tant qu'intervenants."

73) Allemann, Richard G., "Setting the Ground for Corporate Arbitration in Switzerland: Swiss Parliament Approves New Rules for Arbitration of Corporate Law Disputes", *Kluwer Arbitration Blog* 17 August 2020: http://arbitrationblog.kluwerarbitration.com/

Ⅳ. 중재인

국제사법은 중재판정부의 구성에 관한 조문을 대폭 수정하였는데, 개정
전 제179조 제2항에서 단순히 민사소송법의 규정을 준용하였던 것과 달리, 명
시적인 규정을 두는 방식을 취한다. 이는 특히 외국당사자를 포함한 이용자를
고려한 것으로 보인다.[74]

1. 선정 및 교체

제179조 제1항은 여전히 중재인이 당사자들의 합의에 따라 선정되거나 교
체된다고 하면서,[75] 중재인의 수와 선정방법을 명시한다. 이에 따르면 당사자
간에 다른 합의가 없으면 중재인의 수는 3인인데, 각 당사자가 1인씩 선정하
고 이에 따라 선정된 2인의 중재인들이 합의하여 중재판정부의 장(président)을
선정한다.

제2항은 당사자들이 중재지를 선정하지 않았거나 칸톤(canton) 내지 도시
를 정함이 없이 스위스라고만 한 경우, 최초로 신청받은 판사가 관할을 가진
다고 하여 우선주의를 명시한다. 종래 단순히 스위스에서 중재하기로 하는 합
의가 있는 경우 어느 법원이 중재인의 선정을 관할하는지 논란이 있었는데,[76]
이는 민사소송법의 통일에도 불구하고 연방대법원을 제외하면 '스위스 법원'
은 존재하지 않고 칸톤마다 법원의 조직이 다르기 때문이다. 입법적으로 해결
하였으므로 이러한 논의는 제한적인 의미밖에 없을 것이다.[77] 신청받은 판사

2020/08/17/setting-the-ground-for-corporate-arbitration-in-switzerland-swiss-parlia-
ment-approves-new-rules-for-arbitration-of-corporate-law-disputes; Vogt,
Hans-Ueli/Schmidt, Patrick, "Schiedsklauseln in Vereinsstatuten Bemerkungen zum
Bundesgerichtsurteil 5A_1027/2018 vom 22. Juli 2019 und zur Revision des 12. Kapitels des
IPRG und des Aktienrechts (Teil I)", *ASA Bulletin* Volume 38, Issue 1 (2020), pp. 84-85
("Mit der Einführung von Art. 697n E-OR soll die Rechtsunsicherheit betreffend die
Zulässigkeit und Rechtswirksamkeit genuin statutarischer Schiedsklauseln beseitigt werdern.").

74) Message, 7163.

75) 전에는 해임도 함께 규정하였다.

76) Message, 7181 ("Le plus souvent, la doctrine considère que, dans ce cas, la convention con-
cernée ne remplit pas les exigences minimales et qu'il n'est pas possible d'ouvrir une procé-
dure d'arbitrage en Suisse. Une minorité est toutefois d'avis que, lorsqu'une convention fait
une allusion minimale à la Suisse («Arbitration in Switzerland»), le demandeur devrait pouvoir
saisir un tribunal cantonal de son choix et requérir l'ouverture d'une procédure d'arbitrage.");
Berger/Kellerhals, paras. 754-757.

가 중재인을 선정하면, 구성된 중재판정부가 제176조 제3항에 따라 그 본거, 즉 중재지를 지정할 것이라고 한다.[78] 나아가 제179조 제2항은 당사자들이 중재지를 명시하지 않은 경우에도 법원의 관여를 상정하는데,[79] 이를 새로운 제도라고 할 수는 없지만, 프랑스 민사소송법 제1505조 제4항이 당사자들이 재판의 거부(déni de justice)라는 위험에 노출될 우려를,[80] 영국 중재법 제2조 제4항이 영국과의 관련(a connection with England and Wales)을 언급하는 것에 반해 스위스 국제사법은 아무런 지침을 제공하지 않는다. 이는 제178조 제2항의 유효화 원칙에 의해 정당화되고, 스위스의 국제중재를 더 매력적으로 만들 것이라고 한다.[81]

제179조 제5항은 다수당사자 간의 중재에서 중재인 선정에 관한 특칙이다. 민사소송법 제362조 제2항과 같이 이 경우 판사가 모든 중재인을 선정할 수 있음을 명시함으로써 *Dutco* 사건에 대응하는데,[82] 각 당사자에게 중재인을 선정할 권한을 부여하는 중재합의를 한 경우에도 적용된다.[83] 다만 프랑스 민사소송법 제1453조와 달리 선정할 수 있다(peut nommer)고 하여 재량을 인정한다. 또한 판사는 모든 중재인을 선정해야만 하는 것이 아니라 1인의 중재인만을 선정할 수도 있다.[84]

제179조 제6항은 중재인이 되어 달라고 요청받은 사람으로 하여금 자신의 독립성이나 공정성에 관하여 정당한 의심을 야기할 수 있는 사실의 존재를 지체 없이 공개(révéler)할 것을 규정하는데, 중재절차의 종료까지 그러한 의무를 가진다는 점을 명시한다. 이는 민사소송법 제363조와 일치한다. 다만 연방대법원은 중재인의 공개의무 위반은 그 자체로 기피사유가 되는 것은 아니라는 입장을 취하고,[85] 당사자들에게는 인터넷을 이용하여 조사하도록 하는 등 호

77) 오히려 우리의 토지관할 논의에 참고가 될 수 있다. 김갑유 외, 295면; 임성우, 7.43 참조.
78) Message, 7182 ("En tant que «juge d'appui», il devra constituer un tribunal arbitral, auquel il incombera de fixer le siège sur la base de l'art. 176, al. 3, LDIP.").
79) 이처럼 중재지의 지정이나 중재인 선정을 가능케 하는 메커니즘이 없는 경우를 백지조항(clause blanche)이라고도 부른다. Born, p. 827 이하 참조.
80) 안건형/유병욱, 101면; 조희경, 279-280면; 석광현 제2권, 408면 참조.
81) Message, 7182.
82) Cour de Cassation, Chambre civile 1, du 7 janvier 1992, 89-18.708 89-18.726. 소개는 안건형/유병욱, 100면; 조희경, 285면, 주54 참조.
83) Besson/Rigozzi, p. 26.
84) Message, 7182.
85) 4P.188/2001, 2.f) ("La question n'est pas de savoir si l'on peut reprocher à l'arbitre de ne pas

기(好奇)의무(devoir de curiosité)를 부담시킨다.[86]

2. 기피절차, 해임

제180조는 제1항에서 기피사유를 정하면서 제2항에서 당사자가 선정하였거나 선정에 협력한(a contribué) 경우 그 중재인 선정 후 비로소 알게 된 사유에 기하여서만 기피할 수 있다고 하였다가, 이제는 요구되는 주의(diligence requise)를 기울였음에도 선정 전에 알지 못하였던 기피사유라고 규정한다.

신설된 제180a조는 기피절차를 규정하는데 민사소송법 제369조 제2항 내지 제4항을 기초로 한다. 제1항에 따르면 중재인에 대한 기피절차는 당사자간의 합의로 정할 수 있는데, 달리 합의하지 않은 경우 중재인을 기피하려는 당사자는 기피사유를 안 날 또는 요구되는 주의를 기울였더라면 알 수 있었던 날부터 30일 이내에 중재판정부에 서면으로 기피신청을 하여야 한다.[87] 여기에서 당사자가 기울여야 하는 주의는 호기의무의 표현일 것이다.[88]

제2항은 기피신청을 받은 중재인이 사임하지 아니하면 기피신청을 한 날부터 30일 이내에 법원에 해당 중재인에 대한 기피신청을 할 수 있고,[89] 법원의 판단은 종국적(définitivement)이라고 규정한다. 기피신청이 법원에 계속 중일 때에도 중재판정부는 중재절차를 진행하고 중재판정을 내릴 수 있는데, 제3항은 기피신청을 받은 중재인이 배제되지 않음을 명시한다.

중재법 제14조 제2항은 모델법을 따라 중재판정부로 하여금 기피신청에 대하여 결정하도록 규정하는데, 그 결정을 하는 중재판정부에는 기피신청을 받은 중재인도 포함된다.[90] 이는 일견 누구나 당사자이거나 자기가 이해관계

---

avoir fourni plus de renseignements, mais si les faits qu'il n'a pas révélés sont de nature à fonder une apparence de partialité ou de dépendance, de telle sorte que le tribunal arbitral n'aurait pas été régulièrement composé au sens de l'art. 190 al. 2 let. a LDIP."); Kaufmann-Kohler/Rigozzi, para. 4.164.

86) 4A_318/2020, 6.5 ("Quoi qu'il en soit, ce devoir de curiosité n'est pas illimité. Les parties sont certes tenues de procéder à certaines investigations notamment sur internet"); 136 III 605, 3.4.2. Müller/Pearson, p. 168 참조.

87) 중재법 제14조 제2항은 중재판정부가 구성된 날 또는 기피사유를 안 날로부터 15일 이내에 기피신청을 하여야 한다고 규정한다.

88) Besson/Rigozzi, p. 31.

89) 참고로 민사소송법 제369조 제3항은 전에는 기피신청을 받은 중재인이 다투지 아니하면(Si l'arbitre conteste sa récusation) 그러하다고 규정하였었다.

90) 과반수가 기피신청을 받는 경우를 고려한 것이라고 한다(목영준/최승재, 162면, 주73). 중재법 제14조 제3항은 기피신청이 받아들여지지 아니한 경우 법원에 기피신청을 할 수 있다고 규정한다.

가 있는 경우에는 심판관이 될 수 없다(Nemo judex in causa sua)는 자연법적 정의에 반하는 것인데,[91] 민사소송에서는 기피신청을 받은 법관이 그에 대한 재판에 관여하지 못하는 것을 보면,[92] 중재절차에는 적용되지 않는다고 판단한 것으로 보인다.[93] 중재판정부 스스로에게 우선적으로 판단할 기회를 주는 것이 바람직하다는 견해가 있으나,[94] 중재판정부가 아닌 기피신청을 받은 중재인 스스로 본인의 사임 여부만 판단하는 것이 바람직할 수 있다.[95] 국제사법 제180a조 제2항과 같이 중재판정부가 아닌 판사가 기피신청에 대한 결정을 하도록 하는 방안을 긍정적으로 고려할 필요가 있다.[96]

신설된 제180b조 제1항은 당사자들이 중재인의 해임(révocation)에 합의할 수 있음을 명시하고, 제2항은 법원에 신청함으로써 중재인을 배제하는 해임제도를 규정한다. 당사자는 중재인이 적시에 그 직무를 수행할 수 없거나 요구되는 주의로 이행하지 않는 경우 해임신청을 할 수 있고, 법원의 판단은 종국적이다.

민사소송법 제369조 제5항은 기피신청에 대한 결정이 종국적이라고 하는 대신 처음 취소의 대상이 된 중재판정의 취소를 구하는 절차를 거쳐서만 심사가 가능하다고 하고, 이는 해임에 대한 결정의 경우에도 같다.[97] 국제사법 제180a조 제2항 및 제180b조 제2항에서 말하는 결정의 종국성은 그것이 더 이상 즉각적인 심사의 대상이 되지 않는다는 것이겠으나, 취소절차에서 연방대법원에 의한 심사의 대상이 되는지는 불분명하다.

V. 중재절차

1. 이의

제182조 제3항은 중재판정부가 당사자평등 및 대심적 절차에서 법적인 심

---

91) Hess, Robert Uwe, "*Nemo Iudex in Sua Causa* and the Challenge Procedure under the UNCITRAL Model Law", *New York University Journal of International Law and Politics* Volume 50, Issue 4 (2018), pp. 1431-1435. 헌법재판소 1993. 12. 23. 선고 92헌마247 참조.
92) 한국 민사소송법 제46조 제2항.
93) 박이세, 614면.
94) 목영준/최승재, 161면.
95) Orelli, *Arroyo-Guide*, Article 180, para. 28.
96) 박이세, 615면.
97) 민사소송법 제370조 제3항.

문을 받을 권리(leur droit d'être entendues en procédure contradictoire)를 보장할 것을 규정하는데, 이는 강행규정이다.[98] 제190조 제2항 d호는 그것이 존중되지 않은 경우를 중재판정의 취소사유로 규정하여 제182조 제3항의 원칙을 보장한다.[99] 다만 이러한 근본원칙에 반하는 경우에도 연방대법원은 중재절차에서 즉시 이의하지 않으면 취소를 구할 권리가 포기된 것으로 간주하는데,[100] 신의칙 위반을 근거로 든다.[101] 이는 실무상 가장 빈번하게 주장되지만, 실제 취소되는 경우는 예외적이라고 한다.[102] 신설된 제182조 제4항은 당사자가 절차규칙의 위반을 알았거나 요구되는 주의를 기울였더라면 알 수 있었음에도 즉시 이의하지 않고 중재절차에 참여하였다면 나중에 이를 주장할 수 없다고 명시한다.

중재법 제5조는 모델법 제4조를 따라 중재법의 임의규정 또는 중재절차에 관한 당사자 간의 합의를 위반한 사실을 알고도 지체 없이 이의를 제기하지 아니하거나, 정하여진 이의제기 기간 내에 이의를 제기하지 아니하고 중재절차가 진행된 경우 이의신청권을 상실한다고 규정하는데, 이는 중재절차에서 이의를 제기하지 않음으로써 차단효가 발생한다는 것이다.[103] 다만 그에 대한 예외로서 중재가능성의 결여 내지 공서위반의 경우 중재판정부나 법원은 제기시기에 관계없이 이의에 대하여 판단할 수 있다고 보아야 할 것이다.[104] 중재법은 스위스 국제사법과 달리 중재절차에 관한 합의위반을 취소사유로 규정하는데,[105] 단순히 당사자 간의 합의나 임의규정을 위반하였다는 것만으로는 부

---

98) 133 III 139, 143 ("Il s'agit d'une protection minimum à laquelle les parties ne peuvent pas renoncer."); Knoll, *Arroyo-Guide*, Article 182, para. 26.

99) 119 II 386, 388 ("Ce motif de recours sanctionne les seuls principes impératifs de procédure prévus par l'art. 182 al. 3 LDIP"); Kaufmann-Kohler/Rigozzi, para. 8.167.

100) Kaufmann-Kohler/Rigozzi, para. 8.170.

101) 119 II 386, 388 ("La partie qui s'estime victime d'une violation de son droit d'être entendue ou d'un autre vice de procédure doit l'invoquer d'emblée dans la procédure arbitrale. [...] En effet, le comportement consistant à invoquer un vice de procédure seulement dans le cadre du recours dirigé contre une décision [...], constitue un violation du principe de la bonne foi").

102) Dasser, Felix/Wójtowicz, Piotr, "Challenges of Swiss Arbitral Awards. Updated Statistical Data as of 2017", *ASA Bulletin* Volume 36, Issue 2 (2018), p. 281; Kaufmann-Kohler/Rigozzi, para 8.168.

103) A/40/17, para. 57 ("As regards the effect of a waiver under article 4, the Commission was agreed that it was not limited to the arbitral proceedings but extended to subsequent court proceedings in the context of articles 34 and 36.").

104) 석광현 제1권, 296면.

족하고, 당사자의 절차적 권리에 대한 침해 정도가 현저하여 용인할 수 없는 경우라야 취소사유에 해당한다고 한다.[106]

2. 판사의 협력

절차에 관한 제6절은 판사의 협력(concours du juge)을 규정한다.[107] 이에 따르면 지원판사는 위에서 본 중재인 선정 및 교체(제179조), 기피(제180a조), 해임(제180b조)의 경우 외에, 임시적 처분과 보전조치(제183조), 증거조사(제184조), 외국중재절차(제185a조) 등에 관하여 협력한다.[108] 프랑스 민사소송법과 달리 스위스 국제사법은 '지원판사(juge d'appui)'라는 용어를 사용하지는 않지만, 그 개념은 프랑스가 스위스에서 빌린 것이다.[109]

제183조 제1항은 당사자 간에 다른 합의가 없는 경우 중재판정부가 당사자의 신청에 따라 임시적 처분 또는 보전조치를 명할 수 있다고 규정하고, 제2항은 관계자(partie concernée)가 자발적으로 따르지 않으면 중재판정부 또는 일방당사자가 판사의 협력을 구할 수 있다고 규정한다. 여기에서 일방당사자는 새로 추가된 것인데, 학설은 이미 이를 인정하고 있었고,[110] 달리 중재판정부의 승인(assentiment)을 요하지 않으므로 민사소송법 제374조 제2항보다 완화된 것이다. 중재법 제18조의7은 당사자가 임시적 처분의 승인 또는 집행을 신청할 수 있다고 규정한다.[111]

중재판정부의 증거조사에는 한계가 있으므로 법원의 협조가 필요할 수 있는데,[112] 제184조 제2항에 따르면 그러한 경우 중재판정부 또는 그 동의를 얻

---

105) 중재법 제36조 제2항 제1호 라목.

106) 대법원 2018. 12. 13. 선고 2018다240387 판결.

107) 중재법은 '법원의 협조'라는 표현을 사용하는데, '지원'이라고 번역하는 편이 적절하다(석광현 제2권, 120면, 주92).

108) 예를 들어 연방대법원이 소재하는 로잔의 경우 그 지방법원장일 것이다(Code de droit privé judiciaire vaudois, Art. 47(2): "Le président du tribunal d'arrondissement est compétent pour prêter son concours ou statuer sur une nomination, récusation, destitution ou remplacement d'arbitre, ou encore sur la prolongation du mandat du tribunal arbitral.").

109) Gaillard, Emmanuel/De Lapasse, Pierre, "Commentaire analytique du décret du 13 janvier 2011 portant réforme du droit français de l'arbitrage", *Les Cahiers de l'Arbitrage* 2011, n°2, p. 270 ("Empruntée à la pratique du droit suisse de l'arbitrage et déjà utilisée par la juris-prudence et la doctrine françaises, la notion de «juge d'appui» est désormais consacrée par les textes en droit français de l'arbitrage."); 조희경, 279면.

110) Message, 7186.

111) 석광현 제2권, 174면 이하 참조.

은 일방당사자는 중재판정부의 본거지의 판사에게 협력을 구할 수 있다. 전에
는 양쪽 당사자가 중재판정부의 동의를 얻어야 가능했다. 제3항에 따르면 판
사는 자신의 법(son propre droit)을 적용하는데, 요청이 있으면 다른 절차방식
도 적용하거나 고려할 수 있다.113) 이는 사법공조에 관한 제11a조와 유사하다.
중재법 제28조는 중재판정부가 법원에 증거조사를 촉탁하거나 이에 대한 협조
를 요청할 수 있다고 규정한다.114)

   판사의 협력에 관한 개정 중 특히 눈에 띄는 것은 제185a조인데, 이에 따
르면 외국에 본거를 가지고 있는 중재판정부 또는 외국중재의 당사자도 임시
적 처분과 증거수집에 관한 협력을 구할 수 있다. 중재법 제18조의7은 법원의
집행결정에 따라 임시적 처분을 집행할 수 있도록 하나, 중재지가 한국인 경
우에만 적용되어 외국중재판정부의 임시적 처분의 승인 및 집행은 뉴욕협약
또는 민사소송법과 민사집행법의 준용에 의한다.115) 기타의 협력에 관한 국제
사법 제185조는 중재지의 판사가 관할을 가진다고 명시하는데, 중재지가 스위
스 밖인 경우에는 적용되지 않을 것이다.

VI. 중재판정

1. 준거법

   국제사법 제187조 제1항은 중재판정부로 하여금 당사자들이 선택한 법의
규칙(règles de droit), 또는 선택이 없는 경우 쟁송물이 가장 밀접한 관련을 가
지고 있는 법의 규칙에 따라 판정할 것을 규정한다. 금번 개정은 독일어 원문
의 선천적 하자인 법(Recht)을 법규(Rechtsregeln)로 바로잡는다.116) 제187조 제
1항은 중재인에게 법정지법(lex fori)이라는 개념은 존재하지 않음을 나타내는
데, 중재판정부가 국제사법의 연결원칙들을 참고할 수 없다는 취지는 아닐 것
이다.117)

   분쟁의 실체에 적용될 법에 관한 중재법 제29조는 제1항에서 중재판정부

---

112) 석광현 제2권, 118면; Poudret/Besson, para. 669.
113) Message, 7186.
114) 석광현 제1권, 448면 이하 참조.
115) 석광현 제2권, 184–185면.
116) Dasser, p. 17. 참고로 독일어의 경우 제180조, 제181조, 제182조, 제187조, 제193조도 개정되었다.
117) Kaufmann-Kohler/Rigozzi, paras. 7.39 and 7.42; 박이세, 622면.

가 당사자들이 지정한 법에 따라 판정을 내릴 것을 규정하는데, 이때의 법은 법률과 법원칙을 모두 포함한다고 한다.[118] 그렇다면 법규 또는 법의 규칙이라는 표현을 사용하여 그 취지를 명확히 하는 것이 바람직하다고 본다.[119] 지정이 없는 경우 중재판정부는 분쟁의 대상과 가장 밀접한 관련이 있는 국가의 법을 적용하여야 하는데, 제29조 제2항은 특정 국가의 법이 아닌 규범을 적용할 가능성을 배제한다.[120] 스위스 국제사법 제187조 제1항은 연결원칙을 직접 규정하는 점에서 같지만, 법규의 적용까지 허용하는 점에서 전향적인데,[121] 이런 입장을 취하는 것을 고려할 필요가 있다.[122]

2. 정정·해석 및 추가판정

제189a조 제1항에 따르면 당사자들이 달리 합의하지 않는 한, 각 당사자는 중재판정을 받은 날부터 30일 이내에 정정, 해석 또는 추가판정을 중재판정부에 신청할 수 있다.[123] 중재판정부는 직권으로도 중재판정을 정정 또는 해석하거나 추가판정을 내릴 수 있는데, 이 또한 30일 이내에만 가능하다.[124] 즉 당사자가 30일 이내에 신청하는 경우 그에 대한 중재판정부의 판단기간은 정함이 없고, 직권으로 하는 경우 30일인데, 이는 판정일부터일 것이다. 학설은 중재판정부의 정정, 해석, 그리고 추가판정 권한을 일찍이 긍정하였고,[125] 이어서 연방대법원도 이를 인정하였다.[126] 제2항은 정정, 해석 또는 추가판정의 신청이 중재판정의 취소를 구할 수 있는 기간에 영향을 미치는 것은 아니고, 정정되거나 해석된 판정 또는 추가판정에 대하여 기간이 새로이 진행한다고 명시한다. 다만 그 부분에 하자가 있어야 할 것이다.[127]

---

118) 목영준/최승재, 126면, 주216; 석광현 제1권, 158면; 조대연, 주석중재법, 제5장 중재판정, 138면.
119) 석광현 제2권, 35-36면. 다만 우리 용어로서의 법은 단순히 국가의 법률만을 지칭하는 것이 아니기에 그러한 용어를 사용하지 않았다고 한다(목영준/최승재, 131면, 주238).
120) 석광현 제1권, 81-82면; 석광현 제2권, 380면.
121) 석광현 제1권, 165면, 주74.
122) 석광현 제1권, 82면.
123) 스위스중재센터(Swiss Arbitration Centre) 스위스규칙(Swiss Rules of International Arbitration) 제37조 제1항도 중재판정을 받은 날부터 30일 이내에 신청할 것을 규정한다.
124) 스위스규칙 제37조 제4항에 따르면 정정만 직권으로 할 수 있는 것으로 보인다.
125) Lalive/Poudret/Reymond, p. 444, para. 6 ("*A fortiori*, nous considérons que le pouvoir d'interpréter ou rectifier leur sentence devrait être reconnu *praeter legem* aux arbitres internationaux"); Poudret/Besson, para. 762.
126) 126 III 524; 137 III 85.
127) 131 III 164; Dutoit, Bernard, *Droit international privé suisse*, 5e éd (Helbing Lichtenhahn,

Ⅶ. 불복방법

1. 취소

국제사법 제190조 제1항에 따르면 중재판정은 공지에 의하여 종국적인 것으로 되는데, 제2항은 취소사유를 제한적으로 열거한다. 중재절차에 관한 합의위반을 취소사유로 규정하지 않는다는 점은 위에서 언급하였다. 따라서 중재판정부가 당사자들이 합의한 절차규칙에 위반하여 중재판정을 내리더라도 당사자들의 평등취급의 원칙 또는 법률상의 청문의 원칙이 침해된 경우에 해당하지 않는 한 취소될 수 없다.[128] 신설된 제4항은 30일 이내에 취소절차를 개시할 수 있음을 명시한다.[129] 개정된 제191조에 따르면 관할법원은 연방대법원인데,[130] 재심의 경우에도 같다. 나아가 연방대법원법 제77조가 취소절차를 규율한다고 명시하는데, 취소절차는 독자적인 불복제도로 발전하였다고 한다.[131]

중재법 제36조 제3항은 모델법 제34조 제3항을 따라 중재판정의 정본을 받은 날부터 3개월 이내에 취소의 소를 제기할 것을 규정한다. 이는 단기간의 경과로 중재판정의 효력을 다툴 수 없도록 함으로써 법률관계를 조기에 확정하기 위한 것이고, 당사자들이 기간을 단축할 수는 없다고 한다.[132] 다만 중재판정 취소의 판결은 통상의 경우처럼 관할법원에 상소할 수 있는데,[133] 3심제를 취하는 경우 신속성과 전문성이 문제될 수 밖에 없고, 분쟁을 법원의 재판에 의하지 아니하고 단심제에 의하여 신속히 해결하기로 한 당사자들의 의사에 부합하지 않을 여지도 있다.[134] 우리도 제소기간의 단축과 관할 내지 사건

2016), pp. 880-881, para. 9 ("En cas de recours contre une sentence rectificative, celui-ci ne porte que sur la rectification elle-même, de telle sorte que sa recevabilité est limitée aux griefs affectant cette rectification et non pas la sentence originelle").

128) 국제사법 제190조 제2항 d호.

129) 연방대법원법 제100조 제1항은 그대로 유지된다.

130) 오스트리아(민사소송법 제615조)와 모리셔스(국제중재법 제39조 제1항)도 같다. 박이세, 602면, 주22 참조.

131) Poudret, Jean-François, "Les recours au Tribunal fédéral suisse en matière d'arbitrage international (Commentaire de l'art. 77 LTF)", *ASA Bulletin* Volume 25, Issue 4 (2007), p. 673 ("le recours contre les sentences en matière d'arbitrage international est un recours *sui generis* qui emprunte certaines règles résiduelles à la LTF"); Kaufmann-Kohler/Rigozzi, para. 8.05 ("it has evolved to become a *sui generis* action.").

132) 석광현 제1권, 236면.

133) 석광현 제1권, 241, 457면.

134) Poudret/Besson, paras. 770 and 772.

의 집중을 긍정적으로 검토할 필요가 있다.[135]

2. 재심

신설된 제190a조는 중재판정에 대하여 재심을 구할 수 있다고 규정한다.[136] 종래 국내중재의 경우에만 규정을 두고 있어 국제중재의 경우에도 재심이 허용되는지가 문제되었는데, 연방대법원은 1992년 *Perrodo* 사건에서 이를 긍정하였다.[137] 제190a조는 이를 명문화한 것이다.

제1항이 열거하는 재심사유는 다음과 같다. 첫째, 요구되는 주의를 기울였음에도 주장할 수 없었던 관련 사실 내지 결정적 증거를 발견한 경우인데, 중재판정 이후의 사실 또는 증거방법은 배제된다. 둘째, 유죄판결이 없이도 범죄가 중재판정에 영향을 미쳤다는 것이 형사절차에서 입증된 경우인데 형사소송이 불가능하다면 다른 방법으로 증거가 제출될 수 있다. 셋째, 당사자들이 요구되는 주의를 기울였음에도 중재인의 기피사유가 중재절차 종료 뒤에야 발견되고 다른 법적 구제수단을 청구할 수 없는 경우이다. 첫째와 둘째의 사유는 연방대법원이 유추적용하던 연방대법원법 제123조와 일치한다. 셋째의 사유는 재판부의 구성 내지 기피에 관한 규정의 위반이 있는 경우 연방대법원 판결의 재심을 청구할 수 있다고 규정하는 제121조 a호를 따른 것인데, 제121조의 사유는 절차적인 문제에 관한 것으로 제123조와 달리 진정한 의미의 재심이라 하기 어려울 뿐더러 이미 국제사법 제190조 제2항이 국제중재판정의 취소사유를 열거하고 있었기에 유추적용 여부에 관하여 논란이 있었고, 이에 대한 연방대법원의 입장도 분명하지 않았다.[138] 유력설은 취소신청기간 경과 후에 알게 된 기피사유를 주장하지 못하게 하는 것은 특히 중재인이 고지의무를 위반한 경우 가혹하므로 유추적용을 긍정하였는데,[139] 셋째 사유는 이를 대체로 따른 것으로 보인다.

제2항은 재심을 구할 수 있는 기간을 재심사유를 안 날부터 90일 이내로

---

135) 석광현 제2권, 46면; 임성우, 7.43; 박이세, 603면. 전담재판부에 관하여는 석광현, "한국 국제사법학의 과제", 국제사법연구 제22권 제2호(한국국제사법학회, 2016. 12.), 392면 이하 참조. 이호원, 141-142면은 3개월인 취소소송 제기기간이 "상당히 단기"라고 한다.

136) 우선 Kunz, Catherine A., "Revision of Arbitral Awards in Switzerland: An Extraordinary Tool or Simply a Popular Chimera?", *ASA Bulletin* Volume 38, Issue 1 (2020), pp. 6-31 참조.

137) 118 II 119, 203.

138) Kaufmann-Kohler/Rigozzi, paras. 8.213 and 8.214.

139) Poudret/Besson, para. 845; Kaufmann-Kohler/Rigozzi, para. 8.214.

제한한다. 연방대법원법 제124조는 위 첫째 및 둘째 사유에 대하여는 90일, 셋째 사유에 대하여는 30일의 기간을 각각 규정하는데 국제사법은 그러한 구별을 유지하지 않는다. 또한 재심사유의 존재를 알지 못하였다 하여도 중재판정의 효력 발생 후 10년이 지나면 재심을 구할 수 없는데, 다만 둘째 재심사유는 예외이고, 이 점은 연방대법원법 제124조와 마찬가지이다.

연방대법원은 *Perrodo* 사건에서 재심은 중재판정을 내린 중재판정부가 아닌 연방대법원이 관할한다고 판시하였다. 개정된 제191조가 재심을 명시적으로 허용하면서 관할법원을 연방대법원으로 하는 점은 위에서 언급하였다. 연방대법원은 재심사유가 있다고 판단하는 경우 중재판정을 취소하고 중재판정부에 환송한다.[140]

민사소송에서 재심은 확정된 종국판결에 대하여 기판력에 따른 효력을 유지할 수 없는 중대한 흠이 있는 경우에 판결법원에 대하여 그 판결을 취소하고 소송을 판결 전의 상태로 회복시켜 다시 재판할 것을 구하는 비상한 불복신청방법이다.[141] 재심의 소는 확정판결의 취소청구와 구 소송의 심판청구 두 단계로 구성된 것으로 재심사유가 존재하면 판결법원은 원판결을 취소하고 그에 갈음하는 판결을 할 것이다.[142] 중재판정에 관하여 중대한 하자가 있는 경우 법원에 의한 사법적 재심사가 예외적으로 허용되나,[143] 재심을 규정하는 사례는 드물다.[144]

중재법도 모델법을 따라 중재판정에 대한 불복은 중재판정 취소의 소에 의하여만 할 수 있도록 제한하고, 중재판정의 재심을 별도로 규정하지는 않는다. 취소사유는 제한적인 열거인데,[145] 중재판정 취소의 소에서 취소사유가 존재하면 법원은 이를 취소하는 판결을 할 것이고, 중재판정의 내용을 변경하는 판결을 할 수는 없다.[146] 중재판정 취소의 소 제기기간이 도과된 경우 중재판정 취소의 소는 불가능하게 되고,[147] 그러한 사유를 집행결정절차에서 주장할

---

140) 연방대법원법 제119a조 제3항.
141) 송상현/박익환, 785면; 이시윤, 930면.
142) 송상현/박익환, 802–805면; 이시윤, 950면.
143) 석광현 제2권, 37면.
144) Poudret/Besson, para. 843 ("Even if provided by most legislations with respect to judgments, it is more rarely provided for with regard to arbitral awards.").
145) 석광현 제1권, 198면.
146) 석광현 제1권, 239면.
147) 예외에 관한 독일에서의 논의는 Kreindler, Richard/Wolff, Reinmar/Rieder, Markus S., *Commercial*

수는 있을 것이다.

중재법 제35조는 중재판정이 법원의 확정판결과 동일한 효력을 가진다고 규정하는데 제2조 제1항에 따르면 이는 내국중재판정에 관한 조항이다. 중재판정에 확정판결과 같은 효력을 인정하는 것은 당사자의 법적 안정성을 위해서인데,[148] 재심제도를 두지 않으면 마찬가지로 당사자의 권리구제라는 구체적 정의보다 안정성 내지 중재판정의 종국성을 우선시키는 결과가 된다. 다만 종래 중재판정 취소의 소는 통상의 불복방법이 아니라는 점에서 확정판결에 관하여 중대한 하자가 있는 경우 법원의 재심을 허용하는 것과 유사하다고 하였는데,[149] 이제는 법원 판결의 무효와 유사한 기능을 가지게 되었다고 본다.[150] 즉 재심은 확정된 종국판결의 효과를 제거함을 청구의 내용으로 하고 확정판결의 취소를 구하므로 형성의 소인데,[151] 중재판정에 취소사유가 있으면 취소되지 않았더라도 중재법 제35조 단서에 따라 확정판결과 동일한 효력을 가지지 않으므로, 취소판결은 형성판결로서의 성질을 대부분 상실하였다.[152]

재심사유는 좀더 검토할 필요가 있으나 민사소송법의 재심사유에 해당하는 사유가 있다면 중재판정에 중대한 하자가 있다는 것이므로 취소사유인 공서위반에 해당할 여지도 있을 것이다.[153] 다만 취소사유가 있으면 제35조 단서에 따라 법원에 의하여 취소되지 않았더라도, 또한 제소기간이 도과되었더라도 중재판정은 확정판결과 같은 효력을 가질 수 없다.[154] 분명한 것은 재심제도의 존재이유 내지 기능이 판결인지 아니면 판정인지에 따라 근본적으로 다르지 않다는 점이다.[155] 참고로 1966년 처음 제정된 중재법은 취소사유로서 민사소송법이 정한 재심사유 중 일정한 사유를 열거하였고,[156] 중재판정 취소의 소는 그 취소의 이유를 안 날로부터 30일내 또는 집행판결이 확정된 날로부터 5년내에 제기하여야 한다고 하였다.[157]

Arbitration in Germany, (Oxford University Press, 2016), para. 6.180 참조.
148) 대법원 2005. 12. 23. 선고 2004다8814 판결.
149) 석광현 제2권, 37면.
150) 석광현 제2권, 203면.
151) 송상현/박익환, 785면; 이시윤, 950면.
152) 석광현 제2권, 127-128, 203-205면.
153) 석광현 제2권, 338-339면 참조.
154) 석광현 제2권, 201면.
155) Poudret/Besson, para. 843.
156) 제13조 제1항. 손용근/이호원, 주석중재법, 제6장 중재판정의 효력 및 불복, 213면 이하 참조.
157) 제16조 제1항.

3. 배제합의

배제합의의 개념에 관하여는 다소 논란이 있으나, 중재합의 시 또는 중재판정 전에 중재판정 취소의 소 기타 중재판정에 대하여 중재절차 내든 또는 법원에서든 어떠한 형태의 이의 또는 불복 또는 구제수단을 제기하는 권리를 포기하는 합의를 배제합의라고 한다.158) 국제사법 제192조 제1항은 당사자들이 스위스에 주소, 상거소, 또는 본거를 가지고 있지 아니한 때에는,159) 중재합의 또는 그 후의 합의에 포함된 선언에 의하여 중재판정에 대한 법적 구제수단의 전부 또는 일부를 배제할 수 있다고 규정하는데, 제191a조 제1항 b호의 사유로 인한 재심의 경우에는 그러하지 아니하다. 취지는 가능한 한 중재판정의 실효성을 제고하고, 스위스와 실제적인 관련이 없는 사건에서 절차를 지연시킬 목적으로 연방대법원에 중재판정의 취소를 구하는 것을 막기 위함이라고 한다.160) 전에는 명시적 선언(déclaration expresse)이라고 하였다가 이제는 제178조 제1항의 방식요건의 구비를 요한다. 연방대법원은 배제합의를 포함하는 중재규칙을 적용하기로 하는 합의는 유효한 배제합의가 아니라고 보는데,161) 개정된 제192조 제1항이 그러한 간접적 포기를 달리 허용하는 것으로 보이지는 않는다.162)

---

158) 석광현 제2권, 383-384면; Patocchi/Jermini, *Basel Commentary*, Article 192, para. 1 ("the new Swiss law on international arbitration sanctions agreements whereby the parties waive their right to bring proceedings to have their award set aside"); Bucher, Andreas/Tschanz, Pierre-Yves, *International Arbitration in Switzerland*, (Helbing & Lichtenhahn, 1989), p. 144, para. 290 ("Article 192(1) gives the option to the parties to exclude by agreement the right to challenge awards").

159) 전에는 양 당사자(les deux parties)라고 하였던 것을 바로잡는다. 또한 본거가 아니라 영업소(établissement)라고 하였었다.

160) 석광현 제1권, 227면; Poudret/Besson, para. 839.

161) 133 III 235, 241 ("Ainsi, l'exigence du caractère exprès de la déclaration de renonciation exclut la soumission à un règlement d'arbitrage prévoyant pareille renonciation").

162) 참고로 국제사법 제176조 제2항은 제12장의 적용을 배제하고 중재에 관한 민사소송법의 규정에 따르기로 하는 합의를 허용하는데, 이 또한 명시적 선언 대신 제178조 제1항의 방식요건 구비를 요하는 방향으로 개정되었다.

Ⅷ. 연방대법원법

1. 분쟁금액

연방대법원법 제74조 제1항 b호에 따라 30,000 프랑 미만의 분쟁에서는 중재판정의 취소를 구할 수 없는 것인지 논란이 있었는데, 이제 제77조 제1항이 분쟁금액에 관계없이(indépendamment de la valeur litigieuse) 국제사법 제190조 내지 제192조의 요건에 따라 가능하다고 명시한다. 이는 국가의 통제를 벗어날 수 있는 중재판정의 문제를 다수설에 따라 입법적으로 해결한 것으로 보인다.[163)]

2. 영문 서면

스위스 국제사법 제191조는 중재판정의 취소 및 재심은 연방대법원이 관할한다고 명시하면서 그 절차는 연방대법원법에 의해 규율된다고 한다. 신설된 연방대법원법 제77조 제2의2항은 영문 서면을 허용하는데,[164)] 상대방 당사자도 영어로 서면을 작성해야 한다거나 연방대법원이 영어를 사용해야 하는 것은 아니다. 그럼에도 불구하고 이를 둘러싸고 많은 논란이 있었다고 한다.[165)]

물론 영어가 스위스의 공용어는 아니지만,[166)] 법정에서 그 허용이 처음은 아니다. 2010. 3. 1. 시행된 연방특허법원법(Loi sur le Tribunal fédéral des brevets) 제36조 제3항은 법원 및 당사자의 동의(accord)가 있으면 영어가 사용될 수 있다고 하면서 재판은 공용어로 할 것을 명시하는데, 연방특허법원의 연간보고서에 따르면 상대방 당사자의 동의가 있는 한 법원이 영어 사용에 동의하지 않는 경우는 사실상 없을 것으로 보인다.[167)] 영어 변론에 대한 당사자들의 관심이 분명하고, 영어가 사용되는 사건도 2012년 1건에서 2019년 23건으로

---

163) Message, 7192 ("Un argument contre la fixation d'une telle valeur serait qu'il y aurait dès lors des sentences qui échapperaient à tout contrôle de l'État.").

164) 국제중재의 경우에만 허용하는 것은 아니다.

165) Dasser, p. 18 ("the most disputed innovation.").

166) 이호정, 5면; Karrer, para. 14.01 참조. 스위스 연방헌법(Constitution fédérale de la Confédération suisse) 제70조 제1항은 로망슈어 또한 공용어임을 명시한다.

167) 연방특허법원의 연간보고서는 https://www.bundespatentgericht.ch/en/about-the-court/ annual-reports 참조. 2016 연간보고서부터 "the legal right conferred upon [litigants] by the Federal Patent Court to use English in submissions and hearings instead of an official language of Switzerland"라는 표현을 사용한다.

증가하고 있으나, 변론만의 영어 허용의 가치는 제한적이라고 한다.168) 연방특
허법원법과 달리 연방대법원법의 경우 영어 사용은 서면 작성에 한정되고 변
론에는 미치지 않는 것으로 보인다. 하지만 상대방 당사자의 동의를 받을 필
요가 없는 데다가 취소신청기간이 30일로 제한되어 있고, 국제중재의 공용어
(lingua franca)가 영어라고 하니,169) 스위스의 공용어에 익숙하지 않은 외국당
사자에게는 도움이 될 것이다.170)

    법정 언어는 법정지법이 결정할 사항인데 법원조직법의 개정으로 우리 법
정에서도 외국어 변론이 가능하게 되었다.171) 법원조직법 제62조의2에 따르면
특허법원이 심판권을 가지는 사건 및 특허권등의 지식재산권에 관한 소의 제1
심사건을 담당하는 법원은 당사자의 동의를 받아 외국어로 변론하는 것을 허
가할 수 있고, 이러한 사건을 국제사건이라 한다. 스위스 연방특허법원법과 달
리 외국어라고 하나 실제로는 영어가 아닌 경우는 아마도 드물 것이다.172)

    중재언어를 무엇으로 선택하는지에 따라 번역 등 관련 비용에 큰 차이를
발생시킨다고 하는데,173) 한국을 중재지로서 더욱 매력적인 곳으로 만들기 위
해서는 언어의 장벽을 최소화하는 것도 고려할 필요가 있다. 중재법은 집행결
정의 신청기간은 제한하지 않지만,174) 취소의 소에는 3개월의 제소기간의 제

---

168) 2016 연방특허법원 연간보고서, 8면 ("Even in cases where English is used by the parties, the
    Federal Patent Court itself is legally obliged to carry out its activities in an official language
    of Switzerland. As could be expected, this turned out to be impractical."). 석광현, "우리 법원
    의 IP 허브 추진과 헤이그 관할합의협약 가입의 쟁점", 국제사법연구 제25권 제1호(한국국제사법
    학회, 2019. 6.), 263면도 이 점을 명확히 지적한다.
169) Alford, Roger P., "The American Influence on International Arbitration", *Ohio State Journal
    on Dispute Resolution* Volume 19, Issue 1 (2003). p. 86 ("English has become the lingua
    franca of international arbitration."); Elsing, Siegfried H, "Chapter 4: The Influence of the
    English Language: A Gradual Acceptance of Anglo-American Legal Culture in International
    Arbitration", in Kröll, Stephan *et al.* (eds.), *International Arbitration and International
    Commercial Law: Synergy, Convergence and Evolution* (Kluwer Law International, 2011), p.
    86 ("English has become the language of international trade, international commerce and
    international law. [...] And there can be no question but that 'the Language of Shakespeare'
    has become the language of international arbitration.").
170) Dasser, p. 18.
171) 석광현(주168), 259면.
172) 국제재판부의 설치 및 운영에 관한 규칙 제9조("법 제62조의2제3항에 따른 국제사건에서 허용되
    는 외국어는 영어로 한다. 다만, 당사자의 신청에 따라 영어 외에 다른 외국어를 허용할 수 있
    다.").
173) 김갑유 외, 116면.
174) 다만 중재판정의 기초인 채권이 기간의 경과로 인하여 시효소멸하였다면 이러한 청구이의사유를

한이 적용된다. 이는 모델법을 따른 것으로서 스위스의 30일에 비하면 상대적으로 장기의 기간을 규정한 것이지만 중재판정부의 권한판단에 대한 법원의 심사는 마찬가지로 30일 이내에 신청하여야 하고,[175] 법원의 권한심사에 대하여는 항고할 수 없으며,[176] 우리나라에서 내려진 중재판정도 외국어로 기재되어 있을 수 있음은 당연하므로,[177] 이 경우 스위스에서의 논의가 대체로 타당하다.[178]

　즉 중재법은 중재판정부가 자신의 권한을 부정한 경우에도 법원에 중재판정부의 권한에 대한 심사를 신청할 수 있도록 불복방법을 도입하는데,[179] 제17조 제6항은 권한심사의 신청기간을 중재판정부의 결정을 통지받은 날부터 30일로 제한한다. 그 결정이 외국어로 작성되어 있는 경우 명시적 규정은 없지만,[180] 우리나라 법정에서는 원칙적으로 한국어를 사용해야 하므로 번역문을 제출하여야 할 것이고,[181] 중재판정 취소의 판결은 상소가 가능하나 법원의 권한심사에 대하여는 항고할 수 없으므로 좀더 신중을 기해야 할 수 있는데, 번역에 걸리는 시간이 한국어에 익숙하지 않은 외국당사자에게는 부담스럽다. 외국어 변론의 허용은 소송지휘와 재판 등에서도 외국어를 사용하고 나아가 외국 당사자에 친근한 외국 변호사의 변론능력 인정과 병행할 때 완전하게 될 것인데,[182] 우선 중재법 제17조 제6항에 따른 권한심사절차에서 스위스처럼 영문 서면을 허용하는 다소 온건한 태도를 취할 수 있을 것이고, 향후 그 허용범위를 확대할 수도 있을 것이다.

　　주장할 수 있다(석광현 제1권, 326면).
175) 중재법 제17조 제6항.
176) 중재법 제17조 제8항.
177) 목영준/최승재, 313면, 주44.
178) 물론 관할집중과 함께 검토해야 한다.
179) 전에는 중재판정부가 선결문제로 자신의 권한을 긍정한 경우에 한하여 허용되었다. 석광현 제2권, 112면 이하 참조.
180) 중재법 제37조 제3항은 "중재판정의 승인 또는 집행을 신청하는 당사자는 [...] 중재판정이 외국어로 작성되어 있는 경우에는 한국어 번역문을 첨부하여야 한다"고 규정한다.
181) 강태훈 외, 중재 재판실무편람, 재판실무편람 제45호(법원행정처, 2018), 58면.
182) 석광현(주168), 261, 263면.

IX. 맺음말

지금까지 스위스 국제중재법의 주요 개정내용을 소개하였고, 관련하여 고려할 수 있는 중재법의 개선점 내지 개정방향을 제안하였다. 장기적으로는 스위스처럼 독자적인 중재법제를 도입하는 방향을 고려할 수도 있겠으나 당분간은 모델법의 체제를 유지하되 필요한 사항이 있다면 달리 규정하는 것이 바람직하다.[183] 예를 들어 법관이 그에 대한 재판에 관여하지 못하는 것과 같이 기피신청에 대한 결정을 중재판정부가 아닌 법원이 하게 하는 방안을 검토할 수 있음은 위에서 언급한 바와 같은데, 이 경우 모델법 제13조 제2항이 아니라 스위스 국제사법 제180a조 제2항과 유사하게 규정할 수 있을 것이다.

중재법 제7조는 법원의 관여를 상정하고 있는 조항을 구체적으로 열거하고 관할법원을 명시한다. 이는 모델법 제6조를 따른 것인데,[184] 외국당사자의 편의와 법원의 전문성 증진 고려가 충분했는지는 의문이다.[185] 물론 중재법 제12조 제5항, 제14조 제4항, 제15조 제3항, 제17조 제8항은 모델법을 따라 불복 내지 항고할 수 없다고 명시하나, 관할법원을 지방법원 또는 지원으로 하는 것이 중재에 대한 법원의 감독과 지원을 효율적으로 하는 방안은 아닐 것이다. 특히 중재는 단심제이므로 분쟁의 신속한 해결에 유리한데, 중재판정 취소소송은 3심제를 고집하여 신속성과 전문성이 문제되고,[186] 단심제에 의하여 신속히 분쟁을 해결하기로 한 당사자들의 의사에 부합하지 않을 여지도 있다.[187] 중재관련 사건의 집중과 체계적 처리 도모에 스위스 국제사법 제179조 제2항, 제191조 등에 관한 논의를,[188] 영문 서면 허용 여부 판단에 스위스 연방대법원법 제77조 제2의2항, 연방특허법원법 제36조 제3항 등에 관한 논의를 참고할 수 있을 것이다.

모델법은 국제중재의 관점에서 성안된 것이므로 중재법에 국내중재에 관한 규정을 적절히 두어야 할 수 있다.[189] 그 경우 스위스 국제사법과 민사소송

---

183) 석광현 제2권, 9-10면.
184) 석광현 제1권, 414면.
185) Holtzmann, Howard M./Neuhaus, Joseph, *A Guide to the UNCITRAL Model Law on International Commercial Arbitration: Legislative History and Commentary*, (Kluwer Law International, 1989), p. 240.
186) 석광현 제2권, 117면.
187) Poudret/Besson, paras. 770 and 772.
188) 박이세, 603면.

법의 대비가 국제중재와 국내중재의 구별과 국제성 범위의 정책적 판단에 도움이 될 것이다.[190] 가급적 조기에 적용상 불확실성을 배제하고 예측가능성을 확보하는 것이 바람직한데, 스위스 국제사법 제176조를 참조할 수 있다.

[追 記]

석광현 선생님께서는 연구의 대상은 물론 방법상으로도 상호 밀접하게 관련되어 있기에 국제사법의 대상을 좁은 의미의 국제사법이라고 할 수 있는 준거법결정의 문제에 한정할 것이 아니라, 국제중재까지 포함하는 넓은 의미의 국제사법으로 확장하여야 함을 강조하시면서 그러한 관점에 입각한 입법의 전형적인 예로 스위스 국제사법을 드셨다.[191] 또한 국제중재법을 중시하고 연구하게 된 데는 스위스 국제사법의 영향이 있었다고 하셨고,[192] 해외연수의 지나친 미국 편중을 경계하셨는데,[193] 덕분에 필자는 스위스에 유학하여 국제중재를 공부하게 되었다. 국제상사중재를 한국에 유치하려는 노력이 경주되고 있는데, 장래 중재에 더 호의적이면서 한국 독자적인 요소를 가미한 중재법을 성안하는 데 이 글이 조금이나마 도움이 되기를 희망한다.

---

189) 석광현 제1권, 8, 57면.
190) 석광현 제1권, 5-9면 참조.
191) 석광현(주2), iv, 526면.
192) 석광현(주1), 574면.
193) 석광현, 국제사법과 국제소송 제5권(박영사, 2012), 291면.

— 참고문헌194) —

1. 국내문헌

가. 단행본

강태훈 외, 중재 재판실무편람, 재판실무편람 제45호(법원행정처, 2018)

김갑유 외, 중재실무강의, 개정판(박영사, 2016) [김갑유 외]

목영준/최승재, 상사중재법, 개정판(박영사, 2018) [목영준/최승재]

석광현, 국제사법과 국제소송 제1권(박영사, 2001)

_____, 국제사법과 국제소송 제5권(박영사, 2012)

_____, 국제상사중재법연구 제1권(박영사, 2007) [석광현 제1권]

_____, 국제상사중재법연구 제2권(박영사, 2019) [석광현 제2권]

송상현/박익환, 민사소송법, 신정7판(박영사, 2014) [송상현/박익환]

양병회 외, 주석중재법(보명사, 2005) [[집필자], 주석중재법]

이시윤, 신민사소송법, 제15판(박영사, 2021) [이시윤]

이호원, 중재법 연구(박영사, 2020) [이호원]

임성우, 국제중재(박영사, 2016) [임성우]

나. 논문

강병근, "스포츠중재재판소(CAS)를 통한 스포츠 분쟁의 처리", 스포츠엔터테인먼트와 법 5
        권(한국스포츠엔터테인먼트법학회, 2004. 10.)

김상호, 국제중재에 있어 중재합의 효력의 주관적 범위 –채권양도의 경우를 중심으로, 서울
        대학교 법학석사 학위논문 (2013)

박이세, "아랍에미리트 중재법", 국제사법연구 제25권 제2호(한국국제사법학회, 2019. 12.)
        [박이세]

석광현, "스위스의 국제사법 再論", 국제사법연구 제26권 제1호(한국국제사법학회, 2020. 6.)

_____, "우리 법원의 IP 허브 추진과 헤이그 관할합의협약 가입의 쟁점", 국제사법연구 제
        25권 제1호(한국국제사법학회, 2019. 6.)

_____, "캘리포니아 주법원이 확인한 미국 중재판정의 승인·집행에서 그 대상, 중재합의
        의 성립과 임의대리의 준거법", 사법 53호(사법발전재단, 2020. 9.)

---

194) 본문에서 참고문헌을 인용할 때에는 해당되는 주에서 특별히 문헌을 상세히 명시하지 않는 한 각
     참고문헌명 말미의 [ ] 안에 기재한 인용약호에 의한다.

_____, "한국 국제사법학의 과제", 국제사법연구 제22권 제2호(한국국제사법학회, 2016. 12.)

_____, "UNCITRAL이 한국법에 미친 영향과 우리의 과제", 비교사법 제25권 제4호(통권 제83호)(한국비교사법학회, 2018. 11.)

손창주, "스포츠분쟁해결기구로서의 스포츠중재재판소(CAS)에 관한 고찰", 중재연구 제28권 제1호(한국중재학회, 2018. 3.)

안건형/유병욱, "2011 프랑스 개정 민사소송법의 주요내용과 시사점", 민사소송 제15권 2호(한국민사소송법학회, 2011. 11.) [안건형/유병욱]

이헌묵, "중재절차에서 이의신청권과 이의신청권의 포기에 관한 연구", 인권과정의 제454호(대한변호사협회, 2015. 12.)

이호정, "스위스의 改正國際私法典", 서울대학교 법학 제31권 제3·4호(서울대학교 법학연구소, 1990) [이호정]

조희경, "프랑스의 2011년 개정된 중재법이 우리에게 주는 시사점에 대한 소고", 홍익법학 제15권 제2호(홍익대학교 법학연구소, 2014) [조희경]

2. 국외문헌

가. 단행본

Arroyo, Manuel (ed), _Arbitration in Switzerland: The Practitioner's Guide_, 2nd ed (Kluwer Law International, 2018) [[Author(s),] _Arroyo-Guide_]

Bärtsch, Philippe/Schramm, Dorothee, _Arbitration Law of Switzerland: Practice and Procedure_, (Juris, 2014) [Bärtsch/Schramm],

Berger, Bernhard/Kellerhals, Franz, _International and Domestic Arbitration in Switzerland_, 3rd ed (Stämpfli, 2015) [Berger/Kellerhals]

Born, Gary B, _International Commercial Arbitration_, 3rd ed (Kluwer Law International, 2021) [Born]

Bucher, Andreas/Tschanz, Pierre-Yves, _International Arbitration in Switzerland_, (Helbing & Lichtenhahn, 1989)

Dutoit, Bernard, _Droit international privé suisse_, 5e éd (Helbing Lichtenhahn, 2016)

Gaillard, Emmanuel/Savage, John (eds), _Fouchard Gaillard Goldman on International Commercial Arbitration_ (Kluwer Law International, 1999)

Girsberger, Daniel/Voser, Nathalie, _International Arbitration: Comparative and Swiss Perspectives_, 4th ed (Schulthess, 2021) [Girsberger/Voser]

Harris, Bruce/Planterose, Rowan/Tecks, Jonathan, *The Arbitration Act 1996: A Commentary*, 5th ed (Wiley Balckwell, 2014)

Holtzmann, Howard M. *et al.*, *A Guide to the 2006 Amendments to the UNCITRAL Model Law on International Commercial Arbitration*, (Kluwer Law International, 2015) [Holtzmann *et al.*]

Holtzmann, Howard M./Neuhaus, Joseph, *A Guide to the UNCITRAL Model Law on International Commercial Arbitration: Legislative History and Commentary*, (Kluwer Law International, 1989)

Honsell, Heinrich/Vogt, Nedim Peter/Schnyder, Anton K./Berti, Stephen V. (eds), *International Arbitration in Switzerland: An Introduction to and a Commentary on Articles 176-194 of the Swiss Private International Law Statute* (Helbing & Lichtenhahn/Kluwer, 2000) [[Author(s),] *Basel Commentary*]

Joseph, David, *Jurisdiction and Arbitration Agreements and their Enforcement*, 3rd ed (Sweet & Maxwell, 2015)

Kaufmann-Kohler, Gabrielle/Rigozzi, Antonio, *International Arbitration: Law and Practice in Switzerland* (Oxford University Press, 2015) [Kaufmann-Kohler/ Rigozzi]

Kreindler, Richard/Wolff, Reinmar/Rieder, Markus S., *Commercial Arbitration in Germany* (Oxford University Press, 2016)

Lalive, Pierre/Poudret, Jean-François/Reymond, Claude, *Le Droit de l'arbitrage interne et international en Suisse* (Payot Lausanne, 1989) [Lalive/Poudret/Reymond]

Müller, Christoph/Pearson, Sabrina, *Swiss Case Law in International Arbitration*, 3rd ed (Schulthess, 2019) [Müller/Pearson]

Poudret, Jean-François/Besson, Sébastien, *Comparative Law of International Arbitration*, 2nd ed (Sweet & Maxwell, 2007) [Poudret/Besson]

나. 논문

Alford, Roger P., "The American Influence on International Arbitration", *Ohio State Journal on Dispute Resolution* Volume 19, Issue 1 (2003)

Allemann, Richard G., "Setting the Ground for Corporate Arbitration in Switzerland: Swiss Parliament Approves New Rules for Arbitration of Corporate Law Disputes", *Kluwer Arbitration Blog* 17 August 2020: http://arbitrationblog.kluwerarbitration. com/2020/08/17/setting-the-ground-for-corporate-arbitration-in-switzerland-swiss-parliament-approves-new-rules-for-arbitration-of-corporate-law-disputes

Besson, Sébastien/Rigozzi, Antonio, "La réforme du droit suisse de l'arbitrage interna-tional", *Revue de l'arbitrage* 2021 n°1 [Besson/Rigozzi]

Dasser, Felix, "Revision of Chapter 12 of the PILA or Why and How to Modernize a (Still) Modern Law?", in Müller, Christoph/Besson, Sébastien/Rigozzi, Antonio (eds), *New Developments in International Commercial Arbitration 2020* (Stämpfli Editions, 2020) [Dasser]

Dasser, Felix/Wójtowicz, Piotr, "Challenges of Swiss Arbitral Awards. Updated Statistical Data as of 2017", *ASA Bulletin* Volume 36, Issue 2 (2018)

Elsing, Siegfried H, "Chapter 4: The Influence of the English Language: A Gradual Acceptance of Anglo-American Legal Culture in International Arbitration", in Kröll, Stephan et al. (eds.), *International Arbitration and International Commercial Law: Synergy, Convergence and Evolution* (Kluwer Law International, 2011)

Gaillard, Emmanuel/De Lapasse, Pierre, "Commentaire analytique du décret du 13 janvier 2011 portant réforme du droit français de l'arbitrage", *Les Cahiers de l'Arbitrage* 2011, n°2

Hess, Robert Uwe, "Nemo Iudex in Sua Causa and the Challenge Procedure under the UNCITRAL Model Law", *New York University Journal of International Law and Politics* Volume 50, Issue 4 (2018)

Karrer, Pierre A., "Switzerland", in Weigand, Frank-Bernd/Baumann, Antje (eds), *Practitioner's Handbook on International Commercial Arbitration*, 3rd ed (Oxford University Press, 2019) [Karrer]

Kaufmann-Kohler, Gabrielle, "Identifying and Applying the Law Governing the Arbitration Procedure - The Role of the Law of the Place of Arbitration", in van den Berg, Albert Jan (ed), *Improving the Efficiency of Arbitration Agreements and Awards: 40 Years of Application of the New York Convention* (Kluwer Law International, 1999)

Kaufmann-Kohler, Gabrielle/Rigozzi, Antonio, "When is a Swiss arbitration interna-tional?: Comments on a Swiss Federal Tribunal decision of June 24, 2002 (4P.54/2002)", *Jusletter* 7 Oktober 2002

Kunz, Catherine A., "Revision of Arbitral Awards in Switzerland: An Extraordinary Tool or Simply a Popular Chimera?", *ASA Bulletin* Volume 38, Issue 1 (2020)

Poudret, Jean-François, "Les recours au Tribunal fédéral suisse en matière d'arbitrage international (Commentaire de l'art. 77 LTF)", *ASA Bulletin* Volume 25, Issue 4 (2007)

Schneider, Michael E./Patocchi, Paolo Michele, "The New Swiss Law on International Arbitration", *Arbitration: The International Journal of Arbitration, Mediation and Dispute Management* Volume 55, Issue 4 (1989) [Schneider/Patocchi]

Solomon, Dennis, "The New York Convention", in Balthasar, Stephan (ed), *International Commercial Arbitration*, 2nd ed (C.H.Beck, 2021)

Vogt, Hans-Ueli/Schmidt, Patrick, "Schiedsklauseln in Vereinsstatuten Bemerkungen zum Bundesgerichtsurteil 5A_1027/2018 vom 22. Juli 2019 und zur Revision des 12. Kapitels des IPRG und des Aktienrechts (Teil I)", *ASA Bulletin* Volume 38, Issue 1 (2020)

우리나라 국제도산 사건의 현황

ㅡ 서울회생법원의 실무를 중심으로 ㅡ

김영석*

I. 들어가며

1. 국제도산의 문제

개인이나 회사가 어느 한 국가에서만 재산을 소유하거나 영업을 하던 과거와는 달리, 현대사회에서 개인이나 회사는 다수의 국가에 재산을 가지고 있거나 국제적으로 영업활동을 하는 경우가 많다. 이러한 때에는 어느 한 국가에서 도산절차가 제기된 경우 순수한 국내도산사건에서는 볼 수 없는 다양한 국제도산법적인 쟁점들이 제기된다.[1] '한 국가에서 개시된 도산절차의 효력이 다른 나라에는 어떻게 영향을 미치는지' 역시 그러한 쟁점들 중 하나로 중요한 의미를 가진다.

전 세계적인 차원에서 경제활동이 일어나는 현대사회에서 도산절차의 효력이 미치는 범위에 관한 종래의 속지주의(principle of territoriality)를 계속 고집하게 되면 한 국가에서 개시된 도산절차가 다른 나라에 전혀 영향을 미치지 않는다. 이에 따라 채권자는 채무자의 재산이 소재하는 모든 나라에서 각각 별도의 도산절차를 개시해야 하는 번거로움이 생기고 그에 따른 비용·시간도 많이 든다. 또한 그 과정에서 채무자가 도산이 개시될 우려가 있다고 판단되는 국가에 소재하는 재산을 다른 나라로 은닉하거나, 다른 일반채권자가 아직 도산이 개시되지 않은 국가에 있는 채무자의 재산을 강제집행 함으로써 파산

---

* 대법원 재판연구관(판사)/법학박사

[1] 국제도산에서 제기되는 다양한 법적 쟁점에 관하여는 석광현, "채무자회생 및 파산에 관한 법률 (이른바 統合倒産法)에 따른 국제도산법", 국제거래법연구 제15집 제2호(국제거래법학회, 2006. 12.), 320면 이하를 참조.

재단으로 편입되어야 할 재산의 산일이 발생하는 등 도산의 목적이 저해될 가
능성이 많게 된다. 따라서 극단적인 속지주의는 현대사회에서 많은 문제가 있
다고 비판을 받아온 것이다.

2. 속지주의의 탈피

이에 극단적인 속지주의를 벗어나서 보편주의(principle of universality)의
입장을 받아들이려는 움직임이 일어났다. 그런데 '한 국가에서 개시된 도산절
차의 효력이 다른 나라에 영향을 미치기' 위해서는 ① 도산절차가 개시된 국
가의 법률상 국내도산절차의 대외적 효력이 인정되어야 하고, ② 그와 동시에
승인이 신청된 국가의 법률상으로도 외국도산절차의 효력이 대내적으로 인정
되어야 한다. 따라서 결국, 위와 같은 보편주의의 움직임은 국내도산절차의 대
외적 효력을 인정하는 측면과 외국도산절차의 대내적 효력을 인정하는 측면
각각에서 나타나게 되었다.

먼저, 국내도산절차의 대외적 효력 인정에 관하여, 우리나라는 구 회사정
리법(2005. 3. 31. 법률 제7428호로 폐지되기 전의 것, 이하'구 회사정리법') 제4조 제
1항과 구 파산법(2005. 3. 31. 법률 제7248호로 폐지되기 전의 것, 이하'구 파산법')
제3조 제1항을 각 삭제함으로써,2) 일본은 구 회사갱생법(会社更生法) 제4조 제
1항과 구 파산법(破産法) 제3조 제1항을 각 삭제함으로써 국내도산절차의 대외
적 효력을 인정하는 방향으로 법을 개정하였다.3) 그러나 정작 중요한 것은 외

---

2) 구 회사정리법(2005. 3. 31. 법률 제7428호로 폐지되기 전의 것) 제4조와 구 파산법(2005. 3. 31.
법률 제7428호로 폐지되기 전의 것) 제3조는 다음과 같다.

> ■ 구 회사정리법
> 제4조(속지주의)
> ① 대한민국 내에서 개시한 정리절차는 대한민국 내에 있는 회사의 재산에 대하여서만 그 효력이
> 있다.
> ② 외국에서 개시한 정리절차는 대한민국 내에 있는 재산에 대하여는 그 효력이 없다.
> ③ 민사소송법에 의하여 재판상 청구할 수 있는 채권은 대한민국 내에 있는 것으로 본다.
> ■ 구 파산법
> 제3조(속지주의)
> ① 파산은 파산자의 재산으로서 한국 내에 있는 것에 대하여서만 그 효력이 있다.
> ② 외국에서 선고한 파산은 한국 내에 있는 재산에 대하여는 그 효력이 없다.
> ③ 민사소송법에 의하여 재판상 청구할 수 있는 채권은 한국 내에 있는 것으로 본다.

3) 일본의 회사갱생법(会社更生法) 제4조 제1항은 "일본 국내에서 개시한 갱생절차는 일본 국내에 있

국도산절차의 대내적 효력에 관한 사항이다. 아무리 도산절차를 개시한 도산
법정지국에서 국내도산절차의 대외적 효력을 선언한다고 하여도 정작 승인이
요청된 국가에서 외국도산절차의 대내적 효력이 인정되지 않으면 기존 도산절
차는 무용지물이 되기 때문이다.

　　이에 관하여 우리나라는 구 회사정리법 제4조 제2항과 구 파산법 제3조 제
2항의 삭제 및 판례의 해석4)을 통하여 외국도산절차의 대내적 효력을 인정하려
는 노력을 하였다. 그런데 일본은 한 걸음 더 나아가 적극적인 방법으로 이를
해결하였다. 즉, 국제거래법위원회(United Nations Commission on International
Trade Law, 이하'UNCITRAL'이라 한다)가 1997. 5. 30. 채택한 국제도산에 관한 모
델법(Model Law on Cross—Border Insolvency, 이하'CBI 모델법'이라 한다)을 받아
들이고, 2000. 11. 29. 외국도산처리절차의 승인원조에 관한 법률(外國倒産處理
手續の承認援助に關する法律, 이하 '승인원조법'이라고 한다)을 신설하면서, 본격적
으로 그 부칙 제2, 4조에 의해,5) 외국도산절차의 대내적 효력을 각 인정한 것
이다.

는 회사의 재산에 대해서만 그 효력이 있다"는 내용으로, 파산법(破産法) 제3조 제1항은 "파산은
파산자의 재산으로서 일본에 있는 것에 대하여서만 그 효력이 있다"는 내용으로 각 규정되어 있는
데, 이에 관한 더욱 자세한 설명은 윤창술, "국제도산제도의 동향", 인권과 정의 제327호(대한변호
사협회, 2003. 11.), 103면 이하를 참조. 참고로 석광현, "국제도산법의 몇 가지 문제점", 국제사법
과 국제소송 제1권(박영사, 2001), 444면에 의하면, 독일의 구 파산법은 독일에 채무자의 보통재
판적이 있는 경우에는 항상 보편주의를 취하고 있었으므로 국내도산절차의 대외적 효력에 관하여
따로 개정할 필요가 없었다고 한다.

4) 우리나라는 판례를 통해서도 외국도산절차의 대내적 효력을 인정하려는 움직임을 보였다. 서울지
방법원 1996. 6. 28. 선고 96가합27402 판결은 "파산법 제3조 제2항에서 말하는 효력이 없다는 말
은...포괄집행적 효력이 미치지 않음을 선언함에 그치는 것이지, 나아가 외국에서 파산의 선고가
있었다는 사실이나 그에 따라 파산관재인이 선임되었다는 것 자체를 무시한다거나, 그 선고의 결
과 파산선고를 한 해당 국가에서 그 국가의 법률에 따라 파산관재인이 채무자가 소유하는 재산의
관리처분권을 취득하는 등의 효과가 발생하는 것을 부정하는 것까지 요구하는 것이 아니라 할 것
이고..."라면서 최초로 이러한 움직임을 보였다. 이후 서울지방법원 1998. 6. 11. 선고 96가합
91175 판결은 일본의 파산절차는 한국에 효력을 미치지 않는다면서 이와 배치되는 설시를 하기도
하였으나, 대법원 2003. 4. 5. 선고 2000다 64359 판결은 위 96가합27402판결의 입장을 재확인하
였다.

5) 부칙 제2조에 의해 파산법 제3조 제2항(외국에서 선고한 파산은 일본에 있는 재산에 대해서는 그
효력이 없다는 취지의 조항)의 효력을 차단하고, 부칙 제4조에 의하여 회사갱생법 제4조 제2항(외
국에서 개시한 회사갱생절차는 일본 국내에 있는 재산에 대해서는 그 효력이 없다)의 효력을 차단
하였다.

3. 국제규범의 동향

가. CBI 모델법의 성안과 EU도산규정의 제정

앞서 살펴본 것처럼 실질적인 논의는 외국도산절차가 어떠한 요건 하에 어떤 효력을 가지고 대내적으로 영향을 미치는지에 관한 것인데, 이에 관하여 국가 간 주권(sovereignty) 충돌의 문제, 국내채권자의 우선적 보호 등 많은 이해관계가 얽혀있어서 이에 관하여는 쉽사리 결론이 나지 않다가, 드디어 위에서 본 바와 같이 UNCITRAL이 1997. 5. CBI 모델법을 채택하고,[6] 곧 이어 유럽연합이 2000. 5. 29. 도산절차에 관한 이사회 규정(Council Regulation EC No 1346/2000 of 29 May 2000 on insolvency proceedings, 이하 '종전 EU도산규정')을 채택함으로써 EU도산규정을 채택함으로써 외국도산절차의 승인요건 및 효력범위에 관한 국제도산에 관한 통일규범이 확립되었다.

위 CBI 모델법 및 EU도산규정은 외국도산절차라고 해서 무조건 대내적으로 완전한 효력을 인정해주는 것이 아니라 외국도산절차를 주절차(main pro-ceedings)와 종절차(non-main proceedings)로 구분하고, 전자에 대해서는 채무자 관련 개별소송 및 채무자 자산에 대한 집행을 자동적으로 중지시키는 등 강력한 대내적 효과를 부여하는 반면에 후자에 대해서는 자동중지를 인정하지 않는 등 상대적으로 약한 대내적 효과만을 인정한다.[7] 물론, 엄밀히 말해서 EU도산규정은 CBI 모델법과 달리 '외국도산절차' 자체를 승인하는 것이 아니라, 외국도산절차를 구성하는 개별재판들을 승인·집행하는 방식을 취하고 있어서 그 체계와 구조가 완전히 동일하다고는 할 수 없다. 그러나 적어도 외국도산절차에서 이루어진 효력을 대내적으로 인정하겠다는 점에서는 유사한 실질을

---

6) 비교적 최근인 2019년에는 두바이국제금융센터(Dubai International Financial Centre)까지 CBI 모델법을 받아들이는 등 점점 그 영향력은 확장되고 있다. DIFC의 사법시스템에 관한 자세한 설명은 Damien P. Horigan, "A Legal Oasis", Hawaii Bar Journal(Hawaii Bar Association, February 2012), 20면 이하를 참조.

7) 즉, 외국도산절차가 '주절차'로 인정된다면 비록 국내에서 직접 개시된 절차가 아니더라도 국내도산절차에 준하여 강력한 효과를 부여하겠다는 것이고 '종절차'로 인정된다면 그와 같은 정도의 효력까지는 부여하지 않겠다는 것인데, 여기서 주절차는 채무자의 주된 이익의 중심지(Centre Of Main Interests, 이하 'COMI'라고 한다)가 존재하는 국가에서 진행되고 있는 외국절차를 말한다. 그러므로 주절차인지 종절차인지는 COMI의 존재여부에 의해 결정되는 것이고, 결국 COMI는 주절차를 결정하는 핵심기준으로서의 역할을 수행하게 되는 것이다. 주절차와 종절차 간의 효력 상의 차이에 관한 더욱 자세한 설명은 김영석, "국제도산에서 주된 이익의 중심지(COMI)를 둘러싼 제문제", 서울대학교 법학석사 학위논문(서울대학교, 2012), 20면 이하를 참조.

가지고 있다.

그리고 이하에서 보는 것처럼 우리나라도 이와 같은 국제동향에 발맞추어 2005. 3. 2. 채무자 회생 및 파산에 관한 법률(이하 '채무자회생법'이라 한다)을 제정하면서 제5편(국제도산)을 신설하여 CBI 모델법을 받아들여, 이를 기초로 지난 약 15년 동안 국제도산실무를 처리하여 왔다.

나. EU도산규정의 개정 및 IRJ 모델법/EGI 모델법의 성안

그런데 EU도산규정은 제정 이후 약 15년간 시행되어 오는 동안 당초 예상하지 못했던 문제들에 직면하게 되었고, 이에 EU는 기존의 틀을 그대로 따르면서도, (i) 기업집단(group of companies)의 개념 설정 및 그와 관련된 도산절차의 통일적 처리, (ii) 주된 이익의 중심지(COMI) 개념의 구체화 및 법정지 쇼핑(forum shopping)의 방지, (iii) 2차적 도산절차(secondary insolvency proceedings)의 범위 확대 및 개시 제한, (iv) 도산등록부(insolvency registers)의 창설과 상호연결 등에 관한 새로운 규정을 신설하였다. 이것이 바로 현재 시행되고 있는 2015. 5. 20. 「유럽의회와 유럽연합이사회의 2015년 5월 20일 도산절차에 관한 2015/848(EU) 규정(재구성)[Regulation (EU) No 2015/848 Of The European Parliament and Of The Council of 20 May 2015 on Insolvency Proceedings(recast), 이하 '개정 EU도산규정'이라고 하고, 종전 EU도산규정과 특별히 구분하지 않을 때에는 'EU도산규정'이라 한다]」이다.[8]

CBI 모델법도 마찬가지다. CBI 모델법이 국제도산 체계를 구축하여 가는 과정에서 주요 국가들의 실무가 충돌하면서 도산관계인들은 당초 예상하지 못한 어려움에 빠졌다. 미연방파산법원(U.S. Bankruptcy Court)은 CBI 모델법상의 구제조치(relief)로써 외국도산절차에서 내려진 인가재판/면책재판을 승인·집행할 수 있고, 나아가 외국도산절차를 지원할 수 있는 각종 조치를 발령할 수 있다는 적극적인 입장을 취하고 있는 반면에, 영국대법원은 이른바 Rubin 사건[9]에서 이와 다른 입장을 취한 것이다. 물론, 이는 오랜 기간 동안 영국에서

---

8) 종전 EU도산규정에 대한 더욱 자세한 설명은 석광현, "유럽연합이사회 도산절차에 관한 규정", 국제사법과 국제소송 제3권(박영사, 2004), 348면 이하를, 개정 EU도산규정에 대한 더욱 자세한 설명은 김영석, "유럽의회와 유럽연합이사회의 2015년 5월 20일 도산절차에 관한 2015/848 (EU) 규정(재구성)에 관한 검토", 국제사법연구 제21권 제2호(사단법인 한국국제사법학회, 2015. 12.), 285면 이하를 각 참조.

9) Rubin and another (Respondents) v. Eurofinance SA and others (Appellants) [2012] UKSC 46.

확립되어 온 Dicey Rule[10]과 Gibbs Rule[11] 등에 따른 것이어서 불가피하였을
것으로 이해할 수 있는 측면도 있지만, 결국 영국에서 채무감면을 효력을 얻
기 위해서는 영국법원을 찾아가 도산절차를 개시하라는 취지에 다름 아닌 것
이어서 국제도산 체계에 부합하지 않는 취지로 이해되었고, 이에 많은 비판을
받았다. 우리나라 대법원의 2009마1600 결정도 영국법원과 같은 입장을 취하
고 있는 것으로 취급되면서 같은 비판을 받았다.[12]

이에 이러한 문제를 해결하기 위해 UNCITRAL은 2018. 7. Model Law on
Recognition and Enforcement of Insolvency-Related Judgments(이하 'IRJ 모델
법')를 성안하였고, 2019. 7.에는 개정 EU도산규정에서와 같이 기업집단(group
of enterprises)의 문제를 해결하기 위해 Model Law on Enterprise Group
Insolvency(이하 'EGI 모델법')도 성안하였다.

앞서 본 국제규범들의 현황을 정리하면 다음과 같은데, 이미 CBI 모델법
을 받아들여 국제도산체계를 구축한 우리나라는 2021. 11. IRJ 모델법 및 EGI
모델법의 수용여부도 논의하고 있다.[13] 구체적으로는 채무자회생법 현행 제5

이에 관하여 비판을 한 논문은 전 세계적으로 계속 쏟아져 나오고 있는데, 국제예양(comity)의 측
면에서 바라본 논문으로는 Rebecca R. Zubaty, "Rubin v. Eurofinance: Universal Bankruptcy
Jurisdiction or a Comity of errors" Columbia Law Review Vol. 111(Columbia Law School,
2011)을 참조.

10) Dicey Rule에 관한 더욱 자세한 설명은 Lawrence Collins, *Dicey, Morris and Collins, The
Conflict of Laws*, Sweet & Maxwell Ltd(15th Ed., 2012), para 14R-054를 참조.

11) Antony Gibbs & Sons v. La Société Industrielle et Commerciale et des Métaux [1890] LR 25 QBD
399 사건에서 확립된 법리인데, 준거법이 영국법인 채권·채무의 조정은 영국에서만 할 수 있다는
취지이다. 그러나 Gibbs Rule에 대한 비판은 커먼로 국가들에서도 많이 제기되고 있다. 가령, Ian
Fletcher, Insolvency in Private International Law(2nd Ed.)(Oxford University Press, 2005), para
2.127.는 정작 영국에서 진행된 도산절차에 대해서는 불리하게 취급하지 않으므로 비논리적이라고
지적한다. 비교적 최근 문헌으로는 Look Chan Ho, Cross-Border Insolvency: Principles and
Practice(Sweet & Maxwell, 2016), 4-093 이하를 참조. Varoon Sachdev, "Choice of Law in
Insolvency Proceedings: How English Court's continued reliance on the Gibbs Principle
threatens Universalism", American Bankruptcy Law Journal, Spring 2019(American Bankruptcy
Institute, 2019) 등 미국에서도 이에 관한 비판적 논문이 발표되고 있는 것은 물론이다.

12) UNCITRAL Model Law on Recognition and Enforcement of Insolvency-Related Judgments에 대한
Guide to Enactment, para. 2에서는 Rubin 사건과 우리나라의 대법원 2009마1600 결정을 국제도산
체계의 불안정성을 촉발시킨 사례로 명시하고 있다. 위 대법원 결정에 대한 대표적인 평석으로는
여러 가지 글이 있으나, 대표적으로는 오영준, "채무자 회생 및 파산에 관한 법률 하에서 외국도산
절차에서 이루어진 외국법원의 면책재판 등의 승인", 대법원판례해설 제83호(법원도서관, 2010)와
석광현, "미국 연방파산법에 따른 회생계획인가결정의 한국에서의 승인", 양창수 교수 고희기념논
문집 간행위원회, 自律과 正義의 民法學: 梁彰洙 교수 古稀기념논문집(박영사, 2021)이 대표적이다.

13) 석광현(집필부분), 2018, 2019 도산관련 UNCITRAL 모델법 입법방안 연구, 이화여자대학교 산학협

편(국제도산)에 별도의 장을 마련하는 방안을 검토하고 있는 것으로 보인다.

UNCITRAL Model Law	EU도산규정
CBI 모델법(1997), 채무자회생법 채택(제5편)	종전 EU도산규정(2000)
IRJ 모델법(2018), 채무자회생법 개정논의 中	개정 EU도산규정(2015)[14]
EGI 모델법(2019), 채무자회생법 개정논의 中	※ 유럽연합 회원국에만 적용

Ⅱ. 우리나라 채무자회생법의 태도

1. 개관

우리나라에서는 앞서 본 것처럼 채무자회생법에 국제도산에 관한 제5편 (제628조~제642조)을 신설하여 구 회사정리법, 구 파산법이 취하였던 극단적 속지주의를 폐지하고 수정된 보편주의로 전환하였다.

그런데 우리나라 채무자회생법은 CBI 모델법을 채택하였음에도 불구하고,[15] 외국도산절차의 대내적 효력을 인정하는 과정에서 CBI 모델법 및 EU도 산규정과 달리 COMI를 받아들이지 않았다. 결과적으로 주절차의 성질을 가지는 외국도산절차에 대해서도 승인만으로는 자동중지의 효력이 발생하지 않게 되었다. '승인'과 '지원'이라는 두 단계의 절차를 별도로 독립시킨 셈이다. 이는 사실상 일본의 승인원조법의 취한 구조를 그대로 받아들인 것으로 이해되는 데, CBI 모델법이 예정한 모습과는 다소 상이하다. 대법원 2009마1600결정이 채무자회생법에서 '승인'이 가지는 의미를 단순히 지원결정을 할 수 있는 자격을 얻는 정도의 의미에 지나지 않는다고 판단한 것도 결국 이와 같은 불완전

력단(법무무 용역보고, 2020).

14) 이에 관한 개론서로는 Reinhard Bork/Kristin Van Zweiten, Commentary on the European Insolvency Regulation(Oxford University Press, 2016)을 참조.

15) UNCITRAL은 대한민국을 CBI 모델법을 채택하여 국내입법을 행한 국가로 공식 간주하고 있다. http://www.uncitral.org/uncitral/en/uncitral_texts/insolvency/1997Model_status.html 참조(최종 검색일 2021. 11. 9.).

한 입법에 기초한 결과로 보인다.

이에 따라 채무자회생법에서 외국도산절차의"승인"이 가지는 의미는 CBI 모델법 및 EU도산규정에서 예정했던 것보다 많이 퇴색되었고, 결국'승인'자체보다는 후속조치로서의'지원결정'의 내용이 당사자들의 실체적인 권리관계를 결정하게 되었다.16)

2. 현행 채무자회생법상의 규정

채무자회생법 제5편은 국제도산사건의 관할, 외국도산절차의 대내적 효력, 국내도산절차의 대외적 효력, 양 도산절차가 병행하는 경우의 처리 등을 규정하고 있는바, 주요 내용을 살펴보면 다음과 같다.17)

가. 국제도산관할의 문제

이는 직접적 국제도산관할(우리나라에 도산절차개시신청이 이루어진 경우 우리 법원이 도산절차를 직접 개시·진행할 수 있는지를 판단하는 문제)과 간접적 국제도산관할(우리나라 법원이 외국도산절차를 승인하는 과정에서 외국도산절차를 개시·진행한 국가가 적법한 관할을 가지고 있는지를 판단하는 문제)의 문제로 구분된다.

1) 직접적 국제도산관할에 관하여

당사자 또는 분쟁이 된 사안이 대한민국과 실질적 관련이 있는 경우에는 우리나라 법원이 당해 사건에 관하여 관할권을 가지는데(국제사법 제2조),18) 실

---

16) 석광현, "2002년 통합도산법시안 중 국제도산법에 대한 의견", 국제사법과 국제소송 제3권(박영사, 2004), 297면; 임치용, "통합도산법 개정안 중 국제파산편 검토", 파산법연구(박영사, 2004), 575면에 의하면, 이와 같은 이유로 우리 채무자회생법에 COMI 개념은 도입되지 않았다고 한다. 결국 지원 단계에서 외국도산절차의 지위(주절차인지, 종절차인지)에 따라 적절한 대응을 할 수 있는 이상 굳이 승인 단계에서부터 주절차/종절차를 구분할 필요가 없다는 것이다.

17) 이 부분에 관한 더욱 자세한 설명은 필자가 집필을 담당한 국제거래재판실무편람 집필위원회, 2015년 국제거래재판실무편람(법원행정처, 2015), 제7절(국제도산), 서울회생법원 재판실무연구회, 회생사건실무(상) 제5판(박영사, 2019), 407면 이하, 한국사법행정학회, 주석채무자회생법(제1판)(Ⅵ), 2021, 600면 이하를 각 참조.

18) 국제사법 제2조의 해석론에 관한 더욱 자세한 설명은 석광현, 국제사법 해설(제2판)(박영사, 2013), 64면 이하를 참조. 참고로 대법원 2021. 2. 4. 선고 2017므12552 판결은 국제사법 제2조가 "가사사건"에도 적용될 수 있음을 분명히 선언 하면서 가사사건에서 국제재판관할 판단기준을 제시하기도 했다. 이에 관한 더욱 자세한 설명은 석광현, "외국인 부부의 이혼사건에서 이혼·재산분할의 국제재판관할과 준거법", 안암법학 통권 제62호(무지개출판사, 2021), 643면 이하를 참조.

질적 관련성의 유무를 판단함에 있어서 주요한 기준으로 작용하는'국내법상 관할규정'의 하나로서 채무자회생법 제3조의 규정이 있으므로,[19] 결국 채무자가 대한민국에 주된 사무소, 영업소, 주소, 사무소, 재산을 가지고 있는 경우에 우리나라 법원은 위 채무자에 관한 직접적 국제도산관할권을 가진다.

2) 간접적 국제도산관할에 관하여

채무자회생법은"외국도산절차가 신청된 국가에 채무자의 영업소 · 사무소 또는 주소가 있는 경우"에만 외국도산절차의 대표자가 우리나라 법원에 당해 절차의 승인을 신청할 수 있도록 규정하여(채무자회생법 제631조 제1항), 간접적 국제도산관할에 관하여는 직접적인 명시적 규정을 두고 있다. 결국 채무자의 영업소, 사무소, 주소가 존재하지 않는 국가에서 개시 · 진행된 외국도산절차는 승인대상이 되지 못한다.

나. 외국도산절차의 대내적 효력의 문제

채무자회생법은 CBI 모델법과 같이 결정승인제[20]를 취하고 있다. 이는 자동승인제를 취하고 있는 EU도산규정과 대비되는 것인데, 유럽연합 역내에서 구속력 있는 법규로서 직접 적용되는 EU도산규정과 달리, CBI 모델법은 국제예양(comity)에 따른 국가들의 상호존중에 기초하는 구조이므로, 주권(sovereignty)을 가진 국가의 대내적 효력 부여에 관한 명시적 결정이 필요하다. 따라서 이와 같은 차이는 양 규범의 성질상 불가피한 측면이 있다고 생각된다.[21]

---

19) 대법원 2021. 3. 25. 선고 2018다230588 판결은 '실질적 관련'과 관련하여 "대한민국 법원이 재판관할권을 행사하는 것을 정당화할 정도로 당사자 또는 분쟁이 된 사안과 관련성이 있는 것을 뜻한다. 이를 판단할 때에는 당사자의 공평, 재판의 적정, 신속과 경제 등 국제재판관할 배분의 이념에 부합하는 합리적인 원칙에 따라야 한다. 구체적으로는 당사자의 공평, 편의, 예측가능성과 같은 개인적인 이익뿐만 아니라, 재판의 적정, 신속, 효율, 판결의 실효성과 같은 법원이나 국가의 이익도 함께 고려하여야 한다. 이처럼 다양한 국재재판관할의 이익 중 어떠한 이익을 보호할 필요가 있는지는 개별 사건에서 실질적 관련성 유무를 합리적으로 판단하여 결정하여야 한다."라고 판시함으로써 그 판단기준을 더욱 구체화하였다.

20) 이는 일정한 요건이 구비되더라도 '법원의 재판'이 있어야만 승인의 효력이 부여된다는 제도로서, EU도산규정이 취한 '자동승인제(일정한 요건이 구비되면 별도의 절차 없이 자동으로 승인의 효력이 부여되는 제도)'와 대비되는 개념이다.

21) 참고로 IRJ 모델법이 자동승인제과 결정승인제 중 어떠한 입장을 취한 것인지에 관한 논의도 있는데, 석광현, "도산 관련 재판의 승인 및 집행에 관한 2018년 UNCITRAL 모델법의 소개와 우리의 입법 방향", 국제거래와 법(통권 제33호)(동아대학교 법학연구소, 2021), 33면 이하에서는 IRJ 모델법이 절충설을 취하고 있다고 평가한다.

1) 외국도산절차에 대한 승인결정

(1) '외국도산절차의 승인'이라 함은 외국도산절차에 대하여 대한민국 내에서 지원처분을 할 수 있는 기초로서 승인을 하는 것을 말하는데(채무자회생법 제628조 제3호), 승인의 대상은 '외국도산절차'이고,[22] 이때 그 승인은 민사소송법 제217조에서 규정하는 것처럼 외국 법원의 '재판'을 승인하는 것이 아니라 '외국도산절차'를 승인하는 것으로서, 그 법적 효과는 외국도산절차가 지원결정을 하기 위한 적격을 갖추고 있음을 확인하는 것에 그치는 것이어서 그 효력이 제한적이다.[23]

(2) 승인결정은 채무자회생법에 따른 국내도산절차의 개시 또는 진행에 아무런 영향을 미치지 않는다(채무자회생법 제633조). 따라서 외국도산절차의 대표자로서는 승인결정을 받은 이후 그에 따른 지원결정을 신청하는 것 이외에도, 국내에서 이미 진행 중인 도산절차에 참가하거나 새로이 국내도산절차의 개시신청을 할 수도 있는데(채무자회생법 제634조), 이는 뒤에서 살펴볼 병행도산의 문제로 이어진다.

2) 외국도산절차에 대한 지원결정

(1) '지원절차'는 외국도산절차의 승인신청에 관한 재판과 채무자의 대한민국 내에 있어서의 업무 및 재산에 관하여 당해 외국도산절차를 지원하기 위한 처분을 하는 절차를 말한다(채무자회생법 제628조 제4호). 따라서 지원절차를 통해 내려지는 '지원결정'은 외국도산절차의 대표자가 외국도산절차에 필요한 배당·변제재원을 국내에서 보전·확보하고 이를 기초로 배당·변제계획을 수립하거나 그 계획을 수행할 수 있도록 절차적인 지원을 하는 것일 뿐이고, 외국 법원이 외국도산절차에서 한 면책결정이나 회생계획의 인가결정 등과 같이

---

22) 승인의 대상이 되는 외국도산절차는 '현재 계속 중'이어야 한다. 이러한 취지에서 승인신청의 대상이 된 미국 캘리포니아 주 중앙파산법원 산타아나 지원에서 연방파산법 제11장에 따라 개시된 회생절차가 이미 종결되어 승인대상이 부존재함을 이유로 '각하' 결정을 내린 하급심 결정례(서울중앙지법 2006국승1)가 있는데, 뒤에서 살펴본다.

23) 대법원 2010. 3. 25.자 2009마1600 결정; 따라서 그 승인에 의하여 외국도산절차의 효력이 직접 대한민국 내에서 확장되거나 국내에서 개시된 도산절차와 동일한 효력을 갖게 되는 것도 아니다. 이러한 이원적 체제에 대한 비판으로는 석광현, "채무자 회생 및 파산에 관한 법률에 따른 국제도산법", 국제사법과 국제소송 제5권(박영사, 2012), 535면을 참조.

채무나 책임을 변경·소멸시키는 재판을 직접 한다거나 외국 법원의 면책재판 등에 대하여 국내에서 동일한 효력을 부여하는 재판을 함으로써 채권자의 권리를 실체적으로 변경·소멸시키는 것은 아니다(대법원 2010. 3. 25.자 2009마 1600 결정).24) 다만, 전 세계의 도산법률가들 사이에서 위 대법원 결정을 비판하는 논의가 있었고, 이에 이를 극복하기 위해 IRJ 모델법이 성안되었음은 앞에서 본 바와 같다.

(2) 지원결정의 내용으로는 채무자의 업무 및 재산에 대한 소송 또는 행정청에 계속하는 절차의 중지, 채무자의 업무 및 재산에 대한 강제집행, 담보권 실행을 위한 경매, 가압류·가처분 등 보전절차의 금지 또는 중지, 채무자의 변제금지 또는 채무자 재산의 처분금지, 국제도산관리인의 선임25) 등이 있는데 (채무자회생법 제636조 제1항), 법원은 특히 필요하다고 인정하는 때에는 중지된 강제집행, 담보권실행을 위한 경매, 가압류·가처분 등 보전절차를 취소할 수 있다(같은 조 제7항).26) 이와 같은 지원결정을 함에 있어 법원은 채권자·채무자 그 밖의 이해관계인의 이익을 고려해야 하고, 그 지원신청이 대한민국의 선량한 풍속 그 밖의 사회질서에 반하는 때에는 그 신청을 기각하여야 한다(같은 조 제2, 3항). 실무상으로는 채무자가 대한민국 내에 가지고 있는 부동산, 채권 등에 기 설정된 가압류를 중지 내지 취소해달라는 취지의 지원신청이 많다.

(3) 한편, 법원은 외국도산절차의 승인신청이 있은 후 그 결정이 내려지기 이전에도 외국도산절차의 대표자의 신청에 의하거나 직권으로 지원결정을 할 수 있는데, 이러한'승인 전 명령'은 채무자회생법 제636조 제1항 제1호 내지 제3호의 조치에 한한다(채무자회생법 제635조 제1항).

3) 외국 법원이 내린 면책재판에 대한 처리문제

외국 법원이 내린 면책재판에 대내적 효력을 부여하기 위해서 ① 채무자회생법상의 승인 내지 지원절차를 따라야 하는지(면책재판은 집단적 절차 재판으

24) 대법원 2010. 3. 25.자 2009마1600 결정.
25) 국제도산관리인으로 선임되더라도 그는 우리나라에서의 업무수행권과 우리나라에 소재하는 재산에 대한 관리·처분권한만을 가질 뿐이고(채무자회생법 제637조 제1항), 그 밖의 경우에는 외국도산절차의 대표자가 여전히 권한을 보유하게 된다는 점에 유의해야 한다.
26) 위 조문은 채무자의 회생을 위해서 특히 필요하다고 인정되는 때에는 강제집행 등의 취소를 할 수 있도록 규정한 국내도산절차에서의 조항(채무자회생법 제44조 제4항, 제58조 제5항)과 동일한 기능을 하는 것이다.

로서 도산절차의 특수성이 인정되어야 한다는 취지)[27] ② 민사소송법 제217조를 적용해야 하는지(면책재판은 일반적인 외국재판과 마찬가지로 취급해야 한다는 취지)[28] 견해가 대립하는데, 대법원 2009마1600 결정은 외국법원의 면책재판 등은 실체법상의 청구권 내지 집행력의 존부에 관한 것으로서 그에 의하여 발생하는 효과는, 채무자와 개별 채권자 사이의 채무 혹은 책임의 감면이라고 하는 단순하고 일의적인 것이고, 그 면책재판 등의 승인 여부를 둘러싼 분쟁은 면책 등의 대상이 된 채권에 기하여 제기된 이행소송이나 강제집행절차 혹은 파산절차 등에서 당해 채무자와 채권자 상호간의 공격방어를 통하여 개별적으로 해결함이 타당하므로, 외국법원의 면책재판 등의 승인은 그 면책재판 등이 비록 외국도산절차의 일환으로 이루어진 것이라 하더라도 민사소송법 제217조가 규정하는 일반적인 외국판결의 승인과 다를 바 없고, 그 승인 여부를 채무자회생법의 승인절차나 지원절차에 의하여 결정할 것은 아니라고 보아 후자의 입장을 취하였다.[29]

다. 국내도산절차의 대외적 효력 문제[30]

앞에서 본 바와 같이 채무자회생법은 구 회사정리법 및 구 파산법에서 규정하고 있던 속지주의에 관한 규정들을 삭제하고, 국내도산절차의 관리인·파산관재인·채무자 그밖에 법원의 허가를 받은 자 등이 외국에서 활동하는 경우에도 동 규정이 적용됨을 확인하는 한편(채무자회생법 제629조 제1항 제3호), 국내도산절차의 관리인·파산관재인 그 밖에 법원의 허가를 받은 자 등이 외국법이 허용하는 바에 따라 국내도산절차를 위하여 외국에서 활동할 권한도 있음을 선언하고 있다(채무자회생법 제640조). 다만, 이와 같이 채무자회생법이 국내도산절차의 대외적 효력을 인정하더라도 그 효력이 실제로 외국에 미치는

---

27) 석광현(註 23), 547면을 참조.

28) 오영준(註 12), 604면 이하를 참조.

29) 석광현(註 12), 569면은 이와 같은 이유로, 미연방파산법 제11장 절차에서 내려진 "회생계획인가결정"을 "대립적 당사자에 대한 상호 간의 심문이 보장된 절차에서 한 재판"으로 취급하여 민사소송법 제217조를 적용한 2009마1600 결정은 회생계획인가결정의 성질을 오해한 것이라고 비판한다.

30) 대표적인 사례로 ① 미국법원이 한국의 회사정리절차를 승인해 준 온세통신 사건[In re Petition of Kyu-Byung Hwang, 309 B.R. 842 (U. S. Bankruptcy Court. S. D. New York, 2004. 3. 2.)], ② 영국법원과 호주법원이 한국의 법인회생절차를 승인해 준 삼선로직스 사건[Samsun Logix 2009EWHC 576 (High Court of Justice Chancery Division 2009. 3. 12.)], [Samsun Logix 2009FCA 372 (Federal Court of Australia 2009. 4. 17.)] 등이 있다.

지 여부는 당해 외국의 법에 의해 결정될 것이다.

라. 병행도산절차의 문제

동일한 채무자에 대하여 복수의 국가에서 도산절차가 각각 진행되는 이른바 병행도산의 경우에 양 절차를 어떻게 조정하고 공조를 할 것인지 등이 문제된다.

1) 국내도산절차와 외국도산절차 간의 조정[31)]

외국도산절차의 승인결정은 채무자회생법에 의한 절차의 개시 또는 진행에 영향을 미치지 아니하므로(채무자회생법 제633조), 그 승인결정이 있은 후라도 국내도산절차는 개시될 수 있다. 국내도산절차가 이미 개시되었더라도 외국도산절차에 대한 승인 역시 가능하다. 이와 같이 양 절차가 동시에 진행되는 경우 법원은 '국내도산절차'를 중심으로 승인 전 명령과 지원결정의 내용을 정하거나 이미 내려진 명령 및 결정을 변경·취소할 수 있다(채무자회생법 제638조 제1항).

2) 복수의 외국도산절차 상호 간의 조정

채무자를 공통으로 하는 여러 개의 외국도산절차의 승인신청이 있는 때에 법원은 이를 병합심리해야 하고(채무자회생법 제639조 제1항), 동일한 채무자에 대하여 복수의 외국도산절차가 승인된 때에는 법원은 '주된 외국도산절차'를 결정한 다음(같은 조 제2항), 그 절차를 중심으로 지원결정의 내용을 정하거나 그 내용을 변경할 수 있다(같은 조 제3항).[32)]

---

31) 우리나라 최초의 병행도산 사례로는 서울중앙지법 2008하합8 사건이 있다. 이는 ① 우리나라 법원이 '네덜란드국 파산법원 헤르토겐보쉬 법원에서 개시된 파산절차'에 대해서 승인결정(서울중앙지법 2007국승1)을 한 이후, ② 채권자 중 하나가 네덜란드 법원이 공정하게 절차를 진행하지 않는다고 주장하면서 한국법원에 파산신청을 하여 그 절차가 개시된 사안이다(다만, 국내파산절차는 2014. 8. 14. 파산재단으로 파산절차의 비용을 충당하기에도 부족하다는 이유로 폐지되었다).
32) '주된 외국도산절차'인지 여부는 결국 주된 이익의 중심지를 기준으로 판단해야 한다.

Ⅲ. 우리나라 국제도산 사건의 현황

1. 국내도산절차의 대외적 효력이 문제된 사건

가. ㈜온세통신 사건33)

이는 채무자회생법이 시행되기 전 구 회사정리법 상에 따라 개시된 국내
도산절차의 대외적 효력을 인정받은 사건이다. 2003. 5. 9. 수원지방법원에서
회사정리절차(수원지방법원 2003회1호)가 개시된 ㈜온세통신에 관한 사건이다.
한국에서 온세통신에 대한 회사정리절차가 개시되었을 때 이미 채권자인 악슨
텔레커뮤니케이션즈(Oxyn Telecommunications, Inc.)는 미국법원에 온세통신을
상대로 소송을 제기하였는데, 온세통신의 관리인은 한국에서 온세통신에 대한
회생정리개시결정이 내려지자 뉴욕남부파산법원에 미국 연방파산법 제304
조34)에 근거하여 ⅰ) 미국 내에서 온세통신 및 그 소유 재산과 관련된 일체의
민사소송의 제기 및 소송의 속행, ⅱ) 미국 내에서 온세통신을 상대로 판결,
행정심판, 중재 등에 기한 집행행위, 부과행위 및 미국 내에서 담보권의 설정,
대항요건의 완성, 기타 집행의 착수 또는 속행, 온세통신을 상대로 한 상계권
을 행사하는 사법, 행정, 중재 기타 규제절차의 개시 또는 속행과 같은 절차의
진행을 영구히 금지하는 제소금지 가처분 명령(order permanently enjoining)을
신청하였고, 이에 미국법원에서 한국에서의 도산절차를 승인하는 문제가 불거
진 것이다.

미국법원의 담당판사인 Burton R. Lifland는"한국의 구 회사정리법이 실질
적으로 미국의 파산법과 유사하고 외국채권자에 대하여 차별을 하고 있지 않
으며 미국에서 중요시하는 공정성·적법절차 등을 그대로 따르고 있으므로, 설
령 미국에서 진행되고 있는 소송 절차의 중단으로 인하여 미국 채권자가 한국

---

33) In re Petition of Kyu-Byung Hwang, 309 B.R. 842 (U.S. Bankruptcy Court. S.D.N.Y., 2004. 3.
　　2.); 이 사건에 대한 보다 자세한 설명으로는 임치용, "미국 파산법원이 본 한국의 회사정리절차",
　　파산법연구2(박영사, 2006), 342면 이하를 참조.
34) 제304조는 1978년에 미연방파산법에 추가된 "Case ancillary to foreign proceedings"라는 이름의
　　조문으로서 제15장이 제정되기 전까지 외국도산절차의 지원에 관한 체계를 규정하는 조문으로 기
　　능하였다. 이에 관한 더욱 자세한 설명은 Paul L. Lee, "Ancillary Proceedings under Section 304
　　and Proposed Chapter 15 of the Bankruptcy Code", 76 American Bankruptcy Law
　　Journal(American Bankruptcy Institute, 2002), 115면을 참조.

절차에 다시 참가하여야 하는 경제적 어려움이 있다고 하더라도, 한국도산절차의 관리인으로서는 미국 내에서 개별 소송을 통하여 채무자 재산에 대하여 집행하는 것을 금지 신청할 수 있다"[35])고 하면서, 당시 우리나라의 구 회사정리법이 속지주의를 취하고 있었음에도 불구하고 관리인인 황병규의 손을 들어주었다.

나. 삼선로직스(Samsun Logix) 사건[36])

삼선로직스는 2009. 2. 6. 서울중앙지방법원 2009회합24호로 회생절차개시신청을 하여 2009. 3. 6. 회생절차개시결정을 받고, 2010. 2. 5. 회생계획을 인가받은 다음, 2011. 5. 18. 회생절차종결결정(회생계획에 따른 변제가 시작되고 회생계획의 수행에 지장이 있다고 인정되지 아니한다는 이유로 조기종결을 받았다)을 받은 해운회사이다(이하 위와 같이 진행된 회생절차를 '제1차 도산절차'라고 한다).

그런데, 당초 예상과는 달리 2010년 이후에도 발틱건화물운임지수(Baltic Dry Index, BDI)가 1,000 이하에 머무르는 등 해운업의 침체가 지속됨으로 인하여 제1차 도산절차에서 인가된 회생계획을 제대로 이행하지 못하고, 미변제액이 합계 약 186억 원에 이르렀다. 이에 삼선로직스는 2015. 7. 3. 서울중앙지방법원 2015회합100203호로 다시 회생절차개시신청을 하여 2015. 8. 3. 회생절차개시결정을 받고, 2016. 4. 8. 회생계획을 인가받았고, 2016. 12. 8. 회생계획종결결정을 받았다(이번에도 회생채권에 대한 변제의무 중 상당한 부분을 조기에 이행하여 회생계획에 따른 변제를 시작하였고, 회생계획의 수행에 지장이 있다고 인정할 자료가 없다는 이유로 조기종결을 받았다. 위와 같이 진행된 두 번째 회생절차를 '제2차 도산절차'라 한다).

1) 제1차 도산절차에 관하여

(1) 영국법원의 승인

영국법원의 담당 판사 J. Morgan은 한국의 도산절차가 개시된 지 불과 일주일이 지나지 않은 2009. 3. 12. 한국에서 개시된 도산절차를 주도산절차로서 승인하였다.[37]) 위 판사는 "이 사건 신청은 영국의 외국도산절차의 승인에 관한

---

35) In re Petition of Kyu-Byung Hwang, 309 B.R. 842, 846.
36) 이에 관한 더욱 자세한 설명은 김영석, "해운회사의 국제도산에 관한 연구 – 선박 관련 쟁점을 중심으로", 사법논집 제64집(법원도서관, 2017), 425면 이하를 참조.

2006년 국제도산규정(2006 Cross-Border Insolvency Regulation)[38]이 적용되는 사건"이라고 전제한 뒤, 관련 사실에 비추어보면 한국에서의 도산절차는 주절차로서 승인되어야 한다고 결론을 내렸다.

그리고 이어서"주절차로서 승인을 한 이상 제20조에 따라 관련 절차 등에 관한 자동중지 효과를 부여해야 한다. 따라서 삼선로직스에 관하여 회부되어 있는 중재절차로서 그 심리일이 바로 내일 예정되어 있는 런던에서의 절차는 당연히 중지되어야 한다."[39]고 명령을 내림으로써 삼선로직스의 손을 들어주었다. 결국, 삼선로직스의 관리인이 영국법원에서의 승인을 통해 궁극적으로 달성하고자 했던 것은 런던에서 진행 중인 관련 중재절차의 중지였던 것으로 보이는데, 그 소기의 목적을 달성한 셈이다.

(2) 호주법원의 승인

한편, 그 무렵 삼선로직스의 배가 호주 시드니 항에 들어오자 호주의 채권자들이 위 선박을 압류하려고 하였다. 이에 도산관리인 허현철은 이를 방지하기 위해서 2009. 3. 13. 호주연방법원에 국내도산절차를 외국도산절차로서 승인해 줄 것을 신청하였고, 호주연방법원에서도 국내도산절차의 승인여부를 판단하게 되었다.[40]

담당 판사인 Jacobson J.는 먼저 한국에서 개시된 회생절차가 외국도산절차에 해당하고 허현철 역시 그 절차의 적법한 대표자에 해당한다고 설시한 다음"삼선로직스는 대한민국 종로구 수송동 146-1 이마빌딩에 등록된 사무소를 가지고 있기 때문에 COMI는 대한민국에 있는 것으로 추정되고 따라서 한국에서 개시된 도산절차는 주절차로서 승인되어야 한다"[41]고 하여 COMI의 추정적 효력을 그대로 인정하여, 우리나라의 회생절차를 주도산절차로 인정하였다.

---

37) Samsun Logix [2009]EWHC 576 (High Court of Justice Chancery Division 2009. 3. 12.).
38) 영국이 CBI 모델법을 받아들여 제정한 국제도산에 관한 영국 국내법으로 굳이 비교하자면 우리나라 채무자회생법 제5편에 상응한다. 위 CBIR 2006은 종래는 비(非) 유럽연합회원국에 대해서만 적용되었지만 브렉시트 이후에는 유럽연합회원국과의 사이에서도 위 규정이 적용된다. 영국에 더 이상 EU도산규정이 적용되지 않기 때문인데, 결과적으로 CBI 모델법의 역할이 더 커지게 되었다. 브렉시트로 인한 영국의 국제도산 관련 상황에 관한 더욱 자세한 설명은 John M. Wood,"Brexit and the legal implications for cross-border insolvencies: what does the future hold for the UK?"(Company Law Newsletter, 2017)를 참조.
39) Samsun Logix(註 37), para. 11.
40) Samsun Logix [2009]FCA 372, (Federal Court of Australia 2009. 4. 17.).
41) Samsun Logix(註 40), para. 22.

2) 제2차 도산절차에 관하여

2015년 호주법원에서 삼선로직스에 관한 제2차 도산절차가 다루어졌다. 제2차 도산절차에서도 제1차 도산절차에서와 마찬가지로 관리인으로 선임된 '허현철'이 위 제2차 도산절차의 효력을 대외적으로 미치게 하기 위해서 호주법원에 외국도산절차의 승인신청을 한 것이다.[42]

(1) 주절차로서의 승인

호주법원에서 이 사건을 담당한 Rares J는 2015. 9. 24. 제2차 도산절차를 주도산절차로서 승인하였다. 특히, Rares J는 COMI와 관련하여 "삼선로직스의 본점은 서울에, 지점은 부산에 있는 점, 상당한 수의 이사와 근로자들이 한국에 있는 점, 근로자들 중 상당수가 한국에서 이른바 연안(offshore) 업무를 수행하는 것으로 보이는 점" 등을 근거로 삼선로직스의 COMI가 한국에 있음을 선언하는 등 종전판결에서보다 COMI의 결정요소에 관하여 구체적으로 설시하였다.[43]

(2) 구제조치—선박우선특권(maritime lien)과의 충돌

한편, 이 사건에서는 제2차 도산절차에 대한 주절차 승인으로 인하여 부여되는 자동중지의 범위에 "선박우선특권의 행사"도 포함되는지, 즉, 삼선로직스에 대한 제2차 도산절차가 승인됨으로써 "선박우선특권자들이 삼선로직스 소유의 선박에 대해 선박우선특권을 행사하는 것까지도 금지되는지"가 쟁점이 되어 상당히 흥미로운 논의가 전개되었다.[44]

---

42) Hyun-Chul Hur v Samsun Logix [2015] FCA 1154(Federal Court of Australia New South Wales District Registry, 2015. 9. 24.). 위 판결문의 para. 6.에 의하면, 호주 이외에 미국, 영국, 뉴질랜드, 싱가포르에서도 외국도산승인신청이 다루어진 것으로 보인다.

43) Hyun-Chul Hur v Samsun Logix [2015] FCA 1154, paras. 15~16. 참고로 필자는 2017. 3. 시드니(Sydney)에서 열린 UNCITRAL/INSOL/World Bank 공동주최의 12th Multinational Judicial Colloquium에 대한민국대표단으로 참여하여, 위 판결을 내린 Steven Rares 판사를 만나 Federal Court of Australia를 방문한 적이 있다. 위 Rares 판사는 대한민국의 해운회사가 문제된 사건들에 많은 관심을 가지고 있었고, 본인이 내린 판결에 한국에서 많은 관심을 받고 있다는 점을 반가워하기도 했다.

44) Yu v STX Pan Ocean Company Ltd 223 FCR 189(Federal Court of Australia, 2013. 7. 11.) 사건, Kim v Daebo International Shipping Company Ltd 232 FCR 275(Fedral Court of Australia, 2015. 5. 8.) 사건에서도 유사한 쟁점이 다루어졌으나, 전자는 「2008년 호주국제도산법」 Schedule 1 제21조 제1항 제(e)호에 따른 재량적 구제조치를 발령할지 여부를 결정하는 과정에서, 후자는 외국도산절차의 승인의 일반적 효력을 설시하는 과정에서, 위 쟁점을 다룬 것이므로 '자동중지의 범위'의 국면에서 위 쟁점을 다룬 본건과는 약간의 차이가 있다. 위 두 사건에 관한 더욱 자세한

삼선로직스에 관한 당해 사건은 기본적으로 「2008년 호주국제도산법」 Schedule 1 제20조 제2항,[45] 같은 법 본문 제16조[46] 및 위 조항들이 원용하고 있는 「2001년 회사법(Corporation Act 2001, 이하 '2001년 호주회사법'이라고 한다)」 제5장(다만, 5.2조와 5.4A조는 제외)에 의하여, '선박우선특권의 행사'가 자동중 지되는 대상에 포함되지 않는 것으로 해석될 여지가 있었기 때문인데, 이에 대하여 Rares J는, 다음과 같은 점들을 근거로 선박우선특권의 행사는 자동중 지의 대상에 해당하지 않는다고 판시하였다.[47] 즉, 선박우선특권자들의 손을 들어준 셈이다.

첫째, 삼선로직스가 소유하고 있거나 용선한 선박(any vessel owned or chartered by the defendant)에 관하여 호주에서 압류명령[48]을 발부할지 것인지 여부는 해당 해상사건을 담당하는 Judge가 판단할 문제이다.[49]

둘째, 「2001년 호주회사법」은 도산절차가 담보권자(secured creditors)에게 미 치는 영향에 관하여, 그 도산절차가 관리절차(administration)인지, 법원에 의한 청산절차(liquidation by the Court)인지, 자발적 청산절차(voluntary winding up)인 지에 따라 혼란스럽게 규정하고 있다.[50] 그런데 일반적으로 「2008년 호주국제 도산법」에 의하여 원용되는 「2001년 호주회사법」과 「1966년 호주파산법」은 '담 보권자'에 대해서는 일반채권자(unsecured creditors)보다 특별한 취급을 해준다.[51]

설명은 김영석(註 36), 434면 이하를 참조.

45) 이는 앞서 본 바와 같이 모델법 제20조 제2항과 동일한데, 외국도산절차가 주절차로서 승인되는 경우 부여되는 자동중지에 관하여 그 중지 및 정지의 범위와 변경 또는 종료를 입법국의 법에 따 라 정할 수 있다는 규정이다.

46) 본문 제16조는 자동중지 되는 내용 및 이를 변경 또는 종료하는 경우에 관한 사항은 「1966년 파산 법(the Bankruptcy Act 1966, 이하 '1966년 호주파산법'이라고 한다)」, 「2001년 호주회사법 (Corporation Act 2001)」의 제5장(다만, 5.2와 5.4A 부분은 각 제외)에 규정된 바를 따르겠다고 명시한 조항이다. 참고로 Part 5.2(Receivers, and other controllers, of property of corporations) 는 제416~434G조까지, Part 5.4A(Winding up by the court on other grounds)는 제461~464조 까지를 의미한다.

47) 이하에서 설시되는 항목들은 필자가 임의로 구분하여 정리한 것이다.

48) 선박우선특권의 행사에 따른 압류명령을 의미하는 것으로 보인다. 우리나라에서도 적법한 선박우 선특권을 보유한 자가 선박에 관한 임의경매신청을 하면 임의경매개시결정(압류의 효력 발생)과 함께 경매절차가 개시된다.

49) Hyun-Chul Hur v Samsun Logix [2015] FCA 1154, para. 20.

50) Hyun-Chul Hur v Samsun Logix [2015] FCA 1154, paras 21에 의하면, 관리절차(administra-tion)인 경우에는 제440B, 441B, 444F를, 법원에 의한 청산절차(liquidation by the Court)인 경우 에는 제471C를, 자발적 청산절차(voluntary winding up)인 경우에는 제500조 제2항이 적용된다 고 한다.

51) Hyun-Chul Hur v Samsun Logix [2015] FCA 1154, para. 23.

셋째, CBI 모델법에 관한 Guide to Enactment and Interpretation은 자동중지에 대해 예외를 인정할 수 있는 사례 중 하나로 "담보권자의 집행(the enforcement of claims by secured creditors)"을 들고 있다.[52]

넷째, 「2001년 호주회사법」 제471B에 따라, 일단 청산절차가 개시되면 채무자나 채무자의 재산과 관련된 절차가 법원에서 개시될 수 없고, 채무자의 재산과 관련된 집행절차도 진행될 수 없는 것이 원칙이기는 하다. 하지만 제471C에 의하면 '담보권자가 환가를 하거나 담보이익을 취급할 권리(a secured creditor's right to realise or otherwise deal with the security interest)'는 위와 같은 영향을 받지 않는다.[53]

다섯째, 「1988년 해상법(Admiralty Act 1988, 이하 '1988년 호주해상법'이라고 한다)」[54]에 따른 선박우선특권은 선박의 이동성(peripatetic nature)에 의해 확립된 독특한(*sui generis*) 지위를 가지는 권리인데, 해상법원(Admiralty court)만이 선박우선특권을 다룰 수 있는 관할권을 가진다.[55]

여섯째, 임금을 지급받지 못한 선원들에게 "외국에서 진행되는 도산절차에 참가할 수 있지 않느냐"라고 이야기하는 것은 별로 위로가 되지 않을 것이고, 그들이 보유한 선박우선특권의 행사를 제한한다면 거의 모든 국가의 해상법에서 선원들의 임금지급을 위해 보편적으로 인정해주고 있는 권리를 부정하는 셈이 된다.[56] 만약, 그렇게 된다면 선원들은 임금을 지불받지 못한 무일푼의 상태로 선박에 머물러야 하고 선박으로부터 도망갈 수도 없는 상태에서 자신들의 고향에 도착할 때까지 계속 노예처럼 노동력을 제공해야만 할 것이다.[57]

---

52) Hyun-Chul Hur v Samsun Logix [2015] FCA 1154, para. 26. 위 판결문에서는 Guide to Enactment and Interpretation의 [34]에 위와 같은 텍스트가 있다고 명시되어 있으나, 현행 모델법 입법요령에 따르면 para. 183이 정확한 위치인 것으로 보인다.
53) Hyun-Chul Hur v Samsun Logix [2015] FCA 1154, para. 28.
54) 「1988년 호주해상법」은 총 6개의 부분(part)으로 구성되어 있는데, 구체적으로는 ① 예비사항(preliminary), ② 해상사건 관할권(Jurisdiction in Admiralty), ③ 해상사건의 절차를 진행할 권한(Rights to proceed in Admiralty), ④ 절차의 이송 및 환송(Transfer and Remittal of Proceedings), ⑤ 기타조항들(Miscellaneous), ⑥ 제국입법의 폐기 및 수정(Repeals and Amendments of Imperial Legislation)에 관하여 규정하고 있다.
55) Hyun-Chul Hur v Samsun Logix [2015] FCA 1154, para. 31.
56) 1988년 호주해상법 제15조 제2항 제(c)호도 선장, 선원의 임금을 선박우선특권으로 담보되는 피담보채권으로 규정하고 있다.
57) Hyun-Chul Hur v Samsun Logix [2015] FCA 1154, para. 33.

(3) 우리나라 도산절차에서의 선박우선특권(maritime lien)에 관한 취급58)

(가) 창원지방법원의 한진샤먼호 사건

참고로 창원지방법원은 2016. 10. 17. 경매개시결정에 대한 이의사건(2016 타기227호)에서 "한진해운이 파나마국법인 REF 5 Shipping S.A.와 BBCHP를 체결하고 위 법인으로부터 인도받아 사용 중인 '한진샤먼호(Hanjin Shaman)'에 대해서는 한진해운에 관한 도산절차의 개시효력이 미칠 수 없다"고 판단하였고, 위와 같은 결정은 항고심(창원지방법원 2016라308호)에서도 항고기각 결정이 내려짐으로써 그대로 유지되었다. 위 선박은 한진해운의 소유가 아니므로 도산절차개시의 효력이 미치지 않는다고 본 것인데, 만약, 위 사건에서 한진샤먼호가 한진해운 소유의 선박으로 취급되었다면 상기 쟁점을 정면으로 다루게 되었을 것으로 보인다.

다만, BBCHP를 둘러싼 법률관계도 그 실질은 금융리스와 동일한 것으로 볼 여지가 있는데, 금융리스를 담보권으로 취급하여 리스목적물을 일단 리스이용자(채무자)의 소유물로 취급하여 온 기존 실무의 입장을 따른다면 위와 같은 경우에도 한진해운 소유의 선박으로 취급할 수 있다는 입론은 가능할 것으로 보인다. 다만, 담보권관계를 강제하는 기존 실무는 리스회사가 리스계약(미이행 쌍무계약)을 해지하고 환취권자로서 리스목적물을 반환받아가는 것을 제한하는 결과가 생기므로, 당사자들의 실질적인 의사에 반하는 측면이 있다고 생각실무상으로도 ㈜한진해운에 관한 회생절차(서울회생법원 2016회합100211)를 비롯한 비교적 최근 사건들에서는 SPC들의 계약해지에 따른 반선(返船)을 허용함으로써 더 이상 담보권관계를 강제하지 않는 추세를 보이고 있다고 생각된다. 최근에 이와 같은 기존실무의 문제점을 지적하면서 미이행 쌍무계약에 따르는 것으로 해석함이 타당하다는 견해가 제기되었는데,59) 타당하다고 생각된다.

(나) 검토

만약 해당 쟁점이 정면으로 문제되는 경우에는 회생절차와 파산절차를 구분해서 보아야 할 것으로 생각된다. 먼저 회생절차에 관하여 보면, 채무자회생법이 '회생담보권이 되는 담보권' 중의 하나로 '우선특권'을 규정하고 있음은

---

58) 이에 관한 더욱 자세한 설명은 김영석(註 36), 443면 이하를 참조.

59) 최준규, "금융리스와 도산절차 -재론(再論)-", 저스티스 통권 제183호(한국법학원, 2021.4.), 413면 이하를 참조.

앞에서 본 바와 같으므로(제141조), 상법상 선박우선특권은 도산절차에서 회생
담보권으로 취급된다. 따라서 채무자로서는 회생절차개시결정이 있기 전에는
강제집행, 가압류, 가처분 또는 담보권실행을 위한 경매절차의 중지·취소명령
(제44조 제1항)이나 포괄적금지명령(제45조 제1항)을 통하여, 회생절차개시결정
이 있은 후에는 중지(제58조 제2항 제2호)나 금지(제58조 제1항 제2호)의 효력을
주장함으로써 장래 발생할 수도 있는 선박우선특권의 행사의 제한을 주장할
수 있을 것이다.[60)]

　　반면에, 선박우선특권자로서는 해당 선박에 관한 집행절차를 진행해야만
하는 특별한 사정을 설명하면서, 회생절차개시결정이 있기 전에는 중지명령의
변경·취소(제44조 제3항) 내지 포괄적금지명령의 변경·취소(제45조 제4항)를
통해, 회생절차개시결정이 있은 후에는 절차의 속행(제58조 제5항)을 통해 개별
집행의 속개(續開)를 주장하여 볼 수 있을 것이다. 실무상 선박우선특권자가
위와 같은 주장을 한 사례를 발견할 수는 없었지만, 관련 법령의 문언에 비추
어, 집행중지가 자신에게 부당한 손해를 끼칠 염려가 있다거나 당해 선박에
관한 선박우선특권을 행사하여도 채무자의 회생절차에 전혀 지장이 없다는 점
등을 강조해볼 수 있을 것이다.

---

60) 만약, 당해 선박의 선적국법(C국법)에 '도산절차가 개시되더라도 선박우선특권을 행사할 수 있다'
　　는 규정이 있는 경우라고 하더라도, 담보권의 행사는 '집행중지의 범위'라는 도산전형적인 법률효
　　과와 관련되는 것이므로 도산법정지법이 적용될 여지가 많아 보인다(대법원 2015. 5. 28. 선고
　　2012다104526 판결; 위 대법원 판결에 관한 더욱 자세한 설명은 김진오, "외국적 요소가 있는 쌍
　　방미이행 쌍무계약에서 도산법정지법 원칙의 적용범위 및 영국법상 중간이제공리의 법리", 대법원
　　판례해설 제103호(법원도서관, 2015), 403면 이하를 참조). 따라서 도산법정지법인 대한민국법이
　　그대로 적용된다면, 선적국법은 적어도 상기 쟁점에 관해서는 고려대상이 되지 못하므로, 앞서 살
　　펴본 논의가 그대로 적용될 것이다. 주의할 점은, 위와 같이 보더라도, 회생담보권의 존부 및 범위
　　를 결정하는 문제에 대해서는 C국법이 적용될 수 있다는 점이다. 도산채권의 존부 및 그 범위에
　　관한 문제는 당사자들 간의 계약과 관련된 실체법적 사항으로서 도산전형적인 법률효과에 해당하
　　지 않으므로 국제사법에 따라 정해지는 '계약의 준거법'이 적용될 것이지만, 그 채권이 선박우선특
　　권으로 담보되는 대상인지 및 설령 대상이 되더라도 어느 정도의 범위까지 선박우선특권으로 담
　　보되는지, 즉, 회생담보권의 존부 및 액수는 '선적국법'에 따라 결정될 사항이기 때문이다(국제사
　　법 제60조 제1항). 다만, 선적국법을 따르는 경우에도 '선박우선특권의 순위'에 관하여는 미국에서
　　취하고 있는 것처럼 법정지법을 준거법으로 삼을 필요도 있어 보인다. 회생절차에서 선박우선특권
　　으로 담보되는 수 개의 피담보채권이 신고 되었는데 저마다 선적국법에 따라 순위가 상이한 경우,
　　이를 모두 충족하는 회생계획안을 작성하기가 쉽지 않고, 회생계획안 결의과정에서도 순위가 다른
　　선박우선특권자들의 조(組, class)를 일일이 분류하여 관계인집회를 진행한다면 회생계획안이 가
　　결되기가 어려워, 채무자 또는 그 사업의 효율적인 회생을 도모하기가 용이하지 않을 것이기 때문
　　이다.

다음으로 파산절차에 관하여 보면, 채무자회생법이 선박우선특권을'그 목
적인 재산에 관하여 별제권(別除權)을 가진 권리'로 규정하고 있지는 않지만(제
411조),[61] 이를 별제권을 가지는 권리로 취급하여도 무방할 것으로 보인다. 선
박우선특권은 그 성질에 반하지 않는 한 민법의 저당권에 관한 규정을 준용하
도록 되어 있고(상법 제777조 제2항 제2문), 별제권을 가지는 것으로 인정받는
질권과 저당권보다도 우선취급되고 있으며(상법 제788조), 이를 별제권을 가진
권리로 취급하는 것이 담보권자로서의 선박우선특권자의 기대에도 부합하고,
채무자의 재산을 공정하게 환가·배당하는 것을 목적으로 하는 채무자회생법
의 목적과 취지에도 합치하기 때문이다.

그리고 이와 같이 본다면, 선박우선특권자는 파산절차 외에서 별제권을
행사하여 그 목적물인 해당 선박으로부터 채권을 먼저 회수하고(제412조), 그
별제권의 행사에 의하여 변제를 받을 수 없는 채권액(이하 '예정부족액'이라고
한다)에 관하여만 파산채권자로서 그 권리를 행사할 수 있을 것으로 보인다(제
413조 본문). 즉, 채무자로서는 선박우선특권에 기한 임의경매절차를 중지시킬
수 있는 방법은 마땅히 없어 보인다. 참고로 앞서 본 호주법원의 판례들에서
선박우선특권에 우호적인 결론을 내리는데 근거로 삼았던 「2001년 호주회사
법」 제471C도 우리나라의 파산절차에 유사한'청산절차'에 관하여 규정되어 있
던 조문이다.

다. 그 밖의 사건

1) 해운회사 관련사건

한편, 팬오션(Pan Ocean), 대보쉬핑(Daebo Shipping), 에스티엑스조선해양
(STX Offshore & Shipbuilding) 등 우리나라 해운회사의 대외적 효력이 문제된
사건들도 많이 확인되는데(주로 호주법원과 영국법원이 관련되어 있음), 그에 관한
사건 진행 내역은 별지 기재와 같다.[62]

---

61) 채무자회생법 제411조는 "유치권, 질권, 저당권, 「동산·채권 등의 담보에 관한 법률」에 따른 담보
권 또는 전세권을 가진 자"를 별제권을 가진 자로 규정하고 있을 뿐이다.
62) 위 사건들에 관한 더욱 자세한 설명은 김영석(註 36), 434면 이하를 참조.

2) 그 밖의 사건

그밖에도 구 회사정리법하에서 개시된 회사정리절차의 대외적 효력이 다루어진 사건으로 아래와 같은 사례들이 발견된다.[63]

(1) 진로사건

이는 한국에서 주식회사 진로(이하 '진로'라고 한다)에 대한 회사정리절차가 개시된 이후 진로에 대한 채권자인 JS America, Inc.가 국제상업회의소(International Chamber of Commerce)에 국제중재절차(Ref. No. 13 729/EBS)를 신청하자, 진로의 관리인으로 선임된 박유광이 워싱턴서부파산법원(U.S. Bankruptcy Court Western District of Washington No. 05-13935)에 미연방파산법 제304조에 따른 보조절차를 신청하면서 위 중재절차의 중지명령을 신청한 사건이다.

이에 대해 담당판사인 Philip Brandt는 2005. 4. 19.'한국 법원이 도산사건들을 적절히 처리하고 있다'는 등의 이유로 국내도산절차를 보조절차로서 승인하면서, ⅰ) 위 중재절차, ⅱ) 미국 내 특정 연방지방법원에서의 절차, ⅲ) 한국 외에서 진로를 상대로 하는 일체의 행위를 모두 금지한다는 결정을 내렸다.

(2) 삼보컴퓨터 사건

이는 2005. 6. 16. 수원지방법원이 주식회사 삼보컴퓨터(이하 '삼보컴퓨터'라고 한다)에 관한 회사정리절차(2005회5)를 개시한 이후, 도산관계인이 그 해 11. 3. 캘리포니아중앙파산법원(U.S. Bankruptcy Court Central District of California, LA Division, LA 05-50052-TD)에 위 국내 회사정리절차를 제15장에 따른 외국도산절차로서 승인 신청한 사건이다.

이에 대해 담당판사인 Thomas B. Donovan은 2005. 12. 8. '제15장 절차를 허가하지 않거나, 한국의 회사정리절차를 외국의 주절차로 승인하지 않는 것은 미국의 공서에 반한다'는 등의 이유로 국내도산절차를 주절차로서 승인하면서 미국에서 채무자에 대한 절차의 개시 등 모든 종류의 사법적·행정적 행위 및 절차는 일제히 금지된다는 결정을 내렸다.

---

63) 이에 관한 더욱 자세한 설명은 임채웅, "한미국제도산사건에 관한 연구", 법조 제57권(법조협회, 2008. 6.), 200면 이하를 참조.

(3) BOE 하이디스 사건

이는 한국에서 비오이 하이디스 테크놀로지 주식회사에 대한 회사정리절차가 개시된 이후 그 관리인으로 선임된 박해성이 캘리포니아북부파산법원(U.S. Bankruptcy Court Northern District of California, San Jose Division, 06-52334-RLE)에 제15장에 따른 외국도산절차의 승인신청을 한 사건이다. 담당판사인 Roger L. Efremsky는 채권자인 Honeywell Inc.와 Honeywell Intellectual Properties Inc.의 반대(objection to motion)에도 불구하고, '2006. 12. 7. 한국에서 개시된 절차는 미국 연방파산법 제15장에서 말하는 외국의 주절차에 해당한다'면서 국내도산절차를 외국의 주절차로서 승인하였다.

(4) 대우자동차 사건

이는 한국에서 대우자동차에 대한 회사정리절차가 개시된 이후 도산관계인이 미국법원(U.S. Court of Appeals Eleventh Circuit, No. 04-15878)에 국내의 회사정리절차를 제15장에 따른 외국도산절차로서 승인 신청한 사건이다.

그런데 이 사건에서 채권자인'대우자동차 아메리카'는 한국에서 진행된 도산절차에 참가할 기회를 얻지 못하였고 인가된 계획안에 대해서도 통지를 받지 못하는 등 권리보호를 받을 기회를 얻지 못하였으므로 한국의 도산절차는 승인되어서는 안 된다고 주장하였다. 그러나 플로리다중앙법원(United States District Court for the Middle District of Florida)은 국제예양(comity)을 근거로 한국 도산절차를 승인하면서 대우자동차 아메리카의 주장을 배척하였다. 이후 대우자동차 아메리카의 항소로 개시된 항소심에서도 미국법원은'한미우호통상 및 항해조약에 의하면 한국 법원의 판단은 자매국가로서의 지위에 있는 것으로 평가된다'면서 한국도산절차를 외국도산 주절차로서 인정하면서, 원심을 그대로 유지하였다.

2. 외국도산절차의 대내적 효력이 문제된 사건

우리나라 법원은 채무자회생법이 시행되기 이전의 속지주의 체제하에서도 외국도산절차의 대내적 효력이 문제된 사건들[64]을 몇 차례 다룬 적이 있는데, 채무자회생법이 시행된 이후에는 보편주의 체제하에서 국제도산승인 및

---

64) 파울로구찌 사건(대법원 2003. 4. 25. 선고 2000다64359 판결), 대우재팬 주식회사 사건(인천지방법원 2003. 7. 24. 선고 2003가합1768 판결), 대우독일법인 사건(대법원 2009. 4. 23. 선고 2006다28782 판결) 등이 있다.

국제도산지원 사건을 직접적으로 다루고 있다.

가. 주식회사 고합 사건

1) 기초사실

ⅰ) 우리나라 회사인 주식회사 고합(이하 '고합'이라고 한다)은 캘리포니아 주 소재 회사인 그랜드벨(Grand Bell Inc. 이하 '그랜드벨'이라고 한다)로부터 수출대금을 지급받지 못했다고 주장하면서, 위 그랜드벨의 유일한 주주이자 대표이사인 미합중국인 토드 오(Todd Oh) 소유의 서울 중구 회현동 소재 상가 및 성남시 수정구 신흥동 소재 공장에 가압류를 설정하였는데,[65] ⅱ) 그 후 토드 오의 신청으로 미국 캘리포니아주 중앙파산법원 산타아나 지원(U.S. Bankruptcy Court Central District of California, Santa Ana Division)에서 개시된 연방파산법 제11장의 회생절차에서는 주식회사 고합의 채권이 반영되지 않은 회생계획이 인가되었고, ⅲ) 이에 토드오는 고합이 주장하는 채권이 미국도산절차를 통하여 실효되었음을 이유로 한국에서의 부동산가압류를 취소하기 위해 서울중앙지방법원에 외국도산절차에 관한 국제도산 승인신청(2006국승1)을 하였다.

그러나 서울중앙지방법원은 미국도산절차가 종료되었음을 이유로 국제도산승인신청을 각하하였고, 이에 토드오는 미국의 파산법원에 도산절차의 재개를 신청하여 도산절차를 속개한 다음, 서울중앙지방법원에 다시 국제도산 승인신청(2007국승2)을 한 것이다.

2) 국제도산승인결정(2007국승2)

이에 서울중앙지방법원은 2008. 2. 12. "이 사건 외국도산절차[2004. 2. 9.자로 외국도산절차의 채무자에 대하여 미합중국 파산법원 캘리포니아주 중앙법원 산타아나 지원에 신청되어 계속 중인 회생절차(사건번호 SA-04-10816 RA)]를 승인한다"고 결정하면서, 그 근거로 ⅰ) 이 사건 신청이 채무자회생법 제631조 제1항 소정의 요건을 구비하고 있고, ⅱ) 이 사건 외국도산절차가 당해 외국에서 적법하게 계속 중이며, ⅲ) 미합중국인 토드 오가 그 절차의 대표자로 선임되어 있

---

[65] 그랜드벨은 단순히 법인의 형태를 빌린 토드 오의 개인기업에 불과하고 토드 오에 대한 관계에서 법률적용을 회피하기 위한 수단으로 그랜드벨의 법인격이 남용되었다는 점이 국내외소송에서 모두 확인되었다.

는 사실이 소명되는 한편, ⅳ) 채무자회생법 제632조 제2항 소정의 기각사유가 인정되어 있지 아니하다는 이유를 들었다.

3) 국제도산지원결정(2008국지1)

그 후 토드 오는 2008. 3. 11. 서울중앙지방법원에 채무자회생법 제636조 제1항 제2호 및 제4호를 근거로 ⅰ) 이 사건 외국도산절차의 국제도산관리인으로 변호사 임치용을 선임하고 그에게 채무자의 대한민국 내에서의 업무 및 재산에 대한 관리를 명하여 줄 것과 ⅱ) 토드 오 소유의 부동산에 마쳐진 부동산가압류 결정을 취소하여 줄 것을 내용으로 하는 국제도산지원결정(2008국지1)을 신청하였다. 그러나 2010. 6. 24. 위 신청을 취하함으로써 결국 수년간에 걸쳐서 진행되던 토드 오 사건은 마무리가 되었다.

4) 병행도산절차의 개시(2008하합20)

한편, 고합66)은 위와 같이 토드 오에 대한 국제도산승인결정이 이루어지고 국제도산지원신청이 이루어진 무렵인 2008. 3. 27. 서울중앙지방법원에 토드 오에 대한 파산절차(2008하합20)를 신청하였고, 2008. 7. 9. 위 법원으로부터 토드 오에 관한 파산선고 결정을 받았다. 이는 이하에서 보는 LPD 홀딩스(LG Philips Display Holding BV) 사건에서처럼 외국도산절차가 진행되고 있음에도 불구하고, 우리나라 법원이 그와 동시에 동일한 채무자에 관한 국내도산절차를 개시한 것으로서 채무자회생법상 규정된 병행파산 규정이 적용된 사안인바, 상당히 의미가 있는 것으로 평가된다[다만, 파산절차 간의 병행을 다룬 LPD 홀딩스(LG Philips Display Holding BV) 사건과는 달리, 외국회생절차와 국내파산절차 간의 병행을 다루고 있다는 점에서 차이가 있다].

위 파산선고 결정에 대해 토드 오는 '외국도산절차에 대한 승인결정과 지원처분을 통하여 고합이 원하는 목적을 달성할 수 있고, 이미 승인결정을 통해 미국도산절차에서의 면책결정이 대한민국에 대내적으로 효력을 미쳐 채권자인 고합이 가지는 채권은 소멸하였으므로, 고합이 진정한 채권자임을 전제로 내려진 파산선고는 취소되어야 한다'고 다투었으나, 항고심(서울고등법원

---

66) 참고로 '고합'도 2008. 3. 28. 10:00 파산선고를 받고 같은 날 변호사 장경찬이 파산관재인으로 선임되었다.

2009. 8. 28.자 2008라1524 결정)과 재항고심(대법원 2010.3. 25.자 2009마1600 결정)[67]에서 그와 같은 주장은 모두 받아들여지지 않았다.

토드 오에 대한 국내파산절차는 파산채권의 신고, 파산관재인의 시·부인, 파산채권조사확정재판, 배당절차를 거쳐 2013. 3. 21. 종결되었는데, ⅰ) 미국 회생절차에서 회생채권을 신고한 자가 국내 파산절차에서는 파산채권을 별도로 신고하지 않은 경우에도 채권을 신고한 것으로 간주해서 배당에 참여시켰는지, ⅱ) (채무자회생법 제6조 제5항[68])과 같은 명문의 규정이 없는 한 파산채권을 신고한 것으로 간주할 수는 없을 것으로 보이기도 하는데) 미국도산절차에서 채권을 신고한 자가 국내파산절차에 중복해서 채권을 신고한 사례가 있기는 한지, ⅲ) 만약 중복신고를 했다면 채무자회생법 제642조에 따라 배당의 준칙 (hotchpot rule)을 적용하여 배당액을 조정한 사례가 있는지 등 흥미로운 쟁점이 나타날 수 있었을 것으로 보이나,[69] 실제 사례에서는 위와 같은 쟁점이 충분히 주장되거나 다루어진 것으로 보이지는 않아 아쉽다.

또한, 채무자회생법상 제638조에서는 국내도산절차와 외국도산절차가 동시에 진행되는 경우 법원은'국내도산절차'를 중심으로 제635조상의 승인 전 명령 및 제636조 상의 외국도산절차에 대한 지원을 결정해야 한다는 규정을 두고 있는데, ⅰ) 위 규정이 선언적으로만 끝났을지, ⅱ) 실제로 양 도산절차 간의 충돌이 발생하기는 하였는지, ⅲ) 만약 그러한 경우에 국내파산절차를 중심으로 해결한 건이 있다면 어떤 것이 있었는지에 대한 쟁점도 다루어졌는지도 검토되었다면 무척 유의미한 선례가 되었을 것으로 보인다.

---

67) 위 대법원 결정에서는 국제도산에 관한 많은 쟁점이 다루어졌는데, 앞서 본 바와 같이 이에 관하여는 석광현(註 12)을 포함한 다수의 평석이 있다.

68) 회생계획인가 결정 전에 파산선고가 있는 경우 회생절차에 의한 회생채권의 신고, 이의와 조사 또는 확정은 파산절차에서 행하여진 파산채권의 신고, 이의와 조사 또는 확정으로 본다는 규정인데, 이에 관한 더욱 자세한 설명은 한민, "국제금융과 국제도산법에 관한 소고 2: hotchpot rule에 관하여", BFL 제28호(서울대학교 금융법센터, 2008), 111면 이하를 참조.

69) 현재 파산절차가 종결된 상황이기는 하지만 '배당의 준칙(hotchpot rule)'에서 따른 것보다 많은 배당액을 받아간 파산채권자가 있다면 동인을 상대로 부당이득반환 청구소송을 제기할 여지도 있어 보이기 때문이다.

나. LPD 홀딩스(LG Philips Display Holding BV) 사건

1) 기초사실

ⅰ) LG Philips Display Holding BV(이하 'LPD 홀딩스'라고 한다)는 TV용 브라운관을 제조할 목적으로 LG과 Philips가 2001. 3.경 합작하여 설립한 네덜란드 법인으로서 네덜란드 아이트호벤(Eindhoven)에 등록된 사무소 소재지를 가지고 있었는데, ⅱ) 유럽의 TV 시장이 급격하게 평판 TV로 전환되면서 브라운관에 대한 수요가 줄어들어 회사 운영에 어려움을 겪게 되자, 그 대표자인 에이에이엠 데터링크(A.A.M. Deterlink)가 2006. 1. 30. 네덜란드국 파산법원 헤르토겐보쉬 법원(the court of Hertogenbosch)에 파산을 신청하였고, 이에 따라 파산절차가 개시되었다. ⅲ) 그런데 LPD 홀딩스에 대하여 약 2억 유로(3,845억 원) 상당의 채권을 가지고 있던 이탈리아인 비키 카를로(Vichi Carlo)는 그 채권 보전조치로 2007. 5. 15. 및 그 해 6. 5. 대구지방법원 김천지원과 서울중앙지방법원으로부터 각각 채권가압류 결정을 받았는바, ⅳ) 이에 에이에이엠 데터링크가 외국도산절차의 대표자로서 위 채권가압류를 취소하기 위해 2007. 9. 19. 서울중앙지방법원에 외국도산절차에 관한 국제도산 승인신청(2007국승1)을 한 것이다.

2) 국제도산승인결정(2007국승1) 및 국제도산지원결정(2007국지1)

서울중앙지방법원은 고합사건에서와는 달리 승인결정과 지원결정을 하나의 단일한 결정문에서 함께 판시하였는데, 이는 채무자회생법 제636조 제1항에 의해 법원은'외국도산절차를 승인함과 동시에'지원결정을 할 수 있기 때문이다.

위 법원은 2007. 10. 18. ① 국제도산승인결정에 관하여는"이 사건 외국도산절차[2006. 1. 30.자로 외국도산절차의 채무자에 대하여 네덜란드국 파산법원 헤르토겐보쉬 법원에 신청되어 계속 중인 파산절차(신청번호: 137743/FT-RK 06.140, 파산번호: 06/74 F)]를 승인한다"고 하고, ② 국제도산지원결정에 관하여는"2007. 6. 5. 채권자 까를로 비키, 채무자 신청인, 제3채무자 주식회사 에이비엔암로은행으로 한 서울중앙지방법원 2007카단58604호 채권가압류결정 및 2007. 5. 15. 채권자 카를로 비키, 채무자 신청인, 제3채무자 엘지 필립스 디스플레이 주식회사로 한 대구지방법원 김천지원 2007카단697 채권가압류결정을 각 취소한다"고 주문을 내렸다.

그리고 그 근거로는 앞에서 본 바와 마찬가지로 ⅰ) 이 사건 신청이 채무자회생법 제631조 제1항 소정의 요건을 구비하고 있고, ⅱ) 이 사건 외국도산절차가 당해 외국에서 적법하게 계속 중이며, ⅲ) 네덜란드국인 에이에이엠 데터링크가 그 절차의 대표자로 선임되어 있는 사실이 소명되는 한편, ⅳ) 채무자회생법 제632조 제2항(승인기각사유), 제636조 제3항(지원기각사유)의 소정의 각 기각사유가 인정되어 있지 아니하다는 이유를 들었다.

3) 병행도산절차의 개시(2008하합8)

그런데 채권자 까를로 비키는 한걸음 더 나아가 '네덜란드 법원이 파산절차를 공정하게 진행하지 않으므로, 한국 내에 남아있는 LPD 홀딩스의 재산 약 1조 6,957억 원에 관하여는 한국법원에서 파산절차를 진행해달라'고 하면서 2008. 2. 28. 서울중앙지방법원에 위 회사에 대한 파산절차(2008하합8)를 신청하였고, 2009. 2. 20. 위 법원으로부터 위 회사에 관한 파산선고 결정을 받았다.

이는 네덜란드에서 채무자 회사에 관한 파산절차가 진행되고 있음에도 불구하고, 우리나라 법원이 그와 동시에 동일한 회사에 관한 국내파산절차를 개시한 것으로서 채무자회생법상 규정된 병행파산 규정이 최초로 적용된 사안인바, 상당히 의미가 있는 것으로 평가된다.

LPD 홀딩스에 대한 국내파산절차는 파산채권의 신고, 파산관재인의 시·부인, 파산채권조사확정재판 등을 거쳐, 2014. 8. 14. '파산재단으로써 파산절차의 비용을 충당하기에도 부족한 것으로 보인다'는 이유로 배당절차에 이르지 못하고 폐지되었는데, 앞서 ㈜고합(서울중앙지방법원 2008하합20) 사건에서 언급되었던 것과 같은 유의미할 수 있었던 국제도산 관련 쟁점은 직접 다루어지지 않은 것 같아 아쉬운 측면이 있다.

다. 병행도산까지는 문제되지 않은 나머지 사건들

1) 개관

그밖에도 중화인민공화국 홍콩특별행정구역의 1심법원, 일본(동경지방재판소, 요코하마지방재판소), 미국(버지니아동부파산법원, 애리조나파산법원, 뉴욕남부파산법원), 영국의 High Court, 필리핀(올롱가포시 지방법원), 호주연방법원에서 개시된 도산절차에 관한 승인 및 지원절차가 다루어졌는데, 그 구체적 내역은 아래와 같다.

채무자	사건번호	내용	결정
리만 브라더스 커머셜 코포레이션 아시아 리미티드 (Lehman Brothers Commercial Corporation Asia Limited)	2009국승1	승인[중화인민공화국 홍콩특별행정구역의 1심법원(The High Court of the Hong Kong Special Administrative Region Court of First Instance)에 계속 중인 청산절차]	2010. 10. 8. 인용
	2010국지1	가압류 중지	2011. 2. 7. 인용
	2010국지2	국제도산관리인 선임	2010. 12. 6. 인용
	2010국지3	가압류 취소	2012. 5. 23. 취하
산코기센 가부시키 가이샤 (三光汽船株式會社)	2012국승1	승인[일본국 동경지방재판소(東京地方裁判所)에 신청되어 계속 중인 회사갱생절차]	2012. 8. 30. 인용
	2012국지1	승인 전 명령(강제집행 등 금지)	2012. 8. 10. 인용
	2012국지2	강제집행 등 금지	2012. 8. 30. 인용
강○○/ 강○○	2014국승1	승인[미합중국 버지니아 동부파산법원(Eastern District of Virginia)에 계속 중인 미합중국 연방파산법 제11장 절차]	2014. 5. 8. 인용
	2014국지1	국제도산관리인 선임	2014. 5. 26. 인용
		국제공조 결정	2017. 11. 8. 인용
		종결	2018. 4. 25. 인용
	2014국지2	체납처분 중지	2016. 11. 14. 취하

다이이찌 주오기센 주식회사 (第一中央汽船 株式會社)	2015국승 100001	승인[일본국 동경지방재판소(東京地方裁判所)에 계속 중인 민사재생절차]	2015. 12. 28. 인용
		승인 전 명령(강제집행 등 금지)	2015. 12. 14. 인용
	2015국지 100001	강제집행 등 금지	2015. 12. 28. 인용
피닉스 헬리파트 (Phoenix Heliparts Inc.)	2016국승 100000	승인[미합중국 애리조나 파산법원(District of Arizona)에 계속 중인 제11장 절차]	2016. 9. 6. 인용
	2016국지 100000	국제도산관리인 선임	2016. 10. 17. 인용
		종결	2018. 9. 21. 인용
	2016국지 100002	가압류 중지	2017. 4. 20. 인용
	2017국지 100001	소송 중지	2017. 3. 29. 취하
리먼브러더스 인터내셔날 (유럽) [Lehman Brothers International (Europe)]	2016국승 100001	승인[영국 잉글랜드 및 웨일즈 법원(High Court) 계속 중인 관리절차(Administration)]	2016. 10. 10. 인용
	2016국지 100001	국제도산관리인 선임	2016. 11. 9. 인용
		종결(**국제공조**)	2020. 6. 23. 인용
썬에디슨 프로덕츠 싱가포르 프라이빗 리미티드 (Sunedison Products Singapore Pte. Ltd.)	2017국승 100001	승인[미합중국 뉴욕남부파산법원(Southern District of New York)에 계속 중인 11장 절차]	2017. 3. 10. 인용
		승인 전 명령(강제집행 등 금지)	2017. 2. 21. 인용

에이치에이치 아이씨ㅡ 필 잉크 (HHIC ㅡ Phil Inc.)	2019국승 100000	승인[필리핀 올롱가포시 지방법원(Regional Trial Court, Olongapo City)에 계속 중인 회생절차]	2019. 1. 25. 인용
		승인 전 명령	2019. 1. 24. 인용
		강제집행 등 금지	2019. 1. 25. 인용
양○○	2021국승 100000	승인[호주연방법원(Federal Court of Australia)에 계속 중인 파산보호절차]	2021. 7. 28. 인용
		승인 전 명령	2021. 7. 14. 인용
이시카와 토쿠오 (石川得夫) 의 상속재산]	2021국승 100001	승인[일본국 요코하마지방재판소(橫浜地方裁判所) 에 계속 중인 파산절차]	2021. 11. 3. 인용
	2021국지 10000	국제도산관리인 선임	2021. 11. 3. 인용

위 외국도산절차들이 개시된 국가는 대부분 CBI 모델법을 받아들였지만, 중국(특별행정구역인 홍콩 포함)은 그렇지 않았음에도, 서울회생법원[70]은 해당 사건에 대한 승인/지원결정도 함께 발령하였다. 외국재판에 관한 승인·집행의 요건으로 중요하게 여겨지는 이른바 상호보증(reciprocity)이 직접 적용되지 않는다는 점을 보여준 좋은 사례로 생각된다.[71]

2) 공조사례

특히, 위에서 본 사건들 중 2014국지1호[72]와 2016국지100001호[73]를 처리

---

70) 물론, 2017. 3. 서울회생법원 개원 전에는 서울중앙지방법원 파산부가 그 업무를 담당하였다.

71) 상호보증에 관한 더욱 자세한 설명은 석광현, 국제민사소송법, 국제사법 절차편(박영사, 2012), 397면 이하를 참조.

72) 서울회생법원은 2014국지1 사건에서 2017. 11. 8. 처음으로 공식적인 공조결정을 내리고, 그 무렵부터 2018. 1. 11.까지 미국의 버지니아동부파산법원(U.S. Bankruptcy Court)과의 사이에 채무자회생법 제641조에서 정한 "법원 간 공조"를 진행한 다음, 2018. 1. 18. 채무자가 보유한 국내자산의 매각대금에 관한 미국으로의 송금신청을 허가하였다. 필자는 위 사건의 주심법관으로서 버지니아동부파산법원의 법관 Brian F. Kenney와 직접 수차례에 걸쳐 교신하였는데, 공조과정에서 확인한 주요 사항은 ① 미국법원이 파악하고 있는 국내채권자의 현황(이름, 주소, 채권 등), ② 미국도산절차의 Liquidation Plan에 명시된 국내채권자에 관한 변제방법(변제율, 변제기한, 미국채권자 등과 차별취급을 받고 있지는 않은지 등), ③ 미국도산절차의 진행과정에서 국내채권자들이 서류를 제대로 송달받고 절차를 통지받는 등 절차참가기회를 충분히 부여받았는지, ④ 미국 도산절차

하는 과정에서는 버지니아동부파산법원(U.S. Bankruptcy Court for the Eastern District of New York), 영국 High Court와 각 공조를 통하여 구체적으로 타당한 결론이 도출될 수 있도록 노력하였다.

채무자들의 국내 자산을 본국(각 미국과 영국)으로 송금하는 과정에서 ⅰ) 대한민국의 채권자들이 외국도산절차로부터 보호받지 못하는 경우가 발생하지 않도록 확인함과 동시에 ⅱ) 국제도산의 이념에 부합하게 외국채무자의 자산이 효율적으로 환가되어 관리될 수 있도록 한 것이다. 서울회생법원이 국제도산 업무를 안정적으로 처리할 수 있는 역량이 있음을 전 세계적으로 알릴 수 있었던 좋은 기회라고 생각되는데, 이와 같은 업무처리를 통해, 외국법원 및 외국채무자 등에게 서울회생법원의 국제도산실무에 대한 신뢰도를 높일 수 있었을 것으로 보인다.

결국, 이와 같은 신뢰를 바탕으로 궁극적으로 달성하고자 하는 것은 향후 국내도산절차의 채무자가 국외에 소재하는 자산을 환가하여 송금 받아야 하는 경우 외국도산법원으로부터 안정적이고 적극적인 지원을 받는 것이다. 따라서 외국법원과 지속적으로 우호적인 관계를 유지하는 것이 바람직한데, 이를 위해 서울회생법원이 아래에서 보는 바와 같이 JIN Guidelines를 채택하거나 외국도산법원들과 국제도산에 관한 업무협약(MOU)을 체결한 것은 긍정적으로 평가할 수 있다.

Ⅳ. 외국도산법원과의 공조를 위한 노력

1. JIN Guidelines의 채택

JIN(Judicial Insolvency Network, 이하 'JIN'이라 한다)은 미국, 영국, 호주, 싱가포르, 브라질 등 주요 국가의 도산법관간의 네트워크 커뮤니티를 의미하는

의 진행을 뒤늦게 알게 된 국내채권자들이 보호받을 방법은 있는지 등이었다. 위 사건에서 진행된 공조과정에 관한 더욱 자세한 설명은 김영석, "국제도산사건에서의 공조실무현황 –서울회생법원의 최근동향", 2017년 국제규범의 현황과 전망(법원행정처, 2017), 85면 이하를 참조.

73) 이 사건에서의 외국도산절차인 영국도산절차는 뉴욕남부파산법원에도 미연방파산법 제15장 절차 [Case No. 18-11470 SCC]에 따른 승인/지원 신청이 이루어졌을 정도로 전 세계적으로 이슈가 되었던 대규모 도산절차였다. 제15장 절차의 승인대상은 Administration과 Scheme of Arrangement가 결합된 절차였는데, 영국에서의 SOA에 관한 더욱 자세한 설명은 Jennifer Payne, Scheme of Arrangement: Theory, Structure and Operation(Cambridge University Press, 2014), 69면 이하를 참조.

데, 서울회생법원은 위 JIN에 함께 참여하여 오다가,[74] 2018. 7. 위 JIN에서 성안한 법원 간 공조에 관한 절차규범인"Guidelines for Communication and Cooperation between Courts in Cross-Border Insolvency Matters(이하 'JIN Guidelines'라 한다)을, 2020. 1.에는 그 세부원칙인 "Modalities of Court to Court Communication"을 각 채택함으로써,[75] 국제적인 기준에 비추어 보더라도 구체적으로 타당한 결론을 도출할 수 있는 시스템을 구축하였다.[76]

　이는 채무자회생법 제641조 제1항 각호에서 규정한 공조대상(의견교환, 채무자의 업무 및 재산에 관한 관리 및 감독, 복수절차의 진행에 관한 조정, 그 밖에 필요한 사항)에 관한 논의가 실질적으로 이루어질 수 있도록 그 토대를 만든 것

---

74) 필자는 2018. 2. 7.부터 위 JIN 회의에 참여하여 왔는데 회의의 내용 및 주요 진행경과에 관한 더욱 자세한 설명은 김영석, "국제도산에서의 법원 간 공조에 관한 구체적 방안", 재판자료 제140집 (외국사법연수논집 39)(법원도서관, 2020), 243면 이하를 참조.

75) 서울회생법원은 2017년도부터 JIN Guidelines의 채택 여부를 논의하여 오다가, 2018. 5. 16. JIN을 주도하는 싱가포르대법원(The Supreme Court of Singapore)을 직접 방문하여 그 실무현황을 확인한 이후, 당초 6개의 조문으로 구성되어 있던 실무준칙(504호)에 제7조를 추가하는 방법으로 JIN Guidelines를 채택하여 2018. 7. 1.부터 이를 시행하였다. 또한, 2020. 1. 1.부터 시행하여 오고 있는 Modalities of Court to Court Communication도 제7조의 문구를 수정하는 방법으로 채택되었는데, 그 구체적인 내역은 아래에서 보는 바와 같다.

구분	개정초안(제7조의 신설)
제정준칙(2017. 9. 1. 시행)	제1~6조 (제7조는 없었음)
제7조(2018. 7. 1. 시행)	제7조 (기타) 준칙 제504호에서 규정하지 않은 공조방법 등에 관하여는 법원이 당사자의 신청 내지 직권에 의하여 도산사법네트워크(Judicial Insolvency Network)에서 정한 [별지 1] 가이드라인(Guidelines)의 내용의 전부 또는 일부를 따르기로 결정할 수 있다.
제7조(2020. 1. 1. 시행)	제7조 (기타) 준칙 제504호에서 규정하지 않은 공조방법 등에 관하여는 법원이 당사자의 신청 내지 직권에 의하여 도산사법네트워크(Judicial Insolvency Network)에서 정한 [별지 1] 가이드라인(Guidelines) 및 [별지 2] 세부원칙(Modalities)의 내용의 전부 또는 일부를 따르기로 결정할 수 있다.
비고	참고로 위 조문 상에 표시된 "별지 1", "별지 2"는 본 논문의 별지가 아니라 실무준칙 제504호상의 별지를 의미한다.

76) 참고로 필자도 당시 서울회생법원 대표단으로서 싱가포르대법원을 직접 방문하였는데, 2018. 5. 16.에는 서울회생법원과 싱가포르대법원 사이에 국제도산 사건에 관한 양해각서(Memorandum of Understanding between the Supreme Court of Singapore and the Seoul Bankruptcy Court)도 체결되었다. 이에 관한 더욱 자세한 설명은 김영석(註 72), 91면 이하를 참조.

이라는 점에서 높이 평가할 수 있다. 가령, 승인국의 법제에 따라 인정되는 집행중지(stay order)의 범위가 도산법정지국의 법제에 따라 인정되는 범위와 상이한 경우, 어느 국가의 법제를 기준으로 집행중지의 범위를 결정할 것인지와 같은 아직 문제는 도산법원 간의 공조를 통해 해결하는 것이 가장 바람직하고 현실적일 것으로 보인다.[77]

2. 업무협약(Memorandum of Understanding, MOU)의 체결

위와 같은 논의를 바탕으로 서울회생법원은 2018. 4. 23. 뉴욕남부파산법원(U.S. Bankruptcy Court for the Southern District of New York)과, 2018. 5. 16. 싱가포르대법원(Supreme Court of Singapore)과 각 국제도산 공조에 관한 업무협약(Memorandum of Understanding)을 체결하였다.

서울회생법원은 국제도산절차의 효과 및 효율성을 향상시키기 위하여 당사자들 간의 관계, 국제도산 사건에서의 공고한 협력 증진의 가치를 상호 인식하기 위한 목적으로 위 법원들과 MOU를 체결하였는데, 주요 공조대상으로는 ① 병행절차의 효율적이고 공정한 처리(for the efficient and fair administration of insolvency proceedings in both jurisdictions)를 위한 교신 및 협력, ② 상대 법원 도산절차의 승인 및 지원 사건의 효율적이고 신속한 처리(the efficient and timely recognition of insolvency proceedings before the other Party and relief with respect to them)를 위한 교신 및 협력, ③ 상호 도산절차에 대한 이해를 높이기 위한(in order to improve mutual understanding of insolvency proceedings) 교신 및 지원, ④ 기타 국제도산절차에서의 교신 및 협력을 위하여 필요한 전반적인 사항(any other measures necessary for the communication and coordination in cross-border insolvency proceedings)이 있다.

가령, 서울회생법원은 싱가포르 법인인 썬에디슨(Sunedison Products Singapore PTE, Ltd)에 관하여 진행 중인 미국도산절차(뉴욕남부파산법원의 제11장 절차)를 승인한 적이 있는데(서울회생법원 2017국승100001호), 위 사건에는 대한민국, 싱가포르, 미국 3개국이 직간접적으로 모두 관련되어 있는 셈이다. 따라서 위와 같은 각 MOU를 통해 서울회생법원, 나아가서는 대한민국이 국제도산의 허브

---

77) 김영석(註 72), 76면. 참고로 싱가포르에서는 집행중지를 moratorium이라고 부르는데, 이에 관한 자세한 설명은 Lian Chuan Yeoh, "Moratorium Over Singapore Proceedings Against Bermudan Company Granted" (Allen & Overy LLP, 2016)를 참조.

로 주목받을 수 있기를 희망한다.

V. 향후 전망

우리나라가 CBI 모델법(정확히는 위 모델법을 받아들인 채무자회생법 제5편)을 기초로 국제도산사건을 처리하여 온 지 어느 덧 십 수 년이 흘렀다. 그리고 그 기간 동안 다소 불완전한 입법에도 불구하고 안정적인 실무를 운영해 온 부분은 충분히 긍정적으로 평가할 수 있다. 물론, 우리나라에서 처리되어 온 지원결정(CBI 모델법상의 relief)은 대부분 가압류취소, 가압류 중지, 강제집행 등 금지에 관한 것들이고, 권리 · 의무주체의 권리변경 그 자체에 관한 것들은 아니어서 다소 아쉬운 면은 있다.[78] 하지만 이는 우리나라의 경제규모가 더 확대된다면 충분히 가능한 일이어서 아직 성급하게 서운해 할 것은 아니다. 중요한 점은 그와 같은 시점이 도래하였을 때 전 세계적으로 많은 도산이해관계인들이 우리나라의 국제도산실무를 불신하고 우회하지 않을 수 있도록 하는 것이다.

따라서 Common Law 법제에 익숙한 국가의 법인, 채권자 등 이해관계인들이 Civil Law 국가들의 도산법제에 막연한 두려움을 가지는 이때에 서울회생법원의 JIN Guidelines의 채택 및 뉴욕남부파산법원/싱가포르대법원과의 MOU 체결은 높이 평가할 수 있다. 대한민국의 도산법제도 Common Law 국가와 크게 다르지 않음을 알리고, 설령 차이가 있다고 하더라도 법원 간 공조를 통해 세부적인 절차상의 문제를 서로 협의해나가 외국법인, 외국채권자들이 불리한 취급을 받지 않도록 배려하고 있음을 보여주는 좋은 기회가 될 것이기 때문이다.

나아가 이 글에서 전면적으로 다루지는 않았지만 UNCITRAL이 비교적 최근에 성안한 IRJ 모델법을 선도적으로 받아들여 실무에 조속히 적용하는 것도 적극 고려해볼만하다. 집단적 재판의 성질을 가지는 인가재판/면책재판 등에 대한 특별한 취급이 필요하다는 데에 공감대가 형성되어 IRJ 모델법이 성안된 이상 많은 국가들이 위 IRJ 모델법을 채택하여 실무에 적용할 것으로 예상되는

---

78) 가령, 미연방파산법원에는 외국도산절차에서 내려진 채무조정안 자체의 승인 · 집행을 구하는 구제조치가 CBI 모델법을 근거로 신청되고 있는 반면에, 우리나라는 아직까지 그와 같은 내용의 지원신청은 이루어진 바가 없다.

데, 이를 먼저 받아들여 실무를 운용한다면 그 과정에서 불거지는 당초 예상
하지 못했던 이슈들을 먼저 정리해내어 향후 그 개선논의를 주도할 수 있기
때문이다. 현재 법무부에서 IRJ 모델법 채택과 관련한 채무자회생법 개정을 논
의 중인데,79) 입법자들의 적극적인 의지를 기대해본다.

[追 記]

이 글은 필자가 서울지방변호사회에서 주관한 도산법연수원 제1, 2, 3기
에서 「국제도산」 강의자료로 사용하였던 글의 일부를 수정·보완한 것임을 밝
혀둔다.

---

79) 연구용역을 통해 법무부에 제출된 개정초안은 한민(연구책임자)/석광현(공동연구자)(註 13), 148
　　면 이하를 참조.

― 참고문헌 ―

1. 국내문헌

가. 단행본

국제거래재판실무편람 집필위원회, 2015년 국제거래재판실무편람(법원행정처, 2015)

서울회생법원 재판실무연구회, 회생사건실무(상) 제5판(박영사, 2019)

석광현, 국제민사소송법, 국제사법 절차편(박영사, 2012)

_____, 국제사법 해설(제2판)(박영사, 2013)

한국사법행정학회, 주석채무자회생법(제1판)(Ⅵ), 2021, 600면 이하를 각 참조.

한민(연구책임자), 석광현(공동연구자), 2018, 2019 도산관련 UNCITRAL 모델법 입법방안
        연구, 이화여자대학교 산학협력단(법무부 용역보고, 2020).

나. 논문

김영석, "국제도산사건에서의 공조실무현황 –서울회생법원의 최근동향", 2017년 국제규범
        의 현황과 전망(법원행정처, 2017)

_____, "국제도산에서의 법원 간 공조에 관한 구체적 방안", 재판자료 제140집(외국사법
        연수논집 39)(법원도서관, 2020)

_____, "국제도산에서 주된 이익의 중심지(COMI)를 둘러싼 제문제", 서울대학교 법학석사
        학위논문(서울대학교, 2012)

_____, "유럽의회와 유럽연합이사회의 2015년 5월 20일 도산절차에 관한 2015/848 (EU)
        규정(재구성)에 관한 검토", 국제사법연구 제21권 제2호(사단법인 한국국제사법학
        회, 2015. 12.)

_____, "해운회사의 국제도산에 관한 연구 –선박 관련 쟁점을 중심으로", 사법논집 제64집
        (법원도서관, 2017)

김진오, "외국적 요소가 있는 쌍방미이행 쌍무계약에서 도산법정지법 원칙의 적용범위 및
        영국법상 중간이제공리의 법리", 대법원 판례해설 제103호(법원도서관, 2015)

석광현, "국제도산법의 몇 가지 문제점", 국제사법과 국제소송 제1권(박영사, 2001)

_____, "도산 관련 재판의 승인 및 집행에 관한 2018년 UNCITRAL 모델법의 소개와 우리
        의 입법 방향", 국제거래와 법(통권 제33호)(동아대학교 법학연구소, 2021)

_____, "미국 연방파산법에 따른 회생계획인가결정의 한국에서의 승인", 양창수 교수 고희
        기념논문집 간행위원회, 自律과 正義의 民法學: 梁彰洙 교수 古稀기념논문집(박영

사, 2021)

_____, "외국인 부부의 이혼사건에서 이혼·재산분할의 국제재판관할과 준거법", 안암법학 통권 제62호(무지개출판사, 2021)

_____, "유럽연합이사회 도산절차에 관한 규정", 국제사법과 국제소송 제3권(박영사, 2004)

_____, "채무자회생 및 파산에 관한 법률(이른바 統合倒産法)에 따른 국제도산법", 국제거래법연구 제15집 제2호(국제거래법학회, 2006. 12.)

_____, "채무자 회생 및 파산에 관한 법률에 따른 국제도산법", 국제사법과 국제소송 제5권(박영사, 2012),

_____, "2002년 통합도산법시안 중 국제도산법에 대한 의견", 국제사법과 국제소송 제3권(박영사, 2004)

오영준, "채무자 회생 및 파산에 관한 법률 하에서 외국도산절차에서 이루어진 외국법원의 면책재판 등의 승인", 대법원판례해설 제83호(법원도서관, 2010)

윤창술, "국제도산제도의 동향", 인권과 정의 제327호(대한변호사협회, 2003. 11.)

임채웅, "한미국제도산사건에 관한 연구", 법조 제57권(법조협회, 2008. 6.)

임치용, "미국 파산법원이 본 한국의 회사정리절차", 파산법연구2(박영사, 2006)

_____, "통합도산법 개정안 중 국제파산편 검토", 파산법연구(박영사, 2004)

최준규, "금융리스와 도산절차 -재론(再論)-", 저스티스 통권 제183호(한국법학원, 2021. 4.)

한민, "국제금융과 국제도산법에 관한 소고 2: hotchpot rule에 관하여", BFL 제28호(서울대학교 금융법센터, 2008)

2. 국외문헌
가. 단행본

Ian Fletcher, Insolvency in Private International Law(2nd Ed.)(Oxford University Press, 2005)

Jennifer Payne, Scheme of Arrangement: Theory, Structure and Operation(Cambridge University Press, 2014)

Lawrence Collins, Dicey, Morris and Collins, The Conflict of Laws, Sweet & Maxwell Ltd(15th Ed., 2012)

Look Chan Ho, Cross-Border Insolvency: Principles and Practice(Sweet & Maxwell, 2016)

Reinhard Bork/Kristin Van Zweiten, Commentary on the European Insolvency Regulation(Oxford University Press, 2016)

나. 논문

Damien P. Horigan, "A Legal Oasis", Hawaii Bar Journal(Hawaii Bar Association, February 2012)

John M. Wood,"Brexit and the legal implications for cross-border insolvencies: what does the future hold for the UK?"(Company Law Newsletter, 2017)

Lian Chuan Yeoh, "Moratorium Over Singapore Proceedings Against Bermudan Company Granted" (Allen & Overy LLP, 2016)

Paul L. Lee, "Ancillary Proceedings under Section 304 and Proposed Chapter 15 of the Bankruptcy Code", 76 American Bankruptcy Law Journal(American Bankruptcy Institute, 2002)

Rebecca R. Zubaty, "Rubin v. Eurofinance: Universal Bankruptcy Jurisdiction or a Comity of errors", Columbia Law Review Vol. 111(Columbia Law School, 2011)

Varoon Sachdev, "Choice of Law in Insolvency Proceedings: How English Court's continued reliance on the Gibbs Principle threatens Universalism", American Bankruptcy Law Journal, Spring 2019(American Bankruptcy Institute, 2019)

─ 별 지 ─

국내 해운회사 도산절차의 대외적 효력이 문제된 사안들

순번	회사명	국내도산절차				외국법원에서의 승인절차 등 관련사건				
		사건번호	개시/파산선고	인가	종결/폐지	승인국	법원	선고일	사건번호	비고
1	삼선로직스 (Samsun Logix)	서울중앙지법 2009회합24 (제1차 도산절차)	2009. 3.6.	2010. 2.5.	2011. 5.18. (종결)	영국	High Court of Justice Chancery Division	2009. 3.12.	[2009] EWHC 576	승인 case
2						호주	Federal Court of Australia New South Wales District Registry	2009. 4.17.	[2009] FCA 372	승인 case
3		서울중앙지법 2015회합100203 (제2차 도산절차)	2015. 8.3.	2016. 4.8.	진행중	호주	Federal Court of Australia New South Wales District Registry	2015. 9.24.	238 FCR 483 [2015] FCA 1154	승인 case
4	팬오션 (Pan Ocean)	서울중앙지법 2013회합110	2013. 6.17.	2013. 11.22.	2015. 7.30. (종결)	호주	Federal Court of Australia New South Wales District Registry	2013. 7.11.	223 FCR 189 [2013] FCA 680	승인 case

5	대보 쉬핑 (Daebo Shipping)	서울중앙 지법 2015회합 100036	2015. 3.6.	2015. 12.15.	2015. 9.29. (종결)	호주	Federal Court of Australia New South Wales District Registry	2015. 5.8.	232FCR 275 [2015] FCA 684	승인 case
6	에스티 엑스 조선 해양 (STX Offshore & ship building)	서울중앙 지법 2016회합 100109	2016. 6.7.	2016. 11.11.	진행 중	영국	자료 미확보			
비고	상기사례 이외에도 많은 사례가 있을 것이나, '외국도산절차의 승인'이 직접 문제된 사안들 중 일부를 정리하였다.									

집필진 약력(성명 가나다순)

김민경(金旻京)
서울대학교 경영대학 졸업
사법연수원 제39기 수료
영국 University of Cambridge, LL.M.
서울대학교 대학원 법학석사, 법학박사
서울중앙지방법원 등 판사
현재 대전지방법원 판사

김성호(金成鎬)
한양대학교 법과대학 졸업
한양대학교 대학원 법학석사
독일 Rheinische Friedrich-Wilhelms-Universität Bonn
　　LL.M., Dr. iur.
국회입법조사처 입법조사관
현재 한국형사 · 법무정책연구원 부연구위원

김승현(金承賢)
서울대학교 법과대학 졸업
미국 University of Washington, LL.M.
서울대학교 대학원 법학박사
삼성물산, 한화건설 법무팀 사내변호사
법무법인 태평양 외국변호사
현재 국제건설계약법연구소 소장

김영석(金永錫)
서울대학교 법과대학 졸업
사법연수원 제37기 수료
미국 University of Virginia, LL.M.
서울대학교 대학원 법학석사, 법학박사
해군법무관, 서울회생법원 등 판사
현재 대법원 재판연구관

김윤우(金潤佑)
서울대학교 법과대학 졸업
서울대학교 법학전문대학원 졸업
서울대학교 대학원 박사과정 수료
공익법무관
현재 법무법인 태평양 변호사

김혜원(金惠媛)
서울대학교 법과대학 졸업
서울대학교 법학전문대학원 졸업
미국 Harvard Law School, LL.M.
법무법인 광장 변호사
현재 Harvard Law School, S.J.D. Candidate

류재현(柳在賢)
포항공과대학교 화학과 학사, 석사 졸업
서울대학교 법학전문대학원 졸업
서울대학교 대학원 박사과정 수료
공익법무관
현재 대구지방검찰청 안동지청 검사

박이세(朴彝世)
연세대학교 상경대학 졸업(경제학사, 법학사)
건국대학교 법학전문대학원 졸업
서울대학교 대학원 법학석사
스위스 Université de Genève, LL.M.
대한상사중재원 변호사
UNCITRAL, Associate Expert
현재 Al Tamimi & Company, Associate

박지웅(朴志雄)
미국 Dartmouth College 졸업
서울대학교 법학전문대학원 졸업
서울대학교 대학원 박사과정 수료
공익법무관, 법무법인 세종 변호사
현재 피에이치앤코 공동법률사무소 대표변호사

배상규(裵相圭)
서울대학교 동양사학과 졸업
서울대학교 법학전문대학원 졸업
서울대학교 대학원 박사과정 수료
공익법무관, 법무법인 세종 등 변호사
현재 법무법인 태평양 변호사

유은경(劉恩京)
연세대학교 법과대학 졸업
서울대학교 법학전문대학원 졸업
서울대학교 대학원 박사과정 수료
법무법인 광장, 법무법인 태평양 변호사
현재 법무법인 피터앤김 변호사
　　　미국 Harvard Law School, LL.M. 과정

유정화(柳廷和)
고려대학교 법과대학 졸업
사법연수원 제46기 수료
서울대학교 대학원 법학석사
서울대학교 대학원 박사과정 수료
서울고등법원 재판연구원
현재 김 · 장 법률사무소 변호사

이세중(李世中)
고려대학교 법과대학 졸업
사법연수원 제32기 수료
미국 Northwestern University, LL.M.
서울대학교 대학원 박사과정 수료
법무법인 로고스 변호사
현재 국민연금 기금운용본부 기금법무팀장

이종혁(李鍾赫)
서울대학교 법과대학 졸업
서울대학교 법학전문대학원 졸업
서울대학교 대학원 법학박사
해군법무관, 법무법인 광장 변호사
현재 한양대학교 법학전문대학원 조교수

이창현(李昶賢)
고려대학교 영어영문학과 졸업
사법연수원 제31기 수료
고려대학교 법무대학원 법학석사
영국 London School of Economics, LL.M.
서울대학교 법학전문대학원 법학전문박사
서울중앙지방법원 등 각급 법원 판사
현재 법무법인 태평양 파트너변호사

이필복(李泌馥)
서울대학교 법과대학 졸업
사법연수원 제41기 수료
서울대학교 대학원 법학석사, 법학박사
육군법무관, 서울중앙지방법원 등 판사
현재 부산고등법원 울산재판부 판사

채동헌(蔡東憲)
서울대학교 법과대학 졸업
사법연수원 제18기 수료
미국 University of Florida, LL.M.
서울대학교 법학전문대학원 박사과정 수료
공군법무관, 대법원·사법연수원·서울고등법원·
　　서울지방법원 등 각급 법원 판사
법무법인 화우 파트너변호사
부산대학교 법학전문대학원 교수(민사법)
현재 법률사무소 BLP (Business and Law Partners)
　　대표변호사

한민오(韓旼旿)
서울대학교 법과대학 졸업
사법연수원 제38기 수료
서울대학교 대학원 법학석사
영국 King's College London, MSc
해군법무관, 법무법인 태평양 변호사
현재 법무법인 피터앤김 파트너변호사
　　고려대학교 글로벌건설엔지니어링 대학원
　　겸임교수

황성재(黃盛載)
서울대학교 경영대학 졸업
한양대학교 법학전문대학원 졸업
서울대학교 대학원 박사과정 수료
공익법무관
현재 법무법인 와이케이 변호사

석광현 교수 정년기념 헌정논문집 간행위원회

위원장   채동헌 법률사무소 BLP 대표변호사
위 원   김승현 국제건설계약법연구소장/미국변호사/법학박사
            이창현 법무법인(유한) 태평양 변호사/법학박사
            이필복 부산고등법원 울산재판부 판사/법학박사
            이종혁 한양대학교 법학전문대학원 조교수/법학박사

국제거래법과 국제사법의 현상과 과제 – 석광현 교수 정년기념 헌정논문집

초판발행   2022년 4월 15일

엮은이   석광현 교수 정년기념 헌정논문집 간행위원회
펴낸이   안종만 · 안상준

편 집   양수정
기획/마케팅   오치웅
표지디자인   이현지
제 작   고철민 · 조영환

펴낸곳   (주) **박영시**
            서울특별시 금천구 가산디지털2로 53, 210호(가산동, 한라시그마밸리)
            등록 1959. 3. 11. 제300-1959-1호(倫)

전 화   02)733-6771
f a x   02)736-4818
e-mail   pys@pybook.co.kr
homepage   www.pybook.co.kr
ISBN   979-11-303-4177-4   93360

정 가   45,000원